ITALIA

1: 300 000

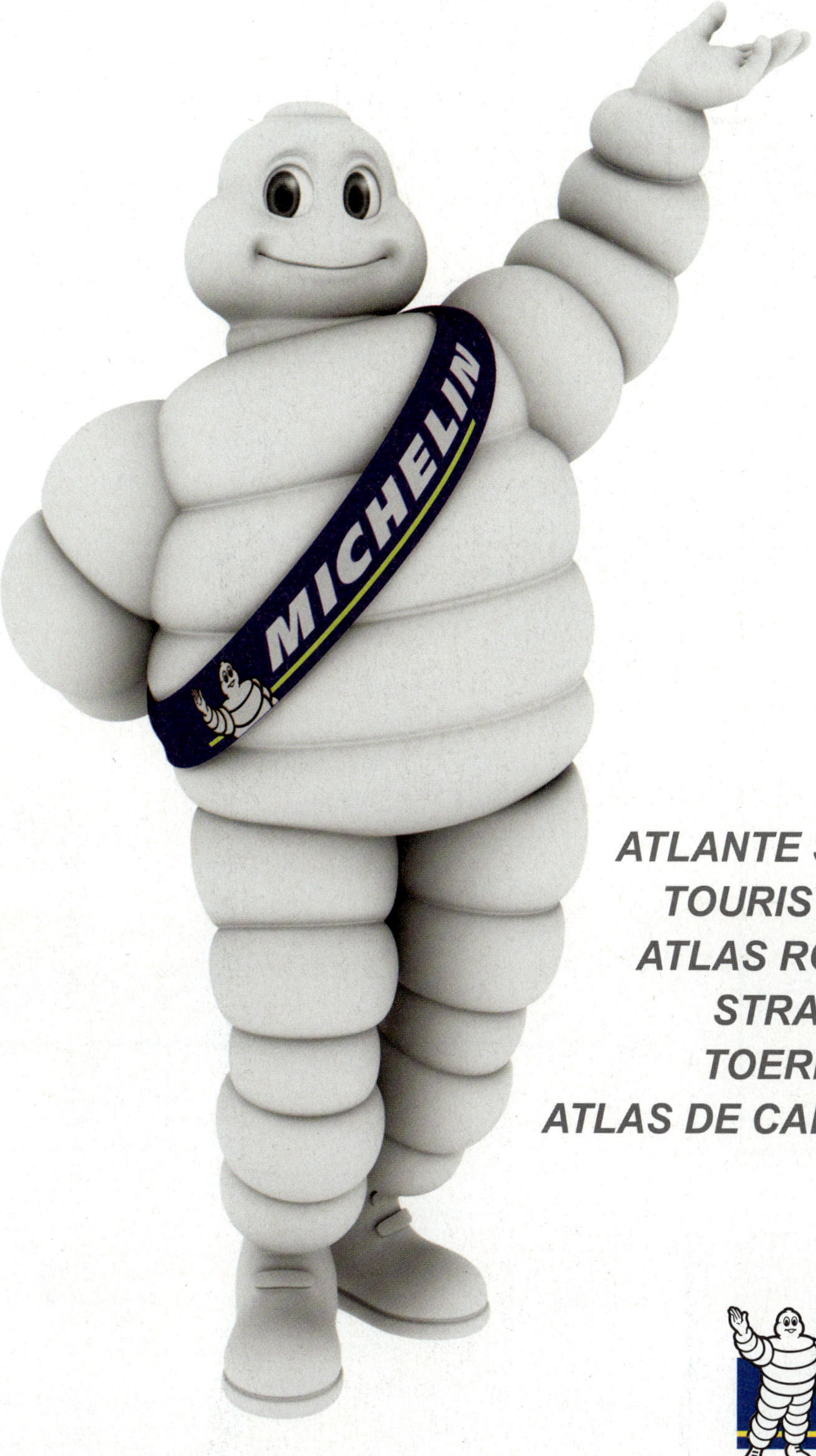

ATLANTE STRADALE e TURISTICO
TOURIST and MOTORING ATLAS
ATLAS ROUTIER et TOURISTIQUE
STRASSEN- und REISEATLAS
TOERISTISCHE WEGENATLAS
ATLAS DE CARRETERAS y TURÍSTICO

MICHELIN

Grandi itinerari

Route planning
Grands itinéraires
Reiseplanung
Grote verbindingswegen
Información general

Sommario

Contents / Sommaire / Inhaltsübersicht / Inhoud / Sumario

Copertina interna: Quadro d'insieme
Inside front cover: Key to map pages
Intérieur de couverture : Tableau d'assemblage / Umschlaginnenseite: Übersicht
Binnenzijde van het omslag: Overzichtskaart / Portada interior: Mapa índice

1
Legenda
Key / Légende / Zeichenerklärung / Verklaring van de tekens / Signos convencionales

2 - 121
Italia 1: 300 000 — 2 - 91
Italy / Italie / Italien / Italië / Italia

Sicilia 1: 300 000 — 92 - 107
Sicily / Sicile / Sicilien / Sicilië / Sicilia

Sardegna 1: 300 000 — 108 - 121
Sardinia / Sardaigne / Sardinien / Sardinië / Cerdeña

122 - 154
Indice completo
Index of place names / Index des localités / Ortsverzeichnis / Plaatsnamenregister / Índice

155 - 200
Piante di città
Town plans / Plans de ville / Stadtpläne
Stadsplattegronden / Planos de ciudades

Alla fine del volume: distanze
Back of the guide: distances
En fin d'atlas : distances
Am Ende des Buches: Entfernungen
Achter in het boek: afstanden
No fim do volume: distâncias

Parce que le monde est mobile, **Michelin** améliore notre mobilité.

PAR TOUS LES MOYENS ET SUR TOUTES LES ROUTES.

***Michelin** is committed to improving the mobility of travellers.*

ON EVERY ROAD AND BY EVERY MEANS.

Depuis l'avènement de l'entreprise - il y a plus d'un siècle ! -, Michelin n'a eu qu'un objectif : aider l'homme à toujours mieux avancer. Un défi technologique, d'abord, avec des pneumatiques toujours plus performants, mais aussi un engagement constant vis-à-vis du voyageur, pour l'aider à se déplacer dans les meilleures conditions. Voilà pourquoi Michelin développe, en parallèle, toute une collection de produits et de services : cartes, atlas, guides de voyage, accessoires automobiles, mais aussi applications mobiles, itinéraires et assistance en ligne : Michelin met tout en œuvre pour que bouger soit un plaisir !

***Since the company came into being** - over a century ago ! - Michelin has had a single objective: to offer people a better way forward. A technological challenge first, to create increasingly efficient tyres, but also an ongoing commitment to travellers, to help them travel in the best way. This is why Michelin is developing a whole collection of products and services: from maps, atlases, travel guides and auto accessories, to mobile apps, route planners and online assistance: Michelin is doing everything it can to make travelling more pleasurable!*

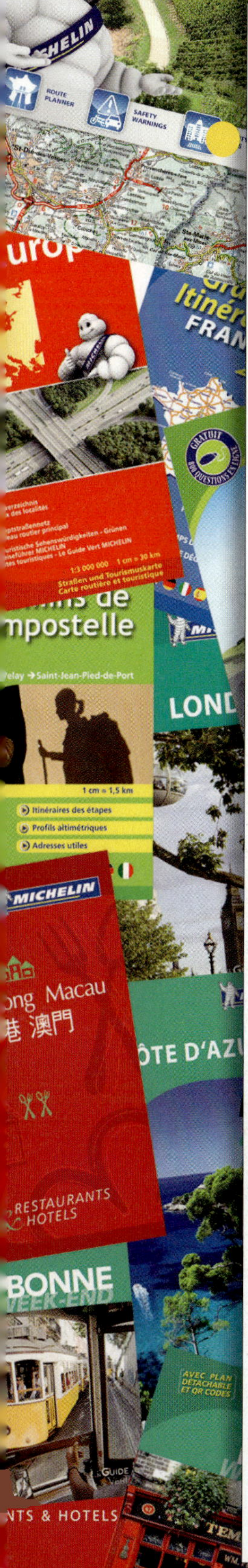

→ Michelin Apps

Parce que le confort et la sécurité sont des notions essentielles, pour vous comme pour nous, Michelin a créé un bouquet de 6 applications mobiles gratuites. Un équipement complet pour que la route soit un plaisir !

Because the notions of comfort and security are essential, both for you and for us, Michelin has created a package of six free mobile applications. A comprehensive collection to make driving a pleasure!

→ MICHELIN MyCar

Pour obtenir le meilleur de vos pneus, des services et des infos pour préparer sereinement vos trajets.

To get the best from your tyres; services and information for carefree travel preparation.

→ MICHELIN Navigation

Une nouvelle approche de la navigation : le trafic en temps réel avec une nouvelle fonctionnalité de guidage connecté.

A new approach to navigation: traffic in real time with a new connected guidance feature.

→ ViaMICHELIN

Calcul d'itinéraires et données cartographiques : un incontournable pour se déplacer sans perdre de temps.

Calculates routes and map data: a must for travelling in the most efficient way.

→ MICHELIN Restaurants

Parce que la route doit être un plaisir, retrouvez un très large choix de restaurants, en France et en Allemagne, dont la sélection complète du guide MICHELIN.

Because driving should be enjoyable: find a wide choice of restaurants, in France and Germany, including the MICHELIN guide's complete listings.

→ MICHELIN Hôtels

Pour réserver votre chambre d'hôtel au meilleur tarif, partout dans le monde !

To book hotel rooms at the best rates, all over the world!

→ MICHELIN Voyage

85 pays et 30 000 sites touristiques sélectionnés par le Guide Vert Michelin et un outil pour réaliser votre propre carnet de route.

85 countries and 30 000 tourist sites selected by the Michelin Green Guide, plus a tool for creating your own travel book.

Un pneu
→ c'est quoi ?
A tyre...
→ *what is it?*

Rond, noir, à la fois souple et solide, le pneumatique est à la roue ce que le pied est à la course. Mais de quoi est-il fait ? Avant tout de gomme, mais aussi de divers matériaux textiles et / ou métalliques... et d'air ! Ce sont les savants assemblages de tous ces composants qui assurent aux pneumatiques leurs qualités : adhérence à la route, amortissement des chocs, en deux mots : confort et sécurité du voyageur.

Round, black, *supple yet solid, the tyre is to the wheel what the shoe is to the foot. But what is it made of? First and foremost, rubber, but also various textile and/or metallic materials... and then it's filled with air! It is the skilful assembly of all these components that ensures tyres have the qualities they should: grip to the road, shock absorption, in two words: 'comfort' and 'safety'.*

1 BANDE DE ROULEMENT
Une épaisse couche de gomme assure le contact avec le sol. Elle doit évacuer l'eau et durer très longtemps.

TREAD
The tread ensures the tyre performs correctly, by dispersing water, providing grip and increasing longevity.

2 ARMATURE DE SOMMET
Cette double ou triple ceinture armée est à la fois souple verticalement et très rigide transversalement. Elle procure la puissance de guidage.

CROWN PLIES
This reinforced double or triple belt combines vertical suppleness with transversal rigidity, enabling the tyre to remain flat to the road.

3 FLANCS
Ils recouvrent et protègent la carcasse textile dont le rôle est de relier la bande de roulement du pneu à la jante.

SIDEWALLS
These link all the component parts and provide symmetry. They enable the tyre to absorb shock, thus giving a smooth ride.

4 TALONS D'ACCROCHAGE À LA JANTE
Grâce aux tringles internes, ils serrent solidement le pneu à la jante pour les rendre solidaires.

BEADS
The bead wires ensure that the tyre is fixed securely to the wheel to ensure safety.

5 GOMME INTÉRIEURE D'ÉTANCHÉITÉ
Elle procure au pneu l'étanchéité qui maintient le gonflage à la bonne pression.

INNER LINER
The inner liner creates an airtight seal between the wheel rim and the tyre.

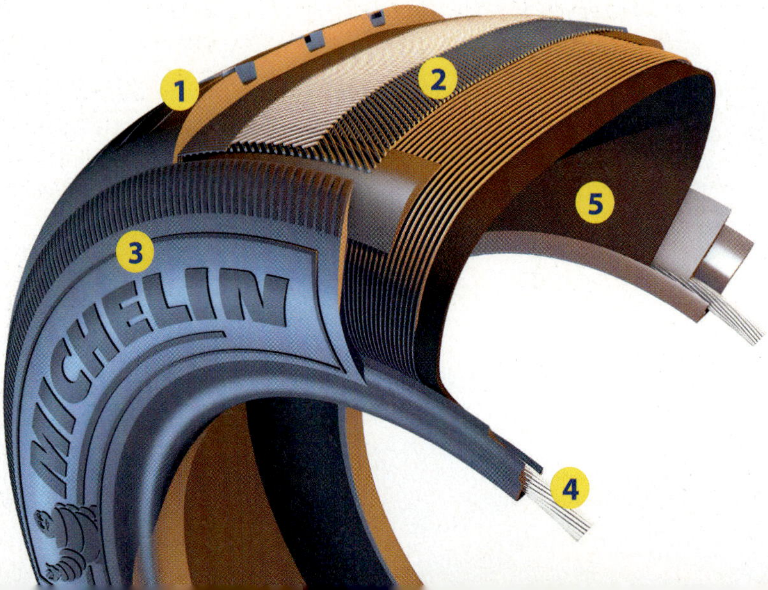

Michelin
→ l'innovation en mouvement

Michelin
→ *innovation in movement*

Créé et breveté par Michelin en 1946, le pneu radial ceinturé a révolutionné le monde du pneumatique. Mais Michelin ne s'est pas arrêté là : au fil des ans, d'autres solutions nouvelles et originales ont vu le jour, confirmant Michelin dans sa position de leader en matière de recherche et d'innovations, pour répondre sans cesse aux exigences des nouvelles technologies des véhicules.

Created and patented *by Michelin in 1946, the belted radial-ply tyre revolutionised the world of tyres. But Michelin did not stop there: over the years other new and original solutions came out, confirming Michelin's position as a leader in research and innovation.*

→ la juste pression !

→ *the right pressure!*

L'une des priorités de Michelin, c'est une mobilité plus sûre. En bref, innover pour avancer mieux. C'est tout l'enjeu des chercheurs, qui travaillent à mettre au point des pneumatiques capables de "freiner plus court" et d'offrir la meilleure adhérence possible à la route. Aussi, pour accompagner les automobilistes, Michelin organise, partout dans le monde, des campagnes de sensibilisation à la sécurité routière : les opérations "Faites le plein d'air" rappellent à tous que la juste pression des pneumatiques est un facteur essentiel de sécurité.

One of Michelin's priorities *is safer mobility. In short, innovating for a better way forward. This is the challenge for researchers, who are working to perfect tyres capable of shorter braking distances and offering the best possible traction to the road. And so, to support motorists, Michelin organises road safety awareness campaigns all over the world: «Fill up with air» initiatives remind everyone that the right tyre pressure is a crucial factor in safety and fuel economy.*

La stratégie Michelin :
→ des pneumatiques multiperformances
The Michelin strategy:
→ multi-performance tyres

Qui dit Michelin dit sécurité, économie de carburant et capacité à parcourir des milliers de kilomètres. Un pneumatique MICHELIN, c'est tout cela à la fois.

Comment ? Grâce à des ingénieurs au service de l'innovation et de la technologie de pointe. Leur challenge : doter tout pneumatique – quel que soit le véhicule (automobile, camion, tracteur, engin de chantier, avion, moto, vélo et métro !) – de la meilleure combinaison possible de qualités, pour une performance globale optimale.

Ralentir l'usure, réduire la dépense énergétique (et donc l'émission de CO^2), améliorer la sécurité par une tenue de route et un freinage renforcés : autant de qualités dans un seul pneu, c'est cela Michelin Total Performance.

Michelin is synonymous *with safety, fuel saving and the capacity to cover thousands of miles. A MICHELIN tyre is the embodiment of all these things – thanks to our engineers, who work with the very latest technology.*

Their challenge: to equip every tyre – whatever the vehicle (car, truck, tractor, bulldozer, plane, motorbike, bicycle or train!) – with the best possible combination of qualities, for optimal overall performance.

Slowing down wear, reducing energy expenditure (and therefore CO^2 emissions), improving safety through enhanced road handling and braking: there are so many qualities in just one tyre – that's Michelin Total Performance.

MICHELIN
Total Performance

Chaque jour, **Michelin** innove en faveur de la mobilité durable.

DANS LE TEMPS ET LE RESPECT DE LA PLANÈTE.

*Every day, **Michelin** is working towards sustainable mobility.*

OVER TIME, WHILE RESPECTING THE PLANET.

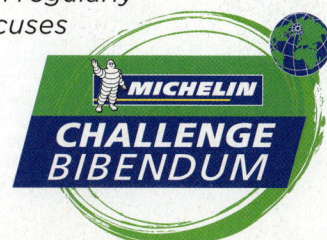

La mobilité durable

→ c'est une mobilité propre... et pour tous

Sustainable mobility

→ *is clean mobility... and mobility for everyone*

La mobilité durable c'est permettre aux hommes de se déplacer d'une façon plus propre, plus sûre, plus économique et plus accessible à tous, quel que soit le lieu où ils vivent.

Tous les jours, les 113 000 collaborateurs que Michelin compte dans le monde innovent :

- en créant des pneus et des services qui répondent aux nouveaux besoins de la société,
- en sensibilisant les jeunes à la sécurité routière,
- en inventant de nouvelles solutions de transport qui consomment moins d'énergie et émettent moins de CO^2.

Sustainable mobility *means enabling people to get around in a way that is cleaner, safer, more economical and more accessible to everyone, wherever they might live. Every day, Michelin's 113 000 employees worldwide are innovating:*

- *by creating tyres and services that meet society's new needs,*
- *by raising young people's awareness of road safety,*
- *by inventing new transport solutions that consume less energy and emit less* CO^2.

→ *Michelin Challenge Bibendum*

La mobilité durable, c'est permettre la pérennité du transport des biens et des personnes, afin d'assurer un développement économique, social et sociétal responsable. Face à la raréfaction des matières premières et au réchauffement climatique, Michelin s'engage pour le respect de l'environnement et de la santé publique. De manière régulière, Michelin organise ainsi le Michelin Challenge Bibendum, le seul événement mondial axé sur la mobilité routière durable.

Sustainable mobility *means allowing the transport of goods and people to continue, while promoting responsible economic, social and societal development. Faced with the increasing scarcity of raw materials and global warming, Michelin is standing up for the environment and public health. Michelin regularly organises 'Michelin Challenge Bibendum', the only event in the world which focuses on sustainable road travel.*

MICHELIN CHALLENGE BIBENDUM

Legenda

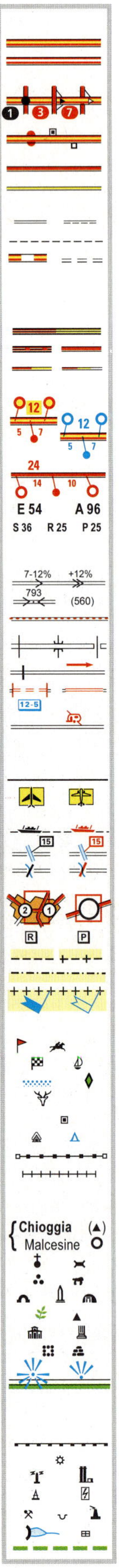

Strade
Autostrada
Doppia carreggiata di tipo autostradale

Svincoli: completo, parziale
Svincoli numerati
Area di servizio - Alberghi
Restaurant of zelfbediening
Strada di collegamento internazionale o nazionale
Strada di collegamento interregionale o di disimpegno

Strada rivestita - non rivestita
Strada per carri, sentiero
Autostrada, strada in costruzione
(data di apertura prevista)

Larghezza delle strade
Carreggiate separate
4 corsie - 2 corsie larghe
2 o più corsie - 2 corsie strette

Distanze (totali e parziali)
tratto a pedaggio su autostrada
tratto esente da pedaggio su autostrada

Su strada

Numerazione - Segnaletica
Strada europea - Autostrada
Strada federale

Ostacoli
Forte pendenza (salita nel senso della freccia)
Passo - Altitudine
Percorso difficile o pericoloso
Passaggi della strada:
a livello, cavalcavia, sottopassaggio
Casello - Strada a senso unico
Strada vietata - Strada a circolazione regolamentata
Innevamento: probabile periodo di chiusura
Strada con divieto di accesso per le roulottes

Trasporti
Ferrovia
Aeroporto - Aerodromo
Trasporto auto: (stagionale in rosso)
su traghetto
su chiatta (carico massimo in t.)
Traghetto per pedoni e biciclette

Risorse - Amministrazione
Località con pianta nella GUIDA MICHELIN
Capoluogo amministrativo
Confini amministrativi
Zona franca
Frontiera:
Dogana - Dogana con limitazioni

Sport - Divertimento
Golf - Ippodromo
Circuito Automobilistico - Porto turistico
Spiaggia - Parco divertimenti
Parco con animali, zoo
Albergo isolato
Rifugio - Campeggio
Funicolare, funivia, seggiovia
Ferrovia a cremagliera

Mete e luoghi d'interesse
Principali luoghi d'interesse, vedere LA GUIDA VERDE
Località o siti interessanti, luoghi di soggiorno
Edificio religioso - Castello, fortezza
Rovine - Monumento megalitico
Grotta - Ossario - Necropoli etrusca
Giardino, parco - Altri luoghi d'interesse
Palazzo, villa - Vestigia greco-romane
Scavi archeologici - Nuraghe
Panorama - Vista
Percorso pittoresco

Simboli vari
Teleferica industriale
Industrie
Torre o pilone per telecomunicazioni - Raffineria
Pozzo petrolifero o gas naturale - Centrale elettrica
Miniera - Cava - Faro
Diga - Cimitero militare
Parco nazionale - Parco naturale

Key

Roads
Motorway
Dual carriageway with motorway characteristics

Interchanges : complete, limited
Interchange numbers
Service area - Hotels
Restaurant or self-service
International and national road network
Interregional and less congested road

Road surfaced - unsurfaced
Rough track, footpath
Motorway, road under construction
(when available: with scheduled opening date)

Road widths
Dual carriageway
4 lanes - 2 wide lanes
2 or more lanes - 2 narrow lanes

Distances (total and intermediate)
Toll roads on motorway
Toll-free section on motorway

on road

Numbering - Signs
European route - Motorway
Federal road

Obstacles
Steep hill (ascent in direction of the arrow)
Pass and its height above sea level - Altitude
Difficult or dangerous section of road
Level crossing:
railway passing, under road, over road
Toll barrier - One way road
Prohibited road - Road subject to restrictions
Snowbound, impassable road during the period shown
Caravans prohibited on this road

Transportation
Railway
Airport - Airfield
Transportation of vehicles: (seasonal services in red)
by boat
by ferry (load limit in tons)
Ferry (passengers and cycles only)

Accommodation - Administration
Town plan featured in THE MICHELIN GUIDE
Administrative district seat
Administrative boundaries
Free zone
National boundary:
Customs post - Secondary customs post

Sport & Recreation Facilities
Golf course - Horse racetrack
Racing circuit - Pleasure boat harbour
Beach - Country park
Safari park, zoo
Secluded hotel or restaurant
Mountain refuge hut - Caravan and camping sites
Funicular, cable car, chairlift
Rack railway

Sights
Principal sights: see THE GREEN GUIDE
Towns or places of interest, Places to stay
Religious building - Historic house, castle
Ruins - Prehistoric monument
Cave - Ossuary - Etruscan necropolis
Garden, park - Other places of interest
Palace, villa - Greek or roman ruins
Archaeological excavations - Nuraghe
Panoramic view - Viewpoint
Scenic route

Other signs
Industrial cable way
Industrial activity
Telecommunications tower or mast - Refinery
Oil or gas well - Power station
Mine - Quarry - Lighthouse
Dam - Military cemetery
National park - Nature park

Légende

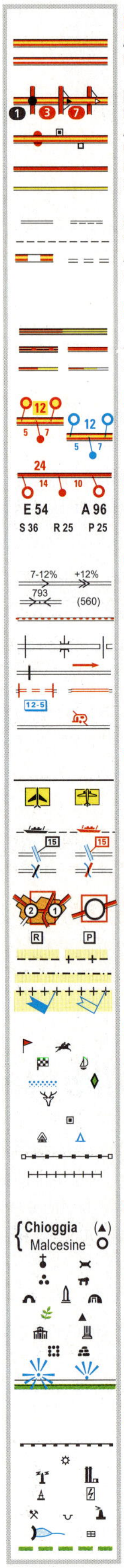

Routes
Autoroute
Double chaussée de type autoroutier

Échangeurs : complet, partiels
Numéros d'échangeurs
Aire de service - Hôtels
Restaurant ou libre-service
Route de liaison internationale ou nationale
Route de liaison interrégionale ou de dégagement

Route revêtue - non revêtue
Chemin d'exploitation, sentier
Autoroute, route en construction
(le cas échéant : date de mise en service prévue)

Largeur des routes
Chaussées séparées
4 voies - 2 voies larges
2 voies ou plus - 2 voies étroites

Distances (totalisées et partielles)
Section à péage sur autoroute
Section libre sur autoroute

sur route

Numérotation - Signalisation
Route européenne - Autoroute
Route fédérale

Obstacles
Forte déclivité (flèches dans le sens de la montée)
Col et sa cote d'altitude - Altitude
Parcours difficile ou dangereux
Passages de la route:
à niveau, supérieur, inférieur
Barrière de péage - Route à sens unique
Route interdite - Route réglementée
Enneigement : période probable de fermeture
Route interdite aux caravanes

Transports
Voie ferrée
Aéroport - Aérodrome
Transport des autos : (liaison saisonnière en rouge)
par bateau
par bac (charge maximum en tonnes)
Bac pour piétons et cycles

Hébergement - Administration
Localité possédant un plan dans le Guide MICHELIN
Capitale de division administrative
Limites administratives
Zone franche
Frontière :
Douane - Douane avec restriction

Sports - Loisirs
Golf - Hippodrome
Circuit automobile - Port de plaisance
Plage - Parc récréatif
Parc animalier, zoo
Hôtel ou restaurant isolé
Refuge de montagne - Camping, caravaning
Funiculaire, téléphérique, télésiège
Voie à crémaillère

Curiosités
Principales curiosités : voir LE GUIDE VERT
Localités ou sites intéressants, lieux de séjour
Édifice religieux - Château, forteresse
Ruines - Monument mégalithique
Grotte - Ossuaire - Nécropole étrusque
Jardin, parc - Autres curiosités
Palais, villa - Vestiges gréco-romains
Fouilles archéologiques - Nuraghe
Panorama - Point de vue
Parcours pittoresque

Signes divers
Transporteur industriel aérien
Industries
Tour ou pylône de télécommunications - Raffinerie
Puits de pétrole ou de gaz - Centrale électrique
Mine - Carrière - Phare
Barrage - Cimetière militaire
Parc national - Parc naturel

Zeichenerklärung

Straßen
Autobahn
Schnellstraße mit getrennten Fahrbahnen

Anschlussstellen: Voll - bzw. Teilanschlussstellen
Anschlussstellennummern
Tankstelle mit Raststätte - Hotel
Restaurant / SB-Restaurant
Internationale bzw.nationale Hauptverkehrsstraße
Überregionale Verbindungsstraße oder Umleitungsstrecke

Straße mit Belag - ohne Belag
Wirtschaftsweg, Pfad
Autobahn, Straße im Bau
(ggf. voraussichtliches Datum der Verkehrsfreigabe)

Straßenbreiten
Getrennte Fahrbahnen
4 Fahrspuren - 2 breite Fahrspuren
2 oder mehr Fahrspuren - 2 schmale Fahrspuren

Straßenentfernungen (Gesamt- und Teilentfernungen)
Mautstrecke auf der Autobahn
Mautfreie Strecke auf der Autobahn

auf der Straße

Nummerierung - Wegweisung
Europastraße - Autobahn
Bundesstraße

Verkehrshindernisse
Starke Steigung (Steigung in Pfeilrichtung)
Pass mit Höhenangabe - Höhe
Schwierige oder gefährliche Strecke
Bahnübergänge:
schnienengleich - Unterführung - Überführung
Mautstelle - Einbahnstraße
Gesperrte Straße - Straße mit Verkehrsbeschränkungen
Eingeschneite Straße: voraussichtl.Wintersperre
Für Wohnanhänger gesperrt

Verkehrsmittel
Bahnlinie
Flughafen - Flugplatz
Autotransport: (rotes Zeichen: saisonbedingte Verbindung)
per Schiff
per Fähre (Höchstbelastung in t)
Fähre für Personen und Fahrräder

Unterkunft - Verwaltung
Orte mit Stadtplan im MICHELIN-FÜHRER
Verwaltungshauptstadt
Verwaltungsgrenzen
Freizone
Staatsgrenze: Zoll - Zollstation mit Einschränkungen

Sport - Freizeit
Golfplatz - Pferderennbahn
Rennstrecke - Yachthafen
Badestrand - Erholungspark
Tierpark, Zoo Fernwanderweg
Abgelegenes Hotel oder Restaurant
Schutzhütte - Campingplatz
Standseilbahn, Seilbahn, Sesselift
Zahnradbahn

Sehenswürdigkeiten
Hauptsehenswürdigkeiten: siehe GRÜNER REISEFÜHRER
Sehenswerte Orte, Ferienorte
Sakral-Bau - Schloss, Burg, Festung
Ruine - Vorgeschichtliches Steindenkmal
Höhle - Ossarium - Etruskiche Nekropole
Garten, Park - Sonstige Sehenswürdigkeit
Ausgrabungen - Nuraghe
Palast, Villa - Griechische, römische Ruinen
Rundblick - Aussichtspunkt
Landschaftlich schöne Streck

Sonstige Zeichen
Industrieschwebebahn
Industrieanlagen
Funk-, Sendeturm - Raffinerie
Erdöl-, Erdgasförderstelle - Kraftwerk
Bergwerk - Steinbruch - Leuchtturm
Staudamm - Soldatenfriedhof
Nationalpark - Naturpark

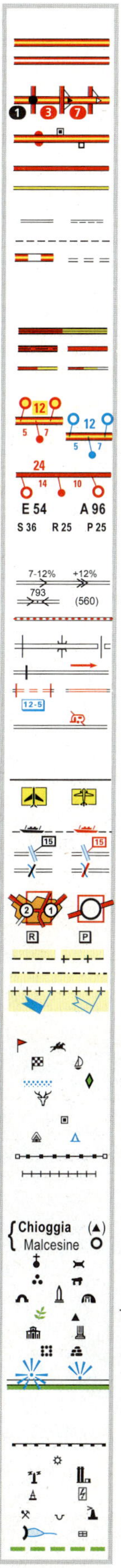

Verklaring van de tekens

Wegen
Autosnelweg
Gescheiden rijbanen van het type autosnelweg

Aansluitingen: volledig, gedeeltelijk
Afritnummers
Serviceplaats - Hotels
Restaurant of zelfbediening
Internationale of nationale verbindingsweg
Interregionale verbindingsweg

Verharde weg - onverharde weg
Landbouwweg, pad
Autosnelweg in aanleg, weg in aanleg
(indien bekend: datum openstelling)

Breedte van de wegen
Gescheiden rijbanen
4 rijstroken - 2 brede rijstroken
2 of meer rijstroken - 2 smalle rijstroken

Afstanden (totaal en gedeeltelijk)
Gedeelte met tol op autosnelwegen
Tolvrij gedeelte op autosnelwegen

op andere wegen

Wegnummers - Bewegwijzering
Europaweg - Autosnelweg
Federale weg

Hindernissen
Steile helling (pijlen in de richting van de helling)
Bergpas en hoogte boven de zeespiegel - Hoogte
Moeilijk of gevaarlijk traject
Wegovergangen:
gelijkvloers, overheen, onderdoor
Tol - Weg met eenrichtingsverkeer
Verboden weg - Beperkt opengestelde weg
Sneeuw: vermoedelijke sluitingsperiode
Verboden voor caravans

Vervoer
Spoorweg
Luchthaven - Vliegveld
Vervoer van auto's: (tijdens het seizoen: rood teken)
per boot
per veerpont (maximum draagvermogen in t.)
Veerpont voor voetgangers en fietsers

Verblijf - Administratie
Plaats met een plattegrond in DE MICHELIN GIDS
Hoofdplaats van administratief gebied
Administratieve grenzen
Vrije zone
Staatsgrens: Douanekantoor - Douanekantoor met beperkte bevoegdheden

Sport - Recreatie
Golfterrein - Renbaan
Autocircuit - Jachthaven
Strand - Recreatiepark
Safaripark, dierentuin
Afgelegen hotel
Berghut - Kampeerterrein
Kabelspoor, kabelbaan, stoeltjeslift
Tandradbaan

Bezienswaardigheden
Belangrijkste bezienswaardigheden: zie DE GROENE GIDS
Interessante steden of plaatsen, vakantieoorden
Kerkelijk gebouw - Kasteel, vesting
Ruïne - Megaliet
Grot - Ossuarium - Etruskische necropool
Tuin, park - Andere bezienswaardigheden
Paleis, villa - Grieks-Romeinse overblijfselen
Archeologische opgravingen - Nuraghe
Panorama - Uitzichtpunt
Schilderachtig traject

Diverse tekens
Kabelvrachtvervoer
Industrie
Telecommunicatietoren of -mast - Raffinaderij
Olie- of gasput - Elektriciteitscentrale
Mijn - Steengroeve - Vuurtoren
Stuwdam - Militaire begraafplaats
Nationaal park - Natuurpark

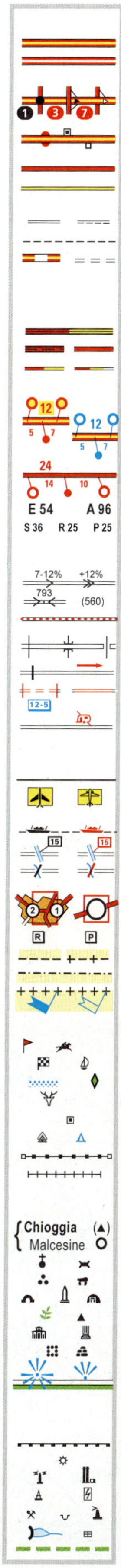

Signos convencionales

Carreteras
Autopista
Autovía

Enlaces: completo, parciales
Números de los accesos
Áreas de servicio - Hotel
Restaurante o auto servicio
Carretera de comunicación internacional o nacional
Carretera de comunicación interregional o alternativo

Carretera asfaltada - sin asfaltar
Camino agrícola, sendero
Autopista, carretera en construcción
(en su caso: fecha prevista de entrada en servicio)

Ancho de las carreteras
Calzadas separadas
Cuatro carriles - Dos carriles anchos
Dos carriles o más - Dos carriles estrechos

Distancias (totales y parciales)
Tramo de peaje en autopista
Tramo libre en autopista

en carretera

Numeración - Señalización
Carretera europea - Autopista
Carretera federal

Obstáculos
Pendiente Pronunciada (las flechas indican el sentido del ascenso)
Puerto - Altitud
Recorrido difícil o peligroso
Pasos de la carretera:
a nivel, superior, inferior
Barrera de peaje - Carretera de sentido único
Tramo prohibido - Carretera restringida
Nevada: Período probable de cierre
Carretera prohibida a las caravanas

Transportes
Línea férrea
Aeropuerto - Aeródromo
Transporte de coches: (Enlace de temporada: signo rojo)
por barco
por barcaza (carga máxima en toneladas)
Barcaza para el paso de peatones

Alojamiento - Administración
Localidad con plano en LA GUÍA MICHELIN
Capital de división administrativa
Limites administrativos
Zona franca
Frontera: Aduanas - Aduana con restricciones

Deportes - Ocio
Golf - Hipódromo
Circuito de velocidad - Puerto deportivo
Playa - Zona recreativa
Reserva de animales, zoo
Hotel aislado
Refugio de montaña - Camping
Funicular, Teleférico, telesilla
Línea de cremallera

Curiosidades
Principales curiosidades: ver LA GUÍA VERDE
Localidad o lugar interesante, lugar para quedarse
Edificio religioso - Castillo, fortaleza
Ruinas - Monumento megalítico
Cueva - Osario - Necrópolis etrusca
Jardín, parque - Curiosidades diversas
Palacio, villa - Vestigios grecorromanos
Restos arqueologicos - Nuraghe
Vista panorámica - Vista parcial
Recorrido pintoresco

Signos diversos
Transportador industrial aéreo
Industrias
Torreta o poste de telecomunicación - Refinería
Pozos de petróleo o de gas - Central eléctrica
Mina - Cantera - Faro
Presa - Cementerio militar
Parco nacional - Parque natural

0 5 10 15 20 km
Zürs
Flexenpaß
1773
Valluga
2809
Langen
Stuben
St. Jakob
Pettneu
Schnann
Flirsch
Ansbacher H.
Grins
Stanz
Zams
Wenns
Unterlei
Venetberg
2513
Jerzens
Stanzertal
Hoher Riffler
3168
Strengen
Trisannabrücke
Pians
Landeck
Fließ
Piller
Inntal
Pontlatzerbrücke
Kaltenberg
Arlbergtunnel
ST. ANTON
a. Arlberg
(Denkmal)
Edmund-Graf H.
Seekopf
2820
Silbertal
Kaltenberg
2896
Reutlinger H.
Verwall
Rosanna
2961
Madaunspitze
Kappl
See
Ascher-H.
Obladis
2493
Kaunerberg
Kauns
Ladis
Fiß
Prutz
Kaltenbrunn
Fendels
Ried-i Oberinntal
Serfaus
(1427)
Verwallgruppe
Darmstädter H.
3148
Kuchenspitze
3056
Paznauntal
3004
Furgler
Hexenkopf
3035
Samnaungruppe
St.Gallenkirch
Madererspitze
2769
Gortipohl
Ischgl
Vesulspitze
3089
Tösens
Feichten
Faggenbach
Kaunertal
Schrottenkopf
2890
Gaschurn
Mathon
Zeinisjoch
1842
Partenen
Trisanna
Galtür
Kops-Stausee
Vermunt-Stausee
Vallüla
2813
Madlener-Hs.
2036
Bielerhöhe
Hochmaderer
Tübinger H.
Silvretta-Stausee
Hohesrad
2934
Pfunds-Stuben
Dorf
Spiß
Samnaun
Vesilspitze / Piz Rotz
3097
P. Mundin
3146
Vinadi
Finstermünzpaß
1188
Pfroslkopf
3148
Am See
Glockhaus
3101
Stausee Gepatsch
Heidelberger H.
Muttler
3294
Schartlkopf
2808
Nauders
Hohenzollern-Hs.
Glockturm
3356
Gepatsch-Hs.
Fluchthorn
3399
Futschölpaß
Gr. Litzner
Klostertal-H.
Wiesbadener-H.
Tirolerkopf
3095
Jamthal-H.
2768
3161
Augstenberg
Silvrettahorn
3244
Silvretta
Piz Buin
3312
Silvrettagruppe
Tuoi
3183
P. Tasna
Martina
Tschlin
Strada
P. Lat
2808
Vnà
Ramosch
Reschenpaß / Passo di Resia
1508
3030
Weißseespitze / Pte Lago Bianco
3532
Fluchtkogel
3514
Ötztal
Verstanklahorn
3301
P. Linard
3411
Sent
1238
Scuol
Resia / Reschen
Melago / Melag (1912)
Pio XI
Ftan
3029
P. S-chalambert
Roia / Rojen
L. di Resia
Curon Venosta / Graun i. Vinschgau
Weißkugel / Palla bianca
3736
Tunnel
Lavin
Guarda
Ardez
Tarasp
Vulpera
P. Lischana
3105
Unter-Engadin
2926
S. Valentino alla Muta / St. Valentin a. d. Haide
Pta Valbella
3359
Maso Corto / (2011) Kurzras
Wisshorn
Susch
1426
Val Susasca
En / Inn
3174
P. Pisoc
L. di Muta
3433
Pta Saldura / Saldurnspitze
P. Nuna
3124
P. Plavna Dadaint
3166
S-charl
Burgusio / Burgeis
Planol / Planeil
Tanai / Thanai
(1824)
Val di Mazia
Grialetsch
Vadret
Zernez
1748
Piz Sesvenna
3205
Abbª di M. Maria
(1050)
Malles Venosta / Mals
Slingia / Shlinig
(1738)
Clusio / Schleis
Laudes / Laatsch
Mazia / Matsch
Pta d'Alliz
3206
1626
Brail
Val dal Spöl
P. Tavrü
3168
Ofenpass / Pass dal Fuorn
2149
Piz Starlex
3075
Glorenza / Glurns
Sluderno / Schluderns
(885)
Spondigna / Spondinig
Tanas / Tannas
(721) Silandro / Schlanders
Nationalpark
P. Quattervals
3165
Engadin
Tschierv
Val Müstair
Müstair
Tubre / Taufers i. Münstertal
(1230)
Prato allo Stelvio / Prad a. Stilfserjoch
Cengles / Tschengls
Corzes / Kortsch
Lasa / Laas
3093
Fuldera
1629
Valchava
Sta Maria
Chavalatsch
2765
Stelvio / Stilfs
Tarnello / Tarnell
Chamues-ch.
P. Chaschauna / Pzo Cassana
3070
Pzo del Ferro
3140
P. Murtaröl / Cima la Casina
3180
Gomagoi
Parco Nazionale
Val Venosta
Livigno
Lago del Gallo
L. di S. Giacomo di Fraele
Furkel Sp. / Pzo di Forcola
3004
Solda di Fuori / Ausser Sulden
Pta di Lasa
3305
Martello / Martell
Ganda di M. / Gand
(1816) Livigno
Pso d'Eira
2208
Pass Umbrail / Gg. di Sta Maria
3125
2502
P. Schumbraida / M. Sumbraida
Trafoi
(1543)
Serristori
Cma Vertana
3544
Sta Maria alla Fonderia
Muragl
M. Cotschen
3104
S. Rocco
Trepalle
L. di Cancano
2757
Pso dello Stelvio / Stilfserjoch
3905
(1906)
Solda / Sulden
Giovere
Pso di Foscagno
2291
Adda
Ortles / Ortler
L. di Gioveretto
Languard
3007
Valle di Livigno
(Valdidentro)
Bagni di Bormio
3075
Cresta di Reit
(2581)
Città di Milano
Corsi (2265)
P. la Stretta
3104
M. Foscagno
3058
Isolaccia
Bormio (1125)
5º Alpini
3851
Gran Zebru / Königsspitze
Ortles / Ortler
3343
Cma Sternai
Dorigon
Forcola di Livigno
2315
Arnoga
Sta Lucia
S. Antonio
M. Confinale
3370
Pizzini-Frattola
M. Cevedale / Zufallspitze
3769
3386
Cima Venezia
3302
P. Paradisin
Bormina
Val Viola
Bormio 2000
(1738)
Larcher
Passo del Bernina
Cima de Piazzi
3439
3012
Cima Bianca
Valfurva
Sta Caterina Valfurva
i Forni
Branca
M. Vioz
Lago del Careser
3119
Coler
2973
2328
12
10
13

3
14
15
16
A
B
C
4
11
12
Tumpen
Sulzkogel
Erlanger H.
Wildgrat
Österreuten
Umhausen
Ötzi-Dorf
Niederthai
Stuibenfall
A. Witzenmann-Hs.
Potsdamer H.
Kalkkögel
Telfes
Mieders
Fulpmes
Schwarzhorn
Lüsens
Serles
Matrei a. Brenner
Navis
Kasern
Fundusfeiler
Zaunhof
Breiter Grieskogel
Neustift i. Stubaital
Kesselspitze
Schafseitenspitze
Steinach
Tuxerjoch
Längenfeld
Stöcklenalm
Oberbergtal
Stubaital
Trins
Schmirn
Ötztaler Heimat- und Freilicht-museum
Gries
Franz Senn H.
Krößbach
Stafflach
St. Jodok
Leonhard i. Pitztal
Lochkogl
Schrankogel
Ruderhofspitze
Habicht
Gschnitz
Nößlach
Vals
Luibiskogl
Huben
Ranalt
Gries a. Brenner
Vinaders
Hohe Geige
Mutterbergalm
Unterbergtal
Gschnitztal
Obernberg
Brennerpaß / P.so del Brennero
Plangeroß
Puikogl
Windacher Daunkogl
Nürnberger H.
Bremer H.
Pflerscher Tribulaun / Tribulaun
Landshuter H.
Hochsölden
Hochstubai
Sulzenau-H.
Jochdohle
Feverstein / Montarso
Sandjöchl / Pso di Santicolo
Terme di Brennero / Brennerbad
Riffelsee
Mittelberg
Sölden
Zuckerhütl
Cremona
Val di Fleres
Fleres / Pflersch
Pitztaler Jöchl
Biasi
Cma di Rolle
Caminata / Kematen
Hinterer Brunnenkogel
Zwieselstein
Siegerland-H.
Il Capro
Colle Isarco / Gossensaß
Gaislacher Kogel
Windegg
Timmelsjoch / Pso del Rombo
Masseria / Maiern
Picco di Croce / Wilde Kreuzspitze
Taschach-Hs.
Heiligenkreuz
Nederkogel
Hochgurgl
M. Cavallo
Ridanna / Ridnaun
Prati / Wiesen
Wildes Mannle
Wildspitze
Untergurgl
S. Martino Monteneve
Tunes / Thuins
Vipiteno / Sterzing
Val di Racines
Racines / Ratschings
Campo di Trens / Freienfeld
Breslauer-H.
Vent
Obergurgl
Belprato / Schönau
Colle / Bichl
Calice / Kalch
Casateia / Gasteig
Rofen
Gr. Ramolkogel
Gurgler Tal
Hohe Mut
Corvara / Rabenstein
M. Altacroce
Val di Mezzo / Mitterstal
Mules / Mauls
Vernagt-H.
Schönwiesshütte
Ramol-Hs.
Moso i. P. / Moos i. P.
Val Passiria / Passeiertal
Valtina / Walten
Pso di Mte Giovo / Jaufenpaß
Pso di Pennes / Penserjoch
Kreuzspitze
Hochfirst / M. Principe
Langtalereck-H.
Hochwilde-Hs.
Mezzaselva / Mittewald
Martin Busch-Hs.
Schalfkogl
Rotmoos Ferner
Ht. Seelenkogl / Cma delle Anime
S. Leonardo i. Pas. / St. Leonhard i. Pas.
Corno Bianco
Plan / Pfelders
S. Martino i. P. / St. Martin i. P.
Pennes / Pens
Forcella Vallaga
Fortezza / Franzensfeste
Hintere Schärze / Cime Nere
Similaun
Hochwilde / L'Altissima
La Clava
Riobianco / Weißenbach
Casera di Fuori / Vorderkaser
Petrarca
Pta Cervinal / Hirzerspitze
Cma S. Giacomo
Varna / Vahrn
Valdurna / Durnholz
Scaleres / Schalders
Monterosso
Madonna di S. / Unserfrau
Vernago
Tessa / Texelgruppe
Saltusio / Saltaus
Cima Fiammante
Caines / Kuens
Verdins
Val di Pennes
Bressanone / Brixen
Cima S. Cassiano
Chiusa
Senales / Schnals
Sta Caterina / Katharinaberg
Velloi / Vellau
Parcines / Partschins
Lagundo / Algund
Tirolo / Tirol
Pta Ivigna
Merano 2000
Scena / Schenna
Rattisio Nuovo / Neurateis
Naturno / Naturns
Campolasta / Astfeld
S. Martino / Reinswald
Velturno / Feldthurns
Lazfons / Latzfons
M. Villandro
Merano / Meran
S. Martino al Monte / St. Martin am Vorberg
Plaus
Marlengo / Marling
Sta Caterina / St. Katharina
Convto di Sabiona
Sarentino / Sarnthein
Villandro / Villanders
Coldrano / Goldrain
Castelbello / Kastelbell
Rio di Lagundo / Aschbach
Avelengo / Hafing
Valle Sarentina
Chiusa / Klausen
Adige / Etsch
Tablà / Tabland
S. Vigilio / St. Vigil
Lana
Postal / Burgstall
Ponticino / Bundschen
Corno di Renòn
Laion / Lajen
Laces / Latsch
Tarres / Tarsch
Guardia Alta
Verano / Vöran
Meltina / Mölten
Ponte Gardena / Waidbruck
Vinschgau
S. Pancrazio / St. Pankraz
Foiana / Vollan
Valas / Flaas
Gargazzone / Gargazon
Salonetto / Schlaneid
Avigna / Afing
Vanga / Wangen
Bagni di Salto / Bad Salt
Sta Valburga / St. Walburg
Tesimo / Tisens
Vilpiano / Vilpian
Renòn / Ritten
Castelrotto / Kastelruth
Siusi allo Sciliar / Seis
L'Orecchia di Lepre
L. di Quàira
Ultimo / Ulten
Valsura
Caprile / Gfrill
S. Genesio At. / Jenesien
Soprabolzano / Oberbozen
Collalbo / Klobenstein
S. Nicolò / St. Nikolaus
L. di Zòccolo
M. Luco
Nàlles / Nals
Terlano / Terlan
Razzes / Ratzes
M. Sciliar
Pso delle Palade / Gampenjoch
Bolzano / Bozen
Fiè / Völs
Senale / U.L. Fraui. Walde
Andriano / Andrian
Predonico / Perdonig
Prato / Blumau
Bagni di Lavina Bianca / Weisslahnbad
Sta Gertrude / St. Gertraud
M. degli Olmi
S. Felice / St. Felix
M. Macaion / Gantkofel
Missiano / Missian
Collepietra / Steinegg
Colle di Villa / Bauernkohlern
Tires / Tiers
Pso Nigra
Proves / Proveis
Castelfondo
Appiano / Eppan
Cornaiano / Girlan
S. Giacomo / St. Jakob
Val d'Ega / Eggental
Nova Levante / Welschnofen
Catinaccio / Rosengarten
Bordolona
Fondo
Malosco
M. Penegal
Lupicino / Wölfl
Bresimo
Ronzone
Pso di Mendola / Mendelpaß
Vadena / Pfatten
Laives / Leifers
Ponte Nova / Birchabruck
Carezza al Lago / Karersee
Livo
Brez
Cloz
Dambel
Sarnonico
Caldaro s. Str. d. Vino
Monte S. Pietro / Petersberg
Nova Ponente / Deutschnofen
Rabbi
L. di Carezza

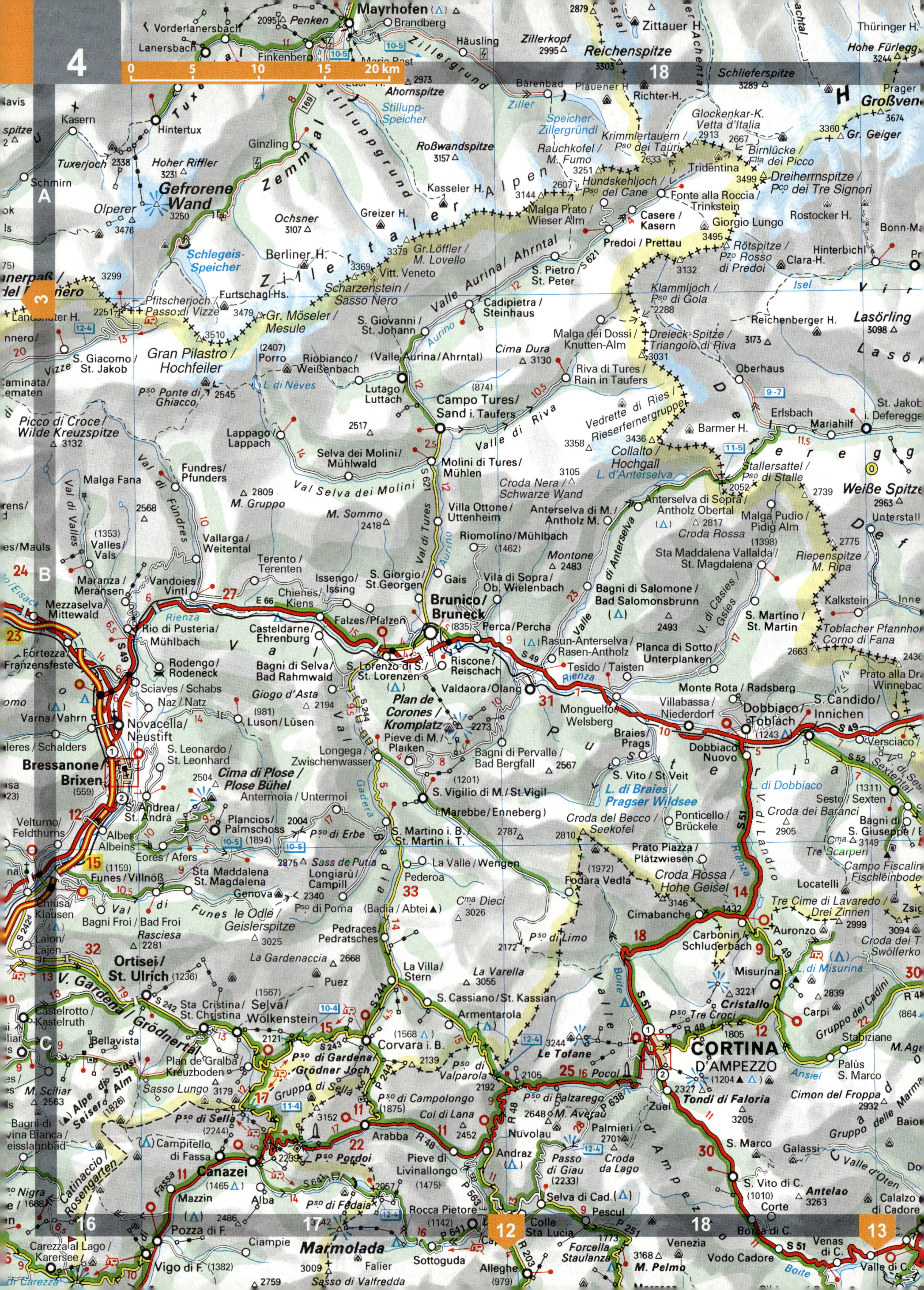

0 5 10 15 20 km
18
16
17
12
18
13
3
A
B
C
Mayrhofen
Brandberg
Penken
Vorderlanersbach
Lanersbach
Finkenberg
Häusling
Zillergrund
Zillerkopf
2995
Reichenspitze
3303
Zittauer H.
Thüringer H.
Hohe Fürlegg
3244
Schlieferspitze
3289
Prager
Großvened
3674
Ahornspitze
2973
Stillupp-Speicher
Bärenbad
Plauener H.
Richter-H.
Speicher Zillergründl
Glockenkar-K.
Vetta d'Italia
2913
Krimmlertauern / Pso dei Tauri
2633
2667
Birnlücke / Flla dei Picco
3360
Gr. Geiger
Kasern
Hintertux
Tuxerjoch
2338
Hoher Riffler
3231
Ginzling
Zemmtal
Roßwandspitze
3157
Rauchkofel / M. Fumo
3251
Tridentina
3499
Dreiherrnspitze / Pco dei Tre Signori
Schmirn
Gefrorene Wand
3250
Olperer
3476
Kasseler H.
Hundskehljoch / Pso del Cane
2607
3144
Fonte alla Roccia / Trinkstein
Malga Prato / Wieser Alm
Casere / Kasern
Giorgio Lungo
Rostocker H.
Bonn-Ma
Ochsner
3107
Greizer H.
Zillertaler Alpen
Predoi / Prettau
3495
Schlegeis-Speicher
Berliner H.
3379
Gr. Löffler / M. Lovello
S. Pietro / St. Peter
S 621
Rötspitze / Pzo Rosso di Predoi
Clara-H.
Hinterbichl
3299
Vitt. Veneto
3369
Valle Aurina / Ahrntal
3132
Klammljoch / Pso di Gola
2288
Isel
Scharzenstein / Sasso Nero
Pfitscherjoch / Passo di Vizze
Furtschagl-Hs.
3479
Gr. Möseler / Mesule
S. Giovanni / St. Johann
Cadipietra / Steinhaus
Reichenberger H.
Lasörling
3098
Landshuter H.
2251
3510
Malga dei Dossi / Knutten-Alm
Dreieck-Spitze / Triangolo di Riva
3173
3031
S. Giacomo / St. Jakob
Vizze
Gran Pilastro / Hochfeiler
(2407) Porro
Riobianco / Weißenbach
(Valle Aurina / Ahrntal)
Cima Dura
3130
Riva di Tures / Rain in Taufers
Oberhaus
L. di Nèves
Lutago / Luttach
(874)
Pso Ponte di Ghiacco
2545
Campo Tures / Sand i. Taufers
Vedrette di Ries / Rieserfernergruppe
Erlsbach
Mariahilf
St. Jakob i. Defereggen
Picco di Croce / Wilde Kreuzspitze
3132
2517
Lappago / Lapphach
Valle di Riva
3358
3436
Barmer H.
Selva dei Molini / Mühlwald
Molini di Tures / Mühlen
Collalto / Hochgall
L. d'Anterselva
Stallersattel / Pso di Stalle
2052
Fundres / Pfunders
Malga Fana
3105
Croda Nera / Schwarze Wand
2739
Weiße Spitze
2963
Val Selva dei Molini
2809
M. Gruppo
Anterselva di Sopra / Antholz Obertal
2817
Unterstall
Val di Valles
2568
M. Sommo
2418
Villa Ottone / Uttenheim
Anterselva di M. / Antholz M.
Croda Rossa
Malga Pudio / Pidig Alm
(1398)
2775
Val di Fundres
Riomolino / Mühlbach
(1462)
Sta Maddalena Vallalda / St. Magdalena
(1353) Valles / Vals
Vallarga / Weitental
Montone
2483
Riepenspitze / M. Ripa
Val di Tures
Terento / Terenten
Issengo / Issing
S. Giorgio / St. Georgen
Gais
Vila di Sopra / Ob. Wielenbach
Maranza / Meransen
Vandoies / Vintl
Chienes / Kiens
Brunico / Bruneck
(835)
Bagni di Salomone / Bad Salomonsbrunn
V. di Casies / Gsies
Kalkstein
Mezzaselva / Mittewald
Rienza
E 66
Falzes / Pfalzen
Perca / Percha
2493
S. Martino / St. Martin
Rio di Pusteria / Mühlbach
Casteldarne / Ehrenburg
Rasun-Anterselva / Rasen-Antholz
Planca di Sotto / Unterplanken
Toblacher Pfannhorn / Corno di Fana
2663
Fortezza / Franzensfeste
Rodengo / Rodeneck
Bagni di Selva / Bad Rahmwald
S. Lorenzo di S. / St. Lorenzen
Riscone / Reischach
Tesido / Taisten
Valdaora / Olang
Sciaves / Schabs
Giogo d'Asta
2194
Plan de Corones / Kronplatz
2273
Monte Rota / Radsberg
Prato alla Drava / Winnebach
Naz / Natz
Villabassa / Niederdorf
S. Candido / Innichen
Varna / Vahrn
Novacella / Neustift
(981)
Luson / Lüsen
Pieve di M. / Plaiken
Monguelfo / Welsberg
Dobbiaco / Toblach
(1243)
S 49
Braies / Prags
Dobbiaco Nuovo
Versciaco
S. Leonardo / St. Leonhard
Longega / Zwischenwasser
Bagni di Pervalle / Bad Bergfall
2567
Bressanone / Brixen
(559)
Cima di Plose / Plose Bühel
2504
Antermoia / Untermoi
(1201)
S. Vigilio di M. / St. Vigil
S. Vito / St. Veit
L. di Braies / Pragser Wildsee
L. di Dobbiaco
Sesto / Sexten
(1311)
S 52
Sexten
Velturno / Feldthurns
S. Andrea / St. Andrä
(Marebbe / Enneberg)
Ponticello / Brückele
Croda dei Baranci
2905
Bagni di S. Giuseppe
Albes / Albeins
Plancios / Palmschoss
(1894)
2004
Pso di Erbe
S. Martino i. B. / St. Martin i. T.
2787
Croda del Becco / Seekofel
2810
Prato Piazza / Plätzwiesen
Cma 3149
Tre Scarperi
Eores / Afers
Sass de Putia
2875
La Valle / Wengen
(1972)
Campo Fiscalino / Fischleinboden
(1159) Funes / Villnöß
Sta Maddalena / St. Magdalena
Longiarù / Campill
Pederoa
Fodara Vedla
Croda Rossa / Hohe Geisel
3146
Locatelli
Genova
2340
Tre Cime di Lavaredo / Drei Zinnen
2999
Chiusa / Klausen
Val di Funes
Funes le Odle / Geislerspitze
3025
Pso di Poma
(Badia / Abtei)
Cma Dieci
3026
Cimabanche
1432
Auronzo
3094
Bagni Froi / Bad Froi
Rasciesa
2281
Pedraces / Pedratsches
Pso di Limo
2172
Carbonin / Schluderbach
Croda dei Swöfferko
Laion / Lajen
La Gardenaccia
2668
Puez
La Villa / Stern
La Varella
3055
Misurina
L. di Misurina
Ortisei / St. Ulrich
(1236)
V. Gardena / Grödnertal
Sta Cristina / St. Christina
(1567) Selva / Wolkenstein
S. Cassiano / St. Kassian
Armentarola
3221
Cristallo
2839
Carpi
Gruppo dei Cadini
Castelrotto / Kastelruth
Pso Tre Croci
1805
Bellavista
2121
Corvara i. B.
(1568)
3244
Le Tofane
CORTINA D'AMPEZZO
(1204)
Stabiziane
Palùs
S. Marco
Plan de Gralba / Kreuzboden
Pso di Gardena / Grödner Joch
2139
Pso di Valparola
2105
Pocol
Ansiei
M. Sciliar
2563
Alpe di Siusi / Seiser Alm
(1826)
Sasso Lungo
3179
Gruppo di Sella
2192
Pso di Campolongo
(1875)
Pso di Falzarego
2648
M. Averau
2327
Tondi di Faloria
Cimon del Froppa
2932
3205
Zuel
Pso di Sella
(2244)
3152
Col di Lana
2452
Palmieri
2701
Bagni di Lavina Bianca / Weisslahnbad
Campitello di Fassa
2239
Pso Pordoi
Arabba
Pieve di Livinallongo
Nuvolau
Andraz
Passo di Giau
(2233)
Croda da Lago
Valle d'Ampezzo
S. Marco
Galassi
Gruppo delle Marmarole
Catinaccio / Rosengarten
Nigra
1688
Canazei
(1465)
Mazzin
Alba
Pso di Fedaia
2057
(1475)
Rocca Pietore
(1142)
Selva di Cad.
Pescul
S. Vito di C.
(1010)
Antelao
3263
Corte
Calalzo di Cadore
2486
Pozza di F.
Ciampie
Marmolada
3342
Colle Sta Lucia
Forcella Staulanza
1773
Venezia
Borca di C.
Venas di C.
Carezza al Lago / Karersee
Vigo di F.
(1382)
3009
Falier
Sottoguda
Alleghe
(979)
3168
M. Pelmo
Vodo Cadore
Valle di C.
Sasso di Valfredda
2759
L. di Carezza

Felbertauerntunnel
Tauernkogel
Innergschlöß
Matreier Tauernhaus
Sonnblick
Kalser Tauern
Tauernmoos-S.
Stausee Mooserboden
Mooserboden
Gr. Wiesbachhorn
Gr. Bärenkopf
Rudolfs-H.
Weißsee
Oberwalder H.
Trauneralm
Ferleiten
Edelweißspitze
Fuscher Törl
Großglockner-Hochalpenstraße
Mannlkopf
Türchlwand
Stubn
Zitterauer Tisch
Böckstein
Graukogel
Tauerntunnel
Pasterze
Wasserfallwinkel
Großglockner
Franz Josephs-Höhe
Schareck
Hocharn
Kolm Saigurn
Niedersachsen-Hs.
Kreuzkogel
Sportgastein
Hoher Sonnblick
Hagener H.
Mindener H.
Muntanitz
Kalser Tauernhaus
Kasereck
Salm-H.
Schöneck
Heiligenblut
Glorer-H.
Sudetendeutsche-H.
Kristallkopf
Blauspitze
Großdorf
Matrei i. Osttirol
Virgen
Kals
Nationalpark
Böses Weibl
Hohe Tauern
Molltaler Gletscher
Geiselkogel
Rote Wand
Putschall
Mallnitz
Rotenkogel
Lesach-H.
Lesach
Roter Knopf
Elberfelder H.
Döllach
(Grosskirchheim)
Innerfragant
Fraganter H.
Sagritz
Sadnig
Außerfragant
Flattach
Obervellach
Schobergruppe
Hochschober
A. Noßberger-H.
Petzeck
Wangenitzsee-H.
Mölltal
Huben
Kalsertal
Peischlach
Lienzer H.
St. Veit i. Def.
Hopfgarten i. Def.
Dölach
Oberleibnig
Mörtschach
Polinik
Schwarzach
St. Johann i. Walde
Schleinitz
Seichenkopf
Zellin-K.
Stall
Tresdorf
Hochalmspitze
Volkzeiner H.
Schlaiten
Alkus
Ainet
Steinermandl
Zettersfeld
Debant-B.
Winklern
Rangersdorf
Rotsteinberg
Hochgrabe
Isel
Oberlienz
Gaimberg
Unternußdorf
Iselsberg
Iselsbergpaß
Kreuzeck
Feldner H.
Böses Weibele
Hochstein
Lienz
Tristach
Dölsach
Ederplan
Hochkreuz
Gölbner
Leisach
Amlach
Ziethenkopf
Scharnik
Villgraten
St. Katarina
Bannberg
Aßling
Lavant
Lengberg
Nikolsdorf
Außervillgraten
Unterried
Anras
Mittewald a. d. D.
Drau
Dolomiten H.
Spitzkofel
Gr. Sandspitze
Karlsbader H.
Emberger A.
Zwickenberg
Irschen
Dellach i. Drautal
Berg
Greifenburg
Sillian
Tessenberg
Abfaltersbach
Lienzer Dolomiten
Oberdrauburg
Flaschberg
Waisach
Arnbach
Panzendorf
Straßen
Hollbruck
Eggenkofel
Schatzbühel
Drautal
Vierschach
Kartitsch
Kartitscher Sattel
Obertilliach
Gailberg Sattel
Torkofel
Compton-H.
M.Elmo / Helm
Untertilliach
St. Lorenzen i. Lesachtal
Gailtal
Gailtaler Alpen
Sillianer H.
Maria Luggau
Liesing
Birnbaum
St. Jakob i. Lesachtal
Laas
Kötschach
Reißkofel
Obstansersee H.
Pfannspitze
Giuseppe / Moos
Lesachtal
Gail
Mauthen
Dellach
Gundersheim
Großer-Kinigat / M. Cavallino
Karnische Alpen
Zwölferspitz
Würmlach
Reisach
Kirch
P.so di M. Croce di Comelico / Kreuzbergpass
Steinkarspitz / M. Antola
Hochweißstein-Hs.
Oberes Gailtal
Berti
Polinik
Stranig
Crode dei Longerin
M. Peralba
Hochalpljoch / Pso dell'Oregone
Hohe Warte / M. Coglians
Plöckenpaß / P.so di M. Croce Carnico
Padola
Calvi
Pierabec
E. Pichl-H.
Val Padola
Valle Visdende
Forni Avoltri
Collina
Marinelli
Timau
Hoher Trieb / Cuestalta
P.so Cason di Lanza
Comelico Superiore
S. Nicolò di C.
Cimasappada
M. Crostis
Cleulis
M. Paularo
Case Orsolina
Danta
Campolongo
Sappada
Rigolato
Degano
Canale di S. Pietro
Auronzo di Cadore
P.so del Zovo
Sto Stefano di Cadore
Ligosullo
Treppo Carnico
Paularo
Sta Caterina
M. Terza Grande
M. Creta Forata
Prato Carnico
Tualis
Cercivento
Paluzza
Dierico
Cima Gogna
Piave
De Gasperi
Pesariis
Val Pesarina
Comeglians
Ravascletto
Zovello
M. Tersadia
Lambrugno
Vigo di Cadore
M. Brentoni
Forcella Lavardet
Casera Losa
Liariis
Sutrio
Canale d'Incaroio
Lozzo di C.
Lorenzago di C.
M. Tudaio di Razzo
Sella di Razzo
Sauris di Sopra
Col Gentile
Mione
Ovaro
M. Arvenis
Piano d'Arta
S. Pietro di Carnia
Arta Terme
M. Sernio
Zuglio
Chiarso
Grauzaria
P.so della Mauria
La Maina
Ponte del Buso
Trischiamps
Plugna
Lago di Pieve di C.
Lago di Sauris
Lumiei
Vinaio
Canale di Gorto
Raveo
Illegio
Pieve di Cadore
M. Cridola
Forni di Sopra
P.so del Pura
Ampezzo
Villa Santina
Moggio Udinese
Padova
Andrazza
Mediis
Enemonzo
Tolmezzo
Ponte
Monfalcon di Montanaia
Tagliamento
Socchieve
Preone
Villa
Chiaicis
M. Amariana
Amaro
Resiutta
STIROL
KÄRNTEN
19
20
21
14
6
A
B
C

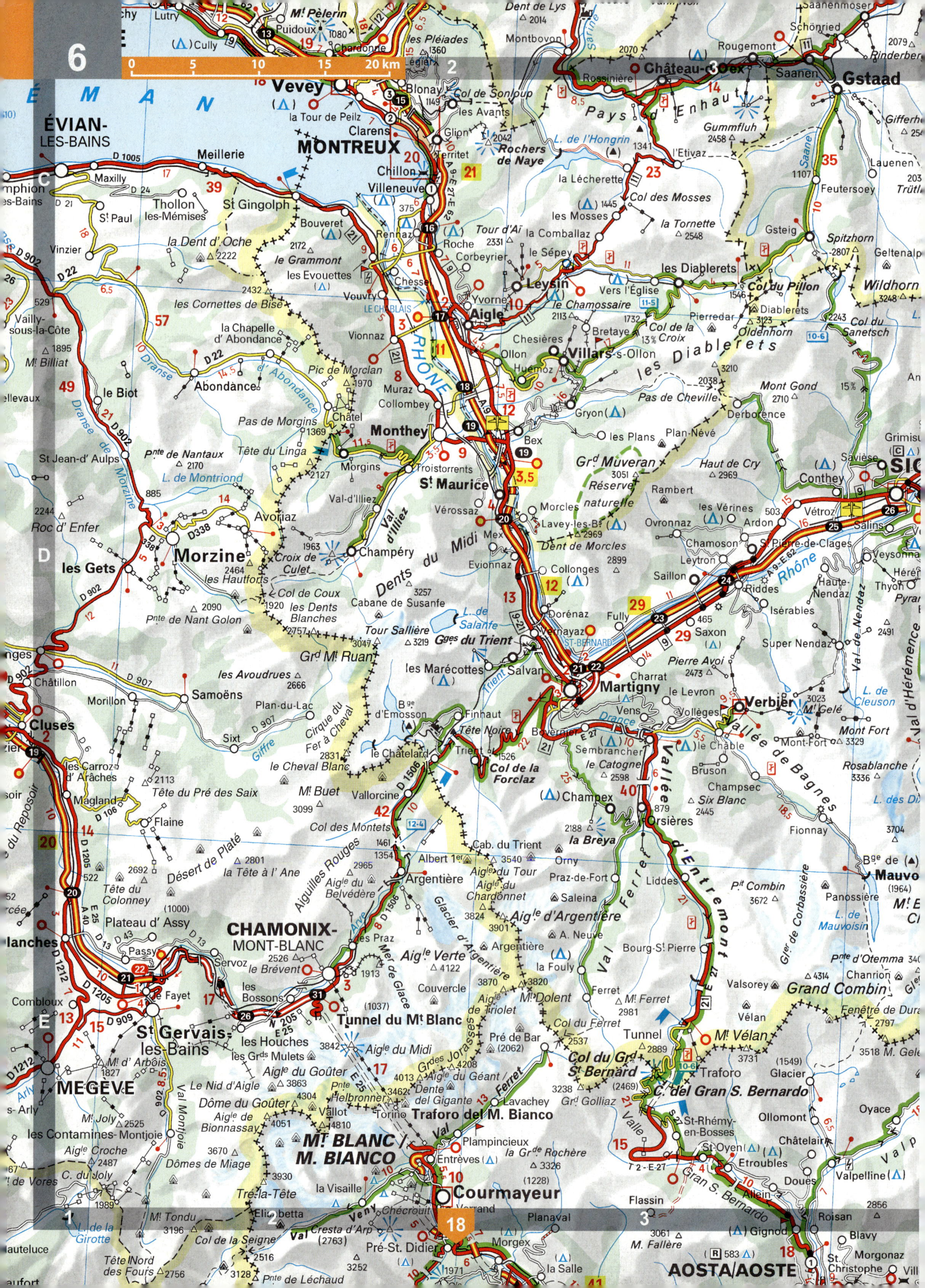

0 5 10 15 20 km
LAC LÉMAN
ÉVIAN-LES-BAINS
Vevey
MONTREUX
Clarens
Chillon
Villeneuve
la Tour de Peilz
Blonay
Col de Sonloup
les Avants
Glion
Territet
Rochers de Naye
L. de l'Hongrin
Château-d'Oex
Rossinière
Pays d'Enhaut
Gstaad
Saanen
Schönried
Rougemont
Gummfluh 2458
l'Etivaz
la Lécherette
Col des Mosses
les Mosses
la Tornette 2548
Gsteig
Spitzhorn 2807
Lauenen
Feutersoey
Meillerie
Maxilly
Thollon les-Mémises
St Gingolph
St Paul
Bouveret
la Dent d'Oche 2222
le Grammont 2172
les Evouettes
Rennaz
Roche
Tour d'Aï 2331
la Comballaz
Corbeyrier
le Sépey
Leysin
Vers l'Église
les Diablerets
Col du Pillon
Diablerets 3123
Oldenhorn
Wildhorn 3248
Col du Sanetsch
Vouvry
LE CHABLAIS
Aigle
Yvorne
le Chamossaire 2113
Pierredar
les Cornettes de Bise 2432
la Chapelle d'Abondance
Vionnaz
RHÔNE
Ollon
Chesières
Villars-s-Ollon
Bretaye
Col de la Croix
Huémoz
les Diablerets
Vailly-sous-la-Côte
Mt Billiat 1895
Abondance
Pic de Morclan 1970
Muraz
Collombey
Pas de Cheville
Mont Gond 2710
Derborence
le Biot
Pas de Morgins
Châtel
Monthey
Bex
Gryon
les Plans
Plan-Névé
Grd Muveran 3051
Réserve naturelle
Haut de Cry 2969
Savièse
Conthey
Pte de Nantaux 2170
Tête du Linga 2127
Morgins
Troistorrents
St Maurice
L. de Montriond
St Jean-d'Aulps
Val-d'Illiez
Vérossaz
Morcles
Lavey-les-B.
Rambert
les Vérines
Ardon
Vétroz
Ovronnaz
Roc d'Enfer 2244
Avoriaz
Val d'Illiez
Champéry
Dents du Midi
Mex
Dent de Morcles 2969
Chamoson
St Pierre-de-Clages
Leytron
Morzine
Croix de Culet 1963
les Hautforts 2464
Evionnaz
Collonges
Saillon
Rhône
Riddes
Haute-Nendaz
les Gets
Col de Coux 1920
les Dents Blanches
Cabane de Susanfe
L. de Salanfe
Isérables
Pte de Nant Golon 2090
Dorénaz
Fully
Vernayaz
Saxon
Super Nendaz
Tour Sallière 3219
Gges du Trient
Pierre Avoi 2473
Grd Mt Ruan 3047
Châtillon
Morillon
Samoëns
les Avoudrues 2666
les Marécottes
Salvan
Trient
Martigny
Charrat
le Levron
Verbier
Mt Gelé 3023
L. de Cleuson
Plan-du-Lac
Sixt
Giffre
Cirque du Fer à Cheval
Bge d'Emosson
Finhaut
Tête Noire
Vens
Vollèges
Dranse
Val de Bagnes
Cluses
le Châtelard 2831
Trient
Col de la Forclaz 1526
Bovernier
Sembrancher
le Châble
Mont-Fort 3329
Mont Fort
les Carroz d'Arâches
le Cheval Blanc
Vallorcine
Mt Buet 3099
le Catogne 2598
Bruson
Champsec
Rosablanche 3336
Magland
Tête du Pré des Saix 2113
Champex
Six Blanc 2445
Orsières
Flaine
Col des Montets 1461
la Breya 2188
Fionnay
Désert de Platé
la Tête à l'Ane 2801
Aiguilles Rouges
Argentière
Albert 1er
Cab. du Trient
Orny
Aigle du Tour 3540
Aigle du Chardonnet
Praz-de-Fort
Saleina
Liddes
Pt Combin 3672
Panossière
Bge de Mauvoisin
Tête du Colonney 2692
Plateau d'Assy
Aigle du Belvédère 2965
Glacier d'Argentière
Aigle d'Argentière 3901
A. Neuve
Val Ferret
Val d'Entremont
L. de Mauvoisin
Glacier de Corbassière
Sallanches
CHAMONIX-MONT-BLANC
les Praz
le Brévent 2526
Passy
Servoz
les Bossons
Aigle Verte 4122
Mer de Glace
Couvercle
Mt Dolent 3820
la Fouly
Bourg-St Pierre
Pte d'Otemma
Chanrion
Grand Combin 4314
Valsorey
Combloux
le Fayet
Tunnel du Mt Blanc
St Gervais-les-Bains
les Houches
les Grds Mulets
Aigle du Midi 3842
Grdes Jorasses 4208
Pré de Bar
Col du Ferret
Ferret
Mt Ferret 2981
Tunnel
Mt Vélan
Vélan
Fenêtre de Durand 2797
Megève
Mt d'Arbois 1827
Aigle du Goûter 3863
Aigle du Géant 4013
Dent del Gigante
Col du Grd St Bernard 2469
C. del Gran S. Bernardo
Traforo
Glacier
Le Nid d'Aigle
Dôme du Goûter 4304
Pnte Helbronner 3462
Grd Golliaz 3238
Aigle de Bionnassay 4051
Vallot
Torino
Traforo del M. Bianco
Lavachey
St-Rhémy-en-Bosses
Ollomont
Oyace
Mt Joly 2525
les Contamines-Montjoie
Val Montjoie
MT BLANC / M. BIANCO 4810
Planpincieux
la Grde Rochère 3326
Châtelair
Aigle Croche 2487
Dômes de Miage 3670
Entrèves
St-Oyen
Etroubles
Valpelline
C. du Joly
Col de Vores
3930
Courmayeur
Doues
Allein
Gran S. Bernardo
Tre-la-Tête
la Visaille
Flassin
Mt Tondu 3196
Elisabetta
Chécrouit
Verrand
Planaval
Roisan
L. de la Girotte
Col de la Seigne 2516
Val Veny
Cresta d'Arp 2763
Pré-St. Didier
Morgex
M. Fallère 3061
Gignod
Blavy
Tête Nord des Fours 2756
3128
Pnte de Léchaud 3252
la Salle
AOSTA/AOSTE
St. Christophe
Morgonaz

St Stephan
Simme
Albristhorn
2762
Matten
1160
2552
Adelboden
Engstligen
Kandersteg
Mitholz
Dündenhorn
2862
Hohtürli
2778
Gspalten
Oeschinensee
Blümlisalp
Gspaltenhorn
Stechelberg
4158
Jungfrau
Gletscherhorn
3983
Blümlisalp
Fründen
3663
Mutthorn
Breithorn
3782
Hollandia
Grosser Aletsch
Sattelhorn
3741
Wannenhorn
3905
Lenk
Hahnenmoos
13%
Lohner
3049
Klus
3643
Doldenhorn
Petersgrat
4195
Aletschhorn
1956
Engstligenfälle
Kander
Oberried
Schwarenbach
Lötschbergtunnel
Fafleralp
Balmhorn
3699
3293
Breithorn
Oberaletsch
Eggishorn
2927
Blitzingen
bergpass
15%
3253
Lötschenpass
Blatten
3785
Nesthorn
Bellwald
Iffigenalp
Wildstrubel
Daubensee
Gemmipass
2314
2690
Kippel
Lonza
Lötschental
3824
Fiesch
Wildstrubel
Lämmern
3054
Bietschhorn
3934
Grosser Aletschgletscher
Ernen
Wildhorn
2429
Rawilpass
Mt Bonvin
2995
Leukerbad
Wilerhorn
3307
Bettmeralp
Lax
Bella Lui
2543
Goppenstein
Riederalp
Betten
Binn
Lac de Tseuzier
Inden
Rotten
Rhône
Pra-Combère
Aminona
8
Blatten
Mörel-Filet
Vermala
Mollens
Gampel-Brätsch
Montana
Salgesch
Leuk
Rotten / Rhône
Raron
Ausserberg
Naters
Bättlihorn
2951
Crans
Sierre
Brig
Chermignon
Susten
Agarn
621
Turtmann-Unterems
Eischoll
E 62
Visp
Lalden
646
Glishorn
2525
1670
Ritterpass
Bortelhorn
3194
Helsenhorn
3272
Lens
Chippis
Oberems
Unterbäch
A 9
Simplontunnel
2764
St Léonard
Chalais
Vercorin
Val d'Anniviers
Visperterminen
Wasenhorn
Pzo Terra
3246
(1761)
Alpe Veglia
Chandolin
Simplonpass
Galleria
S. Domenico
Grône
Bramois
Bella Tola
3025
Augstbordhorn
2973
Törbel
2005
del
Nax
Stalden
M. Leone
3553
Sempione
Vernamiège
Vissoie
St Luc
Gruben
Schwarzhorn
3204
Gspon
Alter Spittel
Mase
VALAIS
Augstbordpass
Simelihorn
3124
Iselle
Trasquera
St Martin
Mission
Ayer
Rothorn
3262
Grächen
Eisten
1588
Simplon
Gondo
Val Divedro
Gstein-Gabi
3149
Grimentz
Becs de Bosson
St Niklaus
Fletschhorn
3993
Gondoschlucht
2610
Pzo Pioltone
998
Turtmann
Barrhorn
3621
Ferichhorn
3290
4010
Zwischbergen
Val d'Hérens
Turtmanntal
les Diablons
3605
Saas-Balen
Bordier
Lagginhorn
Pralong
Zinal
Balfrin
3796
Weissmies
2713
Evolène
L. de Moiry
Tracuit
3833
Saas-Grund
1683
4023
2998
Pic d'Artsinol
Mattertal
Domhütte
Mischabel
Weissmies
M. Straciugo
Weisshorn
4505
Saas-Fee
Almagellerhütte
Bognanco
(986)
Bge de la Grde Dixence
les Haudères
Moiry
Dom
4545
Port Jengrat
Pzo d'Andolla
3654
Andolla
Randa
Weisshorn
Saas Almagell
L. d. Cavalli
Città di Novara
(1474)
Aiguilles Rouges
3646
Ferpècle
Zinalrothorn
4221
Täsch
4206
Mischabel
3487
Pzo Bottarello
L. di Antrona
Aiguilles Rouges
3962
Mountet
Alphubel
Britannia
L. di Camposecco
Antronapiana
Villa
3676
Rothorn
Täsch
Latelhorn
Arolla
Dent Blanche
4357
4027
Allalinhorn
3198
L. di Campliccioli
Val di Antrona
Bertol
Dent Blanche
ZERMATT
4199
Mattmarksee
Piedimulera
Dix
Zmutt
Rimpfischhorn
Pzo S.Martino
2733
29
Schönbiel
Findeln
Gaspare
Moro Pass / Pso di Moro
2868
3796
3870
Vignettes
Tête Blanche
Hörnli
Schwarzsee
Stockhorn
3532
Pontegrande
Mt Collon
3637
3724
Aosta
4171
MATTERHORN
4478
Gornergrat
3135
Gornergletscher
Weissgrat
Cima di Lazzi
3804
(1327)
Macugnaga
S.Carlo-Vanzone
Bannio-Anzino
Dent d'Hérens
M. CERVINO
Furggen
3491
Theodulpass / Colle di Teodulo
Monte Rosa
Ceppo Morelli
Col Collon
(2050)
Breuil-Cervinia
Teodulo
Breithorn
MONTE
Dufourspitze / Pta Dufour
Valle Anzasca
Cima Capezzone
2421
(2005)
Prarayer
Château des Dames
3488
3317
4164
4634
4554
Pta Ghifetti
2653
Pzo Tignaga
3480
L. Goillet
Plateau Rosa
4527
Lyskamm
(1304)
Carcoforo
la Lechère
Lago di Place Moulin
Mezzalama
4215
Piramide Vincent
3128
Corno di Faller
Mastallone
Sta Maria
L. di Cignana
Pta Indren
3260
Cascata d. Sesia
(1411)
Rima
Egna
Rimella
(1176)
Bionaz
Buthier
(1524)
Valtournenche
ROSA
Fobello
3504
Becca di Luseney
3379
Gran Tournalin
2964
M. Tagliaferro
Cervatto
St. Jacques
Casale Monferrato
Ferrera
Sabbia
27
(1815)
Chamois
(1570)
Champoluc
Orsia
L. Gabiet
Alagna Valsesia
(1191)
Rimasco
Cravagliana
M. Faroma
3073
Ayas
Evançon
Gressoney-la-Trinité
(1637)
Sermenza
Boccioleto
Vocca
la Magdeleine
3315
Testa Grigia
Riva Valdobbia
Praz
(1453)
Antagnod
Corno Bianco
3320
Mollia
Sacro Monte
St. Barthelemy
(1489)
Torgnon
Periasc
3057
2418
Balmuccia
Varallo
Antey-St-A.
19
2719
M. Zerbion
Campertogno
36
Verrayes
(1385)
Gressoney-St-Jean
(1131)
Brusson
Val Sesia
Blavy
Chambave
Châtillon
St. Vincent
1640
Rassa
Pila
1827

0
5
10
15
20 km
Passo del S. Gottardo
Airolo
Val Tremola
Lago Ritom
Passo del Lucomagno / Lukmanierpass
Tunnel ferroviario del Gottardo in costruzione
Valle Santa Maria
Gletsch
Basistunnel Furka
Oberwald
Oberaarsee
Münster-Geschinen
Reckingen-Gluringen
Rotten
Goms
Blitzingen
Ernen
Binn
Nufenenpass
Val Bedretto
Bedretto
Ticino
Fontana
Piotta
Ambri
Rodi-Fiesso
Quinto
Lurengo
Osco
Faido
Chiggiogna
Calonico
Lavorgo
Leventina
Sobrio
Giornico
Bodio
P. Campo Tencia
Campo Tencia
P. Campolungo
P. Forno
P. Molare
Primadengo
Dalpe
Cristallina
Lago Sambuco
Fusio
Basodino
Poncione di Braga
Piano di Peccia
Peccia
Prato-Sornico
San Carlo
P. Malora
Sonlerto
Bavona
Fontana
Bignasco
Valle Maggia
Maggia
Val Lavizzara
M. Zucchero
P. di Mezzodi
Sonogno
Frasco
Val Verzasca
Brione
Lavertezzo
P. delle Pecore
TICINO
Cevio
Cerentino
Bosco/Gurin
Valle di Campo
Campo
Piano
Someo
Coglio
Lodano
Maggia
P. Cramalina
Gordevio
Avegno
Vogorno
Mergoscia
Cimetta
Contra
Tenero
Gordola
Cugnasco
Minusio
Locarno
Magadino
Ascona
Losone
Tegna
S. Bernardo
Brione
Intragna
Valle Onsernone
Russo
Loco
Verdasio
Camedo
Centovalli
Palagnedra
Ronco
Porte Ronco
S. Nazzaro
Gerra Gambarogno
Vira
Quartino
M. Ceneri
Rivera
M. Tamaro
Indemini
Mezzovico
Taverne
Vergeletto
Spruga
Bagni di Craveggia
Craveggia
Piana di Vigezzo
Toceno
Druogno
Malesco
Re
Val Vigezzo
Sta Maria Maggiore
M. Limidario
Brissago
Piaggio di Valmara
Cannobio
Cursolo-Orasso
Finero
Gurro
Falmenta
Val Cannobina
Orrido
Traffiume
Carmine
Cannero Riviera
Trarego Viggiona
M. Spalavera
Luino
Germignaga
Maccagno
Pino L. Maggiore
Zenna
Dirinella
Armio
Musignano
Agra
Dumenza
Curiglia
Veddasca
M. Lema
Breno
Mugena
Astano
Fornasette
Bedigliora
Molinazzo
Caslano
Montegrino
Ponte Tresa
Tresa
Marchirolo
Cremenaga
Brezzo di Bedero
Porto Valtravaglia
Margorabbia
Castelveccana
Caldé
S. Antonio
Cassano Valcuvia
Cunardo
Grantola
Ghirla
Marzio
Cuasso al Monte
Lavena
Figino
Brusimpiano
Morcote
Serpiano
Porto Ceresio
Besano
Viggiù
Arcisate
Induno Olona
Varese
Bizzarone
Cantello
Malnate
M. Campo dei Fiori
Gavirate
Comério
Sta Maria del Monte
Brinzio
Bedero Valcuvia
Rancio Valcuvia
Cuvio
Orino
Duno
Arcumeggia
Cittiglio
Laveno
Gemonio
Cocquio
Besozzo
Brebbia
Monvalle
Sangiano
Reno
Leggiuno
Ispra
Ranco
Cadrezzate
Monate
Travedona
Biandronno
Calcinate del P.
Gallarate
Ternate
Brabbia
Comabbio
Locarno
Lugano
Lago Maggiore
Verbania
Intra
Pallanza
Fondotoce
Feriolo
Baveno
Borromee
Stresa
Mottarone
Vezzo
Sta Caterina
Arolo
Belgirate
Lesa
Massino Visconti
Nebbiuno
Meina
Pisano
Colazza
Ameno
Miasino
Orta S. Giulio
Armeno
Gignese
Alpino
Agrano
Omegna
Quarna
Nonio
Cesara
Pettenasco
Verbania
Ghiffa
Bee
Premeno
Intragna
Aurano
Miazzina
Cossogno
Bracchio
Fantoli
Cicogna
Parco Nazionale della Val Grande
Cima di Laurasca
M. Zeda
M. Togano
P.zo di Rossola
Mergozzo
Candoglia
Cuzzago
Premosello
Vogogna
Ornavasso
Anzola d'Ossola
Pieve Vergonte
Piedimulera
Valle Anzasca
Val Antrona
Antronapiana
Viganella
Beura-Cardezza
Villadossola
Domodossola
Bognanco
S. Lorenzo
M. Straciugo
Città di Novara
Trontano
Masera
Montecrestese
Preglia
Crevoladossola
Val Divedro
Varzo
Trasquera
Iselle
Diveria
P.zo Pioltone
Galleria del Sempione
S. Domenico
Alpe Veglia
Goglio
Baceno
Premia
Crodo
Viceno
Agarina
Valle d'Ossola
Valle dell' Isorno
Pioda di Crana
Val Antigorio
Val Devero
Alpe Devero
M. Cistella
M. Cervandone
Helsenhorn
Ritterpass
Passo
Foppiano
Toce
Val Formazza
Chiesa
Formazza
Cascata d. Toce
La Frua
M. Basodino
L. di Toggia
Passo di S. Giacomo
Corno-Gries
Griespass / P.so di Gries
Maria Luisa
L. di Morasco
Blinnenhorn
Ofenhorn / P.ta d'Arbola
Albrunpass / Bocchetta d'Arbola
L. Vannino
L. Codelago o Devero
M. Giove
P.ta di Cazoli
P. Orsalietta
Sonnenhorn
P.zo Lago Gelato
P.so Medaro
Strona
Valstrona
Forno
Luzzogno
Casale Corte Cerro
Gravellona Toce
M. Massone
M. Capio
Rimella
Cima Capezzone
Sta Maria
Sabbia
Ferrera
Cravagliana
Vocca
Balmuccia
Varallo
Civiasco
Crosa
Sacro Monte
Cervarolo
Corte
le Piane
Boleto
Madonna d. Sasso
P. di Vogorno
P.ne Rosso
Lago di Varese
Lago di Comabbio
Lago di Monate
Lago d'Orta
Lago di Lugano

9
10
Rheinwald
Splügenpass
P^so dello Spluga
Passo del S. Bernardino
San Bernardino
Splügen
Hinterrhein
Nufenen
Medels i.R.
Rheinwaldhorn
Zapporthorn
Güferhorn
Fanellahorn
Zapport
Surettahorn / P^zo Suretta
Montespluga
L. di Montespluga
Pizzo Tambo
Isola
Madesimo
Stuetta
P. Timun
Campodolcino
Starleggia
Cima de Barna
Pian San Giacomo
Valbella
Mesocco
Soazza
Misox
Val S. Giacomo
Valle di Lei
Lago di Lei
Innerferrera
Ausserferrera
Campsut
Cresta
Avers
Juf
Wissberg
P. Platta
L. da Marmorera
Marmorera
Mulegns
Bivio
Julierpass
P. Lagrev
Sils/Segl Baselgia
Sils/Se
Silvaplar
ST. M
Tscheischhorn
Septimerpass
Maloja
L. da Segl
P^so del Maloja
Casaccia
Löbbia
Val Bregaglia
Soglio
la Porta
Stampa
Maira
Castasegna
Villa d. Chiavenna
Chiavenna
Piuro
Sta Croce
Olmo
S.Giacomo Filippo
Gallivaggio
Prestone
Fraciscio
Chiavenna
P^zo Stella
P^zo Gallegione
Vicosoprano
Albigna
Forno
M. del Forn
Sciora
P^zo Cengalo
Cma di Castello
Allievi
M. Disgrazia
Bagni d. Masino
S.Martino
Corni Bruciati
Preda Rossa
Cataeggio
Buglio in Monte
Berbenno di Valtellina
Ardenno
Masino
Dazio
Postal
Forcola
Fusine
Campo
Tartano
Caspano
Civo
Mello
Traona
Dubino
Cino
Talamona
Morbegno
Cosio Valt.
Rogolo
Delebio
Piantedo
Colico
Albaredo per S. Marco
Pedesina
Gerola Alta
Rasura
Sacco
M. Legnone
Pizzo Alto
M. Rotondo
Premana
Pagnona
Tremenico
Sueglio
Dervio
Dorio
Olgiasca
Roccoli Lorla
Varrone
Casargo
Vendrogno
Margno
Pian d. Betulle
Crandola Valsassina
Taceno
Cortenova
Valsassina
Primaluna
Introbio
Pioverna
Barzio
Cremeno
Moggio
Pasturo
Grigna Sett.
Grigna Merid.
Esino Lario
Perledo
Varenna
Bellano
Bellagio
Vassena
Oliveto
Olcio
Somana
Mandello del Lario
Abbadia Lariana
Lierna
Lecco
Malgrate
Valmadrera
Civate
Galbiate
Calolziocorte
Erve
Ballabio
Piani Resinelli
Laorca
M. Serrada
Morterone
Brumano
Fuipiano Valle Imagna
Rota d'Imagna
Valsecca
Berbenno
Brembilla
S.Omobono
Zogno
S.Pellegrino Terme
Algua
Serina
S.Giovanni Bianco
Dossena
Oltre il Colle
Lenna
Piazza Brembana
Olmo al Brembo
Cassiglio
Valtorta
Ornica
Sta Brigida
Cusio
Piazzatorre
Mezzoldo
P^so S. Marco
P^so di Tartano
M. Cadelle
S.Simone
Foppolo
Isola di
Roncobell
Pzo dei Tre Signori
L. di Trona
P^zo Ponteranica
Zuccone Campelli
Piani di Artavaggio
M. Aralalta
Camerata Cornello
Taleggio
Vedeseta
Olda
Valle Brembana
Bergamo
Lago di Como
Lago di Lecco
Gravedona
Domaso
Gera Lario
Sorico
Nuova Olonio
L. di Mezzola
Verceia
Novate Mezzola
Era
Samolaco
S.Pietro
Mera
Somaggia
S.Cassiano
Prata Camportaccio
Gordona
Menarola
Parco d. Marmitte
P^zo Ledu
P^zo Martello
Como
Albonico
Livo
Dosso del Liro
Stazzona
Garzeno
Dongo
Abbadia di Piona
Pianello d. Lario
Cremia
M. Bregagno
Rezzonico
S. Bartolomeo V. Cav.
Sta Maria (S. Siro)
Acquaseria
Plesio
Grandola
Carlazzo
Porlezza
Menaggio
Cadenabbia
Tremezzo
Mezzegra
Ossuccio
Lenno
I. Comacina
Sala Comacina
Argegno
Pigra
Lezzeno
Guello
Civenna
Magreglio
Madna d. Ghisallo
Nesso
Veleso
Barni
Onno
Lasnigo
Asso
Valbrona
Canzo
Caglio
Sormano
M.S. Primo
Zelbio
Pognana Lario
Faggeto Lario
Palanzone
Caslino d'Erba
Erba
Longone al S.
Pusiano
Ponte Lambro
Albavilla
Lambro
L. di Annone
Garlate
Bosisio Parini
Brunate
COMO
Tavernerio
Blevio
Torno
Moltrasio
Carate Urio
Laglio
Brienno
Cernobbio
Chiasso
Pedrinate
Gironico
M. Bisbino
Mendrisio
Balerna
Somazzo
Muggio
Riva S. Vitale
Bellavista
Melano
Rovio
M. Generoso
Bissone
Arogno
Campione d'Italia
Lanzo d'Intelvi
Laino
Ramponio
Claino-Osteno
Castiglione d'I.
S.Fedele I.
Casasco d'I.
Dizzasco
Cerano
Lugano
Gandria
Caprino
M. Brè
LUGANO
Oria
S. Mamete
Bene-Lario
(Valsolda)
Cureglia
Canobbio
Sonvico
Bidogno
Bogno
Cavargna
Val Cavargna
Cavargna
M. Bar
P^zo di Gino
Tunnel ferroviario del Monte Ceneri in costruzione
M. Garzirola
Camoghè
Cadenazzo
Pianezzo
Giubiasco
Carena
P^so di S. Jorio
M. Marmontana
Bellinzona
Monte Laura
Carasso
Gorduno
Gnosca
Arbedo-Castione
Claro
Cresciano
Preonzo
Prosito
Osogna
P. di Claro
Arvigo
Selma
Lostallo
P. de Groven
Sta Domenica
Val Calanca
Augio
Rossa
Sta Maria in Calanca
Cama
Grono
S. Vittore
Roveredo
Valle Mesolcina
Moesa
P. de Cressim / P^zo Roggione
P. Paglia
Torrone Alto
Biasca
Fil di Remia
Pontirone
Madra
Malvaglia
Val Blenio
Brenno
Val Adula
Acquarossa
Olivone
P. Cassimoi
Adula
Cma Rossa
I. Rodond
Hinterrhein
Val Ferrera
Averserrhein
Passo del S. Bernardino
P^zo Groppera
P^zo d' Inferno
P. Bles
P. Piot
P. Duan
M. Gruf
Giannetti
Brasca
P^zo Ligoncio
Volta
M. Erbea
Valtellina
Adda
Lario
Lugano
Serrada
S.Pellegrino Terme
Porre
Chiare
Bra
P. Na
Alba

0 5 10 15 20 km
Albulapass
Bever
Piz Ot
Celerina Schlarigna
P. Nair
Muottas Muragl
ST. MORITZ
Pontresina
St.Moritz-Bad
P. Julier
Silvaplana
Surlej
P. Languard
P. la Stretta
Sils/Segl Maria
Sils/Segl Baselgia
L. da Silvaplauna
Chünetta
Boval
Tschierva
P. Corvatsch
Coaz
L. da Segl
Pso del Maloja
P. Morteratsch
Pzo Bernina
Diavolezza
Piz Palü
Alp Grüm
Pzo Roseg
Pzo Zupo
Marinelli
Pso del Muretto
M. del Forno
Longoni
Carate Brianza
Chiareggio
Sasso Moro
Sasso Nero
L. Palü
L. di Alpe Gera
Porro
Primolo
Lanzada
Franscia
Pzo di Canciano
Pzo Scalino
M. Disgrazia
Chiesa in Valmalenco
Caspoggio
Alpe Campiascio
Vetta di Ron
Torre di Sta Maria
Corni Bruciati
Spriana
Preda Rossa
Sondrio
Boirolo
S. Bernardo
Berbenno di Valtellina
Castione Andevenno
Poggiridenti
Ponte in Valtellina
Postalesio
Tresivio
Chiuro
Teglio
Tresenda
Adda
Fusine
Caiolo
Albosaggia
Faedo
Piateda Alta
Arigna
Castello dell'Acqua
S. Giacomo
Carona
M. Vespolo
Agnedo
Ambria
Orobie
L. di Venina
M. Cadelle
S. Simone
Foppolo
Pso Venina
Pso del Diavolo
Baroni
Valbondione
Pzo di Coca
L. del Barbellino
M. Gleno
Fiumenero
Serio
Lizzola
M. Cabianca
Gromo
Branzi
Piazzatorre
L. Gemelli
Valgoglio
Isola di Fondra
Pso d. Marogella
Spiazzi
Roncobello
Valcanale
Ardesio
Pzo Arera
Valzurio
Villa d'Ogna
Oltre il Colle
Zambla
Clusone
Rovetta
Parre
Serina
Ponte Nossa
M. Alben
Pzo Formico
Algua
Trafficanti
Vertova
Casnigo
Gandino
Sovere
Costa Volpino
Lovere
Bossico
Pianico
Livigno
S. Rocco
Trepalle
Pso di Foscagno
M. Foscagno
Forcola di Livigno
P. Paradisin
Passo del Bernina
la Rösa
Scima di Saoseo / Cima Saoseo
Val Viola
Cima de Piazzi
Arnoga
Isolaccia
S. Carlo
Malghera
Sasso Campana
Poschiavo
Pass da Canfinal / Pso Confinal
Le Prese
L. di Poschiavo
P. Trevisina / Pzo Trevisina
Miralago
Brusio
Campocologno
Madonna di Tirano
Tirano
Villa di Tirano
Bianzone
Stazzona
Pso dell'Aprica
Aprica
Corteno Golgi
Cortenedolo
Edolo
Sonico
M. Padrio
Lovero
Tovo di S. Agata
Vervio
Mazzo di Valtellina
Grosio
Grosotto
Inc. Rupestri
Fusino
Sondalo
Eita
C. Redasco
Le Prese
Fumero
Lago del Gallo
L. di S. Giacomo di Fraele
L. di Cancano
Bagni di Bormio
Bormio
S. Antonio
Bormio 2000
Valfurva
Cima Bianca
M. Sobretta
Sta Lucia
Cepina
Valdidentro
Pass Umbrail
Pso dello Stelvio / Stilfserjoch
Cresta di Reit
M. Gavia
Pso di Gavia
M. Coleazzo
M. Serottini
Ponte di Legno
Vione
Temù
Pso di Foppa
Vezza d'Oglio
Oglio
Incudine
Monno
Rino
Malonno
Garda
Gnutti
Tonolini
M. Adamello
M. Baitone
Demo
Cevo
Saviore dell'Adamello
Valle
Paisco
Cedegolo
S. Salvatore
Capo di Ponte
Parco Naz. Inc. Rupestri
Paspardo
Ceto
Cerveno
Losine
Niardo
Breno
Cividate Camuno
Bienno
Prestine
Esine
Berzo
Malegno
Borno
Pzo Camino
Azzone
Schilpario
Pso del Vivione
Vilminore di S.
Nona
Teveno
Dezzo
Colere
Pso della Presolana
Pso d. Presolana
Bratto
Dorga
Castione d. Presolana
Boario Terme
Angolo Terme
Darfo
Gianico
Artogne
Pian Camuno
Pisogne
Rogno
Campolaro
Pso di Croce Domini
M. Fra
Goletto del Crocette
M. Colombine
M. Campione
Collio
Bagolino
Val di Caffaro
Cornone di Blumone
Paghera
L. di Malga Boazzo
M. Re di Castello
M. Torena
M. Lorio
L. di Belviso
Sta Caterina Valfurva

Parco Nazionale
Gomagoi
Solda di Fuori / Ausser Sulden
Pta di Lasa 3305
Martello / Martell
Bagni di Salto / Bad Salt
Sta Valburga / St. Walburg
Tesimo / Tisens
Trafoi
Serristori
Ganda di M. / Gand
Sta Maria alla Fonderia
L'Orecchia di Lepre
L. di Quàira
M. Luco
Nalles / Nals
Terlan
BOLZANO BOZEN
Solda / Sulden
S. Nicolò / St. Nikolaus
L. di Zòccolo
Pso delle Palade / Gampenjoch
Andriano / Andrian
Gioveretto 3439
L. di Gioveretto
Senale / U.L. Frau i. Walde
Predonico / Perdonig
Ortles / Ortler
Città di Milano
L. Verde
Sta Gertrude / St. Gertraud
M. degli Olmi 2656
M. Macaion Gantkofel
Missiano / Missian
Gran Zebrù / Königsspitze
Corsi (2265)
Cma Sternai
L. di Fontana Bianca
S. Felice / St. Felix
Dorigoni
Proves / Proveis (1420)
Castelfondo
Appiano / Eppan
Cornaiano / Girlan
Pizzini-Frattola
M. Cevedale / Zufallspitze 3769
Cima Venezia
Larcher
Bordolona
Rumo
Fondo
Malosco
M. Pènegal
Lago del Careser
Coler (1380)
Val di Bresimo
Bresimo
Brez
Cloz
Ronzone
Pso di Mendola / Mendelpaß
Vadena / Pfatten
i Forni
Branca
Dambel
Sarnonico
Caldaro s. str. d. Vino / Kaltern a. d. W.
dello Stelvio
M. Viòz
Rabbi
Bagni di Rabbi
Bordiana
Livo
Cavareno
Romeno
Castelvecchio / Altenburg
Vedr. d. Forni
Val de la Mare
Val di Rabbi
Revo
Sanzeno
S. Romedio
L. di Caldaro
Punta S. Matteo
Peio
Pso Cercena
Magras
Val di Sole
Noce
Cavizzana
Cles
S. Giuseppe / St. Joseph
Peio Terme
Cogolo
Cima Mezzana
Malè
Caldes
Sta Giustina
M. Roen
Coredo
Termeno / Tramin
Dei Tre Signori
Commezzadura
Monclassico
Tuenno
Dermulo
Sfruz
L. di Pian Palu
Mezzana
Dimaro
Tres
Cortaccia / Kurtatsch
Montagna / Montan
Fucine
Folgarida
M. Peller
Taio
Nanno
Egna / Neumarkt
Val Vermiglio
Ossana
Marilleva
Vervò
M. Tonale
Vermiglio
Pellizzano
Flavon
Magrè / Magreid
Cauria / Gfrill
Fazzon
L. di Tovel
Favogna / Fennberg
Passo del Tonale
Stavel
C. Palù
M. Nambino
Val Meledrio
Denno
Ton
Cortina / Kurtinig
Capriana
Val di Non
Denza
Campo Carlo Magno
Roverè della Luna
Rocchetta
Grauno
La Presanella
Madonna di Campiglio
Pietra Grande
Sporminore
Salorno / Salurn
C. Busazza
Cima Presanella
L. di Cornisello
M. Spinale
Spormaggiore
Mezzocorona
Valda
Bèdole (1641)
S. Antonio di Mavignola
Mezzolombardo
Faedo
Cima Groste
Brenta
Cavedago
Fai della Paganella
S. Michele all'Adige
Faver
Cembra
Segonzano
Lobbia Alta
Cascata di Nardis
Cima Brenta
Andalo
Zambana
Nave S. Felice
Lisignago
Ragada
Carisolo
Val di Genova
Pinzolo
C. Tosa
Lases
Crozzón di Lares
Malga Movlina
Agostini
Molveno
Monte Paganella
Verla
Albiano
Baselga di Pinè
Adamello
Caderzone
Gruppo di Brenta
Lago di Molveno
Lavis
Meano
Bocenago
Val Rendena
Val d'Algone
Monte Terlago
L. Santo
Faida
M. Carè Alto
Spiazzo
Gardolo
Adige
S. Orsola
Pelugo
Terlago
Civezzano
Madrano
Vigo Rendena
S. Lorenzo in Banale
Vezzano
Vigolo Baselga
Cadine
Viarago
C. Cop di Breguzzo
Binio
Ranzo
Padergnone
Sopramonte
TRENTO
Pergine Valsugana
L. di Malga Bissina
Villa Rendena
Stenico
Sardagna
Ragoli
L. di Toblino
Vaneze
S. Cristoforo
Valle Rendena
Ponte Arche
Comano Terme
Calavino
Sarche
Vason
Tione di Trento
Bolbeno
Durone
Pietramurata
Lagolo
M. Bondone
Ravina
L. di Caldonazzo
Levico Terme
Cima di Valbona
Cavrasto
Lasino
Mattarello
Calceranica al L.
Tenna
Breguzzo
Lomaso
Fiavè
L. di Cavedine
Garniga
Vigolo Vattaro
Bondone
Bondo
Altissimo
Cavedine
Cornetto
Aldeno
Centa S. Nicolò
Caldonazzo
Roncone
Lardaro
Val Daone
S. Giovanni
Ballino
Becco di Filadonna
Daone
Dro
Drena
L. di Cei
Lavarone
Chiese
Pieve di Bono
M. Cadria
L. di Tenno
Marchetti
Nomi
Calliano
Cast. Beseno
Carbonare
Palo
Pranzo
Tenno
Arco
Bolognano
M. Stivo
Villa Lagarina
Pso di Sommo
Folgaria
Lastebasse
Cimego
Campi
Cascata
Ronzo Chienis
Volano
Rovereto
Serrada
Val d'Astico
Condino
Bezzecca
Pieve di L.
Varone
Riva del Garda
Isera
Terragnolo
Tiarno di Sopra
Mezzolago
L. di Ledro
Valle S. Felice
Trambileno
M. Campomolon
Valli Giudicarie
Molina di L.
Torbole
Nago
Mori
Tonezza d. Cimone
Val di Ledro
Loppio
Albaredo
Storo
Darzo
Marco
Col Santo
Pso d. Borcola
Molini
Pso di Tremalzo
Crosano
Ponte Caffaro
Limone sul Garda
Brentonico
Laghi
S. Giacomo
Serravalle all'Adige

0 5 10 15 20 km
BOLZANO / BOZEN
Vanga / Wangen
Renon / Ritten
Castelrotto / Kastelruth
Siusi
Sta Cristina / St. Christina
Selva / Wolkenstein
S. Cassiano / St. Kassian
Armentarola
Le Tofane
Corvara i. B.
Bellavista
Plan de Gralba / Kreuzboden
Sasso Lungo
Grödner Joch
Gruppo di Sella
Pso di Gardena
Valparola
Pso di Falzarego
Pso di Campolongo
Col di Lana
Nuvolau
Arabba
Andraz
Passo di Giau
Pieve di Livinallongo
Pso di Sella
Razzes / Ratzes
M. Sciliar
Fié / Völs
Prato / Blumau
Bagni di Lavina Bianca / Weisslahnbad
Alpe di Siusi / Seiser Alm
Collepietra / Steinegg
Campitello di Fassa
Canazei
Pso Pordoi
Colle di Villa / Bauernkohlern
S. Giacomo / St. Jakob
Cornaiano / Girlan
Tires / Tiers
Pso Nigra
Catinaccio / Rosengarten
Mazzin
Alba
Pso di Fedaia
Rocca Pietore
Selva di Cadore
Colle Sta Lucia
Caprile
Val d'Ega / Eggental
Nova Levante / Welschnofen
Laives / Leifers
Lupicino / Wölfl
Ponte Nova / Birchabruck
Nova Ponente / Deutschnofen
Monte S. Pietro / Petersberg
Bronzolo / Branzoll
S. Floriano / Obereggen
Carezza al Lago / Karersee
L. di Carezza
Pso di Costalunga / Karerpaß
Pozza di F.
Vigo di F.
Soraga
Ciampie
Marmolada
Falier
Sottoguda
Alleghe
Sasso di Valfredda
Masarè
M. Civetta
Taramelli
Monzoni
Pso S. Pellegrino
Vallada Ag.
S. Tomaso Ag.
Caviola
Madonna di Pietralba
Novale / Rauth
Aldino / Aldein
Ora / Auer
Redagno / Radein
Latemar
Moena
S. Pellegrino
C. Bocche
Pso di Lusia
Falcade
Canale d' Agordo
Vazzoler
Cencenighe Agordino
M. Moiazza
Pso di Lavaze
Pso di Oclini
Pampeago
Avisio
Pso di Valles
Montagna / Montan
Trodena / Truden
Fontanefredde / Kaltenbrunn
Stava
Predazzo
Bellamonte
Paneveggio
Gares
Pale di S. Lucano
Carestiato
Egna / Neumarkt
S. Lugano
Varena
Cavalese
Tesero
Carano
Panchià
Ziano di F.
Fiemme
L. di Forte Buso
Pso di Rolle
Col di Prà
Taibon Ag.
Agordo
Anterivo / Altrei
Molina
Cauria / Gfrill
Val Travignolo
Malga di Valmaggiore
Val di S. Lugano
Voltago Ag.
M. Agner
Castello Molina di F.
Masi di C.
Val di Lagorai
Capriana
Malga Sadole
C. di Cece
S. Martino di Castrozza
Pale di S. Martino
Frassenè
Rivamonte Ag.
Valfloriana
Alpe Cermis
Pradidali
Aurine
Tréviso
Franche
Grauno
Salurn
Sover
L. Lagorai
Catena dei Lagorai
Refavaie
C. Scanaiol
Gosaldo
Monti del Sole
Val Cadino
M. Stelle delle Sute
L. di Calaita
Cismon
Siror
Pso di Cereda
Titele
Gena
Val di Cembra
Caoria
Fiera di Primiero
Tonadico
Sagron-Mis
Canale del Mis
Segonzano
Brusago
M. Croce
Pso Manghen
Passo Cinque Croci
C. d'Asta
Brentari
M. Agnellezze
Dolomiti
L. del Mis
Tonini
Bedollo
Canal S. Bovo
Prade
Imer
Mezzano
Boz
M. Pizzocco
Sospirolo
Pso Redebus
Val di Calamento
Grigno
Pso di Gobbera
L. di Val Noana
Baselga di Pinè
Palù del Fersina
C. di Sette Selle
Cimon Rava
Pso del Brocon
Vanoi
Valle di Canzoi
Bellunesi
Faida
Fierozzo
S. Francesco
Monte Croce
le Vette
M. Pavione
S. Gregorio nelle Alpi
Cesiomaggiore
Meano
Paderno
S. Orsola
Gronlait
Samone
Bieno
Senaiga
M. Coppolo
Aune
Pso Croce d'Aune
Marsiai
Sta Giustina
Viarago
Torcegno
Carzano
Pieve Tesino
Castello Tesino
Zorzoi
Villabruna
Pullir
Pergine Valsugana
Roveda
Borgo Valsugana
Telve
Strigno
Villa Agnedo
Cinte Tesino
Lamon
Servo
Pedavena
Busche
Piave
Lentiai
Panarotta
Roncegno
Olle
Castelnuovo
Ospedaletto
M. Avena
Facen
Foèn
Villapiana
Castel Zumelle
Vetriolo Terme
Novaledo
Levico Terme
Brenta
Valsugana
Grigno
Arina
L. di Senaiga
Fonzaso
Mugnai
Feltre
Villapaiera
Barco
Sella
Selva
Perer
Arten
Anzù
M. Ortigara
Tezze
Tovio
M. Lozze
Cima Dodici
Cima Mandriolo
Seren del Grappa
Carpen
Caorera
Barricata
Primolano
Arsiè
Lavis
Enego 2000
Rocca
L. del Corlo
Chiesa Nuova
Schievenin
Rendale
Enego
M. Cismon
Casere
M. Cesen
Vas
Lavarone
Pso di Vezzena
Ghertele
Campomulo
Quero
Pianezze
Combai
Luserna
M. Verena
Longhi
Altopiano dei Sette Comuni
Stoner
Cismon del Grappa
Alano di Piave
Segusino
Guietta
Lazzaretti
S. Vito
Fener
Col S. Martino
Valdobbiadene
Val d'Astico
S. Pietro Valdastico
Bosco
Gallio
Foza
Campanella
Col d. Berretta
M. Grappa
Pederobba
Bigolino
Camporovere
Roana
Asiago
Sasso
Possagno
Cavaso del Tomba
Vidor
Rotzo
Mezzaselva
Tonezza d. Cimone
Canove
Valstagna
Col Moschin
Onigo
Crocetta
Cavrari
Cesuna
Pedescala
Turcio
Campolongo sul Brenta
Crespano del Grappa
Castelcucco
Monfumo
Cornuda
M. Caberlaba
Solagna
Borso d. G.
Paderno d. G.
Villa Barbaro
M. Cengio
Cogollo
C. Fonti
Rubbio
Pove d. G.
Olmo
Pagnano
Asolo
Nogare

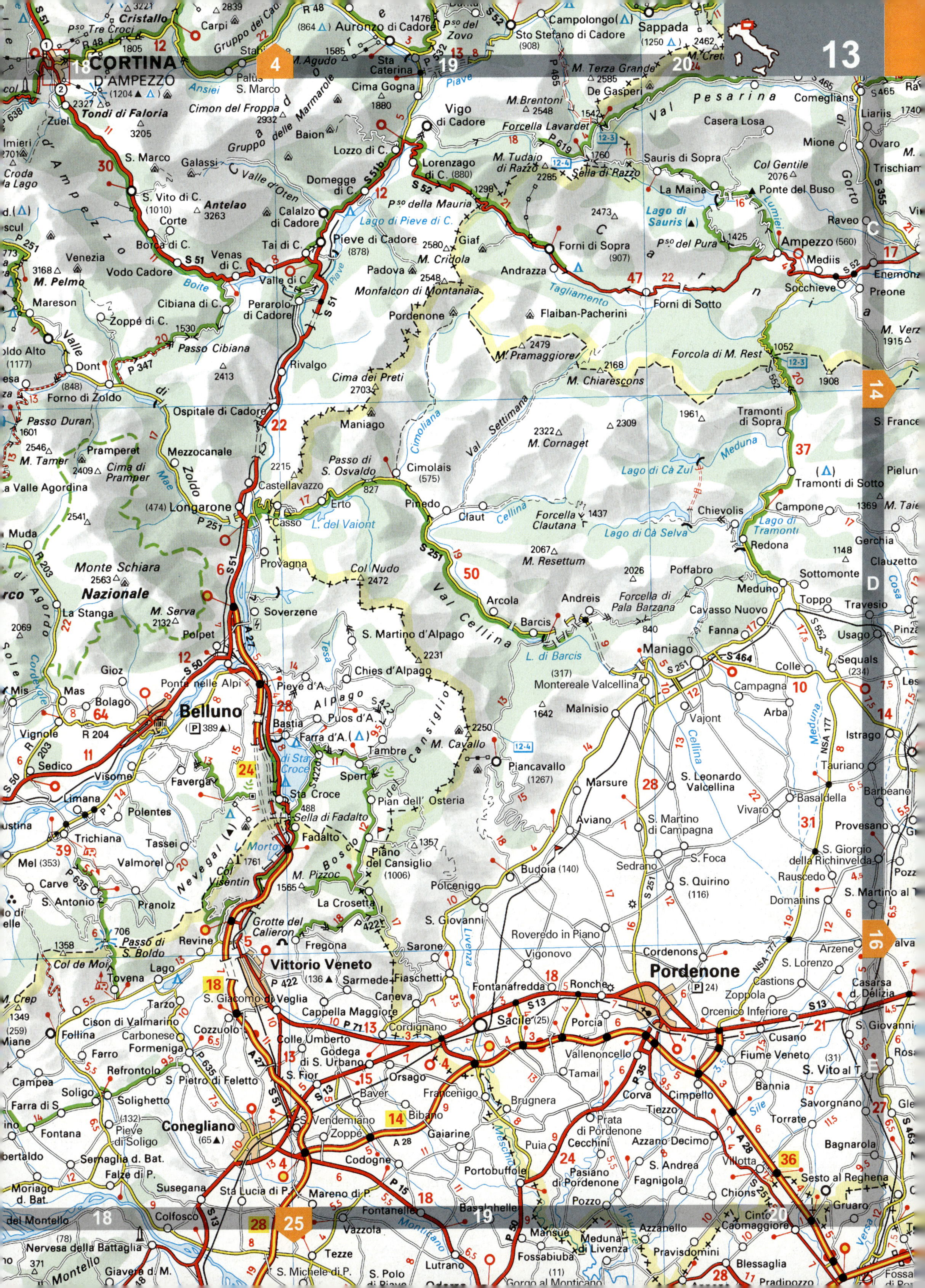

CRISTALLO
Pso Tre Croci
CORTINA D'AMPEZZO
Tondi di Faloria
Gruppo del Cao
Carpi
Auronzo di Cadore
Campolongo
Sto Stefano di Cadore
Sappada
M. Creta
Val Pesarina
Comeglians
Liariis
Mione
Ovaro
Col Gentile
Trischiam

S. Marco
Cima Gogna
Vigo di Cadore
M. Brentoni
Forcella Lavardet
Sauris di Sopra
Casera Losa

Gruppo delle Marmarole
Lozzo di C.
Lorenzago di C.
M. Tudaio di Razzo
Sella di Razzo
La Maina
Ponte del Buso
Raveo

S. Marco
Galassi
Valle d'Oten
Domegge di C.
Pso della Mauria
Forni di Sopra
Pso del Pura
Lago di Sauris
Ampezzo
Mediis

S. Vito di C.
Antelao
Calalzo di Cadore
Pieve di Cadore
Giaf
M. Cridola
Padova
Andrazza
Socchieve
Enemonzo
Preone

Venezia
Vodo Cadore
Venas di C.
Valle di C.
Monfalcon di Montanaia
M. Pelmo
Mareson
Cibiana di C.
Pordenone
Forni di Sotto
M. Verz

Zoppè di C.
Passo Cibiana
Rivalgo
Flaiban-Pacherini
Tagliamento
Forcola di M. Rest

Forno di Zoldo
Dont
Ospitale di Cadore
Cima dei Preti
M. Pramaggiore
M. Chiarescons

Passo Duran
Maniago
Cimolais
Passo di S. Osvaldo
M. Cornaget
M. Resettum
Tramonti di Sopra
S. France

M. Tamer
Cima di Pramper
Castellavazzo
Erto
Pinedo
Val Settimana
Tramonti di Sotto
Pielun

Longarone
Casso
L. del Vaiont
Claut
Cellina
Forcella Clautana
Lago di Cà Zul
Chievolis
Campone
M. Taie

La Valle Agordina
Provagna
Col Nudo
Lago di Cà Selva
Tramonti
Redona
Gerchia

Muda
Monte Schiara
Soverzene
Val Cellina
Arcola
Andreis
Forcella di Pala Barzana
Meduno
Toppo
Travesio
Clauzetto

Nazionale
M. Serva
Polpet
Barcis
Cavasso Nuovo
Fanna
Usago
Sequals

La Stanga
Gioz
Ponte nelle Alpi
S. Martino d'Alpago
L. di Barcis
Maniago
Colle
Campagna

Bolago
BELLUNO
Pieve d'A.
Chies d'Alpago
Montereale Valcellina
Vajont
Arba
Istrago

Sedico
Bastia
Puos d'A.
Malnisio
S. Leonardo Valcellina
Tauriano

Visome
Farra d'A.
Tambre
M. Cavallo
Marsure
S. Martino di Campagna
Vivaro
Basaldella
Barbeano

Limana
Favarga
Piancavallo
Aviano
S. Foca
Provesano

Trichiana
Polentes
Sta Croce
Pian dell'Osteria
Sedrano
S. Giorgio della Richinvelda

Mel
Tassei
Valmorel
Sella di Fadalto
Budoia
S. Quirino
Rauscedo
Domanins
Pozz

Carve
S. Antonio
Col Visentin
Fadalto
Piano del Cansiglio
Polcenigo
Roveredo in Piano
Cordenons
S. Martino al

Pranolz
M. Pizzoc
La Crosetta
S. Giovanni
Vigonovo
Casarsa d. Delizia

Passo di S. Boldo
Revine
Lago
Grotte del Caglieron
Fregona
Sarone
Livenza
Fontanafredda
PORDENONE
Zoppola
Orcenico Inferiore
S. Lorenzo
Castions

Col de Moi
Tovena
Tarzo
VITTORIO VENETO
Sarmede
Fiaschetti
Ronche
Porcia
Cusano
S. Vito al T.
Ros

Cison di Valmarino
Follina
Carbonese
Cozzuolo
Colle Umberto
Caneva
Sacile
Vallenoncello
Fiume Veneto

Miane
Farro
Refrontolo
Cordignano
Godega di S. Urbano
Tamai
Corva
Cimpello
Savorgnano

Campea
Soligo
S. Pietro di Feletto
Colle Umberto
S. Fior
Orsago
Francenigo
Brugnera
Tiezzo
Torrate

Farra di S.
Solighetto
Baver
Prata di Pordenone
Azzano Decimo
Bannia
Gle

Fontana
Pieve di Soligo
CONEGLIANO
Bibano
Gaiarine
Puia
Cecchini
Villotta
Bagnarola

Sernaglia d. Bat.
Vendemiano
Zoppè
Codogne
Pasiano di Pordenone
S. Andrea
Fagnigola
Sesto al Reghena

Moriago
Falze di P.
Susegana
Sta Lucia di P.
Mareno di P.
Portobuffole
Pozzo
Chions
Cinto Caomaggiore
Gruaro

Nervesa della Battaglia
Colfosco
Fontanelle
Basalghelle
Mansué
Meduna di Livenza
Azzanello
Blessaglia

Montello
Giavera di M.
Tezze
S. Michele di P.
S. Polo di Piave
Lutrano
Gorgo al Monticano
Pravisdomini
Pradipozzo

0 5 10 15 20 km
Abfaltersbach
Lienzer Dolomiten
Eggenkofel 2590
Flaschberg
Dellach i.Drautal
Kartitscher Sattel
Schatzbühel 2090
Gailberg Sattel
Gailtaler Alpen
M.Elmo / Helm
Sillianer H.
Obstansersee H.
Giuseppe / Moos
Pfannspitze
Großer-Kinigat / M. Cavallino
Untertilliach
St. Lorenzen i. Lesachtal
Maria Luggau
Liesing
Birnbaum
St. Jakob i. Lesachtal
Laas
Kötschach
Mauthen
Würmlach
Torkofel 2275
Compton-H.
Reißkofel
Dellach
Gundersheim
Reisach
Kirche
Oberes Gailtal
Stranig
Zwölferspitz 2593
Karnische Alpen
Steinkarspitz / M. Antola
Hochweißstein-Hs.
Pso di M. Croce di Comelico / Kreuzbergpass
Val Pàdola
Berti
Rifugio Comici
Crode dei Longerin 2569
M. Peralba 2693
Calvi
Hochalpljoch / Pso dell'Oregone 2280
Hohe Warte / M. Coglians 2780
E. Pichl-H.
Polinik 2331
Plöckenpaß / Pso di M. Croce Carnico 1360
Hoher Trieb / Cuestalta 2199
Pàdola
Comelico Superiore
Case Orsolina
Dànta
S. Nicolò di C.
Valle Visdende
Pierabec
Forni Avoltri
Collina
Marinelli
Timau
M. Paularo 2043
Pso Cason di Lanza 1552
Auronzo di Cadore
Campolongo
Sappada
Cimasappada
M. Crostis 2251
Cleulis
Rigolato
Degano
Canale di S. Pietro
Ligosullo
Paularo
Sto Stefano di Cadore
M. Creta Forata 2462
Prato Carnico
Tualis
Cercivento
Treppo Carnico
Sta Caterina
Cima Gogna
M. Terza Grande 2585
De Gasperi
Pesariis
Comeglians
Ravascletto
Zovello
Paluzza
Dierico
Piave
M.Brentoni 2548
Val Pesarina
Canale di Gorto
Liariis
Sutrio
M. Tersadia 1961
Lambrugno
Vigo di Cadore
Forcella Lavardet 1542
Casera Losa
Mione
Piano d'Arta
Arta Terme
Lozzo di C.
Lorenzago di C.
M. Tudaio di Razzo 2285
Sella di Razzo
Sauris di Sopra
Col Gentile 2076
Ovaro
M. Arvenis 1967
S. Pietro di Carnia
Zuglio
M. Sernio 2190
Trischiamps
Grauzaria
Pso della Mauria 1298
La Maina
Ponte del Buso
Plugna
Lago di Pieve di C.
Lago di Sauris
Lumiei
Raveo
Vinaio
Illegio
Pieve di Cadore
Giaf
Pso del Pura 1425
Ampezzo
Villa Santina
Moggio Udinese
Padova
M. Cridola 2580
Forni di Sopra
Mediis
Enemonzo
Tolmezzo
Ponte
Monfalcon di Montanaia 2548
Andrazza
Tagliamento
Forni di Sotto
Socchieve
Preone
Villa
M. Amariana 1906
Amaro
Resiutta
Pordenone
Flaiban-Pacherini
Chiaicis
Verzegnis
Carnia
Cavazzo Carnico
M. Pramaggiore 2479
Forcola di M. Rest 1052
M. Verzegnis 1915
Sella Chianzutan 954
Somplago
Portis
M. Chiarescons 2168
Cima dei Preti
1908
1617
L. di Cavazzo
Alesso
Venzone
Maniago
Cimoliana
Val Settimana
M. Cornaget 2322
2309
Tramonti di Sopra
S. Francesco
Bordano
Ospedaletto
Passo di S. Osvaldo 827
Cimolais
Lago di Cà Zul
Meduna
Tramonti di Sotto
Pielungo
Trasaghis
Gemona
Erto
Pinedo
Claut
Cellina
Forcella Clautana 1437
Chievolis
Campone
M. Taiet 1369
Peonis
Osoppo
Montenars
Artegna
Lago di Cà Selva
Lago di Tramonti
Redona
Gerchia
Anduins
Forgaria nel F.
Col Nudo 2472
M. Resettum 2067
Poffabro
Clauzetto
Sottomonte
Flagogna
S. Floreano
Tarcento
Val Cellina
Arcola
Andreis
Forcella di Pala Barzana 840
Meduno
Toppo
Travesio
Castelnuovo del Friuli
Buia
Barcis
Cavasso Nuovo
Fanna
Pinzano al T.
Muris
Treppo Grande
S. Martino d'Alpago
L. di Barcis
Maniago
Usago
Ragogna
Majano
Tricesimo
Chies d'Alpago
Montereale Valcellina
Colle
Sequals
Valeriano
S. Daniele del Friuli
Colloredo di M. Albano
Puos d'A.
Malnisio
Campagna
Arba
Lestans
Caporiacco
Vajont
Rive d'Arcano
Pagnacco
Tambre
Cansiglio
M. Cavallo 2250
Istrago
Carpacco
Rodeano
Fagagna
Piancavallo
Spilimbergo
Ciconicco
Martignacco
Spert
Marsure
S. Leonardo Valcellina
Tauriano
Coseano
Pian dell' Osteria
Basaldella
Barbeano
Dignano
Cisterna
S. Vito di Fagagna
Fadalto
Aviano
Vivaro
Provesano
Gradisca
Flaibano
S. Marco
Passons
Colloredo di Prato
Pasian di Prato
S. Martino di Campagna
Piano del Cansiglio
S. Foca
S. Giorgio della Richinvelda
Mereto di Tomba
Blessano
Budoia
Sedrano
S. Quirino
Rauscedo
Pozzo
S. Odorico
Bressa
Polcenigo
Crosetta
Domanins
S. Martino al T.
Pantianicco
Basiliano
Basaldella
S. Giovanni
Sedegliano
Rivis
Villaorba
Campoformido
Roveredo in Piano
Beano
Orgnano
Sarone
Vigonovo
Cordenons
Arzene
Valvasone
Basagliapenta
Pozzuolo del Friuli
Veneto
Fiaschetti
Pordenone
S. Lorenzo
Goricizza
Livenza
Cosa
Tagliamento
Canale Ledra
Arzino
Chiarsò
Incaroio
But
Gail

15
22
23
Drau
Gajach
Techendorf
Neusach
Weißensee
Mößlacher
Weißenb.
Stockenboi
Latschur
Fellbach
Ferndorf
Kameting
Paternion
Fresach
Verditz
Afritz
Aufß
Einöde
Feistritz a.d.D.
Weißenstein
Nikelsdorf
Wiederschwing
Weißbriach
St. Lorenzen i. Gitschtal
Weißenbach
Boden
Kreuzen
Kellerberg
Puch
Treffen
Kanzelhöhe
Sattendorf
Ossiach
Ossiacher See
Gitschtal
Spitzegel
Kobesnock
Rubland
Töplitsch
St. Ruprecht
Annenheim
St. Andrä
Landskron
Kerschdorf
Köstenberg
Wernberg
Radnig
Vellach
Windische Höhe
Forolach
Bleiberg-Kreuth
Bad Bleiberg
Heiligengeist
Fellach
Villach
Jenig
Hermagor
Görtschach
Tratten
Dobratsch
Villacher Alpe
Maria Gail
Lind
Tröpolach
Möderndorf
Egg
Paßriach
St. Stefan a.d.G.
Nötsch
Drobollach
Faaker See
Faak
Egg
St. Martin
Ledenitzen
Rosegg
Rattendorf
Eggeralm
Vorderberg
Gail
Gartnerkofel
M. Poludnig
Oisternig
Feistritz a.d.G.
Arnoldstein
Fürnitz
Finkenstein
Latschach
Naßfeld-Paß / Pso di Pramollo
Nordio-Deffar
Unterthörl
Rosenbach
Cavallo
Foresta
Coccau
Ofen / M. Forno
Wurzen-P. / Korensko Sedlo
Berta-H.
Mittagskogel
Laglesie-S. Leopoldo
Malborghetto
Camporosso in Valcanale
Tarvisio
Fusine Laghi
Rateče
Pontebba
Fella
Sella di Cereschiatis
Bagni di Lusnizza
Val
Canale
Valbruna
Montesanto di Lussari
Fusine in Valromana
Laghi di Fusine
Podkoren
Kranjska Gora
Gozd-Martuljek
Dovje
Sava Dolinka
Mojstrana
Foresta di Fusine
Bernardinis
Grego
Riofreddo
Zacchi
Planica
Zuc del Boor
Dogna
Sella di Sompdogna
di Tarvisio
Cave del Predil
M. Mangart
Vršič
Škrlatica
Vrata
Jôf di Montasio
Pellarini
Brunner
Corsi
Predel
L. del Predil
Ferro
Chiusaforte
Di Brazza
Saletto
Pso d. Predil / Predel
Log
Trenta
Canale
Canale di Raccolana
Passo di Nevea
Sella Nevea
Triglav
Pokljuka
S. Giorgio
Valle
Resia
Stolvizza
Gilberti
Grintavec
Mrzli Studenec
Plauris
di Resia
M. Canin
Bovec
Socka
Triglavski
Vogel
Narodni
Park
Sella Carnizza
Cezsoča
Musi
Passo di Tanamea
Uccea
Žaga
Lepena
Srednja Vas
Stara Fužina
Jereka
Nomenj
Bohinjsko Jezero
Pradielis
Gran Monte
Soča
Trnovo
Ribčev Laz
Bohinjska Bistrica
Lusevera
Montemaggiore
Breginj
Krn
Kuk
Monteaperta
Taipana
Borjana
Kobarid
Rodica
Vogel
Zaiama
Platischis
Natisone
Robič
Torre
Nongruella
Torlano
Prossenicco
M. Mataiur
Kamno
Podbrdo
Sedilis
Subit
Livek
Nimis
Montefosca
Montemaggiore
Tolmin
Collalto
Attimis
Stupizza
Drenchia
Ljubinj
Kneža
Qualso
Canebola
Pulfero
Cepletischis
Baca
Savorgnano
Masarolis
Most na Soči
Grahovo
Reana del Roiale
Malina
Faedis
Savogna
Lombai
Cerkno
Magredis
Stregna
Ronchis
S. Pietro al Natisone
Povoletto
Ziracco
Togliano
S. Leonardo
Idrijca
Moimacco
Cividale del Friuli
Dolenja Trebuša
Stopnik
Feletto Umberto
Remanzacco
Castelmonte
Kanal
Judrio
Banjšice
UDINE
Orzano
Gagliano
Čepovan
Premariacco
Prepotto
Mernicco
Batte
Plava
Orsaria
Spessa
SLOVENIJA
Paparotti
Pradamano
Dolegna del Collio
Lokve
Kodr
Oleis
Kojsko
Skalnica
Buttrio
Corno di Rosazzo
Dobrovo
M. Sabotino
Pavia di Udine
Manzano
Ruttars
Oslávia
Trnovo
M. Goljaki
Lauzacco
S. Giovanni
Brazzano
S. Floriano del Collio
Nova Gorica

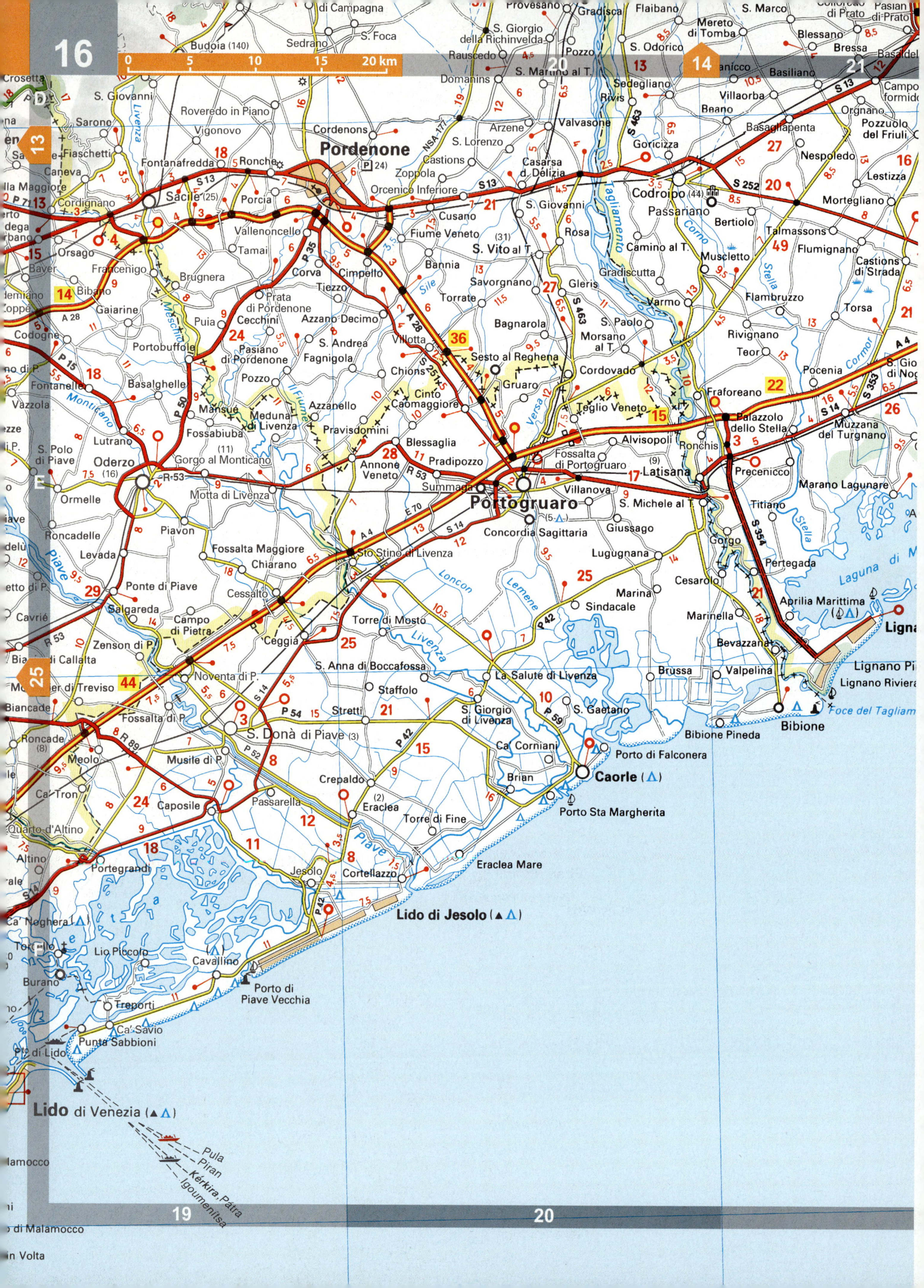
0 5 10 15 20 km
Pordenone
Portogruaro
Codroipo
Latisana
Oderzo
Sacile
S. Donà di Piave
Caorle
Bibione
Lido di Jesolo
Lido di Venezia
Eraclea Mare
Porto Sta Margherita
Porto di Falconera
Bibione Pineda
Lignano Riviera
Foce del Tagliamento
Porto di Piave Vecchia
Punta Sabbioni
Cavallino
Treporti
Burano
Lio Piccolo
Ca' Savio
Jesolo
Cortellazzo
Eraclea
Torre di Fine
Brian
Ca' Corniani
S. Gaetano
S. Giorgio di Livenza
Stretti
Staffolo
La Salute di Livenza
Torre di Mosto
S. Anna di Boccafossa
Ceggia
Noventa di P.
Musile di P.
Passarella
Crepaldo
Caposile
Meolo
Portegrandi
Altino
Quarto d'Altino
Ca' Tron
Fossalta di P.
Zenson di P.
Ponte di Piave
Salgareda
Campo di Pietra
Cessalto
Chiarano
Fossalta Maggiore
Sto Stino di Livenza
Concordia Sagittaria
Giussago
Lugugnana
Marina
Sindacale
Cesarolo
Marinella
Bevazzana
Valpelina
Brussa
Pertegada
Aprilia Marittima
Titiano
Precenicco
Marano Lagunare
Muzzana del Turgnano
Palazzolo dello Stella
Fraforeano
Ronchis
Alvisopoli
Teglio Veneto
Fossalta di Portogruaro
Villanova
S. Michele al T.
Summaga
Pradipozzo
Annone Veneto
Blessaglia
Pravisdomini
Cinto Caomaggiore
Gruaro
Sesto al Reghena
Chions
Villotta
Azzano Decimo
Fagnigola
S. Andrea
Azzanello
Meduna di Livenza
Motta di Livenza
Gorgo al Monticano
Fossabiuba
Mansuè
Pasiano di Pordenone
Cecchini
Prata di Pordenone
Tiezzo
Corva
Cimpello
Bannia
Fiume Veneto
Cusano
Orcenico Inferiore
Zoppola
Castions
S. Lorenzo
Cordenons
Porcia
Roveredo in Piano
Vigonovo
Fontanafredda
Ronche
Budoia
Sedrano
S. Foca
Vallenoncello
Tamai
Brugnera
Francenigo
Orsago
Cordignano
Caneva
Fiaschetti
Sarone
S. Giovanni
Gaiarine
Codogne
Portobuffolè
Basalghelle
Fontanelle
Vazzola
Lutrano
Ormelle
Roncadelle
Levada
Piavon
S. Polo di Piave
Cavriè
Treviso
Biancade
Roncade
Ca' Noghera
Torcello
S. Vito al T.
Savorgnano
Torrate
Bagnarola
Gleris
Morsano al T.
S. Paolo
Cordovado
Rosa
S. Giovanni
Casarsa d. Delizia
Arzene
Valvasone
S. Martino al T.
Domanins
Rauscedo
S. Giorgio della Richinvelda
Provesano
Gradisca
Pozzo
Flaibano
S. Odorico
Sedegliano
Rivis
Goricizza
Passariano
Camino al T.
Gradiscutta
Varmo
Rivignano
Teor
Pocenia
Torsa
Flambruzzo
Muscletto
Talmassons
Flumignano
Castions di Strada
Bertiolo
Mortegliano
Lestizza
Nespoledo
Basagliapenta
Pozzuolo del Friuli
Orgnano
Campoformido
Villaorba
Beano
Basiliano
Blessano
Bressa
Mereto di Tomba
S. Marco
Pasian di Prato
Tagliamento
Livenza
Piave
Lemene
Loncon
Stella
Sile
Meschio
Monticano
Il Fiume
Versa
Cormor
Laguna di M
A 4
A 28
S 13
S 14
S 252
S 463
S 353
S 354
P 42
P 52
P 54
P 59
E 70
R 53
Pula
Piran
Kérkira Patra
Igoumenitsa
Malamocco
di Malamocco
in Volta
19
20
21
13
14
25

UDINE
Premariacco
Orsaria
Prepotto
Mernicco
Plava
Batte
SLOVEN
Spessa
Dolegna del Collio
Oleis
Buttrio
Paparotti
Pavia di Udine
Manzano
Corno di Rosazzo
Kojsko
Skalnica
Dobrovo
Ruttars
S. Floriano del Collio
M. Sabotino
Oslavia
Trnovo
M. Goljaki
Lauzacco
Percoto
Risano
S. Giovanni al Natisone
Brazzano
Cormons
Gorizia
Nova Gorica
Predmeja
Lavariano
Trivignano Udinese
Medeuzza
Capriva del Friuli
Mossa
Bicinicco
Sta Maria la Longa
Palmanova
Medea
Moraro
Mariano del Friuli
S. Lorenzo Isontino
Lucinico
Gonars
S. Vito al Torre
Versa
Gradisca d'Is.
Savogna d'Is.
Miren
Volčja Draga
Selo
Ajdovščina
Bagnaria Arsa
Aiello del Friuli
Romans d'Is.
Sagrado
M. S. Michele
Gabria
Prvačina
Vipava
Branik
Trstelj
Porpetto
Strassoldo
Campolongo al Torre
Villesse
Fogliano Red.
Redipuglia
Opatje Selo
Kostanjevica
Štanjel
Cervignano del Friuli
S. Pier d'Is.
Doberdò del Lago
Ruda
Ronchi dei Legionari
Jamiano
Komen
Nogaro
Torviscosa
Villa Vicentina
Staranzano
Brestovica
Podnanos
Porto Nogaro
Terzo d'Aquileia
Fiumicello
Pieris
Monfalcone
S. Giovanni al Timavo
Gorjansko
Pliskovica
Malchina
Carlino
S. Canzian d'Isonzo
Panzano Bagni
Gallinazza
Aquileia
S. Lorenzo
Duino
Sistiana
Dutovlje
Casa Riva Lunga
Aurisina
Golfo di Panzano
Sgonico
Štorje
Fossalon di Grado
Grotta Gigante
Monrupino
Belvedere
Sta Croce
Punta Sdobba
Laguna
Grignano
Sežana
Fernetti
Divača
Miramare
Sta Maria di Barbana
Prosecco
Isola S. Andrea
Bocca di Primero
Opicina
Barcola
Lipica
Grado Pineta
Grado
Lokev
TRIESTE
Padriciano
Basovizza
Pesek
Golfo di Trieste
Baia di Muggia
Kozina
S. Dorligo d. Valle
S. Bartolomeo
Aquilinia
Muggia
Debeli Rtič
Caresana
Petrinje
Ankaran
Sp. Škofije
Koprski Zaliv
Dekani
Izola / Isola
Rižana
Kubed
Slavnik
Madonin Rtič
Koper / Capodistria
Podgorje
Piran / Pirano
Hrastovlje
Portorož / Portorose
Marezige
Rt. Savudrija
Piranski Zaliv
Šmarje
Savudrija
Sočerga
Brda
Pakleni Rt.
Umag / Umago
Šterna
Buje / Búie
Buzet / Pinguente
Istarske Toplice
Grožnjan
Oprtalj
Lovrečica
Nova Vas
Ponte-Porton
Livade
Mirna
Dajla
Motovun
Vižinada
Novigrad / Cittanova d'Istria
Kaščerga
Luka Mirna
Tar
Rt. Zub
Orljak
Lignano Sabbiadoro

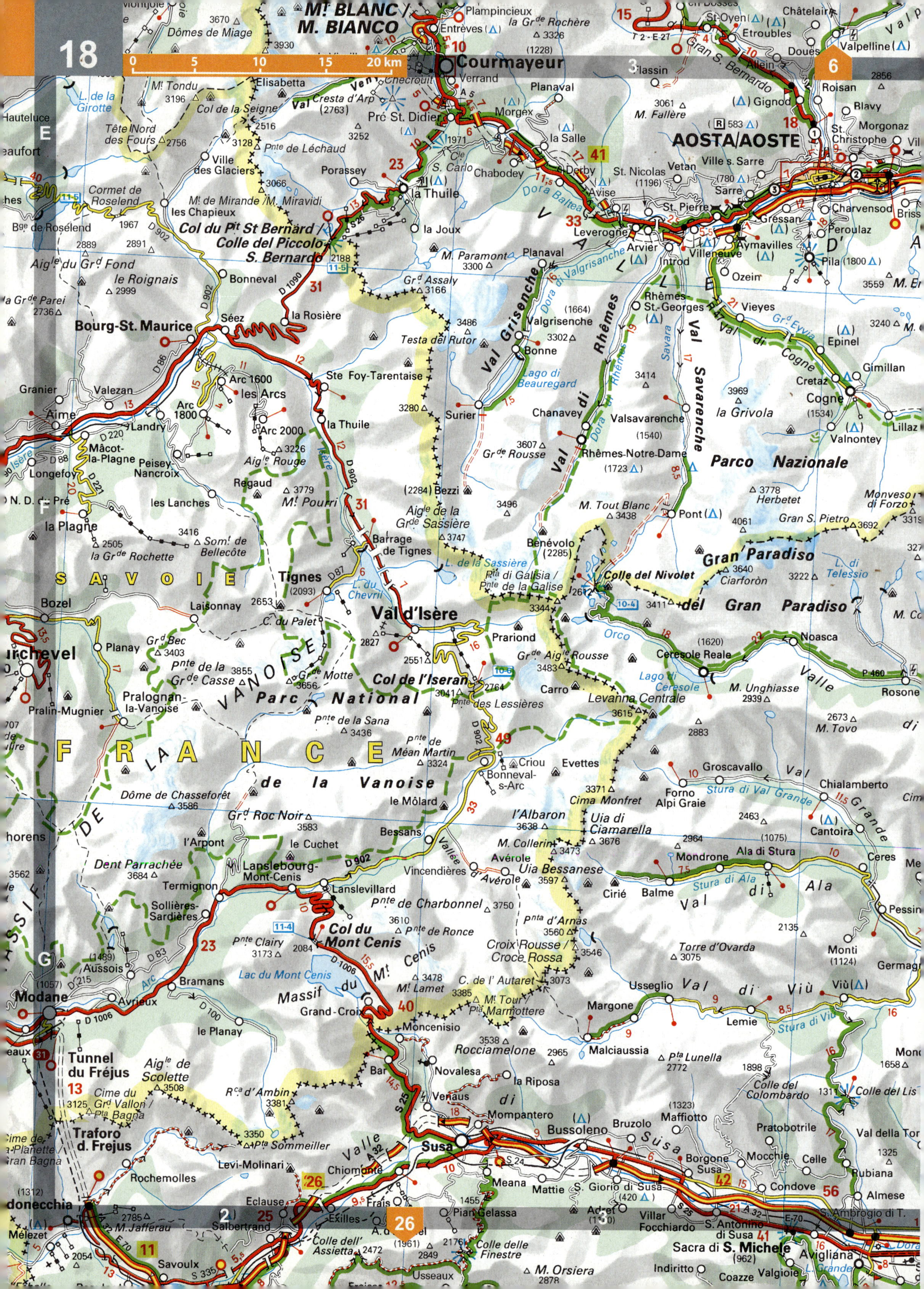

0 5 10 15 20 km
Mt BLANC / M. BIANCO
Dômes de Miage
Plampincieux
Entrèves
la Grde Rochère
Courmayeur
Verrand
Châtelair
St-Oyen
Etroubles
Doues
Valpelline
Flassin
Allein
Roisan
Planaval
Morgex
Pré St. Didier
Cresta d'Arp
Mt Tondu
Elisabetta
Col de la Seigne
L. de la Girotte
Hauteluce
Tête Nord des Fours
Ville des Glaciers
Pnte de Léchaud
Porassey
la Thuile
la Salle
Derby
Avise
St. Nicolas
Vetan
Ville s. Sarre
Sarre
AOSTA/AOSTE
Gignod
Blavy
St. Christophe
Morgonaz
Charvensod
Gressan
Peroulaz
Pollein
M. Fallère
Cormet de Roselend
Bge de Roselend
Mt de Mirande / M. Miravidi
les Chapieux
Col du Pit St Bernard / Colle del Piccolo S. Bernardo
la Joux
Chabodey
Cle S. Carlo
Dora Baltea
Leverogne
Arvier
St. Pierre
Introd
Villeneuve
Aymavilles
Pila
Ozein
M. Paramont
Planaval
Aigle du Grd Fond
le Roignais
Bonneval
la Rosière
Grd Assaly
Dora di Valgrisenche
Rhêmes St.-Georges
Val Rhêmes
Vieyes
Grd Eyvia
Epinel
Aigle de la Grde Parei
Bourg-St. Maurice
Séez
Testa del Rutor
Valgrisenche
Bonne
Val Grisenche
Savara
Val Savarenche
Cogne
Gimillan
Cretaz
Lago di Beauregard
Granier
Valezan
Aime
Arc 1600
les Arcs
Arc 1800
Ste Foy-Tarentaise
la Thuile
Landry
Arc 2000
Mâcot-la-Plagne
Peisey-Nancroix
Aigle Rouge
Surier
Chanavey
Valsavarenche
la Grivola
Lillaz
Valnontey
Longefoy
Grde Rousse
Rhêmes-Notre-Dame
Parco Nazionale
Regaud
Mt Pourri
Bezzi
N. D. de Pré
les Lanches
la Plagne
Aigle de la Grde Sassière
M. Tout Blanc
Herbetet
Pont
Gran S. Pietro
Monveso di Forzo
la Grde Rochette
Somt de Bellecôte
Barrage de Tignes
L. de la Sassière
Bénévolo
Gran Paradiso
Ciarforòn
L. di Telessio
SAVOIE
Tignes
L. du Chevril
Pta di Galisia / Pnte de la Galise
Colle del Nivolet
del Gran Paradiso
Bozel
Laisonnay
C. du Palet
Val d'Isère
Prariond
Orco
Noasca
Courchevel
Planay
Grd Bec
Pnte de la Grde Casse
Grde Motte
VANOISE
Col de l'Iseran
Grde Aigle Rousse
Ceresole Reale
Lago di Ceresole
Valle
Rosone
Pralin-Mugnier
Pralognan-la-Vanoise
Parc National
Pnte des Lessières
Carro
Levanna Centrale
M. Unghiasse
Pnte de la Sana
M. Tovo
FRANCE
Pnte de Méan Martin
Criou
Bonneval-s-Arc
Evettes
Groscavallo
Val
de la Vanoise
le Môlard
Forno Alpi Graie
Stura di Val Grande
Chialamberto
Dôme de Chasseforêt
Cima Monfret
Grd Roc Noir
l'Albaron
Uia di Ciamarella
Cantoira
l'Arpont
le Cuchet
Bessans
M. Collerin
Ala di Stura
Mondrone
Ceres
Dent Parrachée
Lanslebourg-Mont-Cenis
Vincendières
Avérole
Uia Bessanese
Termignon
Lanslevillard
Cirié
Balme
Stura di Ala
Val di Ala
Sollières-Sardières
Pnte de Charbonnel
Col du Mont Cenis
Pnte de Ronce
Pnta d'Arnas
Croix Rousse / Croce Rossa
Torre d'Ovarda
Monti
Aussois
Pnte Clairy
Lac du Mont Cenis
Massif du Mt Cenis
Modane
Avrieux
Bramans
C. de l'Autaret
Mt Lamet
Usseglio
Val di Viù
Viù
Margone
Mt Tour / Pta Marmottere
le Planay
Grand-Croix
Moncenisio
Lemie
Stura di Viù
Tunnel du Fréjus
Aigle de Scolette
Rocciamelone
Malciaussia
Pta Lunella
Colle del Colombardo
Colle del Lis
Cime du Grd Vallon / Pta Bagna
Rca d'Ambin
Bar
Novalesa
la Riposa
Venaus
Mompantero
Maffiotto
Traforo d. Frejus
Pta Sommeiller
Bussoleno
Bruzolo
Pratobotrile
Val della Tor
Valle
Susa
Borgone Susa
Mocchie
Celle
Rubiana
Levi-Molinari
Chiomonte
Meana
Mattie
S. Giorio di Susa
Condove
Almese
Rochemolles
Eclause
Exilles
Frais
Pian Gelassa
Adret
Villar Focchiardo
S. Antonino di Susa
S. Ambrogio di T.
Bardonecchia
M. Jafferau
Salbertrand
Colle dell' Assietta
Colle delle Finestre
Sacra di S. Michele
Avigliana
Mélezet
Savoulx
Usseaux
M. Orsiera
Indiritto
Valgioie
Coazze

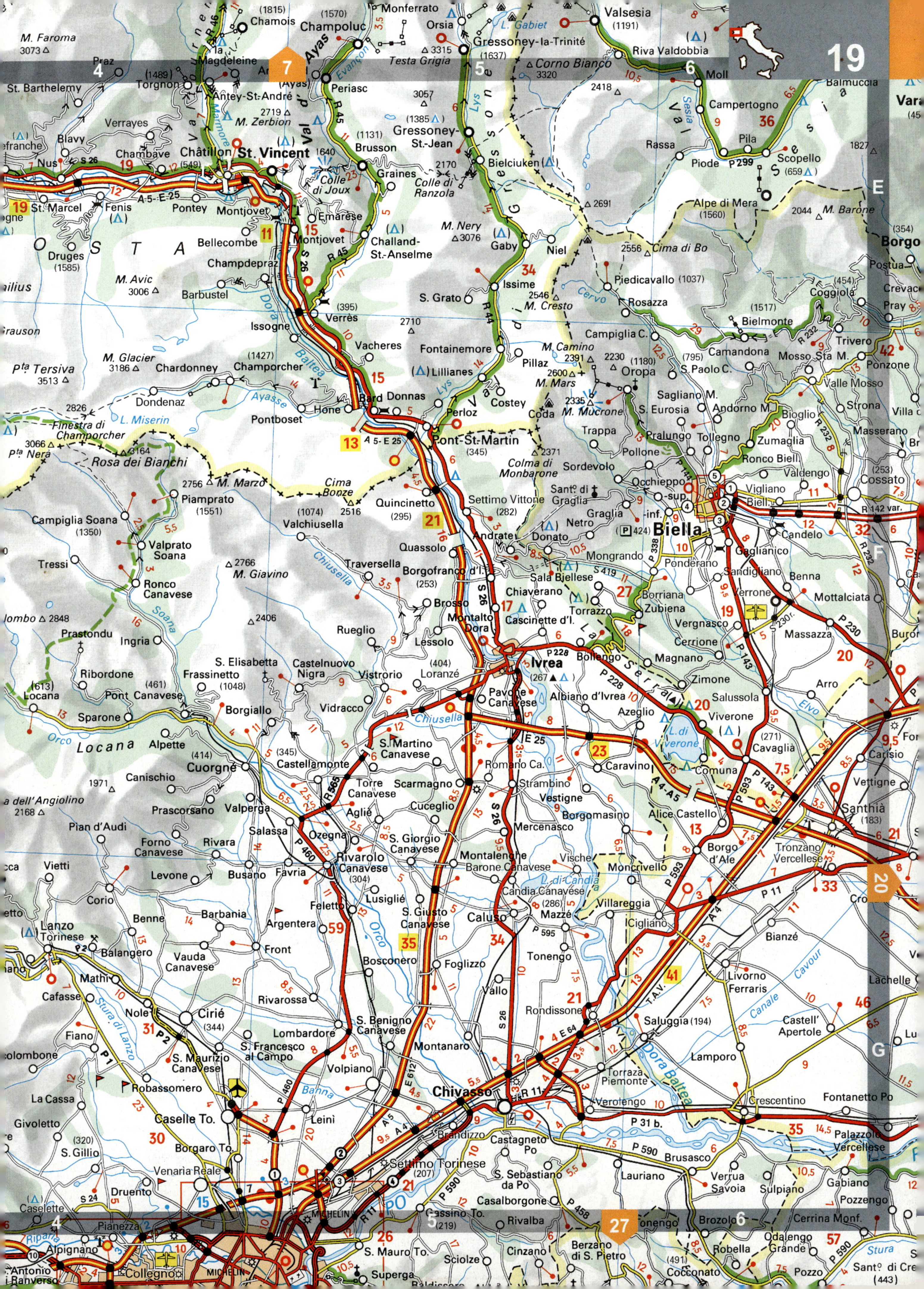
M. Faroma
Chamois
Champoluc
Monferrato
Orsia
L. Gabiet
Gressoney-la-Trinité
Valsesia
Riva Valdobbia
Testa Grigia
Corno Bianco
Moll
Balmuccia
Praz
Torgnon
La Magdeleine
Ayas
Periasc
St. Barthelemy
Antey-St-André
M. Zerbion
Gressoney-St-Jean
Campertogno
Verrayes
Blavy
Brusson
Rassa
Pila
Scopello
Chambave
Châtillon
St. Vincent
Colle di Joux
Graines
Colle di Ranzola
Bielciuken
Piode
Nus
St. Marcel
Fenis
Pontey
Montjovet
Emarèse
Alpe di Mera
M. Barone
Borgo
Challand-St-Anselme
M. Nery
Gaby
Niel
Cima di Bo
Druges
Bellecombe
Champdepraz
Postua
M. Avic
Barbustel
Issime
Piedicavallo
Coggiola
S. Grato
M. Cresto
Rosazza
Bielmonte
Verrès
Issogne
Fontainemore
Campiglia C.
Trivero
Ponzone
M. Glacier
Chardonney
Champorcher
Vacheres
Lillianes
Pillaz
M. Camino
M. Mars
Oropa
Camandona
Mosso Sta M.
P.ta Tersiva
S. Paolo C.
Valle Mosso
Dondenaz
Hone
Bard
Donnas
Costey
Coda
M. Mucrone
Sagliano M.
S. Eurosia
Andorno M.
Bioglio
Strona
L. Miserin
Pontboset
Perloz
Trappa
Pralungo
Tollegno
Zumaglia
Masserano
Finestra di Champorcher
Rosa dei Bianchi
Pont-St-Martin
Colma di Monbarone
Pollone
Ronco Biell.
Valdengo
Cossato
M. Marzo
Cima Bonze
Sordevolo
Occhieppo
Vigliano
Piamprato
Quincinetto
Settimo Vittone
Graglia
Biella
Candelo
Campiglia Soana
Valchiusella
Andrate
Netro
Donato
Valprato Soana
Quassolo
Mongrando
Ponderano
Gaglianico
Tressi
M. Giavino
Traversella
Borgofranco d'I.
Sala Biellese
Sandigliano
Benna
Ronco Canavese
Chiaverano
Torrazzo
Borriana
Verrone
Mottalciata
Brosso
Montalto Dora
Cascinette d'I.
Zubiena
Vergnasco
Prastondu
Ingria
Rueglio
Lessolo
Cerrione
Massazza
La Serra
Bollengo
Ivrea
Magnano
S. Elisabetta
Castelnuovo Nigra
Frassinetto
Ribordone
Loranzé
Vistrorio
Zimone
Locana
Pont Canavese
Pavone Canavese
Albiano d'Ivrea
Salussola
Arro
Sparone
Borgiallo
Vidracco
Chiusella
Azeglio
L. di Viverone
Viverone
Elvo
Alpette
Castellamonte
S. Martino Canavese
Cavaglià
Carisio
Cuorgnè
Romano Ca.
Caravino
Comuna
Canischio
Torre Canavese
Scarmagno
Strambino
Vestigne
Vettigne
Prascorsano
Valperga
Cuceglio
Borgomasino
Alice Castello
Santhià
Pian d'Audi
Agliè
Mercenasco
Salassa
Ozegna
S. Giorgio Canavese
Borgo d'Ale
Tronzano Vercellese
Forno Canavese
Rivara
Rivarolo Canavese
Montalenghe
Barone Canavese
Vische
Moncrivello
Vietti
Levone
Busano
Favria
L. di Candia
Candia Canavese
Corio
Lusigliè
Villareggia
Feletto
S. Giusto Canavese
Caluso
Mazzè
Cigliano
Lanzo Torinese
Benne
Barbania
Argentera
Bianzé
Balangero
Front
Tonengo
Vauda Canavese
Bosconero
Foglizzo
Livorno Ferraris
Mathi
Vallo
Lachelle
Cafasse
Rivarossa
Rondissone
Nole
Cirié
Saluggia
Castell' Apertole
Fiano
S. Benigno Canavese
Lombardore
Montanaro
Lamporo
S. Maurizio Canavese
S. Francesco al Campo
Torrazza Piemonte
Volpiano
Robassomero
Chivasso
Verolengo
Crescentino
Fontanetto Po
La Cassa
Caselle To.
Leinì
Palazzolo Vercellese
Givoletto
S. Gillio
Borgaro To.
Brandizzo
Castagneto Po
Brusasco
Venaria Reale
Settimo Torinese
S. Sebastiano da Po
Lauriano
Verrua Savoia
Sulpiano
Gabiano
Druento
Casalborgone
Pozzengo
Caselette
Pianezza
Gassino To.
Rivalba
Tonengo
Brozolo
Cerrina Monf.
Alpignano
S. Mauro To.
Cinzano
Berzano di S. Pietro
Robella
Odalengo Grande
Collegno
Superga
Sciolze
Cocconato
Pozzo
Sant.º di Crea
Rivoli
Stura
Dora Baltea
Canale Cavour
Orco
Soana
Stura di Lanzo
Banna
Po
Cervo
Lys
Evançon
Sesia
Ayasse
A 5 - E 25
E 64
A 4
A 4-A 5
T.A.V.
S 26
S 419
S 230
S 338
S 24
R 11
P 2
P 1
P 460
P 565
P 593
P 595
P 590
P 143
P 299
P 228
P 230
P 11
P 31 b.
P 458
P 612
P 142 var.
Val d'Ayas
Val Sesia
Valle di Gressoney
Val di Lys
Val Tournenche
Locana
Aosta
MICHELIN
19
20
27
7
4
5
6
E
F
G

0 5 10 15 20 km
Varallo
Borgosesia
Borgomanero
Arona
Sesto Calende
Varese
Gallarate
Busto Arsizio
Legnano
Malpensa
Novara
Vercelli
Vigevano
Mortara
Magenta
Abbiategrasso
Trecate
Galliate
Oleggio
Gattinara
Santhià
Trino
Casale Monferrato
Tradate
Somma Lombardo
Castellanza
Garlasco
Lago Maggiore
Lago d'Orta
L. di Varese
L. di Monate
L. di Comabbio
Sesia
Ticino
Agogna
Terdoppio
Po
Stura
Romagnano Sesia
Ghemme
Carpignano Sesia
Biandrate
Cameri
Bellinzago Novarese
Castano Primo
Turbigo
Cassano Magnago
Angera
Ispra
Gavirate
Malnate
Lonate Pozzolo
Cerano
Cilavegna
Gambolò
Lomello
Robbio
Palestro
Candia Lomellina
Balzola
Crescentino
Livorno Ferraris
Desana
Lignana
Vinzaglio
Confienza
Borgolavezzaro
Cassolnovo
Gravellona
Parona
Tromello
Sannazzaro
Dorno
Valeggio
Alagna
Ottobiano
Sartirana Lomellina
Breme
Valle L.
Semiana
Zeme
Cergnago
S. Giorgio di L.
Olevano di L.
Castello d'Agogna
Ceretto
Cozzo
Langosco
Rosasco
Celpenchio
Caresana
Pezzana
Prarolo
Stroppiana
Pertengo
Costanzana
Rive
Villanova Monferrato
Ronsecco
Lucedio
Tricerio
Fontanetto Po
Palazzolo Vercellese
Gabiano
Camino
Morano sul Po
Pontestura
Terranova
Motta de' Conti
Asigliano Vercellese
Salasco
Sali Vercellese
Veneria
Lachelle
Crova
S.Germano Vercellese
Olcenengo
Quinto Vercellese
Collobiano
Casanova Elvo
Formigliana
Carisio
Buronzo
Balocco
Villarboit
Greggio
Arborio
Recetto
S.Nazzaro Sesia
Albano Vercellese
Casalvolone
Villata
Borgo Vercelli
Casalino
Granozzo
Vespolate
Terdobbiate
Tornaco
Garbagna Novarese
Nibbiola
Lumellogno
Cameriano
Olengo
Sozzago
Caltignaga
Momo
Briona
Fara Novarese
Sizzano
Cavaglio d'A.
Cavaglietto
Barengo
Vaprio d'Agogna
Mezzomerico
Suno
Bogogno
Agrate Conturbia
Veruno
Gattico
Borgo Ticino
Castelletto s. Ticino
Dormelletto
Oleggio Castello
Varallo Pombia
Pombia
Marano Ticino
Vizzola Ticino
Ferno
Samarate
Cardano al C.
Vanzaghello
Magnago
Buscate
Inveruno
Cuggiono
Boffalora s. Ticino
Pontevecchio
Robecco sul Naviglio
Corbetta
Cassinetta di Lugagnano
Albairate
Ozzero
Morimondo
Besate
Motta Visconti
Borgo S. Siro
Parasacco
Sforzesca
Nicorvo
Albonese
Vigevano
Biandronno
Travedona
Brebbia
Besozzo
Comabbio
Mercallo
Vergiate
Golasecca
Arsago
Casorate Sempione
Besnate
Jerago
Cavaria
Albizzate
Solbiate
Fagnano Olona
Gorla
Olgiate Olona
Marnate
Castellanza
Cerro
Rescaldina
Canegrate
Parabiago
Villoresi
Casorezzo
Arluno
Sedriano
Vittuone
Ossona
Ispra
Ranco
Cadrezzate
Taino
Lesa
Belgirate
Meina
Invorio
Gozzano
Orta S. Giulio
Pella
Ameno
Armeno
Miasino
Nebbiuno
Massino Visconti
Colazza
Pisano
Gignese
Stresa
Soriso
Gargallo
Maggiora
Boca
Cavallirio
Prato Sesia
Grignasco
Serravalle Sesia
Sostegno
Curino
Crevacuore
Pray
Postua
Quarona
Valduggia
Breia
Cellio
Civiasco
Arola
Boleto
Madonna del Sasso
S.Maurizio d'Opaglio
Pogno
Crosa
Cervarolo
Corte
Nonio
Agrano
Alpino
Vezzo
Sta Caterina
Arolo
Monvalle
Gemonio
Cocquio
Gavirate
Comério
Sta Maria del Monte
Bisuschio
Viggiù
Arzo
Clivio
Arcisate
Stabio
Induno Olona
Bizzarone
Uggiate
Cantello
Malnate
Bizzozero
Vedano Olona
Binago
Venegono Sup.
Venegono Inf.
Castiglione Olona
Carnago
Castelseprio
Lonate Ceppino
Cairate
Morazzone
Castronno
Azzate
Galliate Lombardo
Calcinate del P.
Ternate
Varano Borghi
Corgeno
Mornago
Lozzo
Gorla Min.
Buguggiate
Villa d. Bosco
Lozzolo
Roasio
Brusnengo
Masserano
Curino
Strona
Valle Mosso
Ponzone
Cossato
Rovasenda
Castelletto Cervo
Mottalciata
Lenta
Ghislarengo
Landiona
Mandello Vitta
Casaleggio Novara
S. Giacomo Vercellese
S.Pietro Mosezzo
Pernate
Romentino
S.Martino
Caresanablot
Fisrengo
A 26
A 4 - E 64
A 26 dir.
E 25
E 62
A 8
S 32
S 33
S 336
S 341
P 211
P 596
T.A.V.

9
10
21
22
29
10
11
COMO
Lecco
BERGAMO
Monza
MILANO
Pavia
Lodi
Crema
Treviglio
Saronno
Cantù
Seregno
Desio
Lissone
Rho
Sesto S. Giovanni
Cologno Monz.
Vimercate
Gorgonzola
Melzo
Caravaggio
Dalmine
Melegnano
S. Donato Mil.
S. Giuliano Mil.
Certosa di Pavia
Binasco
Abbiategrasso
Chiasso
Mendrisio
Erba
Calolziocorte
Bollate
Limbiate
Varedo
Meda
Lentate
Cinisello Balsamo
Brugherio
Bornago
Cassano d'Adda
Trezzo s. Adda
Brembate
Verdello
Zingonia
Osio Sotto
Arzago d'A.
Rivolta d'Adda
Pandino
Casalpusterlengo
Codogno
S. Angelo Lodigiano
Belgioioso
Corteolona
Vidigulfo
Landriano
Rozzano
Opera
Locate di Triulzi
Pieve Emanuele
Peschiera Borromeo
Segrate
Pioltello
Novate Mil.
Cesano B.
Corsico
Buccinasco
Trezzano s. Nav.
Gaggiano
Noviglio
Zibido S.Giacomo
Lacchiarella
Giussago
Marcignago
Torre d'Isola
Villanova d'Ardenghi
Carbonara al Ticino
S. Martino Siccomario
Cava Manara
Travacò S.
S. Pellegrino Terme
Zogno
Sedrina
Villa d'Almè
Ponte S. Pietro
Brembate
Stezzano
Zanica
Grassobbio
Seriate
Gorle
Scanzorosciate
Cologno al Serio
Urgnano
Spirano
Brignano Gera d'A.
Morengo
Bariano
Fara Gera d'Adda
Canonica
Pontirolo Nuovo
Casirate d'A.
Misano di Gera d'A.
Agnadello
Spino d'Adda
Dovera
Vaiano
Bagnolo
Crespiatica
Chieve
Casaletto Ceredano
Abbadia Cerreto
Corte Palasio
Cavenago d'A.
Turano Lodigiano
Bertonico
Castiglione d'Adda
Terranova d. Passerini
Ospedaletto
Somaglia
Senna Lodigiana
Orio Litta
Chignolo Po
Miradolo Terme
Graffignana
Borghetto Lodigiano
Villanova d. Sillaro
Pieve Fissiraga
Mairago
Secugnago
Brembio
Livraga
Zorlesco
Mulazzano
Casalmaiocco
Galgagnano
Montanaso Lombardo
Tavazzano c. Villavesco
Zelo Buon Persico
Merlino
Comazzo
Paullo
Tribiano
Mediglia
Dresano
Vizzolo
Carpiano
Cerro al L.
S. Zenone al Lambro
Salerano sul Lambro
Lodi Vecchio
Bascapè
Torrevecchia
Caselle Lurani
Valera Fratta
Borgo S. Giovanni
Marzano
Magherno
Villanterio
Gerenzago
Monteleone
Genzone
Copiano
Vistarino
Filighera
Albuzzano
Linarolo
Zeccone
Lardirago
Borgarello
S. Genesio ed Uniti
Torre del Mangano
Vellezzo
Rognano
Casorate Primo
Trovo
Giovenzano
Rosate
Gudo Visconti
Cisliano
Cusago
Bareggio
Settimo Mil.
Cornaredo
Arese
Garbagnate Mil.
Lainate
Nerviano
Origgio
Caronno Pert.
Solaro
Ceriano
Cogliate
Misinto
Rovello Porro
Turate
Lomazzo
Cermenate
Fenegrò
Guanzate
Appiano Gentile
Lurate Caccivio
Olgiate Comasco
Lucino
Grandate
Casnate
Fino Mornasco
Vertemate
Figino Ser.
Carimate
Mariano Comense
Cabiate
Giussano
Arosio
Inverigo
Lurago d'E.
Anzano d. Parco
Merone
Montorfano
Albavilla
Ponte Lambro
Longone al S.
Pusiano
Bosisio Parini
Oggiono
Molteno
Barzago
Dolzago
Castello di Brianza
Rovagnate
Barzanò
Cremnago
Renate
Briosco
Besana in Br.
Casatenovo
Carate Brianza
Triuggio
Canonica
Sovico
Biassone
Arcore
Usmate
Lesmo
Bernareggio
Burago di Molgora
Concorezzo
Agrate Br.
Caponago
Carugate
Cernusco s. N.
Cassina de' Pecchi
Vignate
Liscate
Settala
Pantigliate
Pozzuolo Martesana
Truccazzano
Inzago
Masate
Cambiago
Cavenago di Br.
Bellusco
Busnago
Roncello
Vaprio d'A.
Pozzo d'Adda
Capriate S. Gervasio
Bottanuco
Suisio
Medolago
Cornate d'A.
Paderno d'Adda
Robbiate
Merate
Olgiate Molgora
Montevecchia
Missaglia
Monticello
Cernusco
Osnago
Calusco d'Adda
Carvico
Sotto il Monte Giovanni XXIII
Terno d'Isola
Bonate Sotto
Madone
Mapello
Ambivere
Pontida
Villa d'Adda
Calco
Brivio
Airuno
Cisano Berg.
Caprino Bergamasco
Palazzago
Almenno S. Bartolomeo
Valcava
Torre de'Busi
Carenno
Olginate
Galbiate
Valmadrera
Malgrate
Civate
Erve
Vercurago
S. Omobono Imagna
Berbenno
Brembilla
Rota d'Imagna
Ubiale-Clanezzo
Capizzone
Roncola
Almè
Sorisole
Ponteranica
Nembro
Alzano Lombardo
Villa di Serio
Torre Boldone
Valbrembo
Mozzo
Curno
Treviolo
Lallio
Levate
Comun Nuovo
Malpaga
Ghisalba
Cortenuova
Romano di Lombardia
Pagazzano
Calvenzano
Vailate
Capralba
Sergnano
Trescore Cremasco
Pianengo
Cremosano
Ricengo
Offanengo
Izano
Capergnanica
Ripalta Cremasca
Credera Rubbiano
Moscazzano
Montodine
Caviaga
Ossago Lodigiano
S. Martino in Strada
Muzza S. Angelo
Cornegliano
Lugano
Ceresio
Lago di Como
Lago di Annone
L. di Pusiano
L. di Alserio
Lambro
Seveso
Olona
Adda
Serio
Brembo
Ticino
Po
Naviglio
Canale Vacchelli
Canale Villoresi
Muzza
LINATE
Camisano
Casale Cremasco
Mozzanica
Sola
Fornovo S. Giovanni
Castel Gabbiano
Cavacurta
Maleo
Corno Giovine
S. Fiorano
Fombio
Guardamiglio
Guzzafame
Corte S. Andrea
Alberone
Badia Pavese
Pieve Porto Morone
Costa de Nobili
S. Cristina e Bissone
Spessa
Sostegno
S. Giacomo
Albaredo
Mezzanino
Rea
Verrua Po
Vaccarizza
Sommo
S. Cipriano
Zinasco

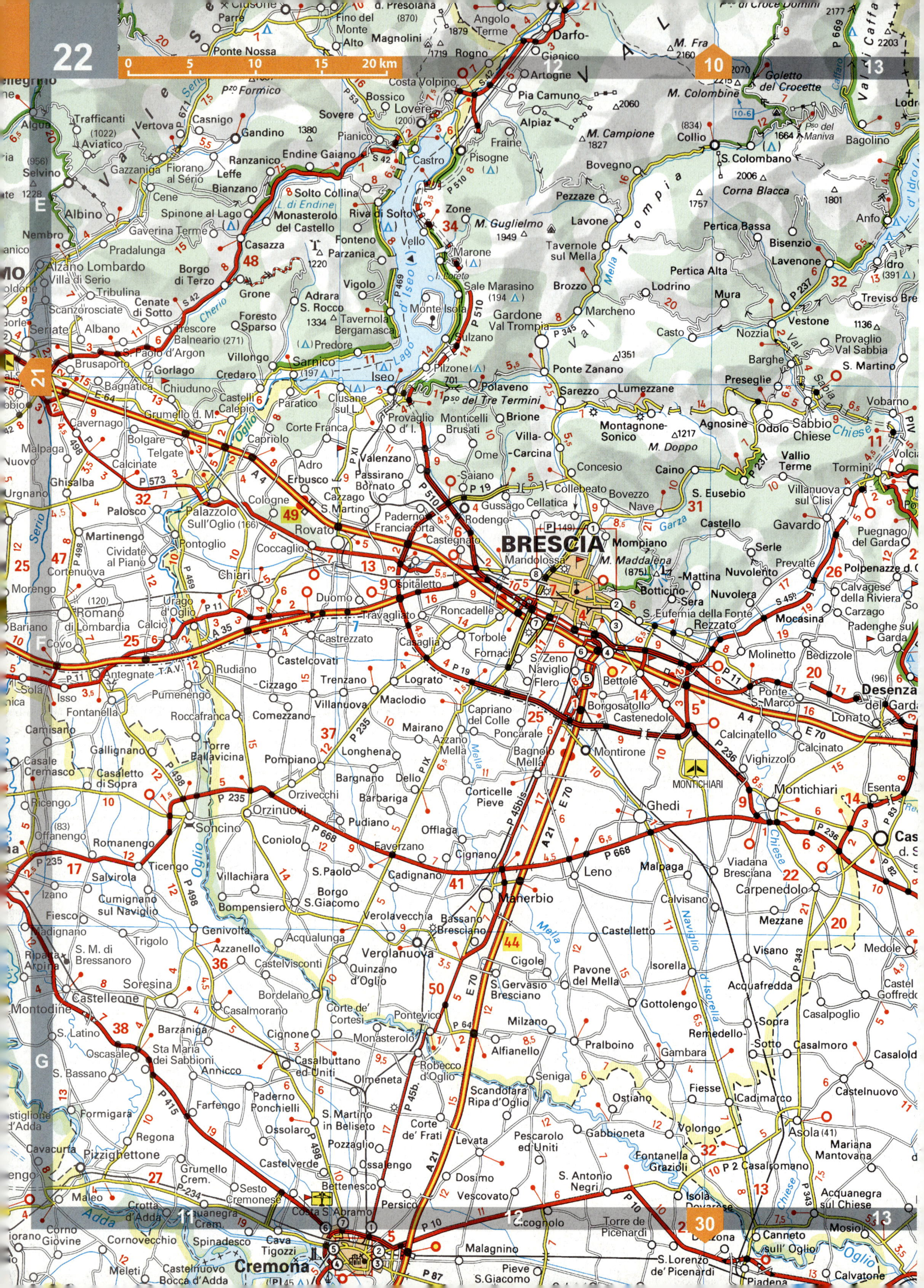

0 5 10 15 20 km
Clusone
Parre
Ponte Nossa
Fino del Monte
Alto
Magnolini
Angolo Terme
Darfo-
Gianico
Artogne
Rogno
Costa Volpino
Bossico
Lovere
Pianico
Sovere
Pzo Formico
Casnigo
Vertova
Gandino
Trafficanti
Aviatico
Algua
Selvino
Gazzaniga
Fiorano al Serio
Cene
Leffe
Ranzanico
Endine Gaiano
Bianzano
Solto Collina
L. di Endine
Monasterolo del Castello
Spinone al Lago
Albino
Nembro
Gaverina Terme
Pradalunga
Casazza
Alzano Lombardo
Villa di Serio
Borgo di Terzo
Tribulina
Scanzorosciate
Cenate di Sotto
Seriate
Albano
Trescore Balneario
Grone
Foresto Sparso
Adrara S. Rocco
Vigolo
Tavernola Bergamasca
Predore
Sarnico
Villongo
Credaro
Gorlago
S. Paolo d'Argon
Brusaporto
Bagnatica
Chiuduno
Castelli Calepio
Grumello d. M.
Paratico
Clusane sul L.
Iseo
Cavernago
Bolgare
Telgate
Calcinate
Malpaga
Ghisalba
Palosco
Palazzolo Sull'Oglio
Martinengo
Cividate al Piano
Cortenuova
Pontoglio
Urago d'Oglio
Romano di Lombardia
Calcio
Covo
Chiari
Rovato
Coccaglio
Cologne
Erbusco
Adro
Capriolo
Corte Franca
Cazzago S. Martino
Provaglio d'I.
Passirano
Bornato
Valenzano
Paderno Franciacorta
Castegnato
Ospitaletto
Duomo
Travagliato
Roncadelle
Castrezzato
Castelcovati
Rudiano
Antegnate
Fontanella
Pumenengo
Cizzago
Trenzano
Roccafranca
Comezzano
Villanuova
Maclodio
Lograto
Torbole
Casaglia
Fornaci
Castel Gabbiano
Riva di Solto
Castro
Pisogne
Fraine
Zone
Lago d'Iseo
Monte Isola
Marone
Sale Marasino
Sulzano
Fonteno
Parzanica
Vello
Pilzone
Polaveno
Gardone Val Trompia
Sarezzo
Lumezzane
Brione
Monticelli Brusati
Villa-Carcina
Ome
Concesio
Saiano
Gussago
Rodengo
Cellatica
Collebeato
Bovezzo
Nave
Caino
BRESCIA
Mandolossa
Mompiano
M. Maddalena
Botticino-Mattina
Botticino-Sera
S. Eufemia della Fonte
Rezzato
Mazzano
Nuvolento
Nuvolera
Serle
Gavardo
Prevalle
Castello
S. Eusebio
Vallio Terme
Villanuova sul Clisi
Tormini
Puegnago del Garda
Polpenazze d. G.
Calvagese della Riviera
Carzago
Padenghe sul Garda
Mocasina
Bedizzole
Molinetto
Desenzano del Garda
Lonato
Ponte S. Marco
Calcinatello
Calcinato
Esenta
Montichiari
Vighizzolo
Castenedolo
Borgosatollo
Bettole
S. Zeno Naviglio
Flero
Poncarale
Capriano del Colle
Azzano Mella
Bagnolo Mella
Montirone
Ghedi
Mairano
Longhena
Barbariga
Dello
Bargnano
Corticelle Pieve
Offlaga
Faverzano
Cignano
Pompiano
Orzivecchi
Orzinuovi
Pudiano
Coniolo
Soncino
Ticengo
Romanengo
Salvirola
Cumignano sul Naviglio
Villachiara
Borgo S. Giacomo
S. Paolo
Bompensiere
Cadignano
Verolavecchia
Verolanuova
Bassano Bresciano
Manerbio
Leno
Malpaga
Calvisano
Viadana Bresciana
Carpenedolo
Mezzane
Castelletto
Isorella
Pavone del Mella
Cigole
S. Gervasio Bresciano
Milzano
Alfianello
Pralboino
Gottolengo
Gambara
Remedello
Visano
Acquafredda
Casalpoglio
Sopra
Sotto
Casalmoro
Medole
Castel Goffredo
Casaloldo
Castelnuovo
Asola
Mariana Mantovana
Acquanegra sul Chiese
Mosio
Canneto sull'Oglio
Calvatone
Piadena
S. Lorenzo de' Picenardi
Isola Dovarese
Casalromano
Fontanella Grazioli
Volongo
Fiesse
Cadimarco
Ostiano
Gabbioneta
Seniga
Scandolara Ripa d'Oglio
Pescarolo ed Uniti
Levata
Dosimo
Vescovato
S. Antonio Negri
Torre de' Picenardi
Cicognolo
Malagnino
Pieve S. Giacomo
Corte de' Frati
Robecco d'Oglio
Monasterolo
Pontevico
Corte de' Cortesi
Olmeneta
Persico
Ossalengo
Pozzaglio
S. Martino in Beliseto
Bettenesco
Costa S. Abramo
Cremona
Cava Tigozzi
Spinadesco
Sesto Cremonese
Castelverde
Ossolaro
Paderno Ponchielli
Casalbuttano ed Uniti
Cignone
Casalmorano
Bordelano
Annicco
Farfengo
Sta Maria dei Sabbioni
Barzaniga
Soresina
Castelvisconti
Azzanello
Genivolta
Acqualunga
Quinzano d'Oglio
Trigolo
S. M. di Bressanoro
Castelleone
Oscasale
S. Latino
S. Bassano
Montodine
Ripalta Arpina
Madignano
Fiesco
Izano
Offanengo
Ricengo
Casaletto di Sopra
Torre Pallavicina
Gallignano
Casale Cremasco
Camisano
Isso
Sola
Formigara
Regona
Pizzighettone
Grumello Crem.
Acquanegra Crem.
Crotta d'Adda
Maleo
Cavacurta
Corno Giovine
Cornovecchio
Castelnuovo Bocca d'Adda
Meleti
Adda
Oglio
Mella
Chiese
Serio
Cherio
Garza
Naviglio d'Isorella
Val Trompia
Valle Sabbia
M. Guglielmo
M. Campione
Bovegno
Pezzaze
Lavone
Tavernole sul Mella
Marmentino
Brozzo
Marcheno
Lodrino
Pertica Alta
Pertica Bassa
Mura
Casto
Nozza
Vestone
Barghe
Provaglio Val Sabbia
Preseglie
Agnosine
Odolo
Sabbio Chiese
Vobarno
Bisenzio
Lavenone
Idro
Treviso Bresciano
Anfo
Bagolino
Collio
S. Colombano
Corna Blacca
M. Colombine
Goletto del Crocette
Pso del Maniva
M. Fra
M. Doppo
Montagnone-Sonico
Pso del Tre Termini
Pian Camuno
Alpiaz
Montichiari
MONTICHIARI
A 4
A 21
A 35
E 64
E 70
P 235
P 236
P 668
P 45bis
P 19
P 510
P 11
P 498
P 415
P 10

Riva del Garda
Rovereto
Torbole
Nago
Mori
Loppio
Arco
Isera
Trambileno
Albaredo
Marco
Serravalle all'Adige
Col Santo
Pso d. Borcola
Molini
Laghi
Arsiero
Tiarno di Sopra
Mezzolago
L. di Ledro
Molina di L.
Val di Ledro
Condino
Storo
Ponte Caffaro
Bondone
Pso di Tremalzo
Limone sul Garda
S. Michele
Vesio
Tremosine
Pieve
M. Caplone
Magasa
Cadria
Vesta
Capovalle
Valvestino
Campione del G.
Tignale
Costa
Lago di Valvestino
M. Spino
Liano
Bogliaco
Gargnano
Toscolano Maderno
il Vittoriale
Gardone Riviera
Fasano
Salò
Navene
Bocca di Navene
Brentonico
S. Giacomo
Crosano
Chizzola
S. Valentino
Polsa
Pilcante
M. Vignola
Ala
Avio
Malcesine
Val di Sogno
Assenza
M. Baldo
C. Valdritta
Brenzone
Castelletto di B.
Belluno V.
Borghetto
Sdruzzinà
M. Zugna
Pso Buole
Anghebeni
Vallarsa
Posina
Pso di Xomo
M. Novegno
Campogrosso
Passo di Campogrosso
Camposilvano
Pso Pian d. Fugazze
Ronchi
S. Antonio
Valli del Pasubio
Oss. Pasubio
Pso Xon
Torrebelvicino
Schio
Pso Pelagatta
Recoaro Terme
Recoaro Mille
Fongara
Ongaro
Monte di Malo
Novale
Valdagno
M. Tomba
Pso Fittanze d. Sega
Coste
Tracchi
Lessini
S. Giorgio
Giazza
Campodalbero
Castelvecchio
Ferrara di M. Baldo
Prada
Pai
Torri del Benaco
S. Zeno di Montagna
Lumini
Pazzon
Castion V.
Caprino Veronese
Spiazzi
Fosse
Peri
Erbezzo
Breonio
S. Anna d'Alfaedo
Bosco Chiesanuova
Francesco
Tebaldi
Selva di Progno
Crespadoro
Altissimo
S. Bortolo d. Montagne
Cornedo Vicentino
Brogliano
S. Pietro Mussolino
Selva di Trissino
Nogarole Vic.
Lago di Garda
Manerba del Garda
S. Felice del Benaco
I. di Garda
S. Vigilio
Costermano
Garda
Gazzoli
Rivoli V.
Ceraino
Dolce
Vaggimal
Velo V.
Roverè V.
S. Andrea
Bolca
Badia Calavena
Vestenanova
Chiampo
Bardolino
Affi
Cavaion V.
Volargne
Cavalo
Prun
Fane
Bellori
Cerro V.
Cerro Veronese
Lugo
Marano Valp.
Fumane
Stallavena
Valpantena
S. Mauro di Saline
Bettola
Castelvero
Azzago
Moniga del Garda
Cisano
Calmasino
Lazise
Sega
S. Ambrogio di Valp.
Negrar
Valpolicella
Grezzana
Tregnago
Arzignano
S. Giovanni Ilarione
Grotte di Catullo
Sirmione
Domegliara
S. Pietro in Cariano
Pedemonte
Sta Maria in Stelle
Montecchia di Crosara
Pastrengo
Quinto di Valpantena
Parona di Valpolicella
Pescantina
Mizzole
Mezzane di Sotto
Roncà
Montorso Vicentino
Colombare
Peschiera del Garda
Colà
Sandrà
Settimo
Bussolengo
VERONA
Marcellise
Illasi
Cazzano di Tramigna
Gambellara
Rivoltella
S. Benedetto
Pacengo
Castelnuovo d. Garda
Montorio
Lavagno
Costeggiola
Castelcerino
Costalunga
Castel Venzago
S. Martino d. Battaglia
Ponti sul Mincio
Oliosi
S. Giorgio i. Salici
Sona
Lugagnano
S. Martino Buon Albergo
Colognola ai Colli
S. Vittore
Soave
Monteforte d'Alpone
Pozzolengo
Sommacampagna
Caldiero
S. Bonifacio
Castiglione
Monzambano
Custoza
Alpo
Castel d'Azzano
Ca'di David
S. Giovanni Lupatoto
Zevio
Belfiore
Solferino
Castellaro Lagusello
Cavriana
Valeggio sul Mincio
Villafranca di Verona
Povegliano Veronese
Raldon
Sta Maria
Albaro
Arcole
S. Gregorio
Buttapietra
Vallese
Palù
Ronco all'Adige
Albaredo d'A.
Guidizzolo
Volta Mantovana
Quaderni
Mozzecane
Nogarole Rocca
Vigasio
Oppeano
Villafontana
Isola Rizza
Vasto
Pozzolo
Cerlongo
Belvedere
Tormine
Pradelle
Trevenzuolo
Tarmassia
Bovolone
Roverchiara
Bonavigo
Ceresara
Goito
Roverbella
Marengo
Castiglione Mantovano
Bagnolo
Isola d. Scala
Salizzole
Bonavicina-Borgo
S. Pietro di Morubio
Minerbe
Piubega
Sacca
Marmirolo
Canedole
Roncoleva
Erbè
Pellegrina
Bionde di Visegna
Angiari
Gazoldo degli Ippoliti
Rodigo
Soave
Villanova Maiardina
Porto Mantovano
Castelbelforte
Sorgà
Capitello
Cerea
Legnago
Rivalta sul Mincio
Sarginesco
Susano
Bonferraro
Nogara
Sanguinetto
S. Pietro
Redondesco
MANTOVA
Gazzo
Castel d'Ario
Casaleone
Aselogna
Castellucchio
Curtatone
Cadè
Villa Garibaldi
Villimpenta
Maccacari
Rosta
Casatico
Montanara
Frassino
Roncoferraro
Pradello
Gazzo Veronese
Roncanova
Valli Grandi
Ospitaletto
Silvestro
Formigosa
Adige
Mincio
Tione
Tartaro
Menago
Alpone
Chiampo
Progno
Squaranto
Illasi
Mezzano

0 5 10 15 20 km
24
12
17
23
15
16
32
Valdobbiadene
M. Grappa
Col d. Berretta
Col Moschin
Valstagna
Campolongo sul Brenta
Solagna
Crespano del Grappa
Borso d. G.
Castelcucco
Monfumo
Cornuda
Paderno d. G.
Asolo
Maser
Caerano di S. Marco
Montebelluna
Romano d'Ezzelino
Mussolente
Fonte
Casella
Bassano del Grappa
S. Zenone degli Ezzelini
Altivole
Marostica
Pove d. G.
Olmo
Rubbio
Conco
Lusiana
Fontanelle
Valrovina
Sette Comuni
Cesuna
M. Caberlaba
Turcio
Cavrari
Pedescala
M. Cengio
Cogollo d. Cengio
Seghe
Arsiero
C. Fonti
Velo d'Astico
Meda
Mosson
Caltrano
Calvene
Chiuppano
Piovene Rocchette
Lugo di Vicenza
Molvena
M. Novegno
Tretto
Posina
Santorso
Carrè
Zugliano
Fara Vicentino
Mason V.
Breganze
Thiene
Sarcedo
Schio
Valli del Pasubio
Poleo
Molini
S. Vito di Leguzzano
Marano Vicentino
Ongaro
Nove
Rosà
Cartigliano
Cassola
Ramon
Loria
S. Vito
Riese Pio X
Barcon
Valla
Fanzolo
Vedelago
Castione
Rossano Veneto
Tezze sul Brenta
Castello di Godego
Salvarosa
Albaredo
Castelfranco Veneto
Galliera Veneta
Treville
Cittadella
Tombolo
S. Martino di Lupari
Onara
Resana
Fontaniva
Carmignano di B.
Schiavon
Maragnole
Mirabella
Longa
Montecchio Precalcino
Villaverla
Malo
Monte di Malo
Faedo
Priabona
Isola Vicentina
Sandrigo
Lupia
Pozzoleone
Dueville
Povolaro
Caldogno
Vallugana
Cornedo Vicentino
Valdagno
S. Pietro in Gu
Bolzano V.
Grantorto
S. Giorgio in Bosco
S. Anna Morosina
Loreggiola
Piombino Dese
Fratte
Loreggia
Fossalta
Brenta
Motta
Cavazzale
Lanzé
Gambugliano
Brogliano
Castelgomberto
Costabissara
Trissino
VICENZA
Quinto V.
Gaianico
Gazzo
Villa del Conte
Campo S. Martino
Sta Giustina in Colle
Camposampiero
Massanzago
Arsego
Bertesina
Nogarole V.
Monteviale
Creazzo
Sovizzo
Olmo
Torri di Quartesolo
Marola
Grumolo d. Abbadesse
Camisano Vicentino
Piazzola sul Brenta
S. Giorgio delle Pertiche
Borgoricco
S. Angelo
Montecchio Maggiore
Tavernelle
Arzignano
Altavilla Vicentina
Longara
Vancimuglio
Sarmego
Villafranca Padovana
Curtarolo
Campodarsego
Villanova di Camposampiero
Montorso Vicentino
Montebello Vicentino
Brendola
Arcugnano
Lapio
Longare
Costozza
Perarolo
Grisignano di Zocco
Campodoro
Limena
S. Andrea
Caltana
Gambellara
Vo
Nanto
Montegalda
Montegaldella
Veggiano
Mestrino
Rubano
Vigodarzere
Vigonza
Monteforte d'Alpone
Soave
Meledo
Pederiva
Barbarano Vicentino
Cervarese Sta Croce
Bacchiglione
PADOVA
Selvazzano Dentro
Noventa Padovana
Strà
Sarego
Grancona
S. Germano d. B.
Lobia
Ponte di Barbarano
Saccolongo
Bastia
S. Biagio
Praglia
Treponti
Teolo
Monteortone
Torreglia
Abano Terme
Salboro
Ponte S. Nicolò
Legnaro
Vigonovo
Saonara
Lonigo
Sto Stefano
Alonte
Orgiano
Sossano
Albettone
Bagnolo
S. Gregorio
Zimella
Spessa
Campiglia d. Berici
Albignasego
Montegrotto Terme
Maserà di Padova
Vigorovea
Arcole
Veronella
Albaredo d'A.
Cologna Veneta
Asigliano Veneto
Noventa Vicentina
Agugliaro
M. Venda
Valnogaredo
Lozzo Atestino
Galzignano Terme
Cataio
Valsanzibio
Casalserugo
Due Carrare
Polverara
Brugine
Bovolenta
Legnaro
Piove di Sacco
Roverchiara
Bonavigo
Pressana
Poiana Maggiore
Caselle
Roveredo di Guà
Cinto Euganeo
Arquà Petrarca
Battaglia Terme
Pernumia
Cartura
Arzergrande
Pontelongo
Minerbe
Bevilacqua
Montagnana
Saletto
Ospedaletto Euganeo
Baone
Este
Monselice
S. Pietro Viminario
Conselve
Arzercavalli
Arre
Pontecasale
Candiana
Villa del Bosco
Pietro Morubio
Angiari
Boschi S. Anna
S. Marco
Megliadino S. Fidenzio
Urbana
Sta Margherita d'Adige
Carceri
Ponso
Marega
Legnago
Terrazzo
Casale di Scodosia
Megliadino S. Vitale
Valli Mocenighe
Vighizzolo d'Este
Villa Estense
S. Elena
Solesino
Pozzonovo
Tribano
Bagnoli di Sopra
S. Siro
Cona
Pegolotte
Agna
Vigo
Villa Bartolomea
Merlara
Granze
Carmignano
Vescovana
Stanghella
Boara
Anguillara Veneta
Borgoforte
Rottanova
S. Martino di Venezze
Beverare
Pettorazza Grimani
Rosta
Begosso
Carpi
Castelbaldo
Piacenza d'Adige
S. Urbano
Valli Grandi
Fratta
Canale Gorzone
ADIGE

Fontana
Pieve di Soligo
Conegliano
Zoppè
Gaiarine
Puia
Cecchini
Azzano Decimo
Sernaglia d. Bat.
Falzè di P.
Codognè
Portobuffolè
Pasiano di Pordenone
S. Andrea
Fagnigola
Moriago d. Bat.
Susegana
Sta Lucia di P.
Mareno di P.
Fontanelle
Basalghelle
Pozzo
del Montello
Colfosco
Vazzola
Mansuè
Meduna di Livenza
Azzanello
Cinto Caomaggiore
Gruaro
Nervesa della Battaglia
Tezze
Fossabiuba
Pravisdomini
Il Montello
Giavera d. M.
S. Michele di P.
S. Polo di Piave
Lutrano
Blessaglia
Annone Veneto
Pradipozzo
Venegazzu
Selva del M.
Arcade
Oderzo
Gorgo al Monticano
Summaga
Portogruaro
Volpago d. M.
Spresiano
Cimadolmo
Ormelle
Motta di Livenza
Concordia Sagittaria
Povegliano
Visnadello
Lovadina
Maserada sul Piave
Roncadelle
Piavon
Santandrea
Candelù
Fossalta Maggiore
Sto Stino di Livenza
Villorba
Ronchi
Levada
Chiarano
Postioma
Paderno
Vascon
Saletto di P.
Ponte di Piave
Cessalto
Musano
Breda di P.
Salgareda
Torre di Mosto
Ponzano Veneto
Mignagola
Cavriè
Campo di Pietra
Porcellengo
TREVISO
Carbonera
Zenson di P.
Ceggia
Paese
S. Biagio di Callalta
S. Anna di Boccafossa
Istrana
Silea
Monastier di Treviso
Noventa di P.
La Salute di Livenza
Ospedaletto
Quinto di Treviso
Staffolo
Morgano
Biancade
Fossalta di P.
Stretti
S. Giorgio di Livenza
S. Trovaso
Casier
Roncade
S. Donà di Piave
Ca' Corniani
Zero
S. Alberto
Dosson
Meolo
Musile di P.
Preganziol
Casale sul Sile
Brian
Crepaldo
Zero Branco
Ca' Tron
Eraclea
Passarella
Sambughè
Caposile
Torre di Fine
Zerman
Quarto d'Altino
Marcon
Scorzè
Mogliano Veneto
Noale
Peseggia
Altino
Portegrandi
Jesolo
Cortellazzo
Eraclea Mare
Martellago
Marocco
S. Liberale
Trivignano
Dese
Salzano
Maerne
Ca' Noghera
Lido di Jesolo
Tessera
Mirano
Mestre
Torcello
MARCO POLO
Lio Piccolo
Cavallino
Spinea
Burano
Porto di Piave Vecchia
Chirignago
Marano
Treporti
Murano
Margherea
Ca' Savio
Oriago
Porto Marghera
Punta Sabbioni
Mira
Malcontenta
P.to di Lido
Dolo
Fusina
VENEZIA
Lido di Venezia
Pula
Piran
Kérkira, Pátra
Igoumenitsa
Malamocco
Lugo
Campagna Lupia
Alberoni
Porto di Malamocco
Lova
Campolongo Maggiore
S. Pietro in Volta
GOLFO
Pellestrina
Codevigo
Conche
Porto di Chioggia
Brenta d'Abbà
Chioggia
Sottomarina
DI VENEZIA
Civè
Ca' Bianca
Cantarana
Foce d. Brenta
Foce d. Adige
Isola Verde
Martinelle
S. Anna
Rosapineta
S. Pietro
Cavanella
Rosolina Mare
Laguna Veneta
Piave
Sile
Livenza
Brenta
Taglio
Canale

0 5 10 15 20 km
3350
Pta Sommeiller
Valle
Susa
Bussoleno
Susa
Val della Torre
1325
Levi-Molinari
Chiomonte
Meana
Borgone Susa
Mocchie
Celle
Rubiana
Rochemolles
26
S 24
Mattie
3
Giorio di Susa (420)
42
18
56
Almese
2785
M. Jafférau
25
Salbertrand
Exilles
1455
Pian Gelassa
Adret (1140)
Villar Focchiardo
S. Antonino di Susa
S. Ambrogio di T.
Mélezet
11
Colle dell' Assietta
A. d'Arguel (1961)
2176
Colle delle Finestre
41
Sacra di S. Michele (962)
Avigliana
2054
Savoulx
2472
2849
M. Orsiera 2878
Indiritto
Coazze
Valgioie
L. Grande
Buttigliera
S 335
Usseaux
Beaulard
(1509)
2381
Fraisse
Forno
L. Piccolo
Trana
Oulx
Sauze d'Oulx
Pragelato (1521)
Fenestrelle (1154)
del
R 23
Villaretto
Alpe Colombino (1240)
(506) Giaveno
S. Bernardino
3044
Catolivier
Valle
3043
Chisone
Sangone
D 994c
14
M. Albergian
Roure
2158
M. Uia
Provonda
Bruino
M. Fraiteve 2701
2424
55
621
Mt Chaberton 3136
Mollières
Sestriere (2033)
Chisone
M. Freidour 1445
Piossasco
Cesana Torinese (1354)
2822
M. Banchetta
Gros Passet
2210
Perosa Argentina
Cumiana
Montgenèvre
Clavière
2658
Bric Ghinivert 3037
Massello
Bovile
Talucco (758)
Tavernette
Bousson
Sauze di Cesana
M. Sises
Pta Rognosa 3280
Salza di Pinerolo
Pinasca
(705) Dubbione
Cantalupa
39
Perrero
Frossasco
Thures
Ripa
Rodoretto
Torto
21
le Chenaillet 2634
M. Appenna 2979
Pramollo
Villar Perosa
Roletto
Piscina
BRIANÇON (1321)
2439
3285
Prali 2379
Gran Truc 2366
S. Germano Chisone
(376) Pinerolo
Riva
Cervières
891
Thuras
Germanasca
Ghigo (1490)
(1024) Pradeltorno
Porte
R 23
Buriasco
D 89
Monte Nero
1379
Pta Ramière 3302
Pta Cialancia 2855
S. Secondo di Pinerolo
ALPES
les Fonds
Bric Froid
Baudenasca
Pic de Rochebrune
3238
Gran Queyron 3060
2868
Pta Cornour
Osasco
Col d'Izoard 2360
3325
Pic de Pt Rochebrune 3083
le Roux
Bric Bouchet 2997
Bric Bucie
2121
(516)
Torre Pellice
Luserna S. Giovanni
Bricherasio
Macello
Garzigliana
11-6
D 441
Bobbio Pellice
Villar Pellice
Pic de l'Agrenier 2796
Abriès
Valpreveyre
Pellice
Mt Mouriare
Aiguilles
2929
Tête du Pelvas / M. Palavas
Villanova (1225)
16
Rora
Bibiana
Campiglione
Arvieux
(1384) Château Queyras
D 947
9,5
Pellice
Cavour
2912
Parc
Regional
l'Echalp
Willy Jervis
Bagnolo Piemonte
Villafranca Piemonte
Col du Béal Traversier
D 902
4,5
Ville-Vieille
Pic du Fond de Peinin 2897
Montoso
Villaro
31
2257
Som! Bucher
Molines-en-Queyras
Battaglione Monte Granero
M. Frioland 2720
Rucas (1550)
Crocera di Barge
D 5
D 205T
2375
Combe du Queyras
du
Queyras
3171
M. Granero
Barge
S. Martino
Grana
Guil
2133
2914
(2020) Pian del Re
Abba di Staffarda
St. Véran (2040)
Ostana
Calcinere
(1643) Ceillac
N. D. de Clausis
2744
Col Agnel / Colle dell' Agnello
Crissolo (1333)
Paesana
1307
Guillestre (1000)
Rioufenc
M. Viso 3841
Oncino
Serre
Envie
11-5
3035
la Raille
Chianale
Revello
3233
Bric de Rubren / Mongioia 3340
(1570) Pian Munè
Sanfront
Vars (1639)
Péouvou
Varaita
3015
Cima delle Lobbie
Tta di Garitta Nuova 2385
Gambasca
Pic de la Font Sancte 3387
Pontechianale
Martiniana Po
(1296) Casteldelfino
Gilba
Brondello
Pagno
les Claux
Maljasset
S. Anna
Bellino
Becetto
Rore
Verzuolo
Aigle de Chambeyron 3411
Pnte du Fond du Roure 3179
M. Maniglia
Valle
(976) Sampeyre
Frassino
Brossasco
Piasco
2787
Tête de Paneyron
2637
Col de Mary / C. de Maurin
3064 Pelvo d'Elva
Varaita
Varaita
Venasca
Col de Vars
Ubaye
Lac des 9 couleurs
Elva
Melle
Valmala
Fouillouse
Brec de Chambeyron 3390
M. Nebin 2510
Rossana
St. Paul (1470)
De Costanzi
GR 5-56
Chiappera
Stroppo
Macra
32
LPES - DE -
3159
(1200) Acceglio
Prazzo
Ponte Marmora
S. Damiano Macra
1625
Lemma
la Condamine-Châtelard
D 900
Meyronnes
P 422
Maira
Celle di Macra
Soglio
Roccabruna
Tête de Siguret 3032
17
Larche
Valle
Marmora
Maira
Dronero
Castelletto Busca
Bérard
16
D 900
Tête de Moïse / M. Oronaye 3104
Paglieres
PROVENCE
12-3
1996
Viviere
Preit
Montemale di Cuneo
Col de Larche / Colle della Maddalena
Tête de Fer 2885
M. Tibert 2647
(822) Pradleves
Caraglio
Ubaye
2
34
3
Castelmagno
Grana
Valgrana
4
Passatore
elonnette (1132)
Argentera
2831
Rca la Meia
Chiappi (1661)
Frise
Monterosso Grana
S. Matteo
P 422
le Sauze
L. des Sagnes
GR 5-56
Bersezio
2416
2357
(1700)
Tête de
2955
Bernezzo

TORINO
Moncalieri
Chieri
Asti
Alba
Bra
Savigliano
Fossano
Saluzzo
Carmagnola
Rivoli
Grugliasco
Collegno
Nichelino
Orbassano
Beinasco
Stupinigi
Candiolo
La Loggia
Vinovo
None
Piobesi To.
Carignano
Villastellone
Santena
Cambiano
Trofarello
Pecetto To.
Pino To.
Superga
S. Mauro To.
Gassino To.
Settimo Torinese
Borgaro To.
Venaria Reale
Druento
Caselette
Pianezza
Alpignano
S. Gillio
Brandizzo
Castagneto Po
S. Sebastiano da Po
Casalborgone
Lauriano
Brusasco
Rivalba
Cinzano
Sciolze
Baldissero To.
Marentino
Andezeno
Mombello di Torino
Moncucco To.
Albugnano
Castelnuovo Don Bosco
Berzano di S. Pietro
Tonengo
Cocconato
Passerano
Montiglio
Piovà Massaia
Gallareto
Buttigliera d'Asti
Riva presso Chieri
Poirino
Villanova d'Asti
Isolabella
Valfenera
Villafranca d'A.
S. Paolo Solbrito
Montafia
Cortazzone
Soglio
Cortandone
Montegrosso
Baldichieri d'A.
Tigliole
Vaglierano
Revigliasco d'A.
Antignano
S. Damiano d'A.
S. Martino Alfieri
Govone
Priocca
Canove
Castagnole d. Lanze
Magliano Alfieri
Neive
Barbaresco
Treiso
Trezzo Tinella
Castiglione Tinella
Coazzolo
Mango
Cossano Belbo
Rocchetta Belbo
Castino
Benevello
Lequio Berria
Cortemilia
Torre Bormida
Cravanzana
Cerretto Langhe
Serravalle Langhe
Feisoglio
Bergolo
Levice
Gorzegno
Prunetto
Scaletta Uzzone
Monesiglio
Gottasecca
Saliceto
Carretto
Piana Crixia
Mombarcaro
Murazzano
Paroldo
Niella Belbo
Bossolasco
Somano
Cissone
Roddino
Albaretto d. Torre
Sinio
Diano d'Alba
Montelupo Albese
S. Rocco
Castiglione Falletto
Serralunga d'Alba
Monforte d'Alba
Barolo
Novello
La Morra
Verduno
Grinzane Cavour
Roddi
Pollenzo
Cinzano
Sta Vittoria d'Alba
Monticello d'A.
Pocapaglia
Sommariva Perno
Corneliano d'Alba
Castagnito
Guarene
Borbore
Vezza d'A.
Castellinaldo
Canale
Montà
Cisterna d'Asti
Monteu Roero
Montaldo Roero
Baldissero d'Alba
Ceresole Alba
S. Lorenzo
Sommariva del Bosco
Sanfrè
Cherasco
Narzole
Salmour
Bene Vagienna
Lequio Tanaro
Dogliani
Farigliano
Piozzo
Carrù
Belvedere Langhe
Marsaglia
Igliano
Torresina
Bastia Mondovì
Niella Tanaro
Castellino Tanaro
Briaglia
Magliano Alpi
Carmine
Trinità
S. Albano Stura
Montanera
Castelletto
Margarita
Crava
Cuneo
Centallo
Tarantasca
Busca
Maddalene
Villafalletto
Vottignasco
Levaldigi
Genola
Costigliole Saluzzo
Monsola
Falicetto
Lagnasco
Solere
Cervere
S. Giovanni
Marene
Monasterolo di Savigliano
Scarnafigi
Ruffia
Villanova Solaro
Cavallermaggiore
Cavallerleone
Murello
Racconigi
Caramagna Piemonte
Foresto
Moretta
Polonghera
Faule
Casalgrasso
Pancalieri
Lombriasco
Osasio
Virle Piemonte
Ceretto
Casanova
Pralormo
Cellarengo
Ternavasso
Crocetta
Castagnole Piemonte
Pieve di Scalenghe
Scalenghe
Airasca
Volvera
Rivalta di Torino
Villarbasse
Rosta
S. Antonio di Ranverso
Ferrere
Chiusano
Villa S. Secondo
Montechiaro d'Asti
Camerano Casasco
Settime
Callianetto
Castell' Alfero
Monale
Serravalle
Portacomaro
Scurzolengo
Azzano
Mongardino
Montegrosso d'A.
Isola d'A.
Costigliole d'A.
Agliano
Salere
Boglietto
Calosso
Busi
Sto Stefano Belbo
Canelli
Perletto
Olmo Gentile
Roccaverano
Vesime
Loazzolo
Serole
Cerrina Monf.
Odalengo Grande
Brozolo
Robella
Murisengo
Villadeati
Alfiano Natta
Colcavagno
Moncalvo
Penango
Tonco
Pozzo
Guazzolo
Montiglio
Bormida di Millesimo
Tanaro
Stura di Demonte
Maira
Varaita
Po
Versa
Belbo
Mellea
Grana
Stellone
Banna
Pesio
Ellero
Uzzone
Mondalavia
Riparia
Lemina
Langhe
A 21 - E 70
A 6
E 717
A 33
E 74
S 231
P 662
P 590
P 458
P 429
R 29
R 10
R 20
S 393
S 28
P 422
P 564
P 663
P 589
P 456
S 457
NSA 21
MICHELIN

0 5 10 15 20 km
Casale Monferrato
Alessandria
Tortona
Novi Ligure
Acqui Terme
Ovada
Valenza
Nizza Monferrato
Canelli
Moncalvo
Balzola
Morano
Camino
Terranova
Motta de' Conti
Candia Lomellina
Cozzo
Velezzo Lomellina
Cergnago
S. Giorgio di L.
Garlasco
Alagna
Ottobiano
Valeggio
Dorno
Frassineto Po
Valle L.
Semiana
Lomello
Scaldasole
Pieve Albignola
Breme
Sartirana Lomellina
Mede
Ferrera Erbognone
Galliavola
Sannazzaro de' Burgondi
Mombello Monf.
Serralunga
Sant° di Crea
S. Giorgio Monf.
Treville
Ozzano Monf.
Ponzano Monf.
Cereseto
Rosignano Monferrato
Terruggia
Valmacca
Ticineto
Borgo S. Martino
Bozzole
Giarole
Torre Beretti
Frascarolo
Galliate
Mezzana Bigli
Balossa Bigli
Guazzolo
Ottiglio
Occimiano
Pomaro Monf.
Pieve del Cairo
Suardi
Isola S. Antonio
Cornale
Silvano Pietra
Grazzano Badoglio
Frassinello Monf.
Mirabello Monf.
Villabella
Gambarana
Penango
Cioccaro
Conzano
Camagna Monf.
Capriglia
Molino dei Torti
Calliano
Casorzo
Vignale Monf.
Lu
S. Salvatore Monf.
Bassignana
Guazzora
Grana
Castelletto Monf.
Pecetto di Valenza
Casei Gerola
Montemagno
Viarigi
Cuccaro Monf.
Fubine
Rivarone
Sale
Castelnuovo Scrivia
Scurzolengo
Castagnole Monferrato
Franchini
Valmadonna
Valle S. Bartolomeo
Piovera
Portacomaro
Quargnento
Montecastello
Refrancore
Arrobbio
Pietra Marazzi
Lobbi
Pontecurone
Quarto Inf.
Solero
Castelceriolo
Rivanazzano
Castello di Annone
Quattordio
Felizzano
Marengo
S. Giuliano Nuovo
S. Giuliano Vecchio
Casalnoceto
Azzano d'A.
Cerro Tanaro
Spinetta
Viguzzolo
Rocca d'Arazzo
Masio
Villa del Foro
Cascina Grossa
Mongardino
Rocchetta Tanaro
Oviglio
Cantalupo
Rivalta Scrivia
Sarezzano
Berzano di T.
Montegrosso d'A.
Montaldo Scarampi
Bergamasco
Borgoratto Aless.
Castellazzo Bormida
Mandrogne
Villaromagnano
Tigliole
Cortiglione
Frugarolo
Pollastra
Carbonara Scrivia
Cerreto Grue
Montemarzino
Mombercelli
Vinchio
Incisa Scapaccino
Casal Cermelli
Bosco Marengo
Villalvernia
Costa Vescovato
Castelnuovo Calcea
Agliano
Madonna
Gamalero
Pozzolo Formigaro
Carezzano
Salere
Bruno
Castelspina
Fresonara
S. Agata Fossili
Avolasca
Mombaruzzo
Sezzadio
Boglietto
Fontanile
Maranzana
Cassine
Castelferro
Basaluzzo
Cassano Spinola
Calosso
S. Marzano Oliveto
Castelletto Molina
Ricaldone
Castelnuovo Bormida
Predosa
Capriata d'Orba
Pasturana
Sardigliano
Vargo
Calamandrana
Alice Bel Colle
Francavilla Bisio
Tassarolo
Borghetto di Borbera
Castel Rocchero
Rivalta Bormida
Serravalle Scrivia
Stazzano
Sto Stefano Belbo
Cassinasco
Montabone
Strevi
Silvano d'Orba
Gavi
Vignole Borbera
Sessame
Carpeneto
Rocca Grimalda
Arquata Scrivia
Grondona
Bubbio
Bistagno
Morsasco
Castelletto d'Orba
S. Cristoforo
Parodi Ligure
Trisobbio
Montaldeo
Monastero Bormida
Bagni
Visone
Vesime
Melazzo
Cremolino
Tagliolo Monferrato
Carrosio
Borlasca
Isola del Cantone
Ponti
Cavatore
Grognardo
Lerma
Mornese
Bosio
Voltaggio
Montechiaro Piana
Cartosio
Valosio
Molare
Ronco Scrivia
Perletto
Roccaverano
Morbello
Olmo Gentile
Denice
Mombaldone
Ponzone
Cassinelle
Borgo Fornari
Pietrafa
M. Tobbio
Molini
Busalla
Serole
Bandita
Rossiglione
Cimaferle
Malvicino
Olbicella
Capanne Marcarolo
Pso della Bocchetta
Pso dei Giovi
Savign
Spigno Monferrato
Pian Castagna
Campo Ligure
Crevasco
Mignanego
Roboaro
Ponte Erro
Tiglieto
Praglia
Serra Riccò
Squaneto
Maddalena
Martina Olba
Masone
Campomorone
Ceranesi
Pedemonte
Piana Crixia
Mioglia
Urbe
Acquabianca
Pso del Turchino
Pontedecimo
S. Cipriano
S. Olcese
Sta Giulia
Sassello
Palo
Veirera
Vara Inferiore
Fiorino
Acquasanta
S. Carlo
Villa
Dego
Giusvalla
Pontinvrea
Colle del Giovo
M. Beigua
Pso del Faiallo
Mele
Rivarolo Lig.
Bolzaneto
Molassana
Carretto
Rocchetta Cairo
S. Giustina
Voltri
MICHELIN
PO
Tanaro
Bormida
Belbo
Orba
Scrivia
Grue
Borbera
Stura
Agogna
Erbognone
Grana
Lemme
Erro
Bormida di Spigno

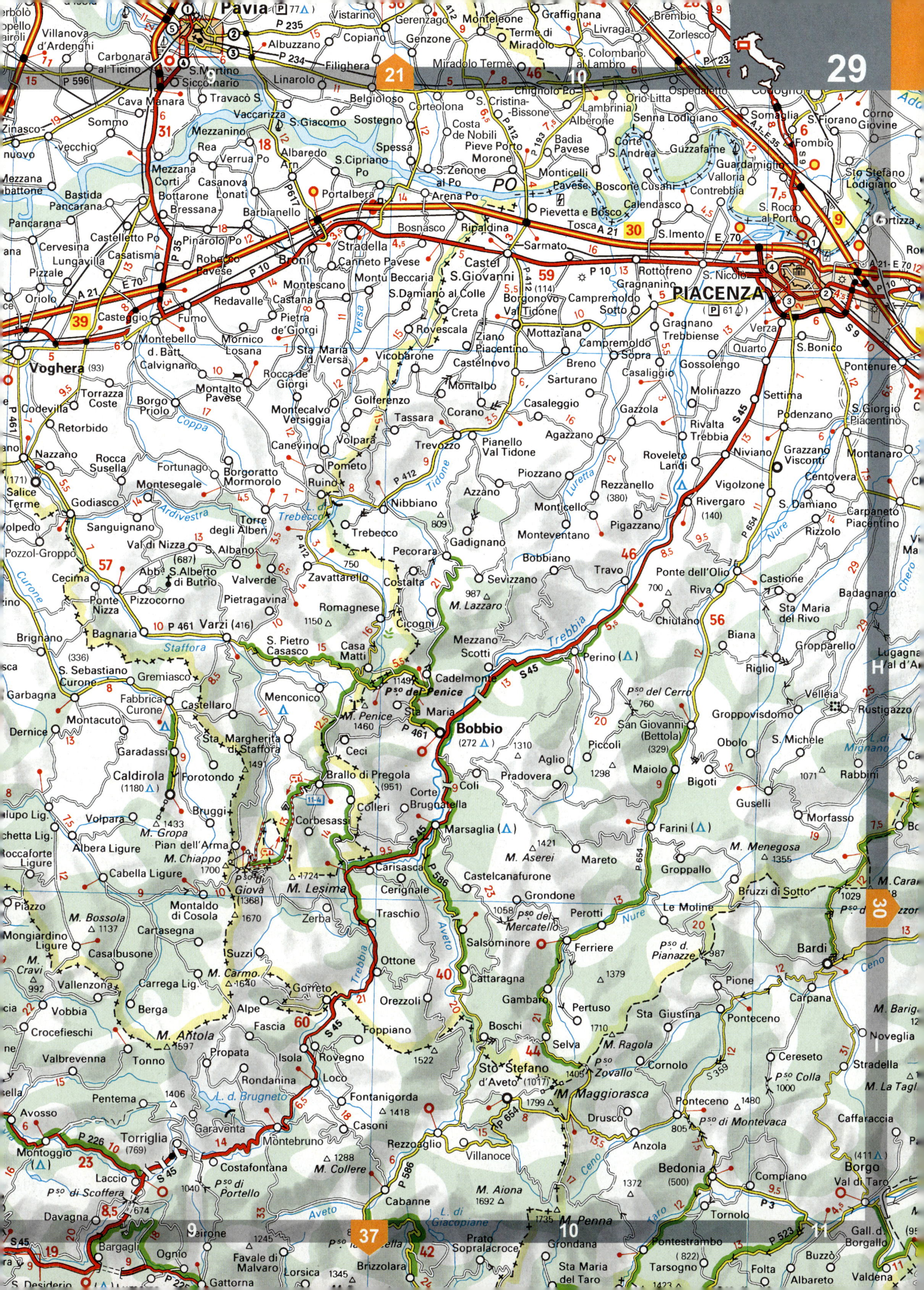
Pavia
Vistarino
Gerenzago
Monteleone
Graffignana
Brembio
Villanova d'Ardenghi
Albuzzano
Copiano
Genzone
Terme di Miradolo
Livraga
Zorlesco
Carbonara al Ticino
Filighera
Miradolo Terme
S. Colombano al Lambro
S.Martino Siccomario
Linarolo
Chignolo Po
Orio Litta
Ospedaletto
Codogno
Cava Manara
Travacò S.
Belgioioso
Corteolona
S. Cristina-Bissone
Lambrinia
Senna Lodigiana
Somaglia
S. Fiorano
Corno Giovine
Sommo
Vaccarizza
S.Giacomo
Sostegno
Costa de Nobili
Pieve Porto Morone
Alberone
Mezzanino
Badia Pavese
Corte S.Andrea
Guzzafame
Fombio
Rea
Verrua Po
Albaredo Arn.
Spessa
S.Cipriano Po
Mezzana Corti
Casanova Lonati
S.Zenone al Po
Monticelli Pavese
Boscone Cusani
Guardamiglio
Valloria
Sto Stefano Lodigiano
Bastida Pancarana
Bottarone
Bressana
Portalbera
Arena Po
PO
Contrebbia
Pancarana
Barbianello
Bosnasco
Pievetta e Bosco Tosca
Calendasco
S. Rocco al Porto
Ortizza
Castelletto Po
Cervesina
Pinarolo Po
Stradella
Ripaldina
Sarmato
S.Imento
Lungavilla
Casatisma
Robecco Pavese
Broni
Canneto Pavese
Castel S.Giovanni
Rottofreno
S. Nicolò
Pizzale
Montù Beccaria
Gragnanino
PIACENZA
Oriolo
Redavalle
Montescano
Castana
S.Damiano al Colle
Borgonovo Val Tidone
Campremoldo Sotto
Casteggio
Fumo
Pietra de'Giorgi
Creta
Rovescala
Mottaziana
Gragnano Trebbiense
Verza
Quarto
S.Bonico
Montebello d. Batt.
Mornico Losana
Sta Maria d. Versa
Ziano Piacentino
Campremoldo Sopra
Voghera
Calvignano
Rocca de' Giorgi
Vicobarone
Castelnovo
Breno
Casaliggio
Gossolengo
Pontenure
Torrazza Coste
Montalto Pavese
Montalbo
Sarturano
Molinazzo
Settima
Codevilla
Borgo Priolo
Golferenzo
Corano
Casaleggio
Gazzola
Podenzano
S.Giorgio Piacentino
Retorbido
Montecalvo Versiggia
Tassara
Rivalta Trebbia
Coppa
Volpara
Trevozzo
Pianello Val Tidone
Agazzano
Canevino
Roveleto Landi
Niviano
Grazzano Visconti
Montanaro
Nazzano
Rocca Susella
Fortunago
Borgoratto Mormorolo
Pometo
Ruino
Piozzano
Vigolzone
Centovera
Salice Terme
Montesegale
Tidone
Rezzanello
Godiasco
Nibbiano
Azzano
Rivergaro
S. Damiano
Carpaneto Piacentino
Ardivestra
Torre degli Alberi
Trebecco
Monticello
Pigazzano
Rizzolo
Sanguignano
Val di Nizza
S. Albano
Gadignano
Monteventano
Pozzol-Groppo
Pecorara
Bobbiano
Abbª S.Alberto di Butrio
Zavattarello
Costalta
Sevizzano
Travo
Ponte dell'Olio
Castione
Cecima
Valverde
M. Lazzaro
Riva
Badagnano
Ponte Nizza
Pizzocorno
Pietragavina
Romagnese
Cicogni
Chiulano
Sta Maria del Rivo
Brignano
Bagnaria
Varzi
S. Pietro Casasco
Casa Matti
Mezzano Scotti
Trebbia
Biana
Staffora
Perino
Gropparello
S. Sebastiano Curone
Gremiasco
Cadelmonte
Riglio
Garbagna
Fabbrica Curone
Castellaro
Menconico
Pso del Penice
Pso del Cerro
Velleia
Rustigazzo
M. Penice
Sta Maria
Bobbio
San Giovanni (Bettola)
Groppovisdomo
Montacuto
Dernice
Sta Margherita di Staffora
Piccoli
Obolo
S. Michele
Garadassi
Ceci
Aglio
Maiolo
Bigoti
Rabbini
Caldirola
Forotondo
Brallo di Pregola
Pradovera
Coli
Corte Brugnatella
Colleri
Guselli
Bruggi
Corbesassi
Marsaglia
Farini
Morfasso
Volpara
M. Gropa
Pian dell'Arma
M. Aserei
M. Menegosa
Albera Ligure
M. Chiappo
Mareto
Cabella Ligure
Carisasca
Cerignale
Castelcanafurone
Groppallo
Pso d. Giovà
M. Lesima
Grondone
Le Moline
Bruzzi di Sotto
Montaldo di Cosola
Zerba
Traschio
Pso del Mercatello
Perotti
Nure
Piazzo
M. Bossola
Cartasegna
Salsominore
Ferriere
Pso d. Pianazze
Bardi
Mongiardino Ligure
Casalbusone
Suzzi
Aveto
Ottone
M. Carmo
Cattaragna
Pione
M. Cravi
Vallenzona
Carrega Lig.
Gorreto
Orezzoli
Gambaro
Carpana
Vobbia
Berga
Alpe
Pertuso
Sta Giustina
Ponteceno
M. Barig.
Crocefieschi
M. Antola
Fascia
Foppiano
Boschi
M. Ragola
Noveglia
Valbrevenna
Tonno
Propata
Isola
Rovegno
Selva
Pso Zovallo
Cornolo
Cereseto
Stradella
Loco
Sto Stefano d'Aveto
Pso Colla
M. La Tagl.
Rondanina
Pentema
L. d. Brugneto
Fontanigorda
M. Maggiorasca
Ponteceno
Drusco
Pso di Montevaca
Caffaraccia
Avosso
Casoni
Garaventa
Montebruno
Torriglia
Rezzoaglio
Anzola
Montoggio
Villanoce
Bedonia
Borgo Val di Taro
Costafontana
M. Collere
Ceno
Compiano
Laccio
Pso di Scoffera
Pso di Portello
M. Aiona
Cabanne
Tornolo
Davagna
L. di Giacopiane
M. Penna
Gall. d. Borgallo
Bargagli
Ognio
Prato Sopralacroce
Grondana
Pontestrambo
Favale di Malvaro
Lorsica
Brizzolara
Sta Maria del Taro
Tarsogno
Folta
Buzzò
Albareto
Valdena
S. Desiderio
Gattorna

0 5 10 15 20 km
Cremona
Castelvetro Piacentino
Monticelli d'Ongina
Caorso
Cortemaggiore
Busseto
Fiorenzuola d'Arda
Castell' Arquato
Fidenza
Salsomaggiore Terme
Tabiano Bagni
Noceto
PARMA
Colorno
Casalmaggiore
Sabbioneta
Piadena
Canneto sull' Oglio
Bozzolo
Viadana
Mezzani
Sorbolo
S. Polo d'Enza
Montecchio Emilia
Traversetolo
Langhirano
Collecchio
Fornovo di Taro
Medesano
Berceto
Borgo Val di Taro
Calestano
Lesignano de' Bagni
Felino
Sala Baganza
Soragna
Zibello
Polesine Parmense
Roccabianca
Sissa
Torrile
S. Secondo Parmense
Fontanellato
Fontevivo
Vigoleno
Pellegrino Parmense
Varano de' Melegari
Solignano
Cassio
Corniglio
Tizzano Val Parma
Neviano d. Arduini
Ciano d'Enza
Canossa
Vetto
Castelnovo
PO
Taro
Parma
Enza
Ceno
Stirone
Chiavenna
Arda
Oglio
Adda
A.1 - E.35
A 15 - E 31
A 21
S 9
S 62
P 10
P 87
P 343
P 588
P 462
P 359
P 357
P 308
P 513
P 523
P 665
T.A.V.
P.so della Cisa
M. Caio
M. Molinatico
M. Barigazzo
M. Carameto
P.so del Pelizzone
12
13
22
29
38
G
H
I

MANTOVA
23
Gazoldo degli Ippoliti
Rodigo
Soave
Rivalta sul Mincio
Villanova Maiardina
Porto Mantovano
Castelbelforte
Sorgà
Visegna
Nogara
Susano
Bonferraro
Gazzo
Castel d'Ario
Sargines
Redondesco
Castellucchio
Curtatone
Cadé
Villa Garibaldi
Villimpenta
Casaleone
Aselogna
Casatico
Ospitaletto
Montanara
Frassino
Mincio
Roncoferraro
Pradello
Gazzo Veronese
Maccacari
Roncanova
Valli Veronesi
S. Silvestro
Cerese
Formigosa
Virgilio
Pietole
Barbasso
Nosedole
Casale
Tione
S. Michele in Bosco
S. Martino dall'Argine
Pilastro
Serraglio
Cappelletta
Bagnolo S.Vito
Governolo
Cardinala
Sto Stefano
Torretta
Belforte
Campitello
Campione
Mirasole
Serravalle a Po
Correggioli
Melara
Bergantino
Spineda
Gazzuolo
Cesole
Boccadiganda
S. Nicolò Po
Camatta
Sustinente
Revere
Ostiglia
Borgofranco sul Po
Bocca Chiavica
Torricella
Borgoforte
Motteggiana
S. Benedetto Po
Portiolo
Sta Lucia
Quingentole
Pieve di Coriano
Carbonara di Po
Tabellano
Villa Saviola
Nuvolato
Quistello
Ghisione
Castelnovo Bariano
Squarzanella
Sailetto
Cizzolo
S. Matteo d. Chiaviche
Breda Cisoni
Camatte
Pegognaga
Schivenoglia
Villa Poma
Magnacavallo
Suzzara
Quattrocase
Villastrada
Codisotto
Polesine
S. Giacomo d. Segnate
Dragoncello
Salina
Palidano
Gonzaga
Marzettelle
Bondanello
Poggio Rusco
Luzzara
Giovanni el Dosso
Tramuschio
S. Martino Spino
Pilastri
Pomponesco
Dosolo
Casoni
Bondeno
Moglia
Vallalta
Viadana
Guastalla
Tagliata
Villarotta
Fossa
Quarantoli
Gavello
Gualtieri
Reggiolo
Concordia sulla Secchia
Redena
Boretto
S. Giacomo
Novi di Modena
S.Possidonio
Mirandola
Fabbrico
Rolo
S. Antonio in Mercadello
Bellaria
Ponte S. Pellegrino
Mortizzuolo
S. Rocco
Sta Vittoria
S. Giacomo Roncole
Massa Finalese
Viarovere
Novellara
Campagnola Emilia
Pioppa
S. Biagio
S. Felice sul Panaro
Canaletto
Meletole
Rovereto s. Secchia
Medolla
Rivara
Cavezzo
Finale Emilia
Cogruzzo
Budrione
Il Borgo
Motta
Dogaro
Alberone
Rio Saliceto
Sto Marino
Cadecoppi
Galeazza
Vezzola
Cadelbosco di Sotto
Migliarina
Cortile
Canolo
Carpi
S.Prospero
Camposanto
Palata Pepoli
Zurco
La Rocca
Campegine
S. Michele
Correggio
Solara
Bevilacqua
Cadelbosco di Sopra
Budrio
Sorbara
Stuffione
Renazzo
Bagnolo in Piano
Soliera
Sammartini
Sesso
S. Martino in Rio
Gargallo
Bastiglia
Bomporto
Crevalcore
Cento
Cella
REGGIO NELL'EMILIA
Prato
Ganaceto
Ravarino
San Matteo della Decima
Gavassa
Campogalliano
Albareto
Venezzano
Coviolo
Masone
Villanova
Navicello
Nonantola
S. Agata Bolognese
Lorenzatico
Canali
Due Maestà
Gavasseto
Rubiera
Cittanova
Secchia
Saliceto Panaro
Recovato
S. Giovanni in Persiceto
Argelato
Rivalta
Fogliano
MODENA
Gaggio
Tivoli
Padulle
Albinea
Arceto
Secchia
Baggiovara
Fossalta
S.Ambrogio
Riolo
Sala Bolognese
Puianello
Borzano
Scandiano
Salvaterra
S. Damaso
Castelfranco Emilia
S. Giacomo di Martignone
Vezzano sul Crostolo
Iano
Magreta
Manzolino
Budrie
Casinalbo
S. Donnino
Calderara di Reno
La Vecchia
Ca' Bertacchi
Casalgrande
Boglioni
Formigine
Montale
Portile
Cavazzona
Ponte Samoggia
Tavernelle d'Emilia
Faggiano
S.Vito
S. Cesario sul Panaro
Calcara
Montalto
Fondiano
Viano
Sassuolo
Castelnuovo Rangone
Piumazzo
Anzola dell'Emilia
Lavino di Mezzo
Prediera
Terme di Salvarola
Fiorano Modenese
Pozza
S. Eusebio
Spilamberto
Crespellano
S. Romano
Maranello
Solignano Nuovo
Magazzino
Castellarano
Nirano
Gorzano
Castelvetro di Modena
Bazzano
Ponte Ronca
Zola Predosa
Baiso
S.Michele d. Mucchietti
S.Venanzio
Torre Maina
Vignola
Savignano sul Panaro
Roteglia
Sta Maria
Montebaranzone
Campiglio
Oliveto
Montardone
Marano sul Panaro
Monteveglio
Fornace
Rivabella
Casalecchio di Reno
Carpineti
Valestra
Prignano s.Secchia
Stella
Pazzano
Farneta
Ospitaletto
Castello di Serravalle
Calderino
Mausoleo
32
39
14
15

0 5 10 15 20 km
Megliadino S. Fidenzio
Sta Margherita d'Adige
Urbana
Marega
Ponso
Carceri
Villa Estense
S. Elena
Solesino
Tribano
Pozzonovo
Bagnoli di Sopra
S. Siro
Pegolotte
Vighizzolo d'Este
Granze
Merlara
Villa Bartolomea
Begosso
Fratta
Castelbaldo
Piacenza d'Adige
Carmignano
Vescovana
Stanghella
Canale Gorzone
Anguillara Veneta
Borgoforte
Rottanova
S. Martino di Venezze
Beverare
Pettorazza Grimani
Rosta
Valli Grandi Veronesi
Carpi
Castagnaro
Masi
S.Urbano
Ca' Morosini
Villafora
Barbona
Boara Pisani
Mardimago
Fasana Polesine
Boara Polesine
Scolo Ceresolo
Torretta
Badia Polesine
Lendinara
Lusia
Menà
Giacciano con Baruchella
Crocetta
Sarzano
Villadose
Ca' Emo
Orticelli
Rovigo
Adria
Bergantino
S.Pietro Polesine
Zelo
Villanova d. Ghebbo
Costa di R.
Grignano P.
Ceregnano
Cicese
Lama P.
Canale Bianco
Castelmassa
Granarone
Trecenta
Canda
S.Bellino
Fratta Polesine
Pontecchio Polesine
Gavello
Corcrevà
Ceneselli
Castelguglielmo
Villamarzana
Arquà P.
Sermide
Sariano
Bagnolo di Po
Runzi
Pincara
Bosaro
Guarda Veneta
Villanova Marchesana
Calto
Frassinelle P.
Crespino
Berra
Felonica
Salara
Fiesso Umbertiano
Polesella
Po
Guarda Ferrarese
Alberone
Cologna
Serravalle
Pilastri
Ficarolo
Gaiba
Stienta
Ro Ferrarese
Rangona
Stellata
Canaro
Coccanile
Canale Bianco
Contane
Ponti di Spagna
Ravalle
Occhiobello
Ruina
Ambrogio
Grande
Redena
Burana
S. Biagio
Sabbioni
Sta Maria Madd.
Francolino
Copparo
Bondeno
Casaglia
Ospitale
Pontelagoscuro
Tamara
Gradizza
Iolanda di Savoia
Scortichino
Boara
Viarovere
Porotto-Cassana
Vigarano Pieve
Fossalta
Baura
Sabbioncello S.Vittore
Sta Bianca
Canaletto
Panaro
Casumaro
Vigarano Mainarda
FERRARA
Formignana
Gherardi
Tresigallo
Denore
Reno Finalese
Mirabello
Quartesana
Finale di Rero
Alberone
Chiesuol d. Fosso
Cona
Masi Torello
Galeazza
S. Carlo
Coronella
Po di Volano
Migliaro
Pilastrello
S. Agostino
Fossanova S.Marco
Gualdo
Bevilacqua
Dosso
Gaibanella
Voghiera
Masi S. giacomo
Roverelo
Migliarino
Renazzo
Galliera
Poggio Renatico
Montalbano
Gaibana
Monestirolo
Ostellato
Corte
Gambulaga
Cento
Poggetto
S. Alberto
S. Vincenzo
S. Bartolomeo in Bosco
Marrara
Maiero
Valle
S. Giovanni
Pieve di Cento
Malalbergo
S.Nicolò
Portomaggiore
S. Pietro in Casale
Venezzano
Boschi
Portoverrara
Reno
Ripapersico
Castello d'Argile
Rubizzano
Sta Maria Codifiume
Benvignante
Altedo
Ospitalmonacale
S. Giorgio di Piano
S. Gabriele
Alberino
Consandolo
Bando
Argelato
Baricella
Traghetto
Boccaleone
Padulle
Bentivoglio
Ca' de Fabbri
Minerbio
Fiorana
Marmorta
Sala Bolognese
Molinella
Argenta
Menata
S. Martino in Soverzano
Dugliolo
S. Giorgio
Castel Maggiore
S. Biagio
Filo
Longa
Calderara di Reno
Trebbo di Reno
Mezzolara
Lovoleto
S. Martino in Argine
Campotto
Granarolo d.Emilia
Lavezzola
Bagnarola
Vedrana
Selva Malvezzi
S. Antonio
Corticella
Riccardina
Quaderna
Giovecca
Voltana
Budrio
Fiorentina
Portonovo
Spazzate Sassatelli
Quarto Inferiore
Chiesanuova
S. Bernardino
BOLOGNA
Cento
Buda
Conselice
Castenaso
Villa Serraglio
Ducato Fabriago
Villa Fontana
Villanova
Ganzanigo
S. Savino
S. Luca
Ponte Rizzoli
Medicina
S. Patrizio
Maiano Monti
Casalecchio di Reno
S. Lazzaro di Savena
Idice
Ozzano d.Emilia
Crocetta
Mondanica-Viola
Fusignano
Poggio
S. Martino
Sesto Imolese
S. Agata s. Santerno
del Mezzano
Valli di

Cantarana
Ca' Bianca
Foce d. Brenta
Foce d. Adige
25
18
19
26
Isola V.
Martinelle
S. Anna
Gorzone
Canale
Adige
Cavarzere
S. Pietro
Ca' Briani
Cavanella d'Adige
Rosapineta (Δ)
Rosolina Mare (▲Δ)
Caleri
Tornova
Isola Albarella
Norge Polesine
Rosolina
Loreo
P. 45
Foce del Po di Levante
Donada
Ca Cappello
Po di Levante
Porto Levante
Foce del Po di Maistra
Bianco
Cavanella Po
Bottrighe
Mazzorno
Scanarello
Porto Viro
Contarina
Taglio di Po
Boccasette
Corbola
Isola d'Ariano
Piano
Po di Maistra
Pila
Bocche d. Po d. Pila
R 495
Ca' Venier
Po di Venezia
Ca' Zuliani
Ariano nel Polesine
Tolle
Po di Pila
Porto Tolle
Polesine Camerini
Riva
Massenzatica
Segalare
Isola della Donzella
Ca' Mello
Isola di Polesine
Bonifica Ferrarese
Mesola
Scardovari
Po d. Tolle
Mezzogoro
Bosco Mesola
Gnocca
Italba
Po di Donzella
Oca
Sacca d. Scardovari
P 68
Cassella
Bonelli
Goro
Po di Goro
Bosco d. Mesola
Abb.a di Pomposa
Gnocchetta
Codigoro
Taglio d. Falce
Bocca del Po delle Tolle
Gorino
Po di Gnocca
Fiscaglia
Volano
Bocche del Po di Gnocca
Vaccolino
Lido di Volano
Marozzo
Valle Bertuzzi
Bacucco
Bocca del Po di Goro
S 309
P 15
Lagosanto
Lido d. Nazioni
Centrale
E 55
Volania
S. Giuseppe
Lido di Pomposa
Lido d. Scacchi
Lidi Ferraresi (▲)
Spina
Comacchio
Porto Garibaldi
Lido d. Estensi
Saline
Lido di Spina
Comacchio (▲)
Foce del Reno
G
H
I
Anita
Cippo di A. Garibaldi
Mandriole
Casal Borsetti
Reno
S. Alberto
Cruser
Savarna
Lamone
Pineta S. Vitale
Marina Romea
Alfonsine
Porto Corsini
Torri
Marina di Ravenna
35
41
Carmerlona
Borgo
Punta Marina
S 309 dir.

26

0   5   10   15   20 km

3

ALPES-MARITIMES

Parc National du Mercantour

MONTE-CARLO
MONACO

Beaulieu
Villefranche
MEN

Vence

St. Martin-Vésubie (960)

Isola 2000

Larche
Tête de Moïse / M. Oronaye 3104
Viviere
Preit
Marmora
di Macra
Paglieres
Castelletto Busca
Dronero
Caraglio
Passato

VENCE
D 900
Colle della Maddalena
M. Tibert 2647
Pradleves (822)
Castelmagno
Valgrana
S. Matteo
Grana
Monterosso Grana
S. Anna

elonnette (1132)
le Sauze (1700)
Super-Sauze
Argentera
Bersezio
R.ca la Meia
Chiappi (1661)
M. Bram 2357
Frise
Sta Lucia
Bernezzo
S. Anna
Cervasca

Col de la Bonette
Sestrière
Ferrere
Pietraporzio
M. Nebius 2600
S. Giacomo
1931
Gorré
Rittana
Vignolo
Valloriate
Gaiola

St. Dalmas-le-Selvage
M.t Ténibre 3031
Talarico
Zanotti (2100)
Sambuco
Vinadio
Aisone
Demonte
Moiola
Borgo S. Dalmazzo
Roccavior

Pelat 3051
Col de la Cayolle
St. Etienne-de-Tinée
Lac de Rabuons
Bagni di Vinadio
S. Bernolfo
Pianche
Forani
Stura
Festiona
Andonno
Robilan

Jalorgues
P.te Cote de l'Ane 2916
Auron (1608)
Cime de Colle Longue
C.ma di Collalunga (2010)
S. Anna
P.ta Maladecia 2745
L. della Sella
Valdieri
Roaschia

Demandols
Cime de Pal 2818
las Donnas 2474
Roya (1507)
Col de la Lombarde
Colle di Lombarda 2350
T.ta Malinvern 2938
Terme di Valdieri
S. Anna
Entracque
Trinità
Palanfre (1370)

Entraunes
St. Martin-d'Entraunes
M.t Mounier 2817
Isola
Mollières
Isola 2000
C.ma di 2711
St. Sauveur
C.me de Fremamorte 2730
C.ma di Argentera 3297
Digo del Chiotas
M. 2807
Colle Col

Péone
Valberg (1669)
Col de la Couillole 1678
Col de Salèse
C. di Ciriegia / C. de Cerise
C.ma di Mercantour 2772
C.ma dei Gelas 3143
E. Soria (1840)
M.t Clapier 3045
Roche d'A.

Guillaumes
M.t St. Honorat 2517
Beuil (1450)
Roubion
St. Sauveur-sur-Tinée
le Boréon (1500)
C.me du Gélas
Madone de Fenestre
Nice
Valmasque
M.t Bégo 2872

Sausses
Gorges du Cians
Pierlas
St. Dalmas
Col St. Martin 1500
M.t Neiller 2785
les Merveilles
Cime du Diable 2685

Entrevaux (515)
Puget-Théniers
Dôme de Barrot 2137
Ilonse
M.t Tournairet 2085
Roquebillière
Granges-de-la-Brasque
la Bollène-Vésubie
P.te des 3 Communes 2082

Col de St. Raphaël
Villars-sur-Var
Pont-de-Clans
P.nte des 4 Cantons 1774
Lantosque
Col de Turini
Brec d'Utelle 1606
Peira-Cava (1450)

Roquesteron
Utelle
St. Jean-la-Rivière
Lucéram
Col de Brous
Col de Braus

St. Auban
Montagne du Cheiron
Bouyon
Madone d'Utelle
Plan-du-Var
Levens
Coaraze
l'Escarène
Sospel

Thorenc
Gréolières
Coursegoules
Col de Vence
Castagniers
Contes
Peille
Ste Agnès
Castillon
Villatell

Col de Valferrière
Col de la Sine
Carros
Gattières
Tourrette-Levens
Peillon
Gorbio
Roquebrune
Villa

Pas de la Faye (981)
St. Vallier-de-Thiey
le Bar-sur-Loup
Gourdon
St-Paul
la Turbie
Cap-Martin

Cuneo
Mondovì
Boves
Peveragno
Beinette
Morozzo
Margarita
Trucchi
Spinetta
S. Lorenzo
Pianfei
Villanova Mondovì
Vicoforte
Santo di Vicoforte
S. Michele Mondovì
Carmine
Magliano Alpi
Crava
Bastia Mondovì
Niella Tanaro
Briaglia
Lesegno
Mombasiglio
Ceva
Priero
Torresina
Castellino Tanaro
Igliano
Marsaglia
Murazzano
Mombarcaro
Paroldo
Sale
S. Giovanni
Gabutti
Saliceto
Cengio
Cairo Montenotte
Montezemolo
Millesimo
Plodio
Nucetto
Castelnuovo di Ceva
Perlo
Murialdo
Ronchi
Chiusa di Pesio
Roccaforte Mondovì
Monastero di Vasco
Montaldo di Mondovì
Frabosa Sottana
Frabosa Soprana
Roburent
Scagnello
Battifollo
Bagnasco
Massimino
L. di Osiglietta
Osiglia
Riofreddo
Bormida
Lurisia
Miroglio
Prea
S. Giacomo
S. Bartolomeo
Viola
Pamparato
Corsaglia
Grotta di Bossea
Bossea
Artesina
Prato Nevoso
Certosa di Pesio
Bc Costa Rossa
Limone Piemonte
M. Mondole
Valcasotto
Pievetta
Priola
Garessio
Caragna
Vetria
Calizzano
M. Settepani
Colle di Melogno
Piano dei Corsi
Rialto
Bardineto
Calice Ligure
Magliolo
Gorra
Tovo
S. Giacomo
Verezzi
Pietra
Loano
Borghetto Sto Spirito
Ceriale
Tta Ciaudon / Tête Chaudon
Garelli
Pta Marguareis
Saracco Volante
M. Mongioie
Manolino
Valcaira
Colle S. Bernardo
le Volte
Colle Scravaion
M. Carmo
Giogo di Toirano
Gte di Toirano
Toirano
Balestrino
Carpe
Erli
Limonetto
Traforo di Tenda
Tenda
Tunnel de Tende
Viozene
Upega
Ormea
Ponte di Nava
Nava
Vievola
Mt Bertrand
Tende
Morignole
Mónesi di Triora
Colla S. Bernardo
C. di Nava
Armo
Pornassio
Caprauna
Alto
Nasino
Castelvecchio di Rocca Barbena
Castelbianco
Zuccarello
Martinetto
Cisano sul Neva
Aquila di Arroscia
Arnasco
Vendone
Ortovero
Cenesi
Leca
Campochiesa
Albenga
N.D. des Fontaines
St. Dalmas-de-Tende
la Brigue
Mt Saccarel / M. Saccarello
M. Fronte
Mendatica
Borghetto d'Arroscia
Vessalico
Ranzo
Onzo
Casanova Lerrone
Vellego
Villanova d'Albenga
Garlenda
I. Gallinara
Verdeggia
M. Monega
Pieve di Teco
Cenova
Rezzo
C. S. Bartolomeo
Testico
Villalunga
Stellanello
Capo Sta Croce
Alassio
Laiguegla
Andora
Fontan
Saorge
C. Melosa
Triora
Andagna
Molini di Triora
Mt Peyrevieille / M. Pietravecchia
Agaggio Inferiore
C. di Oggia
Caravonica
Borgomaro
Chiusanico
Villa Faraldi
Chiusavecchia
Diano Arentino
Roncagli
Capo Mele
Marina di Andora
Breil-sur-Roya
Buggio
C. di Langan
Pigna
M. Ceppo
Carpasio
Villatalla
Pantasina
Vasia
Pontedassio
Castel Vittorio
Montalto Ligure
Prelà
Montegrazie
Diano Castello
Cervo
S. Bartolomeo al Mare
Diano Marina
Fanghetto
Rocchetta Nervina
Baiardo
Vignai
Badalucco
Lecchiore
Dolcedo
Pso Ghimbegna
S. Michele
Isolabona
Apricale
M. Bignone
Ceriana
Pietrabruna
Caramagna Ligure
Capo Berta
Oneglia
Imperia
Porto Maurizio
Perinaldo
S. Romolo
Verezzo
Taggia
Castellaro
Cipressa
Pompeiana
Lingueglietta
Trucco
Dolceacqua
S. Biagio della Cima
Seborga
Vallebona
Bussana Vecchia
Riva Ligure
Sto Stefano al Mare
S. Lorenzo al Mare
Camporosso
C. Verde
Arma di Taggia
Ventimiglia
C. Nero
Ospedaletti
San Remo
Camporosso Mare
Vallecrosia
C.S. Ampelio
Bordighera
RIVIERA
Roya
Argentina
Tanaro
Arroscia
Neva
Pesio
Ellero
Corsaglia
Casotto
Mongia
Bormida di Millesimo
Vermenagna
Gesso
Stura di Demonte

0 5 10 15 20 km
28
35
Squaneto
Maddalena
Martina Olba
Masone
Stura
Campomorone
Ceranesi
Pontedecimo
Pedemonte
Cipriano
S. Olcese
Mioglia
Sassello
Palo
Urbe
Acquabianca
Pso del Turchino
Vara Inferiore
Fiorino
Acquasanta
S. Carlo
Bolzaneto
Molassana
Carretto
Giusvalla
Pontinvrea
Colle del Giovo
M. Beigua
Pso del Faiallo
Mele
Rivarolo Lig.
Rocchetta Cairo
S. Giustina
Alpicella
Sciarborasca
Voltri
Pra
Pegli
Sestri Ponente
Cairo Montenotte
Becca del Tesoro
Corona
Stella
Pero
S. Martino
Arenzano
Cogoleto
Sampierdarena
GENOVA
Boccadasse
Montenotte Superiore
Millesimo
Carcare
Ferrania
Plodio
Ellera
Santuario
Albisola Superiore
Invrea
Varazze
Altare
Celle Ligure
Pallare
Ronchi
Albissola Marina
Roviasca
Quiliano
Savona
Mallare
Bormida
Zinola
Vado Ligure
Capo di Vado
Piano dei Corsi
Segno
S. Giorgio
Bergeggi
I. di Bergeggi
Rialto
Feglino
Spotorno
Portio
Calice Lig.
Noli
Capo di Noli
Gorra
Tovo
Verezzi
S. Giacomo
Varigotti
Finale Ligure
Borgio Ver.
Verzi
Pietra Lig.
Loano
Borghetto Sto Spirito
Ceriale
Albenga
I. Gallinara
Sta Croce
Bastia
Île-Rousse
Calvi-Bastia
Ile Rousse
Valletta
Barcelona
Palau
Porto Torres
Golfo Aranci, Olbia
Palermo
Tunis
Tanger
Arbatax
G O L F
D I G E N
D I P O N E N T E
6 7 8
K

Montoggio
Torriglia
Montebruno
Rezzoaglio
Villanoce
Anzola
Bedonia
Costafontana
M. Collere
Laccio
P.so di Portello
P.so di Scoffera
Cabanne
M. Aiona
Davagna
Neirone
L. di Giacopiane
M. Penna
Tarsogno
Bargagli
Ognio
Favale di Malvaro
P.so la Forcella
Prato Sopralacroce
Grondana
Pontestrambo
Gall. d. Borgallo
Buzzò
Brizzolara
Sta Maria del Taro
Folta
Albareto
Valdena
S. Desiderio
Lumarzo
Gattorna
Lorsica
M. Ramaceto
M. Bastia
Uscio
Orero
Cichero
Borzonasca
P.so del Bocco
Pelosa
M. Zuccone
P.so di Cento Croci
Montegroppo
Nervi
Avegno
Cicagna
Pian dei Ratti
Borgonovo Lig.
Scurtabò
M. Zatta
Comuneglia
Pieve Lig.
S. Andrea di Foggia
Mezzanego
S. Siro Foce
P.so dei Due Santi
Bogliasco
Sori
S. Colombano Certenoli
Reppia
Varese Ligure
Caranza
Zum Zeri
Recco
N. S. di Montallegro
Terrarossa
Prato
Ne
M. Gottero
Camogli
Ruta
Rapallo
Leivi
Carasco
M. Porcile
Ossegna
Patigno
Zeri
S. Rocco
Zoagli
Conscenti
Chiusola
P.ta Chiappa
Sta Margherita Ligure
Basilica dei Fieschi
Frisolino
Maissana
S. Pietro Vara
Coloretta
S. Fruttuoso
Paraggi
Chiavari
Cogorno
Montedomenico
Tavarone
Valico d. Rastrello
Promontorio di Portofino
Portofino
Golfo del Tigullio
Lavagna
Bargone
Torza
Cavi
Casarza Lig.
Castiglione Chiavarese
Velva
Castello
Sesta Godano
Zignano
Sestri Levante
Carro
Suvero
Bracco
P.so d. Bracco
P.ta Manara
Riva Trigoso
Carrodano
Brugnato
Rocchetta di Vara
Mattarana
P.ta Baffe
Moneglia
Deiva Marina
M. Pistone
Borghetto di Vara
Cavanella di Vara
Framura
Bonassola
Montale
Oltre Vara
Beverino
Pignone
Pian di Barca
Levanto
Monterosso al Mare
Ricco d. Golfo di Spezia
Casella
P.ta Mesco
Vernazza
Cinque Terre
Corniglia
Manarola
Riomaggiore
Campiglia
Portovenere
I. Palmaria
Bastia
RIVIERA DI LEVANTE
OVA
9
10
11
29
38
J
K

0 5 10 15 20 km
LA SPEZIA
Portovenere
I. Palmaria
I. del Tino
Golfo d. Spezia
Lerici
Fiascherino
Tellaro
Montemarcello
Sarzana
Carrara
Massa
Marina di Carrara
Marina di Massa
Marina dei Ronchi
Cinquale
Forte dei Marmi
Marina di Pietrasanta
Lido di Camaiore
Viareggio
Torre d. Lago Puccini
Marina di Torre d. Lago
Pietrasanta
Camaiore
Lucca
Massarosa
Lago di Massaciuccoli
Parco Naturale
Migliarino
Riviera della Versilia
Pontremoli
Aulla
Villafranca in Lunigiana
Fivizzano
Fosdinovo
Castelnuovo di Garfagnana
Barga
Alpi Apuane
Parco Naturale
Cave di Fantiscritti
Colonnata
Alpe di Succiso
Castelnovo ne' Monti
Berceto
Bastia
Golfo Aranci
Gordana
Magra
Aulella
Taverone
Rosaro
Secchia
Enza
Cedra
Serchio
37
30
42
11
12
13
I
J
K

Prediera
S.Romano
Castellarano
Maranello
Solignano Nuovo
Spilamberto
Crespellano
Baiso
S.Michele d.Mucchietti
Torre Maina
Castelvetro di Modena
Magazzino
Bazzano
Sta Maria
Vignola
Savignano sul Panaro
Oliveto
Predosa
S.Luca
Casalecchio di Reno
Valestra
Montebaranzone
Montardone
Campiglio
Marano sul Panaro
Monteveglio
Fornace
Rivabella
Savognatica
Colombaia
Lugo
Prignano s.Secchia
Stella
Pazzano
Farneta di Riccò
Ospitalleto
Castello di Serravalle
Calderino
Mausoleo di G.Marconi
S.Pellegrinetto
Zappolino
Monte S.Pietro
Talbignano
Serramazzoni
S.Dalmazio
Guiglia
Ciano
Mongardino
Cerredolo
Pompeano
Pieve Trebbio
Monte Orsello
Badia
Sasso Marconi
Pieve del Pino
Gombola
Le Coste
Tagliata
Pilastrino
Monte S.Giovanni
Toano
Monchio
Lama di Monchio
La Berzigala
S.Antonio
Samone
Savigno
Lagune
Montefiorino
Vitriola
Montebonello
Monte Ombraro
Montepastore
Medelana
Badolo
Farneta
Polinago
Benedello
Lama
Savoniero
Frassineti
Ponte di Samone
Zocca
S.Prospero
Marzabotto
M.Adone
La Verna
Pavullo nel Frignano
Pian di Venola
Palagano
Montecerreto
Gaianello
Vedegheto
Tolè
Rosola
Verica
Bocca di Ravari
Cereglio
Vado
Piane di Mocogno
Renno
S.Giacomo Maggiore
Lama Mocogno
Gaiato
Villa d'Aiano
Rocca di Roffeno
Vergato
Rioveggio
Monzuno
Sabbiono
Boccassuolo
Acquaria
Castel d'Aiano
Grizzana
Veggio
Salto
Montese
Barigazzo
La Santona
Montecreto
Castellaro
Riccovolto
Labante
Monteacuto Vallese
Riolunato
Sestola
Riola
Valle
Castelluccio
Monteacuto Ragazza
S.Benedetto Val di Sambro
Marano
Rocchetta Mattei
Monghidoro
Le Polle
Pian del Falco
Abetaia
Bombiana
Lagaro
Madonna d.Fornelli
S.Anna Pelago
Pievepelago
Fanano
Querciola
Gaggio Montano
Montovolo
Rocca Corneta
Canevare
Creda
Montefredente
Ponte di Verzuno
M.Cimone
Albareto
Fiumalbo
Fellicarolo
Chiesina
Vidiciatico
Silla
Carpineta
Castel d.Alpi
Le Tagliole
Castel di Casio
Galleria d'Appennino
Piano del Voglio
Dogana Nuova
Ospitale
Lizzano in Belvedere
Capugnano
Camugnano
Faidello
Madonna dell'Acero
Porretta Terme
Castiglione dei Pepoli
Bruscoli
Abetone
Suviana
M.Giovo
Le Regine
Pianaccio
Coviglaio
Pianosinatico
Doganaccia
Monteacuto d.Alpi
Pte d. Venturina
Badi
Bargi
Baragazza
Roncobilaccio
Foce a Giovo
Alpe Tre Potenze
Pian di Novello
Corno alle Scale
Granaglione
L.d. Brasimone
Traversa
Renaio
Cutigliano
Calistri
L. di Suviana
Sambuca Pistoiese
M.Calvi
S.Giuseppe
Sant. di Boccadirio
Casentini
Lizzano
Biagioni
Treppio
Montepiano
Pratorsi
Bellavalle
M.Citerna
Monte Calvi
Montefegatesi
M.Caligi
La Lima
Ponte Sospeso
Gavinana
S.Pellegrino
Lentula
Sta Lucia
Tereglio
Vico
Popiglio
Maresca
Pracchia
Cavarzano
Sta Margherita
Villa Dogana
Montecarelli
Scesta
S.Marcello Pistoiese
Pso di Oppio
Pontepetri
San Quirico
Lucchio
Pso d. Collina
Luicciana
Bagni di Lucca
Piteglio
Prunetta
Sammomme
Cantagallo
Montecuccioli
Galliano
Fabbriche
Piteccio
Badia a Taona
Carmignanello
Barberino di Mugello
Croce a Veglia
Le Piastre
Signorino
Acquerino
M.Battifolle
Margine di Momigno
Baggio
Migliana
Bovecchio
Boveglio
Castelvecchio
Crespole
Cavallina
Collebarbi
Colognora
Femminamorta
Le Pozze
Tobbiana
Vaiano
Piazza di Brancoli
Le Pizzorne
Vellano
Celle
PISTOIA
Schignano
Cafaggiolo
Trebbio
Pariana
Marliana
Goraiolo
Montale
La Briglia
Croci di Calenzano
Matraia
Villa Basilica
Pietrabuona
Massa e Cozzile
Serravalle Pistoiese
Ponte Nuovo
Montemurlo
Figline
Legri
Vaglia
S.Gennaro
Collodi
Pescia
Montecatini Alto
Agliana
Volmiano
Uzzano
Borgo a Buggiano
Galciana
PRATO
Travalle
M.Morello
Bivigliano
Marlia
Segromigno in M.
Gragnano
Alberghi
Pieve a Nievole
Monsummano Terme
Cantagrillo
Olmi
Calenzano
Pratolino
Zone
Montecarlo
Montecatini Terme
Montevettolini
Iolo
Sesto Fiorentino
Pescina
Capannori
Porcari
Ponte Buggianese
Quarrata
Colonnata
Marginone
Chiesina Uzzanese
Cintolese
Cecina
S.Baronto
S.Giorgio a Col.
FIRENZE
Larciano
Carmignano
Campi Bisenzio
Lamporecchio
Anchione
Altopascio
Padule di Fucecchio
Baccherèto
Poggio a Caiano
S.Piero a P.
Collina
Orentano
Vinci
Villa d'Artimino
S.Donnino
Signa
Badia a S.
Pieve di Compito
Galleno
Massarella
Ponte di Masino
Cerreto Guidi
S.Ansano
Lastra a S.
Scandicci
Staffoli
Castellina

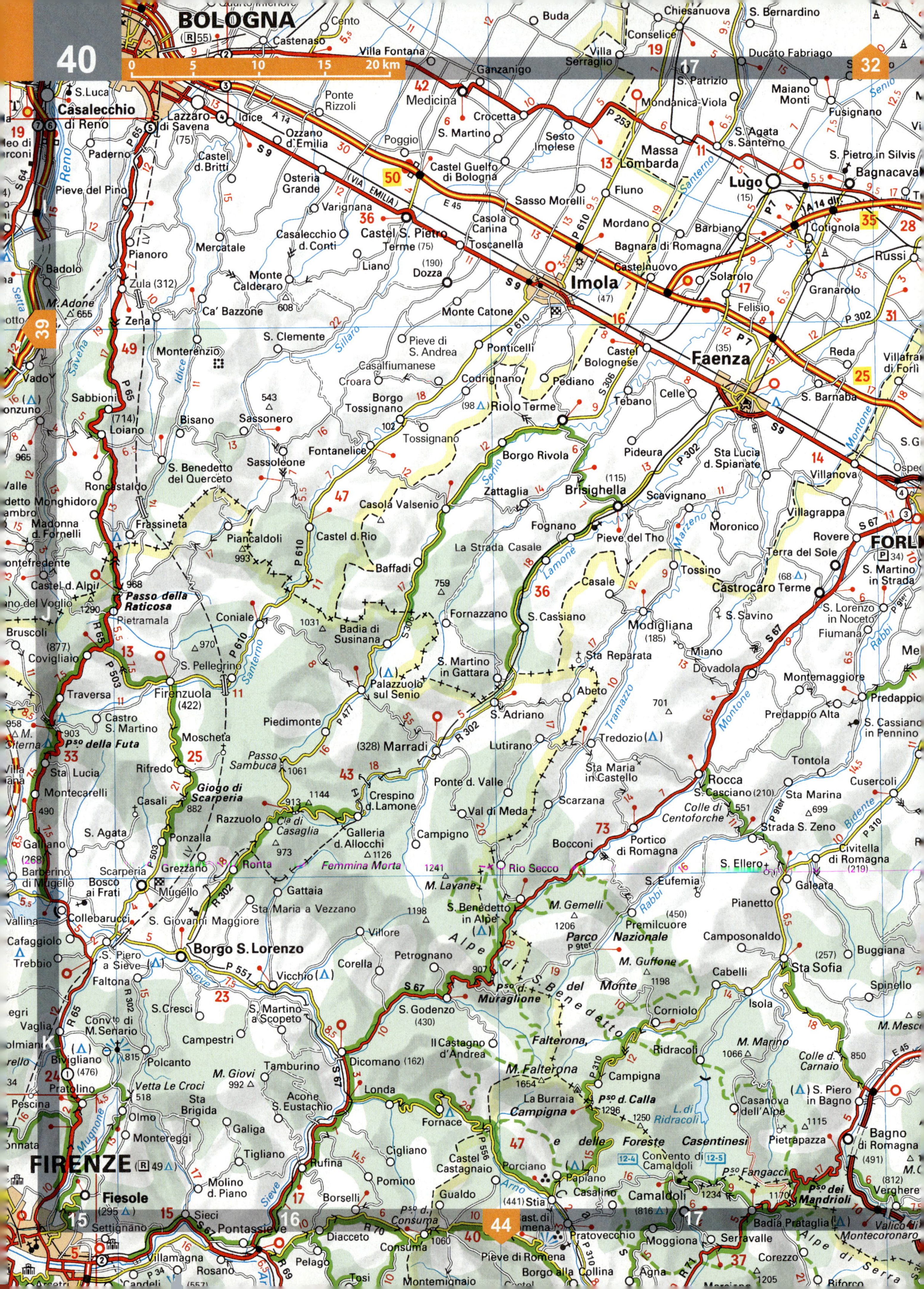
BOLOGNA
0 5 10 15 20 km
Casalecchio di Reno
S. Lazzaro di Savena
Castenaso
Cento
Villa Fontana
Medicina
Ganzanigo
Buda
Chiesanuova
S. Bernardino
Conselice
Villa Serraglio
Ducato Fabriago
S. Patrizio
Mondanica-Viola
Maiano Monti
Fusignano
S. Agata s. Santerno
S. Pietro in Silvis
Bagnacavallo
Lugo
Massa Lombarda
Fluno
Mordano
Bagnara di Romagna
Barbiano
Cotignola
Russi
Solarolo
Granarolo
Felisio
Castel Bolognese
Faenza
Reda
Villafranca di Forlì
S. Barnaba
Tebano
Celle
Pideura
Sta Lucia d. Spianate
Villanova
Ponte Rizzoli
Idice
Ozzano d. Emilia
Castel d. Britti
Osteria Grande
Varignana
Castel S. Pietro Terme
Poggio
Crocetta
S. Martino
Castel Guelfo di Bologna
Sesto Imolese
Sasso Morelli
Casola Canina
Toscanella
Dozza
Liano
Imola
Monte Catone
Pieve di S. Andrea
Ponticelli
Codrignano
Pediano
Riolo Terme
Croara
Casalfiumanese
Borgo Tossignano
Tossignano
Fontanelice
Borgo Rivola
Zattaglia
Brisighella
Scavignano
Casola Valsenio
Fognano
Pieve del Tho
Moronico
Villagrappa
Rovere
FORLÌ
Terra del Sole
Castrocaro Terme
Tossino
S. Martino in Strada
S. Lorenzo in Noceto
Fiumana
S. Savino
Modigliana
Miano
Dovadola
Montemaggiore
Predappio
Predappio Alta
S. Cassiano in Pennino
Paderno
Pieve del Pino
Pianoro
Mercatale
Casalecchio d. Conti
Monte Calderaro
Badolo
Zula
M. Adone
Ca' Bazzone
Zena
S. Clemente
Monterenzio
Sabbioni
Loiano
Bisano
Sassonero
Sassoleone
S. Benedetto del Querceto
Roncastaldo
Monghidoro
Madonna d. Fornelli
Frassineta
Piancaldoli
Castel d. Rio
Baffadi
La Strada Casale
Casale
Castel d. Alpi
Passo della Raticosa
Pietramala
Coniale
Badia di Susinana
Fornazzano
S. Cassiano
Sta Reparata
Bruscoli
Covigliaio
S. Pellegrino
Traversa
Firenzuola
Palazzuolo sul Senio
S. Martino in Gattara
Abeto
S. Adriano
Tredozio
Castro S. Martino
Moscheta
Piedimonte
Passo Sambuca
Marradi
Lutirano
Sta Maria in Castello
Rocca S. Casciano
Tontola
Cusercoli
Sta Lucia
Montecarelli
Rifredo
Giogo di Scarperia
Razzuolo
Crespino d. Lamone
Ponte d. Valle
Val di Meda
Scarzana
Colle di Centoforche
Sta Marina
Strada S. Zeno
Casali
S. Agata
Ponzalla
Colla di Casaglia
Galleria d. Allocchi
Campigno
Bocconi
Portico di Romagna
Civitella di Romagna
Galliano
Barberino di Mugello
Scarperia
Bosco ai Frati
Grezzano
Ronta
Femmina Morta
M. Lavane
Rio Secco
S. Eufemia
S. Ellero
Galeata
Mugello
Gattaia
Sta Maria a Vezzano
S. Benedetto in Alpe
M. Gemelli
Premilcuore
Pianetto
Collebarucci
S. Giovanni Maggiore
Villore
Parco Nazionale
Camposonaldo
Cafaggiolo
Trebbio
S. Piero a Sieve
Borgo S. Lorenzo
Corella
Petrognano
M. Guffone
Buggiana
Sta Sofia
Faltona
Vicchio
Alpe di S. Benedetto
del Monte
Cabelli
Spinello
S. Cresci
S. Martino a Scopeto
S. Godenzo
P.so d. Muraglione
Corniolo
Isola
Conv.to di M. Senario
Campestri
Il Castagno d'Andrea
Falterona
Ridracoli
M. Marino
M. Mesc.
Bivigliano
Polcanto
Tamburino
Dicomano
M. Falterona
Campigna
Colle d. Carnaio
Pratolino
Vetta Le Croci
M. Giovi
Acone
S. Eustachio
Londa
La Burraia
P.so d. Calla
L. di Ridracoli
Casanova dell'Alpe
S. Piero in Bagno
Pescina
Sta Brigida
Olmo
Galiga
Fornace
Montereggi
Tigliano
Cigliano
Castel Castagnaio
Foreste Casentinesi
Pietrapazza
Bagno di Romagna
FIRENZE
Rufina
Pomino
Porciano
Papiano
Convento di Camaldoli
P.so Fangacci
Verghereto
Molino d. Piano
Fiesole
Borselli
Gualdo
Stia
Casalino
Camaldoli
P.so dei Mandrioli
Settignano
Sieci
Pontassieve
Diacceto
P.so d. Consuma
Consuma
Castel di Mena
Pratovecchio
Moggiona
Badia Prataglia
Valico di Montecoronaro
Villamagna
Rosano
Pelago
Tosi
Montemignaio
Pieve di Romena
Borgo alla Collina
Agna
Serravalle
Corezzo
Alpe di Serra
Biforco
32
39
44

RAVENNA
Marina Romea
Porto Corsini
Marina di Ravenna
Punta Marina
Lido Adriano
Porto Fuori
Fiumi Uniti
Lido di Dante
S. Apollinare in Classe
Pineta di Classe
Lido di Classe
Foce del Savio
Lido di Savio
Savio
Milano Marittima
Cervia
Pinarella
Saline
Castiglione di Ravenna
Pisignano
Cesenatico
Valverde
Gatteo a Mare
S. Mauro a Mare
Bellaria
Igea Marina
Torre Pedrera
Viserbella
Viserba
Rivabella
RIMINI
Bellariva
Marebello
Rivazzurra
Miramare
Riccione
Misano Adriatico
Cattolica
Gabicce Mare
Gradara
Alfonsine
Savarna
Lamone
Pineta S. Vitale
Torri
Mezzano
Carmerlona
Borgo Fusara
Piangipane
Savarsara
S. Michele
Godo
S. Marco
S. Pancrazio
Roncalceci
Molinaccio
Chiesuola
Ghibullo
Montanari
Sto Stefano
S. Pietro in Vincoli
Campiano
Bevano
Coccolia
S. Pietro in Campiano
Durazzanino
Borghetto
Ronco
Casemurate
Carpinello
Sta Maria d. Grazie di Forno
Ronco
S. Andrea
Sta Maria Nuova
Mensa
S. Giorgio
Forlimpopoli
Selbagnone
Bertinoro
Diegaro
Martorano
Cesena
Cella
Villamarina
Macerone
Sala
Gambettola
Bordonchio
Gatteo
S. Mauro Pascoli
Savignano sul Rubicone
Santarcangelo di Romagna
Sta Giustina
Spadarolo
Vergiano
Corpolo
S. Lorenzo in Correggiano
Ospedaletto
Scacciano
Misano Monte
Sta Monica
S. Giovanni in Marignano
Fratta
Collinello
Polenta
S. Vittore
S. Colombano
S. Carlo
Teodorano
Calisese
Montiano
Montereale
Sorrivoli
Longiano
Roncofreddo
Montalbano
Borghi
Poggio Berni
Villa Verucchio
Verucchio
Montecodruzzo
S. Giovanni in Galilea
Sogliano al Rubicone
Torriana
Montebello
Ponte Uso
Montegelli
Gualdo
Borello
Piavola
Voltre
Linaro
Ciola
Ranchio
Mercato Saraceno
Pietra dell'Uso
Civorio
Montalto
Sarsina
Ruscello
Quarto
L. di Quarto
Savignano di Rigo
Pietracuta
S. Marino
Serravalle
Cerasolo
Coriano
S. Clemente
Croce
Montescudo
Monte Colombo
Taverna
Faetano
Secchiano
Talamello
Perticara
Novafeltria
S. Leo
Montemaggio
Fiorentino
Gemmano
Sassofeltrio
Morciano di Romagna
Tavullia
Serra di Sotto
Sta Maria d. Monte
Montefiore Conca
Saludecio
Mondaino
Borgo Sta Maria
Montecchio
Monte Gridolfo
Maiano
S. Agata Feltria
Madna di Pugliano
Montelicciano
Mercatino Conca
Monte Grimano
Castelnuovo
Tavoleto
S. Giorgio
Colbordolo
S. Angelo in Lizzola
Mazzi
Petrella Guidi
Tavolicci
Riofreddo
Sta Maria di Antico
Maciano
Villagrande
Monte Cerignone
Casinina
Auditore
Pennabilli
Pte Messa
M. Carpegna
Mercato Vecchio
Macerata Feltria
Montecalvo in Foglia
Ca' Gallo
Ripe
Gallo
Montegaudio
Casteldelci
M. Fumaiolo
Balze
Molino di Bascio
Pso di Cantoniera
Pte Cappuccini
Pietrarubbia
Sassocorvaro
Petriano
Miratoio
Carpegna
Simoncello
Frontino
Mercatale
S. Donato in Tavignone
Monteguiduccio
M. Loggio
Tevere
Conv.to di Montefiorentino
Pieve di Cagna
Trasanni
La Torre
Isola di Piano
Fontecorniale

0 5 10 15 20 km
Lerici
Fiascherino
Tellaro
Ameglia
Luni
Marinella di Sarzana
Fossola
Carrara
Forno
Antona
Arni
Isola Santa
Molazzana
Alpe S. Antonio
Gallicano
Barga
Fornaci di Barga
Galleria del Cipollaro
Vergemoli
Grotta d. Vento
Fornovolasco
Vallico
Bocca di Magra
Marina di Carrara
I. del Tino
Massa
Montignoso
Pania d. Croce
Pruno
Levigliani
Seravezza
Fabbriche di Vallico
Marina di Massa
Marina dei Ronchi
Cinquale
Strettoia
Stazzema
Foce di Porchette
S. Rocco
Colognora
Querceta
S. Anna
Pietrasanta
Casoli
Pescaglia
Gello
Mozzana
Bastia
Golfo Aranci
Riviera della Versilia
Forte dei Marmi
M. Prano
Diecimo
Valdicastello C.
Camaiore
Fiano
S. Donato
Marina di Pietrasanta
Capezzano Pianore
Nocchi
S. Martino in Freddana
Monsagrati
Focette
Ponte a Moriano
Lido di Camaiore
Bargecchia
Elici
Valpromaro
Villa Forci
Viareggio
Massarosa
S. Macario in Piano
Lucca
Quiesa
Massaciuccoli
Nozzano
Torre d. Lago Puccini
Lago di Massaciuccoli
Balbano
Marina di Torre d. Lago
Filettole
S. Quirico
Parco Naturale
Vecchiano
Rigoli
Migliarino
Metato
S. Giuliano Terme
Madonna dell'Acqua
Asciano
Serchio
PISA
Agnano
Tenuta di
S. Rossore
Torre
Cascine Vecchie
Mezzana
S. Rossore
Riglione-Oratoio
e Massaciuccoli
Arno
Navacchio
GALILEO GALILEI
Marina di Pisa
S. Piero a Grado
Macerata
Tenuta di
Arnaccio
Fosso
Tirrenia
Vicarello
Tombolo
Stagno
Calambrone
Guasticce
Nugola
Collesalvetti
LIVORNO
Torretta
Torre d. Meloria
S. Martino
Salviano
Parrana-S. Giusto
Lorenzana
Ardenza
Antignano
Montenero
Gabbro
Porto-Vecchio
Portoferraio
Cagliari - Capraia
Bastia
Olbia - Porto Torres
Golfo Aranci - Palermo
Genova
Barcelona
Calafuria
Nibbiaia
Isola di Gorgona
Quercianella
Castelnuovo d. Misericordia
Rosignano Marittimo
Castiglioncello
Rosignano Solvay
Vada
S. Pietro in Palazzi
Cecina
Secche di Vada
J
K
L
E
11
48
12
13
38

PISTOIA
PRATO
FIRENZE
Montecatini Terme
Pescia
Collodi
Empoli
Pontedera
Fucecchio
Monsummano Terme
Castelfiorentino
Certaldo
S. Gimignano
Poggibonsi
Volterra
Sesto Fiorentino
Campi Bisenzio
Signa
Lastra a S.
Scandicci
Galluzzo Certosa
Impruneta
S. Casciano in Val di Pesa
Tavarnelle Val di Pesa
Barberino Val d'Elsa
Colle di Val d'Elsa
Monteriggioni
Greve in Chianti
Castellina in Chianti
S. Miniato
Castelfranco di Sotto
S. Croce sull'Arno
Altopascio
Vinci
Cerreto Guidi
Montespertoli
Ponsacco
Lari
Casciana Terme
Saline di Volterra
Pontassieve
S. Marcello Pistoiese
Abetone
Bagni di Lucca
Montelupo Fiorentino
Calenzano
Agliana
Quarrata
Lamporecchio
Larciano
Montopoli in Val d'Arno
Peccioli
Ghizzano
Montaione
Gambassi Terme
Staggia
Strove
Casole d'Elsa
Palaia
Capannoli
Chianni
Lajatico
Montecatini Val di Cecina
Pomarance
Riparbella
Casaglia
Montescudaio
Montegemoli
Mazzolla
Ulignano
Ponsano
Cavallano
Quartaia
Mensanello
Pievescola
Montecagnano
Scorgiano
Collalto

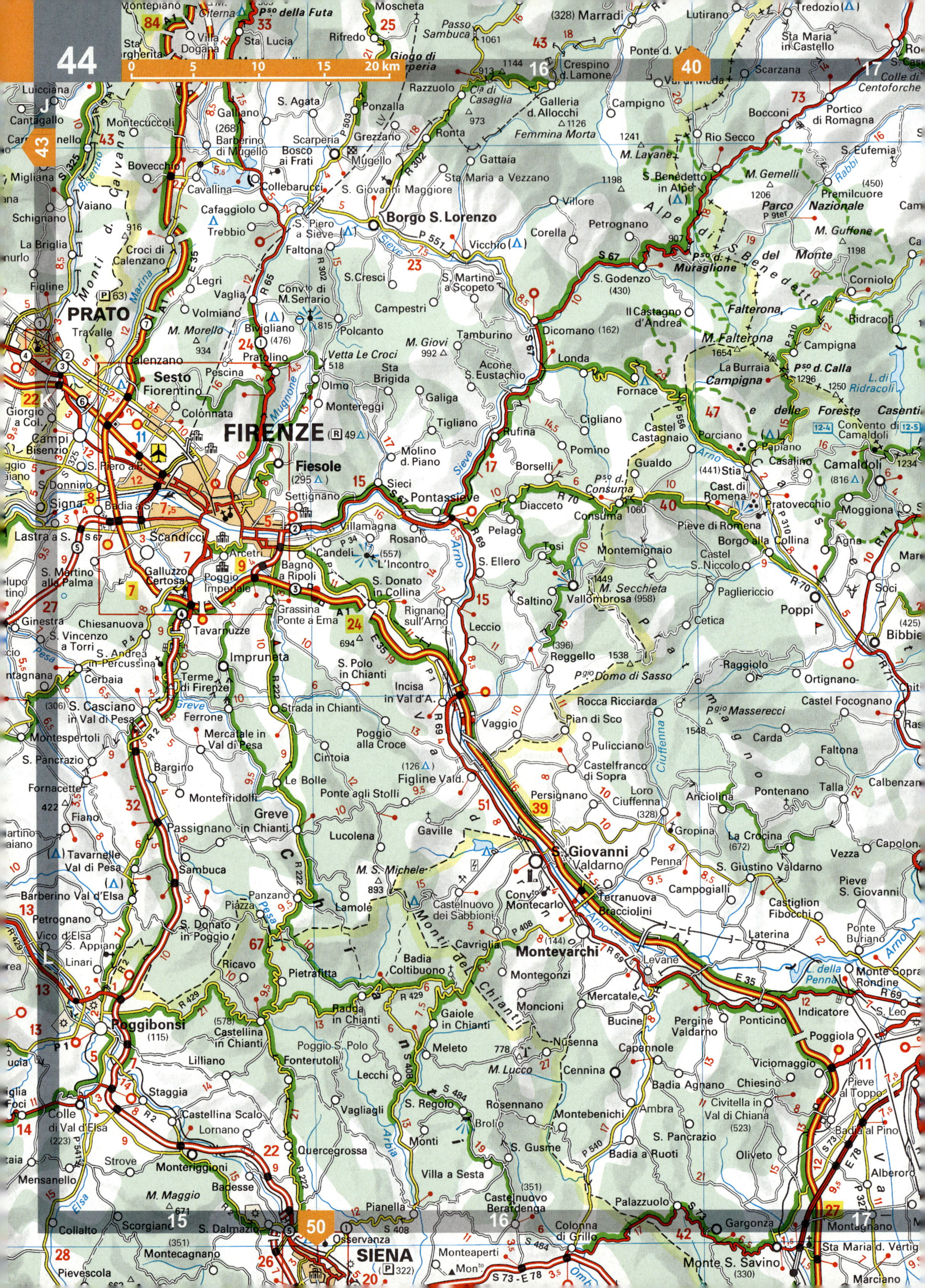

0 5 10 15 20 km
PRATO
FIRENZE
Fiesole
Sesto Fiorentino
Calenzano
Scandicci
Signa
Lastra a S.
Campi Bisenzio
Bagno a Ripoli
Impruneta
Tavarnuzze
Galluzzo
Certosa
Settignano
Pontassieve
Sieci
Rufina
Dicomano
Borgo S. Lorenzo
S. Piero a Sieve
Scarperia
Barberino di Mugello
Galliano
Vaglia
Pratolino
Montecuccoli
Vaiano
Cantagallo
Marradi
Crespino d. Lamone
Galleria d. Allocchi
Femmina Morta
Razzuolo
Ronta
Grezzano
Gattaia
Sta Maria a Vezzano
Vicchio
Corella
Villore
Petrognano
S. Godenzo
Castagno d'Andrea
P.so d. Muraglione
Alpe di S. Benedetto
S. Benedetto in Alpe
Rio Secco
Campigno
M. Falterona
Falterona
Campigna
P.so d. Calla
Foreste Casentinesi
Parco Nazionale
Premilcuore
Corniolo
Ridracoli
Camaldoli
Stia
Pratovecchio
Poppi
Bibbiena
Moggiona
Consuma
P.so d. Consuma
Diacceto
Borselli
Pomino
Castel Castagnaio
Londa
Cigliano
Pelago
Tosi
Vallombrosa
M. Secchieta
Saltino
Reggello
Montemignaio
Castel S. Niccolò
Pagliericcio
Cetica
Raggiolo
Ortignano
Castel Focognano
P.gio Masserecci
Pratomagno
Carda
Faltona
Talla
Calbenzano
Pontenano
Loro Ciuffenna
Anciolina
Gropina
S. Giustino Valdarno
Castelfranco di Sopra
Pian di Sco
Rocca Ricciarda
Pulicciano
Vaggio
Incisa in Val d'A.
Figline Vald.
S. Giovanni Valdarno
Terranuova Bracciolini
Montevarchi
Levane
Mercatale
Bucine
Pergine Valdarno
Ponticino
Indicatore
Laterina
Castiglion Fibocchi
Poggiola
Viciomaggio
Civitella in Val di Chiana
Badia al Pino
Oliveto
Monte S. Savino
Gargonza
Palazzuolo
Badia a Ruoti
Ambra
Cennina
Capannole
Montebenichi
Rosennano
S. Gusmè
Castelnuovo Berardenga
Colonna di Grillo
SIENA
Monteaperti
Montalcino
Monteriggioni
Badesse
Quercegrossa
Vagliagli
Castellina in Chianti
Fonterutoli
Radda in Chianti
Gaiole in Chianti
Meleto
Lecchi
S. Regolo
Brolio
Monti
Villa a Sesta
Pianella
Monti del Chianti
Badia Coltibuono
Cavriglia
Castelnuovo dei Sabbioni
Montegonzi
Moncioni
Nusenna
M. Lucco
Lamole
Panzano
Greve in Chianti
Lucolena
Gaville
M. S. Michele
Ponte agli Stolli
Cintoia
Poggio alla Croce
Strada in Chianti
Mercatale in Val di Pesa
Ferrone
Le Bolle
Montefiridolfi
Bargino
S. Casciano in Val di Pesa
Montespertoli
S. Pancrazio
Fornacette
Fiano
Tavarnelle Val di Pesa
Barberino Val d'Elsa
Passignano
Sambuca
Badia a Passignano
S. Donato in Poggio
Ricavo
Pietrafitta
Poggibonsi
Petrognano
Vico d'Elsa
S. Appiano
Linari
Lilliano
Staggia
Castellina Scalo
Lornano
Colle di Val d'Elsa
Strove
Mensanello
M. Maggio
Scorgiano
Collalto
Montecagnano
S. Dalmazio
Pievescola
Cerbaia
S. Andrea in Percussina
Chiesanuova
S. Vincenzo a Torri
Ginestra
S. Martino alla Palma
Grassina
Ponte a Ema
S. Polo in Chianti
Rignano sull'Arno
S. Donato in Collina
Leccio
S. Ellero
Rosano
Villamagna
L'Incontro
Molino d. Piano
Tigliano
Galiga
Acone S. Eustachio
Tamburino
M. Giovi
Sta Brigida
Olmo
Monterreggi
Polcanto
Vetta Le Croci
Conv.to di M. Senario
Bivigliano
Faltona
Trebbio
Cafaggiolo
Cavallina
Bovecchio
Collebarucci
Legri
Volmiano
M. Morello
Pescina
Colonnata
Travalle
Figline
La Briglia
Schignano
Migliana
Croci di Calenzano
Monti della Calvana
Terme di Firenze
Arno
Sieve
Greve
Pesa
Elsa
Arbia
Chianti
Firenzuola
Passo Sambuca
Giogo di Scarperia
Moscheta
Rifredo
Sta Lucia
Dogana
Citerna
Montepiano
Lutirano
Tredozio
Sta Maria in Castello
Ponte d. Valle
Scarzana
Portico di Romagna
Bocconi
S. Eufemia
M. Gemelli
M. Guffone
Colle di Centoforche
A1
E 35
E 78
S 67
S 73
R 222

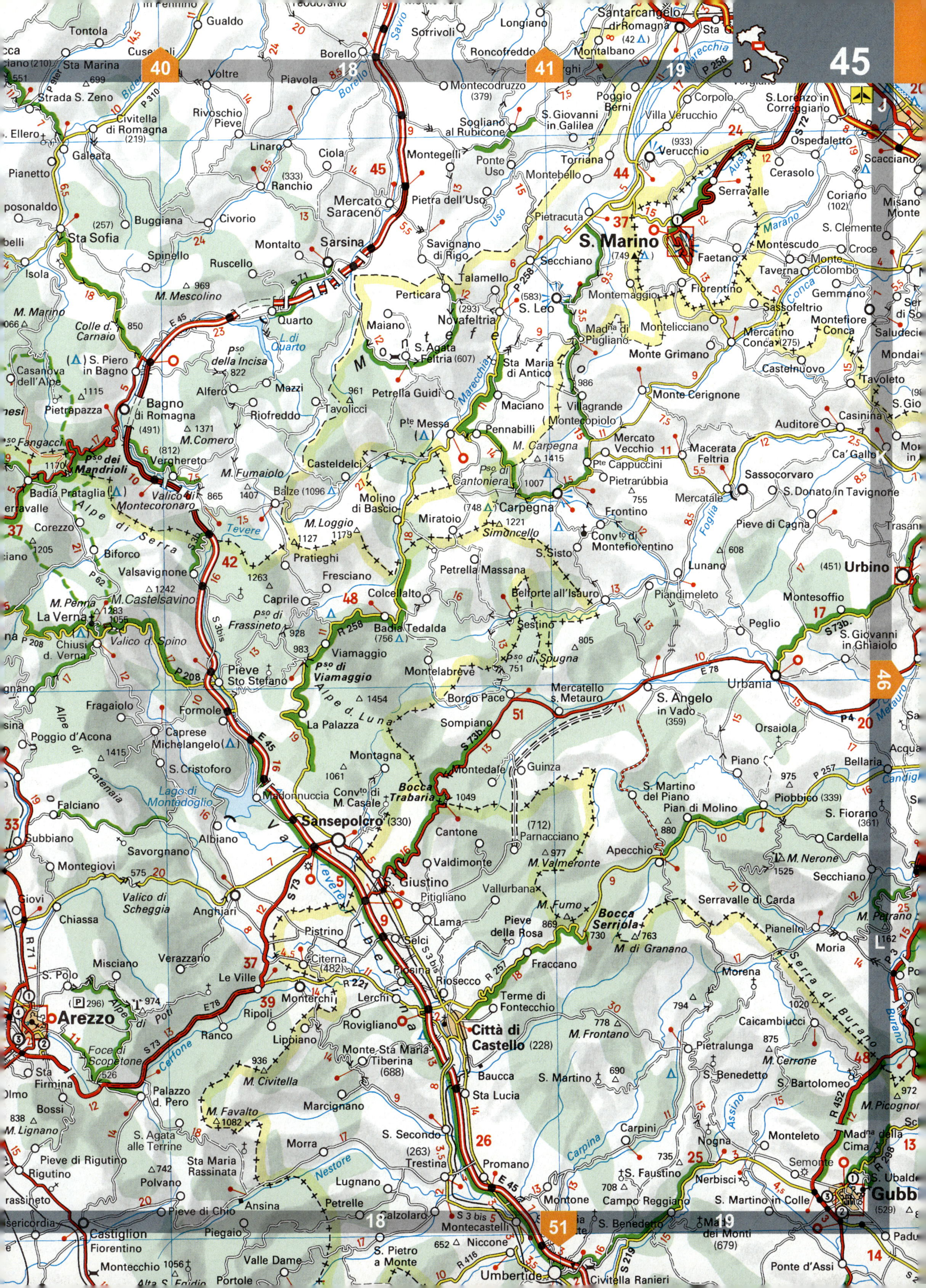

Tontola
Gualdo
Sorrivoli
Longiano
Santarcangelo di Romagna
Sta Marina
Cusercoli
Borello
Roncofreddo
Montalbano
Strada S. Zeno
Voltre
Piavola
Montecodruzzo
Poggio Berni
Corpolò
Civitella di Romagna
Rivoschio Pieve
Sogliano al Rubicone
S. Giovanni in Galilea
Villa Verucchio
S. Lorenzo in Correggiano
Galeata
Linaro
Ciola
Montegelli
Ponte Uso
Torriana
Verucchio
Ospedaletto
Pianetto
Ranchio
Montebello
Cerasolo
Scacciano
Mercato Saraceno
Pietra dell'Uso
Serravalle
Coriano
Misano Monte
Buggiana
Civorio
Pietracuta
Sta Sofia
Montalto
Sarsina
Savignano di Rigo
S. Marino
Faetano
S. Clemente
Spinello
Ruscello
Secchiano
Montescudo
Croce
Isola
Talamello
Monte Colombo
Taverna
M. Mescolino
Perticara
S. Leo
Montemaggio
Fiorentino
Gemmano
Quarto
Novafeltria
Sassofeltrio
M. Marino
Colle d. Carnaio
Maiano
Madna di Pugliano
Monteliccianо
Montefiore Conca
Mercatino Conca
L. di Quarto
S. Agata Feltria
Saludecio
Monte Grimano
Castelnuovo
Mondaino
S. Piero in Bagno
Pso della Incisa
Sta Maria di Antico
Casanova dell'Alpe
Mazzi
Alfero
Petrella Guidi
Tavoleto
Bagno di Romagna
Monte Cerignone
Villagrande
Maciano
Pietrapazza
Tavolicci
Riofreddo
Montecopiolo
Auditore
Casinina
M. Comero
Pte Messa
Pennabilli
Mercato Vecchio
Macerata Feltria
Ca' Gallo
Verghereto
M. Carpegna
Pte Cappuccini
Castelldelci
Pso dei Mandrioli
Cantoniera
Pietrarubbia
Sassocorvaro
Fangacci
M. Fumaiolo
S. Donato in Tavignone
Badia Prataglia
Valico di Montecoronaro
Balze
Molino di Bascio
Carpegna
Mercatale
Frontino
Alpe di Serra
M. Loggio
Miratoio
Simoncello
Conv.to di Montefiorentino
Pieve di Cagna
Corezzo
Tevere
Pratieghi
S. Sisto
Lunano
Biforco
Fresciano
Petrella Massana
Urbino
Valsavignone
Caprile
Colcellalto
Belforte all'Isauro
Piandimeleto
Montesoffio
M. Castelsavino
M. Penna
Pso di Frassineto
Badia Tedalda
La Verna
Sestino
Peglio
Chiusi d. Verna
Valico d. Spino
Viamaggio
Pso di Viamaggio
Pso di Spugna
S. Giovanni in Ghiaiolo
Pieve Sto Stefano
Montelabreve
Urbania
Alpe d. Luna
Borgo Pace
Mercatello s. Metauro
S. Angelo in Vado
Fragaiolo
Formole
La Palazza
Sompiano
Orsaiola
Poggio d'Acona
Caprese Michelangelo
Montagna
Alpe di Catenaia
S. Cristoforo
Montedale
Guinza
Piano
Bellaria
Lago di Montedoglio
Madonnuccia
Conv.to di M. Casale
Bocca Trabaria
S. Martino del Piano
Pian di Molino
Piobbico
Falciano
Sansepolcro
Cantone
Parnacciano
Apecchio
S. Fiorano
Subbiano
Albiano
Cardella
Savorgnano
Valdimonte
M. Valmerone
M. Nerone
Montegiovi
S. Giustino
Vallurbana
Secchiano
Valico di Scheggia
Anghiari
Pitigliano
M. Fumo
Serravalle di Carda
Chiassa
Lama
Pieve della Rosa
Bocca Serriola
Pianello
Pistrino
Selci
M. di Granano
Moria
Misciano
Verazzano
Citerna
Fraccano
Morena
Le Ville
Piosina
Riosecco
S. Polo
Monterchi
Lerchi
Terme di Fontecchio
Arezzo
Ripoli
Rovigliano
Città di Castello
Caicambiucci
Ranco
Lippiano
M. Frontano
Pietralunga
Foce di Scopetone
Monte Sta Maria Tiberina
M. Cerrone
Sta Firmina
M. Civitella
Baucca
S. Martino
S. Benedetto
S. Bartolomeo
Palazzo d. Pero
Sta Lucia
Bossi
M. Favalto
Marcignano
M. Picognola
M. Lignano
S. Agata alle Terrine
S. Secondo
Carpini
Monteleto
Morra
Trestina
Nogna
Madna della Cima
Pieve di Rigutino
Rigutino
Sta Maria Rassinata
Polvano
Nestore
Promano
Carpina
S. Faustino
Semonte
Lugnano
Montone
Campo Reggiano
Nerbisci
S. Ubaldo
Gubbio
S. Martino in Colle
Ansina
Petrelle
Pieve di Chio
Calzolaro
Montecastelli
S. Benedetto
Mad.na dei Monti
Castiglion Fiorentino
Piegaio
S. Pietro a Monte
Niccone
Montecchio
Valle Dame
Portole
Umbertide
Civitella Ranieri
Ponte d'Assi

0 5 10 15 20 km
20
21
Riccione
Misano Adriatico
Cattolica
Gabicce Mare
Gabicce Monte
Casteldimezzo
Fiorenzuola di Focara
Scacciano
Coriano
Misano Monte
Sta Monica
S. Clemente
S. Giovanni in Marignano
Gradara
PESARO
Morciano di Romagna
Tavullia
Serra di Sotto
Sta Maria d. Monte
Borgo Sta Maria
Saludecio
Villa Fastiggi
Trebbiantico
Fano
Mondaino
Montecchio
Candelara
Monte Gridolfo
Fenile
Sta Maria dell'Arzilla
Montelabbate
Tavoleto
S. Giorgio
Colbordolo
S. Angelo in Lizzola
Madonna del Ponte
Casinina
Monteciccardo
Carignano
Torrette
Ca' Gallo
Montecalvo in Foglia
Cuccurano
Montegaudio
Gallo
Mombaroccio
Marotta
Petriano
Lucrezia
S. Costanzo
Fontecorniale
Cartoceto
Mondolfo
Monteguiduccio
Calcinelli
Cerasa
Cesano
Trasanni
La Torre
Saltara
Stacciola
Isola di Piano
Serrungarina
Montemaggiore al Met.
Senigallia
Urbino
Montefelcino
Tavernelle
Piagge
Ponte Rio
S. Giorgio di Pes.
Scapezzano
S. Bernardino
Belvedere
Montebello
Monte Porzio
Canavaccio
Fossombrone
Monterado
S. Giovanni in Ghiaiolo
Vergineto
Roncitelli
S. Lazzaro
Orciano di Pes.
S. Angelo
Marzocca
VIA FLAMINIA
Mondavio
Fermignano
Calmazzo
Gilordino
S. Ippolito
Ripe
Brugnetto
Montignano
Barchi
Isola di Fano
Corinaldo
Bettolelle
Montemarciano
Gola del Furlo
Torre S. Marco
S. Michele
S. Silvestro
M. Paganuccio
Casine
Sagrata
S. Martino dei Muri
Filetto
Cassiano
Furlo
Fratte Rosa
Ostra
Chiaravalle
Acqualagna
Castelleone di Suasa
Ostra Vetere
Monte Paganuccio
Cartoceto
Montalfoglio
Morro d'Alba
Bellaria
Vaccarile
Belvedere Ostrense
Monte S. Vito
Monterolo
Abbª di Lastreto
S. Lorenzo in Campo
Smirra
Monte Martello
S. Fiorano
Tarugo
S. Marcello
Barbara
Cardella
Molleone
Pergola
Madna di Piano
Loretello
Monsano
Fenigli
Cagli
Serra de' Conti
Mazzangrugno
Piticchio
Jesi
S. Savino
Bellisio Solfare
Palazzo
Montecarotto
Poggio S. Marcello
Moie
Sta Maria Nuova
M. Petrano
Castiglioni
Frontone
Arcevia
Castelplanio
Pianello
Caprile
Serra S. Abbondio
Rosora
Collina
Pontedazzo
Eremo di Fonte Avellana
Catobagli
Angeli
Monte Roberto
Cantiano
Sto Stefano
Maiolati Spontini
Avacelli
Mergo
S. Paolo di Jesi
Chiaserna
M. Catria
Badia di Sitria
Monterosso
Serra S. Quirico
Cupramontana
Borghetto
Isola Fossara
Montelago
Sta Croce
Staffolo
S. Vittore
Pontericcioli
Genga
S. Elia
Valdorbia
Sassoferrato
S. Urbano
Grotte di Frasassi
Falcioni
M. Picognola
Perticano
Gaville
Domo
Apiro
Strada
Scheggia
Torre
Madna della Cima
S. Vittore di Chiuse
Nebbiano
Poggio S. Vicino
Villa Col de' Canali
Cingoli
Troviggiano
Ruocce
M. Cucco
Poggio S. Romualdo
Frontale
Appignano
S. Ubaldo
Bastia
Avenale
Gubbio
Costacciaro
Borgo Tufico
Fabriano
M. S. Vicino
Elcito
Chiesanuova di S.
Padule
Sigillo
Campodiegoli
Castiglione
Cerreto d'Esi
Castel S. Pietro
Colcerasa
S. Lorenzo
Treia
Torre Calzolari
Osteria del Gatto
C. di Fossato
S. Silvestro
M. Canfaito
Passo di Treia
Metauro
Foglia
Cesano
Misa
Nevola
Esino
Musone
Sentino
Burano
Candigliano
Chiascio
19
20
21
45
51
52
J
K
L

22
23
K
L
M
24
Zara, Cesme
Vis, Bar
Stari Grad
Zadar
Šibenik
Durrës
Igoumenitsa
Pátra
rina di Montemarciano
Rocca Priora
Falconara
Marittima
Palombina
Torrette
ANCONA
Pietralacroce
M. dei Corvi
236
Castelferretti
A 14
Pinocchio
S 16
Montacuto
Portonovo
Sta Maria di P.
572
Badia di S. Pietro
Camerata
Picena
Montesicuro
Angeli
M. Cònero
Camerano
Agugliano
(203)
Sirolo
Numana
Marcelli
olverigi
360
Offagna
S 361
S. Paterniano
Rustico
Osimo
(265)
Osimo
Stazione
Casenuove
Padiglione
Castelfidardo
Campocavallo
Montoro
Musone
Loreto
(125)
Porto Recanati
Filottrano
(270)
Bagnola
Fiumicella
P 77
Recanati (293)
Montefano
Potenza
A 14-E 55
(215)
Montecassiano
56
P 571
Potenza Picena
Porto Potenza Picena
Sambucheto
Montecanepino
Conv.to di
Forano
Montelupone
P 77
Helvia
Ricina
(252)
Civitanova
Alta
Fontespina
Montecosaro
Abb.a di
Maria in Selva
(342)
Villa Potenza
Morrovalle
53
Civitanova Marche
S. Claudio
al Chienti
Borgo di Staz.
Montecosaro
311
Trodica
S 16

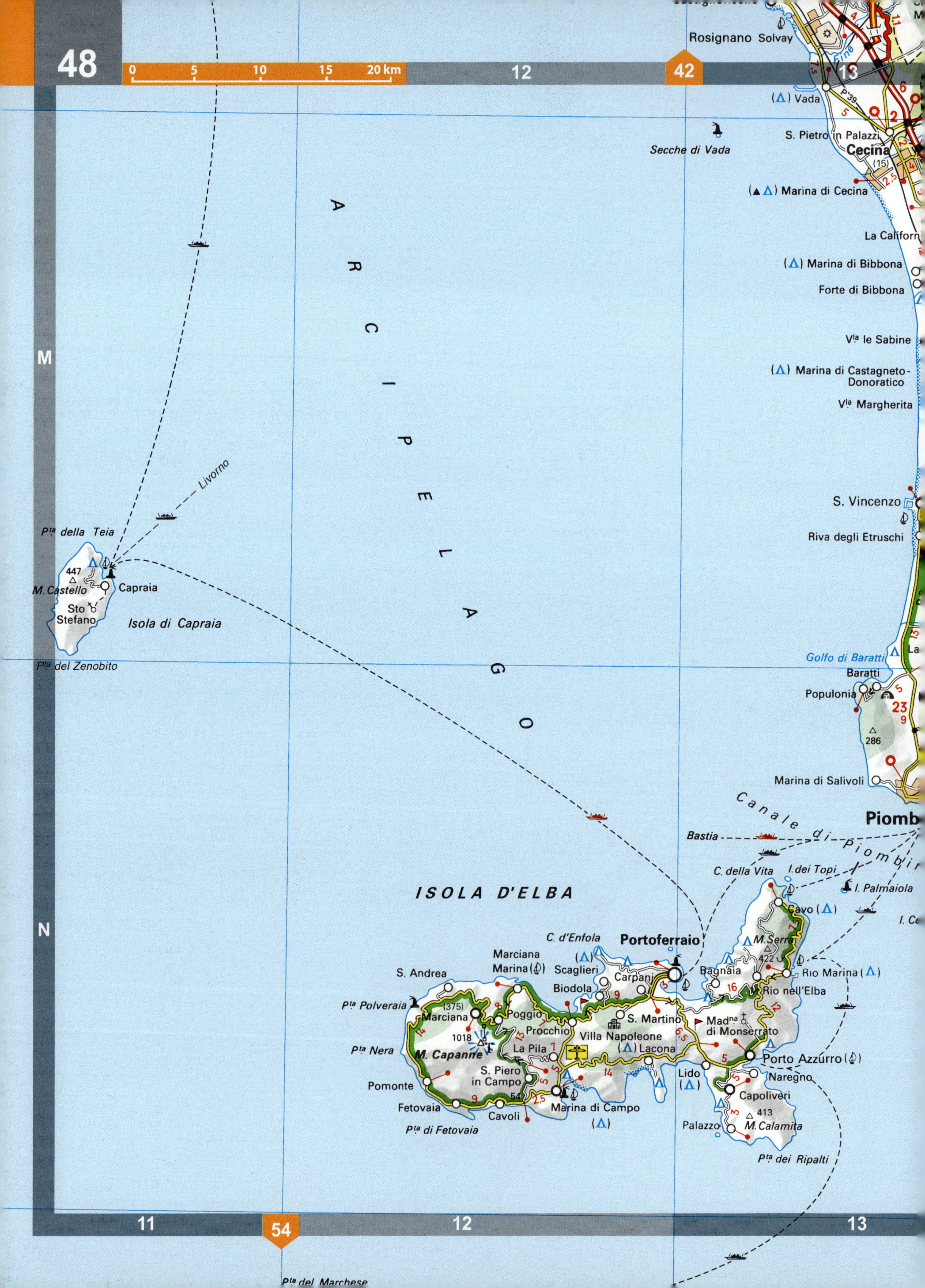
0 5 10 15 20 km
12
42
13
M
N
11
54
12
13
Rosignano Solvay
Vada
Secche di Vada
S. Pietro in Palazzi
Cecina
Marina di Cecina
La Californ
Marina di Bibbona
Forte di Bibbona
Vla le Sabine
Marina di Castagneto-Donoratico
Vla Margherita
S. Vincenzo
Riva degli Etruschi
Golfo di Baratti
Baratti
Populonia
286
Marina di Salivoli
Piomb
ARCIPELAGO
Livorno
Pta della Teia
447
M. Castello
Capraia
Sto Stefano
Isola di Capraia
Pta del Zenobito
Canale di Piombino
Bastia
C. della Vita
I. dei Topi
I. Palmaiola
I. Ce
ISOLA D'ELBA
Cavo
M. Serra
422
Rio Marina
Rio nell'Elba
C. d'Enfola
Portoferraio
Marciana Marina
Scaglieri
Carpani
Bagnaia
S. Andrea
Biodola
Pta Polveraia
(375)
Marciana
Poggio
Procchio
S. Martino
Madna di Monserrato
1018
M. Capanne
Villa Napoleone
Lacona
Pta Nera
La Pila
Porto Azzurro
S. Piero in Campo
Naregno
Pomonte
Lido
Capoliveri
Fetovaia
Cavoli
Marina di Campo
413
M. Calamita
Palazzo
Pta di Fetovaia
Pta dei Ripalti
Pta del Marchese

Montecatini Val di Cecina
Terriccio
Riparbella
Saline di Volterra
Mazzolla
Ponsano
Quartaia
Cavallano
Mensanello
Casole d'Elsa
Collalto
Scorgiano
S. Dalmazio
Montecagnano
Ponteginori
Montegemoli
Pgio Metato
Sellate
Cecina
Montescudaio
Guardistallo
Casale Marittimo
Micciano
Querceto
Pomarance
Libbiano
Lanciaia
Monteguidi
Mensano
Pievescola
Cetinale
Ancaiano
Sovicille
Costalpino
Molli
La Selva
Montagnola
Malignano
Bibbona
Sassa
Pgio al Pruno
S. Ippolito
S. Dalmazio
Montecastelli Pisano
Radicondoli
Pgio Casalone
Rosia
Montecerboli
Larderello
Belforte
Torri
Bolgheri
S. Guido
Serrazzano
Montingegnoli
Castelnuovo di Val di Cecina
Solaio
Frosini
Canneto
Monteverdi Marittimo
Lustignano
Lagoni d. Sasso
Colline Metallifere
Montalcinello
Pentolina
Brenna
Bagnaia
Donoratico
Castagneto Carducci
Fosini
Travale
Lagoni
Le Cornate
Chiusdino
Abbª di S. Galgano
S. Lorenzo a Merse
Merse
Lagoni Rossi
Terme di Bagnolo
Sassetta
Monterotondo Marittimo
Cornia
Gerfalco
Montieri
Palazzetto
Monticiano
Ponte Macereto
Frassine
Fontalcinaldo
Luriano
M. Calvi
S. Carlo
Rocca di S. Silvestro
Suvereto
Milia
Montebamboli
Niccioleta
Prata
Boccheggiano
Scalvaia
Lama Iesa
Campiglia Marittima
Belagaio
Gabellino
Casale di Pari
Caldana
Cafaggio
Venturina
Massa Marittima
Pecora
M. Alto
Meleta
Sassofortino
Bagnolo
Torraccia
Casalappi Ruschi
Montioni
Tatti
Perolla
Roccatederighi
Roccastrada
Casenovole
Valpiana
Resta
Via Aurelia
Riotorto
L. dell' Accesa
Montemassi
Civitella Marittima
Stazione di Roccastrada
Ribolla
Bruna
Rondelli
Prato Ranieri
Scarlino Scalo
Gavorrano
Monte Lattaia
Sticciano
Paganico
Follonica
Golfo di Follonica
Giuncarico
Ravi
M. Leoni
Poggi d. Sasso
Scarlino
Grilli
Caldana
Portiglione
Braccagni
Montepescali
Montorsaio
Campagnatico
Vetulonia
Tomba di Pietrara
Batignano
Torre Civette
Tirli
Pian d'Alma
Poggio Ballone
Buriano
Roselle
Olbia
Punta Ala
Sco dello Sparviero
Macchiascandona
Padule di Raspollino
Istia d'Ombrone
Arcille
Ombrone
Le Rocchette
Roccamare
Grosseto
Polveraia
Riva del Sole
Castiglione della Pescaia
Preselle
Montorgiali
Pineta del Tombolo
Marina di Grosseto
Rispescia
Pancole
Principina a Mare
Spergolaia
Alberese
M. Bottigli
Scansano
Marina di Alberese
Tre Collelungo
Parco Naturale
Monti dell'Uccellina
Montiano

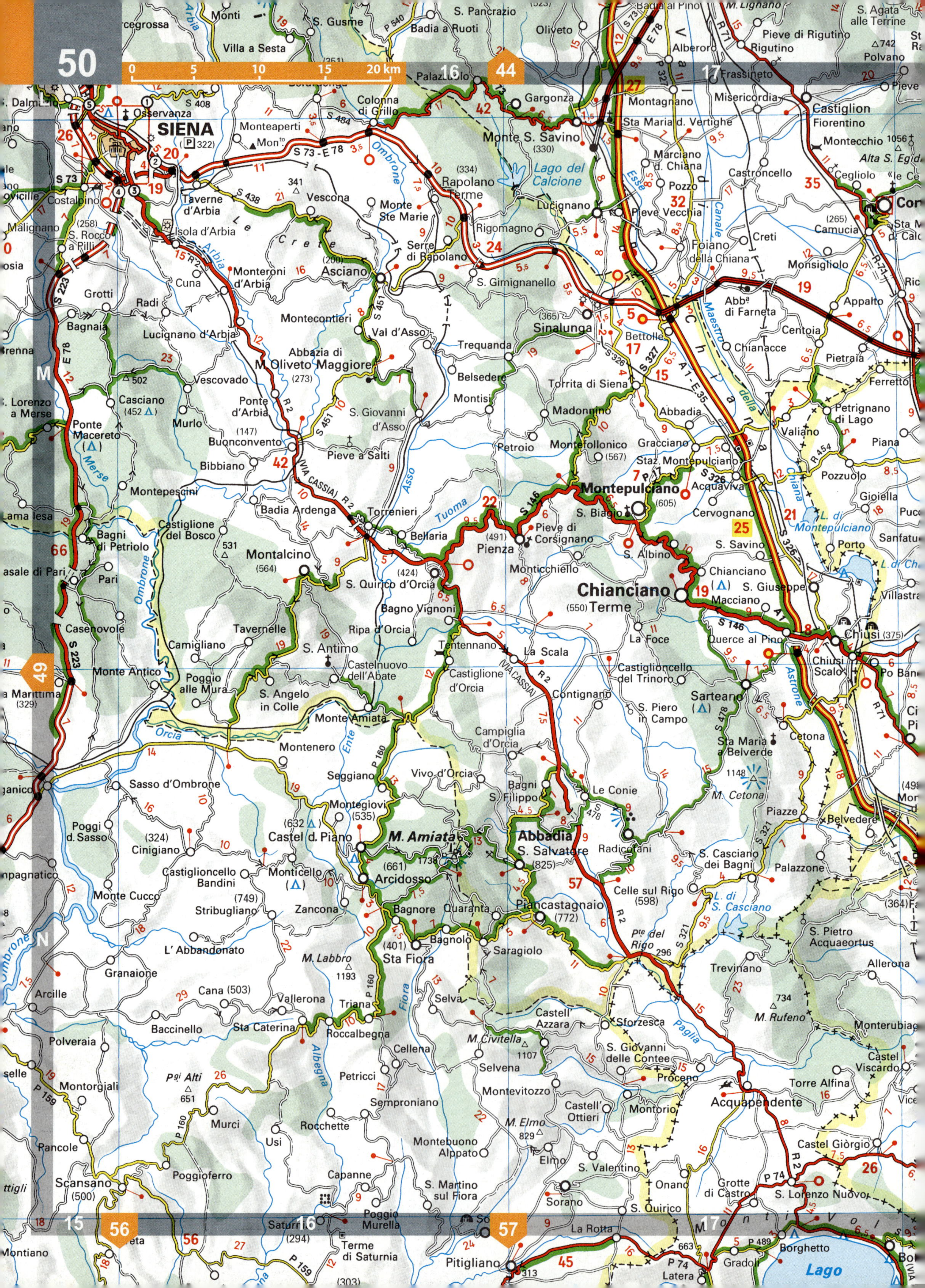
0 5 10 15 20 km
16
44
17
SIENA
Monteaperti
Osservanza
Taverne d'Arbia
Costalpino
S. Rocco a Pilli
Isola d'Arbia
Vescona
Le Crete
Asciano
Monteroni d'Arbia
Cuna
Radi
Grotti
Bagnaia
Lucignano d'Arbia
Montecontieri
Abbazia di M. Oliveto Maggiore
Vescovado
Casciano
Murlo
Ponte d'Arbia
Buonconvento
Bibbiano
Ponte Macereto
Merse
Montepescini
Badia Ardenga
Castiglione del Bosco
Bagni di Petriolo
Pari
Montalcino
Torrenieri
Bellaria
S. Quirico d'Orcia
Bagno Vignoni
Ripa d'Orcia
Tavernelle
Camigliano
S. Antimo
Castelnuovo dell'Abate
Poggio alle Mura
S. Angelo in Colle
Monte Amiata
Monte Antico
Casenovole
Colonna di Grillo
Ombrone
Monte Ste Marie
Rapolano Terme
Serre di Rapolano
Rigomagno
S. Gimignanello
Sinalunga
Trequanda
Val d'Asso
Belsedere
Montisi
S. Giovanni d'Asso
Pieve a Salti
Asso
Petroio
Torrita di Siena
Madonnino
Montefollonico
Montepulciano
S. Biagio
Pienza
Pieve di Corsignano
Monticchiello
S. Albino
Chianciano Terme
Chianciano
La Foce
Tuoma
Gargonza
Monte S. Savino
Lago del Calcione
Lucignano
Marciano d. Chiana
Pozzo
Pieve Vecchia
Foiano della Chiana
Bettolle
Abbadia
Gracciano
Staz. Montepulciano
Acquaviva
Cervognano
Montagnano
Sta Maria d. Vertighe
Castroncello
Creti
Abbª di Farneta
Chianacce
Centoia
Misericordia
Frassineto
Castiglion Fiorentino
Montecchio
Cegliolo
Camucia
Monsigliolo
Appalto
Pietraia
Ferretto
Petrignano di Lago
Valiano
Piana
Pozzuolo
Gioiella
L. di Montepulciano
S. Savino
Porto
Chiusi
Chiusi Scalo
Macciano
S. Giuseppe
Querce al Pino
Villastrada
Sarteano
Cetona
M. Cetona
Sta Maria a Belverde
Piazze
Belvedere
S. Casciano dei Bagni
Palazzone
L. di S. Casciano
S. Pietro Acquaeortus
Allerona
Trevinano
M. Rufeno
Monterubiaglio
Castel Viscardo
Torre Alfina
Acquapendente
Castel Giorgio
S. Lorenzo Nuovo
Grotte di Castro
Onano
Borghetto
Gradoli
Latera
Lago
Tentennano
Castiglione d'Orcia
La Scala
Via Cassia
Contignano
Castiglioncello del Trinoro
S. Piero in Campo
Campiglia d'Orcia
Vivo d'Orcia
Bagni S. Filippo
Le Conie
Radicofani
Abbadia S. Salvatore
M. Amiata
Seggiano
Montegiovi
Castel d. Piano
Arcidosso
Montenero
Ente
Bagnore
Quaranta
Piancastagnaio
Celle sul Rigo
Pte del Rigo
Bagnolo
Saragiolo
Sta Fiora
M. Labbro
Triana
Selva
Castell' Azzara
Sforzesca
S. Giovanni delle Contee
Proceno
Cellena
M. Civitella
Selvena
Montevitozzo
Castell' Ottieri
Montorio
M. Elmo
Elmo
S. Valentino
Sorano
S. Quirico
Montebuono
Alpappato
S. Martino sul Fiora
Pitigliano
La Rotta
Poggio Murella
Saturnia
Terme di Saturnia
Capanne
Rocchette
Usi
Sempronìano
Petricci
Roccalbegna
Albegna
Vallerona
Sta Caterina
Cana
Zancona
Stribugliano
Monticello
Castiglioncello Bandini
Cinigiano
Monte Cucco
L' Abbandonato
Granaione
Arcille
Baccinello
Polveraia
Montorgiali
Pgi Alti
Murci
Pancole
Scansano
Poggioferro
Montiano
Poggi d. Sasso
Sasso d'Ombrone
Orcia
Marittima
Pari
49
15
56
57
45
Fiora
Paglia
Astrone
Chiana
Esse
Canale Maestro della Chiana
Lago di Chiusi
Orvieto
Cortona
Pieve di Rigutino
Rigutino
Alberoro
Polvano
S. Agata alle Terrine
Badia a Ruoti
S. Pancrazio
Oliveto
S. Gusmè
Villa a Sesta
Monti
Palazzuolo
Dalmazio
Malignano
Lornano
Pieve
Ricci
Puce
Sanfatucchio
Castel del Piano

Gubbio
S. Ubaldo
Monteleto
Semonte
Nogna
S. Faustino
Nerbisci
Campo Reggiano
S. Martino in Colle
Madna dei Monti
S. Benedetto
Sta Maria di Sette
Promano
Trestina
S. Secondo
Morra
Lugnano
Nestore
Carpina
Calzolaro
Montecastelli
Niccone
S. Pietro a Monte
Valle Dame
Portole
Passo di Cerventosa
S. Andrea di Sorbello
Umbertide
Civitella Ranieri
Badia
Migianella dei Marchesi
Badia S. Salvatore
Mercatale
Lisciano Niccone
M. Acuto
S. Bartolomeo de' Fossi
Monte Corona
Pietramelina
Pierantonio
Castiglione
M. Urbino
Tavernacce
Rancale
Preggio
Tuoro sul Trasimeno
Vernazzano
Passignano s. Trasimeno
Pian di Marte
S. Giovanni del Pantano
S. Quirico
Morleschio
Solfagnano
Belvedere
Scritto
Castel Rigone
M. Tezio
Migiana d. M. Tezio
Montelabate
Maestrello
Trecine
Ponte Pattoli
Le Pulci
Colognola
Isola Maggiore
Lago Trasimeno
Castiglione del Lago
Monte del Lago
Mantignana
Capocavallo
Villa
S. Lorenzo di Rabatta
Ponte Felcino
Bosco
Ripa
Pianello
Magione
I. Polvese
S. Feliciano
Migiana
Corciano
PERUGIA
Ferro di Cavallo
Città della Domenica
Monte Melino
S. Savino
Monte Buono
S. Mariano
Pte Valleceppi
Pte S. Giovanni
S. Egidio
Ospedalicchio
Petrignano
ASSISI
Bastia
Collestrada
Ponte d'Assi
Mengara
Padule
Torre Calzolari
Sigillo
Osteria del Gatto
Fossato di Vico
Branca
Colpalombo
S. Pellegrino
Cerquet
Abbª di Vallingegno
Carbonesca
Biscina
Pieve di Compresseto
Casa Castalda
Fratticiola Selvatica
Valfabbrica
La Barcaccia
Picciome
M. Serra
Osteria di Morano
Collemincio
Porziano
Montecchio
S. Gregorio
Rocca S. Angelo
M. di Croci
S. Presto
Sta Maria Lignano
Palazzo
Pieve S. Nicolò
Piano di Pieve
Armenzano
Eremo d. Carceri
M. Subasio
S. Damiano
Passaggio d'Assisi
Valtopina
Ponte Centesimo
Collepino
Tor d'Andrea
Sta Maria d. Angeli
Brufa
Torgiano
Passaggio
Chiascio
Bettona
Ponte Nuovo
Deruta
Madna dei Bagni
Castelleone
Collemancio
Cannara
Cantalupo
Spello
Foligno
Fiamenga
Torre del Colle
Pomonte
Bevagna
Madna della Valle
Corvia
Casevecchie
Capodacqua
Scanzano
Colle S. Lorenzo
Abbª di S.
Scandolaro
S. Eraclio
Matigge
Sta Maria Pietrarossa
Trevi
Tempio di Clitunno
Montefalco
Gualdo Cattaneo
Ponte di Ferro
S. Fortunato
Fabbri
Bastardo
Macciano
S. Luca
Castel S. Giovanni
Fonti del Clitunno
Mercatello
Bruna
Castel Ritaldi
Giano dell'Umbria
Montemartano
S. Brizio
S. Giacomo
Uncinano
Maiano
Terzo S. Severo
S. Nicolò
Spoleto
S. Giovanni di Baiano
Madna di Baiano
Pompagnano
Scoppio
Firenzuola
Casteldelmonte
Valico di Somma
Macerino
Montebibico
Portaria
Carsulae
Acquasparta
Casigliano
Castelstodino
Montecastrilli
S. Gemini Fonte
M. Torre Maggiore
Dunarobba
Avigliano Umbro
Collesecco
Toscolano
Camera
Montenero
Villa S. Faustino
Collevalenza
Massa Martana
M. Martano
Abbª S. Fidenzio
S. Damiano
Vieprì
Duesanti
Todi
Ilci
S. Terenziano
Le Torri
Pantalla
Collesecco
Collazzone
Collepepe
Casalta
Canalicchio
Cerqueto
Papiano
S. Valentino
S. Enea
S. Martino in Colle
S. Martino in Campo
Castel d. Piano
Pila
Capanne
Pietraia
Castiglione della Valle
Agello
Mugnano
Fontignano
S. Arcangelo
Panicarola
Macchie
Montali
Panicale
Colle S. Paolo
Paciano
Tavernelle
Missiano
Pietrafitta
Spina
Cibottola
Mercatello
Collebaldo
Piegaro
Morcella
Migliano
Marsciano
Fersinone
Montegabbione
Montegiove
S. Vito in Monte
Poggio Aquilone
Castel di Fiori
Faiolo
Monteleone d'Orvieto
Carnaiola
Pornello
S. Venanzo
Collelungo
Fratta Todina
Monte Castello di Vibio
Doglio
Sta Maria d. Consolazione
Frattaguida
Ripalvella
Ospedaletto
Fabro Scalo
Parrano
Cantone
Ficulle
S. Marino
M. Peglia
Sala
Staz. Allerona
Morrano Nuovo
Poggio Montone
Colonnetta
Prato
Prodo
Orvieto
Sugano
S. Severo
Porano
Corbara
L. di Corbara
Civitella del Lago
Acqualoreto
Fiore
Morre
Baschi
Montecchio
Sermugnano
Castiglione in Tev.
Lubriano
Civita
Tenaglie
Guardea
Sta Restituta
Castel dell'Aquila
Frattuccia
Strettura
Ancaiano
M. Fionchi
Cese
Pietro
Montel
Valloc
Tevere
Topino
Puglia
Teverone
Chiani
Paglia
Naia
Caina
Niccone
Nestore
Sasso
Scirca
18
19
45
58
52
20
E 45
A 1
S 3 bis
S 75
S 147
R 220
R 298
R 316
R 317
R 397
R 416
R 444
S 3
S 205
S 219
S 318
S 448
S 79
S 71

0 5 10 15 20 km
21
46
22
51
58
59
Fabriano
Cingoli
Troviggiano
Montecassiano
Appignano
Convto di Forano
Avenale
Frontale
Poggio S. Romualdo
Tufico
M. S. Vicino
Elcito
Castel S. Pietro
Colcerasa
Chiesanuova
Vito
Helvia Ricina
Villa Potenza
Abba di Sta Maria in Selva
S. Lorenzo
Treia
Passo di Treia
Macerata
Piediripa
Corridonia
Pollenza
Sforzacosta
Campodiegoli
C. di Fossato
Castiglione
Cerreto d'Esi
S. Silvestro
Fossato di Vico
Cancelli
Valleremita
Collamato
M. Canfaito
Pitino
Braccano
Matelica
S. Elena
Sta Maria di Rambona
M. Maggio
Serradica
Esanatoglia
Gagliole
Stigliano
S. Giuseppe
Gualdo Tadino
Campodonico
S. Severino Marche
Tolentino
Cast. d. Rancia
Abba di Fiastra
Petriolo
Palazzo
Tre Pizzi
Castelraimondo
Potenza
Urbisaglia
Urbs Salvia
Rigali
M. Penna
Spindoli
Castel Sta Maria
Crispiero
Serrapetrona
Paterno
Colmurano
Loro Piceno
Gaifana
Bivio Ercole
Fiuminata
Pioraco
Seppio
Castel S. Venanzo
Belforte del Chienti
L. di Grazie
Osteria di Morano
Casaluna
Passo di Termine
M. Letegge
Valcimarra
Ripe S. Ginesio
Sefro
Caldarola
Camporotondo di Fiastrone
Montappone
Molina
Poggio
Camerino
Capolapiaggia
L. di Borgiano
Passo S. Angelo
Monte Vidon
Falerone
S. Erasmo
Sfercia
Cessapalombo
Nocera Umbra
Passo Cornello
Sorti
S. Giusto
S. Ginesio
S. Angelo in Pontano
Sta Margherita
Piane di Falerone
Bagnara
M. Pennino
M. Igno
Polverina
Muccia
La Villa
Sta Maria di Pieca
Servigliano
Bagni di Nocera
Serravalle di Chienti
Gelagna Bassa
L. di Polverina
S. Maroto
Collesanto
Fiastrone
Gualdo
Saline
Colle Croce
Pieve Torina
Pievebovigliana
Monastero
Gabella Nuova
Penna S. Giovanni
Montelee
Valtopina
Annifo
L. di Fiastra
Fiastra
S. Lorenzo al Lago
Sarnano
Monte S. Martino
Ponte Centesimo
Taverne
Fiume
Colfiorito
Fiordimonte
S. Ilario
Trebbio
Acquacanina
Smerillo
Madna di Gaspreano
Sasso Tetto
Fonte Lardina
Abba di S. Rufino
Capodacqua
Cesi
Cupi
Vari
Bolognola
Amandola
Montefalcone Appennino
Foligno
Scanzano
Casenove
Volperino
Monte Cavallo
Collatoni
Aschio
Santo di Macereto
Parco
Naz.
Madna dell'Ambro
Colle S. Lorenzo
Rasiglia
Forcella
M. Cavallo
Passo di Fornaci
Comunanza
Abba di Sassovivo
Scandolaro
Verchiano
Rasenna
M. Fema
Ussita
Monti
M. Priora
Montefortino
M. Puranno
Visso
Frontignano
Tenna
Infernaccio
S. Eraclio
Ponze
Ponte Nuovo
Castelsantangelo s. Nera
Gola dell' Infernaccio
Isola S. Biagio
Palmiano
Matigge
Piaggia
Montemonaco
Sta Maria in Pietrarossa
Sellano
Preci
Abba di S. Eutizio
Rapegna
Vallinfante
M. Sibilla
Venarotta
Trevi
M. Serano
Madna del Monte
Pontechiusita
Piedivalle
Gualdo
dei Monti
Foce
Polverina
Aso
Tempio di Clitunno
Pettino
Spina Nuova
Buggiano
Belforte
Campi
Passo di Gualdo
Sibillini
Uscerno
Roccafluvione
Castel Ritaldi
Pissignano
M. Maggiore
Triponzo
Abeto
Castelluccio
M. Vettore
Montegallo
Agelli
Fonti del Clitunno
Campello sul Clitunno
Cerreto di Spoleto
Montebufo
M. Cavogna
M. Patino
Silvignano
Sibillini
Pretare
Tallacano
Arli
Poreta
Meggiano
Cortigno
Norcia
Forca di Presta
Arquata del Tronto
Acquasanta Terme
S. Giacomo
Bazzano
Nera
Corno
Serravalle
Forca di Sta Croce
Piedipaterno
Rocchetta
Agriano
Spelonga
M. Téglia
Forca di Cerro
Vallo di Nera
Poggio Primocaso
S. Pellegrino
Forca Canapine
Umbrito
Spoleto
M. Communitore
Grotti
Roccatamburo
S. Anatolia
Savelli
Colle
Morrice
S. Anatolia di Narco
Monteluco
Roccaporena
Madna della Neve
M. Utero
Poggio d'Api
S. Giovanni
Vallocchia
M. Coscerno
Cascia
Castel Sta Maria
Accumoli
Mácera di Morte
Scheggino
Poggiodomo
Maltignano
Pescia
Ceselli
Gavelli
Forca Rua la Cama
Castel S. Giovanni
Forca di Civita
Terracino
Cassino
Cese
M. Meraviglia
S. Lorenzo e Flaviano
Ceppo di Rocca Sta Maria
M. Fionchi
Monte S. Vito
Forca di Chiavano
M. Pozzoni
Civita
Roccasalli
Ancaiano
Chiavano
Monteleone di Spoleto
Sommati
Martino
Macchiatorne
Sambuceto
Trimezzo
La Forca
S. Giorgio
Strettura
S. Pietro in Valle
Ruscio
Trognano
Cittareale
L. di Scandarello
Amatrice
Capricchia
M. Gorzano
Ferentillo
M. Aspra
S. Giovenale
Terzone S. Pietro
Torrita
Castellonalto
Ocre
Parco

Porto Potenza Picena
Potenza Picena
Montecanepino
Montecosaro
Fontespina
Civitanova Marche
Morrovalle
Borgo di Staz. Montecosaro
Trodica
Chienti
Casette d'Ete
Porto S. Elpidio
Marina Faleriense
Monte S. Giusto
Montegranaro
S. Elpidio a Mare
Monte Urano
Lido di Fermo
Capodarco
Porto S. Giorgio
Monte S. Pietrangeli
Torre S. Patrizio
Tenna
Fermo
Rapagnano
Marina Palmense
Ponte Ete
Torre di Palme
Montegiorgio
Magliano di T.
Lapedona
Grottazzolina
Monte Giberto
Ponzano di Fermo
Altidona
Pedaso
Monterubbiano
Moresco
Belmonte Piceno
Aso
Campofilone
Petritoli
Montottone
Massignano
Monte Vidon Combatte
Montefiore dell'Aso
S. Elpidio Morico
Ortezzano
Carassai
Cupra Marittima
Montelparo
Monte Rinaldo
Ripatransone
Grottammare
Porchia
Montalto di Marche
Cossignano
S. Benedetto del Tronto
Montedinove
Acquaviva Picena
Rotella
Castignano
Offida
Monteprandone
Ripaberarda
Porto d'Ascoli
M.d. Ascensione
Appignano di Tronto
Castorano
Monsampolo di Tronto
Porchiano
Venagrande
Spinetoli
Stella
Martinsicuro
Colli del Tronto
Ascoli Piceno
Villa S. Antonio
Pagliare
Colonnella
Villa Rosa
Salaria
Tronto
Controguerra
Alba Adriatica
Ancarano
Corropoli
Colle S. Marco
Folignano
Maltignano
Torano Nuovo
Nereto
S. Egidio alla Vibrata
Tortoreto Lido
Garrufo
Vibrata
Tortoreto
S. Giacomo
Lempa
S. Omero
S. Vito
Villa Passo
Ponzano
Poggiomorello
Salinello
Montone
Giulianova Lido
Civitella del Tronto
S. Onofrio
Giulianova
Macchia da Sole
Ripe
Camera
Mosciano S. Angelo
Cologna Spiaggia
Bellante
M. di Fiori
M. di Campli
Piano Maggiore
Campovalano
Campli
S. Nicolò a Tordino
Tordino
Cologna
Rocca Sta Maria
Laga
Roiano
Teramo
Zaccheo
Morro d'Oro
Montepagano
Roseto degli Abruzzi
Cona Faiete
Castellalto
Notaresco
Torricella Sicura
Canzano
Guardia Vomano
S. M. di Propezzano
Scerne
Vomano
Sto Stefano
Valle S. Giovanni
Tordino
Caprafico
Castelnuovo V.
S. Clemente al V.
Pineto
Pagliaroli
Miano
Villa Vomano
Fontanelle
Riserva Naturale dei Calanchi
Villa Vallucci
Montorio al Vomano
Penna S. Andrea
Cellino Attanasio
Mutignano
M
N
O
22
23
24
47
60

0 5 10 15 20 km
12
48
13
11
N
O
P
ISOLA D'ELBA
Marina di Salivoli
Piomb
Canale di Piombino
C. della Vita
I. dei Topi
I. Palmaiola
Cavo
M. Serra
422
Rio Marina
Rio nell'Elba
Bagnaia
Portoferraio
C. d'Enfola
Scaglieri
Carpani
Biodola
Marciana Marina
S. Andrea
Pta Polveraia
(375)
Marciana
Poggio
Procchio
1018
M. Capanne
Pta Nera
La Pila
S. Martino
Villa Napoleone
Lacona
Madna di Monserrato
Porto Azzurro
Naregno
Lido
Capoliveri
413
M. Calamita
Palazzo
Pta dei Ripalti
S. Piero in Campo
Pomonte
Fetovaia
Cavoli
Marina di Campo
Pta di Fetovaia
Pta del Marchese
Isola Pianosa
Pta Libeccio
Pianosa (26)
Pta Brigantina
Scoglio d'Affrica o Formica di Montecristo
I. di Montecristo
645
Pta Rossa
M A R E
T O

Prato Ranieri
Follonica
Scarlino Scalo
Gavorrano
Monte Lattaia
Giuncarico
Ravi
Scarlino
(230)
Grilli
Caldana
Portiglione
Braccagni
Montepescali
Montorsaio
(384)
Campagnatico
di Follonica
Vetulonia
Tomba di Pietrara
Batignano
Torre Civette
Tirli (400)
268
Pian d'Alma
630
Poggio Ballone
Buriano
Roselle
Bruna
Punta Ala
Punta Ala
349
Padule di Raspollino
Macchiascandona
Roselle
Ombrone
Istia d'Ombrone
Arcille
Sc.º dello Sparviero
Grosseto
(P 10)
Polveraia
Le Rocchette
Roccamare
Riva del Sole
Castiglione della Pescaia
Preselle
Montorgiali
Pineta del Tombolo
Marina di Grosseto
Rispescia
Pancole
Principina a Mare
Spergolaia
319
M. Bottigli
Scansano
(500)
Alberese
Marina di Alberese
Parco Naturale d. Maremma
Monti dell'Uccellina
Tre Collelungo
415
Pgio Lecci
246
Montiano
(128)
Magliano in Toscana
Fonteblanda
(10)
Formiche di Grosseto
Talamone
S. Donato
Albinia
Pgio del Leccio
353
Quattrostrade
Bastia
Porto-Vecchio
Porto Sto Stefano
Orbetello
Orbetello Scalo
Pta Lividonia
Laguna
di Orbetello
Pta Cala Grande
Sta Liberata
Promontorio dell'Argentario
Cosa
Ansedonia
Cala Piccola
il Telegrafo
635
Port'Ercole
C. d'Uomo
Isola del Giglio
Pta del Fenaio
Campese
Giglio Castello
Giglio Porto
498
Pta di Torre Ciana
I. Formiche di Burano
Pta del Capel Rosso
Villa Romana
I. di Giannutri
88
Pta del Capel Rosso
VIA AURELIA
E 80
E 78
S 1
S 223
P 158
P 159
P 160
P 161
P 36
P 30
R 74
Olbia
S C A N O
T I R R E N O
M A R O
14
15
49
50
56

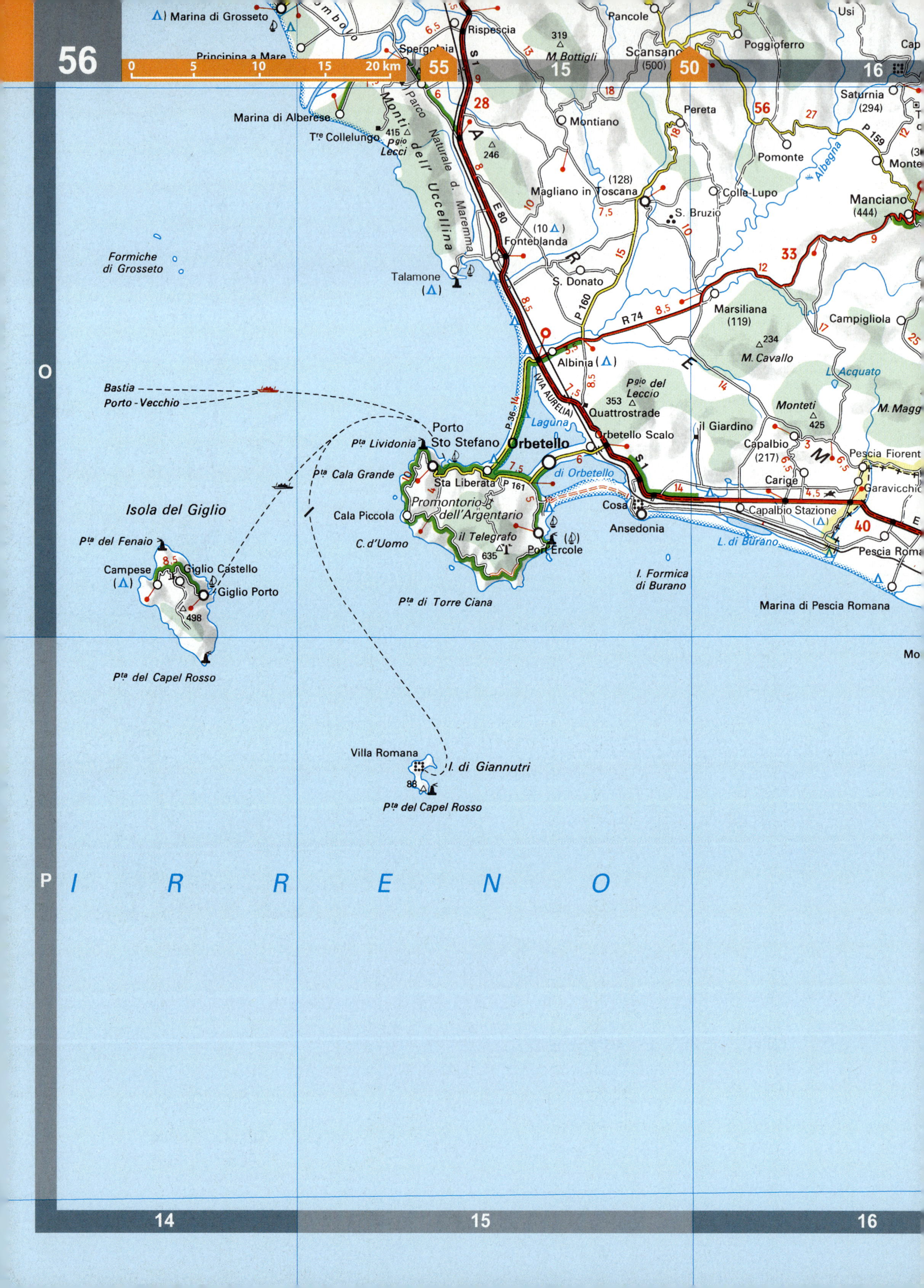
0 5 10 15 20 km
55
15
50
16
Marina di Grosseto
Principina a Mare
Spergolaia
Rispescia
Pancole
Scansano
(500)
Usi
Poggioferro
319
M. Bottigli
Marina di Alberese
Tre Collelungo
415
Pgio Lecci
Monti dell' Uccellina
Parco Naturale d. Maremma
246
Montiano
Pereta
Saturnia
(294)
Pomonte
Albegna
Monte
Magliano in Toscana
(128)
Colle-Lupo
S. Bruzio
Manciano
(444)
E 80
S 1
(10 Δ)
Fonteblanda
Formiche di Grosseto
Talamone
(Δ)
S. Donato
P 160
R 74
Marsiliana
(119)
234
M. Cavallo
Campigliola
Albinia (Δ)
L. Acquato
Bastia
Porto - Vecchio
O
Pgio del Leccio
353
Quattrostrade
Monteti
425
M. Magg
(VIA AURELIA)
P. 36
Laguna
Porto Sto Stefano
Orbetello
Orbetello Scalo
il Giardino
Capalbio
(217)
Pta Lividonia
Pta Cala Grande
Sta Liberata
P 161
di Orbetello
Pescia Fiorent
Carige
Garavicchio
Isola del Giglio
Cala Piccola
Promontorio dell'Argentario
Cosa
Ansedonia
Capalbio Stazione
(Δ)
L. di Burano
Pta del Fenaio
C. d'Uomo
il Telegrafo
635
Port' Ercole
Pescia Roma
Campese
(Δ)
Giglio Castello
Giglio Porto
498
I. Formica di Burano
Pta di Torre Ciana
Marina di Pescia Romana
Mo
Pta del Capel Rosso
Villa Romana
I. di Giannutri
88
Pta del Capel Rosso
P
T I R R E N O
14
15
16

Montebuono
Alppato
Elmo
S. Valentino
Onano
Grotte di Castro
Castel Giòrgio
Sugano
S. Martino sul Fiora
Sorano
S. Quirico
S. Lorenzo Nuovo
Porano
Sermugnano
Poggio Murella
Sovana
La Rotta
Borghetto
Bolsena
Castiglione in Tev.
Lubriano
Civita
Pitigliano
Latera
Gradoli
Lago di Bolsena
Bagnoregio
Civitella d'Agliano
Tenaglie
Guardea
L. di Mezzano
I. Bisentina
S. Antonio
S. Michele in Tev.
Castel Cellesi
Graffignano
L. di Alviano
Alviano
Sta Maria di Sala
Poggio Buco
Pian di Morrano
Valentano
I. Martana
Roccalvecce
Celleno
Montecalvello
Fastello
Farnese
Ischia di Castro
Capodimonte
Marta
Montefiascone
Sipicciano
Magugnano
Grotte Sto Stefano
Piansano
Cellere
M. Bellino
Ferento
Mugnano in Tev.
Bomarzo
Parco dei Mostri
Vitorchiano
Chia
Tessennano
Arlena di Castro
Riminino
M. Canino
Canino
Viterbo
Bagnaia
Villa Lante
Soriano nel Cimino
Vulci
Abbadia
Musignano
Tuscania
S. Pietro
Bagni di Viterbo
Mad.na d. Quercia
M. Cimino
Vallerano
Vignanello
S. Giuliano
Castel d'Asso
S. Martino al Cimino
Canepina
Montalto di Castro
P.gio Martino
Tobia
Monti Cimini
Montebello
Norchia
Tre Croci
M. Venere
Carbognano
Caprarola
M. Fogliano
L. di Vico
Vetralla
Cura
Casale Cinelli
Villa S. Giovanni in Tuscia
Casaletto
Punta del Lago
Ronciglione
Montalto Marina
Riva dei Tarquini
Monte Romano
Blera
Capranica
Tarquinia
Necropoli etrusca
Sutri
Marina Velca
Barbarano Romano
Lido di Tarquinia
Veiano
Civitella Cesi
Bassano Romano
L. di Monterosi
La Farnesiana
P.gio di Coccia
Lombardi
M.le Grazie
Oriolo Romano
Bagni di Vicarello
Vicarello
Allumiere
Tolfa
Rota
Canale Monterano
Manziana
Trevignano Romano
Lago di Bracciano
Aurelia
Monti della Tolfa
Bagni di Stigliano
Bracciano
Anguillara
Vigna di Valle
Toulon
Arbatax, Golfo Aranci
Barcelona
Olbia
Tunis, Cagliari
Palermo
Terme Taurine
M. Tolfaccia
M. Acqua Tosta
Porto-Vecchio
Valletta, Trapani
Civitavecchia
Sasso
Castel Giuliano
Osteria
Fanciullo
Sta Marinella
Capo Linaro
Sta Severa
Necropoli etrusca
Ceri
Cerveteri
Tragliata
Ladispoli

0
5
10
15
20 km
19
51
20
18
62
40
57
Morre
Camera
Casigliano
Acquasparta
Collesecco
Castel del monte
Pompagnano
Valico di Somma
Scheggino
Cese
Ceselli
Gavelli
Monte S. Vito
Monteleone di Spoleto
M. Croce di Serra
Sta Restituta
Castel dell'Aquila
Frattuccia
Macchie
Montecastrilli
Portaria
Carsulae
S. Gemini Fonte
S. Gemini
M. Torre Maggiore
S. Erasmo
Cesi
Rivo
Strettura
Ancaiano
M. Fionchi
Sambucheto
S. Pietro in Valle
M. Aspra
Ruscio
Ferentillo
Castellonalto
Montefranco
M. Petano
Arrone
Polino
Leonessa
Guardea
L. di Alviano
Alviano
Lugnano in Teverina
S. Bartolomeo
Capitone
Foce
Collestatte Piano
Forca dell' Arrone
Cascata d. Marmore
Piediluco
Morro Reatino
Monti Reatini
Porchiano
Amelia
Narni
Narni Scalo
TERNI
S. Valentino
Marmore
L. di Piediluco
Labro
Rivodutri
Conv.to S. Giacomo
Poggio Bustone
S. Pietro
M. Terminillo
Attigliano
Giove
Montecampano
Penna in Teverina
S. Liberato
L. di S. Liberato
Nera
L'Aia
Altrocanto
Stroncone
Pie di Moggio
I Prati
S. Francesco
Colli sul Velino
L. Lungo
Cantalice
L. di Ripa Sottile
Pian de Valli
Lisciano
Terminillo
Vazia
Bomarzo
Bassano in Tev.
Chia
Orte
Vigne
S. Urbano
Conv.to lo Speco
M. Macchialunga
Greccio
Spinacceto
Terria
Conv.to La Foresta
Sta Rufina
S. Vito
Sta Maria
Lugnola
Configni
Soriano nel Cimino
Vasanello
S. Centignano
Otricoli
Calvi dell'Umbria
Cottanello
Contigliano
Rieti
Cittaducale
Vallerano
Vignanello
Gallese
Fianello
Vacone
Montasola
S. Filippo
Conv.to di Fonte Colombo
Casette
Velino
Salto
S. Elia
Grotti
Canepina
Magliano Sabina
Tarano
Montebuono
Torri in Sabina
Sta Maria di Legarano
Casperia
S. Giovanni Reatino
Fassinoro
Fabrica di Roma
Corchiano
Borghetto
Collevecchio
Sta Maria in Vescovio
Selci
M. Pizzuto
Monte S. Giovanni in S.
Belmonte in S.
Caprarola
Falerii Novi
TEVERE
Imelle
Cantalupo in S.
Roccantica
Stimigliano
Forano
Poggio Catino
Montenero Sabino
Rocca Sinibalda
Ronciglione
Civita Castellana
Ponzano Romano
Filacciano
Poggio Mirteto
Salisano
Ornaro
Torricella in S.
Casaprota
Poggio S. Lorenzo
M. Soratte
Montopoli di S.
Castelnuovo di Farfa
Monteleone Sabino
Stipes
Sutri
Nepi
Castel S. Elia
Faleria
S. Oreste
Nazzano
Torrita Tiberina
Abba di Farfa
Poggio Nativo
Sta Vittoria
Colle di Tora
L. di Monterosi
Gabelletta
Calcata
Rignano Flaminio
Civitella S. Paolo
Farfa
Fara in Sabina
Ost. Nuova
Cerdomare
Poggio Moiano
Lago del Turano
Monterosi
Mazzano Romano
Talocci
Corese Terra
Ponticelli
Scandriglia
Pozzaglia Sabina
Sette Vene
Vallelunga
Magliano Romano
Fiano Romano
Passo Corese
Borgo Quinzio
Acquaviva
Nerola
Orvinio
Trevignano Romano
Campagnano di Roma
Morlupo
Capena
Montemaggiore
Montorio Romano
Lago di Bracciano
L. di Martignano
Castelnuovo di Porto
Montelibretti
Monteflavio
Sacrofano
Girardi
Moricone
M. Pellecchia
Anguillara Sabazia
Cesano
Riano
Stazzano
Civitella
Percile
Licenza
Vigna di Valle
Formello
M. Aguzzo
Monterotondo Scalo
Cretone
Castelchiodato
Palombara Sabina
M. Gennaro
Roccagiovine
Riofreddo
Cineto Romano
Osteria Nuova
Olgiata
Monterotondo
S. Angelo Romano
S. Giovanni in Argentella
Marcellina
M. Morra
Mandela
Vicovaro
Veio
Isola Farnese
Mentana
Montecelio
Sta Maria di Galeria
Prima Porta
Settebagni
Torre Lupara
Guidonia
S. Polo dei Cavalieri
Saracinesco
Sambuci
Tragliata
La Giustiniana
G.R.A.
Bagni di Tivoli
Tivoli
Castel Madama
Ciciliano
Ottavia
Monte Sacro
Settecamini
Villa Adriana
Pso d. Fortuna
Torrevecchia
Monte Mario
Lunghezza
S. Gregorio da Sassola
M. Cerella
Monti Tiburtini
Monti Sabini
Monti Sabatini
VIA FLAMINIA
VIA CASSIA
VIA SALARIA
VIA TIBURTINA VALERIA
A1
S 3
S 4
S 79
R 2
R 3
S 313
P 315
R 578
R 79
R 314
P 311
S 675
S 204
S 205
S 209
S 5
P 636
A 24

52
21
22
Amatrice
L. di Scandarello
Campotosto
Lago di Campotosto
Parco Nazionale
Gran Sasso d'Italia
Campo Imperatore
Corno Grande
Corno Piccolo
Prati di Tivo
Isola del Gr. Sasso d'It.
Montorio al Vomano
Tossicia
Fano Adriano
Pietracamela
Montereale
Capitignano
Cagnano Amiterno
Pizzoli
Arischia
Valico delle Capannelle
Assergi
Camarda
Paganica
L' Aquila
Coppito
Preturo
Sassa
Scoppito
Sella di Corno
Antrodoco
Borgo Velino
Terme di Cotilia
Rocca di Corno
Civitatomassa
Vigliano
Bazzano
Barisciano
Campo Felice
Rocca di Cambio
Rocca di Mezzo
Ovindoli
Celano
Monte Sirente
L. della Duchessa
M. Velino
Lago d. Salto
Fiumata
Petrella Salto
Borgorose
Torano
Tagliacozzo
Carsoli
Scurcola Marsicana
Magliano de' Marsi
Avezzano
Paterno
Pescina
Collarmele
Forca Caruso
Trasacco
Capistrello
Fucino
Civitella Roveto
Subiaco
S. Benedetto
Arsoli
Oricola
Pereto
Rocca di Botte
Cappadocia
Castellafiume
Centro telespaziale
Ortucchio
Gioia dei Marsi
Aschi Alto
Ortona dei Marsi
S. Benedetto dei Marsi
Castelvecchio Subequo
Gagliano Aterno
Goriano Valli
Acciano
Secinaro
Navelli
Capestrano
S. Pio delle Camere
Caporciano
Prata d'Ansidonia
Fontecchio
Tione d. Abruzzi
Villa S. Angelo
S. Demetrio ne' Vestini
Fossa
Poggio Picenze
Santo Stefano di Sessanio
Calascio
Castel del Monte
Rocca Calascio
Fonte Cerreto
60
63
64

0 5 10 15 20 km
24
53
Notaresco
Montepagano
Canzano
Guardia
Scerne
Pineto
S. Clemente al V.
Casoli
Riserva Naturale dei Calanchi
Fontanelle
Villa Vomano
Penna S. Andrea
Basciano
Cellino Attanasio
Cermignano
Atri (442)
Mutignano
Silvi Alta
Silvi Marina
S. M. di Ronzano
Villa Bozza
Montefino
Castel Castagna
Bisenti
Castilenti
Montesilvano Marina
Colledara
S. Giovanni al Mavone
Castiglione Messer Raimondo
Elice
Cipressi
Città S. Angelo (320)
Colledoro
Arsita
Palombara
Fino
PESCARA
Roccafinadamo
Picciano
Cappelle sul Tavo
Spoltore
Cupoli
Collecorvino
Penne
Loreto Aprutino
Caprara d'Abruzzo
Farindola
Tavo
L. di Penne
Moscufo
S. M. del Lago
Silvestro
Francavilla al Mare
Fonte Vetica
Imperatore
Montebello di Bertona
Pianella
S. Angelo
Cerratina
Sambuceto
S. Giovanni Teatino
Split
Vestea (592)
Villanova
Torrevecchia Teatina
Lido Riccio
Ortona
Vado di Sole
Sasso
Castel del Monte
Villa Celiera
Civitella Casanova
Cepagatti
Villareia
Ripa Teatina
Miglianico
Aquilano
Chieti
Tollo
Villa Sta Lucia d. Abr.
Carpineto d. Nora
Catignano
Nocciano
Villa Oliveti
Villa S. Giovanni
Rosciano
Villamagna
Giuliano Teatino
Villa Grande
S. Leonardo
Ofena
Vicoli
Civitaquana
Calascio
Brittoli
Alanno
Mahoppello Scalo
Bucchianico
Vacri
Crecchio
Castelvecchio Calvisio
Cugnoli
Casalincontrada
Canosa Sannita
Villa Caldari
Carapelle Calvisio
Forca di Penne
Pietranico
Sta Maria Arabona
C. Spaccato
Ari
Arielli
Frisa
Treglio
Pio delle Camere
Capestrano
Corvara
Scafa
Manoppello
Serramonacesca
Foro
Poggiofiorito
Moro
Lanciano
Pescosansonesco
Pescara
Casacanditella
Civitaretenga
Torre de' Passeri
S. Valentino in Abr. Citeriore
Rocca-montepiano
Fara Filiorum Petri
Navelli
Collepietro
Castiglione a Casauria
S. Clemente a Cas.
Lettomanopello
Filetto
Orsogna
Castel Frentano
Mozzagrogna
Abbateggio
Roccamorice
Pretoro
Rapino
Guardiagrele
Succiano
Bussi s. Tirino
Bolognano
Tocco da Casauria
Passo Lanciano
Comino
Piano d. Fonti
Rizzacorno
S. Benedetto in Perillis
Musellaro
S. Tommaso
Sto Spirito
Pennapiedimonte
S. Eusanio del Sangro
Acciano
Salle Nuova
Caramanico Terme (700)
la Maielletta
Secinaro
Molina Aterno
Popoli
Mgne del Morrone
S. Vittorino
Guarenna
Parco Nazionale
Maiella
Palombaro
Vittorito
Roccacasale
S. Eufemia a Maiella
Casoli
S. Tomm
Aterno
Corfinio
M. Morrone
Perano
Castel di Ieri
S. Pelino
Roccacaramanico
Fara S. Martino
Altino
Archi
Raiano
Pratola Peligna
M. Amaro
Civitella Messer Raimondo
S. Angelo
Badia Morronese
Passo S. Leonardo
Roccascalegna
Goriano Sicoli
Marane
Aventino
Gessopalena
Bomba
Forca Caruso
Campo di Fano
Grotta del Cavallone
Lama dei Peligni
Prezza
Sulmona
Pacentro
Torricella Peligna
Carrito
Campo di Giove
Taranta Peligna
Fallascoso
Pennadomo
Cocullo
Bugnara
Lettopalena
Colledimacine
Iuvanum
Colledim
Introdacqua
Cansano
L. di Sangro
Anversa d. Abruzzi
Palena
Montenerodomo
Montebello s. Sangro
Pietraferrazza
Ortona dei Marsi
Pettorano sul Gizio
Villa Sta Maria
Monteferra
Aschi Alto
Fallo
Gioia dei Marsi
M. Genzana
Eremo di S. Antonio
Civitaluparella
Villalago
Frattura
Pizzoferrato
Quadri
Borrello
Roio del Sangro
Bisegna
Appennina
Rocca Pia
Valico d. Forchetta
Gamberale
Rosello
M. Argatone
L. di Scanno
Scanno
Pescocostanzo
Castel Fraiano
64
62

25
26
27
O
P
Q
Marina di S. Vito
S. Vito Chietino
Rocca Giovanni
S. Giovanni in Venere
Fossacesia Marina
Fossacesia
Torino di Sangro Marina
Lido di Casalbordino
Porto di Vasto
Torino di Sangro
Villalfonsina
Paglieta
Casalbordino
(203)
Pollutri
Scerni
S. Giacomo
Monteodorisio
Vasto
(144)
Marina di Vasto
S. Salvo Marina
Marina di Montenero
Cupello
S. Salvo
Petacciato Marina
Termoli
Atessa
(433)
Casalanguida
Gissi
Furci
Lentella
Carpineto Sinello
Guilmi
S. Buono
Fresagrandinaria
Petacciato
S. Giacomo degli Schiavoni
Lido di Campomarino
Campomarino
Mafalda
Montenero di Bisacccia
(273)
Liscia
(740)
Montazzoli
(868)
Palmoli
Dogliola
Guglionesi
(369)
Portocannone
Clitemia Nuova
Marina
Carunchio
Tufillo
Tavenna
Montecilfone
S. Felice del Molise
Palata
Fraine
1390
Celenza s. Trigno
Montemitro
S. Martino
Sinello
Osento
Treste
Trigno
Sinarca
Biferno
Monti dei Frentani
A 14
E 55
S 16
S 86
S 650
S 87
S 154
S 364
S 524
S 652
P 163
P 168
P 161
65
66
109
31
32
22
28
24
16
19

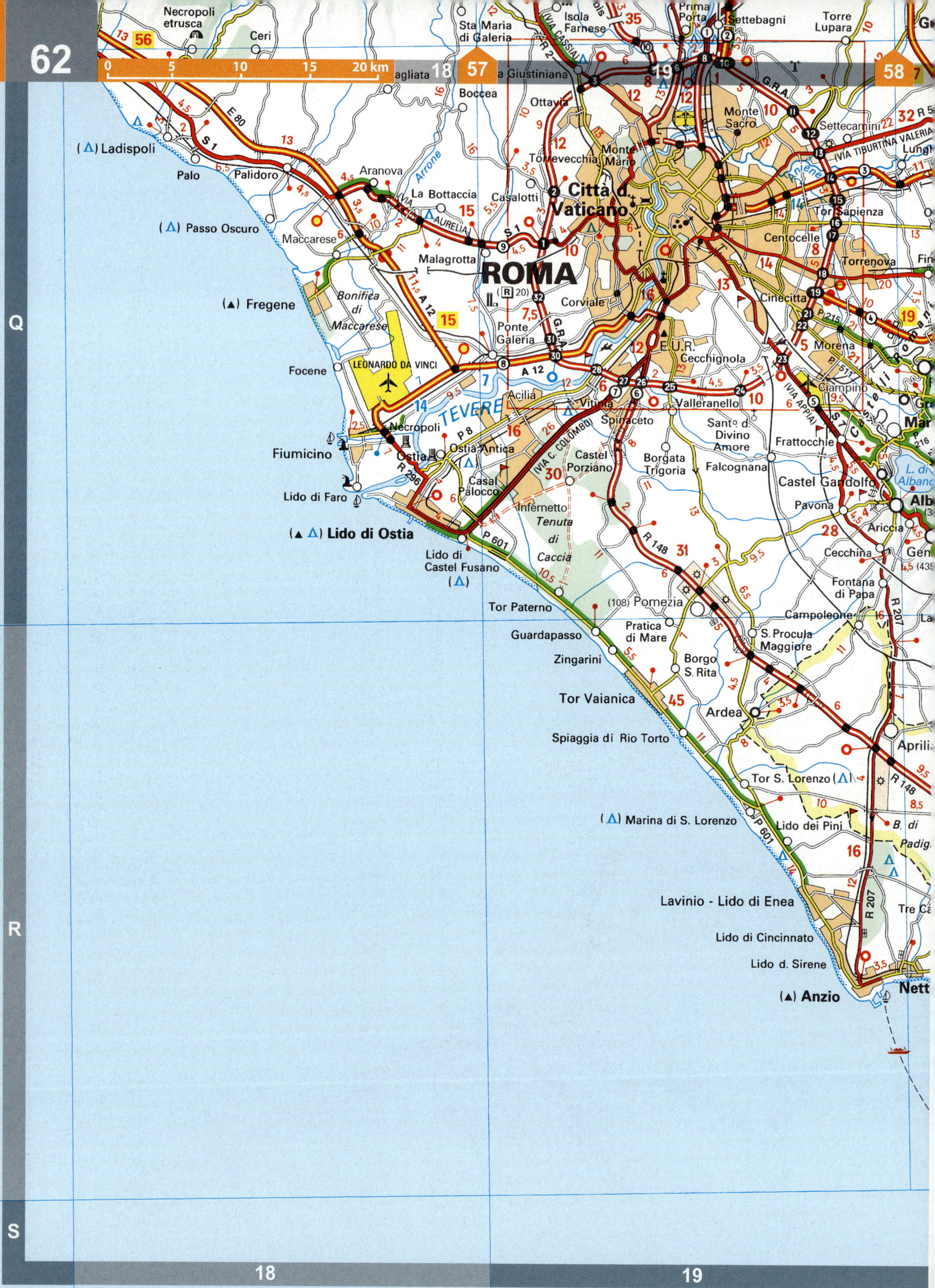

0 5 10 15 20 km
56
57
58
Q
R
S
18
19
Necropoli etrusca
Ceri
Sta Maria di Galeria
Isola Farnese
Prima Porta
Settebagni
Torre Lupara
Boccea
Ottavia
Monte Sacro
Settecamini
Ladispoli
Palo
Palidoro
Aranova
La Bottaccia
Casalotti
Torrevecchia
Monte Mario
Città d. Vaticano
Passo Oscuro
Maccarese
Malagrotta
ROMA
Tor Sapienza
Centocelle
Torrenova
Fregene
Bonifica di Maccarese
Corviale
Ponte Galeria
Cinecittà
Morena
E.U.R.
Cecchignola
LEONARDO DA VINCI
Focene
Acilia
Vitinia
Spinaceto
Valleranello
Ciampino
TEVERE
Necropoli
Fiumicino
Ostia Antica
Castel Porziano
Borgata Trigoria
Santo d. Divino Amore
Frattocchie
Falcognana
Castel Gandolfo
Albano
Lido di Faro
Casal Palocco
Infernetto
Tenuta di Caccia
Pavona
Ariccia
Lido di Ostia
Lido di Castel Fusano
Cecchina
Fontana di Papa
Tor Paterno
Pomezia
Pratica di Mare
Campoleone
Guardapasso
S. Procula Maggiore
Zingarini
Borgo S. Rita
Tor Vaianica
Ardea
Spiaggia di Rio Torto
Aprilia
Tor S. Lorenzo
Marina di S. Lorenzo
Lido dei Pini
Lavinio - Lido di Enea
Lido di Cincinnato
Lido d. Sirene
Anzio
Nett
E 80
S 1
A 12
G.R.A.
VIA AURELIA
VIA CASSIA
VIA TIBURTINA VALERIA
VIA APPIA
VIA C. COLOMBO
P 601
P 8
R 296
R 148
R 207

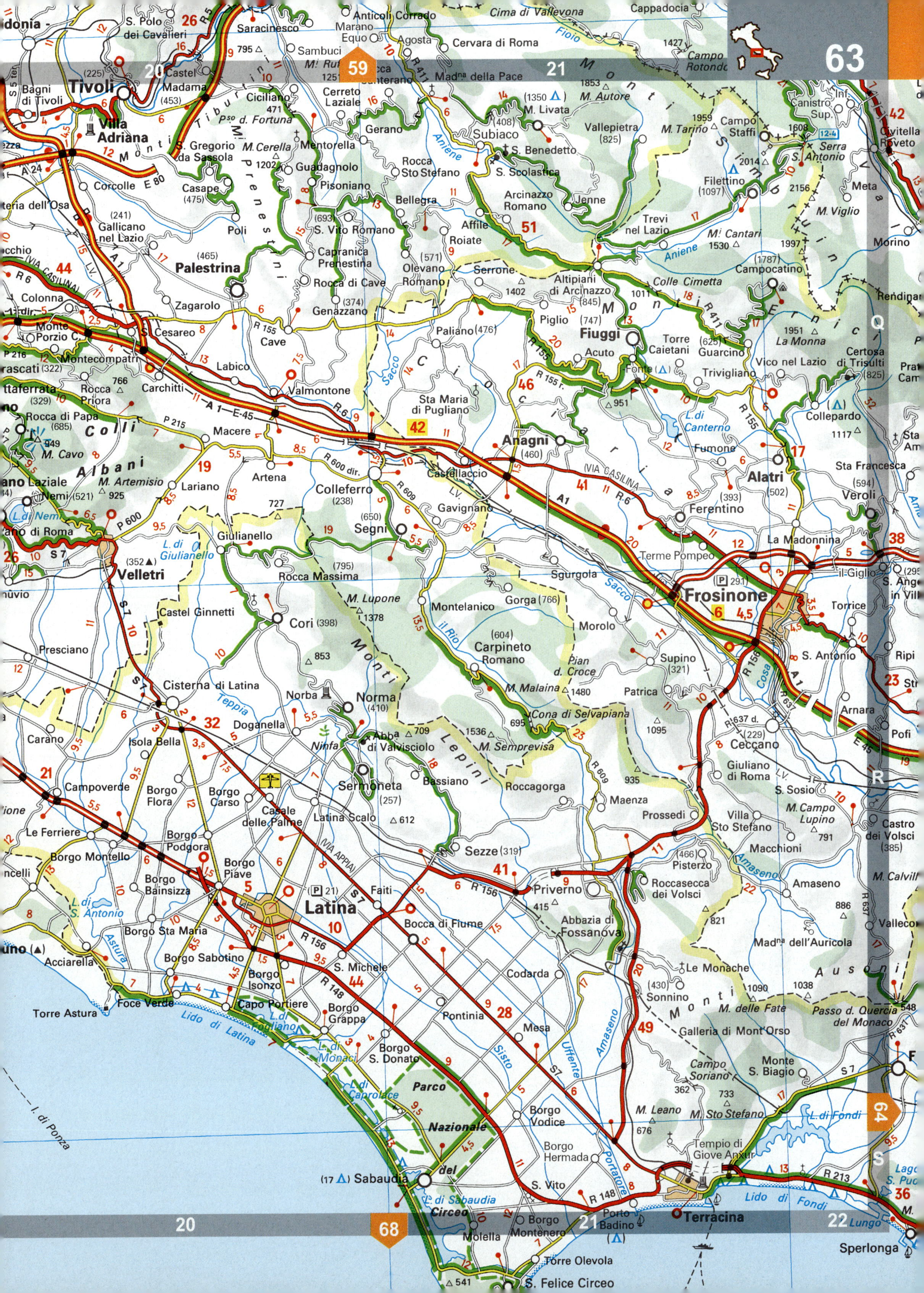
Tivoli
Bagni di Tivoli
Villa Adriana
S. Polo dei Cavalieri
Saracinesco
Anticoli Corrado
Marano Equo
Agosta
Cervara di Roma
Cima di Vallevona
Cappadocia
Campo Rotondo
Castel Madama
Sambuci
Ciciliano
Cerreto Laziale
Madna della Pace
Canterano
Pso d. Fortuna
Gerano
Subiaco
M. Livata
M. Autore
Vallepietra
M. Tarino
Campo Staffi
Canistro Sup.
Civitella Roveto
S. Benedetto
S. Scolastica
Rocca Sto Stefano
Bellegra
Jenne
Filettino
Serra S. Antonio
Meta
M. Viglio
Morino
S. Gregorio da Sassola
M. Cerella
Mentorella
Guadagnolo
Pisoniano
Corcolle
Casape
Poli
Gallicano nel Lazio
S. Vito Romano
Capranica Prenestina
Rocca di Cave
Genazzano
Olevano Romano
Roiate
Affile
Arcinazzo Romano
Trevi nel Lazio
Mi Cantari
Campocatino
Palestrina
Zagarolo
S. Cesareo
Colonna
Monte Porzio C.
Montecompatri
Frascati
Rocca Priora
Grottaferrata
Rocca di Papa
M. Cavo
Colli Albani
Nemi
Lanuvio
M. Artemisio
Labico
Valmontone
Cave
Serrone
Altipiani di Arcinazzo
Colle Cimetta
Piglio
Fiuggi
Acuto
Paliano
Torre Caietani
Guarcino
Vico nel Lazio
Certosa di Trisulti
Trivigliano
Fonte
La Monna
Collepardo
Rendinara
Carchitti
Macere
Artena
Lariano
Colleferro
Segni
Sta Maria di Pugliano
Anagni
Castellaccio
Gavignano
L. di Canterno
Fumone
Alatri
Veroli
Sta Francesca
Ferentino
La Madonnina
Il Giglio
Velletri
Giulianello
L. di Giulianello
Rocca Massima
M. Lupone
Montelanico
Sgurgola
Gorga
Morolo
Terme Pompeo
Frosinone
Torrice
S. Antonio
Ripi
Cori
Castel Ginnetti
Presciano
Carpineto Romano
Pian d. Croce
M. Malaina
Supino
Patrica
Cisterna di Latina
Teppia
Norba
Norma
Ninfa
Doganella
Abbazia di Valvisciolo
Cona di Selvapiana
M. Semprevisa
Monti Lepini
Ceccano
Arnara
Pofi
Giuliano di Roma
Carano
Isola Bella
Campoverde
Borgo Flora
Borgo Carso
Sermoneta
Bassiano
Roccagorga
Maenza
Prossedi
Villa Sto Stefano
S. Sosio
M. Campo Lupino
Castro dei Volsci
Le Ferriere
Borgo Podgora
Casale delle Palme
Latina Scalo
Borgo Montello
Borgo Bainsizza
Borgo Piave
Sezze
Pisterzo
Roccasecca dei Volsci
Macchioni
Amaseno
M. Calvilli
Latina
Faiti
Bocca di Fiume
Priverno
Abbazia di Fossanova
Vallecorsa
L. di S. Antonio
Borgo Sta Maria
Borgo Sabotino
Borgo Isonzo
S. Michele
Codarda
Le Monache
Madna dell'Auricola
Acciarella
Torre Astura
Foce Verde
Capo Portiere
Lido di Latina
L. di Fogliano
Borgo Grappa
Pontinia
Sonnino
Monti Ausoni
M. delle Fate
Passo d. Quercia del Monaco
Galleria di Mont'Orso
L. dei Monaci
Borgo S. Donato
Mesa
Campo Soriano
Monte S. Biagio
L. di Caprolace
Parco Nazionale del Circeo
Borgo Vodice
M. Leano
M. Sto Stefano
L. di Fondi
Borgo Hermada
Tempio di Giove Anxur
Sabaudia
L. di Sabaudia
S. Vito
Terracina
Lido di Fondi
Borgo Montenero
Porto Badino
Molella
Torre Olevola
S. Felice Circeo
Sperlonga
I. di Ponza
Aniene
Sacco
Cosa
Amaseno
Ufente
Sisto
Portatore
Astura
A1
A24
E 80
E 45
S7
R 148
R 156
59
64
68
20
21
22
Q
R
S

0 5 10 15 20 km
Fucino
Centro telespaziale
Trasacco
Venere
Ortona dei Marsi
Aschi Alto
Lecce nei Marsi
Civitella Roveto
Mad^na Candelecchia
M. Alto
Collelongo
La Guardia
Forchetta Morrea
Civita d'Antino
Morino
Villavallelonga
Passo del Diavolo
M. Fontecchia
M. Marcolano
Serra Lunga
S. Vincenzo V. Roveto Sup.
S. Vincenzo V. Rov.
Balsorano
Balsorano Vecchio
Rendinara
Roccavivi
Pizzo Deta
Prato di Campoli
Certosa di Trisulti
Parco Nazionale d'Abruzzo
Pescasseroli
M. Cornacchia
Ridotti
S. Vincenzo
M. Tranquillo
Forca d'Acero
Opi
Villetta Barrea
Lago di Barrea
Barrea
Civitella Alfedena
Sangro
Scontrone
Alfedena
Colle d. Croce
M. Petroso
Monti della Meta
La Meta
Montenero Val Cocchiara
Bisegna
Montagna Grande
Villalago
Appennini
M. Argatone
L. di Scanno
Scanno
M. Rotondo
Mimola
Frattura
M. Genzana
Pettorano sul Gizio
Eremo di S. Antonio
M. Rotella
Rocca Pia
Piano delle Cinquemiglia
Pescocostanzo
Rivisondoli
Roccaraso
M. Pratello
M. Zurrone
Aremogna
Toppe del Tesoro
Castel di Sangro
M. Greco
Montagnola
M. Marsicano
Sora
Pescosolido
Campoli Appennino
Lago Fibreno
Posta Fibreno
S. Donato Val di Comino
Veroli
Fontanafratta
Scifelli
Castelliri
Isola d. Liri
Carnello
Vicalvi
Alvito
Mad^na di Canneto
Settefrati
Abbª di Casamari
Boville Ernica
S. Angelo in Villa
Anitrella
Monte S. Giovanni Campano
Arpino
Fontechiari
Civitavecchia
Roselli
Casalvieri
Gallinaro
Settignano
Rosanisco
Atina
Picinisco
Le Mainarde
M. Cavallo
S. Biagio Saracinisco
Pizzone
S. Vincenzo al Volturno
Castel S. Vincenzo
Castelnuovo al Volturno
Rocchetta-Nuova
Scapoli
Colli a Volturno
Cerasuolo
Torrice
Ripi
Strangolagalli
Fontana Liri
Arce
Santopadre
Casalattico
Villa Latina
Vallegrande
Cardito
Fraioli
Belmonte Castello
Valvori
M. Monna Casale
Casalcassinese
Montaquila
Filignano
Arnara
Pofi
Ceprano
Colle Alto
Villafelice
Roccasecca
Colle S. Magno
Terelle
M. Cairo
Vallerotonda
Acquafondata
Passo di Serre
Roccaravindola
Isoletta
Sacco
Melfa
Castrocielo
Villa Sta Lucia
Caira
S. Elia Fiumerapido
Viticuso
Pozzilli
Castro dei Volsci
Falvaterra
L. di S. Giovanni Incarico
S. Giovanni Incarico
Grotte di Pastena
Piedimonte Alta
Aquino
Abbª di Montecassino
Cassino
Forcella di Cervaro
Conca Casale
Venafro
Cervaro
Piedimonte S. Germano
M. Calvilli
Pastena
Pontecorvo
S. Vittore del Lazio
S. Pietro Infine
Vallecorsa
Pico
Pignataro Interamna
S. Angelo in Theodice
Taverna
P^so Annunziata Lunga
Sesto Campano
S. Oliva
Liri
Gari
S. Apollinare
Mignano Monte Lungo
Presenzano
Lenola
La Taverna
S. Onofrio
Monticelli
S. Giorgio a Liri
S. Ambrogio sul Garigliano
Rocca d'Evandro
Passo d. Quercia del Monaco
Campodimele
S. Pietro in Curolis
Esperia
Galluccio
Ausoni
Fondi
Selvacava
Ausonia
Vallemaio
S. Andrea di Gar.
Tora
Monti Aurunci
Sta Maria del Plano
Coreno Ausonio
S. Clemente
Piccilli
Conca di C.
Mad^na d. Civita
M. Petrella
Spigno Saturnia Sup.
Sipicciano
Sta Maria d. Lattani
Marzano Appio
M. Grande
M. Ruazzo
M. S. Angelo
Terme di Suio
M. Sta Croce
Caianello
Lago S. Puoto
Itri
Maranola
Castellonorato
Spigno Saturnia
Santi Cosma e Damiano
Castelforte
Poza
Versano
Roccamonfina
Sta Maria Infante
Corigliano
Lorenzo
M. Lauzo
M. Cefalo
Formia
Minturno
Ponte
Preta
Teano
L. Lungo
Sperlonga
Grotta di Tiberio
Tomba di Cicerone
S. Croce
Scauri
Garigliano
Lauro
Sessa Aurunca
Casi
Marina di Minturno
Minturnae
Cupa
Cascano
S. Marco
Montanaro
Gaeta
VIA APPIA
VIA CASILINA
A1
E45
R6
S7
S6
Q
R
S

60
63
68
69

60
61
69
70
99
24
25
26
Montenerodomo
S. Sangro
Villa Sta Maria
Pietraferrazzana
Monteferrante
Monti dei Frentani
Fresagrandinaria
Mafalda
Civitaluparella
Pizzoferrato
Quadri
Borrello
Roio del Sangro
Montazzoli
Roccaspinalveti
Liscia
Palmoli
Dogliola
Tufillo
Tavenna
Montecilfone
Palata
Gamberale
S. Angelo d. Pesco
Pescopennataro
Rosello
Castel Fraiano
Fraine
Carunchio
Celenza s. Trigno
Torrebruna
Castiglione Messer Marino
Madna di Canneto
S. Felice del Molise
Montemitro
Montefalcone nel Sannio
Acquaviva Collecroce
S. Antonio
M. Secine
Ateleta
Castel del Giudice
Capracotta
M. Campo
Belmonte del Sannio
S. Giovanni Lipioni
Castelguidone
Schiavi di Abruzzo
Roccavivara
M. Mauro
Castelmauro
Lago del Liscione
Larino
Guardialfiera
Agnone
Villa Canale
Verrino
M. Capraro
Vastogirardi
Pietri Avellana
Trigno
Poggio Sannita
Castelverrino
Trivento
Civitacampomarano
Lupara
C. Marasca
Casacalenda
Castelbottaccio
Morrone del Sannio
Provvidenti
M. Pagano
Cerreto
Pietrabbondante
Area Sacra
Salcito
Lucito
S. Biase
Castiglione
Montalto
Rionero Sannitico
Carovilli
Roccasicura
S. Andrea
Chiauci
Bagnoli del Trigno
Pietracupa
S. Angelo Limosano
Petrella Tifernina
Castellino del Biferno
Ripabottoni
Limosano
Fossalto
Forlì del Sannio
Vandra
Pescolanciano
Civitanova del Sannio
Duronia
Torella del Sannio
Biferno
Montagano
Sta Maria della Strada
Campolieto
S. Elia a Pianisi
Acquaviva d'Isernia
Miranda
Sessano del Molise
Molise
Castropignano
Ripalimosani
Matrice
Monacilioni
Castelromano
Pesche
C. dell'Orso
Acquevive
Sto Stefano
S. Giovanni in Galdo
Fornelli
Isernia
Frosolone
S. Pietro in Valle
Oratino
Toro
Pietracatella
Carpinone
Casalciprano
Campobasso
Campodipietra
Macchia d'Isernia
Castelpetroso
S. Elena Sannita
Pettoranello del Molise
Pastena
Macchiagodena
Piana
Busso
Ferrazzano
Tappino
Jelsi
S. Agapito
Santo d. Addolorata
Spinete
Baranello
Mirabello Sannitico
Gildone
Longano
Cantalupo nel Sannio
Colle d'Anchise
Vinchiaturo
Monti del Sannio
Monteroduni
Castelpizzuto
S. Massimo
Riccia
Vallelunga
Roccamandolfi
Bojano
S. Giuliano del Sannio
Cercemaggiore
Gallo
Monti del Matese
Campitello Matese
S. Polo Matese
Cercepiccola
Letino
Fontegreca
M. Miletto
Campochiaro
Guardiaregia
Tammaro
Altilia Saepinum
Vado Mistongo
Sella
Prata Sannita
M. Lanara
Lago del Matese
Valle Agricola
La Palazzina
Sella d. Perrone
Sepino
Sta Croce del Sannio
Castelpagano
Pratella
Pso di Miralago
M. Mutria
Passo Sta Crocella
Sta Lucia
Ailano
S. Gregorio M.
Bocca della Selva
Sassinoro
Circello
Colle Sannita
Raviscanina
S. Angelo d'Alife
Piedimonte Matese
Sta Maria Occorrevole
Cusano Mutri
Pietraroja
Cuffiano
Quattroventi
S. Potito Sannitico
Morcone
Pietravairano
Volturno
Alife
Calvisi
M. Erbano
S. Felice
Baia
Civitella Licinio
Campolattaro
Latina
Gioia Sannitica
Faicchio
Cerreto Sanntta
Pontelandolfo
Fragneto l'Abate
Pietramelara
Dragoni
S. Lorenzello
Guardia Sanframondi
S. Lupo
Casalduni
Fragneto Monforte
Roccaromana
Alvignano
S. Salvatore Telesino
S. Lorenzo Magg.
Ponte
Pesco Sannita
Riardo
Rocchetta
Castelvenere
Puglianello
M. Maggiore
Liberi
Ruviano
Calvi Risorta
Giano Vetusto
Formicola
Castel di Sasso
Telesia
Telese
Amorosi
Paupisi
Calvi Vecchia

0 5 10 15 20 km
27
28
I. Capraia
I. S. Nicola
S. Domino
Sta Maria a Mare
I. S. Domino
Isole Tremiti
A
B
C
Montenero
Petacciato Marina
Termoli
61
Lido di Campomarino
S. Giacomo degli Schiavoni
Campomarino
Marina di Chieuti
Guglionesi
Portocannone
Cliternia Nuova
A 14- E 55
S 16
Pta Pietre Nere
Marina di Lesina
Cornone
Torre Mileto
Lido di Torre Mileto
Lago di Lesina
Lesina
Casa Caniglia di Sotto
Santo S. Nazario
Biferno
S. Martino in Pensilis
Ripalta
Chieuti
Poggio Imperiale
Fortore
Larino
Lago del Liscione
Ururi
Serracapriola
Pte di Civitate
Passo di Ingarano
Apricena
Staz. di Apricena
Saccione
Cigno
Candelaro
Rotello
Montorio nei Frentani
Montelongo
Mass. Piscicelli
S. Paolo di Civitate
Staz. di S. Marco in Lamis
Santo d. Madre di Stignano
Bonefro
Sta Croce di Magliano
Mass. la Marchesa
Torremaggiore
S. Severo
S. Matteo
Rignano Garganico
S. Giuliano di Puglia
Ponte del Porco
Colletorto
Mass. Vallevona
65
S. Elia a Pianisi
Casalnuovo Monterotaro
Mass. Petrulli
Ponte Sta Giusta
Masseria Monaco Cappelli
Triolo
Sta Maria
Canale
Mass. Stilla
Masseria Visciglieto
Macchia Valf.
Carlantino
Lago di Occhito
Casalvecchio di Puglia
Castelnuovo d. Daunia
Celenza Valfortore
M. Miano
Monti della Daunia
La Motticella
Mass. Parisa
Palmori
Duanera la Rocca
Pietracatella
Pietramontecorvino
La Marchesa
S. Marco la Catola
M. Sambuco
Lucera
Ponte 13 Archi
Motta Montecorvino
Carignano
Gambatesa
Volturara Appula
Volturino
Tufara
FOGGIA
Salsola
Mass. Mezzana Grde
Pte di Troia
Borgo S. Giusto
Castelvetere in Val Fortore
Tertiveri
Alberona
Vulgano
Sella Canale
S. Bartolomeo in Galdo
M. Pagliarone
26
70
71
Decorata
Baselice
Biccari
Tavernazza
Borgo Segezia
Troia
Lorenzo

Peschici
Manacore
Rodi Garganico
S. Menaio
Lido del Sole
Foce di Varano
Capoiale
L'Isola
M. d'Elio
Lago di Varano
S. Nicola Varano
Bagno
Cagnano Varano
Ischitella
Vico del Gargano
Carpino
Casa Forestale
Foresta Umbra
Gargano
Promontorio del Gargano
Sta Ma di Merino
I. la Chianca
Spiaggia Scialmarino
Faro di S. Eufemia
Vieste
Spiaggia del Castello
Lido di Portonuovo
Gattarella
Testa del Gargano
Baia di Campi
Portogreco
Pugnochiuso
Baia dei Gabbiani
Grotta Campana Grande
Baia delle Zagare
Mattinatella
M. Nicola
Valico di Lupo
M. Sacro
M. Spigno
M. Coppa Ferrata
M. Calvo
Montenero
S. Marco in Lamis
S. Matteo in Lamis
S. Giovanni Rotondo
Mattinata
Pto di Mattinata
Pta Rossa
Monte S. Angelo
Ruggiano
Tomaiolo
Santo di Pulsano
Coppa d. Macchia
S. Salvatore
Bgo Celano
L'Annunziata
Madonna di Cristo
Mass. Torre Varcaro
Manfredonia
Lido di Siponto
Sta Maria di S.
Ponte di Ciccalento
Mass. Russo
Candelaro
Mass. Polluce
Mass. S. Chirico
Mass. Candelaro
S. Leonardo di S.
Celone
Villaggio Amendola
Staz. di Candelaro
Amendola
Scalo dei Saraceni
Ippocampo
Azienda Beccarini
Lido di Rivoli
Cervaro
Tavernola
Macchia Rotonda
Sette Poste
Zapponeta
Mass. Inacquata
Borgo Mezzanone
Carapelle
La Pescia
Tressanti
Montaltino
Torre Pietra
Saline
Margherita di Savoia
Foce dell'Ofanto
Lupara
Trinitapoli
Incoronata
Santo d. Incoronata
GOLFO DI MANFREDONIA

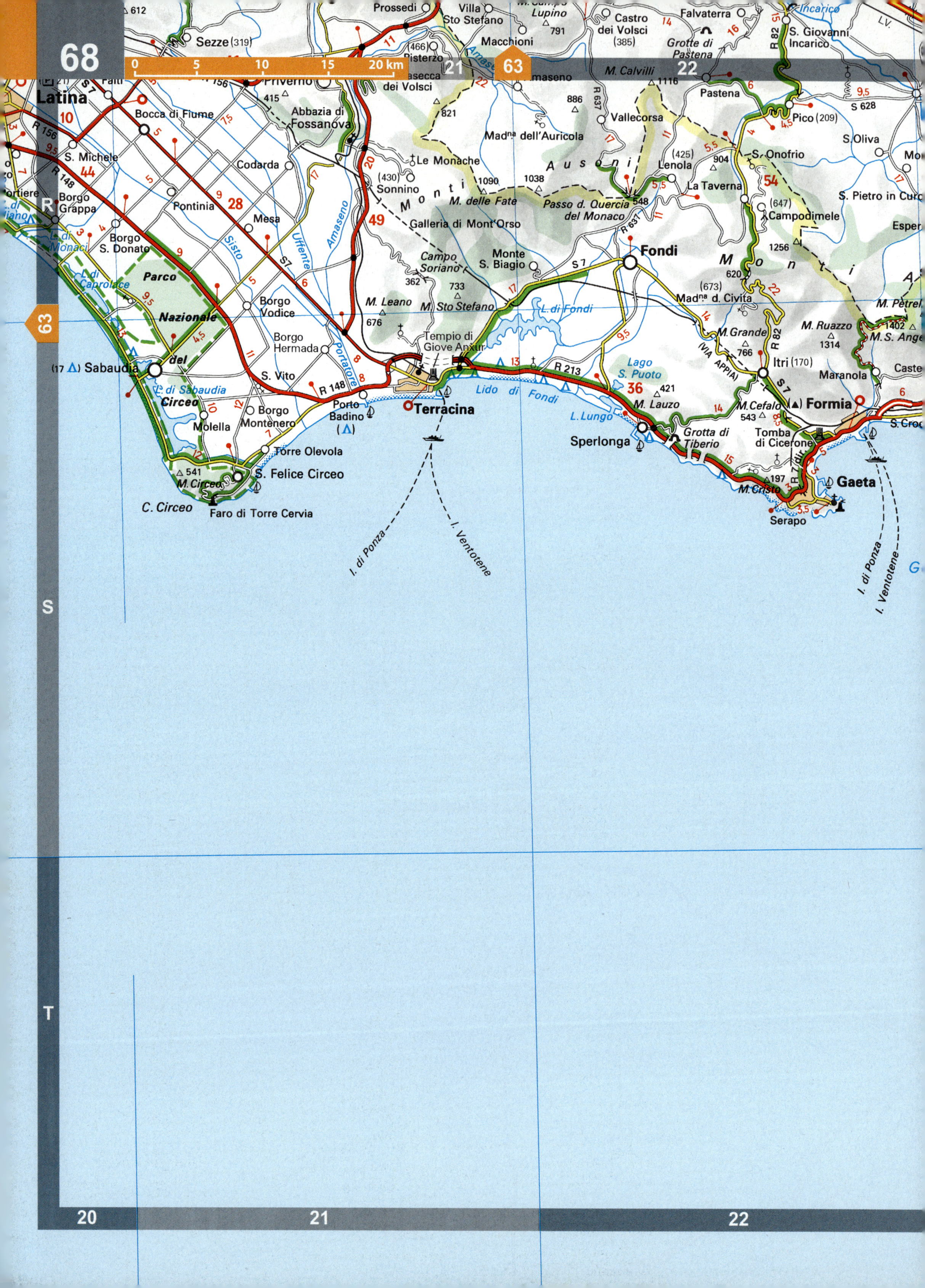
0 5 10 15 20 km
63
Latina
Sezze (319)
Priverno
Bocca di Fiume
Abbazia di Fossanova
Prossedi
Villa Sto Stefano
Macchioni
Pisterzo
Roccasecca dei Volsci
Amaseno
Castro dei Volsci
Falvaterra
Grotte di Pastena
Pastena
S. Giovanni Incarico
Incarico
M. Calvilli
Vallecorsa
Madna dell'Auricola
Pico (209)
S. Oliva
S. Onofrio
Lenola
La Taverna
Campodimele
S. Pietro in Curolis
Le Monache
Sonnino
Monti Ausoni
M. delle Fate
Passo d. Quercia del Monaco
Galleria di Mont'Orso
Fondi
Campo Soriano
Monte S. Biagio
M. Leano
M. Sto Stefano
L. di Fondi
Madna d. Civita
Monti Aurunci
M. Grande
Itri (170)
M. Ruazzo
M. Petrella
M.S. Angelo
Maranola
Formia
S. Michele
Borgo Grappa
Pontinia
Codarda
Mesa
Sisto
Ufente
Amaseno
Borgo S. Donato
L. di Monaci
L. di Caprolace
Parco Nazionale del Circeo
Borgo Vodice
Borgo Hermada
Portatore
Tempio di Giove Anxur
Sabaudia
L. di Sabaudia
S. Vito
Porto Badino
Terracina
Lido di Fondi
Lago S. Puoto
M. Lauzo
L. Lungo
Sperlonga
Grotta di Tiberio
M. Cefalo
Tomba di Cicerone
Borgo Montenero
Molella
Torre Olevola
S. Felice Circeo
M. Circeo
C. Circeo
Faro di Torre Cervia
M. Cristo
Gaeta
Serapo
I. di Ponza
I. Ventotene
R
S
T
20
21
22

Cassino
Piedimonte S. Germano
Aquino
Cervaro
S. Vittore del Lazio
Venafro
Capriati a Volturno
Gallo
Letino
Fontegreca
Ciorlano
Pontecorvo
Pignataro Interamna
S. Angelo in Theodice
Taverna
S. Pietro Infine
Pso Annunziata Lunga
Sesto Campano
Baraccone
Prata Sannita
Valle Agricola
M. Lanara
M. Miletto
Lago del Matese
La Palazzina
Pso di Miralago
Liri
Gari
Mignano Monte Lungo
S. Apollinare
S. Giorgio a Liri
S. Ambrogio sul Garigliano
Rocca d'Evandro
Presenzano
Pratella
Ailano
Raviscanina
S. Gregorio M.
S. Angelo d'Alife
Piedimonte Matese
Sta Maria Occorrevole
S. Potito Sannitico
Tavernole
Selvacava
Ausonia
Vallemaio
S. Andrea di Gar.
Galluccio
Tora
Vairano Patenora
Quattroventi
Pietravairano
Volturno
Alife
Maria del Plano
Coreno Ausonio
S. Clemente
Piccilli
Conca di C.
Vairano Scalo
S. Felice
Baia
Spigno Saturnia Sup.
Sipicciano
Marzano Appio
Sta Maria d. Lattani
Terme di Suio
Castelforte
M. Sta Croce
Caianello
Versano
Poza
Latina
Dragoni
Gioia Sannitica
Spigno Saturnia
Santi Cosma e Damiano
Roccamonfina
Pietramelara
Roccaromana
Alvignano
Sta Maria Infante
Corigliano
S. Lorenzo
Ponte
Preta
Casi
Teano
Riardo
Minturno
Lauro
Garigliano
Rocchetta
M. Maggiore
Liberi
Scauri
Sessa Aurunca
Cupa
Calvi Risorta
S. Marco
Giano Vetusto
Formicola
Castel di Sasso
Ruviano
Marina di Minturno
Minturnae
(VIA APPIA)
Cascano
Sto Ianni
Montanaro
Calvi Vecchia
Pontelatone
Villa Sta Croce
Sparanise
Pignataro Magg.
Cales
Baia Domizia
Cellole
Piedimonte Massicano
Carinola
Francolise
Pastorano
Vitulazio
Piana di M. Verna
Caiazzo
Golfo di Gaeta
Falciano del Massico
M. Massico
Nocelleto
Bellona
Biancano
Ciamprisco
S. Andrea
Limatola
Le Vagnole
Sto Iorio
S. Angelo in formis
Castel Morrone
Capua
Brezza
Caserta Vecchia
Mondragone
Sta Maria Capua Vetere
Casagiove
S. Prisco
Caserta
Grazzanise
Sta Maria la Fossa
Cancello ed Arnone
S. Tammaro
S. Nicola la Strada
Carditello
Macerata
Portico
Caprodise
Regi Lagni
Marcianise
S. Marco Evangelista
Castel Volturno
Casal di Principe
Villa Literno
Villa di Briano
Casaluce
Pineta Grande
S. Cipriano d'Aversa
Frignano
Teverola
Trentola Ducenta
Aversa
Cesa
Orta di Atella
Carvano
Sta Maria a Pantano
Pineta Mare
Parete
S. Arpino
Acerra
S. Antimo
Frattamaggiore
Giugliano in Campania
Ischitella Lido
Afragola
L. di Patria
Liternum
Qualiano
Arzano
Casoria
Marina di Lago di Patria
Villaricca
Melito
Casalnuovo
Zaccaria
Marano di N.
Marina di Varcaturo
Capodimonte
Capodichino
Quarto
Pianura
Licola Mare
Camaldoli
Campi Flegrei
Cercola
Pollena
Cuma
Solfatara
S. Giovanni a T.
S. Sebastiano al Vesuvio
L. d'Averno
Agnano
S. Giorgio a Cremano
L. d. Fusaro
Posillipo
Portici
Baia
Herculanum
Ercolano
Pozzuoli
Torregaveta
NAPOLI
Olbia, Golfo Aranci
Palau
Monte di Procida
Bacoli
Marechiaro
Torre del Greco
Canale di Procida
I. di Nisida
Miseno
C. Miseno
Leopardi
Lacco Ameno
Casamicciola Terme
Procida
Isola di Procida
GOLFO
Torre Annunziata
M. Epomeo
Porto
Ponte
Castellammare

0 5 10 15 20 km
65
66
69
75
26
Lago del Matese
Sella d. Perrone
M. Mutria
Passo Sta Crocella
Bocca della Selva
Sta Maria Occorrevole
S. Potito Sannitico
Cusano Mutri
Pietraroja
Altilia Saepinum
Sepino
Sta Lucia
Sassinoro
Sta Croce del Sannio
Cercemaggiore
Cercepiccola
S. Giuliano del Sannio
Vado Mistongo
Sella Canale
Castelvetere in Val Fortore
S. Bartolomeo in Galdo
Decorata
Baselice
Castelpagano
Circello
Colle Sannita
Foiano di Val Fortore
Montefalcone di Val Fortore
Morcone
Cuffiano
S. Marco dei Cavoti
Molinara
Reino
Ginestra Schiavoni
Calvisi
M. Erbano
Gioia Sannitica
Civitella Licinio
Cerreto Sannita
Faicchio
S. Lorenzello
Guardia Sanframondi
Pontelandolfo
Campolattaro
Fragneto l'Abate
Bivio di Reino
S. Giorgio la Molara
Casalbore
Malvizza
S. Lupo
Casalduni
S. Lorenzo Maggiore
Fragneto Monforte
Pesco Sannita
Pago Veiano
Buonalbergo
Alvignano
S. Salvatore Telesino
Puglianello
Telesia
Telese
Castelvenere
Ponte
Pietrelcina
Ruviano
Sasso
Castel Campagnano
Amorosi
Calore
Paupisi
Solopaca
Vitulano
Torrecuso
S. Arcangelo Trimonte
Paduli
Montecalvo Irpino
Ariano Irpino
Caiazzo
Melizzano
Frasso Telesino
M. Camposauro
Foglianise
Benevento
S. Liberatore
Biancano
Cautano
Castelpoto
Apice
Bonito
Melito I. Vecchia
Melito Irpino
Limatola
Dugenta
Tocco Caudio
Campoli del M. Taburno
S. Vito
Castel Morrone
Ponte Biferchia
Faggiano
Apollosa
Castello del Lago
Grottaminarda
Caserta-Vecchia
S. Agata de' Goti
M. Taburno
Bucciano
Bonea
Maccabei
S. Nicola Manfredi
S. Giorgio d. Sannio
Pianopantano
Caserta
Valle di Madd.
Moiano
Montesarchio
S. Leucio del Sannio
Ceppaloni
Venticano
Passo di Mirabella
Aeclanum
Durazzano
Airola
(VIA APPIA)
Montefusco
Pietradefusi
Mirabella Eclano
Maddaloni
S. Nicola la Strada
Cervino
Sta Maria a Vico
Paolisi
Rotondi
Cassano
Arpaise
Chianche
Sta Paolina
Torre le Nocelle
Fontanarosa
Arienzo
Arpaia
Cervinara
S. Martino Valle Caudina
Roccabascerana
Tufo
Taurasi
S. Angelo all'Esca
S. Marco
S. Felice a Cancello
Pannarano
Altavilla Irpina
L'Annunziata
Montemiletto
Luogosano
Paternopoli
Cancello
S. Angelo
Roccarainola
Pietrastornina
Grottolella
Prata
Pratola Serra
Lapio
Villamaina
Mti d'Avella
S. Angelo a Scala
Montefalcione
S. Mango sul Calore
Cicciano
Avella
Camposano
Montefredane
Manocalzati
Candida
Castelvetere s. Calore
Acerra
Regi Lagni
Cimitile
Schiava
Baiano
Sant. di Montevergine
Ospedaletto d'Alpinolo
Chiusano di S. Domenico
Marigliano
Brusciano
Nola
Visciano
Mugnano d. Cardinale
Mercogliano
Parolise
Montemarano
Pomigliano d'A.
Vitulano
S. Paolo Bel Sito
Atripalda
Salza Irpina
Castello di Cisterna
Saviano
Liveri
Marzano di Nola
Monteforte I.
Avellino
Sto Stefano del Sole
Cassano I.
Casalnuovo
Lauro
Moschiano
Bellizzi I.
Aiello d. Sabato
Sta Lucia di S.
Volturara Irpina
Somma Ves.
S. Gennaro Vesuv.
Domicella
Contrada
S. Michele di S.
Serino
M. Terminio
Montella
S. Anastasia
Palma Campania
Quindici
Forino
Canale
Sala
S. Salvatore
Cercola
Pollena-Trocchia
Pizzo d'Alvano
Ottaviano
Sarno
Montoro Inf.
Solofra
Piano di Vertaglia
S. Sebastiano al Vesuvio
M. Somma
S. Giuseppe Vesuviano
Terzigno
Bracigliano
Torchiati
M. Raiam.
Ercolano
VESUVIO
Poggiomarino
Striano
S. Valentino Torio
Siano
Castel S. Giorgio
Mercato S. Severino
M. Mai
Capo Calvanico
Sabato
Boscotrecase
Boscoreale
Fisciano
Calvanico
M. Accellica
Torre del Greco
Pompei
Scafati
S. Marzano s. Sarno
Pagani
Nocera Inf.
Roccapiemonte
Penta
Gaiano
Curticelle
Sieti
Leopardi
Nocera Sup.
Baronissi
M. Raia
Torre Annunziata
Angri
Castiglione d. Genovesi
Giffoni S. Cas.
Giffoni V. Piana
Mercato
Castellammare
Corbara
S. Antonio Abate
Valico di Chiunzi
Cava
Sta Lucia
Pellezzano
Cipriano Picentino
S. Mango Piem.
Capitignano
Pezzano
Montecorvino Rovella

Mass. Mezzana Gr.de
P.te di Troia
Borgo S. Giusto
Tertiveri
Alberona
M. Pagliarone 1029
Biccari (450)
Borgo Segezia
Cervaro
Sant.o d. Incoronata
Incoronata
Carapelle
Tavernazza
Troia (439)
P.te Cervaro
Passo d'Orta
Orta Nova (69)
M. Cornacchia 1151
Castelluccio Valmaggiore
Faeto (820)
Celle di S. Vito
Giardinetto
Castelluccio dei Sauri (284)
Ponte Nuovo
Ordona
Mass. Paolillo
Stornara
M. S. Vito
Radogna
Orsara di Puglia (685)
Mass. Ferranti
Stornarella (151)
Cerignola (120)
S. Giovanni in Fonte
Sant.o di Valleverde
Bovino (646)
Palazzo d'Ascoli
Conte di Noia
Mass.
Pozzo Terraneo
Greci
Montaguto
Savignano Irpino
Panni
Deliceto
Corleto
M. Crispiniano 1105
Conv.to Consolazione
Ascoli Satriano (394)
Borgo Libertà
Mass. Torretta
S. Vito
Monteleone di Puglia (842)
Ciommarino
Accadia
Frugno
Bastia
Masseria il Pidocchio
L. di Capacciotti
S. Carlo
S. Leonardo
Moschella
Stradola
S. Agata di Puglia (790)
Candela (513)
Posta Fissa
Posta d. Camerelle
Zungoli
Anzano di Puglia (760)
Mass. Chieffo
Rocchetta S. Antonio (633)
Orneta
Villanova del Battista
M. Malara
Scampitella
Ponte S. Venere
Flumeri
S. Sossio B.
S. Nicola Baronia
Vallesaccarda
Trevico
Lacedonia
Castel Baronia
Oscata
Lavello (313)
Mass. Ginistra
L. del Rendina
Carife
Vallata
Bisaccia
Lago di S. Pietro
Monteverde
Melfi (531)
Sturno
Frigento
Mass. Tanga
Nuova Bisaccia
Aquilonia
Rapolla
Venosa (412)
M. Forcuso 899
Pietri
M. Mattina 918
M. Vulture 1326
Barile
Terme di S. Teodoro
Borgo le Taverne
Mass. Giurazzi
Monticchio Bagni
Abb.a S. Michele
Ginestra
Rocca S. Felice
Guardia L.
Morra De Sanctis
Mattinella
L. di Monticchio
Ripacandida
Torella dei L.
Andretta (840)
Mass. Vitamore
Rionero in Vulture (656)
S. Angelo dei Lombardi (870)
Calitri (530)
S. Andrea
Abb.a S. Guglielmo al Goleto
Sta Lucia
Cairano
Ofanto
Atella
Lioni
Lago di Conza
Conza d. Campania
Scalera
Serra Carriero 1048
Teora
Ruvo del Monte
Dragonetti
il Montagnone 1490
Sella di Conza
S. Andrea di Conza
Rapone
S. Fele
Bagnoli Irpino (654)
Materdomini
Castelnuovo di Conza
Pescopagano (954)
Filiano
Castel Lagopesole
Caposele
Santomenna
Passo d. Crocelle
S. Ilario
M. Calvello
Laviano
Castelgrande
Frusci
Possidente
Piano Laceno
Calabritto (480)
M. Cervialto 1809
M. Eremita 1579
M. Sta Croce 1407
Bella (670)
Bagni di S. Cataldo
M. Caruso
S. Angelo
Monte Boschetiello 1575
Muro Lucano (550)
Avigliano (916)
Quaglietta
Valva
Senerchia
Ruoti
S. Nicola
Colliano
Giuliano
M. Ogna 1361
M. Moio
Montenero 1142
Oliveto Citra
Baragiano

0 5 10 15 20 km
67
71
77
Torre Pietra
Margherita di Savoia
Foce dell'Ofanto
Trinitapoli
Lupara
Barletta
Mad.na di Sterpeto
Trani
Conv.to Sta Maria d.Colonna
Bisceglie
S. Ferdinando di Puglia
Canne
Montaltino
Mass. Ciminarella
Mass. S. Vincenzo
Cerignola
Le Torri
Pozzo Terraneo
Canosa di Puglia
Mad.na dei Miracoli
S. Salvatore
Andria
Casino di Monsignore
Sta Maria di Giano
Chianca
Mass. T.re di Bocca
Le Palombe
Montegrosso
Troianelli
M.to alla Disfida Barletta
Corato
Ruvo di Puglia
Mad.na di Ripalta
Mass. Torretta
Moschella
Crocifisso
Loconia
Cefalicchio
Mass. Coppe di Maltempo
Lamalunga
il Marziano
Mass. Cariati
Torre del Vento
Mass. Spagnoletti
Castel del Monte
Minervino Murge
Gaudiano
M. Scorzone
Mass. Piano del Monaco
Mass. Citulo
S. Magno
Mass. Ginistrelli
Lavello
Montemilone
M. Caccia
Mass. Giuncata
Mass. Nuova del Duca
Mass. Taverna Nuova
Mass. Modesti
Mass. Olivieri
Mass. Fornisono
Murgia di Serra Ficaia
Mass. Trullo
Cant.ra dell'Ulmeta
Mass. Trentangeli
Mass. Lupara
Spinazzola
Ponte Impiso
Mass. De Lorenzis
Venosa
Abb.a della Trinità
Mass. Epitaffio
Mass. Salomone
Poggiorsini
Gurlamanna
Palazzo S. Gervasio
Mass. Maiorana
Maschito
Mass. Oliveto
Mass. Civiello
Banzi
Genzano di Lucania
L. Genzano
L. di Serra del Corvo
Dolcecanto
Murgetta
Forenza
Gravina in Puglia
Mass. Pescarella
Serra Carriero
S. Zaccaria
Fiumarella
Taccone
Mass. Lama
Acerenza
L. di Acerenza
Bradano
M. Torretta
S. Giorgio
Oppido Lucano
Irsina
Serra d. Stella
S. Angelo
Pietragalla
Sta Maria d'Irsi
Basentello
Gravina di Picciano
Cancellara
S. Nicola
M. Verrutoli
Mad.na di Picciano
Tolve
Giuliano
Calle
Vaglio Basilicata
S. Chirico Nuovo
Grassano
Valico
Biliso
Locone
Ofanto
A 14-E 55
A 16-E 842
S 16
S 93
S 96
S 96bis
S 169
S 655
P 230
R 6
S 170dir. A
S 170 d.A
P 238
P 231
P 234
P 138
S 529
P 232

32
33
D
E
F
Kérkira, Kefallonia
Bar
Dubrovnik
Pátra
Durrës
Igoumenitsa
Molfetta
Giovinazzo
Sto Spirito
Palese
BARI
Pulo
Terlizzi
Bitonto
Sovereto
Modugno
Palombaio
Mariotto
Palo del Colle
Balsignano
Bitetto
Bitritto
Binetto
Grumo Appula
Toritto
Mass. Panfresco
Sannicandro di Bari
Carbonara di B.
Ceglie d. Campo
Loseto
Triggiano
Ognissanti
Capurso
Valenzano
Cellamare
Adelfia
S. Giorgio
Torre a Mare
Noicattaro
Rutigliano
Mola di Bari
Cozze
S. Vito
Polignano
Mass. Roberti
Conversano
Casino d'Erchia
Cozzana
Cristo Re
Triggianello
Casamassima
Turi
Cast. Marchione
Antonelli
Gorgofreddo
Castellana Grotte
Grotte di Castellana
Grotta di Putignano
Putignano
Sammichele di Bari
Acquaviva delle Fonti
Cassano d. Murge
Mass. Servedio
Madna di Mellitto
Quasano
Ceraso
Bgo dei Pini Mercadante
Foresta di Mercadante
il Pulo
M. Belvedere
Madna del Cammino
Altamura
Murgia Sgolgore
Mass. Cimino
Mass. Petrosino
M. Sannace
Mass. dell' Erba
M. Serio
Mass. Balsente
Noci
Alberobello
Gioia del Colle
Madonna d. Scala
Santeramo in Colle
Casal Sabini
Mass. Stasulli
Noce
Casino Eramo a Marzagaglia
Mass. Morea
Mass. Zippo
Mass. Piscinella
Mass. Sava
Mass. Jesce
Mass. Di Santo
Lebbrosario
M. Angiulli
Borgo Venusio
Masseria Viglione
Pizzoferro Monsignore
Mass. Monaci
Mass. Pandoro
S. Basilio
S. Francesco
M. Orsetti
Mass. Picco
Matera
Gravina
Masseria Torre Spagnola
Mass. Cangiulli
Mass. Tafuri
Madna d. Carmine
Mass. Del Vecchio
M. S. Elia
Chiese rupestri
VIA APPIA
La Martella
Laterza
Castellaneta
Mottola
Villaggio di Petruscio
Palagianello
Mass. Pizzoferro
Santo d. Madna d. Scala
Crispiano
Mass. Piovacca
A 14
E 55
S 16
S 96
S 100
S 172
S 7
S 271
S 99
P 231
P 235
P 236
P 237
P 239
P 240
P 377
A 14 - E 843
66
78
80

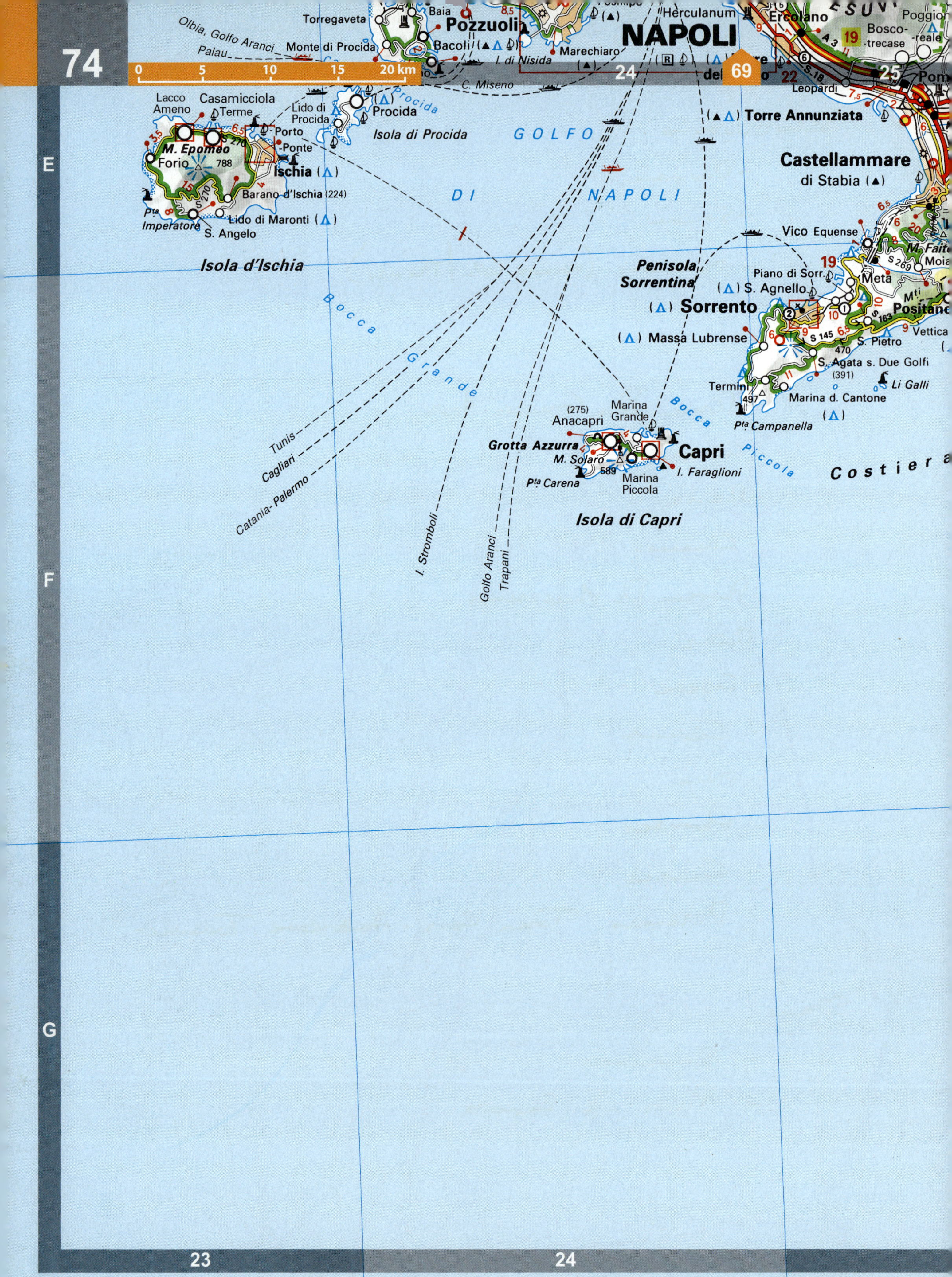
NAPOLI
Pozzuoli
Torregaveta
Baia
Bacoli
Monte di Procida
Olbia, Golfo Aranci
Palau
C. Miseno
I. di Nisida
Marechiaro
Herculanum
Ercolano
Boscotrecase
Leopardi
Torre Annunziata
Castellammare di Stabia
Procida
Lido di Procida
Isola di Procida
GOLFO DI NAPOLI
Lacco Ameno
Casamicciola Terme
Porto
Ponte
Ischia
M. Epomeo
Forio
788
Barano d'Ischia (224)
Lido di Maronti
S. Angelo
Pta Imperatore
Isola d'Ischia
Bocca Grande
Tunis
Cagliari
Catania-Palermo
I. Stromboli
Golfo Aranci
Trapani
Vico Equense
Penisola Sorrentina
Piano di Sorr.
S. Agnello
Meta
Sorrento
Massa Lubrense
S. Pietro
Vettica
Positano
M. Faito
S. Agata s. Due Golfi
(391)
Termini
497
Marina d. Cantone
Li Galli
Pta Campanella
(275)
Anacapri
Marina Grande
Grotta Azzurra
M. Solaro
589
Capri
I. Faraglioni
Marina Piccola
Pta Carena
Isola di Capri
Bocca Piccola
Costiera
0 5 10 15 20 km
E
F
G
23
24
25
69
19

SALERNO
Amalfitana
GOLFO
DI SALERNO
Mercato S. Severino
Fisciano
Capo Calvanico
Calvanico
Penta
Baronissi
Siano
Castel S. Giorgio
S. Valentino Torio
S. Marzano
S. Sarno
Pagani
Scafati
Angri
Roccapiemonte
Nocera Sup.
Sta Lucia
Pellezzano
Cava de' Tirreni
Valico di Chiunzi
Corbara
S. Antonio Abate
Lettere
Stabiae
M. Cerreto
Gragnano
Pimonte
Polvica
(Tramonti)
Abbª d. Trinità
Corpo di Cava
S. Michele
Scala
Minori
Maiori
Ravello
Agerola
S. Lazzaro
Atrani
Amalfi
Conca dei Marini
Gta d. Smeraldo
Praiano
Furore
Vietri s. Mare
Cetara
Capo d'Orso
Valencia
Valletta
Tunis
Messina
Palermo
Castiglione d. Genovesi
(Giffoni S. Cas.)
(Giffoni V. Piana)
S. Cipriano Picentino
S. Mango Piem.
Capitignano
Pezzano
Mercato
Sieti
Curticelle
M. Accellica
M. Raia
Le Croci di Acerno
Acerno
Piegolelle
Faiano
Fuorni
Montecorvino Pugliano
Montecorvino Rovella
Pontecagnano
Picentino
Salitto
Olevano sul Tusciano
Tusciano
Campagna
Eboli
Bellizzi
Battipaglia
La Picciola
Sta Lucia
Spineta Nuova
Piana del Sele
S. Berniero
Persano
Scanno
Altavilla Silentina
Matinella
Ponte Barizzo
Albanella
Sele
Calore
Foce del Sele
Gromola
Laura
M. Soprano
Capaccio
Volparo
Roccadaspide
Paestum
Trentinara
M. Vesole
Giungano
Madne di Costantinopoli
Monteforte Cilento
Ogliastro Cil.
Agropoli
Prignano Cilento
Cicerale
Ostigliano
Alento
Pta Tresino
M. Tresino
Torchiara
Laureana Cil.
Rutino
Perito
Orria
Sta Maria di Castellabate
Vatolla
Lustra
Mercato Cil.
S. Marco
Castellabate
Perdifumo
S. Mango
Sessa Cil.
Omignano
Omignano Scalo
Pta Licosa
Isola Licosa
M. Licosa
Serramezzana
Montecorice
S. Mauro Cilento
M. d. Stella
Stella Cil.
Acquavella
Ogliastro Marina
Casalsottano
Celso
Pollica
Casal Velino
Pioppi
Acciaroli
Marina di Casal Velino
Castelnuovo Cilento
Velia
Marina di Ascea
Marina di Pisciotta
Camaldoli
Serradarce
Olevano
Montenero
Sta Maria di Loreto
Serre
Controne
Grotta di Castelcivita
Gioi
Salento
25
26
27

0 5 10 15 20 km
75
71
84
27
28
E
F
G
M. Eremita
Monte Boschetiello
Quaglietta
Muro Lucano
Bella
S. Cataldo
Avigliano
S. Nicola
Ruoti
Colliano
M. Ogna
M. Moio
Baragiano
Giuliano
Montenero
Oliveto Citra
Sta Maria di Loreto
Bagni Contursi
Palomonte
Ricigliano
Balvano
Picerno
M. li Foi di Picerno
Potenza
Contursi Terme
Camaldoli
Serradarce
S.Gregorio Magno
Buccino
Romagnano al Monte
Bivio Palomonte
Vietri di Potenza
Tito
Tanagro
Zuppino
Scorzo
Castelluccio Cosentino
Salvitelle
Caggiano
Savoia di Lucania
Serre
Postiglione
Sicignano d. Alburni
Auletta
Pertosa
S. Angelo le Fratte
Satriano di Lucania
Petina
Grotta di Pertosa
M. Sierio
Monti Alburni
M. Alburno
Polla
Altavilla Silentina
Controne
Castelcivita
Grotta di Castelcivita
Bosco di Corleto
Madonna del Carmine
Brienza
Sasso di Castalda
Abriola
M. Pierfaone
Albanella
Tempa del Prato
Ottati
S. Angelo a Fasanella
S. Arsenio
S. Pietro al Tanagro
Atena Lucana
Pergola
Marsico Nuovo
Aquara
Fasanella
Corleto Monforte
S. Rufo
Vallo di Diano
Monti della Maddalena
Tpa d. Rose
M. Soprano
Volpara
Capaccio
Roccadaspide
Bellosguardo
Sala Consilina
Castel S. Lorenzo
Roscigno-Vecchio
Roscigno-Nuovo
Sella del Corticato
Prato Perillo
S. Michele
Paterno
Trentinara
M. Vesole
S. Marco
Trinità
Giungano
Madna di Costantinopoli
Sacco
M. Mòtola
Teggiano
Silla
Padula
Villa Littorio
Madna del M. Vivo
Monte S. Giacomo
Certosa di S. Lorenzo
Monteforte Cilento
Felitto
Piaggine
Sassano
Ascolese
Sta Longa
Magliano Vetere
M. Cerasulo
Cicerale
Laurino
Calore
Prignano Cilento
Ostigliano
Campora
Parco Nazionale del Cilento
Peglio
Arenabianca
Montesano Scalo
Montesano sulla Marcellana
Rutino
Gorga
Stio
M. Raialunga
M. Cervati
Buonabitàcolo
Perito
Orria
Gioi
M. Faiatella
M. Cariusi
Pte Inferno
Serra la Giumenta
Lustra
Mercato Cil.
S. Mango
Omignano Scalo
Moio d. Civitella
Cannalonga
Sanza
Bussento
Sessa Cil.
Omignano
Salento
M. Forcella
Casalbuono
Stella Cil.
Vallo d. Lucania
Novi Velia
Madna di Novi Velia
M. Centaurino
M. Sacro
Acquavella
Castelnuovo Cilento
S. Biase
Rofrano
M. Rotondo
Sta Maria dei Martiri
Celso
Casal Velino
Ceraso
Alfano
Caselle in Pittari
Casaletto Spartano
Fortino
Gilica
Pioppi
Sta Barbara
Laurito
Tortorella
M. Cocuzzo
Marina di Casal Velino
Velia
Cuccaro Vetere
Futani
Montano Antilia
Sicili
Morigerati
Battaglia
Terradura
Ascea
Abatemarco
Mingardo
Torre Orsaia
Torraca
Lagonegro
Marina di Ascea
Rodio
Lambro
Tempone
Serralunga
Rotale
S. Mauro la Bruca
Roccagloriosa
Sta Marina
Vibonati
Villammare
Sapri
Marina di Pisciotta
Pisciotta
Poderia
Celle di Bulgheria
Ispani
S. Nicola
S. Costantino
Foria
Acquavena
Bosco
Policastro Bussentino
Capitello
Centola
M. Bulgheria
Caprioli
Licusati
Scario
M. Coccovello
Acquafredda
S. Giovanni a Piro
Passo la Colla
Palinuro
Camerota
Grotta Azzurra
Lentiscosa
Capo Palinuro
Golfo
Fiumicello
Sta Venere
Porto di Maratea
Maratea

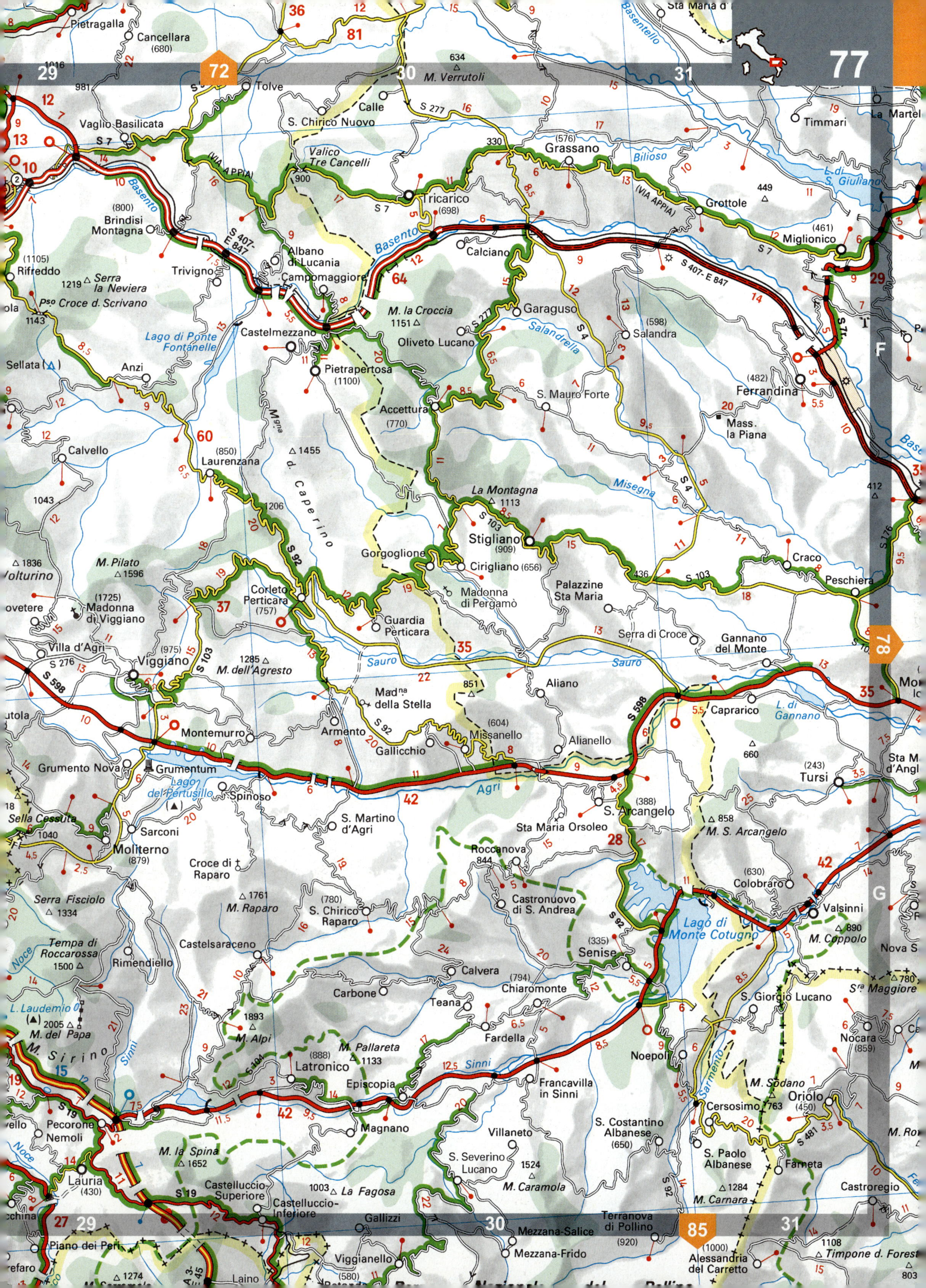

Pietragalla
Cancellara (680)
Tolve
Calle
S. Chirico Nuovo
M. Verrutoli
Timmari
La Martel
Vaglio Basilicata
Valico Tre Cancelli
Grassano (576)
Bilioso
L. di S. Giuliano
Tricarico (698)
Grottole
Miglionico (461)
Basento
Brindisi Montagna (800)
Albano di Lucania
Campomaggiore
Calciano
S 407 - E 847
(VIA APPIA)
Rifreddo (1105)
Serra la Neviera
Pso Croce d. Scrivano
Trivigno
M. la Croccia
Garaguso
Salandra (598)
Castelmezzano
Oliveto Lucano
Salandrella
Lago di Ponte Fontanelle
Pietrapertosa (1100)
Ferrandina (482)
Sellata
Anzi
Accettura (770)
S. Mauro Forte
Mass. la Piana
Calvello
Laurenzana (850)
M.gna d. Caperrino
La Montagna
Misegna
Volturino
M. Pilato
Stigliano (909)
Gorgoglione
Cirigliano (656)
Craco
Peschiera
Madonna di Viggiano (1725)
Corleto Perticara (757)
Madonna di Pergamo
Palazzine Sta Maria
Guardia Perticara
Serra di Croce
Gannano del Monte
Villa d'Agri
Viggiano (975)
M. dell'Agresto
Sauro
Aliano
Madna della Stella
Capraico
L. di Gannano
Montemurro
Armento
Missanello (604)
Alianello
Gallicchio
Grumento Nova
Grumentum
Lago del Pertusillo
Spinoso
Agri
Tursi (243)
Sta M. d'Angl
S. Martino d'Agri
S. Arcangelo (388)
M. S. Arcangelo
Sella Cessuta
Sarconi
Moliterno (879)
Sta Maria Orsoleo
Croce di Raparo
Roccanova
Colobraro (630)
Castronuovo di S. Andrea
Valsinni
Serra Fisciolo
M. Raparo
S. Chirico Raparo (780)
Lago di Monte Cotugno
M. Coppolo
Nova S
Tempa di Roccarossa
Rimendiello
Castelsaraceno
Senise (335)
Calvera
Chiaromonte (794)
Sra Maggiore
Carbone
S. Giorgio Lucano
Teana
L. Laudemio
M. del Papa
M. Alpi
Fardella
Nocara (859)
Noepoli
M. Sirino
M. Pallareta
Latronico (888)
Sinni
Episcopia
Francavilla in Sinni
M. Sodano
Oriolo (450)
Cersosimo
Pecorone
Nemoli
Magnano
Villaneto
S. Costantino Albanese (650)
M. Ro
M. la Spina
S. Paolo Albanese
Farneta
Lauria (430)
Noce
S. Severino Lucano
M. Caramola
Castelluccio Superiore
La Fagosa
Castelluccio Inferiore
M. Carnara
Castroregio
Gallizzi
Terranova di Pollino (920)
Mezzana-Salice
Mezzana-Frido
Piano dei Peri
Viggianello
Alessandria del Carretto (1000)
Timpone d. Forest
Laino
S 7
S 92
S 103
S 598
S 176
S 481
S 19
S 4
S 276
S 277
S 104

0 5 10 15 20 km
73
85
77
31
32
33
TARANTO
Castellaneta
Mottola
Massafra
Palagiano
Palagianello
Crispiano
Statte
Laterza
Ginosa
Montescaglioso
Pomarico
Pisticci
Pisticci Scalo
Bernalda
Metaponto
Metapontum
Marconia
Tinchi
Montalbano Ionico
Scanzano Ionico
Policoro
Eraclea
Recoleta
Sta Maria d'Anglona
Rotondella
Nova Siri
Nova Siri Marina
Valsinni
Rocca Imperiale
Rocca Imperiale Marina
Canna
Nocara
Montegiordano
Montegiordano Marina
Castroregio
Amendolara
Roseto Capo Spulico
Marina Roseto Capo Spulico
Marina di
Castellaneta Marina
Riva dei Tessali
Ginosa Marina
Lido di Metaponto
Lido Quarantotto
Marina di Pisticci
Lido di Scanzano
Lido di Policoro
Chiatona
Lido Azzurro
Lido Bruno
Capo S. Vito
Isole Cheradi
I. S. Pietro
I. S. Paolo
Mare Grand
Bradano
Basento
Cavone
Agri
Sinni
Ferro
Gravina di Laterza
Bosco il Pineto
Lato
Masseria Torre Spagnola
Mass. Cangiulli
Mass. Tafuri
Mass. Del Vecchio
Mass. Orsetti
Mass. Piccoli
Mass. Pizziferro
M. S. Elia
S. Francesco
Villaggio di Petruscio
Sant. d. Mad. d. Scala
Masseria S. Domenico
Mass. Parco dei Monaci
Sta Maria d'Attoli
Masseria Follerato
Mass. d'Anela
Masseria Conca d'Oro
Mass. Magliati
Case Perrone
Mass. d. Palme
Masseria Serra Marina
Tavole Palatine
Andriace
Peschiera
La Martella
S. Giuliano
M. Soprano
M. Rotondella
Sta Maggiore
Coppolo
Timpone d. Foresta
S 7
S 100
S 106
S 106 dir.
S 106 - E 90
S 175
S 176
S 380
S 407 - E 847
S 580
S 598
S 653
S 103
S 104
A 14 - E 843
S 7 - E 843
D I

Ceglie Messapica
Mass. Palagogna
Pozzo Salerno
Mass. Fragneto
S. Paolo
M. Trazzonara
S. Michele Salentino
Mass. S. Giacomo
Mass. Belloluogo
Mass. Palmarini
S. Simone
Mass. Orimini
Mass. del Duca
Mass. Cortemaggiore
Mass. Castelluzzo
Villa Castelli
Canale Reale
Mesagne
Cerrito
Tuturano
Mass. Lella
Montemesola
Grottaglie
Francavilla Fontana
Latiano
Quartiere Paolo VI
S. Pietro Vernotico
T a v o l i e r e
d i L e c c e
Oria
Monteiasi
Mass. Caprarica
Mass. Laurito
Torre Sta Susanna
Mare Piccolo
S. Giorgio Ionico
Carosino
S. Marzano di S. Giuseppe
S. Cosimo della Macchia
Erchie
Sant' S. Antonio
S. Donaci
Villa Baldassarre
Mass. S. Paolo
Monteparano
S. Pancrazio Salentino
Guagnano
Roccaforzata
Fragagnano
Sava
Manduria
Salice Salentino
S. Donato
Faggiano
S. Crispieri
Uggiano Montefusco
La Lama
Talsano
Pulsano
Lizzano
M. Bagnolo
Mass. Monteruga
Lido Gandoli
Leporano
Torricella
Avetrana
Masseria Marchioni
Marina di Pulsano
Lido Silvana
Torretta
Monacizzo
Mass. Corte Vetere
Marina di Lizzano
Librari
Torre Ovo
Maruggio
Campomarino
S. Pietro in Bevagna
Torre Colimena
Pta Prosciutto
Torre Lapillo
Boncore
Mass. Salmenta
Porto Cesareo
S. Isidoro
Torre dell'Inserraglio
G O L F O
T A R A N T O
S 7 - E 90
S 7ter
S 172
S 581
S 605
P 359
VIA APPIA
34
35
80
83

0 5 10 15 20 km
34
35
S. Vito
73
Polignano a Mare
Monopoli
Cozzana
Cristo Re
Monte S. Nicola
290
Lamandia
Losciale-Garrappa
Antonelli
Gorgofreddo
Macchia di monte
Egnazia
Savelletri
Castellana Grotte
(290)
Impalata
Sta Lucia
Torre Canne
S 379
Selva di Fasano
406
Fasano
(111)
Pezze di Greco
Pozzo Guacito
Rosa Marina
Marina di Ostuni
Laureto
Speziale
Coreggia
M. Signora Pulita
400
Costa Merlata
Torre Pozzella
Alberobello
(416)
S. Marco
Caranna
Montalbano
Torre Santa Sabina
P 239
Locorotondo
(410)
S 172dir.
(393)
Cisternino
S 16
Specchiolla
S 172
Ostuni
(207)
E 55
Mass. Zippo
Casalini
(172)
Carovigno
Torre Guaceto
Valle d'Itria
Zona dei Trulli
Mass. Piscinella
Carpari
Serranova
Martina Franca
(431)
Pascarosa
Mass. Apani
S 379
521
Mass. Orimini
S. Vito dei Normanni
Paradiso
517
Ceglie Messapica
(303)
Mass. Palagogna
S 16
Mass. Restinco
78
Pozzo Salerno
S 581
Mass. Fragneto
Mass. Belloluogo
S. Paolo
S 581
S. Michele Salentino
S 605
Mass. Piovacqua
M. Trazzonara
425
Mass. S. Giacomo
S 7-E 90
(VIA APPIA)
Mass. del Duca
Mass. Castelluzzo
Crispiano
S. Simone
Mass. Orimini
Mass. Cortemaggiore
Villa Castelli
Canale Reale
(72)
Mesagne
Mass. Lella
Statte
Montemesola
Grottaglie
Latiano
S 172
Francavilla Fontana
Quartiere Paolo VI
S 7-E 90
(140)
Tavoliere di Lecce
Oria
Monteiasi
(VIA APPIA)
Mass. Caprarica
Mass. Laurito
Torre Sta Susanna
Mare Piccolo
S. Giorgio Ionico
Carosino
S. Cosimo della Macchia
Sant. S. Antonio
Mass. S. Paolo
S 7
S. Marzano di S. Giuseppe
Erchie
S. Pancrazio Salentino
Mare Grande
Monteparano
S 7ter
Roccaforzata
Fragagnano
S 7ter
I. S. Paolo
Praia a Mare
Faggiano
Sava
Manduria
(79)
S. Donato
S. Crispieri
Capo S. Vito
Lido Bruno
La Lama
Talsano
(37)
Pulsano
Lizzano
Uggiano Montefusco
Mass. Monteruga
M. Bagnolo
124
Lido Gandoli
Leporano
Torricella
Avetrana
Marina di Pulsano
Lido Silvana
Torretta
Monacizzo
Mass. Corte Vetere
Marina di Lizzano
Maruggio
33
82
34
Librari
Torre Ovo
S. Pietro in Bevagna
Torre Colimena
Pta Prosciutto
P 359
35
Torre Lapillo
Campomarino
Porto Cesareo

36
37
E
F
G
Kefálloniá
Igoumenítsa
Pátra
Kérkira
Penne
Brindisi
I. S. Andrea
Capo Bianco
C. di Torre Cavallo
CASALE
Pta d. Contessa
Mass. Villanova
Torre Mattarelle
Lido Cerano
Torre S. Gennaro
Lindinuso
Casalabate
Tre Rinalda
Tre Chianca
Tuturano
S 16
S 613
38
S. Pietro Vernotico
Torchiarolo
Cellino S. Marco
P 357
S 605
Squinzano
Abba Sta Maria di Cerrate
Case Simini
Frigole
Borgo Piave
S. Cataldo
Villa Baldassarri
Campi Salentina
Trepuzzi
Surbo
Guagnano
50
S 7 ter
P 365
P 364
12
Salice Salentino
Novoli
Lecce
Acaia
Torre Specchia
Carmiano
Arnesano
Merine
Vanze
Struda
P 366
S. Foca
Roca Vecchia
Masseria Marchioni
Veglie
Monteroni di Lecce
Cavallino
Pisignano
Acquarica di Lecce
S. Pietro in Lama
Lequile
Lizzanello
Vernole
Torre dell'Orso
S. Cesario di Lecce
Leverano
S 101
Castri di L.
Melendugno
35
S. Donato di
Caprarica di L.
S. Andrea
83
Mass. Salmenta
Copertino
Galugnano
S 16
Calimera
Frassanito
Martignano
Alimini Grande

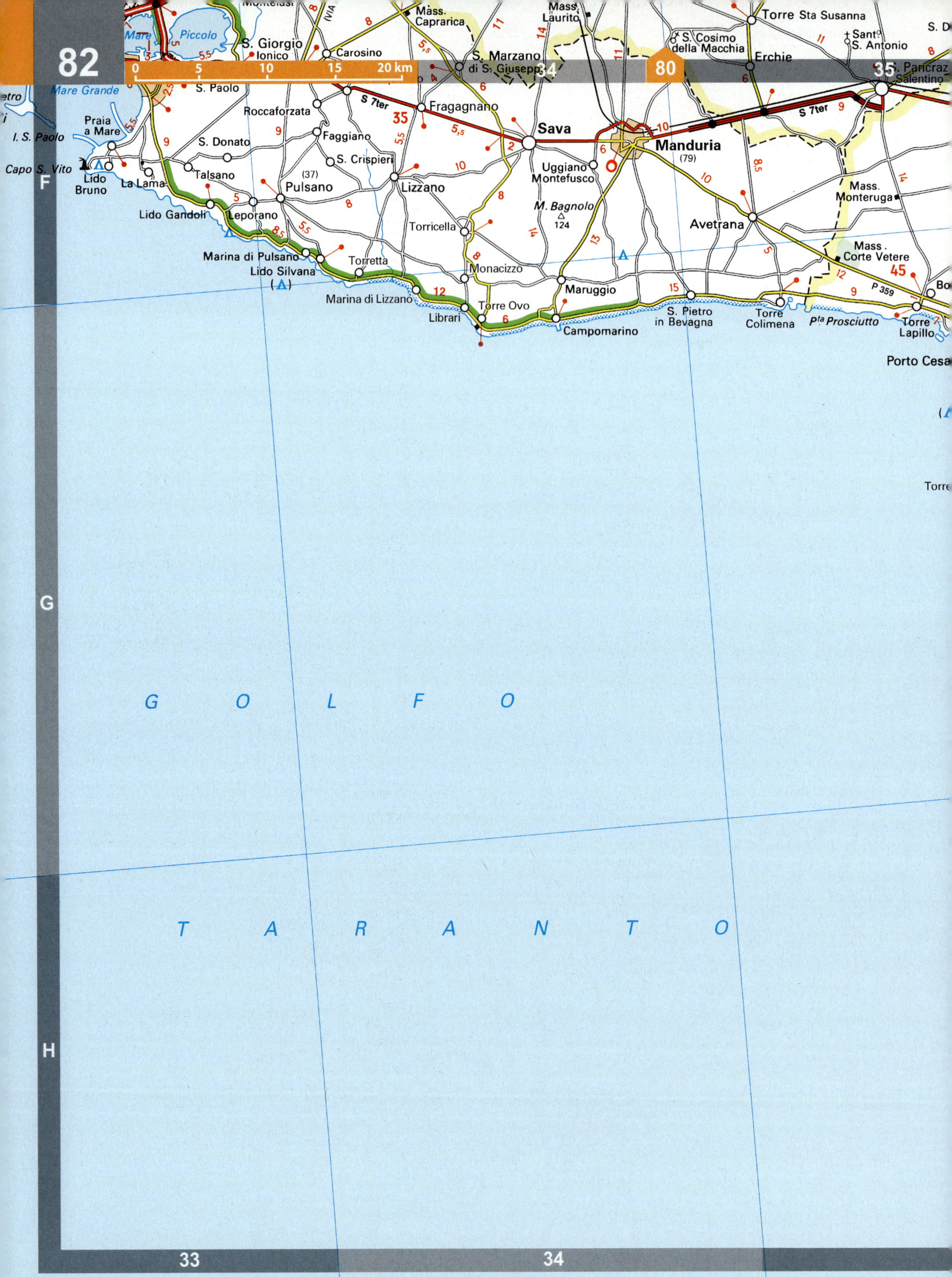

0 5 10 15 20 km
80
Mare Piccolo
Mare Grande
S. Giorgio Ionico
Carosino
Mass. Caprarica
S. Marzano di S. Giuseppe
Mass. Laurito
Torre Sta Susanna
S. Cosimo della Macchia
Sant° S. Antonio
Erchie
S. Pancrazio Salentino
S. Paolo
Roccaforzata
Fragagnano
Sava
Manduria
(79)
Praia a Mare
I. S. Paolo
Capo S. Vito
Lido Bruno
La Lama
S. Donato
Faggiano
S. Crispieri
Talsano
Pulsano
(37)
Lizzano
Uggiano Montefusco
M. Bagnolo
124
Mass. Monteruga
Lido Gandoli
Leporano
Torricella
Avetrana
Mass. Corte Vetere
Marina di Pulsano
Lido Silvana
Torretta
Monacizzo
Maruggio
Marina di Lizzano
Librari
Torre Ovo
Campomarino
S. Pietro in Bevagna
Torre Colimena
Pta Prosciutto
Torre Lapillo
Porto Cesa
S 7ter
P 359
G O L F O
T A R A N T O
F
G
H
33
34
35

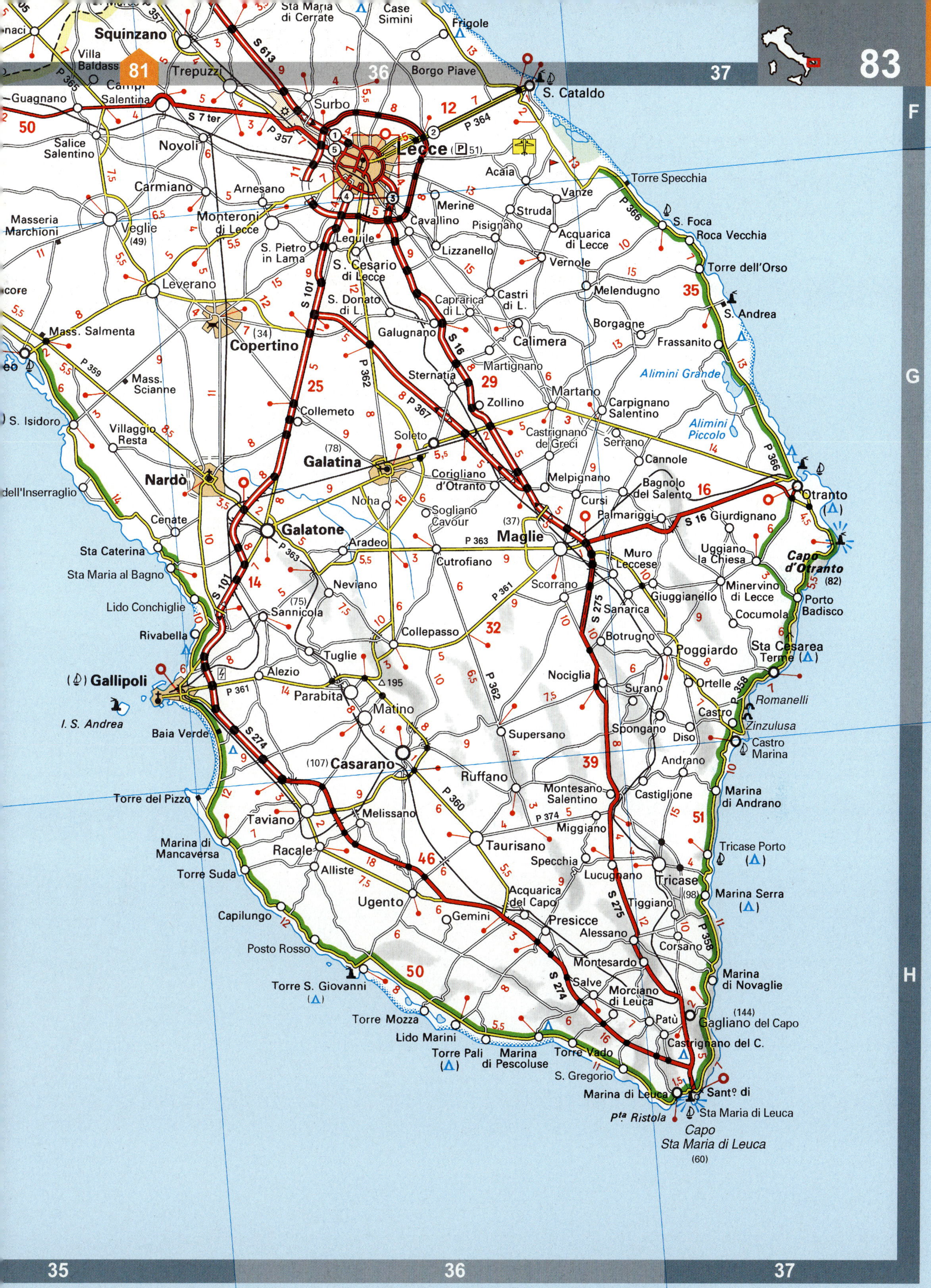

Squinzano
Sta Maria di Cerrate
Case Simini
Frigole
Villa Baldassarri
81
Trepuzzi
36
Borgo Piave
37
Guagnano
Campi Salentina
S. Cataldo
Surbo
Salice Salentino
Novoli
Lecce
Acaia
Torre Specchia
Carmiano
Arnesano
Vanze
Merine
Struda
Masseria Marchioni
Veglie
Monteroni di Lecce
Cavallino
Pisignano
S. Foca
Roca Vecchia
Acquarica di Lecce
Lequile
Lizzanello
S. Pietro in Lama
S. Cesario di Lecce
Vernole
Torre dell'Orso
Leverano
Melendugno
S. Donato di L.
Caprarica di L.
Castri di L.
S. Andrea
Mass. Salmenta
Copertino
Galugnano
Calimera
Borgagne
Frassanito
Martignano
Alimini Grande
Mass. Scianne
Sternatia
Zollino
Martano
Carpignano Salentino
Collemeto
S. Isidoro
Villaggio Resta
Soleto
Castrignano de' Greci
Alimini Piccolo
Serrano
Cannole
Galatina
Corigliano d'Otranto
Nardò
Melpignano
Bagnolo del Salento
Otranto
dell'Inserraglio
Cursi
Noha
Sogliano Cavour
Palmariggi
Giurdignano
Cenate
Galatone
Maglie
Sta Caterina
Aradeo
Uggiano la Chiesa
Capo d'Otranto
Muro Leccese
Sta Maria al Bagno
Cutrofiano
Neviano
Minervino di Lecce
Scorrano
Porto Badisco
Lido Conchiglie
Giuggianello
Sannicola
Sanarica
Cocumola
Collepasso
Rivabella
Botrugno
Poggiardo
Sta Cesarea Terme
Tuglie
Alezio
Nociglia
Gallipoli
Ortelle
Surano
Parabita
Romanelli
Matino
Castro
I. S. Andrea
Zinzulusa
Spongano
Diso
Supersano
Baia Verde
Castro Marina
Casarano
Andrano
Ruffano
Torre del Pizzo
Montesano Salentino
Castiglione
Marina di Andrano
Taviano
Melissano
Miggiano
Tricase Porto
Marina di Mancaversa
Racale
Taurisano
Torre Suda
Alliste
Specchia
Lucugnano
Tricase
Marina Serra
Ugento
Acquarica del Capo
Tiggiano
Capilungo
Gemini
Presicce
Alessano
Corsano
Posto Rosso
Montesardo
Marina di Novaglie
Salve
Torre S. Giovanni
Morciano di Leuca
Patù
Gagliano del Capo
Torre Mozza
Castrignano del C.
Lido Marini
Torre Pali
Marina di Pescoluse
Torre Vado
S. Gregorio
Santo di
Marina di Leuca
Pta Ristola
Sta Maria di Leuca
Capo Sta Maria di Leuca
F
G
H
35
36
37

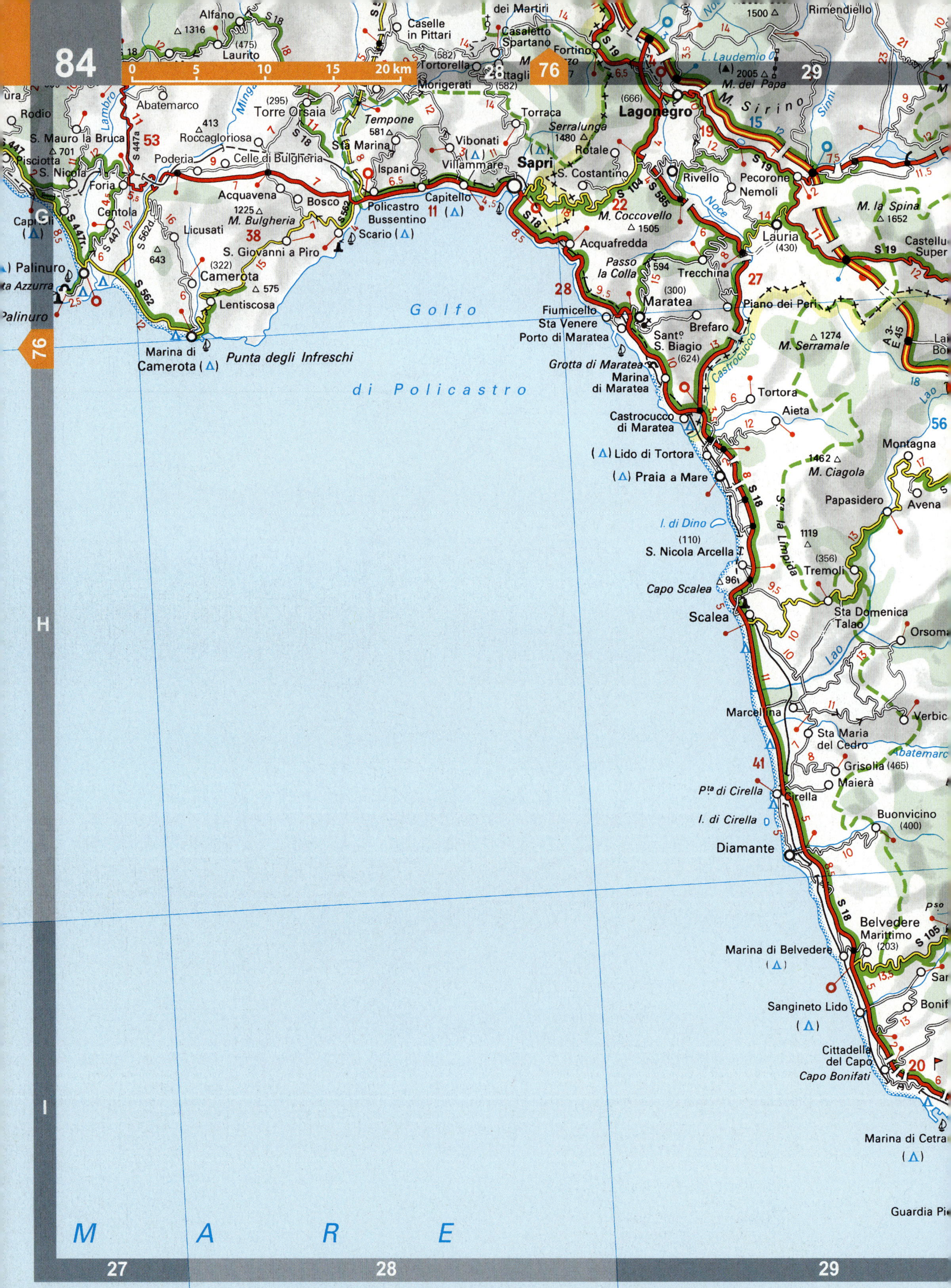
Golfo di Policastro
M A R E
Alfano
Laurito
Caselle in Pittari
Casaletto Spartano
Tortorella
Morigerati
Fortino
Lagonegro
M. del Papa
M. Sirino
Rimendiello
Abatemarco
Rodio
Torre Orsaia
Tempone
S. Mauro la Bruca
Roccagloriosa
Sta Marina
Vibonati
Torraca
Serralunga
Sapri
Pisciotta
S. Nicola
Foria
Poderia
Celle di Bulgheria
Ispani
Villammare
Rotale
S. Costantino
Rivello
Pecorone
Nemoli
Centola
Acquavena
Bosco
Policastro Bussentino
Capitello
M. Coccovello
Lauria
M. la Spina
Licusati
M. Bulgheria
Scario
Acquafredda
S. Giovanni a Piro
Palinuro
Camerota
Passo la Colla
Trecchina
Lentiscosa
Maratea
Piano dei Peri
Fiumicello
Sta Venere
Porto di Maratea
Brefaro
Santo S. Biagio
M. Serramale
Marina di Camerota
Punta degli Infreschi
Grotta di Maratea
Marina di Maratea
Tortora
Aieta
Castrocucco di Maratea
Montagna
Lido di Tortora
M. Ciagola
Praia a Mare
Papasidero
Avena
I. di Dino
S. Nicola Arcella
Tremoli
Capo Scalea
Scalea
Sta Domenica Talao
Orsomarso
Marcellina
Verbicaro
Sta Maria del Cedro
Grisolia
Maierà
Pta di Cirella
Cirella
I. di Cirella
Buonvicino
Diamante
Belvedere Marittimo
Marina di Belvedere
Sangineto Lido
Cittadella del Capo
Capo Bonifati
Marina di Cetraro
Guardia Piemontese
27
28
29
76
56

Calvera
Carbone
Teana
Chiaromonte
Fardella
S. Giorgio Lucano
Sra Maggiore
Rocca Imperiale
Canna
Nocara
Noepoli
M. Pallareta
Latronico
Episcopia
Sinni
Francavilla in Sinni
M. Sodano
Cersosimo
Oriolo
M. Soprano
Montegiordano
Montegiordano Marina
Magnano
Villaneto
S. Costantino Albanese
S. Paolo Albanese
Farneta
M. Rotondella
S. Severino Lucano
M. Caramola
La Fagosa
Castelluccio-Inferiore
M. Carnara
Castroregio
Roseto Capo Spulico
Marina Roseto Capo Spulico
Capo Spulico
Gallizzi
Mezzana-Salice
Mezzana-Frido
Terranova di Pollino
Alessandria del Carretto
Timpone d. Foresta
Amendolara
Marina di Amendolara
Viggianello
Rotonda
Parco Nazionale del Pollino
Mercure
Colle d'Impiso
M. Sparviere
Albidona
Laino Castello
S. Onofrio
M. Pollino
Plataci
Colle d. Dragone
Sra Dolcedorme
S. Lorenzo Bellizzi
Cerchiara di Calabria
Trebisacce
Raganello
Saraceno
Mormanno
Campo Tenese
Villapiana
Sant. Sta Maria d'Armi
Frascineto
Eianina
Civita
Francavilla Marittima
Villapiana Lido
Morano Calabro
Castrovillari
M. Palanuda
S. Basile
Cassano allo Ionio
Lauropoli
Villapiana Scalo
M. Caramolo
Le Vigne
Piana di Sibari
Saracena
Sibari
Sybaris Marine
Cozzo del Pellegrino
Sta Maria del Monte
Lungro
Doria
Firmo
Coscile
Caselle
Sybaris
Crati
S. Donato di Ninea
Acquaformosa
Mandria Luci
Pollinara
Mula
Altomonte
Spezzano Albanese Terme
Thurio
Grondo
Spezzano Albanese
Cantinella
Torricella
Marina Schiavonea
Madna d. Pettoruto
S. Sosti
Mottafollone
S. Lorenzo d. Vallo
Esaro
Terranova da Sibari
Villaggio Frasso
Corigliano Cal. Stazione
Lido S. Angelo
Montea
Scalone
Roggiano Gravina
Tarsia
S. Agata
Rossano Stazione
Amica
S. Agata di Esaro
Lago di Tarsia
Corigliano Calabro
Rossano
Malvito
Sta Caterina Alb.
Follone
S. Cosmo Alb.
Vaccarizzo Alb.
Mizofato
Sant. Sta Maria del Patire
Fagnano Castello
Sta Maria d. Matina
S. Demetrio Corone
Macchia
S. Giorgio Albanese
Piana Caruso
S. Angelo
S. Marco Argentano
Pagania
Cetraro
Cervicati
Sta Sofia d'Epiro
Sta Crista d'Acri
S. Giacomo d'Acri
Montegrassano
Duglia
Sra Castagna
Cavallerizzo
Cerzeto
Sartano
Bisignano
Acquappesa
S. Martino di Finita
Torano Castello
Acri
M. Paleparto
Terme Luigiane
Mucone
Sila Greca
Guardia Piem.
Rota Greca
Lattarico
Luzzi
S. Giorgio
Trionto
Longobucco
Marina
Piretto
Regina
Abbà d. Sambucina
M. Altare
Cariglio
Palazello
Le Monachelle
Mass. Cosentino
Parco Nazionale
La Fossiata
M. Sordillo
S. Benedetto Ullano
Vaccarizzo
Bivio Acri
Varco Mauro
Lago di Cecita o Mucone
Marina di Fuscaldo
Fuscaldo
Scarcelli
Montalto Uffugo
Rose
Serra la Guardia
M. Pettinascura
S. Vincenzo
Sila
Calabria
Ionio

0 5 10 15 20 km
84
85
88
29
30
31
I
J
S. Donato di Ninea
Acquaformosa
Altomonte
Mula
Spezzano Albanese Terme
Mandria Luci
Pollinara
Sybaris
Thurio
Spezzano Albanese
Cantinella
Torricella
Marina Schiavonea
Madna d. Pettoruto
Sosti
Montea
Mottafollone
S. Lorenzo d. Vallo
Terranova da Sibari
Villaggio Frasso
S. Agata
Corigliano Cal. Stazione
Esaro
Roggiano Gravina
Tarsia
Corigliano Calabro
Pso d. Scalone
Belvedere Marittimo
S. Agata di Esaro
Lago di Tarsia
Mizofato
S. Cosmo Alb.
Vaccarizzo Alb.
S. Giorgio Albanese
Sangineto
Malvito
Sta Caterina Alb.
Macchia
S. Demetrio Corone
Pagania
Piana Caruso
Bonifati
Fagnano Castello
Sta Maria d. Matina
Follone
S. Marco Argentano
Sta Sofia d'Epiro
Sta Crista d'Acri
S. Giacomo d'Acri
S. Angelo
Cervicati
Montegrassano
Duglia
Cittadella del Capo
Cetraro
Cavallerizzo
Cerzeto
Sartano
Bisignano
Acri
Torano Castello
Mucone
S. Martino di Finita
Acquappesa
Terme Luigiane
Marina di Cetraro
S. Giorgio
Luzzi
Rota Greca
Lattarico
Guardia Piem. Marina
Guardia Piem.
Piretto
Regina
Palazzello
Abba d. Sambucina
Le Monachelle
Mass. Cosentino
Cariglio
Bivio Acri
Varco S. Mauro
Lago di Cecita o Mucone
S. Benedetto Ullano
Vaccarizzo
Montalto Uffugo
Fuscaldo
Scarcelli
Marina di Fuscaldo
Serra la Guardia
Rose
Crati
Fago del Soldato
S. Vincenzo la Costa
Santo di S. Francesco
Arcavacata
Castiglione Cosentino
Camigliatello Sil.
Paola
Marina di Paola
Gesuiti
S. Fili
S. Pietro in Guarano
Croce di Magara
Moccone
M. Scuro
Rende
Marano Marchesato
Castrolibero
Rovito
Monte Botte Donato
Spezzano d. Sila
Silvana Mansio
S. Lucido
Crocetta
Marano Principato
Cosenza
Trenta
Spezzano Picc.
Pedace
Pietrafitta
Casole Bruzio
Cerisano
Mendicino
Falconara Albanese
Abba di Sta Domenica
Carolei
Dipignano
Aprigliano
Figline Vegliaturo
Baracchella
Lago Arvo
Fiumefreddo Bruzio
Domanico
Paterno Calabro
Colle d'Ascione
Poverella
M. Cocuzzo
Longobardi Marina
Longobardi
M. Serratore
Mangone
Rogliano
Parenti
Savuto
Potame
Belsito
Marzi
Bocca di Piazza
Marina di Belmonte
Lago
Malito
Carpanzano
C. Bastarda
Serbo del Passante
Belmonte Calabro
Grimaldi
Altilia
Agrifoglio
Colosimi
Amantea
Terrati
Aiello Calabro
Scigliano
Gorati
Serradipiro
S. Pietro in Amantea
Pedivigliano
Bianchi
Serra d'Aiello
Cleto
Motta Sta Lucia
Adami
Soveria Mannelli
Martirano
Panettieri
Carlopoli
Campora S. Giovanni
Savuto
Martirano Lombardo
Conflenti
Decollatura
Castagna
S. Mango d'Aquino
M. Reventino
S. Mazzeo
Cicala
Corace
Nocera Terinese
Pso di Acquabona
Cerrisi
Serrastretta
M. Mancuso
Falerna
Platania
S. Pietro Apostolo
Falerna Marina
Gizzeria
Terme Caronte
Nicastro
Zangarona
Angoli
Castiglione Marittimo
Sambiase
Feroleto Antico
Miglierina
S. Eufemia Vetere
Lamezia
Pianopoli
Amato
Marcellinara
Sila
Crati

32
33
Lido S. Angelo
Capo Trionto
Mirto Crosia
Rossano Stazione
Amica
Foresta
Rossano
Crosia
Calopezzati
St. di Pietrapaola
St. di Mandatoriccio-Campana
Paludi
Cropalati
Caloveto
Pietrapaola
Cariati Marina
Cariati
S. Morello
Pta Fiume Nicà
Terravecchia
Crucoli Torretta
Destro
Mandatoriccio
Scala Coeli
M. Serino
Longobucco
Campana
Crucoli
Cappella
Pta Alice
Bocchigliero
M. Lelo
Cirò
Cirò Marina
M. Sordillo
Umbriatico
S. Anastasia
Mezzocampo
M. Suvaro
Lipuda
Pino Grande
Savelli
Verzino
Carfizzi
Torre Melissa
Germano
Pallagorio
Melissa
S. Nicola dell'Alto
Strongoli
L. Votturino
Palla Palla
Le Murgie
Zinga
Castelsilano
Casabona
S. Giovanni in Fiore
Cerenzia
Marina di Strongoli
Fasana
Cagno
Infantino
Bagni di Repole
Belvedere di Spinello
Montenero
Caccuri
Croce di Agnara
Rocca di Neto
Bucchi
Trepidò-Sott.
Sta Rania
Altilia
Neto
Ampollino
Gabella Grande
Cotronei
Sta Severina
Parco Nazionale della Calabria
M. Gariglione
Pagliarelle
Roccabernarda
Scandale
Crotone
Petilia Policastro
Foresta
Tirivolo
M. Femminamorta
S. Mauro Marchesato
Mesoraca
Papanice
Santo Hera Lacinia
Capo Colonna
Villaggio Racise
Filippa
Buturo
Arietta
Cutro
Petrona
Marcedusa
Termine Grosso
S. Anna
Salica
Albi
Taverna
Cerva
Belcastro
Magisano
Andali
Rosito
Vermica
S. Giovanni
Sersale
Zagarise
Fossato Serralta
Sellia
Vil. Turistico
Pentone
Cropani
S. Leonardo di Cutro
Isola di Capo Rizzuto
Capo Cimiti
S. Elia
Steccato
Campolongo
Crichi
Soveria Simeri
Botricello
Pontegrande
Simeri
Catanzaro
Calabricata
Cropani Marina
Le Castella
Capo Rizzuto
89
I
J
K

0 5 10 15 20 km
Nocera Terinese
S. Mazzeo
Pso di Acquabona
M. Mancuso
Falerna
Cerrisi
Serrastretta
S. Pietro Apostolo
Nicastro
Gizzeria
Terme Caronte
Castiglione Marittimo
Sambiase
Zangarona
Angoli
Feroleto Antico
Miglierina
Pianopoli
S. Eufemia Vetere
(Lamezia Terme)
Amato
Marcellinara
Capo Suvero
Gizzeria Lido
S. Eufemia Lamezia
S 280 - E 848
Vena
Caraffa di Catanzaro
S. Pietro a Maida Scalo
Maida Marina
Maida
Iacurso
Cortale
Golfo
di S. Eufemia
Acconia
S. Pietro a Maida
Girifalco
Curinga
M. Contessa
Montesoro
Amaroni
Squillace
Vallefiorita
Filadelfia
Pso Fosso del Lupo
Palermiti
Francavilla Angitola
Lago dell' Angitola
Polia
Serralta di S. Vito
Centrache
Gasperina
Pizzo
Cenadi
Olivadi
Montepaone
S. Vito s. Ionio
Petrizzi
Briatico
Vibo Valentia Marina
Pta di Zambrone
Marina di Zambrone
Monterosso Calabro
Argusto
Maierato
Capistrano
Chiaravalle Centrale
Gagliato
Zambrone
Pannaconi
Vibo Valentia
Filogaso
S. Onofrio
Satriano
Tropea
Parghelia
S. Cono
Stefanaconi
S. Nicola da Crissa
Torre di Ruggiero
Davoli
Sta Domenica
Zaccanopoli
Vena
Piscopio
Vallelonga
Drapia
Zungri
Cessaniti
S. Gregorio d'Ippona
Cardinale
S. Sostene
Brattiro
Caria
S. Costantino Calabro
Vazzano
M. Trematerra
Isca s.
Mesiano
Filandari
Francica
Pizzoni
Simbario
S. Nicolo
Spilinga
Pernocari
Mileto
Soriano Calabro
Spadola
Brognaturo
Lago di Lacina
Vaticano
Ricadi
M. Poro
C. Morone
Coccorino
S. Angelo
S. Giovanni
Serra S. Bruno
M. S. Nicola
Rombiolo
Paravati
Gerocarne
Sorianello
Joppolo
Comerconi
Arena
Sta Maria del Bosco
Pso Croce di Panaro
S. Calogero
Dasà
Mesima
Acquaro
Limbadi
Nicotera
Calimera
Marepotamo
M. Pecoraro
C. Bellardina
Mongiana
Guardavalle
Dinami
Nicotera Marina
Ferdinandea
S. Pietro di Carida
Pso di Pietra Spada
Gioia del Tirreno
Serrata
Candidoni
Bivongi
Pazzano
Fabrizia
M. Crocco
Stilo
Laureana di Borrello
Prateria
Rosarno
Nardodipace
S. Ferdinando
Plaesano
Galatro
Sto Todaro
Feroleto d. Chiesa
Nardodipace Vecchio
Guardia
LFO
Metramo
Pso Croce Ferrata
Camini
Giffone
Stignano
Anoia
M. Seduto
Marina di Gioia Tauro
Maropati
M. Granieri
Ursini
Melicucco
S. Nicola
Placanica
Cinquefrondi
Drosi
Gioia Tauro
Polistena
Popelli
Caulonia
Rizziconi
Piano della Limina
IOIA
S. Giorgio Morgeto
M. Limina
Strano
Macchina Lagana
Trappeto Bambino
Mammola
Grotteria
Taureana
S. Giovanni di Gerace
Cirello
Amato
Torbido
Martone
Prisdarella
Palmi
Capo Barbi
Marina di Palmi
Taurianova
Cittanova
Gioiosa Ionica
M. S. Elia
Marro
Canolo
Chiusa
Giardini di Gioiosa
Roccella Ionica
Seminara
Pso di Mercante
Agnana Calabra
Ferraro
Terranova Sappo Minulio
Zomaro
Castellace
Varapodio
S. Anna
Molochio
Siderno Sup.
Marina di Gioiosa Ionica
Viola
Ceramida
Melicuccà
Messignadi
Pso di Cancelo
Pso di Ropola
Pellegrina
S. Procopio
Calabretto
Oppido Mamertina
Gerace
Siderno
Cosoleto
Calabra

87
Sersale
Andali
Zagarise
S. Giovanni
Fossato Serralta
Sellia
Pentone
Cropani
S. Elia
Crichi
Soveria Simeri
Simeri
Pontegrande
Catanzaro
Calabricata
Botricello
Steccato
S. Leonardo di Cutro
Campolongo
Isola di C.
Le Castella
Capo Rizzuto
Capo Rizzuto
Cropani Marina
Sellia Marina
La Petrizia
Le Croci
Sta Maria
S. Floro
Corace
Catanzaro Lido
Roccella
Copanello
Staletti
Pta di Staletti
Montauro
Montepaone Lido
Soverato
Marina di Davoli
S. Andrea Apostolo d. Ionio
S. Andrea Apostolo d. Ionio Marina
Isca Marina
Badolato Marina
Badolato
Sta Caterina d. Ionio
Sta Caterina d. Ionio Marina
Marina di S. Antonio
Vinciarello
Caulonia
Punta Stilo
Monasterace
Monasterace Marina
Riace Marina
na di Caulonia
DI SQUILLACE
S 106
E 90
S 19
S 109
S 110
S 384
K
L
M
31
32
33

0 5 10 15 20 km
28
88
29
95
101
L
M
N
DI GIOIA
Golfo di Milazzo
Stretto di Messina
MESSINA
REGGIO DI CALABRIA
Milazzo
Villafranca Tirrena
Spadafora
C. Rasocolmo
Sparta
Mortelle
C. Peloro
Torre Faro
Ganzirri
Faro Sup.
Castanea d. Furie
Massa S. Giorgio
S. Saba
Rodia
Divieto
Gesso
M. Ciccia
Pace
Scala
Venetico
Valdina
Torregrotta
Saponara
Roccavaldina
Rometta
Monforte S. Giorgio
Antennamare
Larderia
Tremestieri
Mili S. Pietro
Sto Stefano di Briga
Galati Marina
Pezzolo
Altolia
Giampilieri
Itala
Scaletta Zanclea
Itala Marina
Alì
Fiumedinisi
Alì Terme
Mandanici
Pagliara
Nizza di Sicilia
Roccalumera
Furci Siculo
Sta Teresa di Riva
S. Alessio Siculo
C. S. Alessio
Forza d'Agrò
Gallodoro
Letojanni
Taormina (250)
Castelmola
Mazzarò
C. Taormina
Giardini-Naxos
C. Schisò
Naxos
S. Marco
Fiumefreddo di Sicilia
Fondachello
Mascali
Riposto
Giarre
Carruba
Antillo
Rimiti
Misserio
Casalvecchio Siculo
Savoca
Limina
Ss. Pietro e Paolo
Rocca Fiorita
Mongiuffi-Melia
Graniti
Sta Lucia del Mela
S. Filippo d. Mela
Pace d. Mela
Condrò
S. Pier Niceto
Sicaminò
Pellegrino
Castroreale
M. Poverello
M. Fossazza
Pzo d. Moda
Croce al Promontorio
Villa S. Giovanni
Concessa
Catona
Gallico Marina
Archi
Cannitello
Scilla
Favazzina
Costa Viola
Bagnara Calabra
Palmi
Taureana
Capo Barbi
Marina di Palmi
M. S. Elia
Seminara
Ceramida
Pellegrina
S. Eufemia d'Aspr.
Sinopoli
S. Procopio
Cosoleto
Melicuccà
S. Anna
Castellace
Solano
Melia
Campo Calabro
S. Roberto
Rosali
Calanna
S. Alessio in Aspr.
Sto Stefano in Aspr.
Gambarie
Cippo Garibaldi
Delianuova
Gallico
Laganadi
Cerasi
Orti
Arasi
Terreti
Vinco
Mosorrofa
Cataforio
Cardeto
Cardeto Sud
Sella Entrata
Montalto
Parco Nazionale
Ravagnese
Armo
Oliveto
M. Embrisi
S. Gregorio
S. Leo
Pellaro
Punta di Pellaro
Bocale
Lazzaro
Motta S. Giovanni
Fossato Ionico
Montebello Ionico
Molaro
Pentedattilo
Chorio
S. Lorenzo
Bagaladi
Roccaforte del Greco
Codenfuri
S. Pantaleone
Prunella
Capo dell'Armi
Saline Ioniche
S. Elia
Melito di Porto Salvo
Marina di S. Lorenzo
Condofuri Marina
S. Carlo
P. d'Ato
I. Stromboli
I. Vulcano
A 18 - E 45
A 3 - E 45
S 114
S 113
S 18
S 106
E 90

Rizziconi
Macchina Lagana
Trappeto Bambino
S. Giorgio Morgeto
Piano della Limina
M. Limina
888
Mammola
Grotteria
S. Giov
Popelli
Strano
Caulonia
Focà
Amat
88
30
89
Gerace
Prisdarella
Martone
31
Marina di Caulonia
Cittanova
Taurianova
(210)
Marro
Torbido
Gioiosa Ionica
Giardini di Gioiosa
Roccella Ionica
Pso di Mercante
952
(890)
Canolo
Chiusa
Ferraro
Agnana Calabra
Terranova Sappo Minulio
Varapodio
Zomaro
Molochio
39
Marina di Gioiosa Ionica
Siderno Sup.
Pso di Ropola
Messignadi
948
Pso di Cancelo
(321)
Oppido Mamertina
465
Gerace
Siderno
Piminoro
Antonimina
S 112
Ciminà
Bagni Minerali
Locri
1057
Sta Cristina d'Aspr.
Cirella
Portigliola
Platì (300)
S. Ilario dello Ionio
Locri Epizefiri
Sanatorio
S. Nicola
Bombile
Marina di S. Ilario
1572
M. Scorda
Ardore
S 106
E 90
Natile Nuovo
Careri
Benestare
Ardore Marina
Aspromonte
Bovalino Sup.
S 112 dir
Bovalino Marina
S. Luca
1426
M. Antenna
Bonamico
della Calabria
Casignana
S. Agata del Bianco
Bianco
Caraffa del Bianco
Samo
S. Anna
Casalnuovo
la Verde
Africo
Capo Bruzzano
Scrisà
Ferruzzano
Moticella
Bruzzano Zeffirio
M. Cerasia
Staiti (550)
1043
1013
53
Bova
Pietrapennata
Razzà
Iermanata
Brancaleone Marina
Palizzi
S 106 - E 90
Gelsomini
Galati
Capo Spartivento
Spropolo
Palizzi Marina
Stracia
Costa dei
M
N
30
31

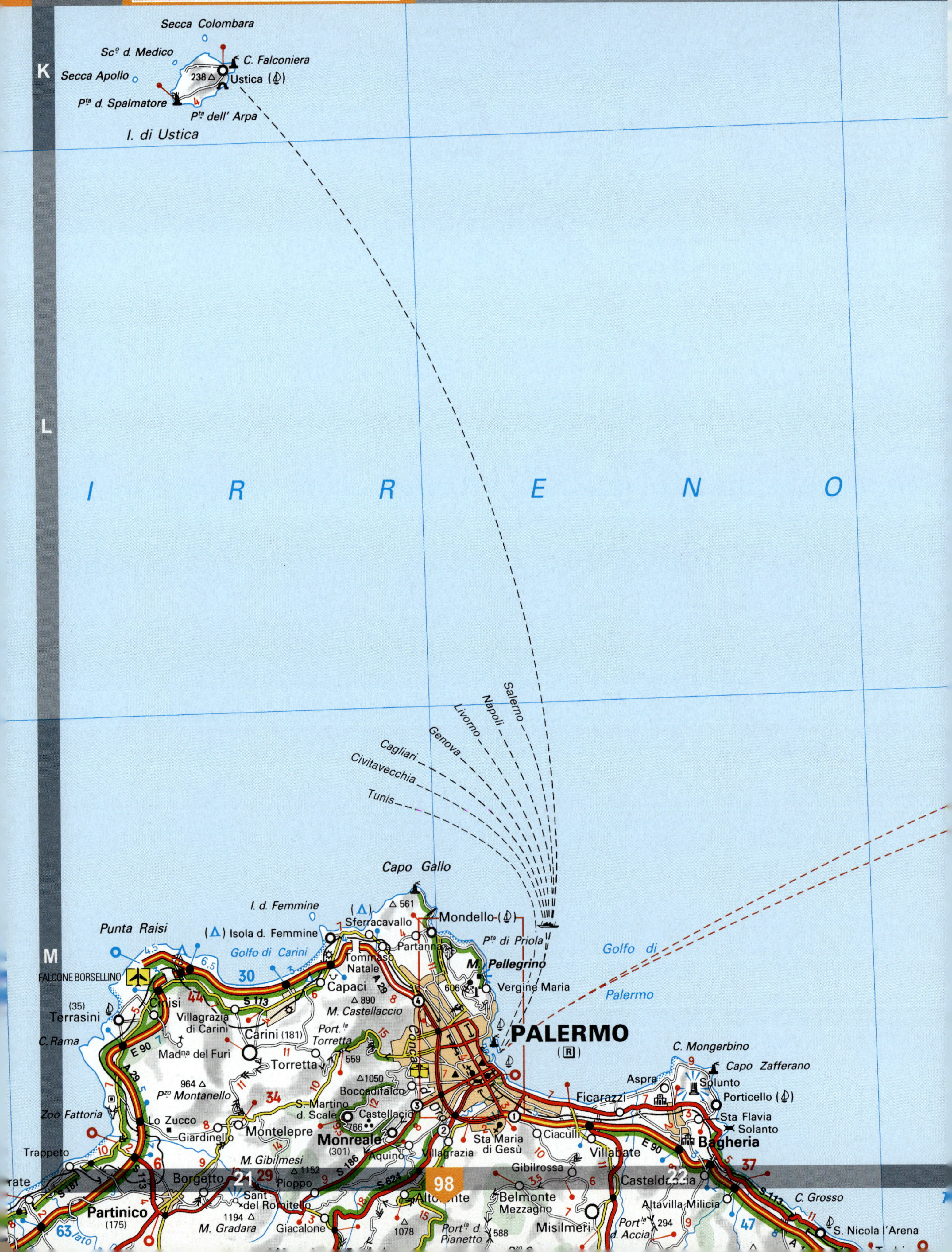
0 5 10 15 20 km
22
Secca Colombara
Scº d. Medico
Secca Apollo
C. Falconiera
Ustica
Pta d. Spalmatore
Pta dell' Arpa
I. di Ustica
I R R E N O
Salerno
Napoli
Livorno
Genova
Cagliari
Civitavecchia
Tunis
Capo Gallo
I. d. Femmine
Sferracavallo
Mondello
Punta Raisi
Isola d. Femmine
Partanna
Pta di Priola
Golfo di Carini
M. Pellegrino
Golfo di
Palermo
FALCONE BORSELLINO
Tommaso Natale
Capaci
Vergine Maria
Cinisi
Terrasini
Villagrazia di Carini
Carini
M. Castellaccio
C. Rama
Torretta
Port.la Torretta
PALERMO
Madna del Furi
Pzo Montanello
Boccadifalco
C. Mongerbino
Capo Zafferano
Aspra
Solunto
Porticello
Ficarazzi
Sta Flavia
Solanto
Zoo Fattoria
Lo Zucco
Giardinello
Montelepre
S. Martino d. Scale
Castellaccio
Monreale
Sta Maria di Gesù
Ciaculli
Villabate
Bagheria
Trappeto
M. Gibilmesi
Aquino
Villagrazia
Gibilrossa
Borgetto
Pioppo
Casteldaccia
Sant' del Romitello
Altofonte
Belmonte Mezzagno
Altavilla Milicia
C. Grosso
Partinico
M. Gradara
Giacalone
Portla d. Pianetto
Misilmeri
Portla d. Accia
S. Nicola l'Arena
98
21
29

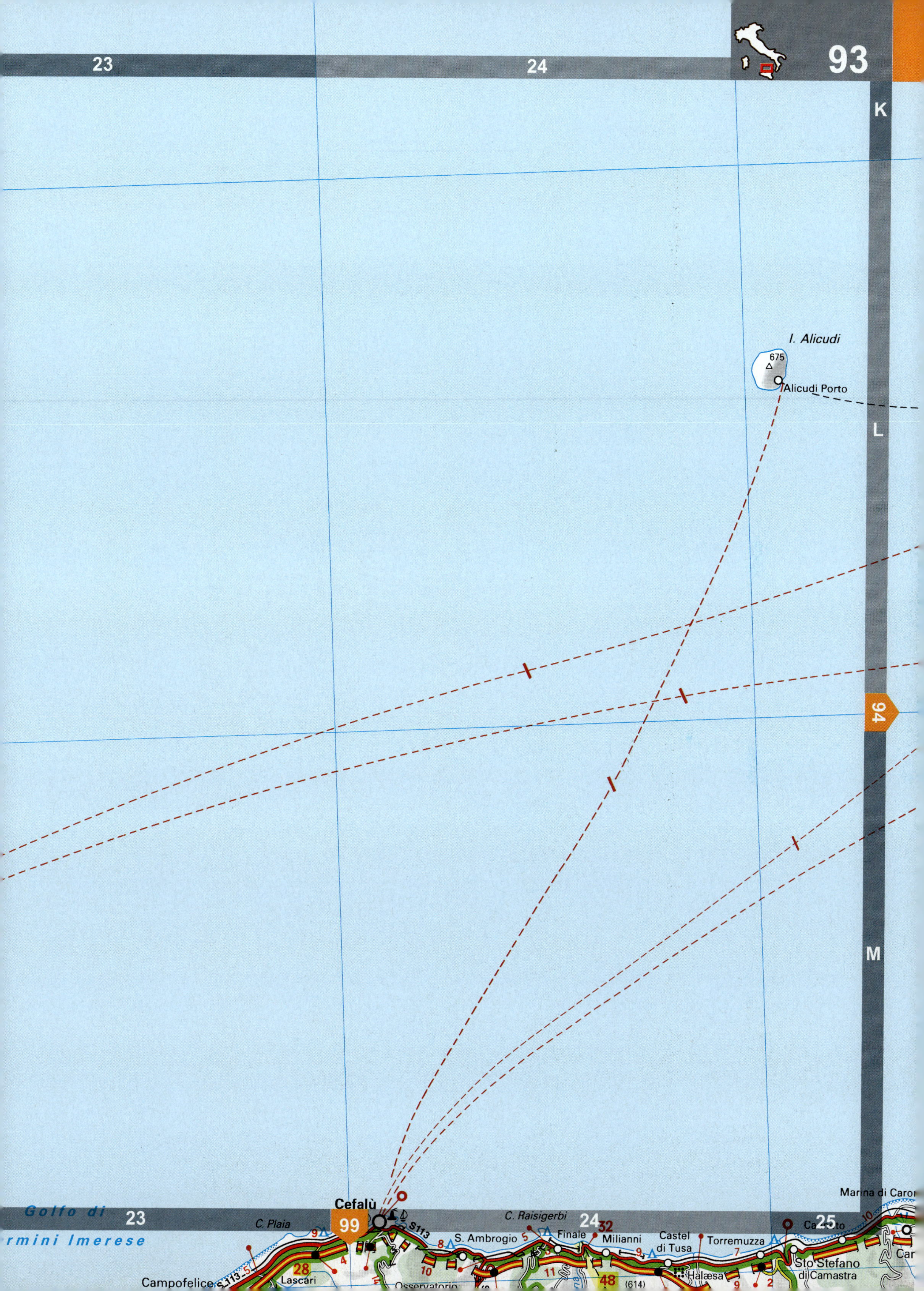
23
24
K
L
M
94
I. Alicudi
675
Alicudi Porto
Golfo di
Termini Imerese
C. Plaia
Cefalù
99
S113
S. Ambrogio
C. Raisigerbi
Finale
Milianni
Castel di Tusa
Halæsa
Torremuzza
(614)
Campofelice
Lascari
Osservatorio
Sto Stefano di Camastra
Marina di Caron
25
28
32
48

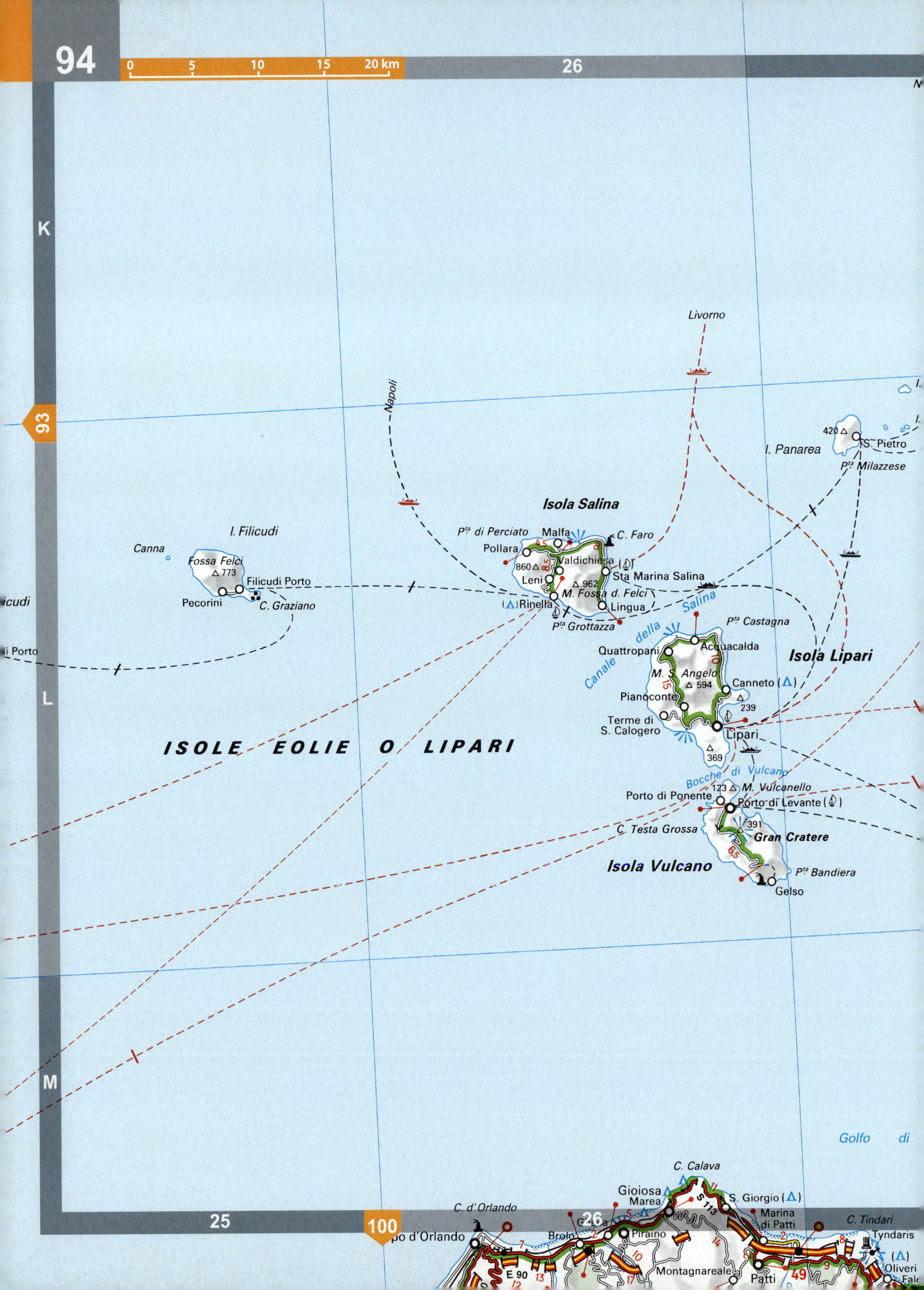
0 5 10 15 20 km
26
K
L
M
93
25
26
100
Livorno
Napoli
I. Panarea
420
S. Pietro
Pta Milazzese
Isola Salina
Pta di Perciato
Malfa
C. Faro
Pollara
Valdichiesa
860
Leni
962
Sta Marina Salina
M. Fossa d. Felci
Rinella
Lingua
Pta Grottazza
I. Filicudi
Canna
Fossa Felci
773
Filicudi Porto
Pecorini
C. Graziano
icudi
i Porto
Canale della Salina
Pta Castagna
Acquacalda
Quattropani
Isola Lipari
M. S. Angelo
594
Canneto
239
Pianoconte
Terme di S. Calogero
Lipari
369
ISOLE EOLIE O LIPARI
Bocche di Vulcano
123
M. Vulcanello
Porto di Ponente
Porto di Levante
391
C. Testa Grossa
Gran Cratere
Isola Vulcano
Pta Bandiera
Gelso
Golfo di
C. Calava
Gioiosa Marea
S. Giorgio
C. d'Orlando
Marina di Patti
C. Tindari
po d'Orlando
Brolo
Piraino
Tyndaris
Oliveri
Montagnareale
Patti
E 90
S 113
49

27
28
29
K
L
M
88
90
101
Napoli
S. Bartolo
I. Strombolicchio
Sciara del Fuoco
S. Vincenzo
924
Ginostra
I. Vancori
Pta Lena
Isola Stromboli
Reggio di Calabria
Basiluzzo
Lisca Bianca
Capo Vaticano
(124)
S. Nicolò
GOLFO
DI GIOIA
Marina di Gi
Taure
(228)
Palmi
Capo Barbi
Marina di Palmi
Elia
Ceramida
Pellegrina
I. Stromboli
I. Vulcano
C. Rasocolmo
Sparta
S. Saba
(50)
Bagnara Calabra
Massa S. Giorgio
Mortelle
C. Peloro
Costa
Favazzina
Rodia
Castanea d. Furie
Faro Sup.
Torre Faro
Messina
Scilla
Solano
C. di Milazzo
Golfo di Milazzo
Porticello-Sta Trada
Ganzirri
Canitello
Melia
Croce al Promontario
Villafranca Tirrena
Divieto
M. Ciccia
609
30
Campo Calabro
S. Roberto
Tono
Spadafora
Gesso
Pace
Villa S. Giovanni
Milazzo
Scala
Saponara
Concessa
Rosali
(511)
Calanna
S. Alessio in Aspr.
Fossazzo
Patti
Valdina
Venetico
Roccavaldina
Catona
Gallico
Laganadi
Sta Maria delle Grazie
Olivarella
Pace d. Mela
Torregrotta
Condrò
Rometta
(600)
Stretto di
Gallico Marina
Cerasi
Sto Stefano in Aspr.
1056
Caldera
S. Filippo d. Mela
Monforte S. Giorgio
1127
Antennamare
MESSINA
Archi
Orti
Castroreale Terme
Meri
Pier Niceto
Larderia
Tremestieri
Terreti
(60)
Barcellona Pozzo di Gotto
Sta Lucia del Mela
(215)
Pellegrino
REGGIO DI CALABRIA
Vinco
S. Biagio
La Gala
Mili S. Pietro
Sto Stefano
Mosorrofa
A 18 - E 45
A 20 - E 90
A 3 - E 45
S 18
S 113
S 113d
S 184
S 670

0 5 10 15 20 km
18
19
M
N
Q
Cagliari
Tunis
I. di Pantelleria
ISOLE
EGADI
P.ta Mugnone
P.ta Troia
Cast.
686
M. Falcone
Marettimo
P.ta Libeccio
P.ta Bassana
I. Marettimo
C. Grosso
I. Levanzo
Grotta del Genovese
278
Levanzo
I. Maraone
I. Formica
P.ta Faraglione
P.ta Sottile
314
M. Sta Caterina
Favignana
I. Favignana
P.ta Marsala
I. Colombata
Trapani
I. Asinelli
Pizzolungo
Lido di S. Giuliano
Tonnara Bonagia
S. Andrea Bonagia
Erice
(751)
Valderice
Crocevie
G. di Bonagia
P.ta del Sara
M. Cofan
Custo
Saline
Xitta
Paceco
Napola
Dattilo
Nubia
Pietretagliate
Palma
Marausa
Lido Marausa
VINCENZO FLORIO
Rilievo
Birgi Novo
Saline
Birgi
Vecchi
105
I. Grande
I. S. Pantaleo
Mozia
Isole d. Stagnone
Marcanzotta
Granatello
230
Ss. Filippo e Giacomo
Madonna d. Cava
Borgo Ri
P.ta d' Alga
Tabaccaro
Paolini
Matarocco
Nuccio
C. Lilibeo o Boeo
Marsala
Digerbato
Ciavolo
Ponte
Mazaro
Lido Mediterraneo
Lido Delfino
Lido Signorino
Sto Padre d. Perriere
Terrenove
Strasatti
Borgata Costiera
P.ta Parrino
Petrosino
Pizzolato
C. Feto
Mazara del Vallo
Torretta-Granito
Karti
S 113
S 115
S 187
Pantelleria
Cala Cinque Denti
P.ta Spadillo
Cuddie Rosse
Gadir
Bagno dell'Acqua
P.ta Tracino
Sesi
289
P.ta Fram
S. Vito
Khamma
Tracino
Sataria
Siba
M.gna Grande
836
M. Gibele
700
P.ta d. Tre Pietre
Scauri
560
Nica
P.ta Dietro Isola
Balata dei Turchi
I. di Pantelleria

20
21
Capo S. Vito
S. Vito lo Capo
Pta di Solanto
M. Monaco
Pta Tannure
Torre dell'Impiso
Golfo del Cofano
Macari
M. Speziale
Castelluzzo
Purgatorio
Sperone-Assieni
Scopello
C. Puntazza
Pta Calabianca
M. Sparagio
Baglio Messina
Balata di Baida
Castellammare del Golfo
Golfo di Castellammare
Battaglia
Pzo d. Niviere
Buseto Palizzolo
Castello Inici
Tangi
M. Scorace
Ballata
Bruca
Fulgatore
Ummari
Segesta
Baglionuovo
L. Rubino
Mgna Grande
Calatafimi
Borgo Fazio
M. Polizzo
Vita
M. Baronia
Ulmi
M. Sette Soldi
Posillesi
Salemi
S. Ciro
Calamita Vecchia
M. del Coco
Gibellina
Ruderi di Gibellina
Sta Ninfa
Madna d. Libera
Ruderi di Salaparuta
Partanna
Tre Grimesi
L. d. Trinità
SS. Trinità di Delia
Castelvetrano
Campobello di Mazara
Cave di Cusa
Selinunte
Triscina
Marinella
Tre Fontane
Pta Granitola
Menfi
Porto Palo
Montevago
Sta Margherita di Belice
M. Magaggiaro
Portla Misilbesi
Bivio S. Bartolo
Poggioreale
Salaparuta
Ruderi di Poggioreale
Pzo di Gallo
Sambuca di Sicilia
L. Arancio
M. Cirami
Rca Ficuzza
S. Biagio
Pzo Telegrafo
Caltabellotta
Monte Kronio
S. Calogero
Gallitello
Sre del Parrino
Roccamena
Belice Destro
Camporeale
M. Castellaccio di Frattacchia
M. Pietroso
Alcamo
Alcamo Marina
M. Bonifato
Madna dell'Alto
M. Ferricini
Balestrate
Trappeto
Partinico
Zoo Fattoria
Punta Raisi
FALCONE BORSELLINO
Terrasini
C. Rama
Cinisi
Villagrazia di Carini
Carini
Madna del Furi
Pzo Montanello
Torretta
Lo Zucco
Giardinello
Montelepre
Borgetto
Sant del Romitello
M. Gradara
M. Gibilmesi
Pioppo
Giacalone
Monreale
Aquino
Villagrazia
Altofonte
Boccadifalco
S. Martino d. Scale
Castellaccio
Isola d. Femmine
I. d. Femmine
Golfo di Carini
Sferracavallo
Tommaso Natale
Partanna
Mondello
Capaci
M. Castellaccio
Portla Torretta
Pzo Mirabella
Portla d. Paglia
Piana d. Albanesi
Pizzuta
Sta Cristina
L. di Piana d. Albanesi
M. Leardo
M. d. Fiera
L. Poma
Grisi
S. Giuseppe Jato
S. Cipirello
Portla Ginestra
M. Jato
S. Loe
Borgo Schirò
M. Galiello
Portla di Poira
Santo del Rosario
Ficuzza
Frattina
Corleone
M. Giammaria
Portla Scorciavacche
Borgo Roccella
Carruba Nuova
Contessa Entellina
Sta Maria del Bosco
M. Genuardo
M. Adranone
Giuliana
Bisacquino
Campofiorito
Pzo Cangialoso
M. Triona
L. di Gammauta
Chiusa Sclafani
S. Carlo
Burgio
Villafranca Sicula
Lucca Sicula
S. Anna
Bivio Tamburo
Calamonaci
Ribera
L. Favara
Verdura
Pta di Gallina
Fredda
Modione
Belice
Grande
Preola
102
98

0
5
10
15
20 km
Capo Gallo
22
92
I. d. Femmine
Punta Raisi
Isola d. Femmine
Sferracavallo
Mondello
Pta di Priola
Golfo di Carini
Golfo di Palermo
FALCONE BORSELLINO
Tommaso Natale
Partanna
M. Pellegrino
Vergine Maria
Capaci
M. Castellaccio
Terrasini
Cinisi
Villagrazia di Carini
Carini (181)
Portla Torretta
PALERMO
C. Rama
Madna del Furi
Torretta
Conca d'Oro
C. Mongerbino
Capo Zafferano
M
Pzo Montanello
Boccadifalco
Aspra
Solunto
Porticello
Zoo Fattoria
Lo Zucco
Montelepre
S. Martino d. Scale
Castellaccio
Ficarazzi
Sta Flavia
Solanto
Trappeto
Giardinello
Monreale (301)
Aquino
Villagrazia
Sta Maria di Gesù
Ciaculli
Villabate
Bagheria
M. Gibilmesi
Pioppo
Borgetto
Gibilrossa
Belmonte Mezzagno
Casteldaccia
C. Grosso
Partinico (175)
Sant del Romitello
Altofonte
Altavilla Milicia
M. Gradara
Giacalone
Portla d. Pianetto
Misilmeri
Portla d. Accia
S. Nicola l'Arena
Pzo Mirabella
Portla d. Paglia
Pzo Cervo
Trabia
M. d. Fiera
Piana d. Albanesi
Pzo d. Leone
Sta Cristina Gela
Pzo Mangiatoriello
L. Poma
La Pizzuta
L. di Piana d. Albanesi
Eleutero
Milicia
Alcamo (256)
S. Giuseppe Jato
Portla Ginestra
M. Jato
Marineo (531)
Bolognetta
M. Ferricini
S. Cipirello
M. Leardo
Pzo d. Trigna
Grisi
M. Balatelle
Baucina
Caccamo
L. d. Scanzano
Cefalà Diana
Ventimiglia di Sicilia
M. Pietroso
Godrano
Villafrati
Ciminna (521)
S. Loe
Bosco della Ficuzza
Serre
Camporeale
Borgo Schirò
Sant° del Rosario
Ficuzza
Mezzojuso
Sambuchi
M. Galiello
Portla di Poira
Rocca Busambra
S. Leonardo
Sre del Parrino
Roccamena
Giardinello
La Montagna
Frattina
Campofelice di Fitalia
Vicari (700)
Regalgioffoli
Belice Destro
Corleone (542)
Czo Donna Giacoma
Roccapalumba
97
Ruderi di Poggioreale
M. Giammaria
Mendola
Bivio Manganaro
Pzo di Gallo
Portla Scorciavacche
Valle della Margana
Poggioreale
Borgo Roccella
Portla d. Croce
Lercara Friddi (660)
Marcatobi
Campofiorito
Portla Imbriaca
Pzo Lanzone
Lercara Bassa
Carruba Nuova
Pzo Cangialoso
Prizzi (1007)
M. Carcaci
Portla Scanni
Contessa Entellina
M. Triona
L. di Prizzi
Bta Carcaciotto
Borgo Regalmici
Sta Margherita di Belice
Sta Maria del Bosco
Filaga
Castronuovo di Sicilia
Lata Lunga
Bisacquino
L. di Gammauta
M. Genuardo
M. Adranone
Chiusa Sclafani (658)
Palazzo Adriano
L. Pian del Leone
L. Fanaco
Giuliana
Sambuca di Sicilia
M. Rose
Cammarata
Monti Sicani
Cozzo Stagnataro
Pzo di Gallinaro
Misilbesi
S. Biagio
Bivona (503)
Sto Stefano Quisquina
Sta Rosalia (986)
S. Giovanni Gemini
L. Arancio
S. Carlo
M. Cammarata
M. Cirami
Pzo Telegrafo
Burgio
Pzo d. Rondine
Villafranca Sicula
Pzo la Menta
L. Favara
Rca Ficuzza
Caltabellotta (949)
M. S. Nicola
Alessandria della Rocca (533)
Lucca Sicula
Bivio S. Bartolo
S. Anna
Magazzolo
Portla Tanabuto
Casteltermini (554)
Verdura
21
102
Bivona
Burello
Cianciana (390)
Monte Kronio
S. Calogero
Calamonaci
S. Biagio Platani
Ribera (233)
Platani

23
93
24
Golfo di
Termini Imerese
Cefalù
C. Plaia
C. Raisigerbi
S. Ambrogio
Finale
Milianni
Castel di Tusa
Torremuzza
Canneto
Marina di Caronia
Sto Stefano di Camastra
Halæsa
Tusa
Motta d'Affermo
Reitano
Pettineo
Campofelice di Roccella
Lascari
Osservatorio Geofisico
Sant.º di Gibilmanna
P.zo S. Angelo
Pollina
Borrello
P.zo Taverna
M. Trefin
Termini Imerese
Imera
Buonfornello
Gratteri
Port.la di Montenero
Mistretta
S. Calogero
Villaurea
Collesano
P.zo Dipilo
Isnello
Castelbuono
P.zo Voturo
Sciara
Cerda
M. d'Oro
Mongerati
S. Mauro Castelverde
Castel di Lucio
Grande o Imera Sett.le
P.zo Carbonara
Port.la di Mare
Piano Zucchi
Piano Battaglia
Timpa del Grillo
M. Castelli
Colle del Contrasto
Aliminusa
M. dei Cervi
Port.la Mandarini
Geraci Siculo
Scillato
Marini
P.zo Cosimo
Madonie
M. Sambughetti
Montemaggiore Belsito
M. Roccelito
M. S. Salvatore
Port.la d. Bifolchi
P.so Malopassetto
Sclàfani Bagni
Caltavuturo
Polizzi Generosa
Nociazzi
Petralia Sottana
Petralia Soprana
Gangi
Masseria S. Agrippina
P.so Conca
M. Piombino
Calcarelli
Port.la Madonnuzza
Portella
Port.la d. Lupo
Alia
Masseria Balate
Castellana Sicula
Fasano
Pianello
Verdi
Sperlinga
S.ra Tignino
Port.la Mangiante
M. Zimmara
B.di Sperlinga
Nicosia
Valledolmo
P.zo Sampieri
Mass. Xireni
Blufi
Bompietro
Port.la d. Scavo
Locati
Salso
Casalgiordana
M. La Guardia
M. Catuso
Alimena
S.ra d. Vento
Villadoro
Port.la Creta
Garcia
Vallelunga Pratameno
Resuttano
Tudia
Cacchiamo
M. Altesina
Montoni-Vecchio
Casabella
Port.la d. Morto
Imera Merid.le
Villalba
Leonforte
P.zo Ficuzza
Cozzo Pitursiddo
Port.la Recattivo
Sparacia
Recattivo
Villapriolo
Morello
Erbavuso
M. Chibbò
M. Matarazzo
M. Giulfo
L. Nicoletti
Polizzello
L. Villarosa
Calascibetta
M. S. Vito
Marianopoli
Port.la Palermo
Bivio Barriera Noce
Villarosa
Monti Erei
Manfredonico
Sta Caterina Villarmosa
Port.la d. Vento
Calderari
Mussomeli
Mappa
Enna
Pergusa
Cozzo Campana
Salito
Xirbi
Port.la Castro
Sutera
M. S. Paolino
Fanzarotta
Sto Spirito
M. Sabbucina
M.Carangiaro
L. di Pergusa
Valguarnera
Campofranco
Torretta
Borgata Palo
S. Cataldo
Borgo Cascino
Gallo d'Oro
103
25
100
27

Golfo di
C. Calava
Gioiosa Marea
S. Giorgio
94
26
C. d'Orlando
Capo d'Orlando
Brolo
Gliaca
Piraino
Marina di Patti
C. Tindari
Tyndaris
Oliveri
Falcone
Patti
Montagnareale
Naso
S. Angelo di Brolo
Ficarra
Librizzi
Moreri
Colla
M. d. Saraceni
Rocca di Capri Leone
Zappulla
Torrenova
Capri Leone
Mirto
Castell' Umberto
Sinagra
Frazzano
S. Agata di Militello
S. Marco d'Alunzio
S. Salvatore di Fitalia
Raccuia
S. Piero Patti
Sta Maria
Braidi
Basicò
Sta Barbara
Acquedolci
Militello Rosmarino
S. Filippo di F.
P.so d. Zita
Ucria
Montalbano Elicona
Torre del Lauro
Galati Mamertino
Port.la Calcatizzo
Marina di Caronia
Grotta di S. Teodoro
Iria
Longi
Tortorici
Canneto
S. Fratello
Alcara li Fusi
Rocche del Castro
P.so d'Ucina
Maru
Floresta
M. Castellazzo
Polverello
M. Rosso
Caronia
S. Nicola
Port.la d. Zoppo
Favoscuro
P.zo Filio
P.zo Tambulano
M. d. Morro
Furiano
M. Croce Mancina
L. Biviere
M. Trefinaidi
P.zo Luminaria
S.ta del Re
M. Colla
Roccella Valdemone
Mistretta
Nebrodi
M. Soro
Trearie
Sta Domenica Vittoria
Moio Alcantara
P.zo Lippo
Portella Femmina Morta Miraglia
Alcantara
M. Pomiere
P.zo Fau
Porticelle Soprane
Randazzo
Cuto
Passopisciaro
Montelaguardia
M. Castelli
P.gio Tornitore
Abb.a di Maniace
Colle del Contrasto
Capizzi
L. Ancipa
S. Teodoro
Cesarò
Maletto
M. Sta Maria
M. Nero
Sambughetti
Calogno
S. Elia
M. La Nave
Ceriani
Troina
Troina
M. Pizzillo
Portelle
M. Femminamorta
Serra di Vito o di Caginia
MONTE ETNA
Bronte
Villa Pietralunga
Cerami
M. Ruvolo
Valle d. Bove
Nicosia
M. Schino d. Croce
P.zo d. Eremita
La Montagnola
Gagliano Castelferrato
M. Salici
Sotto di Troina
M. Turchio
Sapienza
Villaggio Sta Margherita
Simeto
Cantoniera d. Etna
Salso
Sparacollo
Adrano
M. Pinitеddu
Serra del Bosco
Lago Pozzillo
Tarderia
Carcaci
Nissoria
Agira
Regalbuto
Mass. Intorella
Biancavilla
Ragalna
Pedara
Leonforte
S. Giorgio
M. S. Agata
Centuripe
Nicolosi
Sta Maria di Licodia
Assoro
Massa Annunziata
Belpasso
Mascalucia
R.ca d'Aquila
S. Pietro Clarenza
Camporotondo Etneo
Gravina d. C.
Catenanuova
Paternò
Muglia
S. Giovanni Galermo
Calderari
Misterbianco
Cozzo Arginemele
Libertinia
Parco Zoo di Sicilia
M. Iudica
Motta S. Anastasia
Pergusa
Valguarnera
Borgo Franchetto
Sferro
M. Libra
Giumarra
Gerbini
104
99

MESSINA
REGGIO DI CALABRIA
Taormina (250)
Giardini-Naxos
Giarre
Acireale
CATANIA
MARE IONIO
Golfo
Patti
Fossazzo
Sta Maria delle Grazie
Olivarella
Pace d. Mela
Torregrotta
Valdina
Venetico
Roccavaldina
Saponara
Rometta
Condrò
Caldera
S. Filippo d. Mela
Monforte S. Giorgio
S. Pier Niceto
Antennamare
Concessa
Catona
Gallico Marina
Stretto
Archi
Arasi
Terreti
Vinco
Mosorrofa
Cataforio
Cardeto
Cardeto Md
Castroreale Terme
Barcellona Pozzo di Gotto
Sta Lucia del Mela
Sicaminò
Pellegrino
Larderia
Tremestieri
Mili S. Pietro
Sto Stefano di Briga
Galati Marina
S. Biagio
Terme Vigliatore
La Gala
Castroreale
Rodi
Furnari
Mazzarà S. Andrea
Milici
Bafia
Pezzolo
Altolia
Giampilieri
Itala
Scaletta Zanclea
Itala Marina
Alì
Alì Terme
Fiumedinisi
Mandanici
Ravagnese
S. Gregorio
S. Leo
Pellaro
Punta di Pellaro
Bocale
Armo
Oliveto
M. Embrisi
Fossato Ionico
Motta S. Giovanni
Montebello Ionico
Chorio
Lazzaro
Molaro
Pentedattilo
Capo dell' Armi
Saline Ioniche
S. Elia
Melito di Porto Salvo
M. Poverello
M. Fossazza
Pzo di Vernà
Tripi
S. Marco
Fantina
Basilio
Novara di Sicilia
Port.la Pertusa
Port.la Mandrazzi
Fondachelli-Fantina
Antillo
Rimiti
Pagliara
Nizza di Sicilia
Misserio
Roccalumera
Casalvecchio Siculo
Savoca
Furci Siculo
Sta Teresa di Riva
Limina
Ss. Pietro e Paolo
S. Alessio Siculo
C. S. Alessio
Forza d'Agrò
Rocca Fiorita
Mgna Grande
Francavilla di Sicilia
Mongiuffi-Melia
Gallodoro
Letojanni
Motta Camastra
Graniti
Castiglione di Sicilia
Gole d. Alcantara
Castelmola
Mazzarò
C. Taormina
Solicchiata
Gaggi
Linguaglossa
Calatabiano
C. Schisò
Naxos
Piedimonte Etneo
S. Marco
Vena
Fiumefreddo di Sicilia
Mareneve
Sta Venera
Fondachello
Nunziata
Mascali
Puntalazzo
Riposto
Fornazzo
S. Alfio
Milo
Macchia
Zafferana Etnea
Sta Venerina
Carruba
Sarro
Linera
Guardia
Pozzillo
Fleri
Stazzo
Sta Tecla
Trecastagni
Aci S. Antonio
Aci Catena
Aci Bonaccorsi
Valverde
S. Gregorio di C.
Aci Trezza
Aci Castello
Cannizzaro
Riviera dei Limoni
Riviera dei Ciclopi
Napoli
Lido di Plaia
FONTANAROSSA
Monti Peloritani
E 45
A 18
S 114
S 185
S 120
S 106
E 90
27
28
29
95
105
06

0 5 10 15 20 km
Sciacca
Ribera
Agrigento
Porto Empedocle
Realmonte
Siculiana
Montallegro
Cattolica Eraclea
Raffadali
Cianciana
Caltabellotta
Burgio
Villafranca Sicula
Lucca Sicula
S. Anna
Calamonaci
Bivio Tamburello
Alessandria della Rocca
S. Biagio Platani
S. Angelo Muxaro
S. Elisa
Montaperto
Giardina Gallotti
Villaseta
Siculiana Marina
Eraclea Minoa
Borgo Bonsignore
Secca Grande
C. Bianco
Bovo Marina
Capo Rossello
S. Giorgio
C. S. Marco
Monte Kronio
S. Calogero
Porto Palo
S. Leone
Lido Caneo
M. Sara
M. Sedita
M. Giafaglione
M. Iazzo Vecchio
M. Suzza
M. le Fosse
Laghetto Gorgo
Verdura
Platani
Magazzolo
Port.la Milione
Port.la Tanabuto
P.zo Telegrafo
M. Cirami
R.ca Ficuzza
P.zo la Menta
P.zo d. Rondine
M. S. Nicola
Quisquina
S 115
S 118
S 386
S 624
E 931
R A N E O
I S O L E P E L Á G I E
I. di Linosa
Linosa
M. Vulcano
P.ta Paranzello
P.ta Calcarella
Porto Empedocle
Lampedusa
I. di Lampedusa
I. di Lampione
Sc.o del Sacramento
M. Albero Sole
C. Ponente
C. Grecale
I. dei Conigli
Lampedusa
Mad.na di Porto Salvo
P.ta Sottile
12°20
12°40
98
O
P
Q
20
21
22

Caltanissetta
Canicattì
Licata
Gela
Favara
Valle dei Templi
Naro
Palma di Montechiaro
Ravanusa
Campobello di Licata
Riesi
Mazzarino
Butera
Pietraperzia
Barrafranca
Sommatino
Delia
Serradifalco
S. Cataldo
Mussomeli
Casteltermini
Campofranco
Racalmuto
Grotte
Castrofilippo
Aragona
Sutera
Milena
Montedoro
Bompensiere
Marianopoli
Sta Caterina Villarmosa
Falconara
Manfria
Marina di Palma
Montechiaro
Villaggio Mosè
Camastra
Golfo di Gela
Valletta (Malta)

99
104

0 5 10 15 20 km
Catenanuova
Paternò
(225)
Muglia
Simeto
Dittaino
Calderari
Enna
Pergusa
L. di Pergusa
Mulinello
Cozzo Arginemele
487
Libertinia
M. Iudica
765
Castel di Iudica
(475)
Borgo Franchetto
Sferro
Parco Zoo di Sicilia
Valguarnera
Carangiaro
911
M. Libra
490
Giumarra
Gerbini
Raddusa
M. Rossomanno
889
Mass. Stimpato
Bivio Jannarello
L. di Ogliastro
Gornalunga
Aidone
(816)
Morgantina
Olivo
M. Polino
723
Piazza Armerina
(697)
Margherito Sottano
Margherito Soprano
Ramacca
Monaci
La Montagna
560
Va Romana d. Casale
C. Parisi
Borgo Baccarato
Serbatoio di Pietrarossa
Borgo Pietro Lupo
Palazzelli
Benante
M. Navone
754
727
571
Sette Feudi
Palagonia
(200)
277
Nociara
Mirabella Imbaccari
Pietrarossa
607
Serra Pietraliscia
Scordia
(130)
Militello in Val di Catania
626
Trigona
S. Cono
S. Michele di Ganzaria
Mineo
Cast. di Grassuliato
791
M. della Scala
Mad.na del Piano
Francofonte
(281)
595
M. d. Bubonia
Caltagirone
(608)
Grammichele
(520)
M. Marineo
692
C. Rigiurfo Grde
L. Disueri
Disueri
Risicone
Forcito
Niscemi
(332)
Mad.na del Buonconsiglio
Licodia Eubea
Vizzini
(619)
M. Sta V
870
M. d. Guardia
310
330
Buccheri
986
M. Lauro
Ferla
Castelluccio
Ponte Olivo
Granieri
L. Dirillo
739
914
M. Contessa
Sto Pietro
Botteghelle
Ficuzza
Monterosso Almo
Buscemi
Gela
Maroglio
Priolo
Mazzarrone
Giarratana
(520)
Akrai
Palaz
233
Pgio Terrana
Pgio Mazzarrone
232
Sant.o di Gulfi
Chiaramonte Gulfi
(668)
Pso d. Pantanelle
99
123
Quaglio
Roccazzo
Pedalino
717
Sra Vetrano
il Biviere
Acate
Acate o Dirillo
883
Sra d. Burgio
Rigolizia
Irminio
Cali
C. Iacono
S. Giacomo
Balata di Modica
Bellocozzo
Diligenza
Comiso
(246)
724
Villa Terlato
I Macconi
Vittoria
(169)
Gianforma
Ragusa
498
Frigintini
Tresauro
Grotta delle Trabacche
Berdia Nuova
382
Ippari
Scoglitti
Donnafugata
Sra Meta
537
Costa
il Prain
571
M. Renna
Cava d'Ispica
Camarina
Sta Croce Camerina
Modica
(381)
Monti Iblei
Piana di Catania
A 19 - E 932
S 117b
S 288
S 417
S 124
S 385
S 683
S 514
S 194
S 190
S 115
S 192
E 45
100
103
106
24
25
26

Mascalucia
Gravina d.C.
S. Giovanni Galermo
Misterbianco
S. Gregorio di C.
Aci Trezza
Aci Castello
Cannizzaro
Riviera dei Ciclopi
Napoli
CATANIA
Motta S. Anastasia
S. Giorgio
Lido di Plaia
FONTANAROSSA
MARE IONIO
Golfo di Catania
Simeto
Gornalunga
Foce di Simeto
Vaccarizzo
S 114
S 194
NSA 339
NSA 345
Agnone Bagni
S 114
Lentini
Carlentini
Leontinoi
Villasmundo
Brucoli
C. Campolato
M. Tauro
C. Sta Croce
Augusta
Pto di Augusta
Golfo di Augusta
Megara Hyblaea
Melilli
M. Carrubba
Thapsos
Penisola Magnisi
Priolo Gargallo
Monti Climiti
Sortino
Necropoli di Pantalica
Anapo
Marina di Melilli
Sta Panagia
C. Sta Panagia
Belvedere
Eurialo
Solarino
C. Melilli
Cassaro
M. Grosso
Floridia
SIRACUSA
Pto Grande
Penisola della Maddalena
Monasteri
Cavadonna
Canicattini Bagni
Fonte Ciane
Terrauzza
C. Murro di Porco
Arenella
Ognina
C. Ognina
Cassibile
Fontane Bianche
Pta del Cane
Testa dell'Acqua
Villa Vela
Castelluccio
Noto Antica
S. Corrado d. Fuori
Avola
Marina di Avola
Mass. Granieri
Noto
M. Renna
Tellaro
Asinaro
Calabernardo
Vla Romana d. Tellaro
Lido di Noto
Eloro
S. Paolo
Rosolini
Bimmisca
Valletta (Malta)
Golfo di
O
P
Q
101
107
27
28

0 5 10 15 20 km
104
103
24
25
P
Q
R
Caltagirone (608)
Grammichele (520)
M. Marineo 692
M. della Scala
M. d. Bubonia 595
C. Rigiurfo Gr.de
Butera (400)
L. Comunelli
M. d. Guardia 310
Castelluccio
Ponte Olivo
Niscemi (332)
Mad.na del Buonconsiglio
Vizzini (619)
Licodia Eubea
L. Dirillo
Monterosso Almo
Giarratana (520)
Granieri
Botteghelle
Mazzarrone
Sto Pietro
Ficuzza
Priolo
Manfria
Gela
Maroglio
P.so d. Pantanelle
P.gio Terrana
P.gio Mazzarrone
Sant.o di Gulfi
Chiaramonte Gulfi (668)
S.ra d. Burgio
Quaglio
Roccazzo
Pedalino
Acate
Acate o Dirillo
il Biviere
Cali
C. Iacono
Irminio
Balata di Modica
f o di Gela
i Macconi
Villa Terlato
Diligenza
Comiso (246)
Vittoria (169)
Ragusa
Tresauro
Grotta delle Trabacche
Berdia Nuova
Scoglitti
Ippari
Donnafugata
Costa
M. Renna 571
Modica
Camarina
Sta Croce Camerina
Camemi
Punta Braccetto
Punta Secca
C. Scaramia o Scalambri
Casuzze
Sta Barbara
Marina di Ragusa
Plaja Grande
Donnalucata
Scicli (106)
Cava d'Aliga
Sampieri
Marina di Modica
S 115
S 514
S 194
S 626
S 190
S 117b.
S 417
S 124
S 683
S 385
E 45
P 25
M A R E M E D I

Golfo
di
Augusta
P.to di Augusta
Megara Hyblaea
Melilli
Priolo Gargallo
Thapsos
Penisola Magnisi
Marina di Melilli
Sta Panagia
C. Sta Panagia
Monti Climiti
Sortino
Necropoli di Pantalica
Pedagaggi
M. Carrubba
M. Sta Venere
Buccheri
Ferla
Cassaro
Anapo
C. Melilli
Solarino
Floridia
Belvedere
Eurialo
SIRACUSA
P.to Grande
Penisola della Maddalena
Terrauzza
C. Murro di Porco
M. Contessa
Buscemi
Palazzolo Acreide
Akrai
M. Grosso
Monasteri
Cavadonna
Canicattini Bagni
Fonte Ciane
Sta Vetrano
Rigolizia
Arenella
Ognina
C. Ognina
Cassibile
Fontane Bianche
P.ta del Cane
S. Giacomo
Bellocozzo
Testa dell'Acqua
Fatt.a Iudica
Villa Vela
Castelluccio
Gianforma
Frigintini
Mass. Granieri
Noto Antica
S. Corrado d. Fuori
Avola
Marina di Avola
Noto
M. Renna
Asinaro
Tellaro
Il Prainito
Calabernardo
V.la Romana d. Tellaro
Lido di Noto
Eloro
Cava d'Ispica
S. Paolo
Rosolini
Golfo
di
Noto
Bimmisca
I. Vendicari
Pant.o Roveto
Ispica
C. Zappulla
Villa Modica
Fatt.a S. Lorenzo
S. Lorenzo Vecchio
Zimardo
Pant.o Gariffi
Burgio
Marzamemi
Pant.o Longarini
Pozzallo
Pachino
Marza
Maucini
C. Passero
I. di Capo Passero
Portopalo di C. Passero
P.ta Ciriga
P.ta delle Formiche
I. delle Correnti
Valletta (Malta)
26
27
28
P
Q
R
TERRANEO

0 5 10 15 20 km
7
8
C
D
E
9
10
110
MARE DITERRANEO
Belvédère-Campomoro
Grossa
404
P.ta d'Eccica
Castello di Cagalla
383
P.ta di Senetosa
Tizzano
D48
276
Cap de Roccapina
Isola Asinara
P.ta Caprara o dello Scorno
Capo Molla
P.ta d. Scomunica
408
P.ta Sabina
P.to Mannu della Reale
Cala d'Oliva
La Reale
P.ta Trabuccato
Rada della Reale
265
Fornelli
I. Piana
P.ta Barbarossa
Spiaggia d. Pelosa
P.ta Negra
Stintino
Porri
Pozzo
Stagno di
GOLFO DELL' ASINARA
Ajaccio, Propriano
Marseille
Genova
P.ta Tramontana
P.ta li Canneddi
Isola Rossa
I. Rossa
216
Badesi Mare
Badesi
Muntiggiò
Valledoria
La Muddizza
348
Castelsardo
Lu Bagnu
Multeddu
L'Elefante
Tergu
S. Giovanni
Viddalba
Sta Maria Coghinas
Terme di Casteldo

Sartène
Granace
Foce-Bilzese
Col de Bacinu
Forêt
la Trinité
Cala Rossa
P.ta Capicciola
Giuncheto
Montagne de Cagna
P.ta di Compolelli
P.ta Ovace
Porto-Vecchio
Golfe de Porto-Vecchio
P.nte de la Chiappa
Livorno
Palau
Piccovagia
P.ta di u Cerchio
Gianuccio
Ortolo
Canella
Sotta
D 859
Iles Cerbicale
Pruno
Poggiale
Monacia-d'Aullène
Golfe de S.te Giulia
P.ta d'Arcivale
I. di u toro
Pianottoli-Caldarello
Figari
Saparelli
N 198
P.ta di Rondinara
es Moines
I. Bruzzi
B.ge de Figari
Golfe de Ventilegne
Golfe de Santa Manza
M.te Corbo
P.nte de Capicciola
N 196
Gurgazu
Capo di Feno
Bonifacio
Ile Cavallo
Capo Pertusato
Iles Lavezzi
Ecueil de Lavezzi
Bocche di Bonifacio
I. la Presa
I. Sta Maria
Porto-Vecchio
Genova
I. Razzoli
Parco Nationale
I. Budelli
Punta Abbatoggia
P.ta Marginetto
I. Maddalena
Sta Teresa Gallura
P.ta Falcone
I. La Marmorata
dell' Arcipelago
P.ta Galera
I. Caprera
Arcipelago della Maddalena
Capo Testa
La Ficaccia
I. Spargi
Marazzino
Conca Verde
La Maddalena
Moneta
Isole Monaci
Sta Reparata
Buoncammino
P.ta Sardegna
Porto Raphael
I. Sto. Stefano
Casa di Garibaldi
della Maddalena
Val di Mela
Porto Pozzo
Palau
Stagnali
Ciuchesu
Barrabisa
Capo d'Orso
P.ta Rossa
Costa Smeralda
I. delle Bisce
Cala Vall'Alta
S. Pasquale
S 133 b
Capannaccia
Capo Ferro
P.ta di li Francesi
S.ra Pauloni
M.Canu
Baia Sardinia
Vignola Mare
Campovaglio
Porto Cervo
Portobello di Gallura
La Conia
Cannigione
Poltu Quatu
G. Pevero
Bassacutena
M. Moro
Sarraina
P.ta Cappeddu
M. Ruiu
P.te Occhione
Capo Capaccia
Paradiso
P.ta Cruzitta
Aglientu
Baidu
Arzachena
Abbiadori
Capriccioli
I. Mortorio
Tomba di li Lolghi
Cala di Volpe
S. Pancrazio
Luogosanto
Costa Paradiso
Albucciu
I. Soffi
S. Pantaleo
Portisco
Tomba di Lu Coddu Ecchju
P.ta della Volpe
M. Padru
Pirazzolu
S.ta di lu Tassu
M. Abbalata
P.ta Cugnana
Porto Rotondo
G. di Marinella
P.ta del Canigione
tà d'Agultu
Vignola
M. S. Pietro
L. della Liscia
S. Antonio di Gallura
P.ta Littu Petrosu
Capo
S. Pietro di Ruda
Izzana
M. sa Curi
Golfo Aranci
Santo Nuragico Cabu Abbas
S. Filippo
Carana
M. Pinu
Golfo di Olbia
Priatu
Olbia
Luras
Lido di Pittulongu
Aggius
Maiori
Sa Testa
P.ta Salici
Nuchis
Calangianus
M. Tundu
M. Telti
Lido d. Sole
Capo Cera
Tempio Pausania
Scala Ruia
M.la Eltica
Telti
S. Simone
Porto Istana
Murta Maria
112
113

Isola Asinara
Pta Caprara o dello Scorno
Capo Molla
Pta d. Scomunica
Pta Sabina
Cala d'Oliva
Pta Mannu della Reale
La Reale
Pta Tumbarino
Pta Trabuccato
Rada della Reale
Fornelli
I. Piana
Pta Barbarossa
Capo del Falcone
Spiaggia d. Pelosa
Torre Falcone (190)
Pta Negra
Pta Scoglietti
Stintino
GOLFO DELL' ASINARA
Stagno di Casaraccio
I. dei Porri
Ajaccio, Propriano
Marseille
Genova
Stagno di Pilo
Pta Tramont.
Pozzo S. Nicola
Porto Torres
Platamona Lido
Marina di Sorso
M. Sta Giusta
Biancareddu
Capo Mannu
Canaglia
Monte d'Accoddi
Sorso
S. Michele di Plaianu
M. Alvaro
La Pedraia
Campanedda
La Crucca
S. Giovanni
Palmadula
R. d'Ottava
Capo dell' Argentiera
Argentiera
Monteforte
La Corte
Li Punti
SASSARI
Bancali
M. Forte
Caniga
Nurra
L. Baratz
Porto Ferro
Tottubella
Mascari
Sta Maria la Palma
Tissi
Usini
Ossi
Cargeghe
Necropoli di Anghelu Ruju
Olmedo
M. Doglia
M. Timidone
M. Miale Ispina
Uri
I. Piana
Palmavera
Tomba Santu Pedru
L. Cuga
Tramariglio
Porto Conte
Fertilia
Maristella
I. Foradada
Grotta di Nettuno
Capo Caccia
Rada di Alghero
Alghero
Ittiri
Putifigari
M. Unturzu
Sant. di Valverde
Villanova Monteleone
Necropoli di Pottu Codinu
Pedra Ettori
Romana
Monteleone Rocca Doria
M. Minerva
M. Ruiu
Scuola Agraria
M. Mannu
Padria

Cala Vall'Alta
Pta di li Francesi
Portobello di
109
8
9
Vignola Mare
Pta Cappeddu 314
Bassacutena
M. Ruiu 260
Cala Sarraina
Pta Cruzitta 267
Aglientu (417)
S. Pancrazio
Tomba di li Lolghi
Costa Paradiso
81
41
Luogosanto (315)
Pta li Canneddi
M. Tinnari 216
640
Vignola
Tomba Lu Coddu E
Isola Rossa
I. Rossa
M. Abbalata 636
Sta di lu Tassu 765
M. Padru 587
Pirazzolu
S 133
Trinità d'Agultu e Vignola (365)
462
M. S. Pietro 502
L. della Liscia
S. Antonio di Gallura (350)
Badesi Mare
Badesi
S. Pietro di Ruda
Izzana
693
Muntiggioni
G A L L U R A
Carana
S. Filippo
Valledoria
Castelsardo
Aggius (514)
Maiori
Luras
Nuchis
Calangianus (518)
Priatu
Lu Bagnu
La Muddizza 348
Viddalba
Pta Salici 911
Terme di Casteldoria
Tempio Pausania 566
M. Tundu 831
Multeddu
L'Elefante
Sta Maria Coghinas
Bortigiadas
46
Tergu
S. Giovanni
L. di Casteldoria
M. la Eltica 598
Telti
S 200
M. Tudderi 435
S 134
Bulzi
Scala Ruia
S 127
Pta Balistreri
Sedini
S. Pietro di Simbranos
Lu Colbu 828
Vallicciola
1359
P 147
E
Piana Ederas 597
Laerru
Perfugas
Lumbaldu (399)
Passo del Limbara 676
M. Limbara
S 199
31
Silis
(250)
Campudulimu
787
S 392
Monti
A n g l o n a
Altana
Erula
Coghinas
(289) Berchidda
50
Nulvi (478)
S 672
Su Bullone
700
M. su Castedduzzu
M. Acuto 493
Badu Abzolas
622
Sta Vittoria
Martis
M. Iscoba 629
Sta Maria Maddalena
56
14
M. Olia 811
Osilo (673)
Chiaramonti
M. Sassu 640
Tula
Lago del Coghinas
S 597
S 127
N.S di Bonaria (766)
N.S. di Castro
M. Orriola 346
S'Eleme
L. Bunnari
677
M. Pilosu
465
Oschiri (202)
S 132
Bagni di S. Martino
SS. Trinità di Saccargia
Oschiri
Pta di Senalonga 1076
M. Pittu 488
S. Antioco di Bisarcio
Mannu
Codrongianos
Ploaghe (425)
113
Florinas (417)
S. Michele di Salvenero
490
Pta sa Mesa 925
Alà dei Sardi (663)
S 597
42
S 199
M. Pedralunga 729
23
S 131
L o g u d o r o
Ardara (297)
P 63
43
M. Lerno 1094
Sta Reparata
S 389
25
Chilivani
S 132
(375)
Ozieri
Bantine
(794) Pattada
Banari
Siligo (424)
M. Santo 733
P 20
Buddusò (690)
Loelle
S 128bis
24
Bessude
P 63
Nughedu di S. Nicolò
S 389dir.
836
L. sos Canales
F
Ittireddu
Mores
51
36
Borutta
Bonnanaro
S. Pietro di Sorres
Bidighinzu
Butule
Madna di Fatima
574
825
Thiesi (461)
Torralba
M. Calvia 760
1002
M. Paidorzu
Osidda (650)
Cheremule
Mannu
Santu Antine
N.S. de Cabu Abbas
562
Oletto
766
M. Medaris
46
Sa Fraigada
S 128b.
Tirso
Valle dei Nuraghi
Oes
496
M. Cuiaru
Pta Masiennera 1157
979
Bultei
Nule
857
Pta Comoretta
Bitti (549)
719
M. Traessu
Giave (595)
Goceano
Benetutti (406)
Minore
Cossoine
(725)
Foresta di Burgos
1042
Anela
Mannu
Necropoli di S. Andria Priu
Mara
S 292 dir.
Rebeccu
8
115
9
Bonorva (508)
Terme di S. Saturnino
914
S 389
Semestene
Bono (536)
Catena
Campeda
Burgos (595)
Bottidda
S. Nicolò
M. Tiria

0 5 10 15 20 km
109
110
116
D
E
F
8
9
Cala Vall'Alta
S. Pasquale
Capannaccia
S.ta Pauloni 361
Campovaglio
P.ta di li Francesi
Vignola Mare
Portobello di Gallura
M.Canu
Bassacutena
M. Ruiu 260
P.ta Cappeddu 314
Cala Sarraina
Costa Paradiso
P.ta Cruzitta 267
(417) Aglientu
Bassacutena
Baldu
Liscia
Tomba di li Lolghi
S. Pancrazio
(315) Luogosanto
Tomba di Lu Coddu Ecc
640
P.ta li Canneddi
M. Tinnari
Isola Rossa
I. Rossa
216
Vignola
S.ta di lu Tassu 765
M. Padru 587
Pirazzolu
(365)
M. Abbalata 636
Trinità d'Agultu e Vignola
462
M. S. Pietro 502
L. della Liscia
(350) S. Antonio di Gallura
S 427
Badesi Mare
Badesi
S. Pietro di Ruda
Izzana
693
Muntiggioni
Carana
S. Filippo
Luras
Priatu
Valledoria
(514) Aggius
Maiori
Nuchis
(518)
Calangianus
Castelsardo
La Muddizza 348
Viddalba
P.ta Salici 911
Lu Bagnu
Multeddu
L'Elefante
Terme di Casteldoria
Bortigiadas
M. Tundu 831
Tergu
Sta Maria Coghinas
Tempio-Pausania
(P) 566
S. Giovanni
L. di Casteldoria
M. Tudderi 435
Scala Ruia
S 127
M. la Eltica 598
Telti
Bulzi
P.ta Balistreri
Sedini
S. Pietro di Simbranos
Lu Colbu 828
Vallicciola
1359
Piana Ederas 597
Laerru
Perfugas
(399) Lumbaldu
Passo del Limbara
676
M. Limbara
S 199
Silis
Campudulimu
787
Monti (300)
A n g l o n a
Altana
Erula
Su Bullone
(289) Berchidda
Nulvi (478)
Coghinas
700
M. su Castedduzzu
S 392
M. Acuto 493
M. Iscoba 629
Martis
S 672
Badu Abzolas
622
Osilo
(673)
Sta Maria Maddalena
Chiaramonti
M. Sassu 640
Tula
Lago del Coghinas
S 597
M. Olia 811
N.S. di Bonaria (766)
N.S. di Castro
M. Orriola 346
S'Eleme
L. Bunnari
677
M. Pilosu
465
Oschiri (202)
Bagni di S. Martino
SS. Trinità di Saccargia
S 132
P.ta di Senalonga 1076
Oschiri
M. Pittu 488
Ploaghe (425)
S. Antioco di Bisarcio
Mannu
S 199
490
P.ta sa Mesa 925
Alà dei Sardi (663)
S. Michele di Salvenero
S 597
M. Pedralunga 729
S 389
S 131
Ardara (297)
P 63
M. Lerno 1094
Sta Reparata
L o g u d o r o
Chilivani
(375)
(794)
Ozieri
Bantine
Pattada
Banari
M. Santo 733
P 20
(690)
Siligo (424)
Buddusò
Loelle
S 128bis
836
Bessude
Ittireddu
Nughedu di S. Nicolò
S 389dir.
L. sos Canales
Mores
Bonnanaro
Mad.na di Fatima
574
Borutta
825
Thiesi (461)
S. Pietro di Sorres
M. Calvia 760
Osidda (650)
Butule
1002
M. Paidorzu
Torralba
Cheremule
Mannu
Santu Antine
Oletto
M. Medaris 766
S 128b
N.S. de Cabu Abbas
562
Sa Fraigada
Valle dei Nuraghi
496
M. Cuiaru
Tirso
Oes
P.ta Masiennera 1157
979
719
M. Traessu
Bultei
Nule
857
Bitti (549)
Giave (595)
P.ta Comoretta
Benetutti (406)
Minore
Goceano
Cossoine
Anela
(725)
1042
Foresta di Burgos
Mannu
Mara
Necropoli di S. Andria Priu
Rebecco
Semestene
Bonorva (508)
Bono (536)
Terme di S. Saturnino
914
S 389
S 292 dir.
Campeda
Catena
Burgos (595)
Bottidda
S. Nicolò di Trullas
M. Tiria
81
41
46
31
50
56
42
43
23
25
24
51
36

Capo d'Orso
P.ta Rossa
I. delle Bisce
Baia Sardinia
Capo Ferro
Porto Cervo
Costa Smeralda
La Conia
Poltu Quatu
G. Pero
Cannigione
M. Moro 422
P.ta Occhione 387
Arzachena (83)
Abbiadori
Capo Capaccia
Capriccioli
I. Mortorio
Cala di Volpe
I. Soffi
Albucciu
S. Pantaleo (169)
Portisco
P.ta della Volpe
Porto Rotondo
G. di Marinella
P.ta del Canigione
650 P.ta Cugnana
Littu Petrosu 642
S 125
Golfo Aranci
340
Capo Figari
Civitavecchia
Livorno, Piombino
Napoli, Fiumicino
Genova
Arbatax
M. sa Curi 415
Santo Nuragico
Cabu Abbas
Golfo di Olbia
Pinu 743
Olbia
Lido di Pittulongu
Sa Testa
P.ta Timone
Capo Ceraso
S 127
234 M. Telti
Lido d. Sole
218
Porto Istana
564
I. Tavolara
S. Simone
Murta Maria
S 125
Aratena
Porto S. Paolo
Costa Dorata
158
I. Molara
S 131 d.c.n.
Enas
Loiri
317 M. Ruiu
108
Capo Coda Cavallo
Su Canale
Monte Petrosu
Berchiddeddu
339
Marina di lu Impostu
Stagno di S. Teodoro
Su Lernu
S. Paolo
S. Teodoro
Mamusi (350)
819 M. sa Pianedda
Padru (165)
Straulas
P.ta d'Ottiolu
M. Nieddu
P.ta Maggiore 971
Agrustos
Cala di Budoni
P.ta Ittia 883
P.ta di Colloredda 819
Budoni
P.ta dell'Asino
Limpiddu
M. Sempio 828
Brunella
S. Lorenzo
Tanaunella
Piras
Sa Pedrabianca (599)
513
Concas
Posada
Altana
L. di Posada
Torpè
P.ta sa Donna 1019
Lodè
M. Tundu 675
La Caletta
Siniscola
Sta Lucia
Mamone (860)
Mannu
P.ta Cupetti 1029
Nortiddi
Cogoli
Cant. Guzzurra (799)
433 P.ta Unnichedda
I. Ruia
Capo Comino
244 P.ta Ioanneddu
Onani
P.ta Catirina 1127
Monte Albo
M. Senes 863
P.ta su Anzu 448
Lula (521)
M. Saraloi 854
M. Turuddo 1127
826 P.ta su Grabellu
S 131 d.c.n.
Cala Liberotto
Irgoli
Onifai
Loculi
Orosei
S 125
D
E
F
10
11
12
109
117

0 5 10 15 20 km
6
110
7
F
G
H
118
Pedra Ettori
Monteleone Rocca Doria
644 M. Minerva
M. Ruiu 668
Scuola Agraria
Padria
M. Mannu 802
I. sa Pagliosa
(405) Montresta
520
Badu Crabolu
M. Pittada 788
P 49
Capo Marargiu
Nuradeo
Temo
Corte
Bosa
Bosa Marina
S. Pietro
I. Rossa
29
Modolo
Suni
Tinnura
Magomadas
Sagama
Porto Alabe
Tresnuraghes (257)
Sennariolo
Scano di
276
(479)
Cuglieri
S. Leonardo de Siete Fuentes
Torre
P.ta di Foghe
Mannu
S 292
M. Urtigu 1050
M. Ferru
Sta Caterina
Fattoria Pilli
Sta Caterina di Pittinuri
Cornus
S' Archittu
M. Mesu 'e Roccas 584
63
Seneghe
Cala su Pallosu
Narbolia
Rocca Tunda
Capo Mannu
Porto Mandriola
Stagno de is Benas
Putzu Idu
N.ghe s'Urachi
S. Vero Milis
Cala Saline
Tramatza
I. di Mal di Ventre
Stagno Sale Porcus
Riola Sardo
Zeddiani
Mari Ermi
Baratili S. Pietro
Nurachi
S 131
P.ta is Arutas
Stagno di Cabras
Donigala Fenughedu
Massama
Siamaggiore
Sinis
Cabras
Solanas
S. Salvatore
Sili
Stagno di Mistras
21
Marina di Torre Grande
Oristano
I. Catalano
S. Giovanni di Sinis
Tharros
Foce del Tirso
Sta Giusta
Capo S. Marco
Stagno di Sta Giusta
S 126
Golfo di Oristano
S'Ungroni
Capo d. Frasca
Arborea Lido
Arborea
Tanca Marchese
S. Antonio di Santadi
Marceddi
Terralba
Stagno di Marceddi
48

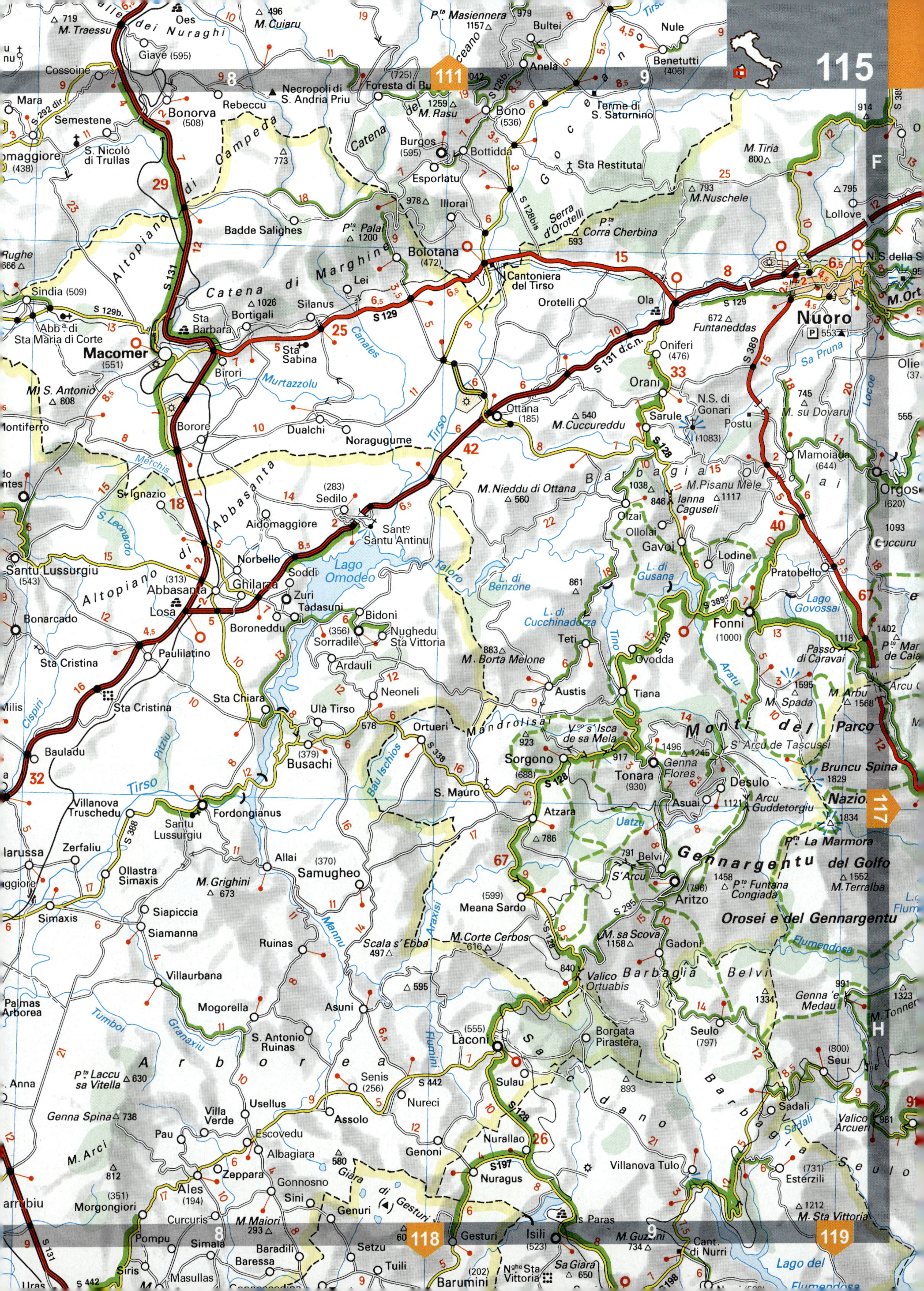
M. Traessu
Oes
dei Nuraghi
M. Cuiaru
P.ta Masiennera
Bultei
Nule
Benetutti
Giave (595)
Cossoine
Necropoli di S. Andria Priu
Foresta di Burgos
Anela
Mara
Semestene
Bonorva (508)
Rebeccu
M. Rasu
Bono (536)
Terme di S. Saturnino
S. Nicolò di Trullas
Campeda
Catena
Burgos (595)
Bottidda
Esporlatu
Sta Restituta
M. Tiria
Goceano
Illorai
M. Nuschele
Lollove
Badde Salighes
P.ta Palai
Serra d'Orotelli
P.ta Corra Cherbina
Altopiano di Campeda
Rughe
Bolotana (472)
Catena di Marghine
Lei
Cantoniera del Tirso
Orotelli
Ola
Nuoro
Sindia (509)
Silanus
Bortigali
Sta Barbara
Abb.a di Sta Maria di Corte
Macomer (551)
Sta Sabina
Canales
Fontaneddas
Oniferi (476)
Birori
Murtazzolu
Orani
Sa Pruna
N.S. di Gonari
Sarule
M. S. Antonio
Ottana (185)
M. Cuccureddu
Postu
M. su Dovaru
Montiferro
Borore
Dualchi
Noragugume
Tirso
Mamoiada (644)
Merchis
Barbagia Ollolai
Orgosolo (620)
S. Ignazio
Sedilo (283)
M. Nieddu di Ottana
M. Pisanu Mele
Ianna Caguseli
S. Leonardo
Aidomaggiore
Abbasanta
Santo Santu Antinu
Olzai
Ollolai
Gavoi
Lodine
Santu Lussurgiu (543)
Norbello
Lago Omodeo
Taloro
L. di Benzone
L. di Gusana
Pratobello
Oliena
Altopiano di Abbasanta
Abbasanta (313)
Ghilarza
Soddi
Zuri
Tadasuni
Lago Govossai
Bonarcado
Losa
Boroneddu
Bidoni
Nughedu Sta Vittoria
L. di Cucchinadorza
Fonni (1000)
Sorradile (356)
Teti
Tino
Aratu
Passo di Caravai
Sta Cristina
Paulilatino
Ardauli
M. Borta Melone
Ovodda
Neoneli
Austis
Tiana
M. Spada
M. Arbu
Sta Chiara
Ulà Tirso
Cispiri
Mandrolisai
V.ce s'Isca de sa Mela
Monti del Gennargentu
Parco Nazionale
Bauladu
Pitziu
Busachi (379)
Ortueri
Bau Ischios
Sorgono (688)
Tonara (930)
Genna Flores
S'Arcu de Tascussi
Brunco Spina
Desulo
Asuai
Arcu Guddetorgiu
S. Mauro
Villanova Truschedu
Fordongianus
Santu Lussurgiu
Atzara
Uatzu
P.ta La Marmora
Zerfaliu
Allai
Samugheo (370)
Belvi
S'Arcu
Aritzo
del Golfo
Ollastra Simaxis
M. Grighini
Meana Sardo
P.ta Funtana Congiada
M. Terralba
Simaxis
Siapiccia
Siamanna
Mannu
Scala s'Ebba
Araxisi
M. Corte Cerbos
M. sa Scova
Gadoni
Orosei e del Gennargentu
Flumendosa
Ruinas
Villaurbana
Valico Ortuabis
Barbagia Belvi
Genna 'e Medau
M. Tonneri
Palmas Arborea
Mogorella
Asuni
Tumboi
Granaxiu
S. Antonio Ruinas
Laconi (555)
Borgata Pirastera
Seulo (797)
Seui (800)
P.ta Lacconi sa Vitella
Arborea
Senis (256)
Sarcidano
Sulau
Barbagia Seulo
Sadali
Valico Arcueri
Genna Spina
Usellus
Nureci
Assolo
Villa Verde
Escovedu
Pau
M. Arci
Albagiara
Nurallao
Genoni
Villanova Tulo
Esterzili (731)
Ales (194)
Zeppara
Gonnosno
Giara di Gesturi
Nuragus
Morgongiori (351)
Sini
Genuri
Curcuris
M. Maiori
Is Paras
M. Sta Vittoria
Pompu
Simala
Baradili
Baressa
Setzu
Gesturi
Isili (523)
M. Guzzini
Cant. di Nurri
Lago del Flumendosa
Siris
Masullas
Tuili
Barumini (202)
Nghe Sta Vittoria
Sa Giara
Uras
111
118
119
117

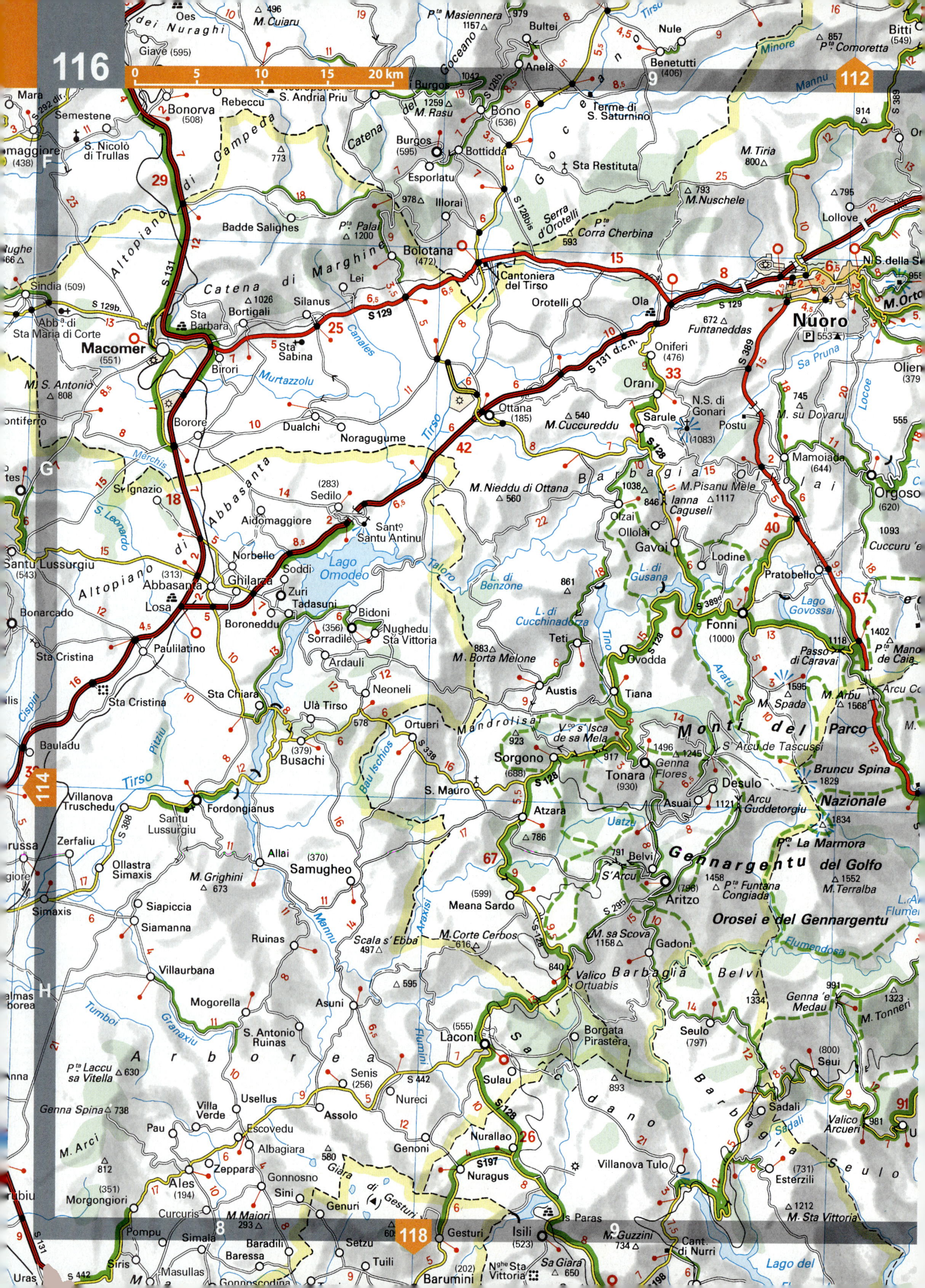

112
114
118
Macomer
Nuoro
Bolotana
Silanus
Bortigali
Lei
Cantoniera del Tirso
Orotelli
Ola
Oniferi
Orani
Sarule
Ottana
Dualchi
Noragugume
Birori
Borore
Sindia
Bonorva
Rebeccu
Semestene
S. Nicolò di Trullas
Badde Salighes
Catena di Marghine
Altopiano di Campeda
Altopiano di Abbasanta
Bono
Bottidda
Burgos
Esporlatu
Illorai
Anela
Bultei
Benetutti
Nule
Terme di S. Saturnino
Sta Restituta
Goceano
Serra d'Orotelli
M. Tiria
M. Nuschele
Lollove
Fonni
Mamoiada
Orgosolo
Gavoi
Ollolai
Olzai
Lodine
Ovodda
Tiana
Teti
Austis
Sorgono
Tonara
Desulo
Atzara
Aritzo
Belvi
Gadoni
Meana Sardo
Laconi
Nurallao
Nuragus
Isili
Gesturi
Barumini
Genoni
Nureci
Assolo
Senis
Asuni
Samugheo
Allai
Busachi
Ulà Tirso
Neoneli
Ardauli
Sorradile
Nughedu Sta Vittoria
Bidoni
Tadasuni
Zuri
Soddì
Boroneddu
Ghilarza
Abbasanta
Norbello
Aidomaggiore
Sedilo
Santu Lussurgiu
Bonarcado
Paulilatino
Sta Cristina
Bauladu
Sta Chiara
Fordongianus
Villanova Truschedu
Ollastra Simaxis
Simaxis
Siapiccia
Siamanna
Villaurbana
Mogorella
Ruinas
S. Antonio Ruinas
Usellus
Villa Verde
Escovedu
Albagiara
Pau
Ales
Zeppara
Gonnosnò
Sini
Genuri
Morgongiori
Curcuris
Pompu
Simala
Baradili
Baressa
Setzu
Tuili
Masullas
Siris
Uras
Lago Omodeo
Tirso
Arborea
Monti del Gennargentu
Parco Nazionale del Golfo di Orosei e del Gennargentu
Barbagia
Barbagia di Belvi
Barbagia di Seulo
Mandrolisai
Sarcidano
Bruncu Spina
P.ta La Marmora
Seulo
Seui
Sadali
Esterzili
Villanova Tulo
Sulau
Borgata Pirastera
Valico Ortuabis
M. Corte Cerbos
S. Mauro
Ortueri
M. Borta Melone
M. Cuccureddu
M. Nieddu di Ottana
Funtaneddas
Pratobello
S. Ignazio
S. Leonardo
Sta Sabina
Sta Maria di Corte
M. S. Antonio
M. Grighini
P.ta Laccu sa Vitella
Genna Spina
M. Arci

113
119
10
11
12
F
G
H
MARE TIRRE
Golfo di Orosei
Lula
(521)
Pta Catirina
1127
M. Senes
863
Pta su Anzu
448
M. Saraloi
854
M. Turuddo
1127
Monte
S 131d.c.n.
826
Pta su Grabellu
Cala Liberotto
Irgoli
Loculi
Onifai
Baronia
S 125
Sologo
Galtelli
805
M. Tuttavista
Orosei
Pta Nera
Marina di Orosei
Sa Ena'e Thomes
Isalle
Pta Murittu
698
S 129
Serra Orrios
Cedrino
Ispinigòli
Mottorra
M. Irveri
616
L. del Cedrino
Oliena
(387)
Dorgali
Cala Gonone
N.S. di Monserrato
Sorgente su Gologone
915
M. Tului
Pta Corrasi
1463
Supramonte
Flumineddu
El Bue Marino
Cala Luna
Lago di ...mbidanovu
1063
Parco
Nazionale
620
Pta Onamarra
Gola su Gorruppu
1416
Pta sa Pruna
del Golfo
Orosei
Codula di Luna
Turusele
1024
Codula de Sisine
Paza
1017
Genna Silana
1263
M. su Nercone
del Gennargentu
64
(1082)
Funtana Bona
Genna Cruxi
906
Genna Sarbene
764
Bruncu 'e Pisu
629
Capo di Monte Santu
Urzulei
M. Fennau
1013
Genna Coggina
724
Pta Ginnircu
811
Genna Arramene
590
1505
Genziana
Brcu 'e Pisucerbu
1348
Talana
777
Triei
Baunei
(872)
Cantoniera Pira 'e Onni
Gurue
Molentina
Ardali
M. Olinie
1372
M. Adalicu
393
Pramaera
Sta Maria Navarrese
Fiumicino
Olbia-Genova
Villanova Strisaili
Villagrande Strisaili
Lotzorai
Donigala
I. dell' Ogliastra
Girasole
Stagno di Tortolì
Tortolì
Arbatax
Civitavecchia
(150)
Capo Bellavista
1241
M. Idolo
Arzana
S 198
Elini
323
M. Bonghi
M. Perda Liana
1293
Ilbono
S 125
Cagliari
Ogliastra
1270
Lanusei
590
Pta Tricoli
1211
Loceri
Pta su Mastixi
S 390
Bari Sardo
Ruderi di Gairo
Gairo
695
Vecchio
Osini-
Nuovo
Torre di Bari
S 389
Su Marmuri
Ulassai
Cardedu
Jerzu
(422)
Genna 'e Cresia
267
Pelau
S. Girolamo
Pta Corongiu
1008
S 125
Genna su Ludu
Marina di Gairo
M. Ferru
875
Quirra
Corte Porcus

0 5 10 15 20 km
115
120
121
Capo d. Frasca
Arborea Lido
Arborea
Marrubiu
M. Arci
Morgongiori
Ales
Zeppara
Albagiara
Gonnosnò
Sini
Genuri
Genoni
Giara di Gesturi
Curcuris
M. Maiori
S. Antonio di Santadi
Marceddì
Stagno di Marceddì
Terralba
Uras
Pompu
Simala
Baradili
Baressa
Setzu
Tuili
Siris
Masullas
Gonnoscodina
Turri
Baru
Su Nuraxi
Torre del Corsari
S. Nicolò d'Arcidano
Mogoro
Gonnostramatza
Ussaramanna
Porto Palma
Siddi
Pauli Arbarei
Las Plassas
M. Funesu
Mannu
Mogoro
Collinas
Lunamatrona
Villanova Franca
Sa Zeppara
Pardu Atzei
Terme di Sardara
Genna Maria
Villanovaforru
Sardara
Villamar
Marina di Arbus
M. Arcuentu
Monreale
Pabillonis
Costa Verde
P.ta Nuracciolu
Montevecchio
S. Gavino Monreale
Sanluri
Segariu
Furtei
Guasila
Piscinas
Arcu sa Tella
P.ta s'Accorradroxiu
Guspini
Belu
Ingurtosu
Arbus
Strovina
Piano Laconi
Bau
Gonnosfanadiga
Seddanus
Serrenti
Samatzai
P.ta Mumullonis
P.so Bidderdi
S. Michele
Samassi
Capo Pecora
M. Linas
Villacidro
Villagreca
Portixeddu
Fluminimaggiore
P.ta Perda de sa Mesa
P.ta di S. Miali
Leni
Nuraminis
S.ra Trigus
P.ta Magusu
S. Pietro
Buggerru
Tempio di Antas
Serramanna
Grugua
Villasor
Acqua Resi
Malacalzetta
P.ta Cuccurdoni Mannu
Monastir
Arcu Genna Bogai
S. Benedetto
Vallermosa
Pan di Zucchero
Masua
L. Monteponi
L. P.ta Gennarta
S. Giovanni
S. Sperate
P.to Flavia
M. S. Pietro
P.ta S. Michele
Domusnovas
Decimoputzu
Nebida
Monteponi
Iglesias
Villaspeciosa
Siliqua
Decimomannu
Fontanamare
Musei
Assemini
Gonnesa
Cixerri
Villamassargia
Uta
Nuraghe Seruci
Bacu Abis
Acquafredda
Elmas
Stagno di Cagliari
Porto Giordano
Nuraxi Figus
M. S. Miai
Zinnigas
Troncia
Portoscuso
Cortoghiana
Terraseo
M. Orri
L. di Medau Zirimilis
Portovesme
Barbusi
Sirri
Macchiareddu
Saline
La Punta
Sta Maria di Flumentepido
Sta Lucia
M. Arcosu
Paringianu
Monte Sirai
Carbonia
Riomurtas
L. Bau Pressiu
Carloforte
P.ta s'Aliga
Narcao
Acquacadda
Capoterra
Bruncuteula
Perdaxius
Pesus
Saline
M. S. Michele Arenas
Nuxis
M.is Caravius
Gutturu Mannu
Calasetta
Matzaccara
M. Narcao
S. Giovanni Suergiu
M.sa Mirra
Maddalena
Tratalias
Villaperuccio
M.is Pauceris Mannu
Cussorgia
Sta Maria
L. di M. Pranu
Villa d'Orri
Santadi
Tupei
Palmas
S. Antioco
Stagno di Sta Caterina
Giba
Piscinas
Santadi Basso
Pantaleo
P.ta Maxia
Monte Nieddu
Saline
Villarios
S. Giorgio
Masainas
Porto Botte
S.gno di Porto Botte
Is Zuddas
P.ta Sebera
Perdas de Fogu
Is Scattas
Is Cannoneris
Villa S. Pietro
Cala Lunga
Golfo
P.ta sa Cresia
Campidano
Arburese
Fluminese
Iglesiente
Sulcis
Marmilla
Sulcis
S 131
S 126
S 196
S 197
S 130
S 293
S 195
S 126dir.
S 547
S 442

Nurallao
Nuragus
Villanova Tulo
Esterzili
Seulo
S. Girolamo
Jerzu
Genna 'e Cresia
P.ta Corongiu
Genna su Ludu
Isili
M. Guzzini
Cant. di Nurri
Lago del Flumendosa
Corte Porcus
Marina di Gairo
M. Ferru
C. Sferracavallo
Arcu de Sarrala de Susu
Sa Foxi Manna
Quirra
Nghe Sta Vittoria
Sa Giara
Gergei
Serri
Escolca
Nurri
Orroli
M. sa Colla
Tertenia
Perdasdefogu
Murera
Mulargia
Arrubiu
M. is Crobus
Melisenda
Mandas
S. Simone
Lago di Mulargia
M. Rasu
S. Giorgio
Escalaplano
Perda is Furonis
Cuc.ru Luggerras
P.to Santoru
Gesico
S. Mauro
Donigala
Seuni
Siurgus-
Goni
P.ta s' Accettori
Salto di Quirra
Flumineddu
Guamaggiore
Piscu
Pranu Mutteddu
Selegas
Suelli
Sisini
M. Turri
M. Cardiga
Ballao
Perda Lada
Trexenta
Ortacesus
Senorbì
Arixi
S. Basilio
Armungia
Gruppa
M. Parredis
I. di Quirra
Silius
S. Lucia
Cardaxius
M. Ixi
S. Nicolò Gerrei
Tolu
Villasalto
M. Ordini
Capo S. Lorenzo
Pimentel
M. Uda
Barrali
S. Andrea Frius
M. su Piroi
Flumendosa
P.ta sa Modditzi
Cuc.ru Orru
Gerrei
Castello Gibas
Coxinas
S. Vito
Villaputzu
P.to Corallo
Donori
M. Casargius
Uri
Muravera
Foce del Flumendosa
Ussana
Br.cu Salamu
M. Genis
Olfastu
Genn' Argiolas
Flumineddu
Dolianova
M. Narba
Sarrabus
S'Oro
Serdiana
P.ta Serpeddi
Brabaisu
Soleminis
Burcei
Gola d. Rio Cannas
Torre Salinas
S. Gemiliano
S. Priamo
Stagno di Colostrai
Is Cannas
Laghi di Corongiu
Cannas
M. Liuru
Sinnai
S. Gregorio
M. Ferru
Sestu
Maracalagonis
Valico Arcu 'e Tidu
Annunziata
Camisa
Capoferrato
Capo Ferrato
Settimo San Pietro
Sa Tanca
Longu
M. dei Sette Fratelli
Monserrato
Selargius
Olia Speciosa
Arcu sa Ruinedda
M. Nai
Monte Nai
Costa Rei
Pirri
Quartucciu
L. di Simbirizzi
S. Isidoro
M. Arbu
Castiadas
Quartu S. Elena
M. Nicola Bove
S. Andrea
Foxi
Flumini Capitana
M. Minniminni
Casa della Marina
CAGLIARI
Poetto
Golfo di Quartu
Cala di Sinzias
S. Elia
Capo S. Elia
Cala Mosca
Golfo d. Angeli
Torre Cala Regina
M. Macioni
Geremeas
M. Maria
Cala Pira
Arbatax
Civitavecchia
Napoli - Livorno
Palermo
Trapani
Torre delle Stelle
Solanas
Villasimius
I. Serpentara
P.ta Molentis
S.gno Notteri
Capo Boi
G. di Carbonara
GOLFO DI CAGLIARI
Capo Carbonara
I. dei Cavoli

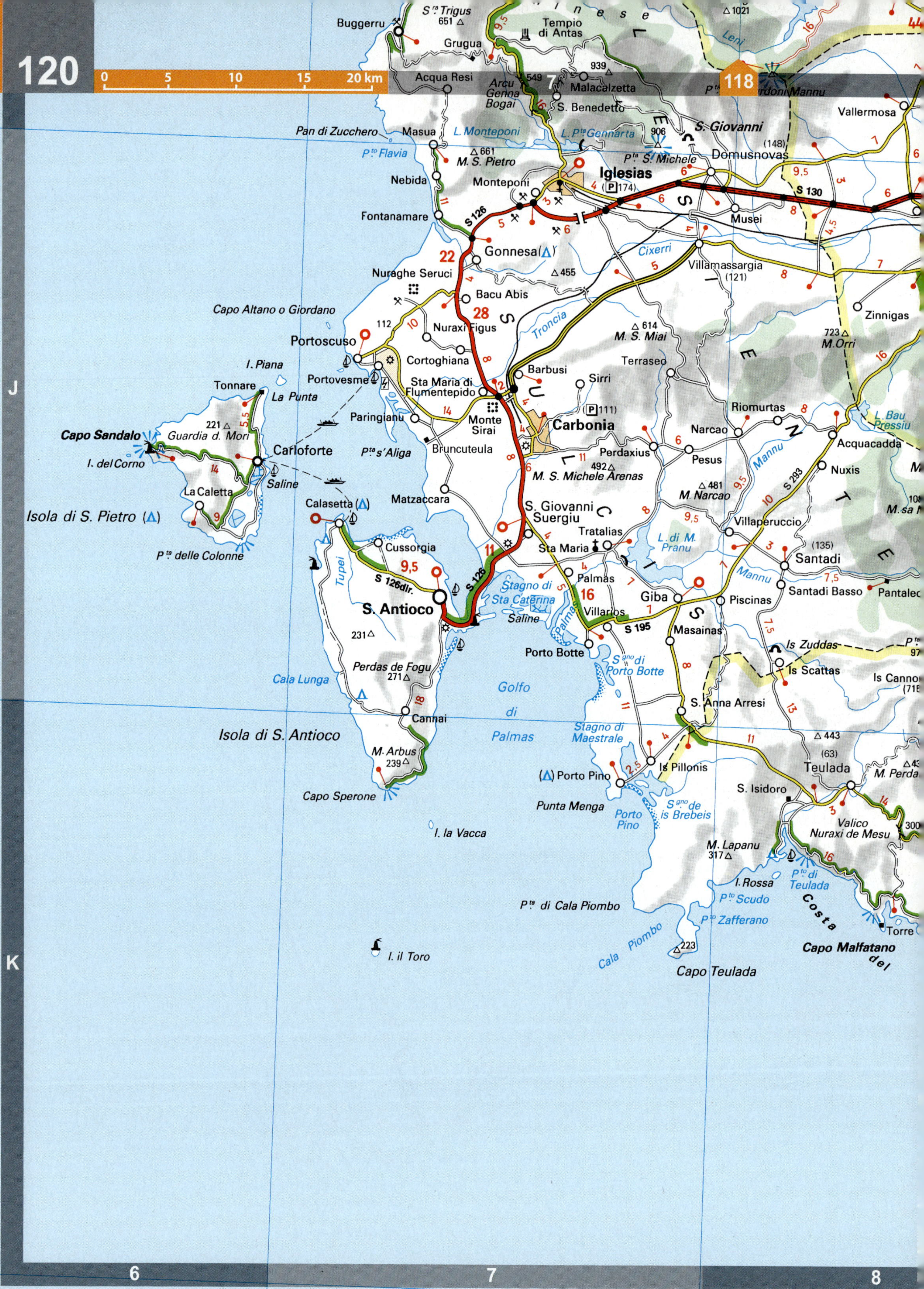
0 5 10 15 20 km
118
Buggerru
Grugua
Tempio di Antas
Acqua Resi
Arcu Genna Bogai
Malacalzetta
S. Benedetto
Pan di Zucchero
Masua
L. Monteponi
L. Pta Gennarta
S. Giovanni
Domusnovas
Vallermosa
Pto Flavia
M. S. Pietro
Pta S. Michele
Iglesias
Nebida
Monteponi
S 126
S 130
Musei
Fontanamare
Gonnesa
Cixerri
Villamassargia
Nuraghe Seruci
Bacu Abis
Zinnigas
Capo Altano o Giordano
Nuraxi Figus
Troncia
M. S. Miai
M. Orri
Portoscuso
Terraseo
I. Piana
Cortoghiana
Barbusi
Sirri
Tonnare
Portovesme
Sta Maria di Flumentepido
La Punta
Riomurtas
L. Bau Pressiu
Capo Sandalo
Guardia d. Mori
Paringianu
Monte Sirai
Carbonia
Narcao
Acquacadda
I. del Corno
Carloforte
Pta s'Aliga
Bruncuteula
Perdaxius
Pesus
Nuxis
Saline
M. S. Michele Arenas
M. Narcao
Mannu
S 293
La Caletta
Calasetta
Matzaccara
S. Giovanni Suergiu
Villaperuccio
Isola di S. Pietro
Tratalias
L. di M. Pranu
Pta delle Colonne
Cussorgia
Sta Maria
Santadi
Tupei
S 126dir.
Palmas
Santadi Basso
Pantaleo
Stagno di Sta Caterina
Giba
Piscinas
S. Antioco
Saline
Villarios
S 195
Masainas
Porto Botte
Is Zuddas
Is Scattas
Sgno di Porto Botte
Perdas de Fogu
Cala Lunga
Golfo di Palmas
Is Cannoni
S. Anna Arresi
Cannai
Isola di S. Antioco
Stagno di Maestrale
M. Arbus
Is Pillonis
Teulada
M. Perda
Porto Pino
Capo Sperone
S. Isidoro
Punta Menga
Porto Pino
Sgno de is Brebeis
Valico Nuraxi de Mesu
I. la Vacca
M. Lapanu
I. Rossa
Pto di Teulada
Pto Scudo
Pta di Cala Piombo
Pto Zafferano
Costa del
Torre
Capo Malfatano
Cala Piombo
Capo Teulada
I. il Toro
J
K
6
7
8

CAGLIARI
Serramanna
Villasor
Ussana
Donori
Br.cu Salamu
M. Genis
Dolianova
Serdiana
Soleminis
S. Sperate
S. Gemiliano
Decimoputzu
Villaspeciosa
Decimomannu
Assemini
Uta
Sestu
Sinnai
Maracalagonis
Settimo San Pietro
Monserrato
Selargius
Quartucciu
Pirri
Quartu S. Elena
S. Andrea
Foxi
Flumini Capitana
S. Isidoro
P.ta Serpeddì
Burcei
Brabaisu
Gola d. Rio Cannas
Laghi di Corongiu
S. Gregorio
Valico Arcu 'e Tidu
Annunziata
M. dei Sette Fratelli
Olia Speciosa
Arcu sa Ruinedda
M. Nicola Bove
M. Arbu
Castiadas
M. Minniminni
Torre Cala Regina
Geremeas
Torre delle Stelle
Solanas
Capo Boi
M. Maria
Villasimius
G. di Carbonara
Capo Carbonara
Cixerri
Acquafredda
L. di Medau Zirimilis
M. Arcosu
Sta Lucia
Elmas
Stagno di Cagliari
Macchiareddu
Saline
Capoterra
Golfo d. Angeli
S. Elia
Cala Mosca
Capo S. Elia
Poetto
Golfo di Quartu
L. di Simbirizzi
Arbatax
Civitavecchia
Napoli - Livorno
Palermo
Trapani
is Caravius
Gutturu Mannu
M.is Pauceris Mannu
Maddalena Spiaggia
Villa d'Orri
GOLFO DI CAGLIARI
P.ta Maxia
Monte Nieddu
S. Giorgio
Porto Foxi
Sa Domu 'e s'Orcu
Sarroch
Villa S. Pietro
Perd 'e Sali
P.ta sa Cresia
M. Santo
Pula
I. S. Macario
S. Efisio
Capo di Pula
Nora
P.ta Eva
Sta Margherita
Domus de Maria
M. Filau
Bithia
Capo Spartivento
Sud

Indice dei nomi - Piante di città
Index of place names - Town plans
Index des localités - Plans de ville
Ortsverzeichnis - Stadtpläne
Plaatsnamenregister - Stadsplattegronden
Índice - Planos de ciudades

Sigle delle provinze presenti nell'indice
Abbreviations of province names contained in the index
Sigles des provinces répertoriées au nom
Im Index Vorhandene Kennzeiche
Afkorting van de provincie
Abreviaciones de los nombres de provincias

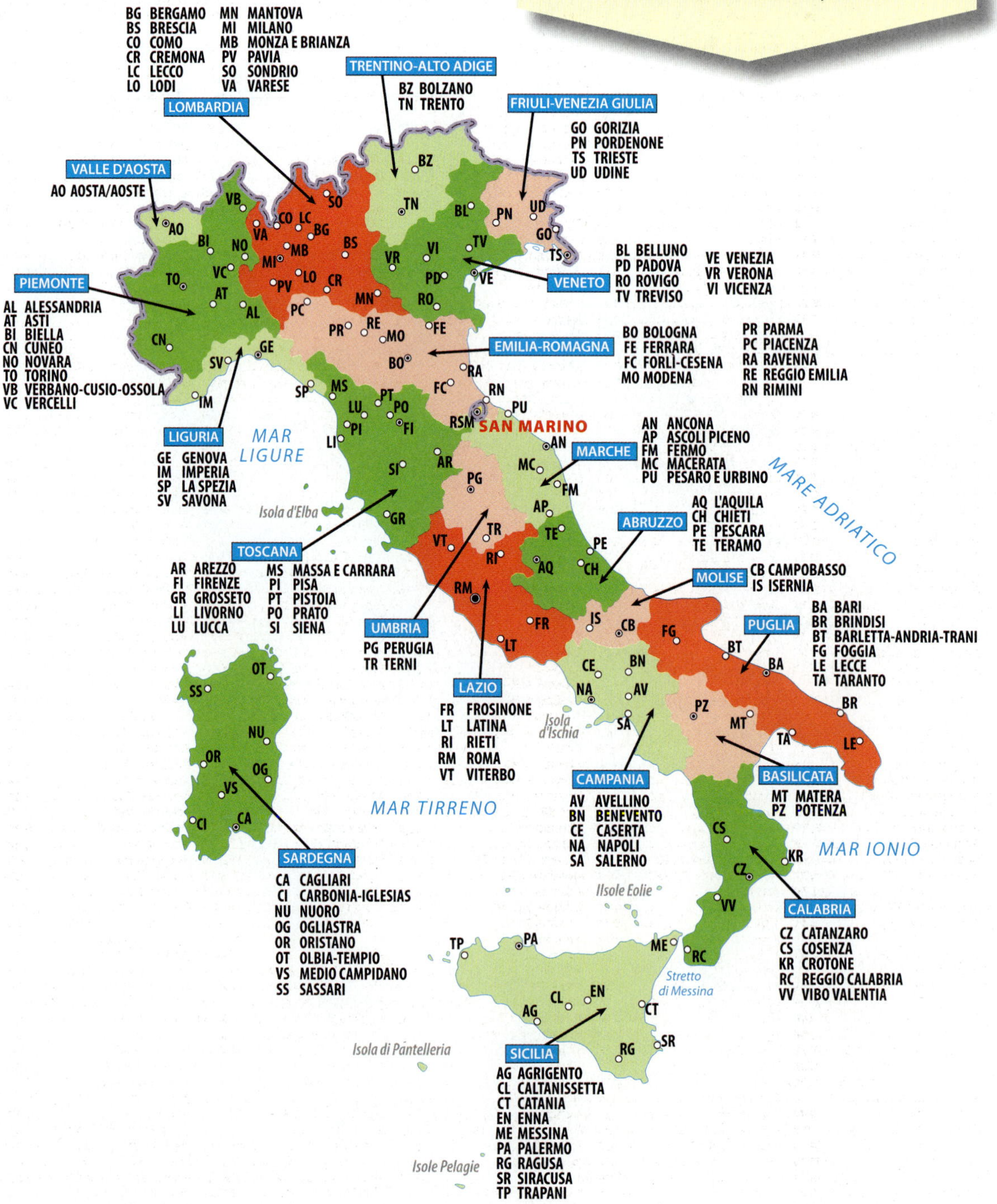

AG *Agrigento (Sicilia)*
AL *Alessandria (Piemonte)*
AN *Ancona (Marche)*
AO *Aosta/Aoste (Valle d'Aosta)*
AP *Ascoli Piceno (Marche)*
AQ *L'Aquila (Abruzzo)*
AR *Arezzo (Toscana)*
AT *Asti (Piemonte)*
AV *Avellino (Campania)*
BA *Bari (Puglia)*
BG *Bergamo (Lombardia)*
BI *Biella (Piemonte)*
BL *Belluno (Veneto)*
BN *Benevento (Campania)*
BO *Bologna (Emilia-R.)*
BR *Brindisi (Puglia)*
BS *Brescia (Lombardia)*
BT *Barletta-Andria-Trani (Puglia)*
BZ *Bolzano (Trentino-Alto Adige)*
CA *Cagliari (Sardegna)*
CB *Campobasso (Molise)*
CE *Caserta (Campania)*
CH *Chieti (Abruzzo)*
CI *Carbonia-Iglesias (Sardegna)*
CL *Caltanissetta (Sicilia)*
CN *Cuneo (Piemonte)*
CO *Como (Lombardia)*
CR *Cremona (Lombardia)*
CS *Cosenza (Calabria)*
CT *Catania (Sicilia)*
CZ *Catanzaro (Calabria)*
EN *Enna (Sicilia)*
FC *Forlì-Cesena (Emilia-Romagna)*
FE *Ferrara (Emilia-Romagna)*
FG *Foggia (Puglia)*
FI *Firenze (Toscana)*
FM *Fermo (Marche)*
FR *Frosinone (Lazio)*
GE *Genova (Liguria)*
GO *Gorizia (Friuli-Venezia Giulia)*
GR *Grosseto (Toscana)*
IM *Imperia (Liguria)*
IS *Isernia (Molise)*
KR *Crotone (Calabria)*
LC *Lecco (Lombardia)*
LE *Lecce (Puglia)*
LI *Livorno (Toscana)*
LO *Lodi (Lombardia)*
LT *Latina (Lazio)*
LU *Lucca (Toscana)*
MB *Monza-Brianza (Lombardia)*
MC *Macerata (Marche)*
ME *Messina (Sicilia)*
MI *Milano (Lombardia)*
MN *Mantova (Lombardia)*
MO *Modena (Emilia-Romagna)*
MS *Massa-Carrara (Toscana)*
MT *Matera (Basilicata)*
NA *Napoli (Campania)*
NO *Novara (Piemonte)*
NU *Nuoro (Sardegna)*
OG *Ogliastra (Sardegna)*
OR *Oristano (Sardegna)*
OT *Olbia-Tempio (Sardegna)*
PA *Palermo (Sicilia)*
PC *Piacenza (Emilia-Romagna)*
PD *Padova (Veneto)*
PE *Pescara (Abruzzo)*
PG *Perugia (Umbria)*
PI *Pisa (Toscana)*
PN *Pordenone (Friuli-Venezia Giulia)*
PO *Prato (Toscana)*
PR *Parma (Emilia-R.)*
PT *Pistoia (Toscana)*
PU *Pesaro e Urbino (Marche)*
PV *Pavia (Lombardia)*
PZ *Potenza (Basilicata)*
RA *Ravenna (Emilia-Romagna)*
RC *Reggio Calabria (Calabria)*
RE *Reggio Emilia (Emilia-Romagna)*
RG *Ragusa (Sicilia)*
RI *Rieti (Lazio)*
RM *Roma (Lazio)*
RN *Rimini (Emilia-Romagna)*
RSM *San Marino (Rep. di)*
RO *Rovigo (Veneto)*
SA *Salerno (Campania)*
SI *Siena (Toscana)*
SO *Sondrio (Lombardia)*
SP *La Spezia (Liguria)*
SR *Siracusa (Sicilia)*
SS *Sassari (Sardegna)*
SV *Savona (Liguria)*
TA *Taranto (Puglia)*
TE *Teramo (Abruzzo)*
TN *Trento (Trentino-Alto Adige)*
TO *Torino (Piemonte)*
TP *Trapani (Sicilia)*
TR *Terni (Umbria)*
TS *Trieste (Friuli-Venezia Giulia)*
TV *Treviso (Veneto)*
UD *Udine (Friuli-Venezia Giulia)*
VA *Varese (Lombardia)*
VB *Verbano-Cusio-Ossola (Piemonte)*
VC *Vercelli (Piemonte)*
VE *Venezia (Veneto)*
VI *Vicenza (Veneto)*
VR *Verona (Veneto)*
VS *Medio Campidano (Sardegna)*
VT *Viterbo (Lazio)*
VV *Vibo Valentia (Calabria)*

A

Abano Terme PD 24 F 17
Abatemarco SA 76 G 28
Abatemarco (Fiume) CS 85 H 29
Abbadia SI 50 M 17
Abbadia VT 57 O 16
Abbadia Cerreto LO 21 G 10
Abbadia Lariana LC 9 E 10
Abbadia S. Salvatore SI 50 N 17
Abbalata (Monte) OT 109 D 9
Abbasanta OR 115 G 8
Abbasanta (Altopiano di) OR 115 G 8
Abbateggio PE 60 P 24
Abbatoggia (Punta) OT 109 D 10
Abbiadori OT 109 D 10
Abbiategrasso MI 20 F 8
Abetaia BO 39 J 14
Abeto FI 40 J 17
Abeto PG 52 N 21
Abetone PT 39 J 14
Abisso (Rocca del) CN 34 J 4
Abriola PZ 77 F 29
Abruzzese AQ 59 P 22
Abruzzo (Parco Nazionale d') AQ 64 Q 23
Abtei / Badia BZ 4 C 17
Acaia LE 81 F 36
Acate RG 104 P 25
Acate (Fiume) RG 104 P 25
Accadia FG 71 D 28
Acceglio CN 26 I 2
Accellica (Monte) AV 70 E 27
Accesa (Lago dell') GR 49 N 14
Accettori (Punta s') OG 119 I 10
Accettura MT 77 F 30
Accia (Portella dell') PA 98 M 22
Acciano AQ 60 P 23
Acciarella LT 63 R 20
Acciaroli SA 75 G 27
Acconia CZ 88 K 30
Accorradroxiu (Punta s') VS 118 I 7
Accumoli RI 52 N 21
Acerenza PZ 72 E 29
Acerenza (Lago di) PZ 72 E 29
Acerno SA 75 E 27
Acerno (Le Croci di) SA 70 E 27
Acero (Forca d') AQ 64 Q 23
Acerra NA 70 E 25
Aci Bonaccorsi CT 101 O 27
Aci Castello CT 101 O 27
Aci Catena CT 101 O 27
Aci S. Antonio CT 101 O 27
Aci Trezza CT 101 O 27
Acilia RM 62 Q 19
Acireale CT 101 O 27
Acone S. Eustachio FI 40 K 16
Acqua (Bagno dell') TP 96 Q 17
Acqua Resi CI 118 I 7
Acqua Tosta (Monte) RM 57 P 17
Acquabianca GE 28 I 7
Acquabona (Passo di) CZ 86 J 31
Acquacadda CI 118 J 8
Acquacalda ME 94 L 26
Acquacanina MC 52 M 21
Acquafondata FR 64 R 23
Acquaformosa CS 85 H 30
Acquafredda BS 22 G 13
Acquafredda CA 118 J 8
Acquafredda PZ 76 G 29
Acqualagna PS 46 L 20
Acqualoreto TR 51 N 19
Acqualunga BS 22 G 11
Acquanegra Cremonese CR 30 G 11
Acquanegra sul Chiese MN 30 G 13
Acquapendente VT 50 N 17
Acquappesa CS 85 I 29
Acquaria MO 39 J 14
Acquarica del Capo LE 83 H 36
Acquarica di Lecce LE 81 G 36
Acquaro VV 88 L 30
Acquasanta GE 36 I 8
Acquasanta Terme AP 52 N 22
Acquaseria CO 9 D 9
Acquasparta TR 51 N 19
Acquato (Lago) GR 56 O 16
Acquavella SA 75 G 27
Acquavena SA 76 G 28
Acquaviva RM 58 P 20
Acquaviva SI 50 M 17
Acquaviva Collecroce CB 65 Q 26
Acquaviva delle Fonti BA 73 E 32
Acquaviva d'Isernia IS 65 Q 24
Acquaviva Picena AP 53 N 23
Acquaviva Platini CL 99 O 23
Acquedolci ME 100 M 25
Acquerino (Rifugio) PO 39 J 15
Acquevive IS 65 R 25
Acqui Terme AL 28 H 7
Acri CS 85 I 31
Acuto FR 63 Q 21
Acuto (Monte) PG 51 M 18
Acuto (Monte) OT 111 E 9
Adalicu (Monte) OG 117 H 10
Adamello TN 11 D 13
Adamello (Monte) BS 10 D 13
Adami CZ 86 J 31
Adda SO 2 C 12
Addolorata (Santuario dell') IS 65 R 24
Adelfia BA 73 D 32
Adige BZ 3 C 14
Adige (Foce dell') RO 33 G 18
Adone (Monte) BO 40 I 15
Adrano CT 100 O 26
Adranone (Monte) AG 97 N 21
Adrara S. Rocco BG 22 E 11
Adret TO 26 G 3
Adria RO 33 G 18
Adro BS 22 F 11
Aeclanum AV 70 D 27
Afers / Eores BZ 4 B 17
Affi VR 23 F 14
Affile RM 63 Q 21
Affrica (Scoglio d') LI 54 O 12
Afing / Avigna BZ 3 C 16
Afragola NA 69 E 24
Africo RC 91 M 30
Agaggio Inferiore IM 35 K 5
Agarina VB 8 D 7
Agazzano PC 29 H 10
Agelli AP 52 N 22
Agello PG 51 M 18
Agerola NA 75 F 25
Aggius OT 109 E 9
Agira EN 100 O 25
Agliana PT 39 K 15
Agliano AT 28 H 6
Agliè TO 19 F 5
Aglientu OT 109 D 9
Aglio PC 29 H 10
Agna AR 44 K 17
Agna PD 24 G 17
Agnadello CR 21 F 10
Agnana Calabra RC 91 M 30
Agnano PI 42 K 13
Agnano NA 69 E 24
Agnara (Croce di) CS 87 J 32
Agnedo SO 10 D 11
Agnellezze (Monte) BL 12 D 18
Agnello (Colle dell') TO 26 H 2
Agner (Monte) BL 12 D 17
Agnino MS 38 J 12
Agno VI 24 F 16
Agno (Val d') VI 24 F 15
Agnone IS 65 Q 25
Agnone Bagni SR 105 P 27
Agnosine BS 22 F 13
Agogna NO 20 E 7
Agordo BL 12 D 18
Agordo (Canale di) BL 13 D 18
Agosta RM 59 Q 21
Agostini (Rifugio) TN 11 D 14
Agra VA 8 D 8
Agrano VB 8 E 7
Agrate Brianza MI 21 F 10
Agrate Conturbia NO 20 E 7
Agresto (Monte dell') PZ 77 F 30
Agri PZ 76 F 29
Agriano PG 52 N 21
Agrifoglio CS 86 J 31
Agrigento AG 102 P 22
Agropoli SA 75 F 26
Agrustos OT 113 E 11
Agudo (Monte) BL 5 C 19
Agugliano AN 47 L 22
Agugliaro VI 24 G 16
Aguzzo (Monte) RM 58 P 19
Ahrntal / Valle Aurina BZ 4 B 17
Ahrntal / Aurina (Valle) BZ 4 A 17
Aidomaggiore OR 115 G 8
Aidone EN 104 O 25
Aielli AQ 59 P 22
Aiello Calabro CS 86 J 30
Aiello del Friuli UD 17 E 22
Aiello del Sabato AV 70 E 26
Aieta CS 84 H 29
Aiguille de Triolet AO 6 E 3
Aiguilles de Bionnassay AO 6 E 2
Ailano CE 65 R 24
Aiona (Monte) GE 29 I 10
Aip (Creta di) / Trogkofel UD 14 C 21
Airasca TO 27 H 4
Airola BN 70 D 25
Airole IM 35 K 4
Airuno LC 21 E 10
Aisone CN 34 J 3
Akrai (Palazzolo Acreide) SR 104 P 26
Ala TN 23 E 14
Ala (Val di) TO 18 G 3
Alà dei Sardi OT 111 F 9
Ala di Stura TO 18 G 3
Alagna PV 20 G 8
Alagna Valsesia VC 7 E 5
Alanno PE 60 P 23
Alano di Piave BL 12 E 17
Alassio SV 35 J 6
Alatri FR 63 Q 22
Alba CN 27 H 6
Alba TN 4 C 17
Alba Adriatica TE 53 N 23
Alba Fucens AQ 59 P 22
Albagiara OR 115 H 8
Albairate MI 20 F 8
Albanella SA 75 F 27
Albaneto RI 59 O 21
Albani (Colli) RM 63 Q 20
Albano BG 22 E 11
Albano (Lago di) RM 62 Q 20
Albano (Monte) MO 38 J 13
Albano (Monte) PT 39 K 14
Albano di Lucania PZ 77 F 30
Albano Laziale RM 62 Q 19
Albano Vercellese VC 20 F 7
Albaredo TN 11 E 15
Albaredo Arnaboldi PV 29 G 9
Albaredo TV 24 F 18
Albaredo d'Adige VR 23 G 15
Albaredo per S. Marco SO 9 D 10
Albarella (Isola) RO 33 G 19
Albareto MO 31 H 14
Albareto PR 37 I 11
Albaretto della Torre CN 27 I 6
Albaro VR 23 F 15
Albate CO 21 E 9
Albavilla CO 21 E 9
Albe AQ 59 P 22
Albegna GR 50 N 16
Albeins / Albes BZ 4 B 16
Alben (Monte) BG 10 E 11
Albenga SV 35 J 6
Albera Ligure AL 29 H 9
Alberese GR 55 N 15
Alberghi PT 39 K 14
Albergian (Monte) TO 26 G 2
Alberi PR 30 H 12
Alberino BO 32 I 16
Albero Sole (Monte) AG 102 U 19
Alberobello BA 80 E 33
Alberona FG 66 C 27
Alberone PV 29 G 10
Alberone vicino a Cento FE 32 H 15
Alberone vicino a Guarda FE 32 H 17
Alberoni VE 25 F 18
Alberoro AR 44 L 17
Albes / Albeins BZ 4 B 16
Albettone VI 24 F 16
Albi CZ 87 J 31
Albiano AR 45 L 18
Albiano TN 11 D 15
Albiano d'Ivrea TO 19 F 5
Albidona CS 85 H 31
Albignano MI 21 F 10
Albignasego PD 24 F 17
Albinea RE 31 I 13
Albinia GR 55 O 15
Albino BG 22 E 11
Albiolo CO 20 E 8
Albisola Superiore SV 36 I 7
Albissola Marina SV 36 J 7
Albizzate VA 20 E 8
Albo (Monte) NU 113 F 10
Albonese PV 20 G 8
Albonico CO 9 D 10
Albosaggia SO 10 D 11
Albucciu OT 109 D 10
Albugnano AT 27 G 5
Alburni (Monti) SA 76 F 27
Alburno (Monte) SA 76 F 27
Albuzzano PV 21 G 9
Alcamo TP 97 N 20
Alcamo Marina TP 97 M 20
Alcantara CT 100 N 26
Alcantara (Gole dell') CT 101 N 27
Alcara li Fusi ME 100 M 26
Aldein / Aldino BZ 12 C 16
Aldeno TN 11 E 15
Aldino / Aldein BZ 12 C 16
Alento SA 75 G 27
Alento CH 60 O 24
Ales OR 115 H 8
Alessandria AL 28 H 7
Alessandria del Carretto CS 85 H 31
Alessandria della Rocca AG 98 O 22
Alessano LE 83 H 36
Alesso UD 14 D 21
Alezio LE 83 G 36
Alfano SA 76 G 28
Alfedena AQ 64 Q 24
Alfero FO 41 K 18
Alfianello BS 22 G 12
Alfiano Natta AL 27 G 6
Alfonsine RA 33 I 18
Alga (Punta d') TP 96 N 19
Alghero SS 110 F 6
Alghero (Rada di) SS 110 F 6
Algone (Val d') TN 11 D 14
Algua BG 21 E 11
Algund / Lagundo BZ 3 B 15
Alì ME 90 M 28
Alì Terme ME 90 M 28
Alia PA 99 N 23
Alianello MT 77 G 30
Aliano MT 77 G 30
Alice Bel Colle AL 28 H 7
Alice Castello VC 19 F 6
Alice (Punta) KR 87 I 33
Alicudi (Isola) ME 93 L 25
Alicudi Porto ME 93 L 25
Alife CE 65 S 24
Aliga (Punta s') CI 118 J 7
Alimena PA 99 N 24
Alimini Grande LE 83 G 37
Alimini Piccolo LE 83 G 37
Aliminusa PA 99 N 23
Allai OR 115 H 8
Allaro RC 88 L 31
Alleghe BL 12 C 18
Allein AO 6 E 3
Allerona TR 50 N 17
Alli CZ 87 J 31
Allievi SO 9 D 10
Allione BS 10 D 12
Alliste LE 83 H 36
Alliz (Punta d') BZ 2 B 14
Allocchi (Galleria degli) FI 40 J 16
Allone PG 51 N 19
Allumiere RM 57 P 17
Almenno S. Salvatore BG 21 E 10
Almese TO 18 G 4
Alonte VI 24 F 16
Alpago BL 13 D 19
Alpe GE 29 I 9
Alpe d'Arguel TO 26 G 2
Alpe Campiascio SO 10 D 12
Alpe Cermis TN 12 D 16
Alpe Colombino TO 26 G 3
Alpe Devero VB 8 D 6
Alpe di Mera VC 19 E 6
Alpe di S. Antonio LU 38 J 13
Alpe Gera (Lago di) SO 10 D 11
Alpe Tre Potenze PT 39 J 13
Alpe Veglia VB 7 D 6
Alpette TO 19 F 4
Alpi Apuane (Parco Naturale) MS 38 J 12
Alpi (Monte) PZ 77 G 29
Alpi Orobie SO 10 D 11
Alpiaz BS 22 E 12
Alpicella SV 36 I 7
Alpignano TO 27 G 4
Alpino VB 8 E 7
Alpo VR 23 F 14
Alseno PC 30 H 11
Alserio (Lago di) CO 21 E 9
Alta S. Egidio AR 50 M 18
Altacroce (Monte) / Hochkreuz Spitze BZ 3 B 15
Altamura BA 73 E 31
Altamura (Pulo di) BA 73 E 31
Altana Nuoro e Sassari OT 112 F 10
Altana SS 111 E 8
Altano (Capo) CA 118 J 7
Altare SV 36 I 7
Altare (Monte) CS 85 I 31
Altavilla Irpina AV 70 D 26
Altavilla Milicia PA 98 M 22
Altavilla Silentina SA 75 F 27
Altavilla Vicentina VI 24 F 16
Altedo BO 32 I 16
Altenburg / Castelvecchio BZ 11 C 15
Altesina (Monte) EN 99 N 24
Alti (Poggi) GR 50 N 16
Altidona AP 53 M 23
Altilia KR 87 J 32
Altilia CS 86 J 30
Altilia Saepinum CB 65 R 25
Altino CH 60 P 24
Altino VE 25 F 19
Altipiani di Arcinazzo FR 63 Q 21
Altissimo VI 23 E 14
Altissimo (Località) VI 23 F 15
Altivole TV 24 E 17
Alto CN 35 J 5
Alto (Giogo) / Hochjoch BZ 3 B 14
Alto (Monte) AQ 64 Q 22
Alto (Monte) GR 49 M 15
Alto (Monte) MS 38 J 12
Altofonte PA 97 M 21
Altolia ME 90 M 28
Altomonte CS 85 H 30
Altopascio LU 39 K 14
Altrei / Anterivo BZ 12 D 16
Altrocanto TR 58 O 19
Alvano (Pizzo d') AV 70 E 25
Alvaro (Monte) SS 110 E 6
Alviano TR 58 O 18
Alviano (Lago di) TR 57 O 18
Alvignano CE 69 D 25
Alvisopoli VE 16 E 20
Alvito FR 64 Q 23
Alzano Lombardo BG 21 E 11
Alzate Brianza CO 21 E 9
Amalfi SA 75 F 25
Amandola AP 52 N 22
Amantea CS 86 J 30
Amariana (Monte) UD 14 C 21
Amaro UD 14 C 21
Amaro (Monte) AQ 60 P 24
Amaroni CZ 88 K 31
Amaseno FR 63 R 22
Amaseno (Fiume) LT 63 R 21
Amato CZ 88 K 31
Amato RC 88 L 29
Amatrice RI 59 O 21
Ambin (Rocca d') TO 18 G 2
Ambra AR 44 L 16
Ambria BG 21 E 11
Ambria SO 10 D 11
Ambrogio FE 32 H 17
Ameglia SP 38 J 11
Amelia TR 58 O 19
Amendola FG 67 C 29
Amendolara CS 85 H 31
Amendolea RC 90 N 29
Amendolea (Fiumara di) RC 90 M 29
Ameno NO 20 E 7
Amiata (Monte) GR 50 N 16
Amica CS 87 I 32
Amiternum AQ 59 O 21
Amorosi BN 70 D 25
Ampezzo UD 13 C 20
Ampezzo (Valle d') BL 4 C 18
Ampollino (Lago) KR 87 J 31
Anacapri NA 74 F 24
Anagni FR 63 Q 21
Anapo CT 104 P 26
Ancaiano PG 58 O 20
Ancaiano SI 49 M 15
Ancarano TE 53 N 23
Anchione PT 39 K 14
Ancinale CZ 88 K 31
Anciolina AR 44 L 17
Ancipa (Lago) EN 100 N 25
Ancona AN 47 L 22
Andagna IM 35 K 5
Andali CZ 87 J 32
Andalo TN 11 D 15
Andezeno TO 27 G 5
Andolla (Pizzo d') VB 7 D 6
Andolla (Rifugio) VB 7 D 6
Andonno CN 34 J 4
Andora SV 35 K 6
Andorno Micca BI 19 F 6
Andrano LE 83 H 37
Andrate TO 19 F 5
Andraz BL 4 C 17
Andrazza UD 13 C 19
Andreis PN 13 D 19
Andretta AV 71 E 27
Andria BA 72 D 30
Andriace MT 78 G 32
Andriano / Andrian BZ 3 C 15
Anduins PN 14 D 20
Anela SS 111 F 9
Anela (Masseria d') TA 78 F 32
Anfo BS 22 E 13
Angeli AN 47 L 22
Angeli di Mergo AN 46 L 21
Angeli (Golfo degli) CA 119 J 9
Angera VA 20 E 7
Anghebeni TN 23 E 15
Anghelu Ruiu (Necropoli) SS 110 F 6
Anghiari AR 45 L 18
Angiari VR 23 G 15
Angiolino (Cima dell') TO 19 F 4
Angitola (Lago dell') VV 88 K 30
Angiulli (Monte) TA 73 E 33
Anglona SS 111 E 8
Angoli CZ 88 K 31
Angolo Terme BS 10 E 12
Angri SA 75 E 25
Anguillara Sabazia RM 58 P 18
Anguillara Veneta PD 32 G 17
Aniene FR 63 Q 21
Anime (Cima delle) / Hintere Seelenkogl BZ 3 B 15
Anita FE 33 I 18
Anitrella FR 64 R 22
Annicco CR 22 G 11
Annifo PG 52 M 20
Annone (Lago di) LC 21 E 10
Annone Veneto VE 16 E 20
Annunziata CA 119 J 10
Annunziata Lunga (Passo) CE 64 R 24
Anoia RC 88 L 30
Ansedonia Cosa GR 56 O 15
Ansiei BL 4 C 18
Ansina AR 45 L 18
Antagnod AO 7 E 5
Antas (Tempio di) CI 118 I 7
Antegnate BG 22 F 11
Antelao BL 4 C 18
Antenna (Monte) RC 91 M 29
Antennamare ME 90 M 28
Anterivo / Altrei BZ 12 D 16
Antermoia / Untermoi BZ 4 B 17
Anterselva (Lago d') BZ 4 B 18
Anterselva (Valle di) BZ 4 B 18
Anterselva di Mezzo / Antholz Mittertal BZ 4 B 18
Anterselva di Sopra / Antholz Obertal BZ 4 B 18
Antey-St. André AO 19 E 4
Antholz Mittertal / Anterselva di Mezzo BZ 4 B 18
Antholz Obertal / Anterselva di Sopra BZ 4 B 18
Anticoli Corrado RM 59 P 20
Antignano AT 27 H 6
Antignano LI 42 L 12
Antigorio (Val) VB 8 D 6
Antillo ME 101 N 27
Antola (Monte) GE 29 I 9
Antola (Monte) / Steinkarspitz BL 5 C 20
Antona MS 38 J 12
Antonelli BA 80 E 33
Antonimina RC 91 M 30
Antrodoco RI 59 O 21
Antrona (Lago di) VB 7 D 6
Antrona (Val di) VB 7 D 6
Antronapiana VB 7 D 6
Antrosano AQ 59 P 22
Anversa degli Abruzzi AQ 60 Q 23
Anza VB 8 E 6
Anzano del Parco CO 21 E 9
Anzano di Puglia FG 71 D 27
Anzasca (Valle) VB 7 E 5
Anzi PZ 77 F 29
Anzino VB 7 E 6
Anzio RM 62 R 19
Anzola PR 29 I 10
Anzola dell'Emilia BO 31 I 15
Anzola d'Ossola VB 8 E 7
Anzone del Parco CO 21 E 9
Anzù BL 12 D 17
Anzu (Punta su) NU 113 F 11
Aosta / Aoste AO 18 E 3
Aosta (Rifugio) AO 7 E 4
Aosta (Valle d') AO 18 E 3
Apani (Masseria) BR 80 E 35
Apecchio PS 45 L 19
Apice BN 70 D 26
Apiro MC 46 L 21
Apollo (Secca) PA 92 K 21
Apollosa BN 70 D 26
Appalto AR 50 M 17
Appenna (Monte) TO 26 H 2
Appenninia AQ 64 Q 23
Appennino (Gall. d') BO 39 J 15
Appiano Gentile CO 21 E 8
Appiano s. str. d. vino / Eppan BZ 3 C 15
Appignano MC 47 L 22
Appignano di Tronto AP 53 N 22
Aprica SO 10 D 12
Aprica (Passo dell') SO 10 D 12
Apricale IM 35 K 4
Apricena FG 66 B 28
Apricena (Stazione di) FG 66 B 28
Aprigliano CS 86 J 31
Aprilia LT 62 R 19

Aprilia Marittima UD 16 E 21
Aquara SA 76 F 27
Aquila di Arroscia IM 35 J 6
Aquila (Rocca d') EN 100 O 25
Aquilano CH 60 O 25
Aquileia UD 17 E 22
Aquilinia TS 17 F 23
Aquilonia AV 71 E 28
Aquino FR 64 R 23
Aquino PA 97 M 21
Arabba BL 4 C 17
Aradeo LE 83 G 36
Aragona AG 103 O 22
Arai CA 119 I 9
Aralalta (Monte) BG 9 E 10
Arancio (Lago) AG 97 O 21
Aranova RM 62 Q 18
Arasi RC 90 M 29
Aratena OT 113 E 10
Aratu NU 115 G 9
Araxisi NU 115 H 8
Arba PN 13 D 20
Arbatax OG 117 H 11
Arbia SI 44 L 16
Arbola (Bocchetta d') VB 8 C 6
Arbola (Punta d') VB 8 C 6
Arborea OR 114 H 7
Arborea (Località) OR 114 H 7
Arborea Lido OR 114 H 7
Arborio VC 20 F 7
Arbu (Monte) CA 119 J 10
Arbu (Monte) OG 115 G 10
Arburese VS 118 I 7
Arbus VS 118 I 7
Arbus (Monte) CI 120 K 7
Arcade TV 25 E 18
Arcavacata CS 86 I 30
Arce FR 64 R 22
Arcene BG 21 F 10
Arceto RE 31 I 14
Arcetri FI 43 K 15
Arcevia AN 46 L 20
Archi CH 60 P 25
Archi RC 90 M 28
Architto (S') OR 114 G 7
Arci (Monte) OR 115 H 8
Arcidosso GR 50 N 16
Arcille GR 49 N 15
Arcinazzo Romano RM 63 Q 21
Arcisate VA 8 E 8
Arco TN 11 E 14
Arcola SP 38 J 11
Arcola PN 13 D 19
Arcole VR 23 F 15
Arcore MI 21 F 9
Arcosu (Monte) CA 118 J 8
Arcu (S') NU 115 H 9
Arcu Correboi NU 116 G 10
Arcu de Sarrala
de Susu OG 119 H 10
Arcu
de Tascussi (S') NU 115 G 9
Arcu 'e Tidu (Valico) CA 119 J 10
Arcu Genna Bogai CI 118 I 7
Arcu Guddetorgiu NU 115 G 9
Arcu sa Ruinedda CA 119 J 10
Arcu sa Tella VS 118 I 7
Arcuentu (Monte) VS 118 I 7
Arcueri (Valico) OG 116 H 10
Arcugnano VI 24 F 16
Arcumeggia VA 8 E 8
Arda PC 30 H 11
Ardali OG 117 G 10
Ardara SS 111 F 8
Ardauli OR 115 G 8
Ardea RM 62 R 19
Ardenno SO 9 D 10
Ardenza LI 42 L 12
Ardesio BG 10 E 11
Ardivestra PV 29 H 9
Ardore RC 91 M 30
Ardore Marina RC 91 M 30
Area Sacra IS 65 Q 25
Aremogna AQ 64 Q 24
Arena VV 88 L 30
Arena Po PV 29 G 10
Arenabianca SA 76 G 29
Arenella SR 105 Q 27
Arenzano GE 36 I 8
Arera (Pizzo) BG 10 E 11
Arese MI 21 F 9
Arezzo AR 45 L 17
Argatone (Monte) AQ 64 Q 23
Argegno CO 9 E 9
Argelato BO 32 I 16
Argenta FE 32 I 17
Argentario
(Promontorio d') GR 55 O 15
Argentera CN 34 I 2
Argentera TO 19 G 5
Argentera (Cima di) CN 34 J 3
Argentiera SS 110 E 6
Argentiera
(Capo dell') SS 110 E 6
Argentina IM 35 K 5
Argentina (Val) IM 35 K 5
Arginemele (Cozzo) EN 100 O 25
Argiolas (Genn') CA 119 I 10
Argusto CZ 88 K 31
Ari CH 60 P 24
Ariamacina (Lago di) CS 86 J 31
Ariano (Isola d') RO 33 H 18
Ariano Ferrarese FE 33 H 18
Ariano Irpino AV 70 D 27
Ariano nel Polesine RO 33 H 18
Ariccia RM 62 Q 20
Arielli CH 60 P 24
Arienzo CE 70 D 25
Arietta CZ 87 J 32
Arigna SO 10 D 11
Arina BL 12 D 17
Aringo AQ 59 O 21
Arischia AQ 59 O 22
Aritzo NU 115 H 9
Arixi CA 119 I 9
Arlena di Castro VT 57 O 17
Arli AP 52 N 22
Arluno MI 20 F 8
Arma di Taggia IM 35 K 5
Armeno NO 20 E 7
Armentarola BZ 4 C 17
Armento PZ 77 G 30
Armenzano PG 51 M 20
Armi (Capo dell') RC 90 N 29
Armio VA 8 D 8
Armo IM 35 J 5
Armo RC 90 M 29
Armungia CA 119 I 10
Arnaccio PI 42 L 13
Arnara FR 63 R 22
Arnas (Punta d') TO 18 G 3
Arnasco SV 35 J 6
Arnesano LE 81 F 36
Arni LU 38 J 12
Arno FI 43 K 15
Arno (Fosso d') PI 42 L 13
Arno (Lago d') BS 10 D 13
Arnoga SO 2 C 12
Arola VB 20 E 7
Arolo VA 8 E 7
Arona NO 20 E 7
Arosio CO 21 E 9
Arpa (Punta dell') PA 92 K 21
Arpaia BN 70 D 25
Arpaise BN 70 D 26
Arpino FR 64 R 22
Arpinova FG 67 C 28
Arquà Petrarca PD 24 G 17
Arquà Polesine RO 32 G 17
Arquata del Tronto AP 52 N 21
Arquata Scrivia AL 28 H 8
Arramene (Genna) OG 117 G 10
Arre PD 24 G 17
Arro BI 19 F 6
Arrobbio AT 28 H 7
Arrone RM 62 Q 18
Arrone TR 58 O 20
Arrone VT 57 O 17
Arrone (Forca dell') TR 58 O 20
Arroscia IM 35 J 5
Arrubiu CA 119 H 9
Arsago Seprio VA 20 E 8
Arsego PD 24 F 17
Arsiè BL 12 E 17
Arsiero VI 24 E 16
Arsita TE 60 O 23
Arsoli RM 59 P 21
Arta Terme UD 5 C 21
Artegna UD 14 D 21
Artemisio (Monti) RM 63 Q 20
Arten BL 12 D 17
Artena RM 63 Q 20
Artesina CN 35 J 5
Artogne BS 22 E 12
Arutas (Punta is) OR 114 H 7
Arvenis (Monte) UD 5 C 20
Arvier AO 18 E 3
Arvo CS 87 J 31
Arvo (Lago) CS 86 J 31
Arzachena OT 109 D 10
Arzachena
(Golfo di) SS 109 D 10
Arzago d'Adda BG 21 F 10
Arzana OG 117 H 10
Arzano NA 69 E 24
Arzelato MS 38 I 11
Arzene PN 16 E 20
Arzercavalli PD 24 G 17
Arzergrande PD 24 G 18
Arzignano VI 24 F 15
Arzino UD 14 C 20
Ascea SA 76 G 27
Ascensione
(Monte dell') AP 53 N 22
Aschbach /
Rio di Lagundo BZ 3 C 15
Aschi Alto AQ 60 Q 23
Aschio MC 52 N 21
Asciano PI 42 K 13
Asciano SI 50 M 16
Ascione (Colle d') CS 86 J 31
Ascolese SA 76 F 28
Ascoli Piceno AP 53 N 22
Ascoli Satriano FG 71 D 28
Ascrea RI 59 P 20
Aselogna VR 31 G 15
Aserei (Monte) PC 29 H 10
Asiago VI 12 E 16
Asigliano Veneto VI 24 G 16
Asigliano Vercellese VC 20 G 7
Asinara (Golfo dell') SS 108 D 7
Asinara (Isola) SS 108 D 6
Asinaro SR 105 Q 27
Asinelli (Isola) TP 96 M 19
Asino (Punta dell') OT 113 E 11
Aso AP 53 M 22
Aso (Fiume) AP 52 N 22
Asola MN 22 G 13
Asolo TV 24 E 17
Aspra PA 98 M 22
Aspra (Monte) PG 58 O 20
Aspromonte RC 90 M 29
Assa VI 12 E 16
Assemini CA 118 J 8
Assenza di Brenzone VR 23 E 14
Assergi AQ 59 O 22
Assieni TP 97 M 20
Assietta (Colle dell') TO 26 G 2
Assino PG 45 L 19
Assisi PG 51 M 19
Asso CO 9 E 9
Asso SI 50 M 16
Asso (Castel d') VT 57 O 18
Assolo OR 115 H 8
Assoro EN 100 O 25
Asta RE 38 J 13
Asta (Cima d') TN 12 D 16
Asta (Giogo d') BZ 4 B 17
Astfeld / Campolasta BZ 3 C 16
Asti AT 27 H 6
Astico VI 24 E 16
Astico (Val d') VI 12 E 15
Astrone SI 50 N 17
Astura LT 63 R 20
Asuai NU 115 G 9
Asuni OR 115 H 8
Ateleta AQ 65 Q 24
Atella PZ 71 E 28
Atella (Fiumara d') PZ 71 E 28
Atena Lucana SA 76 F 28
Aterno AQ 59 O 21
Atessa CH 61 P 25
Atina FR 64 R 23
Ato (Punta d') RC 90 M 29
Atrani SA 75 F 25
Atri TE 60 O 23
Atripalda AV 70 E 26
Attigliano TR 58 O 18
Attilia CS 86 J 30
Attimis UD 15 D 21
Atzara NU 115 H 9
Auditore PS 41 K 19
Auer / Ora BZ 12 C 15
Augusta SR 105 P 27
Augusta (Golfo di) SR 105 P 27
Augusta (Porto di) SR 105 P 27
Aulella MS 38 J 12
Auletta SA 76 F 28
Aulla MS 38 J 11
Aune BL 12 D 17
Aupa UD 14 C 21
Aurano VB 8 E 7
Aurelia RM 57 P 17
Aurina (Valle) /
Ahrntal BZ 4 A 17
Aurine (Forcella) BL 12 D 17
Aurino BZ 4 B 17
Aurisina TS 17 E 23
Auronzo (Rifugio) BL 4 C 18
Auronzo di Cadore BL 5 C 19
Aurunci (Monti) FR 64 R 22
Ausa SMR 41 K 19
Ausoni (Monti) FR 63 R 21
Ausonia FR 64 R 23
Aussa-Corno UD 17 E 21
Ausser Sulden /
Solda di Fuori BZ 2 C 13
Austis NU 115 G 9
Autaret (Col de l') TO 18 G 3
Autore (Monte) RM 63 Q 21
Avacelli AN 46 L 20
Avegno GE 37 I 9
Avelengo / Hafling BZ 3 C 15
Avella AV 70 E 25
Avella (Monti d') BN 70 E 26
Avellino AV 70 E 26
Avena CS 84 H 29
Avenale MC 46 L 21
Aventino CH 60 P 24
Avenza MS 38 J 12
Averau (Monte) BL 4 C 18
Averno (Lago d') NA 69 E 24
Aversa CE 69 E 24
Aveto GE 29 I 9
Avetrana TA 79 F 35
Avezzano AQ 59 P 22
Aviano PN 13 D 19
Aviatico BG 22 E 11
Avic (Monte) AO 19 E 4
Avigliana TO 26 G 4
Avigliano PZ 71 E 29
Avigliano Umbro TR 58 O 19
Avigna / Afing BZ 3 C 16
Avio TN 23 E 14
Avise AO 18 E 3
Avisio TN 12 C 16
Avola SR 105 Q 27
Avolasca AL 28 H 8
Avosso GE 29 I 9
Ayas AO 7 E 5
Ayas (Valle d') AO 7 E 5
Ayasse AO 19 F 5
Aymavilles AO 18 E 3
Azeglio TO 19 F 5
Azzago VR 23 F 15
Azzanello CR 22 G 11
Azzanello PN 16 E 19
Azzano PC 29 H 10
Azzano d'Asti AT 28 H 6
Azzano Decimo PN 13 E 20
Azzano Mella BS 22 F 12
Azzate VA 20 E 8
Azzone BG 10 E 12
Azzurra (Grotta)
(Anacapri) NA 74 F 24
Azzurra (Grotta)
(Palinuro) SA 84 G 27

B

Bacchereto PO 39 K 14
Bacchiglione PD 24 G 17
Bacchiglione VI 24 F 16
Baccinello GR 50 N 16
Bacedasco PC 30 H 11
Bacedasco
(Terme di) PC 30 H 11
Baceno VB 8 D 6
Bacoli NA 69 E 24
Bacu Abis CI 118 J 7
Bacucco RO 33 H 19
Bacugno RI 59 O 21
Bad Bergfall /
Bagni di Pervalle BZ 4 B 18
Bad Froi / Bagni Froi BZ 4 C 16
Bad Moos / Bagni di
San Giuseppe BZ 4 B 19
Bad Rahmwald /
Bagni di Selva BZ 4 B 17
Bad Salomonsbrunn /
Bagni di Salomone BZ 4 B 18
Bad Salt /
Bagni di Salto BZ 3 C 14
Badagnano PC 30 H 11
Badalucco IM 35 K 5
Badde Salighes NU 115 F 8
Badesi OT 108 E 8
Badesi Mare OT 108 E 8
Badesse SI 43 L 15
Badi BO 39 J 15
Badia BO 39 I 15
Badia PG 51 M 19
Badia / Abtei BZ 4 C 17
Badia (Val) / Gadertal BZ 4 B 17
Badia a Ruoti AR 44 L 16
Badia a Settimo FI 43 K 15
Badia a Taona PT 39 J 14
Badia Agnano AR 44 L 16
Badia al Pino AR 44 L 17
Badia Ardenga SI 50 M 16
Badia Calavena VR 23 F 15
Badia Coltibuono SI 44 L 16
Badia di Susinana FI 40 J 16
Badia Morronese AQ 60 P 23
Badia Pavese PV 29 G 10
Badia Polesine RO 32 G 16
Badia Prataglia AR 45 K 17
Badia Tedalda AR 45 K 18
Badoere TV 25 F 18
Badolato CZ 89 L 31
Badolato Marina CZ 89 L 31
Badolo BO 39 I 15
Badu Abzolas OT 111 E 9
Badu Crabolu SS 114 F 7
Baffadi RA 40 J 16
Baffe (Punta) GE 37 J 10
Bafia ME 101 M 27
Bagaladi RC 90 M 29
Baganza PR 30 I 12
Baggio PT 39 K 14
Baggiovara MO 31 I 14
Bagheria PA 98 M 22
Baglio Messina TP 97 M 20
Baglionuovo TP 97 N 20
Bagna (Punta) TO 18 G 2
Bagnacavallo RA 40 I 17
Bagnaia LI 48 N 13
Bagnaia SI 50 M 15
Bagnaia VT 57 O 18
Bagnara PG 52 M 20
Bagnara Calabra RC 90 M 29
Bagnara di Romagna RA 40 I 17
Bagnaria PV 29 H 9
Bagnaria Arsa UD 17 E 21
Bagnarola BO 32 I 16
Bagnarola PN 16 E 20
Bagnasco CN 35 J 6
Bagnatica BG 22 F 11
Bagni AL 28 I 7
Bagni Contursi SA 76 E 27
Bagni del Masino SO 9 D 10
Bagni di Bormio SO 2 C 13
Bagni di Craveggia VB 8 D 7
Bagni di Lavina Bianca /
Weisslahnbad BZ 3 C 16
Bagni di Lucca LU 39 J 13
Bagni di Lusnizza UD 15 C 22
Bagni di Nocera PG 52 M 20
Bagni di Pervalle /
Bad Bergfall BZ 4 B 18
Bagni di Petriolo SI 50 M 15
Bagni di Rabbi TN 11 C 14
Bagni di Repole KR 87 J 32
Bagni di Salomone /
Bad Salomonsbrunn BZ 4 B 18
Bagni di Salto /
Bad Salt BZ 3 C 14
Bagni di San Giuseppe /
Bad Moos BZ 4 B 19
Bagni di S. Martino SS 111 E 8
Bagni di Selva /
Bad Rahmwald BZ 4 B 17
Bagni di Stigliano RM 57 P 18
Bagni di Tivoli RM 63 Q 20
Bagni di Vicarello RM 57 P 18
Bagni di Vinadio CN 34 J 3
Bagni di Viterbo VT 57 O 18
Bagni Froi / Bad Froi BZ 4 C 16
Bagni Minerali RC 91 M 30
Bagni di S. Cataldo PZ 71 E 28
Bagni S. Filippo SI 50 N 17
Bagno FG 67 B 29
Bagno a Ripoli FI 44 K 15
Bagno di Romagna FO 40 K 17
Bagno Grande AQ 59 P 22
Bagno Vignoni SI 50 M 16
Bagnola MC 47 L 22
Bagnoli del Trigno IS 65 Q 25
Bagnoli di Sopra PD 24 G 17
Bagnoli Irpino AV 70 E 27
Bagnolo vicino
a Roccastrada GR 49 M 15
Bagnolo vicino a
Sta Fiora GR 50 N 16
Bagnolo (Monte) TA 79 F 34
Bagnolo VR 23 G 14
Bagnolo VI 24 F 16
Bagnolo Cremasco CR 21 F 10
Bagnolo del Salento LE 83 G 37
Bagnolo di Po RO 32 G 16
Bagnolo in Piano RE 31 H 14
Bagnolo Mella BS 22 F 12
Bagnolo Piemonte CN 26 H 3
Bagnolo S. Vito MN 31 G 14
Bagnone MS 38 J 11
Bagnore GR 50 N 16
Bagnoregio VT 57 O 18
Bagnu (Lu) SS 111 E 8
Bagolino BS 22 E 13
Baia CE 65 S 24
Baia NA 69 E 24
Baia delle Zagare FG 67 B 30
Baia Domizia CE 69 D 23
Baia Sardinia OT 109 D 10
Baia Verde LE 83 G 36
Baiano AV 70 E 25
Baiardo IM 35 K 5
Baigno BO 39 J 15
Baion (Rifugio) BL 5 C 19
Baiso RE 31 I 13
Baitone (Monte) BS 10 D 13
Balangero TO 19 G 4
Balata di Baida TP 97 M 20
Balata di Modica RG 104 Q 26
Balate (Masseria) PA 99 N 23
Balatelle (Monte) PA 98 M 22
Balbano LU 38 K 13
Balconevisi PI 43 L 14
Baldichieri d'Asti AT 27 H 6
Baldissero d'Alba CN 27 H 5
Baldissero Torinese TO 27 G 5
Baldo (Monte) VR 23 E 14
Baldu OT 109 D 9
Balestrate PA 97 M 21
Balestrino SV 35 J 6
Balisio (Colle di) LC 9 E 10
Balistreri (Punta) OT 111 E 9
Ballabio Inferiore LC 9 E 10
Ballao CA 119 I 10
Ballata TP 97 N 20
Ballino TN 11 E 14
Ballone (Poggio) GR 49 N 14
Balme TO 18 G 3
Balmuccia VC 7 E 6
Balocco VC 20 F 6
Balossa Bigli PV 28 G 8
Balsente (Masseria) BA 73 E 33
Balsignano BA 73 D 32
Balsorano AQ 64 Q 22
Balsorano Vecchio AQ 64 Q 22
Balvano PZ 76 F 28
Balze (Località) FO 45 K 18
Balze (Volterra) PI 43 L 14
Balzola AL 20 G 7
Banari SS 111 F 8
Bancali SS 110 E 7
Banchetta (Monte) TO 26 H 2
Bandiera (Punta) ME 94 L 27
Bandita AL 28 I 7
Bando FE 32 I 17
Banna TO 19 G 5
Bannia PN 13 E 20
Bannio VB 7 E 6
Bantine SS 111 F 9
Banzi PZ 72 E 30
Baone PD 24 G 17
Bar TO 18 G 2
Baracchella CS 86 J 31
Baraccone CE 64 R 24
Baradili OR 118 H 8
Baragazza BO 39 J 15
Baragiano PZ 76 E 28
Baranci (Croda dei) BZ 4 B 18
Baranello CB 65 R 25
Barano d'Ischia NA 74 E 23
Baratili S. Pietro OR 114 H 7
Baratti LI 48 N 13
Baratti (Golfo di) LI 48 M 13
Baratz (Lago) SS 110 E 6
Barbagia Belvi CA 115 H 9
Barbagia Ollolai NU 115 G 9
Barbagia Seulo CA 115 H 9
Barbania TO 19 G 4
Barbara AN 46 L 21
Barbarano Romano VT 57 P 18
Barbarano Vicentino VI 24 F 16
Barbaresco CN 27 H 6
Barbariga BS 22 F 12
Barbarossa (Punta) SS 108 E 6
Barbasso MN 31 G 14
Barbeano PN 14 D 20
Barbellino
(Lago del) BG 10 D 12
Barberino di Mugello FI 39 J 15
Barberino Val d'Elsa FI 43 L 15
Barbi (Capo) RC 88 L 29
Barbianello PV 29 G 9
Barbiano RA 40 I 17
Barbona PD 32 G 17
Barbusi CI 118 J 7
Barbustel AO 19 E 4
Barcellona Pozzo
di Gotto ME 101 M 27
Barchi PS 46 K 20
Barcis PN 13 D 19
Barcis (Lago di) PN 13 D 19
Barco RE 30 H 13
Barco TN 12 D 15
Barcola TS 17 E 23
Barcon TV 24 E 18
Bard AO 19 F 5
Bardi PR 29 I 11
Bardineto SV 35 J 6
Bardolino VR 23 F 14
Bardonecchia TO 26 G 2
Bareggio MI 21 F 8
Barengo NO 20 F 7
Baressa OR 118 H 8
Barete AQ 59 O 21
Barga LU 38 J 13
Bargagli GE 37 I 9
Barge CN 26 H 3
Bargecchia LU 38 K 12
Barghe BS 22 E 13
Bargi BO 39 J 15
Bargino FI 43 L 15
Bargnano BS 22 F 12
Bargone GE 37 J 10
Bari BA 73 D 32
Bari Sardo OG 117 H 10
Bariano BG 21 F 11
Baricella BO 32 I 16

Barigazzo **MO** 39 J 13
Barigazzo (Monte) **PR** 30 I 11
Barile **PZ** 71 E 29
Barisciano **AQ** 59 P 22
Barisciano (Lago di) **AQ** 59 O 22
Barletta **BA** 72 D 30
Barni **CO** 9 E 9
Barolo **CN** 27 I 5
Barone (Monte) **BI** 19 E 6
Baroni (Rifugio) **BG** 10 D 11
Baronia **NU** 117 F 11
Baronia (Monte) **TP** 97 N 20
Baronissi **SA** 75 E 26
Barrabisa **OT** 109 D 9
Barrafranca **EN** 103 O 24
Barrali **CA** 119 I 9
Barrea **AQ** 64 Q 23
Barrea (Lago di) **AQ** 64 Q 23
Barricata **TN** 12 E 16
Barriera Noce (Bivio) **CL** 99 O 24
Barumini **VS** 118 H 9
Barzago **LC** 21 E 9
Barzana
(Forcella di Palla) **PN** 13 D 19
Barzaniga **CR** 22 G 11
Barzanò **LC** 21 E 9
Barzio **LC** 9 E 10
Basagliapenta **UD** 16 E 21
Basaldella **PN** 13 D 20
Basaldella **UD** 15 D 21
Basalghelle **TV** 16 E 19
Basaluzzo **AL** 28 H 8
Bascape **PV** 21 G 9
Baschi **TR** 51 N 18
Bascianella **TE** 59 O 23
Basciano **TE** 60 O 23
Baselga di Pinè **TN** 11 D 15
Baselice **BN** 70 C 26
Basentello **MT** 72 E 30
Basento **PZ** 77 F 29
Basicò **ME** 100 M 27
Basiglio **MI** 21 F 9
Basiliano **UD** 16 D 21
Basilicagoiano **PR** 30 H 13
Basilicanova **PR** 30 H 13
Basiluzzo (Isola) **ME** 94 L 27
Basodino (Monte) **VB** 8 C 7
Basovizza **TS** 17 F 23
Bassacutena **OT** 109 D 9
Bassacutena (Rio) **OT** 109 D 9
Bassana (Punta) **TP** 96 N 18
Bassano Bresciano **BS** 22 G 12
Bassano del Grappa **VI** 24 E 17
Bassano in Teverina **VT** 58 O 18
Bassano Romano **VT** 57 P 18
Bassiano **LT** 63 R 21
Bassignana **AL** 28 G 8
Bastarda (Cima) **CS** 86 J 31
Bastardo **PG** 51 N 19
Bastelli **PR** 30 H 12
Bastia **FG** 71 D 28
Bastia **AN** 46 L 20
Bastia **BL** 13 D 18
Bastia (Monte) **GE** 37 I 9
Bastia **PD** 24 F 16
Bastia Mondovì **CN** 35 I 5
Bastia Umbra **PG** 51 M 19
Bastida Pancarana **PV** 29 G 9
Bastiglia **MO** 31 H 15
Batignano **GR** 49 N 15
Battaglia **SA** 76 G 28
Battaglia **TP** 97 M 20
Battaglia (Piano) **PA** 99 N 24
Battaglia Terme **PD** 24 G 17
Battaglione
Monte Granero **TO** 26 H 3
Battifolle (Monte) **PT** 39 K 14
Battifollo **CN** 35 J 6
Battipaglia **SA** 75 F 26
Battisti (Rifugio) **RE** 38 J 13
Bau **VS** 118 I 7
Bau Ischios **OR** 115 G 8
Bau Pressiu (Lago) **CI** 118 J 8
Baucca **PG** 45 L 18
Baucina **PA** 98 N 22
Baudenasca **TO** 26 H 4
Bauernkohlern /
Colle di Villa **BZ** 3 C 16
Bauladu **OR** 115 G 8
Baunei **OG** 117 G 10
Baura **FE** 32 H 17
Baveno **VB** 8 E 7
Baver **TV** 13 E 19
Bazzano **AQ** 59 O 22
Bazzano **BO** 31 I 15
Bazzano **PG** 52 N 20
Beano **UD** 16 E 21
Beaulard **TO** 26 G 2
Beauregard (Lago di) **AO** 18 F 3
Beccarini (Azienda) **FG** 67 C 29
Becco (Croda di) /
Seekofel **BL** 4 B 18
Becetto **CN** 26 I 3
Bedero Valcuvia **VA** 8 E 8
Bedizzole **BS** 22 F 13
Bédole **TN** 11 D 13
Bedollo **TN** 12 D 15
Bedonia **PR** 29 I 10
Bee **VB** 8 E 7
Begosso **VR** 32 G 16
Beigua (Monte) **SV** 36 I 7
Beinasco **TO** 27 G 4
Beinette **CN** 35 I 4
Belagaio **GR** 49 M 15
Belbo **CN** 35 I 6
Belcastro **CZ** 87 J 32
Belfiore **VR** 23 F 15
Belfiore (Cima) **LU** 38 J 12
Belforte **MN** 31 G 13
Belforte **PG** 52 N 20
Belforte **SI** 49 M 15
Belforte all'Isauro **PS** 45 K 19
Belforte del Chienti **MC** 52 M 21
Belgioioso **PV** 21 G 9
Belgirate **VB** 8 E 7
Belice **AG** 97 N 20
Belice (Valle) **TP** 97 O 20
Belice Destro **PA** 97 N 21
Belici **CL** 99 N 23
Bella **PZ** 71 E 28
Bellagio **CO** 9 E 9
Bellamonte **TN** 12 D 16
Bellano **LC** 9 D 9
Bellante **TE** 53 N 23
Bellardina (Colle) **VV** 88 L 30
Bellaria **MO** 31 H 14
Bellaria **PS** 46 L 19
Bellaria **SI** 50 M 16
Bellaria-Igea Marina **RN** 41 J 19
Bellariva **RN** 41 J 19
Bellavalle **PT** 39 J 14
Bellavista **BZ** 4 C 16
Bellavista (Capo) **NU** 117 H 11
Bellecombe **AO** 19 E 4
Bellegra **RM** 63 Q 21
Bellino **CN** 26 I 3
Bellino (Monte) **VT** 57 O 16
Bellinzago Novarese **NO** 20 F 7
Bellisio Solfare **PS** 46 L 20
Bellizzi **SA** 75 F 26
Bellizzi Irpino **AV** 70 E 26
Bellocozzo **RG** 104 Q 26
Belloluogo
(Masseria) **BR** 80 F 35
Bellona **CE** 69 D 24
Bellori **VR** 23 F 14
Bellosguardo **SA** 76 F 27
Belluno **BL** 13 D 18
Belluno Veronese **VR** 23 E 14
Bellusco **MI** 21 F 10
Belmonte Calabro **CS** 86 J 30
Belmonte Castello **FR** 64 R 23
Belmonte del Sannio **IS** 65 Q 25
Belmonte in Sabina **RI** 58 P 20
Belmonte Mezzagno **PA** 98 M 22
Belmonte Piceno **AP** 53 M 22
Belpasso **CT** 100 O 26
Belprato / Schönau **BZ** 3 B 15
Belsedere **SI** 50 M 16
Belsito **CS** 86 J 30
Belu **VS** 118 I 8
Belvedere **SR** 105 P 27
Belvedere **MN** 23 G 14
Belvedere **PG** 51 M 19
Belvedere **PS** 46 K 20
Belvedere **PG** 50 N 17
Belvedere **UD** 17 E 22
Belvedere (Monte) **BA** 73 E 31
Belvedere di Spinello **KR** 87 J 32
Belvedere Langhe **CN** 27 I 5
Belvedere Marittimo **CS** 84 I 29
Belvedere Ostrense **AN** 46 L 21
Belvi **NU** 115 H 9
Belviso (Lago di) **SO** 10 D 12
Benante **SR** 104 O 26
Benas (Stagno de is) **OR** 114 G 7
Bene Lario **CO** 9 D 9
Bene Vagienna **CN** 27 I 5
Benedello **MO** 39 I 14
Benestare **RC** 91 M 30
Benetutti **SS** 111 F 9
Benevello **CN** 27 I 6
Benevento **BN** 70 D 26
Benévolo **AO** 18 F 3
Benna **BI** 19 F 6
Benne **TO** 19 G 4
Bentivoglio **BO** 32 I 16
Benvignante **FE** 32 H 17
Benzone (Lago di) **NU** 115 G 9
Berbenno **BG** 21 E 10
Berbenno
di Valtellina **SO** 10 D 11
Berceto **PR** 30 I 11
Berchidda **OT** 111 E 9
Berchiddeddu **OT** 113 E 10
Berdia Nuova **RG** 104 Q 25
Bereguardo **PV** 21 G 9
Berga **AL** 29 I 9
Bergamasco **AL** 28 H 7
Bergamo **BG** 21 E 10
Bergantino **RO** 31 G 15
Bergeggi **SV** 36 J 7
Bergeggi (Isola di) **SV** 36 J 7
Bergolo **CN** 27 I 6
Berici (Monti) **VI** 24 F 16
Bernalda **MT** 78 F 32
Bernardinis (Rifugio) **UD** 15 C 22
Bernareggio **MI** 21 F 10
Bernezzo **CN** 34 I 4
Bernina (Pizzo) **SO** 10 C 11
Berra **FE** 32 H 17
Berretta (Col della) **VI** 12 E 17
Bersano **PC** 30 H 12
Bersezio **CN** 34 I 2
Berta (Capo) **IM** 35 K 6
Bertacchi (Rifugio) **SO** 9 C 10
Bertesina **VI** 24 F 16
Berti (Rifugio) **BL** 5 C 19
Bertinoro **FO** 41 J 18
Bertiolo **UD** 16 E 21
Bertonico **LO** 21 G 11
Bertrand (Monte) **CN** 35 J 5
Bertuzzi (Valle) **FE** 33 H 18
Berzano di San Pietro **AT** 27 G 5
Berzano di Tortona **AL** 28 H 8
Berzo **BS** 10 E 12
Besana in Brianza **MI** 21 E 9
Besano **VA** 8 E 8
Besate **MI** 20 G 8
Beseno (Castello) **TN** 11 E 15
Besnate **VA** 20 E 8
Besozzo **VA** 8 E 7
Besozzola **PR** 30 H 11
Bessude **SS** 111 F 8
Bettenesco **CR** 22 G 12
Bettola **VR** 23 F 15
Bettola **PC** 29 H 10
Bettole **BS** 22 F 12
Bettolelle **AN** 46 L 21
Bettolle **SI** 50 M 17
Bettona **PG** 51 M 19
Beura-Cardezza **VB** 8 D 6
Bevagna **PG** 51 N 19
Bevano **RA** 41 J 18
Bevazzana **UD** 16 E 21
Beverare **RO** 32 G 17
Beverino **SP** 38 J 11
Bevilacqua **BO** 31 H 15
Bevilacqua **VR** 24 G 16
Bezzecca **TN** 11 E 14
Bezzi (Rifugio) **AO** 18 F 3
Biagioni **PT** 39 J 14
Biana **PC** 29 H 10
Bianca (Cima) **SO** 10 C 13
Bianca (Palla) /
Weißkugel **BZ** 2 B 14
Bianca (Punta) **AG** 103 P 22
Biancade **TV** 25 F 19
Biancanelle (Poggio) **PI** 43 L 13
Biancano **BN** 69 D 25
Biancareddu **SS** 110 E 6
Biancavilla **CT** 100 O 26
Bianchi **CS** 86 J 31
Bianco **RC** 91 M 30
Bianco (Canale) **FE** 32 H 17
Bianco (Canale) **RO** 32 G 16
Bianco (Capo) **AG** 102 O 21
Bianco (Capo) **BR** 81 F 36
Bianco (Fiume) **SA** 76 F 28
Bianconese **PR** 30 H 12
Biandrate **NO** 20 F 7
Biandronno **VA** 20 E 8
Bianzano **BG** 22 E 11
Bianzé **VC** 19 G 6
Bianzone **SO** 10 D 12
Biasi (Rifugio) **BZ** 3 B 15
Biassono **MI** 21 F 9
Bibano **TV** 13 E 19
Bibbiano **RE** 30 I 13
Bibbiano **SI** 50 M 16
Bibbiena **AR** 44 K 17
Bibbona **LI** 49 M 13
Bibiana **TO** 26 H 3
Bibione **VE** 16 F 21
Bibione Pineda **VE** 16 F 21
Biccari **FG** 71 C 27
Bichl / Colle **BZ** 3 B 15
Bicinicco **UD** 17 E 21
Bidderdi (Passo) **VS** 118 I 7
Bidente **FO** 40 J 17
Bidighinzu (Lago) **SS** 111 F 8
Bidonì **OR** 115 G 8
Bielciuken **AO** 19 E 5
Biella **BI** 19 F 6
Bielmonte **BI** 19 F 6
Bienno **BS** 10 E 12
Bieno **TN** 12 D 16
Bientina **PI** 43 K 13
Biferno **CB** 65 R 25
Bifolchi (Portella dei) **PA** 99 N 24
Biforco **AR** 45 K 17
Biglio **MS** 38 I 11
Bignone (Monte) **IM** 35 K 5
Bigolino **TV** 12 E 18
Bigoti **PC** 29 H 10
Bilioso **MT** 77 F 31
Bimmisca **SR** 107 Q 27
Binago **CO** 20 E 8
Binasco **MI** 21 G 9
Binetto **BA** 73 D 32
Binio **TN** 11 D 14
Biodola **LI** 48 N 12
Bioglio **BI** 19 F 6
Bionaz **AO** 7 E 4
Bionde di Visegna **VR** 23 G 15
Birchabruck /
Ponte Nova **BZ** 12 C 16
Birgi Novo **TP** 96 N 19
Birgi Vecchi **TP** 96 N 19
Birnlücke / Picco
(Forcella del) **BZ** 4 A 18
Birori **NU** 115 G 8
Bisaccia **AV** 71 D 28
Bisacquino **PA** 97 N 21
Bisano **BO** 40 J 16
Bisbino (Monte) **CO** 9 E 9
Bisce (Isola delle) **SS** 109 D 10
Bisceglie **BA** 72 D 31
Biscina **PG** 51 M 19
Bisegna **AQ** 64 Q 23
Bisenti **TE** 60 O 23
Bisentina (Isola) **VT** 57 O 17
Bisenzio **BS** 22 E 13
Bisenzio (Fiume) **PO** 39 K 15
Bisignano **CS** 85 I 30
Bissone **PV** 29 G 10
Bistagno **AL** 28 I 7
Bisuschio **VA** 8 E 8
Bitetto **BA** 73 D 32
Bithia **CA** 121 K 8
Bitonto **BA** 73 D 32
Bitritto **BA** 73 D 32
Bitti **NU** 112 F 10
Biviere (il) **CL** 104 P 25
Biviere (Lago) **ME** 100 N 26
Bivigliano **FI** 40 K 15
Bivio Acri **CS** 85 I 30
Bivio di Reino **BN** 70 D 26
Bivio Ercole **MC** 52 M 20
Bivio Guardavalle **RC** 89 L 31
Bivio Palomonte **SA** 76 F 27
Bivona **AG** 98 O 22
Bivongi **RC** 88 L 31
Bizzarone **CO** 20 E 8
Bizzozero **VA** 20 E 8
Blacca (Corna) **BS** 22 E 13
Blavy vicino a Nus **AO** 19 E 4
Blavy vicino a
St-Christophe **AO** 18 E 4
Blera **VT** 57 P 18
Blessaglia **VE** 16 E 20
Blessano **UD** 14 D 21
Blevio **CO** 21 E 9
Blinnenhorn **VB** 8 C 6
Blufi **PA** 99 N 24
Blumau /
Prato all'Isarco **BZ** 3 C 16
Blumone
(Cornone di) **BS** 10 E 13
Bo (Cima di) **BI** 19 E 6
Boara **FE** 32 H 17
Boara Pisani **PD** 32 G 17
Boara Polesine **RO** 32 G 17
Boario Terme **BS** 10 E 12
Bobbiano **PC** 29 H 10
Bobbio **PC** 29 H 10
Bobbio Pellice **TO** 26 H 3
Boca **NO** 20 E 7
Bocale Secondo **RC** 90 M 28
Bocca Chiavica **MN** 31 G 13
Bocca di Fiume **LT** 63 R 21
Bocca di Magra **SP** 38 J 11
Bocca di Piazza **CS** 86 J 31
Bocca Grande **NA** 74 F 24
Bocca Piccola **NA** 74 F 24
Boccadasse **GE** 36 I 8
Boccadifalco **PA** 97 M 21
Boccadirio
(Santuario di) **BO** 39 J 15
Boccaleone **FE** 32 I 17
Boccasette **RO** 33 H 19
Boccassuolo **MO** 39 J 13
Boccea **RM** 62 Q 18
Bocche (Cima) **TN** 12 C 17
Boccheggiano **GR** 49 M 15
Bocchetta
(Passo della) **GE** 28 I 8
Bocchigliero **CS** 87 I 32
Boccioleto **VC** 7 E 6
Bocco (Passo del) **GE** 37 I 10
Bocconi **FO** 40 J 17
Bocenago **TN** 11 D 14
Boeo (Capo) **TP** 96 N 19
Boesio **VA** 8 E 8
Boffalora d'Adda **LO** 21 F 10
Boffalora
sopra Ticino **MI** 20 F 8
Bogliaco **BS** 23 E 13
Bogliasco **GE** 37 I 9
Boglietto **AT** 27 H 6
Boglioni **RE** 31 I 14
Bognanco **VB** 8 D 6
Bogogno **NO** 20 F 7
Boi (Capo) **CA** 119 J 10
Boirolo **SO** 10 D 11
Boissano **SV** 35 J 6
Boite **BL** 13 C 18
Bojano **CB** 65 R 25
Bolago **BL** 13 D 18
Bolano **SP** 38 J 11
Bolbeno **TN** 11 D 14
Bolca **VR** 23 F 15
Boleto **VB** 20 E 7
Bolgare **BG** 22 F 11
Bolgheri **LI** 49 M 13
Bollate **MI** 21 F 9
Bollengo **TO** 19 F 5
Bologna **BO** 32 I 15
Bolognano **PE** 60 P 23
Bolognano **TN** 11 E 14
Bolognetta **PA** 98 N 22
Bolognola **MC** 52 N 21
Bolotana **NU** 115 G 8
Bolsena **VT** 57 O 17
Bolsena (Lago di) **VT** 57 O 17
Bolzaneto **GE** 36 I 8
Bolzano / Bozen **BZ** 3 C 16
Bolzano Vicentino **VI** 24 F 16
Bomarzo **VT** 57 O 18
Bomba **CH** 60 P 25
Bombiana **BO** 39 J 14
Bombile **RC** 91 M 30
Bominaco **AQ** 59 P 22
Bompensiere **CL** 103 O 23
Bompensiero **BS** 22 F 11
Bompietro **PA** 99 N 24
Bomporto **MO** 31 H 15
Bonagia (Golfo di) **TP** 96 M 19
Bonamico **RC** 91 M 30
Bonarcado **OR** 115 G 7
Bonassola **SP** 37 J 10
Bonate Sotto **BG** 21 F 10
Bonavicina-Borgo **VR** 23 G 15
Bonavigo **VR** 23 G 15
Boncore **LE** 79 G 35
Bondanello **MN** 31 H 14
Bondeno **FE** 32 H 16
Bondeno **MN** 31 H 14
Bondo **TN** 11 E 14
Bondone **TN** 23 E 13
Bondone (Monte) **TN** 11 D 15
Bonea **BN** 70 D 25
Bonefro **CB** 66 B 26
Bonelli **RO** 33 H 19
Bonferraro **VR** 23 G 15
Bonghi (Monte) **OG** 117 H 10
Bonifacio
(Bocche di) **SS** 109 D 9
Bonifati **CS** 84 I 29
Bonifati (Capo) **CS** 84 I 29
Bonifato (Monte) **TP** 97 N 20
Bonito **AV** 70 D 26
Bonnanaro **SS** 111 F 8
Bonne **AO** 18 F 3
Bono **SS** 115 F 9
Bonorva **SS** 115 F 8
Bonu Ighinu **SS** 111 F 7
Bonze (Cima) **TO** 19 F 5
Boor (Zuc del) **UD** 15 C 21
Boragine (Monte) **RI** 59 O 21
Borbera **AL** 28 H 8
Borbona **RI** 59 O 21
Borbore **CN** 27 H 6
Borca di Cadore **BL** 13 C 18
Borcola (Passo della) **TN** 23 E 15
Bordano **UD** 14 D 21
Bordiana **TN** 11 C 14
Bordighera **IM** 35 K 4
Bordino **TP** 97 N 19
Bordolano **CR** 22 G 11
Bordolona **TN** 11 C 14
Bordonchio **RN** 41 J 19
Bore **PR** 30 H 11
Borello **FO** 41 J 18
Borello (Torrente) **FO** 41 J 18
Boretto **RE** 31 H 13
Borgagne **LE** 83 G 37
Borgallo
(Galleria del) **PR** 38 I 11
Borgaro Torinese **TO** 19 G 4
Borgata Costiera **TP** 96 N 19
Borgata Palo **CL** 103 O 23
Borgata Pirastera **OR** 115 H 9
Borgata Trigoria **RM** 62 Q 19
Borgetto **PA** 97 M 21
Borghetto **MC** 46 L 21
Borghetto **RA** 41 J 18
Borghetto **TN** 23 E 14
Borghetto vicino
a Bolsena **VT** 57 O 17
Borghetto vicino
a Viterbo **VT** 58 O 19
Borghetto d'Arroscia **IM** 35 J 5
Borghetto di Borbera **AL** 28 H 8
Borghetto di Vara **SP** 37 J 11
Borghetto Lodigiano **LO** 21 G 10
Borghetto Sto Spirito **SV** 35 J 6
Borghi **FO** 41 J 19
Borgia **CZ** 88 K 31
Borgiallo **TO** 19 F 5
Borgio Verezzi **SV** 36 J 6
Borgo (il) **MO** 31 H 14
Borgo a Buggiano **PT** 39 K 14
Borgo a Mozzano **LU** 39 K 13
Borgo alla Collina **AR** 44 K 17
Borgo Baccarato **EN** 104 O 25
Borgo Bainsizza **LT** 63 R 20
Borgo Bonsignore **AG** 102 O 21
Borgo Carso **LT** 63 R 20
Borgo Cascino **EN** 103 O 24
Borgo Celano **FG** 67 B 28
Borgo d'Ale **VC** 19 F 6
Borgo dei Pini
Mercadante **BA** 73 E 32
Borgo di Stazione
Montecosaro **MC** 53 M 22
Borgo di Terzo **BG** 22 E 11
Borgo Ermada **LT** 63 S 21
Borgo Faiti **LT** 63 R 20
Borgo Fazio **TP** 97 N 20
Borgo Flora **LT** 63 R 20
Borgo Fornari **GE** 28 I 8
Borgo Franchetto **CT** 104 O 26
Borgo Fusara **RA** 41 I 18
Borgo Grappa **LT** 63 R 20
Borgo Isonzo **LT** 63 R 20
Borgo le Taverne **AV** 71 E 27
Borgo Libertà **FG** 71 D 29
Borgo Mezzanone **FG** 67 C 29
Borgo Montello **LT** 63 R 20
Borgo Montenero **LT** 68 S 21
Borgo Pace **PS** 45 L 18
Borgo Panigale **BO** 31 I 15
Borgo Piave **LT** 63 R 20
Borgo Piave **LE** 81 F 36
Borgo Pietro Lupo **CT** 104 O 25
Borgo Podgora **LT** 63 R 20
Borgo Priolo **PV** 29 H 9
Borgo Quinzio **RI** 58 P 20
Borgo Regalmici **PA** 99 N 23
Borgo Rinazzo **TP** 96 N 19
Borgo Rivola **RA** 40 J 17
Borgo Roccella **PA** 97 N 21
Borgo Sabotino **LT** 63 R 20
Borgo S. Dalmazzo **CN** 34 J 4
Borgo S. Donato **LT** 63 R 20
Borgo S. Giacomo **BS** 22 F 11
Borgo S. Giovanni **LO** 21 G 10
Borgo S. Giusto **FG** 66 C 28
Borgo S. Lorenzo **FI** 40 K 16
Borgo Sta Maria **LT** 63 R 20
Borgo S. Martino **AL** 28 G 7
Borgo S. Pietro **RI** 59 P 21
Borgo Sta Rita **RM** 62 R 19
Borgo S. Siro **PV** 20 G 8
Borgo Schirò **PA** 97 N 21
Borgo Segezia **FG** 71 C 28
Borgo Ticino **NO** 20 E 7
Borgo Tossignano **BO** 40 J 16
Borgo Tufico **AN** 46 L 20
Borgo Val di Taro **PR** 30 I 11
Borgo Valsugana **TN** 12 D 16
Borgo Velino **RI** 59 O 21
Borgo Venusio **MT** 73 E 31
Borgo Vercelli **VC** 20 F 7
Borgo Vodice **LT** 63 R 21
Borgoforte **MN** 31 G 14
Borgoforte **PD** 32 G 17
Borgofranco d'Ivrea **TO** 19 F 5
Borgofranco sul Po **MN** 31 G 15
Borgolavezzaro **NO** 20 G 8
Borgomanero **NO** 20 E 7
Borgomaro **IM** 35 K 5
Borgomasino **TO** 19 F 5
Borgone Susa **TO** 18 G 3
Borgonovo Ligure **GE** 37 I 10
Borgonovo
Val Tidone **PC** 29 G 10
Borgoratto
Alessandrino **AL** 28 H 7
Borgoratto
Mormorolo **PV** 29 H 9

Borgoricco PD 24 F 17
Borgorose RI 59 P 21
Borgosatollo BS 22 F 12
Borgosesia VC 20 E 6
Borlasca GE 28 I 8
Bormida SV 35 J 6
Bormida (Fiume) AL 28 I 7
Bormida di Millesimo SV 35 J 6
Bormida di Spigno AL 28 I 6
Bormina SO 10 C 12
Bormio SO 2 C 13
Bormio 2000 SO 10 C 13
Bornago MI 21 F 10
Bornato BS 22 F 12
Borno BS 10 E 12
Boroneddu OR 115 G 8
Borore NU 115 G 8
Borrello CH 65 Q 24
Borrello PA 99 N 24
Borriana BI 19 F 6
Borromee (Isole) VB 8 E 7
Borselli FI 44 K 16
Borso del Grappa TV 24 E 17
Borta Melone (Monte) NU 115 G 9
Bortigali NU 115 G 8
Bortigiadas OT 111 E 9
Borutta SS 111 F 8
Borzano RE 31 I 13
Borzonasca GE 37 I 10
Bosa OR 114 G 7
Bosa Marina OR 114 G 7
Bosaro RO 32 H 17
Boschetiello (Monte) AV 71 E 27
Boschetto PR 30 I 12
Boschi BO 32 H 16
Boschi PC 29 I 10
Boschi S. Anna VR 24 G 16
Bosco SA 76 G 28
Bosco PR 38 I 12
Bosco PG 51 M 19
Bosco VI 12 E 16
Bosco ai Frati FI 40 K 15
Bosco Chiesanuova VR 23 F 15
Bosco Marengo AL 28 H 8
Bosco Mesola FE 33 H 18
Bosco (Serra del) EN 100 N 25
Boscone Cusani PC 29 G 10
Bosconero TO 19 G 5
Boscoreale NA 70 E 25
Boscotrecase NA 70 E 25
Bosio AL 28 I 8
Bosisio Parini LC 21 E 9
Bosnasco PV 29 G 10
Bossea CN 35 J 5
Bossea (Grotta di) CN 35 J 5
Bossi AR 45 L 17
Bossico BG 22 E 12
Bossola (Monte) AL 29 I 9
Bossolasco CN 27 I 6
Botricello CZ 89 K 32
Botrugno LE 83 G 36
Bottagna SP 38 J 11
Bottanuco BG 21 F 10
Bottarello (Pizzo) VB 7 D 6
Bottarone PV 29 G 9
Botte Donato (Monte) CS 86 J 31
Botteghelle CT 104 P 25
Botticino-Mattina BS 22 F 12
Botticino-Sera BS 22 F 12
Bottidda SS 115 F 9
Bottigli (Monte) GR 49 N 15
Bottinaccio FI 43 K 15
Bottrighe RO 33 G 18
Bousson TO 26 H 2
Bova RC 91 N 29
Bova Marina RC 90 N 29
Bovalino Marina RC 91 M 30
Bovalino Superiore RC 91 M 30
Bove (Valle del) CT 100 N 27
Bovecchio FI 39 K 15
Boveglio LU 39 K 13
Bovegno BS 22 E 12
Boves CN 35 J 4
Bovezzo BS 22 F 12
Bovile TO 26 H 3
Boville Ernica FR 64 R 22
Bovino FG 71 D 28
Bovisio Masciago MI 21 F 9
Bovo Marina AG 102 O 21
Bovolenta PD 24 G 17
Bovolone VR 23 G 15
Boz (Rifugio) BL 12 D 17
Bozen / Bolzano BZ 3 C 16
Bozzente CO 20 E 8
Bozzole AL 28 G 7
Bozzolo MN 30 G 13
Bra CN 27 H 5
Brabaisu CA 119 I 10
Brabbia VA 20 E 8
Braccagni GR 49 N 15
Braccano MC 52 M 21
Bracchio VB 8 E 7
Bracciano RM 57 P 18
Bracciano (Lago di) RM 57 P 18
Bracco GE 37 J 10
Bracco (Passo del) SP 37 J 10
Bracigliano SA 70 E 26
Bradano PZ 72 E 29
Braemi CL 103 P 24
Braidi ME 100 M 27
Braies / Prags BZ 4 B 18
Braies (Lago di) / Pragser Wildsee BZ 4 B 18
Brallo di Pregola PV 29 H 9
Bram (Monte) CN 34 I 3
Branca PG 51 M 20
Branca (Rifugio) SO 11 C 13
Brancaleone Marina RC 91 N 30
Brandizzo TO 19 G 5
Branzi BG 10 D 11
Branzoll / Bronzolo BZ 12 C 15
Brasa (Passo) BO 39 J 14
Brasca (Rifugio) SO 9 D 10
Brasimone BO 39 J 15
Brasimone (Lago del) BO 39 J 15
Bratello (Passo del) MS 38 I 11
Brattiro VV 88 L 29
Bratto MS 38 I 11
Bratto-Dorga BG 10 E 12
Brazzano GO 17 E 22
Brebbia VA 20 E 7
Brebeis (Stagno de is) CA 120 K 7
Breda Cisoni MN 31 G 13
Breda di Piave TV 25 E 18
Brefaro PZ 84 H 29
Bregagno (Monte) CO 9 D 9
Breganze VI 24 E 16
Breguzzo TN 11 D 14
Breia VC 20 E 6
Brembana (Valle) BG 9 E 10
Brembate BG 21 F 10
Brembilla BG 21 E 10
Brembio LO 21 G 10
Brembo BG 21 E 11
Breme PV 28 G 7
Brendola VI 24 F 16
Brenna SI 49 M 15
Brennerbad / Terme di Brennero BZ 3 B 16
Brennero (Passo del) / Brennerpaß BZ 3 A 16
Brennerpaß / Brennero (Passo del) BZ 3 A 16
Breno BS 10 E 12
Breno PC 29 G 10
Brenta TN 12 D 16
Brenta (Cima) TN 11 D 14
Brenta (Foce del) VE 25 G 18
Brenta (Riviera del) VE 24 F 18
Brenta (Taglio di) VE 25 G 18
Brenta d'Abbà PD 25 G 18
Brentari (Rifugio) TN 12 D 16
Brentoni (Monte) BL 5 C 19
Brentonico TN 23 E 14
Brenzone VR 23 E 14
Breonio VR 23 F 14
Brescello RE 30 H 13
Brescia BS 22 F 12
Bresimo TN 11 C 14
Bresimo (Val di) TN 11 C 14
Bressa UD 14 D 21
Bressana Bottarone PV 29 G 9
Bressanone / Brixen BZ 4 B 16
Bresso MI 21 F 9
Breuil Cervinia AO 7 E 4
Brez TN 11 C 15
Brezza CE 69 D 24
Brezzo di Bedero VA 8 E 8
Briaglia CN 35 I 5
Brian VE 16 F 20
Briatico VV 88 K 30
Bric Bucie TO 26 H 3
Bric Ghinivert TO 26 H 2
Bricherasio TO 26 H 3
Brienno CO 9 E 9
Brienza PZ 76 F 28
Brigantina (Punta) LI 54 O 12
Brignano AL 29 H 9
Brignano Gera d'Adda BG 21 F 10
Brindisi BR 81 F 35
Brindisi Montagna PZ 77 F 29
Brinzio VA 8 E 8
Briona NO 20 F 7
Brione BS 22 F 12
Briosco MI 21 E 9
Brisighella RA 40 J 17
Brissogne AO 18 E 4
Brittoli PE 60 P 23
Brivio LC 21 E 10
Brixen / Bressanone BZ 4 B 16
Brizzolara GE 37 I 10
Brocon (Passo del) TN 12 D 17
Brognaturo VV 88 L 31
Brolio S. Regolo SI 44 L 16
Brolo ME 100 M 26
Brondello CN 26 I 4
Broni PV 29 G 9
Bronte CT 100 N 26
Bronzolo / Branzoll BZ 12 C 15
Brossasco CN 26 I 4
Brosso TO 19 F 5
Brozolo TO 27 G 6
Brozzo BS 22 E 12
Bruca TP 97 N 20
Bruciati (Corni) SO 10 D 11
Brucoli SR 105 P 27
Brückele / Ponticello BZ 4 B 18
Brufa PG 51 M 19
Bruggi AL 29 H 9
Brugherio MI 21 F 9
Brugine PD 24 G 17
Brugnato SP 37 J 11
Brugnera PN 13 E 19
Brugneto (Lago del) GE 29 I 9
Brugnetto AN 46 L 21
Bruino TO 27 G 4
Brumano BG 9 E 10
Bruna PG 51 N 20
Bruna (Fiume) GR 49 N 15
Brunate CO 21 E 9
Bruncu 'e Pisu OG 117 G 11
Bruncu Spina OG 115 G 9
Bruncu Teula CI 118 J 7
Bruneck / Brunico BZ 4 B 17
Brunella NU 113 E 10
Brunico / Bruneck BZ 4 B 17
Brunner (Rifugio) UD 15 C 22
Bruno AT 28 H 7
Brusago TN 12 D 15
Brusasco TO 19 G 6
Bruscoli FI 39 J 15
Brusimpiano VA 8 E 8
Brusnengo BI 20 F 6
Brussa VE 16 F 20
Brusson AO 19 E 5
Bruzolo TO 18 G 3
Bruzzano (Capo) RC 91 M 30
Bruzzano Zeffirio RC 91 M 30
Bruzzi di Sotto PC 29 H 10
Bubbio AT 28 I 6
Bubonia (Monte di) CL 104 P 25
Buccheri SR 104 P 26
Bucchi KR 87 J 33
Bucchianico CH 60 P 24
Bucciano BN 70 D 25
Buccino SA 76 F 28
Bucine AR 44 L 16
Buco SA 76 F 28
Buda BO 32 I 17
Buddusò OT 111 F 9
Budelli (Isola) OT 109 D 10
Budoia PN 13 D 19
Budoni OT 113 E 11
Budoni (Cala di) NU 113 E 11
Budrie BO 31 I 15
Budrio BO 32 I 16
Budrio RE 31 H 14
Budrione MO 31 H 14
Bue Marino (El) NU 117 G 10
Buggerru CI 118 I 7
Buggiana FO 40 K 17
Buggiano PG 52 N 20
Buggio IM 35 K 5
Buglio in Monte SO 9 D 11
Bugnara AQ 60 P 23
Buia UD 14 D 21
Bulgheria (Monte) SA 76 G 28
Bullone (Su) SS 111 E 8
Bultei SS 111 F 9
Bulzi SS 111 E 8
Bundschen / Ponticino BZ 3 C 16
Bunnari (Lago) SS 111 E 7
Buole (Passo) TN 23 E 15
Buonabitàcolo SA 76 G 28
Buonalbergo BN 70 D 26
Buoncammino OT 109 D 9
Buonconveto SI 50 M 16
Buonfornello PA 99 N 23
Buonvicino CS 84 H 29
Burago di Molgora MI 21 F 10
Burana FE 32 H 16
Burano PS 46 L 19
Burano VE 16 F 19
Burano (Lago di) GR 56 O 16
Burano (Serra di) PS 45 L 19
Burcei CA 119 I 10
Burco Sta Maria PS 46 K 20
Bure PT 39 K 14
Burgeis / Burgusio BZ 2 B 13
Burgio AG 97 O 21
Burgio SR 107 Q 27
Burgio (Serra di) RG 104 P 26
Burgos SS 115 F 8
Burgstall / Postal BZ 3 C 15
Burgusio / Burgeis BZ 2 B 13
Buriano GR 49 N 14
Buriasco TO 26 H 4
Buronzo VC 20 F 6
Burraia (Rifugio La) FO 40 K 17
Burrainiti (Bivio) AG 103 P 23
Busachi OR 115 G 8
Busalla GE 28 I 8
Busambra (Rocca) PA 98 N 22
Busana RE 38 I 12
Busano TO 19 G 4
Busazza (Cima) TN 11 D 13
Busca CN 26 I 4
Buscate MI 20 F 8
Buscemi SR 104 P 26
Busche BL 12 D 17
Buseto Palizzolo TP 97 M 20
Busi CN 27 H 6
Busnago MI 21 F 10
Buso (Ponte del) UD 5 C 20
Bussana Vecchia IM 35 K 5
Bussento SA 76 G 28
Busseto PR 30 H 12
Bussi sul Tirino PE 60 P 23
Busso CB 65 R 25
Bussolengo VR 23 F 14
Bussoleno TO 18 G 3
Busto Arsizio VA 20 F 8
Busto Garolfo MI 20 F 8
Bût UD 5 C 21
Butera CL 103 P 24
Buthier AO 7 E 4
Buti PI 43 K 13
Buttapietra VR 23 F 14
Buttigliera TO 26 G 4
Buttigliera d'Asti AT 27 G 5
Buttrio UD 15 D 21
Bùtule SS 111 F 8
Buturo CZ 87 J 31
Buzzò PR 37 I 11

C

Ca'Bazzone BO 40 I 16
Ca'Bertacchi RE 31 I 13
Ca'Bianca VE 25 G 18
Ca'Briani VE 33 G 18
Ca'Cappello RO 33 G 18
Ca'Corniani VE 16 F 20
Ca'd'Andrea CR 30 G 12
Ca'de'Bonavogli CR 30 G 12
Ca'de Fabbri BO 32 I 16
Ca'di Biss MI 20 F 8
Ca'di David VR 23 F 14
Ca'Gallo PS 41 K 19
Ca'Mello RO 33 H 19
Ca'Morosini RO 32 G 16
Ca'Noghera VE 25 F 19
Cà Selva (Lago di) PN 13 D 20
Ca'Tron TV 16 F 19
Ca'Venier RO 33 H 19
Cà Zul (Lago di) PN 13 D 20
Ca'Zuliani RO 33 H 19
Cabanne GE 29 I 10
Cabbia AQ 59 O 21
Cabella Ligure AL 29 H 9
Cabelli FO 40 K 17
Caberlaba (Monte) VI 24 E 16
Cabianca (Monte) BG 10 D 11
Cabiate CO 21 E 9
Cabras OR 114 H 7
Cabras (Stagno di) OR 114 H 7
Cabu Abbas (Santuario Nuragico) OT 109 E 10
Caccamo PA 98 N 23
Cacchiamo EN 99 N 24
Caccia (Capo) SS 110 F 6
Caccia (Monte) BA 72 D 30
Caccuri KR 87 J 32
Cadé MN 31 G 14
Cadecoppi MO 31 H 15
Cadelbosco di Sopra RE 31 H 13
Cadelbosco di Sotto RE 31 H 13
Cadelle (Monte) BG 10 D 11
Cadelmonte PC 29 H 10
Cadenabbia CO 9 E 9
Cadeo PC 30 H 11
Caderzone TN 11 D 14
Cadignano BS 22 F 12
Cadilana LO 21 G 10
Cadimarco MN 22 G 13
Cadine TN 11 D 15
Cadini (Gruppo dei) BL 4 C 18
Cadino (Val) TN 12 D 16
Cadipietra / Steinhaus BZ 4 B 17
Cadoneghe PD 24 F 17
Cadore BL 4 C 18
Cadrezzate VA 20 E 7
Cadria BS 23 E 13
Cadria (Monte) TN 11 E 14
Caerano di S. Marco TV 24 E 17
Cafaggio LI 49 M 13
Cafaggiolo FI 40 K 15
Cafasse TO 19 G 4
Caffaraccia PR 30 I 11
Caffaro BS 22 E 13
Caffaro (Val di) BS 10 E 13
Cafragna PR 30 H 12
Caggiano SA 76 F 28
Caginia (Serra di) CT 100 N 26
Cagli PS 46 L 19
Cagliari CA 119 J 9
Cagliari (Golfo di) CA 119 J 9
Cagliari (Stagno di) CA 118 J 9
Caglio CO 9 E 9
Cagnano Amiterno AQ 59 O 21
Cagnano Varano FG 67 B 29
Cagno CS 87 J 31
Caguseli (Iann) NU 115 G 9
Caianello CE 64 S 24
Caiazzo CE 69 D 25
Caicambiucci PG 45 L 19
Caina PG 51 M 18
Caina (Monte) VI 24 E 17
Càines / Kuens BZ 3 B 15
Caino BS 22 F 12
Caio (Monte) PR 38 I 12
Caiolo SO 10 D 11
Caira FR 64 R 23
Cairano AV 71 E 28
Cairate VA 20 E 8
Cairo (Monte) FR 64 R 23
Cairo Montenotte SV 36 I 6
Caivano NA 69 E 24
Cala d'Oliva SS 108 D 7
Cala Gonone NU 117 G 10
Cala Grande (Punta) GR 55 O 15
Cala Liberotto NU 117 F 11
Cala Mosca CA 119 J 9
Cala Piccola GR 55 O 15
Cala Piombo (Punta di) CA 120 K 7
Cala Regina (Torre) CA 119 J 10
Calabernardo SR 105 Q 27
Calabianca (Punta) TP 97 M 20
Calabretto RC 90 M 29
Calabria (Parco Nazionale della) CS 87 I 31
Calabricata CZ 89 K 32
Calabritto AV 71 E 27
Calafuria LI 42 L 12
Calaggio FG 71 D 28
Calaita (Lago di) TN 12 D 17
Calalzo di Cadore BL 5 C 19
Calamandrana AT 28 H 7
Calambrone PI 42 L 12
Calamento (Val di) TN 12 D 16
Calamita (Monte) LI 48 N 13
Calamita Vecchia TP 97 N 19
Calamonaci AG 102 O 21
Calangianus OT 109 E 9
Calanna RC 90 M 29
Calaresu OG 116 G 10
Calascibetta EN 99 O 24
Calascio AQ 59 P 23
Calasetta CI 118 J 7
Calatabiano CT 101 N 27
Calatafimi TP 97 N 20
Calava (Capo) ME 94 M 26
Calavino TN 11 D 14
Calbenzano AR 45 L 17
Calcara BO 31 I 15
Calcarella (Punta) AG 102 T 20
Calcarelli PA 99 N 24
Calcata VT 58 P 19
Calcatizzo (Portella) ME 100 M 26
Calceranica al Lago TN 11 D 15
Calci PI 42 K 13
Calciano MT 77 F 30
Calcinaia PI 43 K 13
Calcinate BG 22 F 11
Calcinate del Pesce VA 20 E 8
Calcinatello BS 22 F 13
Calcinato BS 22 F 13
Calcinelli PS 46 K 20
Calcinere CN 26 H 3
Calcio BG 22 F 11
Calco LC 21 E 10
Caldana GR 49 N 14
Caldana LI 49 M 13
Caldaro (Lago di) BZ 11 C 15
Caldaro s. str. d. Vino / Kaltern a. d. W. BZ 11 C 15
Caldarola MC 52 M 21
Caldé VA 8 E 7
Calderà ME 95 M 27
Calderara di Reno BO 31 I 15
Calderari EN 99 O 25
Calderino BO 39 I 15
Caldes TN 11 C 14
Caldiero VR 23 F 15
Caldirola AL 29 H 9
Caldogno VI 24 F 16
Caldonazzo TN 11 E 15
Caldonazzo (Lago di) TN 11 D 15
Calendasco PC 29 G 10
Calenzano FI 39 K 15
Caleri RO 33 G 18
Calerno RE 30 H 13
Cales CE 69 D 24
Calestano PR 30 I 12
Cali RG 104 Q 25
Calice / Kalch BZ 3 B 16
Calice al Cornoviglio SP 38 J 11
Calice Ligure SV 36 J 6
Calieron (Grotte del) TV 13 D 19
Caligi (Monte) PT 39 J 14
Calignano PV 21 G 9
Calimera VV 88 L 30
Calimera LE 83 G 36
Calisese FO 41 J 18
Calistri BO 39 J 14
Calitri AV 71 E 28
Calizzano SV 35 J 6
Calla (Passo della) FO 40 K 17
Calle MT 77 E 30
Callianetto AT 27 G 6
Calliano AT 28 G 6
Calliano TN 11 E 15
Calmasino VR 23 F 14
Calmazzo PS 46 K 20
Calogero Monte Kronio AG 102 O 21
Calogno EN 100 N 25
Calolziocorte LC 21 E 10
Calopezzati CS 87 I 32
Calore AV 70 E 27
Calore BN 70 D 25
Calore PZ 76 G 29
Caloveto CS 87 I 32
Caltabellotta AG 97 O 21
Caltagirone CT 104 P 25
Caltagirone (Fiume) CT 104 P 25
Caltana VE 24 F 18
Caltanissetta CL 103 O 24
Caltavuturo PA 99 N 23
Caltignaga NO 20 F 7
Calto RO 32 H 16
Caltrano VI 24 E 16
Calusco d'Adda BG 21 E 10
Caluso TO 19 G 5
Calvagese della Riviera BS 22 F 13
Calvana (Monti della) PO 39 K 15
Calvatone CR 30 G 13
Calvello PZ 77 F 29
Calvello (Monte) AV 71 E 27
Calvene VI 24 E 16
Calvenzano BG 21 F 10
Calvera PZ 77 G 30
Calvi (Monte) BO 39 J 15
Calvi (Monte) LI 49 M 13
Calvi dell'Umbria TR 58 O 19
Calvi (Rifugio) BL 5 C 20
Calvi Risorta CE 69 D 24
Calvi Vecchia CE 69 D 24
Calvia (Monte) SS 111 F 8
Calvignano PV 29 H 9
Calvilli (Monte) FR 64 R 22
Calvisano BS 22 F 13
Calvisi CE 65 S 25
Calvo (Monte) FG 67 B 29
Calvo (Monte) AQ 59 O 21
Calzolaro PG 51 L 18
Camagna Monferrato AL 28 G 7
Camaiore LU 38 K 12
Camaldoli AR 44 K 17
Camaldoli NA 69 E 24
Camaldoli SA 75 F 27
Camaldoli (Convento) AR 40 K 17
Camandona BI 19 F 6
Camarda AQ 59 O 22
Camarina RG 106 Q 25
Camastra AG 103 P 23
Camatta MN 31 G 14
Camatte MN 31 G 14
Cambiago MI 21 F 10
Cambiano TO 27 H 5
Cambio (Monte di) RI 59 O 21
Camemi RG 106 Q 25
Camera PG 51 N 19
Camera TE 53 N 23
Camerano AN 47 L 22
Camerano Casasco AT 27 G 6
Camerata Picena AN 47 L 22
Camerata Cornello BG 9 E 10
Camerata Nuova RM 59 P 21
Camerelle (Posta delle) FG 71 D 29

Cameri NO 20 F 7
Cameriano NO 20 F 7
Camerino MC 52 M 22
Camerota SA 84 G 28
Camigliano SI 50 M 16
Camigliatello Silano CS 86 I 31
Caminata / Kematen BZ 3 B 16
Camini RC 88 L 31
Camino AL 20 G 6
Camino al Tagliam UD 16 E 20
Camino (Monte) BI 19 F 5
Camino (Pizzo) BS 10 E 12
Camisa CA 119 J 10
Camisano CR 21 F 11
Camisano Vicentino VI 24 F 17
Camitrici EN 103 O 24
Cammarata AG 98 O 22
Cammarata (Monte) AG 98 O 22
Camogli GE 37 I 9
Camonica (Val) BS 10 E 12
Campagna PN 13 D 20
Campagna SA 75 E 27
Campagna Lupia VE 25 F 18
Campagnano di Roma RM 58 P 19
Campagnatico GR 50 N 15
Campagnola Emilia RE 31 H 14
Campana CS 87 I 32
Campana (Cozzo) CL 99 O 23
Campana Grande (Grotta) FG 67 B 30
Campana (Sasso) SO 10 C 12
Campanedda SS 110 E 7
Campanella VI 12 E 16
Campanella (Monte) CL 103 O 23
Campanella (Punta) NA 74 F 24
Campea TV 13 E 18
Campeda (Altopiano di) SS 115 G 8
Campegine RE 31 H 13
Campello sul Clitunno PG 52 N 20
Campertogno VC 19 E 6
Campese GR 55 O 14
Campestri FI 40 K 16
Campi PG 52 N 21
Campi TN 11 E 14
Campi (Baia di) FG 67 B 30
Campi Bisenzio FI 39 K 15
Campi Salentina LE 81 F 36
Campiano RA 41 J 18
Campidano VS 118 H 7
Campiglia SP 38 J 11
Campiglia Cervo BI 19 J 10
Campiglia dei Berici VI 24 F 16
Campiglia dei Foci SI 43 L 15
Campiglia d'Orcia SI 50 N 17
Campiglia Marittima LI 49 M 13
Campiglia Soana TO 19 F 4
Campiglio MO 39 I 14
Campigliola GR 56 O 16
Campiglione TO 26 H 3
Campigna FO 40 K 17
Campigno FI 40 J 16
Campill / Longiarù BZ 4 C 17
Campione MN 31 G 14
Campione (Monte) BS 22 E 12
Campione del Garda BS 23 E 14
Campione d'Italia CO 9 E 8
Campitello MN 31 G 13
Campitello di Fassa TN 4 C 17
Campitello Matese CB 65 R 25
Campli TE 53 N 23
Campli (Montagna di) TE 53 N 22
Campliccioli (Lago di) VB 7 D 6
Campo SO 9 D 10
Campo (Monte) IS 65 Q 24
Campo Calabro RC 90 M 28
Campo dei Fiori (Monte) VA 8 E 8
Campo di Fano AQ 60 P 23
Campo di Giove AQ 60 P 24
Campo di Pietra TV 16 E 19
Campo di Trens / Freienfeld BZ 3 B 16
Campo Felice AQ 59 P 22
Campo Imperatore AQ 59 O 22
Campo Ligure GE 28 I 8
Campo Lupino (Monte) FR 63 R 22
Campo Reggiano PG 51 L 19
Campo Rotondo AQ 59 Q 21
Campo S. Martino PD 24 F 17
Campo Soriano LT 63 R 21
Campo Staffi FR 63 Q 22
Campo Tenese CS 85 H 30
Campo Tures / Sand in Taufers BZ 4 B 17
Campobasso CB 65 R 25
Campobello di Licata AG 103 P 23
Campobello di Mazara TP 97 O 20
Campocatino FR 63 Q 22
Campocavallo AN 47 L 22
Campochiaro CB 65 R 25
Campochiesa SV 35 J 6
Campodalbero VI 23 F 15
Campodarsego PD 24 F 17
Campodiegoli AN 52 M 20
Campodimele LT 64 R 22
Campodipietra CB 65 R 26
Campodolcino SO 9 C 10
Campodonico AN 52 M 20
Campodoro PD 24 F 17
Campofelice di Fitalia PA 98 N 22
Campofelice di Roccella PA 99 N 23
Campofilone AP 53 M 23
Campofiorito PA 97 N 21
Campoformido UD 16 D 21
Campoforogna RI 58 O 20
Campofranco CL 103 O 23
Campogalliano MO 31 H 14
Campogialli AR 44 L 17
Campogrosso (Passo di) TN 23 E 15
Campolaro BS 10 E 13
Campolasta / Astfeld BZ 3 B 16
Campolato (Capo) SR 105 P 27
Campolattaro BN 65 S 26
Campoleone LT 62 R 19
Campoli Appennino FR 64 Q 23
Campoli del Monte Taburno BN 70 D 25
Campolieto CB 65 R 26
Campolongo BL 5 C 19
Campolongo KR 89 K 33
Campolongo (Passo di) BL 4 C 17
Campolongo al Torre UD 17 E 22
Campolongo Maggiore VE 24 G 18
Campolongo sul Brenta VI 24 E 17
Campomaggiore PZ 77 F 30
Campomarino CB 61 Q 27
Campomarino TA 79 G 34
Campomolon (Monte) VI 11 E 15
Campomorone GE 28 I 8
Campomulo VI 12 E 16
Campone PN 13 D 20
Camponogara VE 25 F 18
Campora SA 76 G 27
Campora S. Giovanni CS 86 J 30
Camporeale PA 97 N 21
Camporgiano LU 38 J 13
Camporosso IM 35 K 4
Camporosso in Valcanale UD 15 C 22
Camporotondo di Fiastrone MC 52 M 21
Camporotondo Etneo CT 100 O 27
Camporovere VI 12 E 16
Camposampiero PD 24 F 17
Camposano NA 70 E 25
Camposanto MO 31 H 15
Camposauro (Monte) BN 70 D 25
Camposecco (Lago di) VB 7 D 6
Camposilvano TN 23 E 15
Camposonaldo FO 40 K 17
Campotosto AQ 59 O 22
Campotosto (Lago di) AQ 59 O 22
Campotto FE 32 I 17
Campovaglio OT 109 D 9
Campovalano TE 53 N 22
Campoverde LT 63 R 20
Campremoldo Sopra PC 29 G 10
Campremoldo Sotto PC 29 G 10
Campsirago LC 21 E 10
Campudulimu SS 111 E 8
Camucia AR 50 M 17
Camugnano BO 39 J 15
Cana GR 50 N 16
Canaglia SS 110 E 6
Canal S. Bovo TN 12 D 17
Canala (Sella) BN 70 C 26
Canale AV 70 E 26
Canale CN 27 H 5
Canale (Val) UD 15 C 22
Canale d'Agordo BL 12 C 17
Canale Monterano RM 57 P 18
Canale (Su) OT 113 E 10
Canales NU 115 G 8
Canales (Lago sos) OT 111 F 9
Canaletto MO 31 H 15
Canali RE 31 I 13
Canalicchio PG 51 N 19
Canalotto (Masseria) CL 103 O 24
Canapine (Forca) PG 52 N 21
Canaro RO 32 H 17
Canavaccio PS 46 K 20
Canazei TN 4 C 17
Cancano (Lago di) SO 2 C 12
Cancellara PZ 72 E 29
Cancelli AN 52 M 20
Cancello CE 70 E 25
Cancello ed Arnone CE 69 D 24
Cancelo (Passo di) RC 91 M 30
Canciano (Pizzo di) SO 10 D 11
Canda RO 32 G 16
Candela FG 71 D 28
Candelara PS 46 K 20
Candelaro FG 66 B 27
Candelaro (Masseria) FG 67 C 29
Candelaro (Stazione di) FG 67 C 29
Candeli FI 44 K 16
Candelo BI 19 F 6
Candelù TV 25 E 19
Candia Canavese TO 19 G 5
Candia (Lago di) TO 19 G 5
Candia Lomellina PV 20 G 7
Candiana PD 24 G 17
Candida Parolise AV 70 E 26
Candidoni RC 88 L 30
Candigliano PS 45 L 19
Candiolo TO 27 H 4
Candoglia VB 8 E 7
Cane (Passo del) / Hundskehljoch BZ 4 A 18
Cane (Punta del) SR 105 Q 27
Canebola UD 15 D 22
Canedole MN 23 G 14
Canegrate MI 20 F 8
Canelli AT 28 H 6
Canepina VT 57 O 18
Canesano PR 30 I 12
Canetra RI 59 O 21
Caneva PN 13 E 19
Canevara MS 38 J 12
Canevare MO 39 J 14
Canevino PV 29 H 9
Canfaito (Monte) MC 52 M 21
Cangialoso (Pizzo) PA 98 N 22
Cangiulli (Masseria) TA 73 E 32
Canicattì AG 103 O 23
Canicattini Bagni SR 105 P 27
Caniga SS 110 E 7
Canigione (Punta del) OT 109 D 10
Caniglia di Sotto (Casa) FG 66 B 28
Canin (Monte) UD 15 C 22
Canino VT 57 O 17
Canino (Monte) VT 57 O 17
Canischio TO 19 F 4
Canistro Inferiore AQ 63 Q 22
Canistro Superiore AQ 63 Q 22
Canitello RC 90 M 28
Canna CS 78 G 31
Canna ME 94 L 25
Cannai CI 120 J 7
Cannalonga SA 76 G 27
Cannara PG 51 N 19
Cannas CA 119 J 10
Cannas (Gola del Rio) CA 119 I 10
Cannas (Is) CA 119 J 9
Canne BA 72 D 30
Canneddi (Punta li) SS 108 D 8
Cannero Riviera VB 8 D 8
Canneto PI 49 M 14
Canneto (I. Lipari) ME 94 L 26
Canneto vicino a Sto Stefano di Cam ME 99 M 25
Canneto Pavese PV 29 G 9
Canneto sull'Oglio MN 30 G 13
Cannigione OT 109 D 10
Cannizzaro CT 101 O 27
Cannobina (Val) VB 8 D 7
Cannobino VB 8 D 7
Cannobio VB 8 D 8
Cannole LE 83 G 37
Cannoneris (Is) CA 121 J 8
Canolo RC 91 M 30
Canolo RE 31 H 14
Canonica BG 21 F 10
Canonica MI 21 F 9
Canosa di Puglia BA 72 D 30
Canosa Sannita CH 60 P 24
Canossa RE 30 I 13
Canove CN 27 H 6
Canove VI 12 E 16
Cansano AQ 60 P 24
Cansiglio (Bosco del) BL 13 D 19
Cantagallo PO 39 J 15
Cantagrillo PT 39 K 14
Cantalice RI 58 O 20
Cantalupa TO 26 H 3
Cantalupo AL 28 H 7
Cantalupo PG 51 N 19
Cantalupo in Sabina RI 58 P 19
Cantalupo Ligure AL 29 H 9
Cantalupo nel Sannio IS 65 R 25
Cantarana VE 25 G 18
Cantari (Monti) FR 63 Q 21
Cantello VA 20 E 8
Canterno (Lago di) FR 63 Q 21
Cantiano PS 46 L 19
Cantinella CS 85 H 31
Cantoira TO 18 F 4
Cantone PG 45 L 18
Cantone RE 31 I 13
Cantone TR 51 N 18
Cantoniera (Passo di) PS 45 K 18
Cantù CO 21 E 9
Canu (Monte) OT 109 D 10
Canzano TE 53 O 23
Canzo CO 9 E 9
Canzoi (Valle di) BL 12 D 17
Caorera BL 12 E 17
Caoria TN 12 D 17
Caorle VE 16 F 20
Caorso PC 30 G 11
Capaccia (Capo) OT 109 D 10
Capaccio SA 75 F 27
Capacciotti (Lago di) FG 71 D 29
Capaci PA 97 M 21
Capalbio GR 56 O 16
Capalbio Stazione GR 56 O 16
Capannaccia OT 109 D 9
Capanne GR 50 N 16
Capanne PG 51 M 18
Capanne (Monte) LI 48 N 12
Capanne di Sillano LU 38 J 12
Capanne Marcarolo AL 28 I 8
Capannelle (Valico delle) AQ 59 O 22
Capannole AR 44 L 16
Capannoli PI 43 L 14
Capannori LU 39 K 13
Capecchio VT 57 O 17
Capel Rosso (Punta del) (I. di Giannutri) GR 55 P 15
Capel Rosso (Punta del) (I. del Giglio) GR 55 P 14
Capena RM 58 P 19
Capergnanica CR 21 F 10
Caperino (Montagna del) PZ 77 F 30
Capestrano AQ 60 P 23
Capezzano Pianore LU 38 K 12
Capezzone (Cima) VB 8 E 6
Capichera (Tomba di) OT 109 D 10
Capilungo LE 83 H 36
Capio (Monte) VC 8 E 6
Capistrano VV 88 K 30
Capistrello AQ 59 Q 22
Capitana CA 119 J 9
Capitello SA 76 G 28
Capitello VR 23 G 15
Capitignano SA 75 E 26
Capitignano AQ 59 O 21
Capitone TR 58 O 19
Capizzi ME 100 N 25
Caplone (Monte) BS 23 E 13
Capo Calvanico SA 70 E 26
Capo di Ponte BS 10 D 13
Capo di Ponte (Parco Nazionale Inc. Rup.) BS 10 D 13
Capo d'Orlando ME 100 M 26
Capo Passero (Isola di) SR 107 Q 27
Capo Portiere LT 63 R 20
Capo Rizzuto KR 89 K 33
Capo Rossello AG 102 P 22
Capocavallo PG 51 M 18
Capodacqua PG 52 M 20
Capodarco AP 53 M 23
Capodimonte NA 69 E 24
Capodimonte VT 57 O 17
Capoferrato CA 119 J 10
Capoiale FG 67 B 28
Capolapiaggia MC 52 M 21
Capoliveri LI 48 N 13
Capolona AR 45 L 17
Caponago MI 21 F 10
Caporciano AQ 59 P 23
Caporiacco UD 14 D 21
Caporosa CS 87 J 31
Caposele AV 71 E 27
Caposile VE 16 F 19
Capoterra CA 118 J 8
Capovalle BS 23 E 13
Cappadocia AQ 59 P 21
Cappeddu (Punta) OT 109 D 9
Cappella KR 87 I 33
Cappella Maggiore TV 13 E 19
Cappelle AQ 59 P 22
Cappelle sul Tavo PE 60 O 24
Cappelletta MN 31 G 14
Capracotta IS 65 Q 24
Capradosso RI 59 P 21
Caprafico TE 60 O 23
Capraglia AL 28 G 8
Capraia LI 48 M 11
Capraia (Isola) FG 66 A 28
Capraia (Isola di) LI 48 M 11
Capralba CR 21 F 10
Capranica VT 57 P 18
Capranica Prenestina RM 63 Q 20
Caprara RE 30 H 13
Caprara d'Abruzzo PE 60 O 24
Caprara (Punta) SS 108 D 6
Capraria (Masseria) TA 79 F 34
Capraria di Lecce LE 83 G 36
Caprarico MT 77 G 31
Capraro (Monte) IS 65 Q 24
Caprarola VT 57 P 18
Caprauna CN 35 J 5
Caprera (Isola) OT 109 D 10
Caprese Michelangelo AR 45 L 17
Capri NA 74 F 24
Capri (Isola di) NA 74 F 24
Capri Leone ME 100 M 26
Capriana TN 12 D 16
Capriata d'Orba AL 28 H 8
Capriate S. Gervasio BG 21 F 10
Capriati a Volturno CE 65 R 24
Capricchia RI 59 O 22
Capriccioli OT 109 D 10
Caprile AR 45 K 18
Caprile PS 46 L 20
Caprile BL 12 C 17
Caprile / Gfrill (vicino a Merano) BZ 3 C 15
Caprino Bergamasco BG 21 E 10
Caprino Veronese VR 23 F 14
Caprio MS 38 I 11
Caprioli SA 76 G 27
Capriolo BS 22 F 11
Capriva del Friuli GO 17 E 22
Capro (il) BZ 3 B 15
Caprolace (Lago di) LT 63 R 20
Capua CE 69 D 24
Capugnano BO 39 J 14
Capurso BA 73 D 32
Caraffa del Bianco RC 91 M 30
Caraffa di Catanzaro CZ 88 K 31
Caraglio CN 34 I 4
Caragna SV 35 J 6
Caramagna Ligure IM 35 K 5
Caramagna Piemonte CN 27 H 5
Caramanico Terme PE 60 P 23
Carameto (Monte) PR 30 H 11
Caramola (Monte) PZ 77 G 30
Caramolo (Monte) CS 85 H 30
Carana OT 109 E 9
Carangiaro (Monte) EN 104 O 24
Caranna BR 80 E 34
Carano LT 63 R 20
Carano TN 12 D 16
Caranza SP 37 I 10
Carapelle FG 71 C 29
Carapelle Calvisio AQ 59 P 23
Carapelle (Torrente) FG 71 D 28
Carapellotto FG 71 D 28
Carasco GE 37 I 10
Carassai AP 53 M 23
Carate Brianza MI 21 E 9
Carate Brianza (Rifugio) SO 10 D 11
Carate Urio CO 9 E 9
Caravaggio BG 21 F 10
Caravai (Passo di) NU 115 G 9
Caravino TO 19 F 5
Caravius (Monte is) CI 118 J 8
Caravonica IM 35 K 5
Carbognano VT 58 P 18
Carbonara al Ticino PV 21 G 9
Carbonara (Capo) CA 119 J 10
Carbonara di Bari BA 73 D 32
Carbonara di Po MN 31 G 15
Carbonara (Golfo di) CA 119 J 10
Carbonara (Pizzo) PA 99 N 24
Carbonare TN 11 E 15
Carbone PZ 77 G 30
Carbone (Monte) CN 34 J 4
Carbonera TV 25 E 18
Carbonesca PG 51 M 19
Carbonia CI 118 J 7
Carbonin / Schluderbach BZ 4 C 18
Carcaci (Monte) PA 98 N 22
Carcaciotto (Borgata) PA 98 N 22
Carcare SV 36 I 6
Carcari EN 100 O 26
Carceri PD 24 G 16
Carceri (Eremo delle) PG 51 M 19
Carchitti RM 63 Q 20
Carcina BS 22 F 12
Carcoforo VC 7 E 6
Carda AR 44 L 17
Cardaxius CA 119 I 9
Carde CN 27 H 4
Cardedu OG 117 H 10
Cardella PS 45 L 19
Cardeto RC 90 M 29
Cardeto Sud RC 90 M 29
Cardezza VB 8 D 6
Cardiga (Monte) CA 119 I 10
Cardinala MN 31 G 15
Cardinale CZ 88 L 31
Carditello CE 69 D 24
Cardito FR 64 R 23
Cardito NA 69 E 24
Carè Alto (Monte) TN 11 D 13
Careggine LU 38 J 12
Carena (Punta) NA 74 F 24
Carenno LC 21 E 10
Careri RC 91 M 30
Caresana TS 17 F 23
Caresana VC 20 G 7
Caresanablot VC 20 F 7
Careser (Lago del) TN 11 C 14
Carestiato (Rifugio) BL 12 D 18
Carezza al Lago / Karersee BZ 12 C 16
Carezzano AL 28 H 8
Carfalo PI 43 L 14
Carfizzi KR 87 J 32
Cargeghe SS 110 E 7
Caria VV 88 L 29
Cariati CS 87 I 32
Cariati (Masseria) BA 72 D 30
Cariati Marina CS 87 I 32
Carife AV 71 D 27
Carige GR 56 O 16
Cariglio CS 86 I 30
Carignano FG 66 C 27
Carignano PR 30 H 12
Carignano PS 46 K 20
Carignano TO 27 H 5
Carini PA 97 M 21
Carini (Golfo di) PA 97 M 21
Carinola CE 69 D 23
Carisasca PC 29 H 9
Carisio VC 19 F 6
Carisolo TN 11 D 14
Cariusi (Monte) SA 76 G 28
Carlantino FG 66 C 26
Carlazzo CO 9 D 9
Carlentini SR 105 P 27
Carlino UD 16 E 21
Carlo Magno (Campo) TN 11 D 14
Carloforte CI 120 J 6
Carlopoli CZ 86 J 31
Carmagnola TO 27 H 5
Carmelia (Piani di) RC 90 M 29
Carmerlona RA 41 I 18
Carmiano LE 81 F 36
Carmignanello PO 39 K 15
Carmignano PO 39 K 15
Carmignano PD 32 G 16
Carmignano di Brenta PD 24 F 17
Carmine VB 8 D 8
Carmine CN 27 I 5
Carmo (Monte) GE 29 I 9
Carmo (Monte) SV 35 J 6
Carnago VA 20 E 8
Carnaio (Colle del) FO 40 K 17
Carnaiola TR 51 N 18
Carnara (Monte) PZ 77 G 31
Carnello FR 64 Q 22
Carnia UD 14 C 19
Carnia (Località) UD 14 C 21
Carnizza (Sella) UD 15 C 21
Carobbio PR 30 I 12
Carolei CS 86 J 30
Carona BG 10 D 11
Carona SO 10 D 12
Caronia ME 100 M 25
Caronno Pertusella VA 21 F 9
Caronte (Terme) CZ 88 K 30
Carosino TA 79 F 34
Carovigno BR 80 E 34
Carovilli IS 65 Q 24
Carpacco UD 14 D 20
Carpana PR 29 I 11
Carpaneto Piacentino PC 30 H 11
Carpani LI 48 N 12
Carpanzano CS 86 J 30
Carpari TA 80 E 33

Carpasio IM 35 K 5
Carpe SV 35 J 6
Carpegna PS 45 K 19
Carpegna (Monte) PS 41 K 18
Carpen BL 12 E 17
Carpenedolo BS 22 F 13
Carpeneto AL 28 H 7
Carpi MO 31 H 14
Carpi VR 32 G 16
Carpi (Rifugio) BL 4 C 18
Carpiano MI 21 F 9
Carpignano Salentino LE 83 G 37
Carpignano Sesia NO 20 F 7
Carpina PG 45 L 19
Carpinelli (Passo) LU 38 J 12
Carpinello FO 41 J 18
Carpineta BO 39 J 15
Carpineti RE 38 I 13
Carpineto delle Nora PE 60 O 23
Carpineto Romano RM 63 R 21
Carpineto Sinello CH 61 P 25
Carpini PG 45 L 19
Carpino FG 67 B 29
Carpinone IS 65 R 24
Carrara MS 38 J 12
Carré VI 24 E 16
Carrega Ligure AL 29 I 9
Carretto SV 35 I 6
Carriero (Serra) PZ 71 E 29
Carrito AQ 60 P 23
Carro SP 37 J 10
Carrodano SP 37 J 10
Carrosio AL 28 I 8
Carrù CN 27 I 5
Carruba CT 101 N 27
Carruba Nuova PA 97 N 21
Carrubba (Monte) SR 105 P 27
Carsoli AQ 59 P 21
Carsulae TR 58 O 19
Cartasegna AL 29 I 9
Cartigliano VI 24 E 17
Cartoceto (vicino a Calcinelli) PS 46 K 20
Cartoceto (vicino ad Isola di Fano) PS 46 L 20
Cartosio AL 28 I 7
Cartura PD 24 G 17
Carugate MI 21 F 10
Carunchio CH 65 Q 25
Caruso (Forca) AQ 59 P 23
Caruso (Monte) PZ 71 E 29
Carve BL 13 D 18
Carvico BG 21 E 10
Casa Castalda PG 51 M 19
Casa della Marina CA 119 J 10
Casa Matti PV 29 H 9
Casa Riva Lunga GO 17 E 22
Casabella AG 99 O 23
Casabona KR 87 J 32
Casacalenda CB 65 Q 26
Casacanditella CH 60 P 24
Casacorba TV 24 F 18
Casagiove CE 69 D 24
Casaglia PI 49 L 13
Casaglia BS 22 F 12
Casaglia FE 32 H 16
Casaglia (Colla di) FI 40 J 16
Casal Borsetti RA 33 I 18
Casal Cermelli AL 28 H 7
Casal di Principe CE 69 D 24
Casal Palocco RM 62 Q 19
Casal Sabini BA 73 E 31
Casalsottano SA 75 G 27
Casal Velino SA 75 G 27
Casalabate LE 81 F 36
Casalanguida CH 61 P 25
Casalappi Ruschi LI 49 M 14
Casalàttico FR 64 R 23
Casalbarbato PR 30 H 12
Casalbellotto CR 30 H 13
Casalbordino CH 61 P 25
Casalbore AV 70 D 27
Casalborgone TO 19 G 5
Casalbuono SA 76 G 29
Casalbusone AL 29 I 9
Casalbuttano ed Uniti CR 22 G 11
Casalcassinese FR 64 R 23
Casalciprano CB 65 R 25
Casalduni BN 65 S 26
Casale RA 40 J 17
Casale MN 31 G 14
Casale Cinelli VT 57 P 17
Casale Corte Cerro VB 8 E 7
Casale Cremasco CR 21 F 11
Casale delle Palme LT 63 R 20
Casale di Pari GR 50 M 15
Casale di Scodosia PD 24 G 16
Casale Marittimo PI 49 M 13
Casale Monferrato AL 28 G 7
Casale Monferrato (Rifugio) AO 7 E 5
Casale sul Sile TV 25 F 18
Casale (Villa Romana del) (Piazza Armerina) EN 104 O 25
Casalecchio dei Conti BO 40 I 16
Casalecchio di Reno BO 39 I 15
Casaleggio PC 29 H 10
Casaleggio Novara NO 20 F 7
Casaleone VR 23 G 15
Casaletto VT 57 P 18
Casaletto Ceredano CR 21 G 10
Casaletto di Sopra CR 22 F 11
Casaletto Spartano SA 76 G 28
Casalfiumanese BO 40 J 16
Casalgiordana PA 99 N 24
Casalgrande RE 31 I 14
Casalgrasso CN 27 H 4
Casali FI 40 J 16
Casalicchio AG 99 O 23
Casaliggio PC 29 G 10
Casalina MS 38 I 11
Casalincontrada CH 60 P 24
Casalini BR 80 E 34
Casalino AR 44 K 17
Casalino NO 20 F 7
Casalmaggiore CR 30 H 13
Casalmaiocco LO 21 F 10
Casalmorano CR 22 G 11
Casalmoro MN 22 G 13
Casalnoceto AL 28 H 8
Casalnuovo RC 91 M 29
Casalnuovo di Napoli NA 69 E 25
Casalnuovo Monterotaro FG 66 C 27
Casaloldo MN 22 G 13
Casalone (Poggio) SI 49 M 15
Casalotti RM 62 Q 19
Casalpoglio MN 22 G 13
Casalpusterlengo LO 21 G 10
Casalromano MN 22 G 13
Casalserugo PD 24 G 17
Casalta PG 51 N 19
Casaltone PR 30 H 13
Casaluce CE 69 D 24
Casaluna PG 52 M 20
Casalvecchio di Puglia FG 66 C 27
Casalvecchio Siculo ME 90 N 27
Casalvieri FR 64 R 23
Casalvolone NO 20 F 7
Casamaina AQ 59 P 22
Casamari (Abbazia di) FR 64 Q 22
Casamassima BA 73 E 32
Casamicciola Terme NA 74 E 23
Casanova RI 58 O 20
Casanova TO 27 H 5
Casanova dell'Alpe FO 40 K 17
Casanova Elvo VC 20 F 6
Casanova Lerrone SV 35 J 6
Casanova Lonati PV 29 G 9
Casape RM 63 Q 20
Casaprota RI 58 P 20
Casaraccio (Stagno di) SS 110 E 6
Casarano LE 83 G 36
Casargius (Monte) CA 119 I 10
Casargo LC 9 D 10
Casarsa della Delizia PN 13 E 20
Casarza Ligure GE 37 J 10
Casasco d'Intelvi CO 9 E 9
Casaselvatica PR 30 I 12
Casastrada FI 43 L 14
Casateia / Gasteig BZ 3 B 16
Casatenovo LC 21 E 9
Casatico MN 31 G 13
Casatisma PV 29 G 9
Casazza BG 22 E 11
Cascano CE 69 D 23
Cascia PG 52 N 21
Casciana Alta PI 43 L 13
Casciana Terme PI 43 L 13
Casciano SI 50 M 15
Cascina PI 43 K 13
Cascina (Torrente) PI 43 L 13
Cascina Grossa AL 28 H 8
Cascine Vecchie PI 42 K 13
Cascinette d'Ivrea TO 19 F 5
Case Orsolina BL 5 C 19
Case Perrone TA 78 F 32
Case Simini LE 81 F 36
Casei Gerola PV 28 G 8
Caselette TO 27 G 4
Casella SP 37 J 11
Casella GE 28 I 8
Casella TV 24 E 17
Caselle CS 85 H 31
Caselle TV 24 E 17
Caselle VR 24 G 16
Caselle VI 24 G 16
Caselle in Pittari SA 76 G 28
Caselle Landi LO 30 G 11
Caselle Lurani LO 21 G 10
Caselle Torinese TO 19 G 4
Casemurate RA 41 J 18
Casenove PG 52 N 20
Casenovole GR 50 M 15
Casentini (Rifugio) LU 39 J 13
Casentino AQ 59 P 22
Casenuove AN 47 L 22
Casera di Fuori BZ 3 B 14
Casera Losa UD 5 C 20
Casere BL 12 E 17
Casere / Kasern BZ 4 A 18
Caserta CE 69 D 25
Caserta Vecchia CE 69 D 25
Casette RI 58 O 20
Casette d'Ete AP 53 M 23
Casevecchie PG 51 N 20
Casi CE 69 D 24
Casier TV 25 F 18
Casies (Valle di) / Gsies BZ 4 B 18
Casigliano TR 51 N 19
Casignana RC 91 M 30
Casina RE 30 I 13
Casina (Cima la) SO 2 C 12
Casinalbo MO 31 I 14
Casine AN 46 L 21
Casinina PS 41 K 19
Casirate d'Adda BG 21 F 10
Caslino d'Erba CO 21 E 9
Casnate CO 21 E 9
Casnigo BG 22 E 11
Casola Canina BO 40 I 17
Casola in Lunigiana MS 38 J 12
Casola Valsenio RA 40 J 16
Casole d'Elsa SI 49 L 15
Casoli CH 60 P 24
Casoli LU 38 K 12
Casoli TE 60 O 23
Cason di Lanza (Passo) UD 14 C 21
Casoni GE 29 I 9
Casoni RE 31 H 14
Casorate Primo PV 21 G 9
Casorate Sempione VA 20 E 8
Casorezzo MI 20 F 8
Casoria NA 69 E 24
Casorzo AT 28 G 7
Casotto CN 35 J 5
Caspano SO 9 D 10
Casperia RI 58 O 20
Caspoggio SO 10 D 11
Cassana (Pizzo) SO 2 C 12
Cassano AV 70 D 26
Cassano allo Ionio CS 85 H 30
Cassano d'Adda MI 21 F 10
Cassano delle Murge BA 73 E 32
Cassano Irpino AV 70 E 27
Cassano Magnago VA 20 E 8
Cassano Spinola AL 28 H 8
Cassano Valcuvia VA 8 E 8
Cassaro SR 105 P 26
Cassella RO 33 H 19
Cassiano AN 46 L 21
Cassibile SR 105 Q 27
Cassibile (Fiume) SR 105 Q 27
Cassiglio BG 9 E 10
Cassina de' Pecchi MI 21 F 10
Cassinasco AT 28 H 6
Cassine AL 28 H 7
Cassinelle AL 28 I 7
Cassinetta di Lugagnano MI 20 F 8
Cassino FR 64 R 23
Cassio RI 52 N 21
Casso PR 30 I 12
Casso PN 13 D 18
Cassola VI 24 E 17
Cassolnovo PV 20 F 8
Castagna CZ 86 J 31
Castagna (Punta) ME 94 L 26
Castagna (Serra) CS 85 I 31
Castagnaro VR 32 G 16
Castagneto Carducci LI 49 M 13
Castagneto Po TO 19 G 5
Castagnito CN 27 H 6
Castagno (il) FI 43 L 14
Castagno d'Andrea (il) FI 40 K 16
Castagnola PG 51 N 19
Castagnole delle Lanze AT 27 H 6
Castagnole Monferrato AT 28 H 6
Castagnole Piemonte TO 27 H 4
Castana PV 29 G 9
Castanea delle Furie ME 90 M 28
Castano Primo MI 20 F 8
Castedduzzu (Monte su) SS 111 E 8
Casteggio PV 29 G 9
Castegnato BS 22 F 12
Castel Baronia AV 71 D 27
Castel Bolognese RA 40 J 17
Castel Campagnano CE 70 D 25
Castel Castagna TE 59 O 23
Castel Castagnaio AR 40 K 16
Castel Cellesi VT 57 O 18
Castel d'Aiano BO 39 J 15
Castel d'Ario MN 23 G 14
Castel d'Azzano VR 23 F 14
Castel de' Britti BO 40 I 16
Castel del Bosco PI 43 L 14
Castel del Giudice IS 65 Q 24
Castel del Monte BA 72 D 30
Castel del Monte AQ 60 O 23
Castel del Piano GR 50 N 16
Castel del Piano PG 51 M 18
Castel del Rio BO 40 J 16
Castel dell'Alpi BO 39 J 15
Castel dell'Aquila TR 58 O 19
Castel di Casio BO 39 J 15
Castel di Fiori TR 51 N 18
Castel di Ieri AQ 60 P 23
Castel di Iudica CT 104 O 25
Castel di Lucio ME 99 N 24
Castel di Sangro AQ 64 Q 24
Castel di Sasso CE 69 D 24
Castel di Tora RI 58 P 20
Castel di Tusa ME 99 M 24
Castel Focognano AR 44 L 17
Castel Fraiano CH 65 Q 25
Castel Frentano CH 60 P 25
Castel Gandolfo RM 62 Q 19
Castel Ginnetti LT 63 R 20
Castel Giòrgio TR 50 N 17
Castel Giuliano RM 57 P 18
Castel Goffredo MN 22 G 13
Castel Guelfo di Bologna BO 40 I 17
Castel Lagopesole PZ 71 E 29
Castel Madama RM 58 Q 20
Castel Maggiore BO 32 I 16
Castel Morrone CE 69 D 25
Castel Porziano RM 62 Q 19
Castel Rigone PG 51 M 18
Castel Ritaldi PG 51 N 20
Castel Rocchero AT 28 H 7
Castel S. Giovanni PG 52 N 21
Castel S. Giovanni PC 29 G 10
Castel S. Elia VT 58 P 19
Castel S. Gimignano SI 43 L 15
Castel S. Giorgio SA 70 E 26
Castel S. Giovanni (vicino a Spoleto) PG 51 N 20
Castel S. Lorenzo SA 76 F 27
Castel Sta Maria MC 52 M 21
Castel Sta Maria PG 52 N 21
Castel S. Niccolò AR 44 K 17
Castel S. Pietro MC 52 M 21
Castel S. Pietro Terme BO 40 I 16
Castel S. Venanzo MC 52 M 21
Castel S. Vincenzo IS 64 R 24
Castel Seprio VA 20 E 8
Castel Venzago BS 23 F 13
Castel Viscardo TR 50 N 18
Castel Vittorio IM 35 K 5
Castel Volturno CE 69 D 23
Castelbaldo PD 32 G 16
Castelbelforte MN 23 G 14
Castelbello / Kastelbell BZ 3 C 14
Castelbianco SV 35 J 6
Castelbottaccio CB 65 Q 26
Castelbuono PA 99 N 24
Castelcanafurone PC 29 H 10
Castelcerino VR 23 F 15
Castelceriolo AL 28 H 8
Castelchiodato RM 58 P 20
Castelcivita SA 76 F 27
Castelcivita (Grotta di) SA 76 F 27
Castelcovati BS 22 F 11
Castelcucco TV 24 E 17
Casteldaccia PA 98 M 22
Casteldarne / Ehrenburg BZ 4 B 17
Casteldelci PS 45 K 18
Casteldelfino CN 26 I 3
Casteldelmonte TR 51 N 19
Casteldidone CR 30 G 13
Casteldimezzo PS 46 K 20
Casteldoria (Terme di) SS 111 E 8
Castelfalfi FI 43 L 14
Castelferretti AN 47 L 22
Castelferro AL 28 H 7
Castelfidardo AN 47 L 22
Castelfiorentino FI 43 L 14
Castelfondo TN 3 C 15
Castelforte LT 64 S 23
Castelfranci AV 70 E 27
Castelfranco di Sopra AR 44 L 16
Castelfranco di Sotto PI 43 K 14
Castelfranco Emilia MO 31 I 15
Castelfranco in Miscano BN 70 D 27
Castelfranco Veneto TV 24 E 17
Castelgomberto VI 24 F 16
Castelgrande PZ 71 E 28
Castelguglielmo RO 32 G 16
Castelguidone CH 65 Q 25
Castellabate SA 75 G 26
Castellaccio (Monte) PA 97 M 21
Castellaccio di Fratacchia (Monte) PA 97 N 20
Castellace RC 90 M 29
Castellafiume AQ 59 Q 21
Castell'Alfero AT 27 H 6
Castellalto TE 53 N 23
Castellammare (Golfo di) TP 97 M 20
Castellammare del Golfo TP 97 M 20
Castellammare di Stabia NA 74 E 25
Castellamonte TO 19 F 5
Castellana (Grotte di) BA 73 E 33
Castellana Grotte BA 73 E 33
Castellana Sicula PA 99 N 24
Castellaneta TA 78 F 32
Castellaneta Marina TA 78 F 32
Castellano TE 53 N 22
Castellanza VA 20 O 10
Castell'Apertole VC 19 G 6
Castellarano RE 31 I 14
Castellaro IM 35 K 5
Castellaro MO 39 J 14
Castellaro PR 30 H 11
Castellaro PV 29 H 9
Castellaro Lagusello MN 23 F 13
Castell'Arquato PC 30 H 11
Castell'Azzara GR 50 N 17
Castellazzo Bormida AL 28 H 7
Castellazzo (Monte) ME 100 N 26
Castelleone CR 22 G 11
Castelleone PG 51 N 19
Castelleone di Suasa AN 46 L 20
Castelletto BS 22 G 12
Castelletto PC 30 H 11
Castelletto Busca CN 26 I 4
Castelletto Cervo BI 20 F 6
Castelletto di Brenzone VR 23 E 14
Castelletto d'Orba AL 28 H 8
Castelletto Molina AT 28 H 7
Castelletto Monferrato AL 28 G 7
Castelletto Po PV 29 G 9
Castelletto sopra Ticino NO 20 E 7
Castelletto Stura CN 27 I 4
Castelli TE 59 O 23
Castelli Calepio BG 22 F 11
Castelli (Monte) ME 100 N 25
Castelli Romani RM 62 Q 19
Castellina FI 43 K 14
Castellina in Chianti SI 44 L 15
Castellina Marittima PI 43 L 13
Castellina Scalo SI 43 L 15
Castellina PR 30 H 12
Castellinaldo CN 27 H 6
Castellino del Biferno CB 65 Q 26
Castellino Tanaro CN 35 I 5
Castelliri FR 64 Q 22
Castello (Canale) FG 71 D 29
Castello (Monte) LI 48 M 11
Castello (Spiaggia del) FG 67 B 30
Castello BS 22 F 13
Castello SP 37 J 10
Castello (Cima di) SO 9 D 11
Castello d'Agogna PV 20 G 8
Castello d'Argile BO 32 H 15
Castello dell'Acqua SO 10 D 12
Castello di Annone AT 28 H 6
Castello di Cisterna NA 70 E 25
Castello di Godego TV 24 E 17
Castello di Lago AV 70 D 26
Castello di Serravalle BO 39 I 15
Castello Inici TP 97 N 20
Castello Lavazzo BL 13 D 18
Castello Molina di Fiemme TN 12 D 16
Castello Tesino TN 12 D 16
Castellonalto TR 58 O 20
Castellonchio PR 30 I 12
Castellonorato LT 64 S 23
Castell'Ottieri GR 50 N 17
Castellucchio MN 31 G 13
Castelluccio MO 39 J 14
Castelluccio PG 52 N 21
Castelluccio SR 105 Q 26
Castelluccio Cosentino SA 76 F 28
Castelluccio dei Sauri FG 71 D 28
Castelluccio-Inferiore PZ 85 G 29
Castelluccio (Monte) AG 103 O 23
Castelluccio-Superiore PZ 85 G 29
Castelluccio Valmaggiore FG 71 C 27
Castell'Umberto ME 100 M 26
Castelluzzo TP 97 M 20
Castelluzzo (Masseria) BR 79 F 34
Castelmagno CN 34 I 3
Castelmassa RO 32 G 15
Castelmauro CB 65 Q 26
Castelmenardo RI 59 P 21
Castelmezzano PZ 77 F 30
Castelmola ME 90 N 27
Castelmonte UD 15 D 22
Castelnovetto PV 20 G 7
Castelnovo PC 29 H 10
Castelnovo Bariano RO 31 G 15
Castelnovo di Sotto RE 31 H 13
Castelnovo ne' Monti RE 38 I 13
Castelnuovo AQ 59 P 22
Castelnuovo MN 22 G 13
Castelnuovo PD 24 F 17
Castelnuovo PS 41 K 19
Castelnuovo RA 40 I 17
Castelnuovo TN 12 D 16
Castelnuovo al Volturno IS 64 R 24
Castelnuovo Berardenga SI 50 L 16
Castelnuovo Bocca d'Adda LO 30 G 11
Castelnuovo Bormida AL 28 H 7
Castelnuovo Calcea AT 28 H 6
Castelnuovo Cilento SA 76 G 27
Castelnuovo dei Sabbioni AR 44 L 16
Castelnuovo del Friuli PN 14 D 20
Castelnuovo del Garda VR 23 F 14
Castelnuovo della Daunia FG 66 C 27
Castelnuovo della Misericordia LI 42 L 13
Castelnuovo dell'Abate SI 50 N 16
Castelnuovo d'Elsa FI 43 L 14
Castelnuovo di Ceva CN 35 I 6
Castelnuovo di Conza SA 71 E 27
Castelnuovo di Farfa RI 58 P 20
Castelnuovo di Garfagnana LU 38 J 13
Castelnuovo di Porto RM 58 P 19
Castelnuovo di Val di Cecina PI 49 M 14
Castelnuovo Don Bosco AT 27 G 5
Castelnuovo Fogliani PC 30 H 11
Castelnuovo Magra SP 38 J 12
Castelnuovo Nigra TO 19 F 5
Castelnuovo Rangone MO 31 I 14
Castelnuovo Scrivia AL 28 H 8
Castelnuovo Vomano TE 60 O 23
Castelpagano BN 65 R 26
Castelpetroso IS 65 R 25
Castelpizzuto IS 65 R 24
Castelplanio AN 46 L 21
Castelpoggio MS 38 J 12
Castelponzone CR 30 G 12
Castelpoto BN 70 D 26
Castelraimondo MC 52 M 21
Castelromano IS 65 R 24
Castelrotto / Kastelruth BZ 3 C 16
Castelsantangelo sul Nera MC 52 N 21
Castelsaraceno PZ 77 G 29
Castelsardo SS 108 E 8
Castelsavino (Monte) AR 45 K 17
Castelsilano KR 87 J 32
Castelspina AL 28 H 7
Casteltermini AG 98 O 22
Casteltodino TR 51 O 19
Castelvecchio / Altenburg BZ 11 C 15
Castelvecchio PT 39 K 14
Castelvecchio VI 23 F 15
Castelvecchio Calvisio AQ 59 P 23

Castelvecchio
di Rocca Barbena SV. 35 J 6
Castelvecchio Pascoli LU. 38 J 13
Castelvecchio
Subequo AQ 60 P 23
Castelvenere BN. 70 D 25
Castelverde CR 22 G 11
Castelvero VR 23 F 15
Castelverrino IS 65 Q 25
Castelvetere in
Val Fortore BN 66 C 26
Castelvetere
sul Calore AV 70 E 26
Castelvetrano TP 97 N 20
Castelvetro
di Modena MO 31 I 14
Castelvetro
Piacentino PC 30 G 11
Castelvisconti CR 22 G 11
Castenaso BO 32 I 16
Castenedolo BS 22 F 12
Casterno MI 20 F 8
Castiadas CA 119 J 10
Castiglion Fibocchi AR. 44 L 17
Castiglion Fiorentino AR. 50 L 17
Castiglioncello LI 42 L 13
Castiglioncello
Bandini GR 50 N 16
Castiglioncello
del Trinoro SI 50 N 17
Castiglione AN 52 M 20
Castiglione IS 65 Q 24
Castiglione LE 83 H 37
Castiglione PG 51 M 19
Castiglione
a Casauria PE 60 P 23
Castiglione
Chiavarese GE 37 J 10
Castiglione Cosentino CS. 86 I 30
Castiglione d'Adda LO. 21 G 11
Castiglione
dei Pepoli BO. 39 J 15
Castiglione del Bosco SI. 50 M 16
Castiglione
del Genovesi SA 75 E 26
Castiglione del Lago PG. 51 M 18
Castiglione
della Pescaia GR 49 N 14
Castiglione
della Valle PG 51 M 18
Castiglionedelle
Stiviere MN 22 F 13
Castiglione
di Garfagnana LU 38 J 13
Castiglione
di Ravenna RA 41 J 18
Castiglione di Sicilia CT. 101 N 27
Castiglione d'Intelvi CO. 9 E 9
Castiglione d'Orcia SI. 50 M 16
Castiglione Falletto CN. 27 I 5
Castiglione
in Teverina VT 57 O 18
Castiglione
Mantovano MN. 23 G 14
Castiglione Maritimo CZ. 88 K 30
Castiglione Messer
Marino CH 65 Q 25
Castiglione Messer
Raimondo TE 60 O 23
Castiglione Olona VA. 20 E 8
Castiglione Tinella CN. 27 H 6
Castiglioni AN 46 L 21
Castignano AP 53 N 22
Castilenti TE 60 O 23
Castino CN 27 I 6
Castion Veronese VR. 23 F 14
Castione PC 29 H 11
Castione TV 24 E 17
Castione
Andevenno SO 10 D 11
Castione de Baratti PR. 30 I 13
Castione
della Presolana BG. 10 E 12
Castione Marchesi PR. 30 H 12
Castions PN 13 E 20
Castions di Strada UD. 16 E 21
Casto BS 22 E 12
Castorano AP 53 N 23
Castrezzato BS 22 F 11
Castri di Lecce LE 83 G 36
Castrignano de' Greci LE. 83 G 36
Castrignano
del Capo LE 83 H 37
Castro BG 22 E 12
Castro LE 83 G 37
Castro dei Volsci FR 64 R 22
Castro Marina LE 83 G 37
Castro (Portella) EN 99 O 24
Castro
(Rocche del) ME 100 M 26
Castro S. Martino FI 40 J 15
Castrocaro Terme FO 40 J 17
Castrocielo FR 64 R 23
Castrocucco PZ 84 H 29
Castrocucco
di Maratea PZ 84 H 29
Castrofilippo AG 103 O 23
Castrolibero CS 86 J 30
Castroncello AR 50 M 17
Castronno VA 20 E 8
Castronuovo di
San Andrea PZ 77 G 30
Castronuovo
di Sicilia PA 98 N 22
Castropignano CB 65 R 25
Castroreale ME 101 M 27
Castroreale Terme ME. 101 M 27
Castroregio CS 78 H 31
Castrovillari CS 85 H 30
Casumaro MO 32 H 16
Casuzze RG 106 Q 25
Cataeggio SO 9 D 10
Cataforio RC 90 M 29
Cataio PD 24 G 17
Catalano (Isola) OR 114 H 6
Catania CT 101 O 27
Catania (Golfo di) CT. 105 O 27
Catania (Piana di) CT. 104 O 26
Catania-Fontanarossa
(Aeroporto di) CT 105 O 27
Catanzaro CZ 89 K 31
Catanzaro Lido CZ 89 K 31
Catena Costiera CS 86 I 29
Catenaia (Alpe di) AR 45 L 17
Catenanuova EN 100 O 26
Catignano PE 60 O 23
Catinaccio /
Rosengarten BZ 4 C 16
Catirina (Punta) NU 113 F 10
Catobagli AN 46 L 20
Catolivier TO 26 G 2
Catona RC 90 M 28
Catria (Monte) PS 46 L 20
Cattaragna PC 29 I 10
Cattolica RN 41 K 20
Cattolica Eraclea AG 102 O 22
Catullo (Grotte di) BS 23 F 13
Catuso (Monte) PA 99 N 23
Cau (Monte) SS 110 E 7
Caulonia RC 88 L 31
Caulonia (vicino a
Monasterace) RC 89 L 31
Cauria / Gfrill (vicino a
Salorno) BZ 11 D 15
Cautano BN 70 D 25
Cava d'Aliga RG 106 Q 26
Cava de' Tirreni SA 75 E 26
Cava Manara PV 29 G 9
Cava (Monte) RI 59 P 21
Cava Tigozzi CR 30 G 11
Cavacurta LO 21 G 11
Cavadonna SR 105 P 27
Cavaglià BI 19 F 6
Cavaglietto NO 20 F 7
Cavaglio d'Agogna NO. 20 F 7
Cavagnano AQ 59 O 21
Cavaion Veronese VR 23 F 14
Cavalese TN 12 D 16
Cavallano SI 43 L 15
Cavallerizzo CS 85 I 30
Cavallerleone CN 27 H 4
Cavallermaggiore CN 27 H 5
Cavalli (Lago dei) VB 7 D 6
Cavallina FI 39 K 15
Cavallino LE 81 G 36
Cavallino VE 16 F 19
Cavallino (Monte) /
Großer-Kinigat BZ 5 B 19
Cavallirio NO 20 F 7
Cavallo (Monte) FR 64 R 23
Cavallo (Monte) GR 56 O 16
Cavallo (Monte) MC 52 N 20
Cavallo (Monte) BZ 3 B 16
Cavallo (Monte) PN 13 D 19
Cavallo (Monte) UD 15 C 21
Cavallone
(Grotta del) CH 60 P 24
Cavalo VR 23 F 14
Cavanella d'Adige VE 33 G 18
Cavanella di Vara SP 38 J 11
Cavanella Po RO 33 G 18
Cavareno TN 11 C 15
Cavargna CO 9 D 9
Cavargna (Val) CO 9 D 9
Cavaria VA 20 E 8
Cavarzano PO 39 J 15
Cavarzere VE 33 G 18
Cavaso del Tomba TV 12 E 17
Cavasso Nuovo PN 13 D 20
Cavatore AL 28 I 7
Cavazzale VI 24 F 16
Cavazzo (Lago di) UD 14 D 21
Cavazzo Carnico UD 14 C 21
Cavazzona MO 31 I 15
Cave RM 63 Q 20
Cave del Predil UD 15 C 22
Cavedago TN 11 D 15
Cavedine TN 11 E 14
Cavedine (Lago di) TN. 11 E 14
Cavenago d'Adda LO 21 G 10
Cavenago di Brianza MI. 21 F 10
Cavernago BG 22 F 11
Cavezzo MO 31 H 15
Cavi GE 37 J 10
Caviaga LO 21 G 10
Caviola BL 12 C 17
Cavo LI 48 N 13
Cavo (Monte) RM 63 Q 20
Cavogna (Monte) PG 52 N 20
Cavola RE 39 I 13
Cavoli LI 48 N 12
Cavoli (Isola dei) CA 119 J 10
Cavone MT 78 F 31
Cavour TO 26 H 4
Cavour (Canale) VC 19 G 6
Cavrari VI 24 E 16
Cavrasto TN 11 D 14
Cavriago RE 31 H 13
Cavriana MN 23 F 13
Cavrié TV 25 E 19
Cavriglia AR 44 L 16
Cazoli (Punta di) VB 8 C 7
Cazzago S. Martino BS. 22 F 12
Cazzano di Tramigna VR. 23 F 15
Ceccano FR 63 R 21
Cecchignola RM 62 Q 19
Cecchina RM 62 Q 19
Cecchini di Pasiano PN. 13 E 19
Cece (Cima di) TN 12 D 17
Ceci PC 29 H 9
Cecima PV 29 H 9
Cecina LI 48 M 13
Cecina PT 39 K 14
Cecina (Campo) MS 38 J 12
Cecina (Fiume) SI 49 M 15
Cecita (Lago di) CS 86 I 31
Cedegolo BS 10 D 13
Cedra PR 38 I 12
Cedrino NU 117 F 10
Cedrino (Lago del) NU. 117 G 10
Cefalà Diana PA 98 N 22
Cefalicchio BA 72 D 30
Cefalo (Monte) LT 68 S 22
Cefalù PA 99 M 24
Ceggia VE 16 E 19
Ceglie del Campo BA 73 D 32
Ceglie Messapica BR 80 F 34
Cegliolo AR 50 M 17
Cei (Lago di) TN 11 E 15
Celano AQ 59 P 22
Celenza sul Trigno CH 65 Q 25
Celenza Valfortore FG 66 C 26
Cella FO 41 J 19
Cella RE 31 H 13
Cella Dati CR 30 G 12
Cellamare BA 73 D 32
Cellarengo AT 27 H 5
Cellatica BS 22 F 12
Celle PT 39 K 14
Celle RA 40 J 17
Celle TO 18 G 4
Celle di Bulgheria SA 76 G 28
Celle di Macra CN 26 I 3
Celle di S. Vito FG 71 D 27
Celle (le) AR 50 M 17
Celle Ligure SV 36 I 7
Celle sul Rigo SI 50 N 17
Cellena GR 50 N 16
Celleno VT 57 O 18
Cellere VT 57 O 17
Cellina PN 13 D 19
Cellina (Val) PN 13 D 19
Cellino Attanasio TE 60 O 23
Cellino S. Marco BR 79 F 35
Cellole CE 69 D 23
Celone FG 71 C 27
Celpenchio PV 20 G 7
Celso SA 75 G 27
Cembra TN 11 D 15
Cembra (Val di) TN 11 D 15
Cenadi CZ 88 K 31
Cenaia PI 43 L 13
Cenate LE 83 G 36
Cenate di Sotto BG 22 E 11
Cencenighe
Agordino BL 12 C 17
Cene BG 22 E 11
Ceneselli RO 32 G 16
Cenesi SV 35 J 6
Cengalo (Pizzo) SO 9 D 10
Cengio SV 35 I 6
Cengio (Monte) VI 24 E 16
Cengles BZ 2 C 13
Cennina AR 44 L 16
Ceno PR 29 I 10
Cenova IM 35 K 6
Centa S. Nicolò TN 11 E 15
Centallo CN 27 I 4
Centaurino (Monte) SA. 76 G 28
Cento BO 32 I 16
Cento Croci (Passo di) SP. 37 I 10
Cento FE 31 H 15
Centocelle RM 62 Q 19
Centoforche
(Colle di) FO 40 J 17
Centoia AR 50 M 17
Centola SA 76 G 27
Centovera PC 29 H 11
Centrache CZ 88 K 31
Centuripe EN 100 O 26
Cepagatti PE 60 O 24
Cepletischis UD 15 D 22
Ceppaloni BN 70 D 26
Ceppo di
Rocca Sta Maria TE 52 N 22
Ceppo (Monte) IM 35 K 5
Ceppo Morelli VB 7 E 6
Ceprano FR 64 R 22
Ceraino VR 23 F 14
Cerami EN 100 N 25
Cerami (Fiume) EN 100 N 25
Ceramida RC 90 M 29
Ceranesi GE 28 I 8
Cerano NO 20 F 8
Cerasa PS 46 K 21
Cerasi RC 90 M 29
Cerasia (Monte) RC 91 M 30
Ceraso SA 76 G 27
Ceraso (Capo) SS 113 E 10
Ceraso (Murgia del) BA. 72 E 31
Cerasolo RN 41 K 19
Cerasuolo IS 64 R 24
Cerbaia FI 43 K 15
Cerboli (Isola) LI 49 N 13
Cercemaggiore CB 65 R 26
Cercena (Passo) TN 11 C 14
Cercenasco TO 27 H 4
Cercepiccola CB 65 R 25
Cerchiara di Calabria CS. 85 H 31
Cerchio AQ 59 P 22
Cercivento UD 5 C 20
Cercola NA 69 E 25
Cerda PA 99 N 23
Cerdomare RI 58 P 20
Cerea VR 23 G 15
Cereda (Passo di) TN. 12 D 17
Cereglio BO 39 J 15
Ceregnano RO 32 G 17
Cerella (Monte) RM 63 Q 20
Cerenzia KR 87 J 32
Ceres TO 18 G 4
Ceresara MN 23 G 13
Cereschiatis
(Sella di) UD 15 C 21
Cereseto AL 28 G 6
Cereseto PR 29 I 11
Ceresole (Lago di) TO. 18 F 3
Ceresole Alba CN 27 H 5
Ceresole Reale TO 18 F 3
Ceresolo (Scolo) RO 32 G 17
Cerete-Alto BG 10 E 11
Cerete-Basso BG 10 E 11
Ceretto TO 27 H 4
Cerfone AR 45 L 18
Cergnago PV 20 G 8
Ceri RM 57 Q 18
Ceriale SV 35 J 6
Ceriana IM 35 K 5
Cerignale PC 29 H 10
Cerignola FG 72 D 29
Cerisano CS 86 J 30
Cerlongo MN 23 G 13
Cermenate CO 21 E 9
Cermignano TE 60 O 23
Cermone AQ 59 O 21
Cernobbio CO 21 E 9
Cernusco LC 21 E 10
Cernusco sul Naviglio MI. 21 F 9
Cerqueto (vicino a Gualdo
Tadino) PG 51 M 20
Cerqueto (vicino a
Marsciano) PG 51 N 18
Cerratina PE 60 O 24
Cerré RE 38 I 13
Cerredolo RE 39 I 13
Cerreto AV 71 D 27
Cerreto IS 65 Q 24
Cerreto (Passo del) MS. 38 J 12
Cerreto Alpi RE 38 J 12
Cerreto d'Esi AN 52 M 20
Cerreto di Spoleto PG. 52 N 20
Cerreto Grue AL 28 H 8
Cerreto Guidi FI 43 K 14
Cerreto Laziale RM 63 Q 20
Cerreto (Monte) NA 75 E 25
Cerreto Sannita BN 65 S 25
Cerreto Langhe CN 27 I 6
Cerrina Monferrato AL. 27 G 6
Cerrione BI 19 F 6
Cerrisi CZ 86 J 31
Cerrito BR 79 F 35
Cerro VA 8 E 7
Cerro (Forca di) PG 52 N 20
Cerro al Lambro MI 21 G 10
Cerro al Volturno IS 64 R 24
Cerro (Passo del) PC 29 H 10
Cerro Tanaro AT 28 H 7
Cerro Veronese VR 23 F 15
Cerrone (Monte) PG 45 L 19
Cersosimo PZ 77 G 31
Certaldo FI 43 L 15
Certosa di Pesio CN 35 J 4
Cerusulo (Monte) SA 76 F 28
Cerva CZ 87 J 32
Cervandone (Monte) VB. 8 D 6
Cervara MS 38 I 11
Cervara PR 30 H 12
Cervarese Sta Croce PD. 24 F 17
Cervaro FG 71 C 28
Cervaro FR 64 R 23
Cervaro TE 59 O 22
Cervaro (Forcella di) FR. 64 R 23
Cervaro (Ponte) FG 71 C 28
Cervaro (Torrente) AV. 71 D 27
Cervarolo VC 8 E 6
Cervasca CN 34 I 4
Cervati (Monte) SA 76 G 28
Cervatto VC 7 E 6
Cervazzera RE 38 I 13
Cervellino (Monte) PR. 30 I 12
Cerveno BS 10 D 12
Cerventosa
(Passo di) AR 51 M 18
Cervara di Roma RM 59 Q 21
Cervere CN 27 I 5
Cervesina PV 29 G 9
Cerveteri RM 57 Q 18
Cervi (Monte dei) PA 99 N 23
Cervia RA 41 J 19
Cervialto (Monte) AV 71 E 27
Cervicati CS 85 I 30
Cervignano del Friuli UD. 17 E 21
Cervignasco CN 27 H 4
Cervina (Punta) /
Hirzerspitze BZ 3 B 15
Cervinara AV 70 D 25
Cervino CE 70 D 25
Cervino (Monte) /
Matterhorn AO 7 G 8
Cervo IM 35 K 6
Cervo (Pizzo) PA 98 M 22
Cervo (Torrente) BI 19 E 5
Cervognano SI 50 M 17
Cerzeto CS 85 I 30
Cesa CE 69 E 24
Cesacastma TE 59 O 22
Cesana Torinese TO 26 H 2
Cesano AN 46 K 21
Cesano RM 58 P 19
Cesano Boscone MI 21 F 9
Cesano (Fiume) PS 46 K 21
Cesano Maderno MI 21 F 9
Cesaproba AQ 59 O 21
Cesara VB 8 E 7
Cesarò ME 100 N 26
Cesarolo VE 16 E 21
Cese AQ 59 P 22
Cese PG 52 N 20
Ceselli PG 52 N 20
Cesen (Monte) TV 12 E 18
Cesena FO 41 J 18
Cesenatico FO 41 J 19
Ceserano MS 38 J 12
Cesi MC 52 M 20
Cesi TR 58 O 19
Cesiomaggiore BL 12 D 17
Cesole MN 31 G 13
Cessalto TV 16 E 19
Cessaniti VV 88 L 30
Cessapalombo MC 52 M 21
Cessuta (Sella) SA 77 G 29
Cesuna VI 24 E 16
Cetara SA 75 F 26
Cetica AR 44 K 16
Cetinale SI 49 M 15
Ceto BS 10 D 13
Cetona SI 50 N 17
Cetona (Monte) SI 50 N 17
Cetraro CS 85 I 29
Ceva CN 35 I 6
Cevedale (Monte) SO 11 C 13
Cevo BS 10 D 13
Chabodey AO 18 E 3
Challand-St. Anselme AO. 19 E 5
Chambave AO 19 E 4
Chambeyron
(Brec de) CN 26 I 2
Chamois AO 7 E 4
Champdepraz AO 19 E 4
Champoluc AO 7 E 5
Champorcher AO 19 F 4
Chanavey AO 18 F 3
Chardonney AO 19 F 4
Charvensod AO 18 E 3
Château des Dames AO. 7 E 4
Châtelair AO 6 E 3
Châtillon AO 19 E 4
Chécrouit AO 6 E 2
Cheradi (Isole) TA 78 F 33
Cherasco CN 27 I 5
Cheremule SS 111 F 8
Cherio BG 22 E 11
Chero PC 30 H 11
Chero (Torrente) PC 30 H 11
Chia VT 58 O 18
Chiaicis UD 14 C 20
Chialamberto TO 18 F 4
Chiampo VI 23 F 15
Chiampo (Torrente) VI. 23 F 15
Chiana (Canale
Maestro della) AR 50 M 17
Chiana (Val di) AR 50 L 17
Chianacce AR 50 M 17
Chianale CN 26 I 2
Chianca BA 72 D 31
Chianca (Isola la) FG 67 B 30
Chianca (Torre) LE 81 F 36
Chianche AV 70 D 26
Chianciano SI 50 M 17
Chianciano Terme SI 50 M 17
Chiani TR 51 N 18
Chianni PI 43 L 13
Chianti SI 44 L 15
Chianti (Monti del) SI 44 L 16
Chianzutan (Sella) UD 14 C 20
Chiappa (Punta) GE 37 J 9
Chiappera CN 26 I 2
Chiappi CN 34 I 3
Chiappo (Monte) PC 29 H 9
Chiaramonte Gulfi RG. 104 P 26
Chiaramonti SS 111 E 8
Chiarano TV 16 E 19
Chiaravalle AN 46 L 21
Chiaravalle Centrale CZ. 88 K 31
Chiaravalle
della Colomba PC 30 H 11
Chiaravalle Milanese MI. 21 F 9
Chiareggio SO 10 D 11
Chiarescons (Monte) UD. 13 C 19
Chiari BS 22 F 11
Chiaromonte PZ 77 G 30
Chiarso UD 5 C 21
Chiáscio PG 46 L 20
Chiaserna PS 46 L 20
Chiassa AR 45 L 17
Chiatona TA 78 F 33
Chiauci IS 65 Q 25
Chiavano PG 52 O 21
Chiavano (Forca di) PG. 52 N 21
Chiavari GE 37 J 9
Chiavenna SO 9 D 10
Chiavenna (Rifugio) SO. 9 C 10
Chiavenna
(Torrente) PC 30 H 11
Chiavenna Landi PC 30 G 11
Chiaverano TO 19 F 5
Chibbò (Monte) PA 99 O 23
Chieffo (Masseria) FG. 71 D 28
Chienes / Kiens BZ 4 B 17
Chienti MC 52 M 20
Chieri TO 27 G 5
Chies d'Alpago BL 13 D 19
Chiesa BL 13 C 18
Chiesa VB 8 C 7
Chiesa
in Valmalenco SO 10 D 11
Chiesa Nuova BL 12 E 17
Chiesa Nuova TP 97 M 19
Chiesanuova FI 43 K 15
Chiesanuova RA 32 I 17
Chiesanuova
di S. Vito MC 46 L 21
Chiese BS 22 F 13
Chiesina BO 39 J 14
Chiesina Uzzanese PT. 39 K 14
Chiesino AR 44 L 17
Chiesuol del Fosso FE. 32 H 16
Chiesuola RA 41 I 18
Chieti CH 60 O 24
Chieuti FG 66 B 27
Chieve CR 21 F 10
Chievolis PN 13 D 20
Chignolo Po PV 29 G 10
Chilivani SS 111 F 8
Chioggia VE 25 G 18
Chioggia (Porto di) VE. 25 G 18
Chiomonte TO 18 G 2
Chions PN 13 E 20
Chiotas (Digo del) CN. 34 J 4
Chiozzola PR 30 H 13
Chirignago VE 25 F 18
Chisola TO 27 H 4

Chisone TO 26 H 3
Chisone (Valle del) TO 26 G 2
Chitignano AR 45 L 17
Chiuduno BG 22 F 11
Chiulano PC 29 H 10
Chiunzi (Valico di) SA 75 E 25
Chiuppano VI 24 E 16
Chiuro SO 10 D 11
Chiusa BZ 3 B 16
Chiusa RC 88 M 30
Chiusa di Pesio CN 35 J 5
Chiusa / Klausen BZ 3 C 16
Chiusa Sclafani PA 97 N 21
Chiusaforte UD 15 C 21
Chiusanico IM 35 K 5
Chiusano di S. Domenico AV 70 E 26
Chiusavecchia IM 35 K 5
Chiusdino SI 49 M 15
Chiusella TO 19 F 5
Chiusi SI 50 M 17
Chiusi (Lago di) SI 50 M 17
Chiusi della Verna AR 45 K 17
Chiusi Scalo SI 50 M 17
Chiusola SP 37 I 11
Chivasso TO 19 G 5
Chizzola TN 23 E 14
Chorio RC 90 N 29
Ciaculli PA 98 M 22
Ciagola (Monte) CS 84 H 29
Cialancia (Punta) TO 26 H 3
Ciampie TN 12 C 17
Ciampino RM 62 Q 19
Ciamprisco CE 69 D 24
Cianciana AG 102 O 22
Ciane (Fonte) SR 105 P 27
Ciano MO 39 I 15
Ciano TV 24 E 18
Ciano d'Enza RE 30 I 13
Ciarforòn TO 18 F 3
Ciaudon (Testa) CN 35 J 4
Ciavolo TP 96 N 19
Cibiana (Passo) BL 13 C 18
Cibiana di Cadore BL 13 C 18
Cibottola PG 51 N 18
Cicagna GE 37 I 9
Cicala CZ 86 J 31
Ciccalento (Ponte di) FG 67 C 28
Ciccia (Monte) ME 90 M 28
Cicciano NA 70 E 25
Cicerale SA 75 F 27
Cicese RO 32 G 17
Cichero GE 37 I 9
Ciciliano RM 63 Q 20
Ciclopi (Riviera dei) CT 101 O 27
Cicogna VB 8 D 7
Cicognara MN 30 H 13
Cicogni PC 29 H 10
Cicognolo CR 30 G 12
Cicolano RI 59 P 21
Ciconicco UD 14 D 21
Cigliano FI 40 K 16
Cigliano VC 19 G 6
Cignana (Lago di) AO 7 E 4
Cignano BS 22 F 12
Cigno CB 66 B 26
Cignone CR 22 G 11
Cigole BS 22 G 12
Cilavegna PV 20 G 8
Cilento SA 75 F 27
Cima Fiammante (Rifugio) BZ 3 B 15
Cima Gogna BL 5 C 19
Cima Tre Scarperi BZ 4 C 18
Cimabanche BL 4 C 18
Cimadolmo TV 25 E 19
Cimaferle AL 28 I 7
Cimasappada BL 5 C 20
Cime Nere / Hintere Schwärze BZ 3 B 14
Cimego TN 11 E 13
Cimetta (Colle) FR 63 Q 21
Ciminà RC 91 M 30
Ciminarella (Masseria) BA 72 D 30
Cimini (Monti) VT 57 O 18
Ciminna PA 98 N 22
Cimino (Masseria) BA 73 E 32
Cimino (Monte) VT 57 O 18
Cimiti (Capo) KR 87 K 33
Cimitile NA 70 E 25
Cimolais PN 13 D 19
Cimoliana PN 13 D 19
Cimone (Monte) MO 39 J 14
Cimpello PN 13 E 20
Cinecitta RM 62 Q 19
Cineto Romano RM 58 P 20
Cinghio PR 30 H 12
Cingia de' Botti CR 30 G 12
Cingoli MC 46 L 21
Cinigiano GR 50 N 16
Cinisello Balsamo MI 21 F 9
Cinisi PA 97 M 21
Cino SO 9 D 10
Cinquale MS 38 K 12
Cinque Croci (Passo) TN 12 D 16
Cinque Denti (Cala) TP 96 Q 18
Cinque Terre SP 37 J 11
Cinquefrondi RC 88 L 30
Cinquemiglia (Piano della) AQ 64 Q 23
Cinte Tesino TN 12 D 16
Cinto Caomaggiore VE 16 E 20
Cinto Euganeo PD 24 G 16
Cintoia FI 44 L 16
Cintolese PT 39 K 14
Cinzano CN 27 H 5
Cinzano TO 27 G 5
Cioccaro AT 28 G 6
Ciociaria FR 63 Q 21
Ciola FO 41 K 18
Ciommarino FG 71 D 28
Ciorlano CE 65 R 24
Cipollaro (Galleria del) LU 38 J 12
Cipressi PE 60 O 24
Cirami (Monte) AG 97 O 21
Circello BN 65 R 26
Circeo (Cap) LT 68 S 21
Circeo (Monte) LT 68 S 21
Circeo (Parco Nazionale del) LT 63 R 21
Cirella CS 84 H 29
Cirella RC 91 M 30
Cirella (Isola di) CS 84 H 29
Cirella (Punta di) CS 84 H 29
Cirello RC 88 L 29
Ciriano PC 30 H 11
Ciricilla CZ 86 J 31
Ciriè TO 19 G 4
Ciriè (Rifugio) TO 18 G 3
Ciriegia (Colle di) CN 34 J 3
Ciriga (Punta) RG 107 Q 26
Cirigliano MT 77 F 30
Cirò KR 87 I 33
Cirò Marina KR 87 I 33
Cirone (Passo) PR 38 I 12
Cisa (Passo della) PR 38 I 11
Cisano VR 23 F 14
Cisano Bergamasco BG 21 E 10
Cisano sul Neva SV 35 J 6
Cisigliana MS 38 J 12
Cislago VA 21 F 8
Cisliano MI 21 F 8
Cismon TN 12 D 17
Cismon del Grappa VI 12 E 17
Cismon (Monte) BL 12 E 17
Cison di Valmarino TV 13 E 18
Cispiri OR 115 G 8
Cissone CN 27 I 6
Cistella (Monte) VB 8 D 6
Cisterna UD 14 D 20
Cisterna d'Asti AT 27 H 6
Cisterna di Latina LT 63 R 20
Cisternino BR 80 E 34
Citelli (Rifugio) CT 100 N 27
Citeriore PE 60 P 23
Citerna PR 30 I 12
Citerna PG 45 L 18
Citerna (Monte) FI 39 J 15
Città della Pieve PG 50 N 18
Città di Castello PG 45 L 18
Città di Milano (Rifugio) BZ 2 C 13
Città di Novara (Rifugio) VB 7 D 6
Città S. Angelo PE 60 O 24
Cittadella PD 24 F 17
Cittadella del Capo CS 84 I 29
Cittaducale RI 58 O 20
Cittanova MO 31 I 14
Cittanova RC 88 L 30
Cittareale RI 59 O 21
Cittiglio VA 8 E 7
Citulo (Masseria) BA 72 D 30
Ciuchesu OT 109 D 9
Ciuffenna AR 44 L 16
Civago RE 38 J 13
Civate LC 21 E 10
Civé PD 25 G 18
Civenna CO 9 E 9
Civetta (Monte) BL 12 C 18
Civezzano TN 11 D 15
Civiasco VC 20 E 6
Cividale del Friuli UD 15 D 22
Cividale Mantovano MN 30 G 13
Cividate al Piano BG 22 F 11
Cividate Camuno BS 10 E 12
Civiello (Masseria) PZ 72 E 29
Civita CS 85 H 30
Civita PG 52 N 21
Civita VT 57 O 18
Civita (Forca di) PG 52 N 22
Civita Castellana VT 58 P 19
Civita d'Antino AQ 64 Q 22
Civitacampomarano CB 65 Q 26
Civitaluparella CH 60 Q 24
Civitanova Alta MC 53 M 23
Civitanova del Sannio IS 65 Q 25
Civitanova Marche MC 53 M 23
Civitaquana PE 60 P 23
Civitaretenga AQ 59 P 23
Civitate (Ponte di) FG 66 B 27
Civitatomassa AQ 59 O 21
Civitavecchia FR 64 R 22
Civitavecchia RM 57 P 17
Civitella RM 58 P 20
Civitella (Monte) GR 50 N 17
Civitella (Monte) AR 45 L 18
Civitella Alfedena AQ 64 Q 23
Civitella Casanova PE 60 O 23
Civitella Cesi VT 57 P 18
Civitella d'Agliano VT 57 O 18
Civitella del Lago TR 51 N 18
Civitella del Tronto TE 53 N 23
Civitella di Romagna FO 40 J 17
Civitella in Val di Chiana AR 44 L 17
Civitella Licinio BN 65 S 25
Civitella Marittima GR 50 N 15
Civitella Messer Raimondo CH 60 P 24
Civitella Ranieri PG 51 M 19
Civitella Roveto AQ 64 Q 22
Civitella S. Paolo RM 58 P 19
Civo SO 9 D 10
Civorio FO 41 K 18
Cixerri CI 118 J 7
Cizzago BS 22 F 11
Cizzolo MN 31 G 14
Claino-Osteno CO 9 D 9
Clapier (Monte) CN 34 J 4
Classe (Pineta di) RA 41 I 18
Claut PN 13 D 19
Clautana (Forcella) PN 13 D 19
Clauzetto PN 14 D 20
Clavière TO 26 H 2
Cles TN 11 C 15
Cleto CS 86 J 30
Cleulis UD 5 C 20
Climiti (Monti) SR 105 P 27
Cliternia Nuova CB 66 B 27
Clitunno (Fonti del) PG 52 N 20
Clitunno (Tempio di) PG 52 N 20
Clivio VA 8 E 8
Clusane sul Lago BS 22 F 12
Clusio BZ 2 B 13
Clusone BG 10 E 11
Coazze TO 26 G 3
Coazzolo AT 27 H 6
Coca (Pizzo di) BG 10 D 12
Coccaglio BS 22 F 11
Coccanile FE 32 H 17
Coccau UD 15 C 22
Coccia (Poggio di) VT 57 P 18
Coccolia RA 41 J 18
Cocconato AT 27 G 6
Coccorino VV 88 L 29
Coccovello (Monte) PZ 76 G 29
Coco (Monte del) TP 97 N 20
Cocquio Trevisago VA 8 E 8
Cocullo AQ 60 P 23
Cocumola LE 83 G 37
Cocuzza (Monte) RC 90 M 29
Cocuzzo (Monte) CS 86 J 30
Cocuzzo (Monte) SA 76 G 28
Coda Cavallo (Capo) OT 113 E 11
Coda (Rifugio) BI 19 F 5
Codarda LT 63 R 21
Codelago o Devero (Lago) VB 8 C 6
Codevigo PD 25 G 18
Codevilla PV 29 H 9
Codigoro FE 33 H 18
Codiponte MS 38 J 12
Codisotto RE 31 H 14
Codogne TV 13 E 19
Codogno LO 29 G 11
Codonfuri RC 90 M 29
Codrignano BO 40 J 16
Codroipo UD 16 E 20
Codrongianos SS 111 F 8
Codula de Sisine OG 117 G 10
Codula di Luna OG 117 G 10
Coeli Aula FI 43 K 15
Cofano (Golfo del) TP 97 M 20
Cofano (Monte) TP 97 M 20
Coggina (Genna) OG 117 G 10
Coggiola BI 19 E 6
Coghinas OT 111 E 9
Coghinas (Fiume) SS 111 E 8
Coghinas (Lago del) OT 111 E 9
Coglians (Monte) / Hohe Warte UD 5 C 20
Cogliate MI 21 F 9
Cogne AO 18 F 4
Cogne (Val di) AO 18 F 3
Cogoleto GE 36 I 7
Cogoli NU 113 F 10
Cogollo del Cengio VI 24 E 16
Cogolo TN 11 C 14
Cogorno GE 37 J 10
Cogozzo MN 30 H 13
Cogruzzo RE 31 H 13
Col Collon (Rifugio) AO 7 E 4
Col di Prà BL 12 D 17
Colà VR 23 F 14
Colazza NO 20 E 7
Colbertaldo TV 12 E 18
Colbordolo PS 41 K 20
Colbu (Lu) OT 111 E 9
Colcavagno AT 27 G 6
Colcellalto AR 45 K 18
Colcerasa MC 52 M 21
Coldrano / Goldrain BZ 3 C 14
Coleazzo (Monte) BS 10 D 13
Coler TN 11 C 14
Colere BG 10 E 12
Colfelice FR 64 R 22
Colfiorito PG 52 M 20
Colfosco TV 25 E 18
Coli PC 29 H 10
Colico LC 9 D 10
Colla ME 100 M 26
Colla (Monte) CT 100 N 26
Colla (Monte sa) OG 119 H 10
Colla (Passo) PR 29 I 11
Colla (Passo la) PZ 76 G 29
Collagna RE 38 I 12
Collalbo / Klobenstein BZ 3 C 16
Collalto SI 49 L 15
Collalto UD 14 D 21
Collalto / Hochgall BZ 4 B 18
Collalto Sabino RI 59 P 21
Collalunga (Cima di) CN 34 J 3
Collamato AN 52 M 20
Collarmele AQ 59 P 22
Collatoni MC 52 N 20
Collazzone PG 51 N 19
Colle PN 13 D 20
Colle AQ 59 O 21
Colle AP 52 N 21
Colle Alto FR 64 R 22
Colle / Bichl BZ 3 B 15
Colle Croce PG 52 M 20
Colle d'Anchise CB 65 R 25
Colle di Tora RI 58 P 20
Colle di Val d'Elsa SI 43 L 15
Colle di Villa / Bauernkohlern BZ 3 C 16
Colle Don Bosco (Santuario) AT 27 G 6
Colle Isarco / Gossensaß BZ 3 B 16
Colle-Lupo GR 56 O 16
Colle San Paolo PG 51 M 18
Colle S. Lorenzo PG 51 N 20
Colle Sta Lucia BL 12 C 18
Colle S. Magno FR 64 R 23
Colle S. Marco AP 53 N 22
Colle Sannita BN 65 R 26
Colle Umberto TV 13 E 19
Collebaldo PG 51 N 18
Collebarucci FI 40 K 15
Collebeato BS 22 F 12
Collebrincioni AQ 59 O 22
Collecchio PR 30 H 12
Collecorvino PE 60 O 24
Colledara TE 59 O 23
Colledimacine CH 60 P 24
Colledimezzo CH 60 Q 25
Colledoro TE 60 O 23
Colleferro RM 63 Q 21
Collegiove RI 59 P 21
Collegno TO 27 G 4
Collelongo AQ 64 Q 22
Collelungo TR 51 N 18
Collelungo (Torre) GR 55 O 15
Collemancio PG 51 N 19
Collemeto LE 83 G 36
Collemincio PG 51 M 20
Colleoli PI 43 L 14
Collepardo FR 63 Q 22
Collepasso LE 83 G 36
Collepepe PG 51 N 19
Collepietra / Steinegg BZ 3 C 16
Collepietro AQ 60 P 23
Collepino PG 51 M 20
Collere (Monte) GE 29 I 9
Colleri PC 29 H 9
Collerin (Monte) TO 18 G 3
Collesalvetti LI 42 L 13
Collesano PA 99 N 23
Collesanto MC 52 M 21
Collesecco TR 51 N 19
Collesecco PG 51 N 19
Collestatte Piano TR 58 O 20
Collestrada PG 51 M 19
Colletorto CB 66 B 26
Collevalenza PG 51 N 19
Collevecchio RI 58 O 19
Colli a Volturno IS 64 R 24
Colli del Tronto AP 53 N 23
Colli di Montebove AQ 59 P 21
Colli Euganei PD 24 G 17
Colli sul Velino RI 58 O 20
Colliano SA 76 E 27
Collicelle RI 59 O 21
Collimento AQ 59 P 22
Collina AN 46 L 21
Collina LU 43 K 13
Collina UD 5 C 20
Collina (Passo della) PT 39 J 14
Collinas VS 118 I 8
Colline Metallifere PI 49 M 14
Collinello FO 41 J 18
Collio BS 22 E 13
Collodi PT 39 K 13
Colloredda (Punta di) OT 113 E 10
Colloredo di Monte Albano UD 14 D 21
Colloredo di Prato UD 14 D 21
Colma di Monbarone BI 19 F 5
Colma la VB 20 E 6
Colmurano MC 52 M 22
Colobraro MT 77 G 31
Cologna FE 32 H 17
Cologna TE 53 N 23
Cologna Spiaggia TE 53 N 23
Cologna Veneta VR 24 G 16
Cologne BS 22 F 11
Cologno al Serio BG 21 F 11
Cologno Monzese MI 21 F 9
Colognola PG 51 M 19
Colognola ai Colli VR 23 F 15
Colognora (vicino a Diecimo) LU 38 K 13
Colognora (vicino a Villa Basilica) LU 39 K 13
Colombaia RE 39 I 13
Colombara (Secca) PA 92 K 21
Colombardo (Colle del) TO 18 G 3
Colombare BS 23 F 13
Colombata (Isola) TP 96 M 19
Colombine (Monte) BS 22 E 13
Colombo (Monte) TO 19 F 4
Colonna RM 63 Q 20
Colonna (Capo) KR 87 J 33
Colonna di Grillo SI 50 M 16
Colonnata FI 39 K 15
Colonnata (Cave di) MS 38 J 12
Colonne (Punta delle) CI 120 J 6
Colonnella TE 53 N 23
Colonnetta TR 51 N 18
Coloretta MS 37 I 11
Colorno PR 30 H 13
Colosimi CS 86 J 31
Colostrai (Stagno di) CA 119 I 10
Colpalombo PG 51 M 19
Colpetrazzo PG 51 N 19
Coltaro PR 30 H 12
Comabbio VA 20 E 8
Comabbio (Lago di) VA 20 E 8
Comacchio FE 33 H 18
Comacchio (Valli di) FE 32 H 17
Comano MS 38 J 12
Comano Terme TN 11 D 14
Comazzo LO 21 F 10
Combai TV 13 E 18
Combolo (Monte) SO 10 D 12
Comeglians UD 5 C 20
Comelico Superiore BL 5 C 19
Comerconi VV 88 L 29
Comero (Monte) FO 40 K 18
Comezzano-Cizzago BS 22 F 11
Comino CH 60 P 24
Comino (Capo) NU 113 F 11
Comiso RG 104 Q 25
Comitini AG 103 O 22
Commessaggio MN 31 G 13
Communitore (Monte) AP 52 N 21
Como CO 21 E 9
Como (Lago di) LC 9 E 9
Como (Rifugio) CO 9 D 9
Comoretta (Punta) NU 111 F 9
Compiano PR 29 I 10
Compiano RE 30 I 13
Compione MS 38 J 12
Comun Nuovo BG 21 F 10
Comuna BI 19 F 6
Comunanza AP 52 N 22
Comuneglia SP 37 I 10
Comunelli (Lago) CL 103 P 24
Cona Faiete TE 53 N 22
Cona FE 32 H 17
Cona VE 24 G 18
Conca RN 41 K 19
Conca Casale IS 64 R 24
Conca dei Marini SA 75 F 25
Conca di Campania CE 64 R 23
Conca d'Oro (Masseria) TA 78 F 32
Conca (Pizzo) PA 99 N 23
Concas NU 113 F 10
Concerviano RI 58 P 20
Concesio BS 22 F 12
Concessa RC 90 M 28
Conche PD 25 G 18
Conco VI 24 E 16
Concordia Sagittaria VE 16 E 20
Concordia sulla Secchia MO 31 H 14
Concorezzo MI 21 F 10
Condino TN 11 E 13
Condofuri Marina RC 90 N 29
Condove TO 18 G 3
Condrò ME 90 M 27
Conegliano TV 13 E 18
Cónero (Monte) AN 47 L 22
Confienza PV 20 G 7
Configni RI 58 O 19
Confinale (Monte) SO 10 C 13
Confinale (Passo) SO 10 D 11
Conflenti CZ 86 J 30
Coniale FI 40 J 16
Conigli (Isola dei) AG 102 U 19
Coniolo BS 22 F 11
Consandolo FE 32 I 17
Conscenti GE 37 I 10
Conselice RA 32 I 17
Conselve PD 24 G 17
Consolazione (Convento) FG 71 D 28
Consuma FI 44 K 16
Consuma (Passo della) AR 44 K 16
Contane FE 32 H 18
Contarina RO 33 G 18
Conte di Noia (Masseria) FG 71 D 29
Conte (Porto) SS 110 F 6
Contessa (Monte) SR 104 P 26
Contessa Entellina PA 97 N 21
Contessa (Monte) CZ 88 K 31
Contessa (Punta della) BR 81 F 36
Contigliano RI 58 O 20
Contignano SI 50 N 17
Contrada AV 70 E 26
Contrasto (Colle del) ME 100 N 25
Contrebbia PC 29 G 10
Controguerra TE 53 N 23
Controne SA 76 F 27
Contursi Terme SA 76 F 27
Conversano BA 73 E 33
Conza (Lago di) AV 71 E 27
Conza (Sella di) SA 71 E 27
Conza della Campania AV 71 E 28
Conzano AL 28 G 7
Cop di Breguzzo (Cima) TN 11 D 13
Copanello CZ 89 K 31
Copertino LE 83 G 36
Copiano PV 21 G 9
Coppa PV 29 H 9
Coppa Ferrata (Monte) FG 67 B 29
Copparo FE 32 H 17
Coppe di Maltempo (Masseria) BA 72 D 29
Coppito AQ 59 O 22
Coppolo (Monte) BL 12 D 17
Coppolo (Monte) MT 77 G 31
Corace CZ 86 J 31
Coraci CS 86 J 31
Corallo (Porto) CA 119 I 10
Corana PV 28 G 8
Corano PC 29 H 10
Corato BA 72 D 31
Corbara SA 75 E 25
Corbara TR 51 N 18
Corbara (Lago di) TR 51 N 18
Corbesassi PV 29 H 9
Corbetta MI 20 F 8
Corbola RO 33 G 18
Corcagnano PR 30 H 12
Corchia PR 30 I 11
Corchiano VT 58 O 19
Corciano PG 51 M 18
Corcolle RM 63 Q 20
Corcrevà RO 32 G 18
Corcumello AQ 59 P 22
Cordenons PN 13 E 20
Cordevole BL 13 D 18

Cordignano TV 13 E 19
Cordovado PN 16 E 20
Coredo TN 11 C 15
Coreggia BA 80 E 33
Coreglia Antelminelli LU 39 J 13
Corella FI 40 K 16
Coreno Ausonio FR 64 R 23
Corese Terra RI 58 P 20
Corezzo AR 45 K 17
Corfinio AQ 60 P 23
Corfino LU 38 J 13
Cori LT 63 R 20
Coriano RN 41 K 19
Corigliano CE 64 S 23
Corigliano Calabro CS 85 I 31
Corigliano Calabro Stazione CS 85 I 31
Corigliano d'Otranto LE 83 G 36
Corinaldo AN 46 L 21
Corio TO 19 G 4
Corleone PA 97 N 21
Corleto FG 71 D 28
Corleto (Bosco di) SA 76 F 28
Corleto Monforte SA 76 F 28
Corleto Perticara PZ 77 F 30
Corlo (Lago del) BL 12 E 17
Cormano MI 21 F 9
Cormons GO 17 E 22
Cormor UD 16 E 21
Cornacchia (Monte) FG 71 C 27
Cornacchia (Monte) AQ 64 Q 22
Cornaget (Monte) PN 13 D 19
Cornaiano / Girlan BZ 3 C 15
Cornale PV 28 G 8
Cornaredo MI 21 F 9
Cornate d'Adda MI 21 F 10
Cornedo Vicentino VI 24 F 16
Corneliano d'Alba CN 27 H 5
Cornello (Passo) PG 52 M 20
Cornetto TN 11 E 15
Cornia GR 49 M 14
Corniglia SP 37 J 11
Corniglio PR 38 I 12
Corniolo FO 40 K 17
Cornisello (Lago di) TN 11 D 14
Corno RI 58 O 20
Corno UD 17 E 21
Corno Bianco VC 7 E 5
Corno Bianco BZ 3 B 16
Corno di Rosazzo UD 17 E 22
Corno Giovine LO 30 G 11
Corno Grande TE 59 O 22
Corno (Isola del) CA 120 J 6
Cornolo PR 29 I 10
Cornone FG 66 B 27
Cornour (Punta) TO 26 H 3
Cornovecchio LO 30 G 11
Cornoviglio (Monte) SP 38 J 11
Cornuda TV 24 E 18
Cornus OR 114 G 7
Corona SV 36 I 7
Coronella FE 32 H 16
Corones (Plan de) / Kronplatz BZ 4 B 17
Corongiu (Laghi di) CA 119 J 9
Corongiu (Punta) OG 117 H 10
Corpo di Cava SA 75 E 26
Corpolo RN 41 J 19
Corra Cherbina (Punta) NU 115 F 9
Corrasi (Punta) NU 117 G 10
Correggio RE 31 H 14
Correggioli MN 31 G 15
Correnti (Isola delle) SR 107 Q 27
Correzzola PD 25 G 18
Corridonia MC 53 M 22
Corropoli TE 53 N 23
Corsaglia CN 35 I 5
Corsaglia (Torrente) CN 35 J 5
Corsano LE 83 H 37
Corsi (Piano dei) SV 36 J 6
Corsi (Rifugio) BZ 2 C 14
Corsi (Rifugio) UD 15 C 22
Corsico MI 21 F 9
Corsignano (Pieve di) SI 50 M 17
Corso (Portella) AG 103 P 23
Cortaccia s. str. d. vino / Kurtatsch a. d. Weinstraße BZ 11 D 15
Cortale CZ 88 K 31
Cortandone AT 27 H 6
Cortazzone AT 27 G 6
Corte BL 13 C 18
Corte NU 115 G 7
Corte VC 8 E 6
Corte Brugnatella PC 29 H 10
Corte Centrale FE 32 H 18
Corte Cerbos (Monte) NU 115 H 9
Corte de' Cortesi CR 22 G 12
Corte de' Frati CR 22 G 12
Corte Falasio LO 21 G 10
Corte Franca BS 22 F 11
Corte Porcus OG 119 H 10
Corte S. Andrea LO 29 G 10
Corte Vetere (Masseria) LE 79 G 35
Cortellazzo VE 16 F 20
Cortemaggiore PC 30 H 11
Cortemaggiore (Masseria) TA 79 F 34
Cortemilia CN 27 I 6
Cortenedolo BS 10 D 12
Corteno (Val di) BS 10 D 12
Corteno Golgi BS 10 D 12
Cortenova LC 9 E 10
Cortenuova BG 22 F 11
Corteolona PV 29 G 10
Corticato (Sella del) SA 76 F 28
Corticella BO 32 I 16
Corticelle Pieve BS 22 F 12
Cortiglione AT 28 H 7
Cortigno PG 52 N 20
Cortile MO 31 H 14
Cortina d'Ampezzo BL 4 C 18
Cortina s. str. d. Vino / Kurtinig BZ 11 D 15
Cortino TE 59 O 22
Cortoghiana CI 118 J 7
Cortona AR 50 M 17
Corva PN 13 E 19
Corvara PE 60 P 23
Corvara in Badia BZ 4 C 17
Corvara / Rabenstein BZ 3 B 15
Corvaro RI 59 P 21
Corvi (Monte dei) AN 47 L 22
Corvia PG 51 N 20
Corviale RM 62 Q 19
Corvo (Monte) AQ 59 O 22
Corzes / Kortsch BZ 2 C 14
Cosa PN 14 D 20
Cosa Ansedonia GR 56 O 15
Cosa (Fiume) FR 63 R 21
Coscerno (Monte) PG 52 N 20
Coscile CS 85 H 30
Coseano UD 14 D 21
Cosentino (Masseria) CS 86 I 31
Cosenza CS 86 J 30
Cosimo (Pizzo) PA 99 N 24
Cosio Valtellino SO 9 D 10
Cosoleto RC 90 M 29
Cossano Belbo CN 27 I 6
Cossato BI 19 F 6
Cossignano AP 53 N 23
Cossogno VB 8 E 7
Cossoine SS 111 F 8
Costa BS 23 E 13
Costa RG 104 Q 25
Costa Amalfitana SA 75 F 25
Costa de' Nobili PV 29 G 10
Costa di Rovigo RO 32 G 17
Costa Dorata OT 113 E 10
Costa Merlata BR 80 E 34
Costa Paradiso OT 109 D 8
Costa Pavesi PR 30 H 12
Costa Rossa (Brec) CN 35 J 4
Costa S. Abramo CR 22 G 11
Costa Vescovato AL 28 H 8
Costa Viola RC 90 M 29
Costa Volpino BG 22 E 12
Costabissara VI 24 F 16
Costacciaro PG 46 L 20
Costafontana GE 29 I 9
Costalpino SI 50 M 15
Costalta PC 29 H 10
Costalunga VR 24 F 15
Costalunga (Passo di) / Karerpaß TN 12 C 16
Costanzana VC 20 G 7
Coste VR 23 F 14
Costeggiola VR 23 F 15
Costermano VR 23 F 14
Costey AO 19 F 5
Costigliole d'Asti AT 27 H 6
Costigliole Saluzzo CN 27 I 4
Costozza VI 24 F 16
Cotignola RA 40 I 17
Cotronei KR 87 J 32
Cotschen (Monte) SO 2 C 12
Cottanello RI 58 O 20
Courmayeur AO 6 E 2
Covigliaio FI 40 J 15
Coviolo RE 31 H 13
Covo BG 22 F 11
Coxinas CA 119 I 9
Cozzana BA 73 E 33
Cozzano PR 30 I 12
Cozze BA 73 D 33
Cozzo PV 20 G 7
Cozzuolo TV 13 E 18
Craco MT 77 F 31
Crana (Pioda di) VB 8 D 7
Crandola Valsassina LC 9 D 10
Crati CS 85 I 30
Crava CN 35 I 5
Cravagliana VC 8 E 6
Cravanzana CN 27 I 6
Cravasco GE 28 I 8
Craveggia VB 8 D 7
Cravi (Monte) GE 29 I 9
Crea (Santuario di) AL 28 G 6
Creazzo VI 24 F 16
Crecchio CH 60 P 24
Creda BO 39 J 15
Credaro BG 22 F 11
Credera Rubbiano CR 21 G 10
Crema CR 21 F 11
Cremenaga VA 8 E 8
Cremeno LC 9 E 10
Cremia CO 9 D 9
Cremolino AL 28 I 7
Cremona CR 30 G 12
Cremona alla Stua (Rifugio) BZ 3 B 15
Cremosano CR 21 F 10
Crep (Monte) TV 13 E 18
Crepaldo VE 16 F 20
Crescentino VC 19 G 6
Cresia (Genna 'e) OG 117 H 10
Cresia (Punta sa) CA 121 J 8
Crespadoro VI 23 F 15
Crespano del Grappa TV 24 E 17
Crespellano BO 31 I 15
Crespiatica LO 21 F 10
Crespina PI 43 L 13
Crespino RO 32 H 17
Crespino del Lamone FI 40 J 16
Crespole PT 39 K 14
Cressa NO 20 F 7
Cresta d'Arp AO 18 E 2
Cresto (Monte) BI 19 E 5
Creta PC 29 G 10
Creta Forata (Monte) UD 5 C 20
Creta (Portella) EN 99 N 24
Cretaz AO 18 F 4
Creti AR 50 M 17
Creto GE 29 I 9
Cretone RM 58 P 20
Crevacuore BI 20 E 6
Crevalcore BO 31 H 15
Crevoladossola VB 8 D 6
Crichi CZ 89 K 31
Cridola (Monte) BL 13 C 19
Crispiano TA 78 F 33
Crispiero MC 52 M 21
Crispiniano (Monte) FG 71 D 27
Crissolo CN 26 H 3
Cristallo BL 4 C 18
Cristo (Monte) LT 68 S 22
Cristo Re BA 80 E 33
Croara BO 40 J 16
Crobus (Monte is) OG 119 I 10
Crocchio CZ 87 J 32
Crocci TP 96 M 19
Croccia (Monte la) MT 77 F 30
Crocco (Monte) VV 88 L 30
Croce RN 41 K 19
Croce (Colle della) AQ 64 Q 23
Croce (Monte) TN 12 D 16
Croce (Pania della) LU 38 J 12
Croce (Pian della) FR 63 R 21
Croce (Picco di) / Wilde Kreuzspitze BZ 3 B 16
Croce (Portella della) PA 98 N 22
Croce a Veglia PT 39 J 14
Croce al Promontario ME 95 M 27
Croce Arcana (Passo) PT 39 J 14
Croce d'Aune (Passo) BL 12 D 17
Croce dello Scrivano (Passo) PZ 77 F 29
Croce di Magara CS 86 J 31
Croce di Panaro (Passo) VV 88 L 31
Croce di Raparo PZ 77 G 29
Croce di Serra (Monte) TR 58 O 18
Croce Dominii (Passo di) BS 10 E 13
Croce Ferrata (Passo) RC 88 L 30
Croce Mancina (Monte) ME 100 N 27
Croce Rossa TO 18 G 3
Crocefieschi GE 29 I 9
Crocelle (Passo delle) PZ 71 E 28
Crocera di Barge CN 26 H 4
Crocetta TO 27 H 5
Crocetta BO 40 I 17
Crocetta RO 32 G 16
Crocetta del Montello TV 24 E 18
Crocetta (Passo) CS 86 J 30
Crocette (Goletto del) BS 22 E 13
Crocevie TP 96 M 19
Croci (Monte di) PG 51 M 19
Croci (Vetta Le) FI 40 K 16
Croci di Calenzano FI 39 K 15
Crodo VB 8 D 6
Crognaleto TE 59 O 22
Cropalati CS 87 I 32
Cropani CZ 89 K 32
Cropani Marina CZ 89 K 32
Crosa VC 20 E 6
Crosano TN 23 E 14
Crosia CS 87 I 32
Crostis (Monte) UD 5 C 20
Crostolo RE 31 I 13
Crotone KR 87 J 33
Crotta d'Adda CR 30 G 11
Crova VC 20 G 6
Crozzón di Lares TN 11 D 13
Crucoli KR 87 I 33
Crucoli Torretta KR 87 I 33
Cruser RA 33 I 18
Cruxi (Genna) OG 117 G 10
Cruzitta (Punta) OT 109 D 8
Cuasso al Monte VA 8 E 8
Cuccaro Monferrato AL 28 G 7
Cuccaro Vetere SA 76 G 27
Cucchinadorza (Lago di) NU 115 G 9
Cucco (Monte) PG 46 L 20
Cuccurano PS 46 K 20
Cuccurdoni Mannu (Punta) CI 118 I 8
Cuccureddu (Monte) NU 115 G 9
Cuccuru 'e Paza NU 116 G 10
Cuceglio TO 19 G 5
Cuddia TP 97 N 19
Cuestalta / Hoher Trieb UD 5 C 21
Cuffiano BN 65 R 26
Cuga SS 110 F 7
Cuga (Lago) SS 110 F 7
Cuggiono MI 20 F 8
Cuglieri OR 114 G 7
Cugnana (Punta) OT 109 D 10
Cugnoli PE 60 P 23
Cuiaru (Monte) SS 111 F 8
Cuma NA 69 E 24
Cumiana TO 26 H 4
Cumignano sul Naviglio CR 22 F 11
Cuna SI 50 M 16
Cunardo VA 8 E 8
Cuneo CN 35 I 4
Cuorgnè TO 19 F 4
Cupa CE 69 D 23
Cupello CH 61 P 26
Cupetti (Punta) NU 113 F 10
Cupi MC 52 M 21
Cupoli PE 60 O 23
Cupra Marittima AP 53 M 23
Cupramontana AN 46 L 21
Cura VT 57 P 18
Curcuris OR 116 H 8
Curi (Monte sa) OT 109 E 10
Curiglia VA 8 D 8
Curinga CZ 88 K 30
Curino BI 20 F 6
Curon Venosta / Graun im Vinschgau BZ 2 B 13
Curone AL 29 H 9
Cursi LE 83 G 36
Cursolo Orasso VB 8 D 7
Curtarolo PD 24 F 17
Curtatone MN 31 G 14
Curticelle SA 70 E 26
Cusa (Cave di) TP 97 O 20
Cusago MI 21 F 9
Cusano PN 13 E 20
Cusano Milanino MI 21 F 9
Cusano Mutri BN 65 R 25
Cusercoli FO 40 J 18
Cusio BG 9 E 10
Cusna (Monte) RE 38 J 13
Cussorgia CI 118 J 7
Custonaci TP 97 M 20
Custoza VR 23 F 14
Cutigliano PT 39 J 14
Cutro KR 87 J 32
Cutrofiano LE 83 G 36
Cuvio VA 8 E 8
Cuzzago VB 8 D 7

D

Dalmine BG 21 F 10
Dambel TN 11 C 15
Danta BL 5 C 19
Daone TN 11 E 13
Daone (Val di) TN 11 D 13
Darfo-Boario Terme BS 10 E 12
Darzo TN 23 E 13
Dasà VV 88 L 30
Dattilo TP 96 N 19
Daunia (Monti della) FG 66 C 27
Davagna GE 37 I 9
Davoli CZ 88 L 31
Dazio SO 9 D 10
De Costanzi CN 26 I 3
De Gasperi (Rifugio) UD 5 C 20
De Lorenzis (Masseria) BA 72 E 31
Decimomannu CA 118 J 8
Decimoputzu CA 118 I 8
Decollatura CZ 86 J 31
Decorata BN 70 C 26
Degano UD 5 C 20
Dego SV 36 I 6
Deiva Marina SP 37 J 10
Del Vecchio (Masseria) TA 78 F 32
Delebio SO 9 D 10
Delfino (Lido) TP 96 N 19
Delia CL 103 O 23
Delia (Fiume) AG 103 P 23
Delianuova RC 90 M 29
Deliceto FG 71 D 28
Dello BS 22 F 12
Demo BS 10 D 13
Demonte CN 34 J 3
Denice AL 28 I 7
Denno TN 11 D 15
Denore FE 32 H 17
Dent d'Hérens AO 7 G 8
Dente del Gigante AO 6 E 2
Denza (Rifugio) TN 11 D 13
Derby AO 18 E 3
Dermulo TN 11 C 15
Dernice AL 29 H 9
Deruta PG 51 N 19
Dervio LC 9 D 9
Desana VC 20 G 7
Dese VE 25 F 18
Dese (Fiume) VE 25 F 18
Desenzano del Garda BS 23 F 13
Desio MI 21 F 9
Destro CS 87 I 32
Desulo NU 115 G 9
Desusino (Monte) CL 103 P 24
Deta (Pizzo) AQ 64 Q 22
Deutschnofen / Nova Ponente BZ 12 C 16
Devero (Val) VB 8 D 6
Dezzo BG 10 E 12
Dezzo (Fiume) BS 10 E 12
Di Brazza (Rifugio) UD 15 C 22
Di Santo (Masseria) BA 73 E 32
Diacceto FI 44 K 16
Diamante CS 84 H 29
Diano Arentino IM 35 K 6
Diano Castello IM 35 K 6
Diano d'Alba CN 27 I 6
Diano Marina IM 35 K 6
Diano (Vallo di) SA 76 F 28
Diavolo (Passo del) AQ 64 Q 23
Diavolo (Pizzo del) BG 10 D 11
Dicomano FI 40 K 16
Dieci (Cima) BZ 4 C 17
Diecimo LU 38 K 13
Diegaro FO 41 J 18
Dierico UD 5 C 21
Dietro Isola (Porto) TP 96 Q 18
Digerbato TP 96 N 19
Dignano UD 14 D 20
Dignini PC 30 H 11
Diliella (Fattoria) CL 103 P 24
Diligenza RG 104 Q 25
Dimaro TN 11 D 14
Dinami VV 88 L 30
Dino (Isola di) CS 84 H 29
Dipignano CS 86 J 30
Dipilo (Pizzo) PA 99 N 23
Dirillo CT 104 P 25
Dirillo (Lago) CT 104 P 26
Disfida di Barletta (Monumento alla) BA 72 D 31
Disgrazia (Monte) SO 10 D 11
Diso LE 83 G 37
Disueri CL 104 P 24
Disueri (Lago) CL 104 P 24
Dittaino EN 100 O 25
Divedro (Val) VB 8 D 6
Diveria VB 8 D 6
Divieto ME 90 M 28
Divignano NO 20 F 7
Divino Amore (Santuario del) RM 62 Q 19
Dobbiaco / Toblach BZ 4 B 18
Dobbiaco (Lago di) BZ 4 B 18
Dobbiaco Nuovo BZ 4 B 18
Doberdò del Lago GO 17 E 22
Dodici (Cima) TN 12 E 16
Dogana Nuova MO 39 J 13
Doganaccia PT 39 J 14
Doganella LT 63 R 20
Dogaro MO 31 H 15
Doglia (Monte) SS 110 F 6
Dogliani CN 27 I 5
Doglio PG 51 N 18
Dogliola CH 61 Q 25
Dogna UD 15 C 21
Dogna (Torrente) UD 15 C 22
Dolcé VR 23 F 14
Dolceacqua IM 35 K 4
Dolcecanto BA 72 E 30
Dolcedo IM 35 K 5
Dolcedorme (Serra) PZ 85 H 30
Dolegna del Collio GO 15 D 22
Dolent (Monte) AO 6 E 3
Dolianova CA 119 I 9
Dolo VE 25 F 18
Dolo (Torrente) MO 39 J 13
Dolomiti Bellunesi (Parco Nazionale delle) BL 12 D 17
Dolzago LC 21 E 10
Domanico CS 86 J 30
Domanins PN 13 D 20
Domaso CO 9 D 9
Domegge di Cadore BL 5 C 19
Domegliara VR 23 F 14
Domelletto NO 20 E 7
Domenica (Città della) PG 51 M 19
Domicella AV 70 E 25
Domo AN 46 L 21
Domo di Sasso (Poggio) AR 44 K 16
Domodossola VB 8 D 6
Domu 'e s'Orcu (Sa) CA 121 J 9
Domus de Maria CA 121 K 8
Domusnovas CI 118 J 7
Donada RO 33 G 18
Donato BI 19 F 5
Dondenaz AO 19 F 4
Dongo CO 9 D 9
Donigala OG 117 H 11
Donigala Fenughedu OR 114 H 7
Donna Giacoma (Cozzo) PA 98 N 22
Donna (Punta sa) NU 113 F 10
Donnafugata RG 104 Q 25
Donnalucata RG 106 Q 25
Donnas AO 19 F 5
Donoratico LI 49 M 13
Donori CA 119 I 9
Dont BL 13 C 18
Donzella (Isola della) RO 33 H 19
Doppo (Monte) BS 22 F 12
Dora Baltea AO 18 E 3
Dora di Rhêmes AO 18 F 3
Dora di Valgrisanche AO 18 F 3
Dora Riparia TO 26 H 2
Dordo BG 21 E 10
Dorga BG 10 E 12
Dorgali NU 117 G 10
Doria CS 85 H 31
Dorigoni (Rifugio) TN 2 C 14
Dorio LC 9 D 9
Dorno PV 20 G 8
Dorra GE 37 I 9
Dosimo CR 22 G 12
Dosolo MN 31 H 13
Dossena BG 9 E 11
Dosso FE 32 H 16
Dosso del Liro CO 9 D 9
Dosson TV 25 F 18
Doues AO 6 E 3
Dovadola FO 40 J 17
Dovaru (Monte su) NU 115 G 9
Dovera CR 21 F 10
Dozza (vicino ad Imola) BO 40 I 16
Dragoncello MN 31 H 15
Dragone MO 39 J 13
Dragone (Colle del) PZ 85 H 30
Dragonetti PZ 71 E 29
Dragoni CE 65 S 24
Drapia VV 88 L 29
Drei Zinnen / Lavaredo (Tre Cime di) BL 4 C 18
Dreieck-Spitze / Triangolo di Riva BZ 4 B 18
Dreiherrnspitze / Tre Signori (Picco dei) BZ 4 A 18
Drena TN 11 E 14
Drenchia UD 15 D 22
Dresano MI 21 F 10
Drizzona CR 30 G 13
Dro TN 11 E 14
Dronero CN 26 I 4
Drosi RC 88 L 29
Druento TO 19 G 4
Druges AO 19 E 4
Druogno VB 8 D 7
Drusco PR 29 I 10
Dualchi NU 115 G 8
Duanera la Rocca FG 66 C 28

Dubbione TO 26 H 3
Dubino SO 9 D 10
Duca degli Abruzzi (Rifugio) AQ 59 O 22
Duca (Masseria del) TA 79 F 34
Duca (Masseria Nuova del) BA 72 D 31
Ducato Fabriago RA 32 I 17
Duchessa (Lago della) RI 59 P 22
Due Carrara PD 24 G 17
Due Maestà RE 31 I 13
Due Santi (Passo dei) MS 37 I 11
Duesanti PG 51 N 19
Dueville VI 24 F 16
Dufour (Punta) VB 7 I 8
Dugenta BN 70 D 25
Duglia CS 85 I 31
Dugliolo BO 32 I 16
Duino-Aurisina TS 17 E 22
Dumenza VA 8 D 8
Dunarobba TR 51 N 19
Duno VA 8 E 8
Duomo BS 22 F 12
Dura (Cima) BZ 4 B 18
Duran (Passo) BL 13 D 18
Durazzanino FO 41 J 18
Durazzano BN 70 D 25
Durnholz / Valdurna BZ 3 B 16
Durone (Passo) TN 11 D 14
Duronia CB 65 R 25

E

Ebba (Scala s') OR 115 H 8
Eboli SA 75 F 27
Eclause TO 26 G 2
Ederas (Piana) SS 111 E 8
Edolo BS 10 D 12
Ega (Val d') / Eggental BZ 3 C 16
Egadi (Isole) TP 96 N 18
Eggental / Ega (Val d') BZ 3 C 16
Egna VC 7 E 6
Egna / Neumarkt BZ 11 D 15
Egnazia BR 80 E 34
Egola FI 43 L 14
Ehrenburg / Casteldarne BZ 4 B 17
Eia PR 30 H 12
Eianina CS 85 H 30
Eira (Passo d') SO 2 C 12
Eisack / Isarco BZ 3 B 16
Eisacktal / Isarco (Val) BZ 3 B 16
Eita SO 10 C 12
Elba (Isola d') LI 48 N 12
Elcito MC 52 M 21
Eleme (S') OT 112 E 9
Eleutero PA 98 N 22
Elice PE 60 O 23
Elicona ME 100 M 27
Elini OG 117 H 10
Elio (Monte d') FG 67 B 28
Elisabetta AO 18 E 2
Ellena Soria CN 34 J 4
Ellera SV 36 I 7
Ellero CN 35 J 5
Ello LC 21 E 10
Elmas CA 119 J 9
Elmo GR 50 N 17
Elmo (Monte) GR 50 N 17
Elmo (Monte) / Helm BZ 5 B 19
Eloro SR 107 Q 27
Elsa FI 43 L 14
Eltica (Monte la) OT 111 E 9
Elva CN 26 I 3
Elvo BI 19 F 6
Emarèse AO 19 E 5
Embrisi (Monte) RC 90 M 29
Emilius (Monte) AO 18 E 4
Empoli FI 43 K 14
Ena 'e Tomes (Sa) NU 117 F 10
Enas OT 113 E 10
Enciastraia (Monte) CN 34 I 2
Endine (Lago di) BG 22 E 11
Endine Gaiano BG 22 E 11
Enego VI 12 E 17
Enego 2000 VI 12 E 16
Enemonzo UD 14 C 20
Enfola (Capo d') LI 48 N 12
Enna EN 99 O 24
Enna BG 9 E 10
Enneberg / Marebbe BZ 4 B 17
Ente GR 50 N 16
Entracque CN 34 J 4
Entrata (Sella) RC 90 M 29
Entrèves AO 6 E 2
Envie CN 26 H 4
Enza PR 38 I 12
Eolie o Lipari (Isole) ME 94 L 26
Eores / Afers BZ 4 B 17
Epinel AO 18 F 3
Episcopia PZ 77 G 30
Epitaffio (Masseria) BA 72 E 30
Epomeo (Monte) NA 74 E 23
Equi Terme MS 38 J 12
Era SO 9 D 10
Era (Fiume) PI 43 L 14
Eraclea MT 78 G 32
Eraclea VE 16 F 20
Eraclea Mare VE 16 F 20
Eraclea Minoa AG 102 O 21
Eramo a Marzagaglia (Casino) BA 73 E 32
Erba CO 21 E 9
Erba (Masseria dell') BA 73 E 33
Erbano (Monte) CE 65 S 25
Erbavuso EN 99 O 24
Erbé VR 23 G 14
Erbe (Passo di) BZ 4 B 17
Erbea (Monte) SO 9 D 10
Erbezzo VR 23 F 14
Erbognone PV 20 G 8
Erbonne CO 9 E 9
Erbusco BS 22 F 11
Erchia (Casino d') BA 73 E 33
Erchie BR 79 F 35
Ercolano NA 69 E 25
Ercolano Scavi NA 70 E 25
Erei (Monti) EN 104 O 24
Eremita (Monte) SA 71 E 28
Eremita (Pizzo dell') CT 100 N 26
Erice TP 96 M 19
Erli SV 35 J 6
Ernici (Monti) FR 63 Q 21
Erro SV 36 I 7
Erto PN 13 D 19
Erula SS 111 E 8
Erve LC 21 E 10
Esanatoglia MC 52 M 20
Esaro CS 85 I 30
Escalaplano CA 119 I 10
Escolca CA 119 H 9
Escovedu OR 115 H 8
Esenta BS 22 F 13
Esine BS 10 E 12
Esino AN 46 L 20
Esino Lario LC 9 E 10
Esperia FR 64 R 23
Esporlatu SS 115 F 8
Esse AR 50 M 17
Este PD 24 G 16
Esterzili CA 115 H 9
Etna (Cantoniera dell') CT 100 N 26
Etna (Monte) CT 100 N 26
Etroubles AO 6 E 3
Etsch / Adige BZ 3 C 15
E.U.R. RM 62 Q 19
Eurialo SR 105 P 27
Eva (Punta) CA 121 K 8
Evançon AO 7 E 5
Exilles TO 26 G 2

F

Fabbri PG 51 N 20
Fabbrica Curone AL 29 H 9
Fabbriche LU 39 J 13
Fabbriche di Vallico LU 38 K 13
Fabbrico RE 31 H 14
Fabriano AN 52 L 20
Fabrica di Roma VT 58 O 18
Fabrizia VV 88 L 30
Fabro TR 51 N 18
Fabro Scalo TR 51 N 18
Facen BL 12 D 17
Fadalto BL 13 D 19
Fadalto (Sella di) BL 13 D 19
Faedis UD 15 D 22
Faedo SO 10 D 11
Faedo TN 11 D 15
Faedo VI 24 F 16
Faenza RA 40 J 17
Faetano RSM 41 K 19
Faeto FG 71 D 27
Fagagna UD 14 D 21
Faggiano TA 79 F 34
Fagnano Alto AQ 59 P 22
Fagnano Castello CS 85 I 30
Fagnano Olona VA 20 E 8
Fagnigola PN 13 E 20
Fago del Soldato CS 86 I 31
Fai della Paganella TN 11 D 15
Faiallo (Passo del) GE 36 I 8
Faiano SA 75 F 26
Faiatella SA 76 G 28
Faicchio BN 65 S 25
Faida TN 11 D 15
Faidello MO 39 J 13
Faiolo TR 51 N 18
Faito (Monte) NA 74 E 25
Falcade BL 12 C 17
Falciano AR 45 L 17
Falciano del Massico CE 69 D 23
Falcioni AN 46 L 20
Falcognana RM 62 Q 19
Falconara CL 103 P 24
Falconara Albanese CS 86 J 30
Falconara Marittima AN 47 L 22
Falcone ME 100 M 27
Falcone (Capo del) SS 110 E 6
Falcone (Monte) TP 96 N 18
Falcone (Punta) OT 109 D 9
Falconiera (Capo) PA 92 K 21
Faleria AP 52 M 22
Faleria VT 58 P 19
Falerii Novi VT 58 P 19
Falerna CZ 86 J 30
Falerna Marina CZ 88 K 30
Falerone AP 52 M 22
Falicetto CN 27 I 4
Falier (Rifugio) BL 12 C 17
Fallascoso CH 60 P 24
Faller (Corno di) VB 7 E 5
Fallère (Monte) AO 18 E 3
Fallo CH 65 Q 24
Falmenta VB 8 D 7
Faloria (Tondi di) BL 4 C 18
Falterona (Monte) FI 40 K 17
Faltona AR 44 L 17
Faltona FI 40 K 16
Falvaterra FR 64 R 22
Falzarego (Passo di) BL 4 C 18
Falze di Piave TV 13 E 18
Falzes / Pfalzen BZ 4 B 17
Fana (Corno di) / Toblacher Pfannhorn BZ 4 B 18
Fanaco (Lago) PA 98 O 22
Fanano MO 39 J 14
Fanciullo RM 57 P 17
Fane VR 23 F 14
Fangacci (Passo) AR 40 K 17
Fanghetto IM 35 K 4
Fanna PN 13 D 20
Fano PS 46 K 21
Fano a Corno TE 59 O 22
Fano Adriano TE 59 O 22
Fantina ME 101 M 27
Fantiscritti (Cave di) MS 38 J 12
Fantoli (Rifugio) VB 8 E 7
Fanzarotta CL 103 O 23
Fanzolo TV 24 E 17
Fara Filiorum Petri CH 60 P 24
Fara Gera d'Adda BG 21 F 10
Fara in Sabina RI 58 P 20
Fara Novarese NO 20 F 7
Fara S. Martino CH 60 P 24
Fara Vicentino VI 24 E 16
Faraglione (Punta) TP 96 N 18
Faraglioni (Isola) NA 74 F 24
Fardella PZ 77 G 30
Farfa RI 58 P 20
Farfa (Abbazia di) RI 58 P 20
Farfengo CR 22 G 11
Farigliano CN 27 I 5
Farindola PE 60 O 23
Farini PC 29 H 10
Farnese VT 57 O 17
Farneta CS 77 G 31
Farneta MO 39 I 13
Farneta (Abbazia di) AR 50 M 17
Farneta di Riccò MO 39 I 14
Faro (Capo) ME 94 L 26
Faro Superiore ME 90 M 28
Faroma (Monte) AO 7 E 4
Farra d'Alpago BL 13 D 19
Farra di Soligo TV 13 E 18
Farro TV 13 E 18
Fasana KR 87 J 33
Fasana Polesine RO 32 G 18
Fasanella SA 76 F 27
Fasano BS 23 F 13
Fasano BR 80 E 34
Fasano PA 99 N 24
Fascia GE 29 I 9
Fassa (Val di) TN 12 C 17
Fassinoro RI 58 P 20
Fastello VT 57 O 18
Fate (Monte delle) FR 63 R 21
Fattoria (Zoo) PA 97 M 21
Fau (Pizzo) ME 100 N 25
Fauglia PI 42 L 13
Faule CN 27 H 4
Favale di Malvaro GE 37 I 9
Favalto (Monte) PG 45 L 18
Favara AG 103 P 22
Favara (Lago) AG 97 O 21
Favazzina RC 90 M 29
Faver TN 11 D 15
Faverga BL 13 D 18
Faverzano BS 22 F 12
Favignana TP 96 N 18
Favignana (Isola) TP 96 N 18
Favogna / Fennberg BZ 11 D 15
Favoscuro ME 100 N 26
Favria TO 19 G 5
Fazzon TN 11 D 14
Fedaia (Lago di) TN 4 C 17
Fedaia (Passo di) TN 4 C 17
Feglino SV 36 J 6
Feisoglio CN 27 I 6
Felci (Fossa) ME 94 L 25
Feldthurns / Velturno BZ 4 B 16
Felegara PR 30 H 12
Feletto TO 19 G 5
Feletto Umberto UD 15 D 21
Felina RE 38 I 13
Felino PR 30 H 12
Felisio RA 40 I 17
Felitto SA 76 F 27
Felizzano AL 28 H 7
Fella UD 15 C 22
Fellicarolo MO 39 J 14
Felonica MN 32 H 16
Feltre BL 12 D 17
Fema (Monte) MC 52 N 21
Femmina Morta FI 40 J 16
Femmina Morta Miraglia (Portella) ME 100 N 25
Femminamorta PT 39 K 14
Femminamorta (Monte) KR 87 J 32
Femminamorta (Monte) EN 100 N 25
Femmine (Isola delle) PA 97 M 21
Fenaio (Punta del) GR 55 O 14
Fener BL 12 E 17
Fenestrelle TO 26 G 3
Fenigli PS 46 L 20
Fenile PS 46 K 20
Fenis AO 19 E 4
Fennau (Monte) OG 117 G 10
Fennberg / Favogna BZ 11 D 15
Ferdinandea RC 88 L 31
Ferentillo TR 58 O 20
Ferentino FR 63 Q 21
Ferento VT 57 O 18
Feriolo VB 8 E 7
Ferla SR 104 P 26
Fermignano PS 46 K 19
Fermo AP 53 M 23
Fernetti TS 17 E 23
Ferno VA 20 F 8
Feroleto Antico CZ 88 K 31
Feroleto della Chiesa RC 88 L 30
Ferrandina MT 77 F 31
Ferrania SV 36 I 6
Ferranti (Masseria) FG 71 D 28
Ferrara FE 32 H 16
Ferrara di Monte Baldo VR 23 E 14
Ferraro RC 91 M 30
Ferrato (Capo) CA 119 J 10
Ferrera VC 8 E 6
Ferrera Erbognone PV 28 G 8
Ferrere AT 27 H 6
Ferrere CN 34 I 2
Ferret (Col du) AO 6 E 3
Ferret (Val) AO 6 E 3
Ferretto AR 50 M 17
Ferricini (Monte) TP 97 N 21
Ferriere PC 29 I 10
Ferriere (Le) LT 63 R 20
Ferro CS 78 G 31
Ferro (Canale del) UD 15 C 21
Ferro (Capo) SS 109 D 10
Ferro di Cavallo PG 51 M 19
Ferro (Pizzo del) SO 2 C 12
Ferro (Porto) SS 110 E 6
Ferrone FI 43 L 15
Ferru (Monte) CA 119 J 10
Ferru (Monte) OG 119 H 10
Ferru (Monte) OR 114 G 7
Ferruzzano RC 91 M 30
Fersinone TR 51 N 18
Fertilia SS 110 F 6
Festiona CN 34 J 4
Feto (Capo) TP 96 O 19
Fetovaia LI 48 N 12
Fetovaia (Punta di) LI 48 N 12
Feverstein / Montarso BZ 3 B 15
Fiamenga PG 51 N 19
Fiamignano RI 59 P 21
Fianello RI 58 O 19
Fiano FI 43 L 15
Fiano LU 38 K 13
Fiano Romano RM 58 P 19
Fiano TO 19 G 4
Fiascherino SP 38 J 11
Fiaschetti PN 13 E 19
Fiastra MC 52 M 21
Fiastra (Abbazia di) MC 52 M 22
Fiastra (Lago di) MC 52 M 21
Fiastra (Torrente) MC 52 M 22
Fiastrone MC 52 M 21
Fiavé TN 11 D 14
Fibreno (Lago) FR 64 Q 23
Ficarazzi PA 98 M 22
Ficarolo RO 32 H 16
Ficarra ME 100 M 26
Ficulle TR 51 N 18
Ficuzza PA 98 N 22
Ficuzza (Bosco della) PA 98 N 22
Ficuzza (Fattoria) CL 103 P 23
Ficuzza (Fiume) CT 104 P 25
Ficuzza (Pizzo) AG 99 O 23
Ficuzza (Rocca) AG 97 O 21
Fidenza PR 30 H 12
Fié allo Sciliar / Völs am Schlern BZ 3 C 16
Fiemme (Val di) TN 12 D 16
Fiera di Primiero TN 12 D 17
Fiera (Monte della) PA 97 N 21
Fierozzo TN 12 D 15
Fieschi (Basilica dei) GE 37 J 10
Fiesco CR 22 F 11
Fiesole FI 40 K 15
Fiesse BS 22 G 12
Fiesso d'Artico VE 24 F 18
Fiesso Umbertiano RO 32 H 16
Figari (Capo) SS 113 E 11
Figino Serenza CO 21 E 9
Figline PO 39 K 15
Figline Valdarno FI 44 L 16
Figline Vegliaturo CS 86 J 30
Filadelfia VV 88 K 30
Filadonna (Becco di) TN 11 E 15
Filaga PA 98 N 22
Filandari VV 88 L 30
Filattiera MS 38 J 11
Filau (Monte) CA 121 K 8
Filettino FR 63 Q 21
Filetto AN 46 L 21
Filetto AQ 59 O 22
Filetto CH 60 P 24
Filettole PI 38 K 13
Filiano PZ 71 E 29
Filibertu SS 110 E 6
Filicudi (Isola) ME 94 L 25
Filicudi Porto ME 94 L 25
Filighera PV 21 G 9
Filignano IS 64 R 24
Filio (Pizzo) ME 100 N 25
Filippa KR 87 J 32
Filaciano RM 58 P 19
Filo FE 32 I 17
Filogaso VV 88 K 30
Filottrano AN 47 L 22
Finale PA 99 M 24
Finale di Rero FE 32 H 17
Finale Emilia MO 32 H 15
Finale Ligure SV 36 J 7
Fine LI 42 L 13
Finero VB 8 D 7
Finestra di Champorcher AO 19 F 4
Finestre (Colle delle) TO 26 G 3
Fino PE 60 O 23
Fino del Monte BG 10 E 11
Fino Mornasco CO 21 E 9
Finocchio RM 62 Q 20
Fioio RM 59 Q 21
Fionchi (Monte) PG 52 N 20
Fiora GR 50 N 16
Fiorana FE 32 I 17
Fiorano Modenese MO 31 I 14
Fiordimonte MC 52 M 21
Fiore PG 51 N 19
Fiorentina BO 32 I 16
Fiorentino RSM 41 K 19
Fiorenzuola d'Arda PC 30 H 11
Fiorenzuola di Focara PS 46 K 20
Fiori (Montagna di) TE 53 N 22
Fiorino GE 36 I 8
Firenze FI 43 K 15
Firenzuola FI 40 J 16
Firenzuola TR 51 N 19
Firmo CS 85 H 30
Fiscalino (Campo) / Fischleinboden BZ 4 C 18
Fisciano SA 70 E 26
Fisciolo (Serra) PZ 77 G 29
Fisrengo NO 20 F 7
Fissa (Posta) FG 71 D 28
Fittanze della Sega (Passo) TN 23 E 14
Fiuggi FR 63 Q 21
Fiumalbo MO 39 J 13
Fiumana FO 40 J 17
Fiumarella PZ 72 E 29
Fiumata RI 59 P 21
Fiume MC 52 M 21
Fiume (il) TV 16 E 19
Fiume Nicà (Punta) CS 87 I 33
Fiume Veneto PN 13 E 20
Fiumedinisi ME 90 M 28
Fiumefreddo Bruzio CS 86 J 30
Fiumefreddo di Sicilia CT 101 N 27
Fiumenero BG 10 D 11
Fiumi Uniti RA 41 I 18
Fiumicella MC 46 L 22
Fiumicello UD 17 E 22
Fiumicello Sta Venere PZ 84 H 29
Fiumicino RM 62 Q 18
Fiuminata MC 52 M 20
Fivizzano MS 38 J 12
Flaas / Valas BZ 3 C 15
Flagogna UD 14 D 20
Flaiban-Pacherini (Rifugio) UD 13 C 19
Flaibano UD 14 D 20
Flambruzzo UD 16 E 21
Flascio CT 100 N 26
Flassin AO 18 E 3
Flavia (Porto) CA 118 J 7
Flavon TN 11 D 15
Flegrei (Campi) NA 69 E 24
Fleres / Pflersch BZ 3 B 16
Fleres (Val di) BZ 3 B 16
Fleri CT 101 O 27
Flero BS 22 F 12
Flores (Genna) NU 115 G 9
Floresta ME 100 N 26
Floridia SR 105 P 27
Florinas SS 111 F 7
Floripotena ME 90 M 27
Flumendosa OG 115 H 10
Flumendosa (Foce del) CA 119 I 10
Flumendosa (Lago Alto del) OG 117 H 10
Flumendosa (Lago del) CA 119 H 9
Flumeri AV 71 D 27
Flumignano UD 16 E 21
Flumineddu CA 119 I 9
Flumineddu (Cagliari e Nuoro) CA 119 I 10
Flumineddu NU 117 G 10
Fluminese CI 118 I 7
Flumini CA 119 J 9
Flumini (Rio) OR 115 H 9
Fluminimaggiore CI 118 I 7
Fluno BO 40 I 17
Fobello VC 7 E 6
Focà RC 88 L 31
Foce AP 52 N 21
Foce TR 58 O 19
Foce di Varano FG 67 B 29
Foce Verde LT 63 R 20
Focene RM 62 Q 18
Focette LU 38 K 12
Fodara Vedla BZ 4 C 18
Foèn BL 12 D 17
Foggia FG 66 C 28
Foghe (Punta di) OR 114 G 7
Foglia PS 41 K 19
Foglianise BN 70 D 26
Fogliano RE 31 I 13
Fogliano (Lago di) LT 63 R 20
Fogliano (Monte) VT 57 P 18
Fogliano Redipuglia GO 17 E 22
Foglizzo TO 19 G 5
Fognano RA 40 J 17
Foi di Picerno (Monte li) PZ 76 F 29
Foiana / Vollan BZ 3 C 15
Foiano della Chiana AR 50 M 17
Foiano di Val Fortore BN 70 C 26
Folgaria TN 11 E 15
Folgarida TN 11 D 14
Folignano AP 53 N 22
Foligno PG 51 N 20
Follerato (Masseria) TA 78 F 32
Follina TV 13 E 18
Follo SP 38 J 11
Follone CS 85 I 30
Follonica GR 49 N 14
Follonica (Golfo di) LI 49 N 13
Folta PR 37 I 11
Fombio LO 29 G 11
Fondachelli-Fantina ME 101 N 27
Fondachello CT 101 N 27
Fondi LT 64 R 22
Fondi (Lago di) LT 63 S 22
Fondi (Lido di) LT 63 S 21
Fondiano RE 31 I 13
Fondo TN 11 C 15
Fondotoce VB 8 E 7
Fongara VI 23 E 15
Fonni NU 115 G 9
Fontainemore AO 19 F 5
Fontalcinaldo GR 49 M 14
Fontana TV 13 E 18
Fontana (Val) SO 10 D 11

Fontana Bianca (Lago di) BZ 3 C 14
Fontana di Papa RM 62 Q 19
Fontana Fredda PC 30 H 11
Fontana Liri Inferiore FR 64 R 22
Fontana Liri Superiore FR 64 R 22
Fontanafratta FR 64 Q 22
Fontanafredda PN 13 E 19
Fontanamare CI 118 J 7
Fontanarosa AV 70 D 27
Fontane Bianche SR 105 Q 27
Fontanefredde / Kaltenbrunn BZ 12 D 16
Fontanelice BO 40 J 16
Fontanella BG 22 F 11
Fontanella FI 43 L 14
Fontanella Grazioli MN 22 G 12
Fontanellato PR 30 H 12
Fontanelle CN 35 J 4
Fontanelle TE 60 O 23
Fontanelle PR 30 H 12
Fontanelle TV 16 E 19
Fontanelle VI 24 E 16
Fontaneto d'Agogna NO 20 F 7
Fontanetto Po VC 19 G 6
Fontanigorda GE 29 I 9
Fontanile AT 28 H 7
Fontaniva PD 24 F 17
Fonte TV 24 E 17
Fonte alla Roccia / Trinkstein BZ 4 A 18
Fonte Avellana (Eremo di) PS 46 L 20
Fonte Cerreto AQ 59 O 22
Fonte Colombo (Convento di) RI 58 O 20
Fonte Lardina MC 52 M 21
Fonte Vetica (Rifugio) TE 60 O 23
Fonteblanda GR 55 O 15
Fontecchia (Monte) AQ 64 Q 23
Fontecchio AQ 59 P 22
Fontechiari FR 64 Q 23
Fontecorniale PS 46 K 20
Fontegreca CE 65 R 24
Fonteno BG 22 E 12
Fonterutoli SI 44 L 15
Fontespina MC 47 M 23
Fontevivo PR 30 H 12
Fonti (Cima) VI 24 E 16
Fontignano PG 51 M 18
Fonzaso BL 12 D 17
Foppa (Passo di) BS 10 D 12
Foppiano VB 8 D 7
Foppiano GE 29 I 9
Foppolo BG 10 D 11
Foradada (Isola) SS 110 F 6
Forani CN 34 J 3
Forano RI 58 P 19
Forano(Convento di) MC 47 L 22
Forbici (Passo di) RE 38 J 13
Forca di Valle TE 59 O 22
Force AP 52 N 22
Forcella MC 52 N 20
Forcella (Monte) SA 76 G 28
Forcella (Passo la) GE 37 I 10
Forcella Vallaga (Rifugio) BZ 3 B 16
Forchetta (Valico della) CH 64 Q 24
Forcito SR 104 P 26
Forcola (Pizzo di) / Furkel Spitze BZ 2 C 13
Forcoli PI 43 L 14
Forcuso (Monte) AV 71 E 27
Fordongianus OR 115 H 8
Forenza PZ 72 E 29
Foresta KR 87 J 32
Foresta CS 87 I 32
Foresta (Convento La) RI 58 O 20
Foresta di Burgos SS 115 F 8
Foresta (Timpone della) CS 85 H 31
Foresto CN 27 H 5
Foresto Sparso BG 22 E 11
Forgaria nel Friuli UD 14 D 20
Foria SA 76 G 27
Forino AV 70 E 26
Forio NA 74 E 23
Forlì FO 41 J 18
Forlì del Sannio IS 65 Q 24
Forlimpopoli FO 41 J 18
Formazza VB 8 C 7
Formazza (Val) VB 8 C 7
Forme AQ 59 P 22
Formello RM 58 P 19
Formeniga TV 13 E 18
Formia LT 68 S 22
Formica di Burano (Isola) GR 56 O 15
Formica (Isola) TP 96 N 19
Formiche (Punta delle) SR 107 Q 27
Formico (Pizzo) BG 22 E 11
Formicola CE 69 D 24
Formigara CR 22 G 11
Formigine MO 31 I 14
Formigliana VC 20 F 6
Formignana FE 32 H 17
Formigosa MN 31 G 14
Formole AR 45 L 18
Fornace BO 39 I 15
Fornace FI 40 K 16
Fornacette FI 43 L 15
Fornacette PI 43 K 13
Fornaci BS 22 F 12
Fornaci (Passo di) MC 52 N 21
Fornaci di Barga LU 38 J 13
Fornazzano RA 40 J 16
Fornazzo CT 101 N 27
Fornelli IS 65 R 24
Fornelli SS 110 E 6
Forni Avoltri UD 5 C 20
Forni di Sopra UD 13 C 19
Forni di Sotto UD 13 C 20
Forni (i) SO 11 C 13
Forni (Vedretta dei) SO 11 C 13
Fornisono (Masseria) BA 72 E 31
Forno VB 8 E 6
Forno MS 38 J 12
Forno TO 26 G 3
Forno (Monte) / Ofen UD 15 C 23
Forno (Monte del) SO 10 C 11
Forno Alpi Graie TO 18 F 3
Forno Canavese TO 19 G 4
Forno di Zoldo BL 13 C 18
Fornoli LU 39 J 13
Fornovo di Taro PR 30 H 12
Fornovolasco LU 38 J 13
Foro CH 60 P 24
Forotondo AL 29 H 9
Forte Buso (Lago di) TN 12 D 17
Forte dei Marmi LU 38 K 12
Forte di Bibbona LI 48 M 13
Forte (Monte) SS 110 E 6
Fortezza / Franzensfeste BZ 4 B 16
Fortino PZ 76 G 29
Fortore BN 66 C 26
Fortuna (Passo della) RM 63 Q 20
Forza d'Agro ME 90 N 27
Foscagno (Monte) SO 2 C 12
Foscagno (Passo di) SO 2 C 12
Fosciandora LU 38 J 13
Fosdinovo MS 38 J 12
Fosini SI 49 M 14
Fossa AQ 59 P 22
Fossa MO 31 H 15
Fossa delle Felci (Monte) ME 94 L 26
Fossabiuba TV 16 E 19
Fossacesia CH 61 P 25
Fossacesia Marina CH 61 P 25
Fossalon di Grado GO 17 E 22
Fossalta FE 32 H 17
Fossalta MO 31 I 14
Fossalta PD 24 F 18
Fossalta di Piave VE 16 F 19
Fossalta di Portogruaro VE 16 E 20
Fossalta Maggiore TV 16 E 19
Fossalto CB 65 Q 25
Fossalunga TV 24 E 18
Fossano CN 27 I 5
Fossanova (Abbazia di) LT 63 R 21
Fossanova S. Marco FE 32 H 16
Fossato (Colle di) AN 52 M 20
Fossato di Vico PG 52 M 20
Fossato Ionico RC 90 M 29
Fossato Serralta CZ 87 K 31
Fossazza (Monte) ME 90 M 27
Fossazzo ME 95 M 27
Fosse VR 23 F 14
Fosse (Monte le) AG 102 O 22
Fosso VE 24 F 18
Fosso del Lupo (Passo) VV 88 K 31
Fossola MS 38 J 12
Fossombrone PS 46 K 20
Foxi CA 119 J 9
Foxi (Porto) CA 118 J 9
Foxi Manna (Sa) OG 119 H 10
Foza VI 12 E 16
Fra (Monte) BS 10 E 12
Frabosa Soprana CN 35 J 5
Frabosa Sottana CN 35 J 5
Fraccano PG 45 L 18
Fraciscio SO 9 C 10
Fraforeano UD 16 E 20
Fragagnano TA 79 F 34
Fragaiolo AR 45 L 17
Fragneto (Masseria) TA 80 F 33
Fragneto l'Abate BN 65 S 26
Fragneto Monforte BN 65 S 26
Fraigada (Sa) SS 111 F 8
Fraine BS 22 E 12
Fraine CH 65 Q 25
Fraioli FR 64 R 22
Frais TO 18 G 2
Fraisse TO 26 G 2
Fraiteve (Monte) TO 26 H 2
Fram (Punta) TP 96 Q 17
Framura SP 37 J 10
Francavilla al Mare CH 60 O 24
Francavilla Angitola VV 88 K 30
Francavilla Bisio AL 28 H 8
Francavilla d'Ete AP 53 M 22
Francavilla di Sicilia ME 101 N 27
Francavilla Fontana BR 79 F 34
Francavilla in Sinni PZ 77 G 30
Francavilla Marittima CS 85 H 31
Francenigo TV 13 E 19
Francesi (Punta di li) OT 109 D 9
Franche (Forcella) BL 12 D 18
Franchini AL 28 H 7
Francica VV 88 L 30
Francofonte SR 104 P 26
Francolino FE 32 H 16
Francolise CE 69 D 24
Franscia SO 10 D 11
Franzensfeste / Fortezza BZ 4 B 16
Frasassi (Grotte di) AN 46 L 20
Frasca (Capo della) VS 114 H 7
Frascarolo PV 28 G 8
Frascati RM 62 Q 20
Frascineto CS 85 H 30
Frassanito LE 83 G 37
Frassené BL 12 D 17
Frassine GR 49 M 14
Frassinelle Polesine RO 32 H 17
Frassinello Monferrato AL 28 G 7
Frassineta BO 40 J 16
Frassineti MO 39 I 14
Frassineto AR 44 L 17
Frassineto (Passo di) AR 45 K 18
Frassineto Po AL 28 G 7
Frassinetto TO 19 F 4
Frassino CN 26 I 3
Frassino MN 31 G 14
Frassinoro MO 39 J 13
Frasso Telesino BN 70 D 25
Fratta FO 41 J 18
Fratta (Fiume) PD 32 G 16
Fratta Polesine RO 32 G 16
Fratta Todina PG 51 N 19
Frattaguida TR 51 N 18
Frattamaggiore NA 69 E 24
Fratte PD 24 F 17
Fratte Rosa PS 46 L 20
Fratticiola Selvatica PG 51 M 19
Frattina PA 97 N 21
Frattocchie RM 62 Q 19
Frattuccia TR 58 O 19
Frattura AQ 64 Q 23
Frazzanò ME 100 M 26
Fredane AV 71 E 27
Freddo TP 97 N 20
Fregene RM 62 Q 18
Fregona TV 13 D 19
Freidour (Monte) TO 26 H 3
Freienfeld / Campo di Trens BZ 3 B 16
Frejus (Traforo del) TO 18 G 2
Fremamorta (Cima di) CN 34 J 3
Frentani (Monti dei) CH 61 Q 25
Fresagrandinaria CH 61 Q 25
Fresciano AR 45 K 18
Fresonara AL 28 H 8
Frigento AV 71 D 27
Frigintini RG 104 Q 26
Frignano CE 69 E 24
Frigole LE 81 F 36
Frioland (Monte) TO 26 H 3
Frisa CH 60 P 25
Frise CN 34 I 3
Frisolino GE 37 J 10
Frodolfo SO 10 C 13
Front TO 19 G 4
Frontale MC 46 L 21
Frontano (Monte) PG 45 L 19
Fronte (Monte) IM 35 J 5
Frontignano MC 52 N 21
Frontino PS 45 K 19
Frontone PS 46 L 20
Froppa (Cimon del) BL 4 C 19
Frosini SI 49 M 15
Frosinone FR 63 R 22
Frosolone IS 65 R 25
Frossasco TO 26 H 4
Frua (la) VB 8 C 7
Frugarolo AL 28 H 8
Frugno FG 71 D 28
Frusci PZ 71 E 29
Frusciu (Monte) SS 111 F 7
Fubine AL 28 H 7
Fucecchio FI 43 K 14
Fucecchio (Padule di) PT 43 K 14
Fucine TN 11 D 14
Fucino (Piana del) AQ 59 P 22
Fugazzolo PR 30 I 12
Fuipiano Valle Imagna BG 9 E 10
Fulgatore TP 97 N 20
Fumaiolo (Monte) FO 45 K 18
Fumane VR 23 F 14
Fumero SO 10 C 13
Fumo PV 29 G 9
Fumo (Monte) PS 45 L 19
Fumo (Monte) BS 11 D 13
Fumo (Monte) / Rauchkofel BZ 4 A 18
Fumo (Val di) TN 11 D 13
Fumone FR 63 Q 21
Fundres / Pfunders BZ 4 B 17
Fúndres (Val di) BZ 4 B 17
Funes / Villnöß BZ 4 C 17
Funes (Val di) BZ 4 C 17
Funesu (Monte) VS 118 I 7
Funtana Bona NU 117 G 10
Funtana Congiada (Punta) NU 115 H 9
Funtaneddas NU 115 G 9
Fuorni SA 75 F 26
Furci CH 61 P 25
Furci Siculo ME 90 N 28
Furggen AO 7 E 5
Furiano ME 100 N 25
Furkel Spitze / Forcola (Pizzo di) BZ 2 C 13
Furlo PS 46 L 20
Furlo (Gola del) PS 46 L 20
Furlo (Passo del) PS 46 L 20
Furnari ME 101 M 27
Furonis (Perda is) CA 119 I 10
Furore SA 75 F 25
Furtei VS 118 I 8
Fusaro (Lago del) NA 69 E 24
Fuscaldo CS 86 I 30
Fusignano RA 40 I 17
Fusina VE 25 F 18
Fusine SO 10 D 11
Fusine (Foresta di) UD 15 C 22
Fusine (Laghi di) UD 15 C 23
Fusine in Valromana UD 15 C 22
Fusine Laghi UD 15 C 23
Fusino SO 10 D 12
Futa (Passo della) FI 40 J 15
Futani SA 76 G 27

G

Gabbiani (Baia dei) FG 67 B 30
Gabbioneta CR 22 G 12
Gabbro LI 42 L 13
Gabella AN 46 L 21
Gabella Grande KR 87 J 33
Gabella Nuova MC 52 M 21
Gabelletta VT 58 P 18
Gabellino GR 49 M 15
Gabiano AL 19 G 6
Gabicce Mare PS 41 K 20
Gabicce Monte PS 41 K 20
Gabiet (Lago) AO 7 E 5
Gabria GO 17 E 22
Gabutti CN 35 I 6
Gaby AO 19 E 5
Gadera BZ 4 B 17
Gadertal / Badia (Val) BZ 4 B 17
Gadignano PC 29 H 10
Gadir TP 96 Q 18
Gadoni NU 115 H 9
Gaeta LT 68 S 22
Gaeta (Golfo di) CE 69 D 23
Gaggi ME 101 N 27
Gaggiano MI 21 F 9
Gaggio MO 31 I 15
Gaggio Montano BO 39 J 14
Gaglianico BI 19 F 6
Gagliano CZ 89 K 31
Gagliano UD 15 D 22
Gagliano Aterno AQ 59 P 23
Gagliano Castelferrato EN 100 N 25
Gagliano del Capo LE 83 H 37
Gagliato CZ 88 K 31
Gagliole MC 52 M 21
Gaianello MO 39 J 14
Gaianico PD 24 F 17
Gaiano PR 30 H 12
Gaiano SA 70 E 26
Gaiarine TV 13 E 19
Gaiato MO 39 J 14
Gaiba RO 32 H 16
Gaibana FE 32 H 16
Gaibanella FE 32 H 16
Gaifana PG 52 M 20
Gainago PR 30 H 13
Gaiola CN 34 I 4
Gaiole in Chianti SI 44 L 16
Gaione PR 30 H 12
Gairo OG 117 H 10
Gairo (Ruderi di) OG 117 H 10
Gais BZ 4 B 17
Galassi (Rifugio) BL 4 C 18
Galati RC 91 N 30
Galati Mamertino ME 100 M 26
Galati Marina ME 90 M 28
Galatina LE 83 G 36
Galatone LE 83 G 36
Galatro RC 88 L 30
Galbiate LC 21 E 10
Galciana PO 39 K 15
Galeata FO 40 K 17
Galeazza BO 31 H 15
Galera (Punta) OT 109 D 10
Galgagnano LO 21 F 10
Galiello (Monte) PA 97 N 21
Galiga FI 40 K 16
Galisia (Punta di) TO 18 F 3
Gallarate VA 20 F 8
Gallareto AT 27 G 6
Gallegione (Pizzo) SO 9 C 10
Galleno FI 43 K 14
Gallese VT 58 O 19
Galli (Li) NA 74 F 25
Gallia PV 28 G 8
Galliano FI 40 J 15
Galliate NO 20 F 8
Galliate Lombardo VA 20 E 8
Galliavola PV 28 G 8
Gallicano LU 38 J 13
Gallicano nel Lazio RM 63 Q 20
Gallicchio PZ 77 G 30
Gallico RC 90 M 29
Gallico Marina RC 90 M 28
Galliera BO 32 H 16
Galliera Veneta PD 24 F 17
Gallignano CR 22 F 11
Gallinara (Isola) SV 35 J 6
Gallinaro FR 64 R 23
Gallinaro (Pizzo di) PA 98 O 22
Gallinazza UD 17 E 21
Gallio VI 12 E 16
Gallipoli LE 83 G 35
Gallitello TP 97 N 20
Gallivaggio SO 9 C 10
Gallizzi PZ 85 G 30
Gallo AQ 59 P 21
Gallo CE 65 R 24
Gallo PS 46 K 20
Gallo (Capo) PA 92 M 21
Gallo (Pizzo di) TP 97 N 21
Gallo d'Oro CL 103 O 23
Gallo (Lago del) SO 2 C 12
Gallodoro ME 90 N 27
Galluccio CE 64 R 23
Gallura OT 109 E 9
Galluzzo FI 43 K 15
Galtelli NU 117 F 10
Galugnano LE 83 G 36
Galzignano Terme PD 24 G 17
Gamalero AL 28 H 7
Gambara BS 22 G 12
Gambarana PV 28 G 8
Gambarie RC 90 M 29
Gambaro PC 29 I 10
Gambasca CN 26 I 4
Gambassi Terme FI 43 L 14
Gambatesa CB 66 C 26
Gambellara VI 24 F 16
Gamberale CH 65 Q 24
Gambettola FO 41 J 19
Gambolò PV 20 G 8
Gambugliano VI 24 F 16
Gambulaga FE 32 H 17
Gammauta (Lago di) PA 98 N 22
Gampenjoch / Palade (Passo delle) BZ 3 C 15
Ganaceto MO 31 H 14
Ganda di Martello BZ 2 C 14
Gandellino BG 10 E 11
Gandino BG 22 E 11
Gangi PA 99 N 24
Gangi (Fiume) PA 99 N 24
Ganna VA 8 E 8
Gannano del Monte MT 77 G 31
Gannano (Lago di) MT 77 G 31
Gantkofel / Macaion (Monte) BZ 3 C 15
Ganzanigo BO 40 I 16
Ganzirri ME 90 M 28
Garadassi AL 29 H 9
Garaguso MT 77 F 30
Garaventa GE 29 I 9
Garavicchio GR 56 O 16
Garbagna AL 29 H 8
Garbagna Novarese NO 20 F 7
Garbagnate Milanese MI 21 F 9
Garcia CL 99 N 23
Garda BS 10 D 13
Garda VR 23 F 14
Garda (Isola di) BS 23 F 13
Garda (Lago di) VR 23 F 13
Gardena (Passo di) / Grödner Joch BZ 4 C 17
Gardena (Val) / Grödnertal BZ 4 C 16
Gardolo TN 11 D 15
Gardone Riviera BS 23 F 13
Gardone Val Trompia BS 22 E 12
Garelli (Rifugio) CN 35 J 5
Gares BL 12 D 17
Garessio CN 35 J 6
Garfagnana LU 38 J 13
Gargallo MO 31 H 14
Gargallo NO 20 E 7
Gargano (Promontorio del) FG 67 B 29
Gargano (Testa del) FG 67 B 30
Gargazon / Gargazzone BZ 3 C 15
Gargazzone / Gargazon BZ 3 C 15
Gargnano BS 23 E 13
Gargonza AR 50 L 17
Gari FR 64 R 23
Garibaldi (Casa di) OT 109 D 10
Garibaldi (Cippo) (Aspromonte) RC 90 M 29
Garibaldi (Cippo di Anita) RA 33 I 18
Garibaldi (Rifugio) BS 10 D 13
Gariffi (Pantano) RG 107 Q 26
Garigliano CE 69 D 23
Gariglione (Monte) CZ 87 J 31
Garitta Nuova (Testa di) CN 26 I 3
Garlasco PV 20 G 8
Garlate LC 21 E 10
Garlate (Lago di) LC 21 E 10
Garlenda SV 35 J 6
Garniga TN 11 D 15
Garrufo TE 53 N 23
Garza BS 22 F 12
Garzeno CO 9 D 9
Garzigliana TO 26 H 4
Garzirola (Monte) CO 9 D 9
Gaspare (Rifugio) AO 7 E 5
Gasperina CZ 88 K 31
Gassano MS 38 J 12
Gassino Torinese TO 27 G 5
Gasteig / Casateia BZ 3 B 16
Gatta RE 38 I 13
Gattaia FI 40 K 16
Gattarella FG 67 B 30
Gattatico RE 30 H 13
Gatteo FO 41 J 19
Gatteo a Mare FO 41 J 19
Gàttico NO 20 E 7
Gattinara VC 20 F 7
Gattorna GE 37 I 9
Gaudiano PZ 72 D 29
Gaudo (Piano del) AV 71 E 27
Gavardo BS 22 F 13
Gavassa RE 31 H 14
Gavasseto RE 31 I 14
Gavelli PG 52 N 20
Gavello MO 31 H 15
Gavello RO 32 G 17
Gaverina Terme BG 22 E 11
Gavi AL 28 H 8
Gavia (Monte) SO 10 C 13
Gavia (Passo di) SO 10 C 13
Gavignano RM 63 Q 21
Gaville AN 46 L 20
Gaville FI 44 L 16
Gavinana PT 39 J 14
Gavirate VA 8 E 8
Gavoi NU 115 G 9
Gavorrano GR 49 N 14
Gazoldo degli Ippoliti MN 23 G 13
Gazzaniga BG 22 E 11
Gazzano RE 38 J 13
Gazzaro RE 30 H 13
Gazzo MN 23 G 14
Gazzo PD 24 F 17
Gazzo Veronese VR 31 G 15
Gazzola PC 29 H 10
Gazzoli VR 23 F 14
Gazzuolo MN 31 G 13
Geislerspitze / Odle (le) BZ 4 C 17
Gela CL 103 P 24
Gela (Fiume) CL 104 P 24

Gela (Golfo di) **RG** 103 Q 24
Gelagna Bassa **MC** 52 M 21
Gelas (Cima dei) **CN** 34 J 4
Gelé (Monte) **AO** 6 E 4
Gello **LU** 38 K 13
Gello **PI** 43 L 13
Gelso **ME** 94 L 26
Gelsomini (Costa dei) **RC** 91 N 30
Gemelli (Laghi) **BG** 10 E 11
Gemelli (Monte) **FO** 40 K 17
Gemini **LE** 83 H 36
Gemmano **RN** 41 K 19
Gemona del Friuli **UD** 14 D 21
Gemonio **VA** 8 E 8
Gena **BL** 12 D 18
Genazzano **RM** 63 Q 20
Generoso (Monte) **CO** 9 E 9
Genga **AN** 46 L 20
Genis (Monte) **CA** 119 I 9
Genivolta **CR** 22 F 11
Genna Maria (Nuraghe) **VS** 118 I 8
Gennargentu (Monti del) **NU** 115 G 9
Gennaro (Monte) **RM** 58 P 20
Genola **CN** 27 I 5
Genoni **OR** 115 H 9
Genova **GE** 36 I 8
Genova (Rifugio) **BZ** 4 C 17
Genova (Rifugio) **CN** 34 J 3
Genova (Val di) **TN** 11 D 13
Genovese (Grotta del) **TP** 96 M 18
Gentile (Col) **UD** 5 C 20
Genuardo (Monte) **AG** 97 N 21
Genuri **VS** 118 H 8
Genzana (Monte) **AQ** 64 Q 23
Genzano di Lucania **PZ** 72 E 30
Genzano di Roma **RM** 63 Q 20
Genzano (Lago) **PZ** 72 E 30
Genziana (Monte) **OG** 117 G 10
Genzone **PV** 21 G 10
Gera Lario **CO** 9 D 10
Gerace **RC** 91 M 30
Geracello **EN** 103 O 24
Geraci Siculo **PA** 99 N 24
Gerano **RM** 63 Q 20
Gerbini **CT** 104 O 26
Gerchia **PN** 14 D 20
Geremeas **CA** 119 J 10
Gerenzago **PV** 21 G 10
Gerenzano **VA** 21 F 9
Gerfalco **GR** 49 M 14
Gergei **CA** 119 H 9
Germagnano **TO** 19 G 4
Germanasca **TO** 26 H 3
Germano **CS** 87 J 32
Germignaga **VA** 8 E 8
Gerocarne **VV** 88 L 30
Gerola Alta **SO** 9 D 10
Gerosa **BG** 21 E 10
Gerre de Caprioli **CR** 30 G 12
Gerrei **CA** 119 I 9
Gesico **CA** 119 I 9
Gessate **MI** 21 F 10
Gesso **CN** 34 J 3
Gesso **ME** 90 M 28
Gessopalena **CH** 60 P 24
Gesturi **VS** 118 H 9
Gesualdo **AV** 70 D 27
Gesuiti **CS** 86 I 30
Gfrill / Caprile (vicino a Merano) **BZ** 3 C 15
Gfrill / Cauria (vicino a Salorno) **BZ** 11 D 15
Ghedi **BS** 22 F 12
Ghemme **NO** 20 F 7
Gherardi **FE** 32 H 17
Gherra (Monte) **SS** 111 F 7
Ghertele **VI** 12 E 16
Ghiare **PR** 30 I 11
Ghibullo **RA** 41 I 18
Ghifetti (Punta) **AO** 7 E 5
Ghiffa **VB** 8 E 7
Ghigo **TO** 26 H 3
Ghilarza **OR** 115 G 8
Ghimbegna (Passo) **IM** 35 K 5
Ghirla **VA** 8 E 8
Ghisalba **BG** 22 F 11
Ghisione **MN** 31 G 15
Ghislarengo **VC** 20 F 7
Ghivizzano **LU** 38 J 13
Ghizzano **PI** 43 L 14
Giacalone **PA** 97 M 21
Giacciano con Baruchella **RO** 32 G 16
Giacopiane (Lago di) **GE** 37 I 10
Giaf (Rifugio) **UD** 13 C 19
Giafaglione (Monte) **AG** 102 O 22
Giammaria (Monte) **PA** 97 N 21
Giampilieri **ME** 90 M 28
Gianforma **RG** 104 Q 26
Giannetti (Rifugio) **SO** 9 D 10
Giannutri (Isola di) **GR** 55 P 15
Giano (Monte) **RI** 59 O 21
Giano dell'Umbria **PG** 51 N 19
Giano Vetusto **CE** 69 D 24
Giara (Sa) **CA** 119 H 9
Giara di Gesturi **VS** 118 H 8
Giardina Gallotti **AG** 102 O 22
Giardinello (vicino a Mezzoiuso) **PA** 98 N 22
Giardinello (vicino a Montelepre) **PA** 97 M 21
Giardinetto **FG** 71 D 28
Giardini di Gioiosa **RC** 88 M 30
Giardini-Naxos **ME** 90 N 27
Giardino (il) **GR** 56 O 16
Giarole **AL** 28 G 7
Giarratana **RG** 104 P 26
Giarre **CT** 101 N 27
Giau (Passo di) **BL** 4 C 18
Giave **SS** 111 F 8
Giaveno **TO** 26 G 4
Giavera del Montello **TV** 25 E 18
Giavino (Monte) **TO** 19 F 4
Giazza **VR** 23 F 15
Giba **CI** 118 J 7
Gibele (Monte) **TP** 96 Q 18
Gibellina **TP** 97 N 20
Gibellina (Ruderi di) **TP** 97 N 20
Gibilmanna (Santuario di) **PA** 99 N 24
Gibilmesi (Monte) **PA** 97 M 21
Gibilrossa **PA** 98 M 22
Gibli (Monte) **CL** 103 P 24
Giffone **RC** 88 L 30
Giffoni Sei Casali **SA** 75 E 26
Giffoni Valle Piana **SA** 75 E 26
Gigante (Grotta) **TS** 17 E 23
Giglio (il) **FR** 64 R 22
Giglio (Isola del) **GR** 55 O 14
Giglio Castello **GR** 55 O 14
Giglio Porto **GR** 55 O 14
Gignese **VB** 8 E 7
Gignod **AO** 18 E 3
Gilba **CN** 26 I 3
Gilberti (Rifugio) **UD** 15 C 22
Gildone **CB** 65 R 26
Gilordino **PS** 46 K 20
Gimigliano **CZ** 88 K 31
Gimillan **AO** 18 F 4
Ginestra **FI** 43 K 15
Ginestra **PZ** 71 E 29
Ginestra degli Schiavoni **BN** 70 D 27
Ginestra (Portella) **PA** 97 N 21
Ginistrelli **PZ** 72 D 29
Ginnircu (Punta) **OG** 117 G 11
Gino (Pizzo di) **CO** 9 D 9
Ginosa **TA** 78 F 32
Ginosa Marina **TA** 78 F 32
Ginostra **ME** 95 K 27
Giogo Lungo (Rifugio) **BZ** 4 A 18
Gioi **SA** 76 G 27
Gioia (Golfo di) **RC** 95 L 29
Gioia dei Marsi **AQ** 64 Q 23
Gioia del Colle **BA** 73 E 32
Gioia del Tirreno **VV** 88 L 29
Gioia Sannitica **CE** 65 S 25
Gioia Tauro **RC** 88 L 29
Gioiella **PG** 50 M 17
Gioiosa Ionica **RC** 88 L 30
Gioiosa Marea **ME** 100 M 26
Giordano (Capo) **CA** 118 J 7
Giovà (Passo di) **PC** 29 H 9
Giovagallo **MS** 38 J 11
Giove **TR** 58 O 18
Giove Anxur (Tempio di) (Terracina) **LT** 63 S 21
Giove (Monte) **VB** 8 C 7
Giovecca **RA** 32 I 17
Giovenco **AQ** 60 P 23
Giovenzano **PV** 21 G 9
Gioveretto **BZ** 2 C 14
Gioveretto (Lago di) **BZ** 2 C 14
Giovi **AR** 45 L 17
Giovi (Monte) **FI** 40 K 16
Giovi (Passo dei) **GE** 28 I 8
Giovinazzo **BA** 73 D 32
Giovo **TN** 11 D 15
Giovo (Colle del) **SV** 36 I 7
Giovo (Foce a) **LU** 39 J 13
Giovo (Monte) **MO** 39 J 13
Gioz **BL** 13 D 18
Girardi **RM** 58 P 19
Girasole **OG** 117 H 10
Girifalco **CZ** 88 K 31
Girlan / Cornaiano **BZ** 3 C 15
Gironico **CO** 21 E 9
Gissi **CH** 61 P 25
Giudicarie (Valli) **TN** 11 E 13
Giuggianello **LE** 83 G 37
Giugliano in Campania **NA** 69 E 24
Giulfo (Monte) **EN** 99 O 24
Giuliana **PA** 97 N 21
Giulianello **LT** 63 Q 20
Giulianello (Lago di) **LT** 63 Q 21
Giuliano **PZ** 76 E 29
Giuliano di Roma **FR** 63 R 21
Giuliano Teatino **CH** 60 P 24
Giulianova **TE** 53 N 23
Giulianova Lido **TE** 53 N 23
Giumarra **CT** 104 O 25
Giumenta (Serra la) **SA** 76 G 29
Giuncarico **GR** 49 N 14
Giuncata (Masseria) **BA** 72 D 30
Giuncugnano **LU** 38 J 12
Giungano **SA** 75 F 27
Giurazzi (Masseria) **AV** 71 E 28
Giurdignano **LE** 83 G 37
Giussago **PV** 21 G 9
Giussago **VE** 16 E 20
Giussano **MI** 21 E 9
Giusvalla **SV** 36 I 7
Givoletto **TO** 19 G 4
Gizio **AQ** 60 P 23
Gizzeria **CZ** 88 K 30
Gizzeria Lido **CZ** 88 K 30
Glacier **AO** 6 E 3
Glacier (Monte) **AO** 19 F 4
Gleno (Monte) **BG** 10 D 12
Gleris **PN** 16 E 20
Gliaca **ME** 100 M 26
Glorenza / Glurns **BZ** 2 C 13
Glurns / Glorenza **BZ** 2 C 13
Gnignano **MI** 21 G 9
Gnocca **RO** 33 H 18
Gnocchetta **RO** 33 H 19
Gnutti (Rifugio) **BS** 10 D 13
Gobbera (Passo di) **TN** 12 D 17
Goceano **SS** 115 F 9
Goceano (Catena del) **SS** 111 F 8
Godega di S. Urbano **TV** 13 E 19
Godiasco **PV** 29 H 9
Godo **RA** 41 I 18
Godrano **PA** 98 N 22
Goglio **VB** 8 D 6
Goillet (Lago) **AO** 7 E 5
Goito **MN** 23 G 14
Gola (Passo di) / Klammljoch **BZ** 4 B 18
Golasecca **VA** 20 E 7
Goldrain / Coldrano **BZ** 3 C 14
Golferenzo **PV** 29 H 9
Golfo Aranci **OT** 109 E 10
Golfo Orosei e del Gennargentu (Parco Nazionale) **NU** 117 G 10
Gologone (Sorgente su) **NU** 117 G 10
Gomagoi **BZ** 2 C 13
Gombio **RE** 30 I 13
Gombola **MO** 39 I 14
Gonars **UD** 17 E 21
Goni **CA** 119 I 9
Gonnesa **CI** 118 J 7
Gonnoscodina **OR** 118 H 8
Gonnosfanadiga **VS** 118 I 7
Gonnosno **OR** 115 H 8
Gonnostramatza **OR** 118 H 8
Gonzaga **MN** 31 H 14
Goraiolo **PT** 39 K 14
Gordana **MS** 38 I 11
Gordona **SO** 9 D 10
Gorfigliano **LU** 38 J 12
Gorga **RM** 63 R 21
Gorga **SA** 76 G 27
Gorgo **UD** 16 E 21
Gorgo al Monticano **TV** 16 E 19
Gorgo (Laghetto) **AG** 102 O 21
Gorgofreddo **BA** 80 E 33
Gorgoglione **MT** 77 F 30
Gorgona (Isola di) **LI** 42 L 11
Gorgonzola **MI** 21 F 10
Goriano Sicoli **AQ** 60 P 23
Goriano Valli **AQ** 59 P 23
Goricizza **UD** 16 E 20
Gorino **FE** 33 H 19
Gorizia **GO** 17 E 22
Gorla Maggiore **VA** 20 F 8
Gorla Minore **VA** 20 F 8
Gorlago **BG** 22 E 11
Gornalunga **CT** 104 O 25
Goro **FE** 33 H 18
Gorra **SV** 36 J 6
Gorré **CN** 34 I 4
Gorreto **GE** 29 I 9
Gorruppu (Gola su) **OG** 117 G 10
Gorto (Canale di) **UD** 5 C 20
Gorzano **MO** 31 I 14
Gorzano (Monte) **TE** 59 O 22
Gorzegno **CN** 27 I 6
Gorzone (Canale) **PD** 32 G 17
Gosaldo **BL** 12 D 17
Gossensaß / Colle Isarco **BZ** 3 B 16
Gossolengo **PC** 29 G 10
Gottasecca **CN** 27 I 6
Gottero (Monte) **PR** 37 I 11
Gottolengo **BS** 22 G 12
Governolo **MN** 31 G 14
Govone **CN** 27 H 6
Govossai (Lago) **NU** 115 G 9
Gozzano **NO** 20 E 7
Grabellu (Punta su) **NU** 113 F 10
Gracciano **SI** 50 M 17
Gradara **PS** 41 K 20
Gradara (Monte) **PA** 97 M 21
Gradella **CR** 21 F 10
Gradisca **PN** 14 D 20
Gradisca d'Isonzo **GO** 17 E 22
Gradiscutta **UD** 16 E 20
Gradizza **FE** 32 H 17
Grado **GO** 17 E 22
Grado (Laguna di) **GO** 17 E 21
Grado Pineta **GO** 17 E 22
Gradoli **VT** 57 O 17
Graffignana **LO** 21 G 10
Graffignano **VT** 57 O 18
Graglia **BI** 19 F 5
Graglia (Santuario di) **BI** 19 F 5
Gragnanino **PC** 29 G 10
Gragnano **LU** 39 K 13
Gragnano **NA** 75 E 25
Gragnano Trebbiense **PC** 29 G 10
Gragnola **MS** 38 J 12
Graines **AO** 19 E 5
Gramignazzo **PR** 30 H 12
Grammatica **PR** 38 I 12
Grammichele **CT** 104 P 25
Gramolazzo **LU** 38 J 12
Gran Bagna **TO** 18 G 1
Gran Cratere **ME** 94 L 26
Gran Monte **UD** 15 D 21
Gran Paradiso **AO** 18 F 3
Gran Paradiso (Parco Nazionale del) **AO** 18 F 3
Gran Pilastro / Hochfeiler **BZ** 4 B 17
Gran Queyron **TO** 26 H 3
Gran S. Bernardo (Colle del) **AO** 6 E 3
Gran S. Bernardo (Traforo del) **AO** 6 E 3
Gran S. Bernardo (Valle del) **AO** 6 E 3
Gran S. Pietro **AO** 18 F 4
Gran Sasso d'Italia **TE** 59 O 22
Gran Sasso (Parco Naz. del) **TE** 59 Q 22
Gran Tournalin **AO** 7 E 5
Gran Truc **TO** 26 H 3
Gran Zebru **BZ** 2 C 13
Grana **AT** 28 G 6
Grana (Torrente) **AL** 28 H 7
Grana (Torrente) **CN** 34 I 3
Granaglione **BO** 39 J 14
Granaione **GR** 50 N 15
Granano (Monte di) **PS** 45 L 19
Granarolo **RA** 40 I 17
Granarolo dell'Emilia **BO** 32 I 16
Granarone **RO** 32 G 16
Granatello **TP** 96 N 19
Granaxiu **OR** 115 H 8
Grancona **VI** 24 F 16
Grand Assaly **AO** 18 F 2
Grand Eyvia **AO** 18 F 3
Grand Golliaz **AO** 6 E 3
Grande **PR** 30 H 12
Grande **TP** 97 N 20
Grande o Imera Settentrionale **PA** 99 N 23
Grande Bonifica Ferrarese **FE** 33 H 18
Grande (Isola) **TP** 96 N 19
Grande (Lago) **TO** 26 G 4
Grande (Montagna) (I. di Pantelleria) **TP** 96 Q 18
Grande (Montagna) **ME** 101 N 27
Grande (Montagna) **TP** 97 N 20
Grande (Porto) **SR** 105 P 27
Grande (Punta) **AG** 102 P 22
Grande Rochère (la) **AO** 6 E 3
Grande Rousse **AO** 18 F 3
Grande Sassière **AO** 18 F 3
Grandola ed Uniti **CO** 9 D 9
Granero (Monte) **TO** 26 H 3
Granieri **CT** 104 P 25
Granieri (Masseria) **SR** 105 Q 26
Granieri (Monte) **RC** 88 L 31
Graniti **ME** 101 N 27
Granitola (Punta) **TP** 97 O 20
Granozzo **NO** 20 F 7
Grantola **VA** 8 E 8
Grantorto **PD** 24 F 17
Granze **PD** 32 G 17
Grappa (Monte) **TV** 12 E 17
Grassano **MT** 77 F 30
Grassina Ponte a Ema **FI** 44 K 15
Grassobbio **BG** 21 F 11
Gratosoglio **MI** 21 F 9
Gratteri **PA** 99 N 23
Graun im Vinschgau / Curon Venosta **BZ** 2 B 13
Grauno **TN** 12 D 15
Grauson (Monte) **AO** 18 F 4
Grauzaria **UD** 14 C 21
Gravedona **CO** 9 D 9
Gravellona **PV** 20 G 8
Gravellona Toce **VB** 8 E 7
Gravina di Catania **CT** 101 O 27
Gravina di Laterza **TA** 78 F 32
Gravina di Matera **MT** 73 E 31
Gravina in Puglia **BA** 72 E 31
Graziano (Capo) **ME** 94 L 25
Grazie (Lago di) **MC** 52 M 21
Grazie (Monte le) **RM** 57 P 17
Grazzanise **CE** 69 D 24
Grazzano Badoglio **AT** 28 G 6
Grazzano Visconti **PC** 29 H 11
Grecale (Capo) **AG** 102 U 19
Greccio **RI** 58 O 20
Greci **AV** 71 D 27
Greco (Monte) **AQ** 64 Q 23
Greggio **VC** 20 F 7
Grego (Rifugio) **UD** 15 C 22
Gremiasco **AL** 29 H 9
Gressan **AO** 18 E 3
Gressone (Val di) **AO** 19 F 5
Gressoney-la Trinité **AO** 7 E 5
Gressoney-St. Jean **AO** 19 E 5
Greve **FI** 43 L 15
Greve in Chianti **FI** 44 L 15
Grezzana **VR** 23 F 15
Grezzano **FI** 40 J 16
Gricuzzo (Monte) **CL** 103 P 24
Gries (Passo di) / Griespass **VB** 8 C 7
Grighini (Monte) **OR** 115 H 8
Grigna Meridionale **LC** 9 E 10
Grigna Settentrionale **LC** 9 E 10
Grignano **TS** 17 E 23
Grignano Polesine **RO** 32 G 17
Grignasco **NO** 20 E 7
Grigno **TN** 12 D 16
Grigno (Torrente) **TN** 12 D 16
Grilli **GR** 49 N 14
Grimaldi **CS** 86 J 30
Grimesi (Torre) **TP** 97 N 20
Grinzane Cavour **CN** 27 I 5
Grisenche (Val) **AO** 18 F 3
Grisì **PA** 97 N 21
Grisignano di Zocco **VI** 24 F 17
Grisolia **CS** 84 H 29
Grizzana **BO** 39 J 15
Grödner Joch / Gardena (Passo di) **BZ** 4 C 17
Grödnertal / Gardena (Val) **BZ** 4 C 16
Grognardo **AL** 28 I 7
Gromo **BG** 10 E 11
Gromo S. Marino **BG** 10 E 11
Gromola **SA** 75 F 26
Grondana **PR** 37 I 10
Grondo **CS** 85 H 30
Grondola **MS** 38 I 11
Grondona **AL** 28 H 8
Grondone **PC** 29 H 10
Grone **BG** 22 E 11
Gronlait **TN** 12 D 16
Gropa (Monte) **AL** 29 H 9
Gropello Cairoli **PV** 21 G 8
Gropello d'Adda **MI** 21 F 10
Gropina **AR** 44 L 16
Groppallo **PC** 29 H 10
Gropparello **PC** 29 H 11
Groppera (Pizzo) **SO** 9 C 10
Groppovisdomo **PC** 29 H 11
Gros Passet **TO** 26 H 3
Groscavallo **TO** 18 F 3
Grosina (Valle) **SO** 10 C 12
Grosio **SO** 10 D 12
Grosotto **SO** 10 D 12
Groß Löffler / Lovello (Monte) **BZ** 4 A 17
Großer-Kinigat / Cavallino (Monte) **BZ** 5 B 19
Grosseto **GR** 49 N 15
Grosseto (Formiche di) **GR** 55 O 14
Grosso (Capo) (I. Levanzo) **TP** 96 M 19
Grosso (Capo) **PA** 98 M 22
Grosso (Monte) **SR** 105 P 27
Groste (Cima) **TN** 11 D 14
Grottaferrata **RM** 62 Q 20
Grottaglie **TA** 79 F 34
Grottaminarda **AV** 70 D 27
Grottammare **AP** 53 N 23
Grottazza (Punta) **ME** 94 L 26
Grottazzolina **AP** 53 M 22
Grotte **AG** 103 O 23
Grotte di Castro **VT** 50 N 17
Grotte Sto Stefano **VT** 57 O 18
Grotteria **RC** 88 L 30
Grotti **PG** 52 N 20
Grotti **RI** 58 O 20
Grotti **SI** 50 M 15
Grotticelle (Monte) **AG** 103 O 23
Grottole **MT** 77 F 31
Grottolella **AV** 70 E 26
Gruaro **VE** 16 E 20
Grue **AL** 28 H 8
Gruf (Monte) **SO** 9 D 10
Grugliasco **TO** 27 G 4
Grugua **CI** 118 I 7
Grumello Cremonese **CR** 22 G 11
Grumello del Monte **BG** 22 F 11
Grumento Nova **PZ** 77 G 29
Grumentum **PZ** 77 G 29
Grumo Appula **BA** 73 D 32
Grumolo delle Abbadesse **VI** 24 F 16
Gruppa **CA** 119 I 10
Gruppo di Brenta **TN** 11 D 14
Gruppo (Monte) **BZ** 4 B 17
Gsies / Casies (Valle di) **BZ** 4 B 18
Guà **VI** 24 F 16
Guaceto (Torre) **BR** 80 E 35
Guadagnolo **RM** 63 Q 20
Guagnano **LE** 79 F 35
Gualdo **AR** 44 K 16
Gualdo **FE** 32 H 17
Gualdo **FO** 40 J 18
Gualdo (vicino a Sarnano) **MC** 52 M 21
Gualdo (vicino a Visso) **MC** 52 N 21
Gualdo (Passo di) **MC** 52 N 21
Gualdo Cattaneo **PG** 51 N 19
Gualdo Tadino **PG** 52 M 20
Gualtieri **RE** 31 H 13
Gualtieri Sicaminò **ME** 90 M 27
Guamaggiore **CA** 119 I 9
Guanzate **CO** 21 E 9
Guarcino **FR** 63 Q 21
Guarda Ferrarese **FE** 32 H 17
Guarda Veneta **RO** 32 H 17
Guardamiglio **LO** 29 G 11
Guardapasso **RM** 62 R 19
Guardavalle **CZ** 89 L 31
Guardea **TR** 58 O 18
Guardia **CT** 101 O 27
Guardia (Serra la) **CS** 86 I 31
Guardia Alta **BZ** 3 C 15
Guardia dei Mori **CI** 120 J 6
Guardia Lombardi **AV** 71 E 27
Guardia (Monte della) **CL** 104 P 24
Guardia (Monte La) **EN** 99 N 25
Guardia Perticara **PZ** 77 F 30
Guardia Piemontese **CS** 85 I 30
Guardia Piemontese Marina **CS** 85 I 29
Guardia Sanframondi **BN** 65 S 25
Guardia Vomano **TE** 53 O 23
Guardiagrele **CH** 60 P 24
Guardialfiera **CB** 65 Q 26
Guardiaregia **CB** 65 R 25
Guardistallo **PI** 49 M 13
Guarene **CN** 27 H 6
Guarenna **CH** 60 P 25
Guasila **CA** 119 I 9
Guastalla **RE** 31 H 13
Guasticce **LI** 42 L 13
Guazzolo **AL** 28 G 6
Guazzora **AL** 28 G 8
Gubbio **PG** 45 L 19
Gudo Visconti **MI** 21 F 9
Guella (Rifugio) **TN** 23 E 14
Guello **CO** 9 E 9
Guerro **MO** 39 I 14
Guffone (Monte) **FO** 40 K 17
Guglielmo (Monte) **BS** 22 E 12
Guglionesi **CB** 66 B 26
Guidizzolo **MN** 23 G 13
Guidonia **RM** 58 Q 20
Guietta **TV** 12 E 18
Guiglia **MO** 39 I 14
Guilmi **CH** 61 Q 25
Guinza **PS** 45 L 18
Gulfi (Santuario di) **RG** 104 P 26
Gurlamanna **BA** 72 E 31

Gurro **VB** 8 D 7
Gurue **OG** 117 G 10
Gusana (Lago di) **NU** 115 G 9
Guselli **PC** 29 H 11
Guspini **VS** 118 I 7
Gussago **BS** 22 F 12
Gussola **CR** 30 G 13
Gutturu Mannu **CA** 118 J 8
Guzzafame **LO** 29 G 10
Guzzini (Monte) **CA** 119 H 9
Guzzurra (Cantoniera) **NU** 113 F 10

H

Hafling / Avelengo **BZ** 3 C 15
Halæsa **ME** 99 M 24
Helbronner (Pointe) **AO** 6 E 2
Helm / Elmo (Monte) **BZ** 5 B 19
Helvia Ricina **MC** 52 M 22
Hera Lacinia (Santuario) **KR** 87 J 33
Herbetet **AO** 18 F 3
Herculanum **NA** 69 E 25
Hintere Schwärze / Cime Nere **BZ** 3 B 14
Hintere Seelenkogl / Anime (Cima delle) **BZ** 3 B 15
Hirzerspitze / Cervina (Punta) **BZ** 3 B 15
Hochalpjoch /Oregone (Passo dell') **UD** 5 C 20
Hochfeiler / Gran Pilastro **BZ** 4 B 17
Hochgall / Collalto **BZ** 4 B 18
Hochjoch / Alto (Giogo) **BZ** 2 B 14
Hochkreuz Spitze / Altacroce (Monte) **BZ** 3 B 15
Hochwilde / L'Altissima **BZ** 3 B 15
Hohe Geisel / Rossa (Croda) **BL** 4 C 18
Hohe Warte / Coglians (Monte) **UD** 5 C 20
Hoher Treib / Cuestalta **UD** 5 C 21
Hoherfirst / Principe (Monte) **BZ** 3 B 15
Hone **AO** 19 F 5
Hundskehljoch / Cane (Passo del) **BZ** 4 A 18

I

Iacono (Casa) **RG** 104 Q 25
Iacurso **CZ** 88 K 31
Iano **FI** 43 L 14
Iano **RE** 31 I 14
Iato **PA** 97 M 21
Iazzo Vecchio (Monte) **AG** 102 O 22
Ible (Monti) **SR** 104 P 26
Idice **BO** 40 I 16
Idice (Torrente) **BO** 40 J 16
Idolo (Monte) **OG** 117 H 10
Idro **BS** 22 E 13
Idro (Lago d') **BS** 22 E 13
Iermanata **RC** 91 N 30
Iesce (Masseria) **MT** 73 E 31
Igea Marina **RN** 41 J 19
Iglesias **CI** 118 J 7
Iglesiente **CI** 118 I 7
Igliano **CN** 35 I 6
Igno (Monte) **MC** 52 M 20
Ilbono **OG** 117 H 10
Ilci **PG** 51 N 19
Illasi **VR** 23 F 15
Illasi (Torrente d') **VR** 23 F 15
Illegio **UD** 14 C 21
Illorai **SS** 115 F 9
Imbriaca (Portella) **PA** 98 N 22
Imele **AQ** 59 P 21
Imelle **RM** 58 P 19
Imer **TN** 12 D 17
Imera **PA** 99 N 23
Imera Meridionale **PA** 99 N 24
Imola **BO** 40 I 17
Impalata **BA** 80 E 33
Imperatore (Punta) **NA** 74 E 23
Imperia **IM** 35 K 6
Impiso (Colle d') **PZ** 85 H 30
Impiso (Ponte) **BA** 72 E 30
Impruneta **FI** 43 K 15
Inacquata (Masseria) **FG** 67 C 29
Incaroio (Canale d') **UD** 5 C 21
Incisa (Passo della) **FO** 41 K 18
Incisa in Val d'Arno **FI** 44 L 16
Incisa Scapaccino **AT** 28 H 7
Incoronata **FG** 71 C 28
Incoronata (Santuario dell') **FG** 71 C 28
Incudine **BS** 10 D 13
Indicatore **AR** 44 L 17
Indiritto **TO** 26 G 3
Indren (Punta) **VC** 7 E 5
Induno Olona **VA** 8 E 8
Infantino **CS** 87 J 32
Infernaccio (Gola dell') **AP** 52 N 21
Infernetto **RM** 62 Q 19
Inferno (Pizzo d') **SO** 9 C 10
Inferno (Ponte) **SA** 76 G 28
Infreschi (Punta degli) **SA** 84 H 28
Ingarano (Passo di) **FG** 66 B 28
Ingria **TO** 19 F 4
Ingurtosu **VS** 118 I 7
Innichen / S. Candido **BZ** 4 B 18
Intimiano **CO** 21 E 9
Intra **VB** 8 E 7
Intragna **VB** 8 E 7
Introbio **LC** 9 E 10
Introd **AO** 18 E 3
Introdacqua **AQ** 60 P 23
Inverigo **CO** 21 E 9
Inveruno **MI** 20 F 8
Invorio **NO** 20 E 7
Invrea **SV** 36 I 7
Inzago **MI** 21 F 10
Ioanneddu (Punta) **NU** 113 F 11
Iolanda di Savoia **FE** 32 H 17
Iolo **PO** 39 K 15
Ioppolo Giancaxio **AG** 102 O 22
Iorenzo **FG** 71 C 28
Ippari **RG** 104 Q 25
Ippocampo **FG** 67 C 29
Irgoli **NU** 117 F 10
Iria **ME** 100 M 25
Irminio **RG** 104 P 26
Irpinia **AV** 71 D 27
Irsina **MT** 72 E 30
Irveri (Monte) **NU** 117 G 10
Isalle **NU** 117 F 10
Isarco / Eisack **BZ** 3 B 16
Isarco (Val) / Eisacktal **BZ** 3 B 16
Isca de sa Mela (Valico s') **NU** 115 G 9
Isca Marina **CZ** 89 L 31
Isca sullo Ionio **CZ** 89 L 31
Iscala Mola **SS** 110 F 7
Ischia **NA** 74 E 23
Ischia di Castro **VT** 57 O 17
Ischia (Isola d') **NA** 74 E 23
Ischia-Ponte **NA** 74 E 23
Ischia-Porto **NA** 74 E 23
Ischitella **FG** 67 B 29
Ischitella Lido **CE** 69 E 24
Iscoba (monte) **SS** 111 E 8
Iselle **VB** 8 D 6
Iseo **BS** 22 F 12
Iseo (Lago d') **BS** 22 E 12
Isera **TN** 11 E 15
Isernia **IS** 65 R 24
Isili **CA** 119 H 9
Isnello **PA** 99 N 24
Isola **FO** 40 K 17
Isola **GE** 29 I 9
Isola **SO** 9 C 9
Isola Bella **LT** 63 R 20
Isola d'Arbia **SI** 50 M 16
Isola d'Asti **AT** 27 H 6
Isola del Cantone **GE** 28 I 8
Isola del Gran Sasso d'Italia **TE** 59 O 22
Isola del Liri **FR** 64 Q 22
Isola della Scala **VR** 23 G 15
Isola delle Femmine **PA** 97 M 21
Isola di Capo Rizzuto **KR** 87 K 33
Isola di Fano **PS** 46 L 20
Isola di Fondra **BG** 10 E 11
Isola di Piano **PS** 46 K 20
Isola Dovarese **CR** 22 G 12
Isola Farnese **RM** 58 P 19
Isola Fossara **PG** 46 L 20
Isola Pescaroli **CR** 30 G 12
Isola Rizza **VR** 23 G 15
Isola Rossa **OT** 108 D 8
Isola S. Antonio **AL** 28 G 8
Isola S. Biagio **AP** 52 N 21
Isola Santa **LU** 38 J 12
Isola Vicentina **VI** 24 F 16
Isolabella **TO** 27 H 5
Isolabona **IM** 35 K 4
Isolaccia **SO** 2 C 12
Isoletta **FR** 64 R 22
Isonzo **GO** 17 E 22
Isorella **BS** 22 G 12
Isorno **VB** 8 D 7
Isorno (Valle dell') **VB** 8 D 7
Ispani **SA** 76 G 28
Ispica **RG** 107 Q 26
Ispica (Cava d') **RG** 107 Q 26
Ispinigoli **NU** 117 G 10
Ispra **VA** 20 E 7
Issengo / Issing **BZ** 4 B 17
Issime **AO** 19 E 5
Issing / Issengo **BZ** 4 B 17
Isso **BG** 22 F 11
Issogne **AO** 19 F 5
Istia d'Ombrone **GR** 49 N 15
Istrago **PN** 14 D 20
Istrana **TV** 25 E 18
Itala **ME** 90 M 28
Itala Marina **ME** 90 M 28
Italba **FE** 33 H 18
Itri **LT** 64 S 22
Itria (Valle d') **TA** 80 E 34
Ittia (Punta) **OT** 113 E 10
Ittireddu **SS** 111 F 8
Ittiri **SS** 110 F 7
Iudica (Fattoria) **SR** 104 Q 26
Iudica (Monte) **CT** 104 O 25
Iuvanum **CH** 60 P 24
Ivigna (Punta) **BZ** 3 B 15
Ivrea **TO** 19 F 5
Ixi (Monte) **CA** 119 I 9
Izano **CR** 22 F 11
Izzana **OT** 109 E 9

J

Jafferau (Monte) **TO** 26 G 2
Jamiano **GO** 17 E 22
Jannarello (Bivio) **CT** 104 O 26
Jaufenpaß / Monte Giovo (Passo di) **BZ** 3 B 15
Jelsi **CB** 65 R 26
Jenesien / S. Genesio Atesino **BZ** 3 C 15
Jenne **RM** 63 Q 21
Jerzu **OG** 117 H 10
Jesi **AN** 46 L 21
Jesolo **VE** 16 F 19
Joppolo **VV** 88 L 29
Joux (Colle di) **AO** 19 E 5
Joux (la) **AO** 18 E 2
Judrio **UD** 15 D 22

K

Kalch / Calice **BZ** 3 B 16
Kaltenbrunn / Fontanefredde **BZ** 12 D 16
Kaltern a. d. Weinstraße / Caldaro s. str. d. V. **BZ** 11 C 15
Karerpaß / Costalunga (Passo di) **TN** 12 C 16
Karersee / Carezza al Lago **BZ** 12 C 16
Kartibubbo **TP** 97 O 20
Kasern / Casere **BZ** 4 A 18
Kastelbell / Castelbello **BZ** 3 C 14
Kastelruth / Castelrotto **BZ** 3 C 16
Kematen / Caminata **BZ** 3 B 16
Khamma **TP** 96 Q 18
Kiens / Chienes **BZ** 4 B 17
Klammljoch / Gola (Passo di) **BZ** 4 B 18
Klausen / Chiusa **BZ** 3 C 16
Klobenstein / Collalbo **BZ** 3 C 16
Knutten-Alm / Malga dei Dossi **BZ** 4 B 18
Kortsch / Corzes **BZ** 2 C 14
Kreuzboden / Plan de Gralba **BZ** 4 C 17
Krimmlertauern / Tauri (Passo dei) **BZ** 4 A 18
Kronio (Monte) **AG** 102 O 21
Kronplatz / Corones (Plan de) **BZ** 4 B 17
Kuens / Càines **BZ** 3 B 15
Kurtatsch a. d. Weinstraße / Cortaccia **BZ** 11 D 15
Kurtinig a. d. Wein-straße / Cortina **BZ** 11 D 15
Kurzras / Maso Corto **BZ** 2 B 14

L

La Barcaccia **PG** 51 M 19
La Berzigala **MO** 39 I 14
La Bottaccia **RM** 62 Q 18
La Briglia **PO** 39 K 15
La Caletta **CI** 120 J 6
La Caletta **NU** 113 F 11
La California **LI** 49 M 13
La Cassa **TO** 19 G 4
La Clava **BZ** 3 B 15
La Conia **OT** 109 D 10
La Corte **SS** 110 E 6
La Costa **PR** 30 I 13
La Crocina **AR** 44 L 17
La Crosetta **TV** 13 D 19
La Crucca **SS** 110 E 7
La Fagosa **PZ** 77 G 30
La Farnesiana **RM** 57 P 17
La Ficaccia **OT** 109 D 9
La Foce **SI** 50 M 17
La Forca **AQ** 59 P 21
La Forca **RI** 59 O 21
La Fossiata **CS** 87 I 31
La Gabellina **RE** 38 J 12
La Gala **ME** 101 M 27
La Gardenaccia **BZ** 4 C 17
La Giustiniana **RM** 58 Q 19
La Grivola **AO** 18 F 3
La Guardia **AQ** 64 Q 23
La Lama **TA** 79 F 33
La Lima **PT** 39 J 14
La Loggia **TO** 27 H 5
La Maddalena **OT** 109 D 10
La Madonnina **FR** 63 Q 22
La Maina **UD** 5 C 20
La Marchesa **FG** 66 C 27
La Martella **MT** 78 F 31
La Meta **FR** 64 Q 23
La Monna **FR** 63 Q 22
La Montagna **MT** 77 F 30
La Montagna **CT** 104 O 26
La Montagna **PA** 98 N 22
La Montagnola **CT** 100 N 27
La Morra **CN** 27 I 5
La Motticella **FG** 66 C 28
La Muda **BL** 13 D 18
La Muddizza **SS** 108 E 8
La Mula **CS** 85 H 29
La Nurra **SS** 110 F 6
La Palazza **AR** 45 L 18
La Palazzina **CE** 65 R 25
La Pedraia **SS** 110 E 6
La Pescia **FG** 67 C 29
La Petrizia **CZ** 89 K 32
La Picciola **SA** 75 F 26
La Pizzuta **PA** 97 N 21
La Presanella **TN** 11 D 13
La Punta **CA** 120 J 6
La Reale **SS** 108 D 6
La Rocca **RE** 31 H 13
La Rotta **GR** 57 O 17
La Rotta **PI** 43 L 14
La Salute di Livenza **VE** 16 F 20
La Santona **MO** 39 J 14
La Scala **SI** 50 M 17
La Sellata **PZ** 76 F 29
La Selva **SI** 49 M 15
La Serra **PI** 43 L 14
La Serra d'Ivrea **TO** 19 F 5
La Serra Lunga **PA** 97 N 21
La Sila **CS** 86 J 31
La Solfatara **NA** 69 E 24
La Spezia **SP** 38 J 11
La Stanga **BL** 13 D 18
La Sterza **PI** 43 L 14
La Strada **PR** 30 I 12
La Taverna **LT** 64 R 22
La Torraccia **LI** 49 M 13
La Torre **PS** 46 K 20
La Trinita **PC** 30 H 11
La Valle / Wengen **BZ** 4 C 17
La Valle Agordina **BL** 12 D 18
La Varella **BZ** 4 C 17
La Vecchia **RE** 31 I 13
La Verna **AR** 45 K 17
La Verna **MO** 39 I 13
La Villa **MC** 52 M 21
La Villa / Stern **BZ** 4 C 17
Laas / Lasa **BZ** 2 C 14
Laatsch / Laudes **BZ** 2 B 13
Labante **BO** 39 J 15
L'Abbandonato **GR** 50 N 16
Labbro (Monte) **GR** 50 N 16
Labico **RM** 63 Q 20
Labro **RI** 58 O 20
Lacchiarella **MI** 21 G 9
Laccio **GE** 29 I 9
Lacco Ameno **NA** 74 E 23
Laccu sa Vitella (Punta) **OR** 115 H 8
Lacedonia **AV** 71 D 28
Laceno (Lago di) **AV** 71 E 27
Laces / Latsch **BZ** 3 C 14
Lachelle **VC** 20 G 6
Lacina (Lago di) **VV** 88 L 31
Lacona **LI** 48 N 12
Laconi **OR** 115 H 9
Lada (Perda) **CA** 119 I 10
Ladispoli **RM** 62 Q 18
Laerru **SS** 111 E 8
Laga (Monti della) **TE** 52 O 22
Lagadello **PR** 30 I 11
Laganadi **RC** 90 M 29
Lagarina (Val) **TN** 11 E 15
Lagaro **BO** 39 J 15
Lagastrello (Passo di) **MS** 38 I 12
Lagdei **PR** 38 I 12
Laghi **VI** 23 E 15
Laglesie-S. Leopoldo **UD** 15 C 22
Laglio **CO** 9 E 9
Lagnasco **CN** 27 I 4
Lago **CS** 86 J 30
Lago **TV** 13 E 18
Lago (Croda da) **BL** 4 C 18
Lago Bianco (Punta) / Weißseespitze **BZ** 2 B 14
Lago di Valfabbrica **PG** 51 M 19
Lago Gelato (Pizzo) **VB** 8 D 7
Lagolo **TN** 11 D 15
Lagonegro **PZ** 76 G 29
Lagoni **GR** 49 M 15
Lagoni del Sasso **GR** 49 M 14
Lagoni Rossi **PI** 49 M 14
Lagorai (Catena dei) **TN** 12 D 16
Lagorai (Lago) **TN** 12 D 16
Lagosanto **FE** 33 H 18
Lagrimone **PR** 30 I 12
Laguna Veneta **VE** 25 G 18
Lagundo / Algund **BZ** 3 B 15
Lagune **BO** 39 I 15
L'Aia **TR** 58 O 19
Laiatico **PI** 43 L 14
Laigueglia **SV** 35 K 6
Lainate **MI** 21 F 9
Laino **CO** 9 E 9
Laino Borgo **CS** 85 H 29
Laino Castello **CS** 85 H 29
Laion / Lajen **BZ** 3 C 16
Laives / Leifers **BZ** 12 C 16
Lajen / Laion **BZ** 3 C 16
L'Altissima / Hochwilde **BZ** 3 B 15
Lama **BO** 39 I 15
Lama **PG** 45 L 18
Lama dei Peligni **CH** 60 P 24
Lama di Monchio **MO** 39 I 14
Lama Iesa **SI** 49 M 15
Lama la Noce (Masseria) **BA** 72 E 31
Lama Mocogno **MO** 39 J 14
Lama Polesine **RO** 32 G 17
Lamalunga **BA** 72 D 29
Lamandia **BA** 80 E 34
Lambrinia **PV** 29 G 10
Lambro **CO** 21 E 9
Lambro **SA** 76 G 27
Lambrugno **UD** 5 C 21
Lamezia Terme **CZ** 88 K 30
Lamole **FI** 44 L 16
Lamon **BL** 12 D 17
Lamone **RA** 40 J 17
Lampedusa **AG** 102 U 19
Lampedusa (Isola di) **AG** 102 U 19
Lampione (Isola di) **AG** 102 U 18
Lamporecchio **PT** 39 K 14
Lamporo **VC** 19 G 6
Lana **BZ** 3 C 15
Lana (Col di) **BL** 4 C 17
Lanara (Monte) **CE** 65 R 24
Lanciaia **PI** 49 M 14
Lanciano **CH** 60 P 25
Lanciano (Passo) **CH** 60 P 24
Landiona **NO** 20 F 7
Landriano **PV** 21 G 9
Landro (Val di) **BZ** 4 B 18
Landshuter Haus (Rifugio) **BZ** 3 B 16
Langan (Colla di) **IM** 35 K 5
Langhe **CN** 27 I 6
Langhirano **PR** 30 I 12
Langosco **PV** 20 G 7
L'Annunciata **AV** 70 D 26
L'Annunziata **FG** 67 C 29
Lanusei **OG** 117 H 10
Lanùvio **RM** 63 Q 20
Lanzada **SO** 10 D 11
Lanzé **VI** 24 F 16
Lanzo d'Intelvi **CO** 9 E 9
Lanzo Torinese **TO** 19 G 4
Lanzone (Pizzo) **PA** 98 N 22
Lao **CS** 84 H 29
Laorca **LC** 9 E 10
Lapanu (Monte) **CA** 120 K 8
Lapedona **AP** 53 M 23
Lapio **AV** 70 E 26
Lapio **VI** 24 F 16
Lappach / Lappago **BZ** 4 B 17
Lappago / Lappach **BZ** 4 B 17
L'Aquila **AQ** 59 O 22
Larcher (Rifugio) **TN** 11 C 13
Larciano **PT** 39 K 14
Lardaro **TN** 11 E 13
Larderello **PI** 49 M 14
Larderia **ME** 90 M 28
Lardirago **PV** 21 G 9
Lari **PI** 43 L 13
Lariano **RM** 63 Q 20
Larino **CB** 66 B 26
Lasa / Laas **BZ** 2 C 14
Lasa (Punta di) **BZ** 2 C 14
Lascari **PA** 99 M 23
Lases **TN** 11 D 15
Lasina (Piano) **CA** 119 I 9
Lasino **TN** 11 D 14
Lasnigo **CO** 9 E 9
Lastebasse **TN** 11 E 15
Lastra a Signa **FI** 43 K 15
Lastreto (Abbazia di) **PS** 46 L 20
Lat (Piz) **BZ** 2 B 13
Látemar **BZ** 12 C 16
Latera **VT** 57 O 17
Laterina **AR** 44 L 17
Laterza **TA** 78 F 32
Latiano **BR** 79 F 35
Latina **CE** 65 S 24
Latina **LT** 63 R 20
Latina (Lido di) **LT** 63 R 20
Latina Scalo **LT** 63 R 20
Latisana **UD** 16 E 20
Lato **TA** 78 F 32
Latronico **PZ** 77 G 30
Latsch / Laces **BZ** 3 C 14
Lattari (Monti) **SA** 75 F 25
Lattarico **CS** 85 I 30
Latzfons / Lazfons **BZ** 3 B 16
Laudemio (Lago) **PZ** 77 G 29
Laudes / Laatsch **BZ** 2 B 13
Laura **SA** 75 F 26
Laura (Serbatoio) **AG** 103 P 23
Laurasca (Cima di) **VB** 8 D 7
Laureana Cilento **SA** 75 G 27
Laureana di Borrello **RC** 88 L 30
Laurenzana **PZ** 77 F 29
Laureto **BR** 80 E 34
Lauria **PZ** 77 G 29
Lauriano **TO** 19 G 5
Laurino **SA** 76 F 28
Laurito **SA** 76 G 28
Laurito (Masseria) **BR** 79 F 34
Lauro **AV** 70 E 25
Lauro **CE** 69 D 23
Lauro (Monte) **SR** 104 P 26
Lauropoli **CS** 85 H 31
Lauzacco **UD** 17 E 21
Lauzo (Monte) **LT** 64 S 22
Lavachey **AO** 6 E 3
Lavagna **LO** 21 F 10
Lavagna **GE** 37 J 10
Lavagna (Torrente) **GE** 37 I 9
Lavaiano **PI** 43 L 13
Lavane (Monte) **FI** 40 K 16
Lavardet (Forcella) **BL** 5 C 19
Lavaredo (Tre Cime di) / Drei Zinnen **BL** 4 C 18
Lavariano **UD** 17 E 21
Lavarone **TN** 12 E 15
Lavaze (Passo di) **TN** 12 C 16
Lavello **PZ** 71 D 29
Lavena **VA** 8 E 8
Laveno **BS** 10 E 12
Laveno Monbello **VA** 8 E 7
Lavenone **BS** 22 E 13
Lavezzola **RA** 32 I 17
Laviano **SA** 71 E 27
Lavinio-Lido di Enea **RM** 62 R 19
Lavino **BO** 39 I 15
Lavino di Mezzo **BO** 31 I 15
Lavis **TN** 11 D 15
Lavone **BS** 22 E 12
Lazfons / Latzfons **BZ** 3 B 16
Lazise **VR** 23 F 14
Lazzaretti **VI** 12 E 16
Lazzaro **RC** 90 N 29
Lazzaro (Monte) **PC** 29 H 10
Lazzi (Cima di) **VB** 7 E 5
Le Bolle **FI** 44 L 15
Le Castella **KR** 89 K 33
Le Cerbaie **FI** 43 K 14
Le Conche **TA** 79 G 34
Le Conie **SI** 50 N 17
Le Cornate **GR** 49 M 14
Le Coste **MO** 39 I 14
Le Crete **SI** 50 M 16
Le Croci **CZ** 89 K 31
Le Grazie **SP** 38 J 11
Le Mainarde **FR** 64 R 23
Le Moline **PC** 29 I 10
Le Monache **LT** 63 R 21
Le Monachelle **CS** 85 I 31
Le Murge **BA** 72 D 30
Le Murgie **KR** 87 J 33
Le Palombe **BA** 72 D 30
Le Piastre **PT** 39 J 14
Le Pizzorne **LU** 39 K 13
Le Polle **MO** 39 J 14
Le Pozze **PT** 39 K 14
Le Prese **SO** 10 C 13
Le Pulci **PG** 51 M 19
Le Regine **PT** 39 J 14
Le Rocchette **GR** 49 N 14

Le Tagliole **MO** 39 J 13
Le Tofane **BL** 4 C 18
Le Torri **FG** 72 D 29
Le Torri **PG** 51 N 19
Le Vigne **CS** 85 H 30
Le Ville **AR** 45 L 18
Le Volte **CN** 35 J 6
Leano (Monte) **LT** 63 R 21
Leardo (Monte) **PA** 98 N 22
Lebbrosario **BA** 73 E 32
Leca **SV** 35 J 6
Lecce **LE** 81 F 36
Lecce nei Marsi **AQ** 64 Q 23
Lecce (Tavoliere di) **BR** 79 F 35
Lecchi **SI** 44 L 16
Lecchiore **IM** 35 K 5
Leccio **FI** 44 K 16
Leccio (Poggio del) **GR** 56 O 15
Leccio (Rio) **LU** 39 K 13
Lecco **LC** 9 E 10
Lecco (Lago di) **LC** 9 E 9
Lechaud (Pointe de) **AO** 18 E 2
Lechère (la) **AO** 7 E 4
Ledra (Canale) **UD** 14 D 21
Ledro (Lago di) **TN** 11 E 14
Ledro (Val di) **TN** 11 E 14
Ledu (Pizzo) **SO** 9 D 9
Leffe **BG** 22 E 11
Legnago **VR** 24 G 15
Legnano **MI** 20 F 8
Legnaro **PD** 24 F 17
Legnone (Monte) **SO** 9 D 10
Legoli **PI** 43 L 14
Legri **FI** 39 K 15
Lei **NU** 115 G 8
Lei (Lago di) **SO** 9 C 10
Lei (Valle di) **SO** 9 C 10
Leia **VT** 57 O 17
Leifers / Làives **BZ** 12 C 16
Leinì **TO** 19 G 5
Leivi **GE** 37 I 9
L'Elefante **SS** 111 E 8
Lella (Masseria) **TA** 79 F 34
Lelo (Monte) **KR** 87 I 32
Lema (Monte) **VA** 8 D 8
Lemene **VE** 16 E 20
Lemie **TO** 18 G 3
Lemina **TO** 27 H 4
Lemma **CN** 26 I 4
Lemme **AL** 28 H 8
Lempa **TE** 53 N 22
Lena (Punta) **ME** 95 K 27
Lendinara **RO** 32 G 16
Leni **VS** 118 I 7
Leni **ME** 94 L 26
Lenna **BG** 9 E 11
Lenno **CO** 9 E 9
Leno **BS** 22 F 12
Lenola **LT** 64 R 22
Lenta **VC** 20 F 7
Lentate sul Seveso **MI** 21 E 9
Lentiai **BL** 12 D 18
Lentigione **RE** 30 H 13
Lentini **SR** 105 P 27
Lentini (Serbatoio di) **CT** 104 P 26
Lentiscosa **SA** 84 G 28
Lentula **PT** 39 J 15
Leo **MO** 39 J 14
Leofreni **RI** 59 P 21
Leone (Monte) **VB** 7 D 6
Leone (Pizzo del) **PA** 98 N 22
Leonessa **RI** 58 O 20
Leonessa (Sella di) **RI** 59 O 21
Leonforte **EN** 100 O 25
Leoni (Monte) **GR** 49 N 15
Leontinoi **SR** 105 P 27
Leopardi **NA** 74 E 25
Lepini (Monti) **RM** 63 R 20
Leporano **TA** 79 F 33
Lequile **LE** 81 G 36
Lequio Berria **CN** 27 I 6
Lequio Tanaro **CN** 27 I 5
Lercara Bassa **PA** 98 N 22
Lercara Friddi **PA** 98 N 22
Lerchi **PG** 45 L 18
Lerici **SP** 38 J 11
Lerma **AL** 28 I 8
Lerno (Monte) **SS** 111 F 9
Lernu (Su) **OT** 113 E 10
Lesa **NO** 20 E 7
Lese **CS** 87 I 32
Lesegno **CN** 35 I 5
Lesignano de' Bagni **PR** 30 I 12
Lesima (Monte) **PC** 29 H 9
Lesina **FG** 66 B 28
Lesina (Lago di) **FG** 66 B 28
Lesmo **MI** 21 F 9
Lessini (Monte) **VR** 23 E 15
Lessolo **TO** 19 F 5
Lestans **PN** 14 D 20
Lestizza **UD** 16 E 21
Letegge (Monte) **MC** 52 M 21
Letino **CE** 65 R 24
Letojanni **ME** 90 N 27
Lettere **NA** 75 E 25
Lettomanoppello **PE** 60 P 24
Lettopalena **CH** 60 P 24
Levada **PD** 24 F 18
Levada **TV** 16 E 19
Levaldigi **CN** 27 I 4
Levane **AR** 44 L 16
Levanna **TO** 18 F 3
Levante (Riviera di) **SP** 37 J 9
Levanto **SP** 37 J 10
Levanzo **TP** 96 N 19
Levanzo (Isola) **TP** 96 M 18
Levata **CR** 22 G 12
Levate **BG** 21 F 10
Leverano **LE** 83 G 36
Leverogne **AO** 18 E 3
Levi-Molinari **TO** 18 G 2
Levice **CN** 27 I 6
Levico Terme **TN** 12 D 15
Levigliani **LU** 38 J 12
Levone **TO** 19 G 4
Lezzeno **CO** 9 E 9
Liano **BO** 40 I 16
Liano **BS** 23 E 13
Liariis **UD** 5 C 20
Libbiano **PI** 49 M 14
Libeccio (Punta) **LI** 54 O 12
Libeccio (Punta) **TP** 96 N 18
Liberi **CE** 69 D 24
Libertinia **CT** 100 O 25
Libra (Monte) **CT** 104 O 25
Librari **TA** 79 G 34
Librizzi **ME** 100 M 26
Licata **AG** 103 P 23
Licciana Nardi **MS** 38 J 12
Licenza **RM** 58 P 20
Licodia Eubea **CT** 104 P 26
Licola Mare **NA** 69 E 24
Licosa (Isola) **SA** 75 G 26
Licosa (Monte) **SA** 75 G 26
Licosa (Punta) **SA** 75 G 26
Licusati **SA** 76 G 28
Lidi Ferraresi **FE** 33 H 18
Lido **LI** 48 N 13
Lido Adriano **RA** 41 I 18
Lido (Porto di) **VE** 16 F 19
Lido Azzurro **TA** 78 F 33
Lido Bruno **TA** 80 F 33
Lido Cannatello **AG** 103 P 22
Lido Cerano **BR** 81 F 36
Lido degli Estensi **FE** 33 I 18
Lido degli Scacchi **FE** 33 H 18
Lido dei Maronti **NA** 74 E 23
Lido dei Pini **RM** 62 R 19
Lido del Sole **FG** 67 B 29
Lido del Sole **OT** 113 E 10
Lido delle Conchiglie **LE** 83 G 36
Lido delle Nazioni **FE** 33 H 18
Lido delle Sirene **RM** 62 R 19
Lido di Camaiore **LU** 38 K 12
Lido di Campomarino **CB** 61 Q 27
Lido di Casalbordino **CH** 61 P 25
Lido di Castel Fusano **RM** 62 Q 18
Lido di Cincinnato **RM** 62 R 19
Lido di Classe **RA** 41 J 19
Lido di Dante **RA** 41 I 18
Lido di Faro **RM** 62 Q 18
Lido di Fermo **AP** 53 M 23
Lido di Jesolo **VE** 16 F 19
Lido di Lonato **BS** 22 F 13
Lido di Metaponto **MT** 78 F 32
Lido di Noto **SR** 105 Q 27
Lido di Ostia **RM** 62 Q 18
Lido di Pittulongu **OT** 109 E 10
Lido di Policoro **MT** 78 G 32
Lido di Pomposa **FE** 33 H 18
Lido di Portonuovo **FG** 67 B 30
Lido di Procida **NA** 74 E 24
Lido di Rivoli **FG** 67 C 29
Lido di S. Giuliano **TP** 96 M 19
Lido di Savio **RA** 41 J 19
Lido di Scanzano **MT** 78 G 32
Lido di Siponto **FG** 67 C 29
Lido di Spina **FE** 33 I 18
Lido di Tarquinia **VT** 57 P 17
Lido di Torre Mileto **FG** 66 B 28
Lido di Tortora **CS** 84 H 29
Lido di Venezia **VE** 25 F 19
Lido di Volano **FE** 33 H 18
Lido Gandoli **TA** 79 F 33
Lido Marausa **TP** 96 N 19
Lido Marini **LE** 83 H 36
Lido Quarantotto **MT** 78 G 32
Lido Riccio **CH** 60 O 25
Lido S. Angelo **CS** 87 I 31
Lido Signorino **TP** 96 N 19
Lido Silvana **TA** 79 F 34
Lierna **LC** 9 E 9
Lignana **VC** 20 G 7
Lignano (Monte) **AR** 45 L 17
Lignano Pineta **UD** 16 F 21
Lignano Riviera **UD** 16 F 21
Lignano Sabbiadoro **UD** 16 E 21
Ligonchio **RE** 38 J 13
Ligoncio (Pizzo) **SO** 9 D 10
Ligosullo **UD** 5 C 21
Lilibeo (Capo) **TP** 96 N 19
Lillaz **AO** 18 F 4
Lilliane **AO** 19 F 5
Lilliano **SI** 43 L 15
Lima **LU** 39 J 13
Limana **BL** 13 D 18
Limatola **BN** 70 D 25
Limbadi **VV** 88 L 29
Limbara (Monte) **OT** 111 E 9
Limbara (Passo del) **OT** 111 E 9
Limbiate **MI** 21 F 9
Limena **PD** 24 F 17
Limentra Inferiore **BO** 39 J 15
Limes **TN** 11 E 13
Limidario (Monte) **VB** 8 D 7
Limina **ME** 90 N 27
Limina (Monte) **RC** 88 L 30
Limite **FI** 43 K 14
Limito **MI** 21 F 9
Limo (Passo di) **BZ** 4 C 18
Limone Piemonte **CN** 35 J 4
Limone sul Garda **BS** 23 E 14
Limonetto **CN** 35 J 4
Limoni (Riveira dei) **CT** 101 O 27
Limosano **CB** 65 Q 25
Limpida (Serra la) **CS** 84 H 29
Limpiddu **OT** 113 E 11
Linaro **FO** 41 K 18
Linaro (Capo) **RM** 57 P 17
Linarolo **PV** 21 G 9
Linas (Monte) **VS** 118 I 7
L'Incontro **FI** 44 K 16
Lindinuso **BR** 81 F 36
Linera **CT** 101 O 27
Lingua **ME** 94 L 26
Linguaglossa **CT** 101 N 27
Lingueglietta **IM** 35 K 5
Linosa **AG** 102 T 20
Linosa (Isola di) **AG** 102 T 20
Lio Piccolo **VE** 16 F 19
Lioni **AV** 71 E 27
Lipari **ME** 94 L 26
Lipari (Isola) **ME** 94 L 26
Lippiano **PG** 45 L 18
Lippo (Pizzo) **ME** 100 N 25
Lipuda **KR** 87 I 33
Liri **AQ** 63 Q 21
Liro **SO** 9 C 10
Lis (Colle del) **TO** 18 G 4
Lisca Bianca (Isola) **ME** 94 L 27
Liscate **MI** 21 F 10
Liscia **CH** 61 Q 25
Liscia **OT** 109 D 9
Liscia (Lago della) **OT** 109 E 9
Lisciano **RI** 58 O 20
Lisciano Niccone **PG** 51 M 18
Liscione (Lago del) **CB** 65 Q 26
Lisignago **TN** 11 D 15
Lissone **MI** 21 F 9
Lissone (Rifugio) **BS** 10 D 13
Liternum **NA** 69 E 24
Littu Petrosu (Punta) **OT** 109 E 10
Liuru (Monte) **CA** 119 J 10
Livenza **PN** 13 D 19
Liveri **NA** 70 E 25
Lividonia (Punta) **GR** 55 O 15
Livigno **SO** 2 C 12
Livigno (Forcola di) **SO** 10 C 12
Livigno (Valle di) **SO** 2 C 12
Livo **CO** 9 D 9
Livo **TN** 11 C 15
Livorno **LI** 42 L 12
Livorno Ferraris **VC** 19 G 6
Livraga **LO** 21 G 10
Lizzanello **LE** 81 G 36
Lizzano **PT** 39 J 14
Lizzano **TA** 79 F 34
Lizzano in Belvedere **BO** 39 J 14
Lizzola **BG** 10 D 12
Loano **SV** 35 J 6
Loazzolo **AT** 28 H 6
Lobbi **AL** 28 H 8
Lobbia Alta **TN** 11 D 13
Lobbie (Cima delle) **CN** 26 I 3
Lobia **VR** 24 F 15
Locana **TO** 19 F 4
Locana (Valle di) **TO** 19 F 4
Locate di Triulzi **MI** 21 F 9
Locatelli (Rifugio) **BZ** 4 C 18
Locati **PA** 99 N 24
Loceri **OG** 117 H 10
Loco **GE** 29 I 9
Locoe **NU** 116 G 10
Locone **BA** 72 E 30
Loconia **BA** 72 D 29
Locorotondo **BA** 80 E 33
Locri **RC** 91 M 30
Locri Epizefiri **RC** 91 M 30
Loculi **NU** 117 F 10
Lodè **NU** 113 F 10
Lodi **LO** 21 G 10
Lodi Vecchio **LO** 21 G 10
Lodignano (Sella di) **PR** 30 I 12
Lodine **NU** 115 G 9
Lodrino **BS** 22 E 12
Lodrone **TN** 23 E 13
Loelle **OT** 111 F 9
Loggio (Monte) **AR** 45 K 18
Lograto **BS** 22 F 12
Logudoro **SS** 111 F 8
Loiano **BO** 40 J 15
Loiri **OT** 113 E 10
Lollove **NU** 115 F 9
Lomaso **TN** 11 D 14
Lomazzo **CO** 21 E 9
Lombai **UD** 15 D 22
Lombarda (Colle di) **CN** 34 J 3
Lombardi **VT** 57 P 17
Lombardore **TO** 19 G 5
Lombriasco **TO** 27 H 4
Lomellina **PV** 20 G 7
Lomello **PV** 28 G 8
Lonate Ceppino **VA** 20 E 8
Lonate Pozzolo **VA** 20 F 8
Lonato **BS** 22 F 13
Loncon **VE** 16 E 20
Londa **FI** 40 K 16
Longa **VI** 24 E 16
Longa (Serra) **SA** 76 G 29
Longano **IS** 65 R 24
Longara **VI** 24 F 16
Longare **VI** 24 F 16
Longarini (Pantano) **SR** 107 Q 27
Longarone **BL** 13 D 18
Longastrino **FE** 32 I 18
Longega / Zwischenwasser **BZ** 4 B 17
Longerin (Crode dei) **BL** 5 C 19
Longhena **BS** 22 F 12
Longhi **VI** 12 E 15
Longi **ME** 100 M 26
Longiano **FO** 41 J 18
Longiarù / Campill **BZ** 4 C 17
Longobardi **CS** 86 J 30
Longobardi Marina **CS** 86 J 30
Longobucco **CS** 85 I 31
Longone al Segrino **CO** 21 E 9
Longone Sabino **RI** 58 P 20
Longoni (Rifugio) **SO** 10 D 11
Longu **CA** 119 J 9
Lonigo **VI** 24 F 16
Loppio **TN** 11 E 14
Loranzè **TO** 19 F 5
L'Orecchia di Lepre **BZ** 3 C 14
Loreggia **PD** 24 F 17
Loreggiola **PD** 24 F 17
Lorenzago di Cadore **BL** 5 C 19
Lorenzana **PI** 43 L 13
Lorenzatico **BO** 31 I 15
Loreo **RO** 33 G 18
Loretello **AN** 46 L 20
Loreto **AN** 47 L 22
Loreto Aprutino **PE** 60 O 23
Loria **TV** 24 E 17
Lorica **CS** 86 J 31
Lorio (Monte) **SO** 10 D 12
Lornano **SI** 43 L 15
Loro Ciuffenna **AR** 44 L 16
Loro Piceno **MC** 52 M 22
Lorsica **GE** 37 I 9
Losa (Abbasanta) **OR** 115 G 8
Losciale-Garrappa **BA** 80 E 34
Loseto **BA** 73 D 32
Losine **BS** 10 E 12
Lotzorai **OG** 117 H 10
Lova **VE** 25 G 18
Lovadina **TV** 25 E 18
Lovello (Monte) / Groß Löffler **BZ** 4 A 17
Lovere **BG** 22 E 12
Lovero **SO** 10 D 12
Lovoleto **BO** 32 I 16
Lozio **BS** 10 E 12
Lozze (Monte) **VI** 12 E 16
Lozzo Atestino **PD** 24 G 16
Lozzo di Cadore **BL** 5 C 19
Lozzolo **VC** 20 F 6
Lu **AL** 28 G 7
Lubriano **VT** 57 O 18
Lucca **LU** 38 K 13
Lucca Sicula **AG** 97 O 21
Lucchio **LU** 39 J 14
Lucco (Monte) **SI** 44 L 16
Lucedio **VC** 20 G 6
Lucera **FG** 66 C 28
Lucignano **AR** 50 M 17
Lucignano d'Arbia **SI** 50 M 16
Lucinico **GO** 17 E 22
Lucino **CO** 21 E 9
Lucito **CB** 65 Q 26
Luco (Monte) **AQ** 59 O 22
Luco dei Marsi **AQ** 59 Q 22
Luco (Monte) **BZ** 3 C 15
Lucolena **FI** 44 L 16
Lucoli **AQ** 59 P 22
Lucrezia **PS** 46 K 20
Lucugnano **LE** 83 H 36
Ludu (Genna su) **OG** 119 H 10
Lüsen / Luson **BZ** 4 B 17
Lugagnano **VR** 23 F 14
Lugagnano Val d'Arda **PC** 30 H 11
Lugano (Lago di) **VA** 8 E 8
Luggerras (Cuccuru) **OG** 119 I 10
Lugnano **PG** 45 L 18
Lugnano in Teverina **TR** 58 O 18
Lugnola **RI** 58 O 19
Lugo **RA** 40 I 17
Lugo **RE** 39 I 13
Lugo **VE** 25 F 18
Lugo **VR** 23 F 14
Lugo di Vicenza **VI** 24 E 16
Lugosano **AV** 70 E 26
Lugugnana **VE** 16 E 20
Lugugnano **PR** 38 I 12
Luicciana **PO** 39 J 15
Luino **VA** 8 E 8
Lula **NU** 113 F 10
Lumarzo **GE** 37 I 9
Lumbaldu **SS** 111 E 8
Lumezzane **BS** 22 F 12
Lumiei **UD** 13 C 20
Luminaria (Pizzo) **ME** 100 N 25
Lumini **VR** 23 F 14
Luna (Alpe della) **AR** 45 L 18
Luna (Cala di) **OG** 117 G 10
Lunamatrona **VS** 118 I 8
Lunano **PS** 45 K 19
Lunella (Punta) **TO** 18 G 3
Lunga (Cala) **CI** 120 J 7
Lunga (Serra) **AQ** 64 Q 22
Lungavilla **PV** 29 G 9
Lunghezza **RM** 62 Q 20
Lungo (Lago) **LT** 68 S 22
Lungo (Lago) **RI** 58 O 20
Lungo (Sasso) **BZ** 4 C 17
Lungro **CS** 85 H 30
Luni **SP** 38 J 12
Lunigiana **MS** 38 J 11
Luogosano **AV** 70 E 26
Luogosanto **OT** 109 D 9
Lupara **CB** 65 Q 26
Lupara **FG** 72 C 29
Lupara (Masseria) **PZ** 72 E 29
Lupia **VI** 24 F 16
Lupicino / Wölfl **BZ** 12 C 16
Lupo (Portella del) **PA** 99 N 23
Lupo (Valico di) **FG** 67 B 30
Lupone (Monte) **RM** 63 R 20
Lura **CO** 21 E 9
Lurago d'Erba **CO** 21 E 9
Lurago Marinone **CO** 21 E 8
Luras **OT** 109 E 9
Lurate Caccivio **CO** 21 E 9
Luretta **PC** 29 H 10
Luriano **SI** 49 M 15
Lurisia **CN** 35 J 5
Luseney (Becca di) **AO** 7 E 4
Luserna **TN** 12 E 15
Luserna S. Giovanni **TO** 26 H 3
Lusevera **UD** 15 D 21
Lusia **RO** 32 G 16
Lusia (Passo di) **TN** 12 C 17
Lusiana **VI** 24 E 16
Lusiglié **TO** 19 G 5
Luson / Lüsen **BZ** 4 B 17
Lustignano **PI** 49 M 14
Lustra **SA** 75 G 27
Lusurasco **PC** 30 H 11
Lutago / Luttach **BZ** 4 B 17
Lutirano **FI** 40 J 17
Lutrano **TV** 16 E 19
Luttach / Lutago **BZ** 4 B 17
Luzzara **RE** 31 H 14
Luzzi **CS** 85 I 30
Luzzogno **VB** 8 E 7
Lys **AO** 19 F 5
Lyskamm **AO** 7 E 5

M

Macaion (Monte) / Gantkofel **BZ** 3 C 15
Macalube (Vulcanelli di) **AG** 103 O 22
Macari **TP** 97 M 20
Maccabei **BN** 70 D 26
Maccacari **VR** 31 G 15
Maccagno **VA** 8 D 8
Maccarese **RM** 62 Q 18
Maccarese (Bonifica di) **RM** 62 Q 18
Macchia **CT** 101 N 27
Macchia **CS** 85 I 31
Macchia (Coppa della) **FG** 67 B 29
Macchia da Sole **TE** 53 N 22
Macchia di Monte **BA** 80 E 33
Macchia d'Isernia **IS** 65 R 24
Macchia Rotonda **FG** 67 C 29
Macchia Valfortore **CB** 66 C 26
Macchiagodena **IS** 65 R 25
Macchialunga (Monte) **TR** 58 O 20
Macchiareddu **CA** 118 J 9
Macchiascandona **GR** 49 N 14
Macchiatornella **TE** 59 O 22
Macchie **PG** 51 M 18
Macchie **TR** 58 O 19
Macchina Lagana **RC** 88 L 30
Macchioni **FR** 63 R 22
Macciano **PG** 51 N 19
Macciano **SI** 50 M 17
Macconi (i) **RG** 104 Q 25
Macello **TO** 26 H 4
Mácera di Morte **TE** 52 N 22
Macerata **MC** 52 M 22
Macerata **PI** 42 L 13
Macerata Campania **CE** 69 D 24
Macerata Feltria **PS** 41 K 19
Macere **RM** 63 Q 20
Macereto (Ponte) **SI** 50 M 15
Macereto (Santuario di) **MC** 52 N 21
Macerino **TR** 51 N 19
Macerone **FO** 41 J 19
Maciano **PS** 41 K 18
Macina **MC** 53 M 22
Macinoli (Monte) **CA** 119 J 10
Maclodio **BS** 22 F 12
Macomer **NU** 115 G 8
Macra **CN** 26 I 3
Macugnaga **VB** 7 E 5
Maddalena **SV** 28 I 7
Maddalena (Arcipelago della) **OT** 109 D 10
Maddalena (Colle della) **TO** 26 I 2
Maddalena (Colle della) **TO** 27 G 5
Maddalena (Isola) **OT** 109 D 10
Maddalena (Monte) **BS** 22 F 12
Maddalena (Monti della) **PZ** 76 F 28
Maddalena (Penisola della) **SR** 105 P 27
Maddalena Spiaggia **CA** 118 J 9
Maddalene **CN** 27 I 4
Maddaloni **CE** 70 D 25
Madesimo **SO** 9 C 10
Madone **BG** 21 F 10
Madonna **AT** 28 H 7
Madonna Candelecchia **AQ** 64 Q 22
Madonna dei Bagni (Deruta) **PG** 51 N 19
Madonna dei Fornelli **BO** 39 J 15
Madonna dei Miracoli **BA** 72 D 30
Madonna dei Monti **PG** 51 L 19
Madonna del Buon Cammino **BA** 73 E 31
Madonna del Buonconsiglio **CL** 104 P 25
Madonna del Carmine **SA** 76 F 28
Madonna del Carmine dei Furi **TA** 73 F 32
Madonna del Furi **PA** 97 M 21
Madonna del Ghisallo **LC** 9 E 9
Madonna del Monte **FO** 41 J 18
Madonna del Monte **PG** 52 N 20
Madonna del Monte Vivo **SA** 76 F 28
Madonna del Pettoruto **CS** 85 H 29
Madonna del Piano **CT** 104 P 25
Madonna del Ponte **PS** 46 K 21
Madonna del Sasso **NO** 20 E 7
Madonna della Cava **TP** 96 N 19
Madonna della Cima **PG** 46 L 19
Madonna della Civita **LT** 64 S 22
Madonna della Lanna **AQ** 64 Q 23
Madonna della Libera **TP** 97 N 20
Madonna della Neve **PG** 52 N 21
Madonna della Pace **RM** 63 Q 21

Madonna della Quercia VT 57 O 18
Madonna della Scala BA 73 E 33
Madonna della Scala (Santuario della) TA 78 F 33
Madonna della Stella PZ 77 G 30
Madonna della Valle PG 51 N 19
Madonna dell'Acero BO 39 J 14
Madonna dell'Acqua PI 42 K 13
Madonna dell'Alto TP 97 N 20
Madonna dell'Ambro AP 52 N 21
Madonna dell'Auricola FR 63 R 22
Madonna delle Grazie PD 24 G 18
Madonna di Baiano PG 51 N 20
Madonna di Campiglio TN 11 D 14
Madonna di Canneto CB 65 Q 25
Madonna di Canneto FR 64 Q 23
Madonna di Costantinopoli SA 76 F 27
Madonna di Cristo FG 67 C 28
Madonna di Fatima SS 111 F 9
Madonna di Gaspreano MC 52 M 21
Madonna di Mellitto BA 73 E 31
Madonna di Monserrato LI 48 N 13
Madonna di Novi Velia SA 76 G 28
Madonna di Pergamo MT 77 F 30
Madonna di Piano PS 46 L 20
Madonna di Picciano MT 72 E 31
Madonna di Pietralba BZ 12 C 16
Madonna di Porto Salvo AG 102 U 19
Madonna di Pugliano PS 41 K 19
Madonna di Ripalta FG 72 D 29
Madonna di S. Luca BO 40 I 15
Madonna di Senales / Unserfrau BZ 3 B 14
Madonna di Sterpeto BA 72 D 30
Madonna di Stignano (Santuario della) FG 66 B 28
Madonna di Tirano SO 10 D 12
Madonna di Viatosto AT 27 H 6
Madonna di Viggiano PZ 77 F 29
Madonnino SI 50 M 17
Madonnuzza (Portella) PA 99 N 24
Madrano TN 11 D 15
Mae BL 13 D 18
Maenza LT 63 R 21
Maerne VE 25 F 18
Maestrale (Stagno di) CI 120 K 7
Maestrello PG 51 M 18
Mafalda CB 61 Q 26
Maffiotto TO 18 G 3
Magaggiaro (Monte) AG 97 N 20
Magasa BS 23 E 13
Magazzino MO 31 I 15
Magazzolo PA 98 O 22
Magdeleine (la) AO 7 E 4
Magenta MI 20 F 8
Maggio LC 9 E 10
Maggio (Monte) PG 52 M 20
Maggio (Monte) SI 44 L 15
Maggiora NO 20 E 7
Maggiorasca (Monte) GE 29 I 10
Maggiore (Isola) (L. Trasimeno) PG 51 M 18
Maggiore (Lago) VA 8 E 7
Maggiore (Monte) CE 69 D 24
Maggiore (Monte) GR 57 O 16
Maggiore (Monte) PG 52 N 20
Maggiore (Punta) OT 113 E 10
Maggiore (Serra) MT 78 G 31
Magherno PV 21 G 9
Magisano CZ 87 J 31
Magliano Alfieri CN 27 H 6
Magliano Alpi CN 27 I 5
Magliano de' Marsi AQ 59 P 22
Magliano di Tenna AP 53 M 22
Magliano in Toscana GR 56 O 15
Magliano Romano RM 58 P 19
Magliano Sabina RI 58 O 19
Magliano Vetere SA 76 F 27
Magliati (Masseria) TA 78 F 32
Maglie LE 83 G 36
Magliolo SV 35 J 6
Magnacavallo MN 31 G 15
Magnago MI 20 F 8
Magnano BI 19 F 6
Magnano PZ 77 G 30
Magnano in Riviera UD 14 D 21
Magnisi (Penisola) SR 105 P 27
Magnola (Monte della) AQ 59 P 22
Magnolini (Rifugio) BG 10 E 12
Magomadas OR 114 G 7
Magra MS 38 I 11
Magras TN 11 C 14
Magré s. str. d. vino / Magreid BZ 11 D 15
Magredis UD 15 D 21
Magreglio CO 9 E 9
Magreid a. d. Weinstraße / Magré BZ 11 D 15
Magreta MO 31 I 14
Magugnano VT 57 O 18
Magusu (Punta) VS 118 I 7
Mai (Monte) SA 70 E 26
Maiano PG 51 N 20
Maiano PS 41 K 18
Maiano Monti RA 40 I 17
Maida CZ 88 K 31
Maida Marina CZ 88 K 30
Maiella (Montagna della) CH 60 P 24
Maiella (Parco Nazionale della) CH 60 Q 24
Maielletta (la) CH 60 P 24
Maierà CS 84 H 29
Maierato VV 88 K 30
Maiern / Masseria BZ 3 B 15
Maiero FE 32 H 17
Maiolati Spontini AN 46 L 21
Maiolo PC 29 H 10
Maiorana (Masseria) BA 72 E 31
Maiori SA 75 F 25
Maiori OT 109 E 9
Maiori (Monte) OR 118 H 8
Maira (Torrente) CN 26 I 3
Maira (Valle) CN 26 I 3
Mairago LO 21 G 10
Mairano BS 22 F 12
Maissana SP 37 I 10
Majano UD 14 D 21
Mal di Ventre (Isola di) OR 114 H 6
Malacalzetta CI 118 I 7
Maladecia (Punta) CN 34 J 3
Malagnino CR 30 G 12
Malagrotta RM 62 Q 19
Malaina (Monte) FR 63 R 21
Malalbergo BO 32 H 16
Malamocco VE 25 F 19
Malamocco (Porto di) VE 25 F 18
Malara (Monte) AV 71 D 27
Malborghetto UD 15 C 22
Malcesine VR 23 E 14
Malchina TS 17 E 22
Malciaussia TO 18 G 3
Malcontenta VE 25 F 18
Malé TN 11 C 14
Malegno BS 10 E 12
Malenco (Val) SO 10 D 11
Maleo LO 22 G 11
Malesco VB 8 D 7
Maletto CT 100 N 26
Malfa ME 94 L 26
Malfatano (Capo) CA 120 K 8
Malga Bissina (Lago di) TN 11 D 13
Malga Boazzo (Lago di) TN 11 D 13
Malga dei Dossi / Knutten-Alm BZ 4 B 18
Malga di Valmaggiore TN 12 D 16
Malga Fana BZ 4 B 16
Malga Movlina TN 11 D 14
Malga Prato / Wieser Alm BZ 4 A 18
Malga Pudio / Pidig Alm BZ 4 B 18
Malga Sadole TN 12 D 16
Malghera SO 10 C 12
Malgrate LC 9 E 10
Malignano SI 49 M 15
Malina UD 15 D 21
Malinvern (Testa) CN 34 J 3
Malito CS 86 J 30
Mallare SV 36 J 6
Màllero SO 10 D 11
Malles Venosta / Mals BZ 2 B 13
Malnate VA 20 E 8
Malnisio PN 13 D 19
Malo VI 24 F 16
Malonno BS 10 D 12
Malopasseto (Passo) EN 99 N 24
Malosco TN 11 C 15
Malpaga BG 22 F 11
Malpaga BS 22 F 12
Mals / Malles Venosta BZ 2 B 13
Maltignano AP 53 N 23
Maltignano PG 52 N 21
Malu CA 118 I 8
Malvagna ME 100 N 27
Malvicino AL 28 I 7
Malvito CS 85 I 30
Malvizza AV 70 D 27
Malvizzo (Monte) AG 103 P 23
Mamiano PR 30 H 13
Mammola RC 88 L 30
Mamoiada NU 115 G 9
Mamone NU 113 F 10
Mamusi OT 113 E 10
Manacore FG 67 B 30
Manara (Punta) GE 37 J 10
Manarola SP 37 J 11
Manciano GR 56 O 16
Mancuso (Monte) CZ 86 J 30
Mandanici ME 90 M 27
Mandarini (Portella) PA 99 N 24
Mandas CA 119 I 9
Mandatoriccio CS 87 I 32
Mandatoriccio-Campana (Stazione di) CS 87 I 32
Mandela RM 58 P 20
Mandello del Lario LC 9 E 9
Mandello Vitta NO 20 F 7
Mandolossa BS 22 F 12
Mandra de Caia (Punta) NU 116 G 10
Mandrazzi (Portella) ME 101 N 27
Mandria Luci CS 85 H 30
Mandriole RA 33 I 18
Mandrioli (Passo dei) FO 45 K 17
Mandriolo (Cima) VI 12 E 16
Mandrogne AL 28 H 8
Mandrolisai NU 115 G 9
Mandrone (Monte) BS 11 D 13
Manduria TA 79 F 34
Manerba del Garda BS 23 F 13
Manerbio BS 22 F 12
Manfredonia FG 67 C 29
Manfredonia (Golfo di) FG 67 C 30
Manfredonico (Mussomeli) CL 99 O 23
Manfria CL 103 P 24
Manganaro (Bivio) PA 98 N 22
Mangari (Monte) UD 15 C 22
Manghen (Passo) TN 12 D 16
Mangiante (Portella) PA 99 N 23
Mangiatoriello (Pizzo) PA 98 N 22
Mango CN 27 H 6
Mangone CS 86 J 30
Maniace (Abbazia di) CT 100 N 26
Maniago PN 13 D 20
Maniago (Rifugio) PN 13 D 19
Maniglia (Monte) CN 26 I 2
Maniva (Passo del) BS 22 E 13
Mannuad (Est di Teulada) CA 121 K 8
Mannu (a Nord di Nuoro) NU 115 F 9
Mannu (ad Ovest di Siniscola) NU 113 F 10
Mannu (a Sud di Terralba) SS 118 I 8
Mannu (Fluminimaggiore) CI 118 I 7
Mannu (vicino a Cuglieri) OR 114 G 7
Mannu (vicino a Narcao) CI 118 J 8
Mannu (vicino ad Ozieri) SS 111 F 8
Mannu (vicino a Samugheo) OR 115 H 8
Mannu (vicino a Santadi) CI 118 J 8
Mannu (vicino a Sassari) SS 110 F 7
Mannu (vicino a Villasor) VS 118 I 8
Mannu (Capo) OR 114 G 7
Mannu (Capo) SS 110 E 6
Mannu (Monte) OR 114 F 7
Mannu della Reale (Porto) SS 108 D 6
Manocalza AV 70 E 26
Manolino CN 35 J 5
Manoppello PE 60 P 24
Manoppello Scalo PE 60 P 24
Mansué TV 16 E 19
Manta CN 27 I 4
Mantignana PG 51 M 18
Mantova MN 31 G 14
Manzano UD 17 E 22
Manziana RM 57 P 18
Manzolino MO 31 I 15
Mapello BG 21 E 10
Mappa CL 99 O 23
Mara SS 115 F 7
Maracalagonis CA 119 J 9
Maragnole VI 24 E 16
Marana AQ 59 O 21
Marane AQ 60 P 23
Maranello MO 31 I 14
Marano BO 39 J 15
Marano (Laguna di) UD 16 E 21
Marano (Torrente) RN 41 K 19
Marano di Napoli NA 69 E 24
Marano Equo RM 59 Q 21
Marano Lagunare UD 16 E 21
Marano Marchesato CS 86 J 30
Marano Principato CS 86 J 30
Marano sul Panaro MO 39 I 14
Marano Ticino NO 20 F 7
Marano Valpolicella VR 23 F 14
Marano Vicentino VI 24 E 16
Maranola LT 64 S 22
Maranza / Meransen BZ 4 B 16
Maranzana AT 28 H 7
Maraone (Isola) TP 96 N 19
Marargiu (Capo) NU 114 F 7
Marasca (Colle) CB 65 Q 25
Maratea PZ 84 H 29
Maratea (Grotta di) PZ 84 H 29
Marausa TP 96 N 19
Marazzino OT 109 D 9
Marcallo MI 20 F 8
Marcanzotta TP 96 N 19
Marcaria MN 31 G 13
Marcato Bianco EN 103 O 24
Marcato d'Arrigo CL 103 O 24
Marcatobianco PA 99 N 23
Marceddi OR 118 H 7
Marceddi (Stagno di) OR 118 H 7
Marcedusa CZ 87 J 32
Marcelinara CZ 88 K 31
Marcelli AN 47 L 22
Marcellina CS 84 H 29
Marcellina RM 58 P 20
Marcellise VR 23 F 15
Marcetelli RI 59 P 21
Marcheno BS 22 E 12
Marchesa (Masseria la) FG 66 B 27
Marchesato KR 87 J 32
Marchese (Punta del) LI 54 O 12
Marchetti (Rifugio) TN 11 E 14
Marchiazza VC 20 F 7
Marchione (Castello) BA 73 E 33
Marchioni (Masseria) LE 79 G 35
Marchirolo VA 8 E 8
Marciana LI 48 N 12
Marciana Marina LI 48 N 12
Marcianise CE 69 D 24
Marciano AR 44 K 17
Marciano della Chiana AR 50 M 17
Marciaso MS 38 J 12
Marcignago PV 21 G 9
Marcignana FI 43 K 14
Marcignano PG 45 L 18
Marco TN 23 E 15
Marcolano (Monte) AQ 64 Q 23
Marcon VE 25 F 18
Marconi (Mausoleo di G.) BO 39 I 15
Marconia MT 78 F 32
Mardimago RO 32 G 17
Mare Grande TA 78 F 33
Mare Piccolo TA 79 F 33
Mare (Portella di) PA 99 N 23
Mare (Val de la) TN 11 C 14
Marebbe / Enneberg BZ 4 B 17
Marebello RN 41 J 19
Marecchia PS 41 K 18
Marechiaro NA 69 E 24
Marega VR 24 G 16
Maremma GR 56 O 15
Maremma (Parco Naturale della) GR 55 O 15
Marene CN 27 I 5
Mareneve CT 100 N 27
Marengo AL 28 H 8
Marengo CN 27 I 6
Marengo MN 23 G 14
Mareno di Piave TV 13 E 19
Marentino TO 27 G 5
Marepotamo RC 88 L 30
Maresca PT 39 J 14
Mareson BL 13 C 18
Mareto PC 29 H 10
Marettimo TP 96 N 18
Marettimo (Isola) TP 96 N 18
Margana (Valle della) PA 98 N 22
Margarita CN 35 I 5
Marghera VE 25 F 18
Margherita di Savoia FG 72 C 30
Margherito Soprano CT 104 O 25
Margherito Sottano CT 104 O 25
Marghine (Catena di) NU 115 G 8
Margi SR 104 P 26
Margine di Momigno PT 39 K 14
Marginetto (Punta) OT 109 D 10
Marginone LU 39 K 14
Margno LC 9 D 10
Margone TO 18 G 3
Margorabbia VA 8 E 8
Marguareis (Punta) CN 35 J 5
Mari Ermi OR 114 H 7
Maria e Franco (Rifugio) BS 10 D 13
Maria Luisa (Rifugio) VB 8 C 7
Maria (Monte) CA 119 J 10
Mariana Mantovana MN 22 G 13
Mariano Comense CO 21 E 9
Mariano del Friuli GO 17 E 22
Marianopoli CL 99 O 23
Marigliano NA 70 E 25
Marilleva TN 11 D 14
Marina VE 16 E 20
Marina (Torrente) FI 39 K 15
Marina dei Ronchi MS 38 K 12
Marina del Cantone NA 74 F 25
Marina di Alberese GR 55 O 15
Marina di Amendolara CS 85 H 31
Marina di Andora SV 35 K 6
Marina di Andrano LE 83 H 37
Marina di Arbus VS 118 I 7
Marina di Ascea SA 76 G 27
Marina di Avola SR 105 Q 27
Marina di Belmonte CS 86 J 30
Marina di Belvedere CS 84 I 29
Marina di Bibbona LI 48 M 13
Marina di Camerota SA 84 G 28
Marina di Campo LI 48 N 12
Marina di Caronia ME 100 M 25
Marina di Carrara MS 38 J 12
Marina di Casal Velino SA 75 G 27
Marina di Castagneto-Donoratico LI 49 M 13
Marina di Caulonia RC 88 L 31
Marina di Cecina LI 48 M 13
Marina di Cetraro CS 85 I 29
Marina di Chieuti FG 66 B 27
Marina di Davoli CZ 89 L 31
Marina di Fuscaldo CS 86 I 30
Marina di Gairo OG 119 H 11
Marina di Gioia Tauro RC 88 L 29
Marina di Gioiosa Ionica RC 91 M 30
Marina di Grosseto GR 49 N 14
Marina di Lago di Patria CE 69 E 24
Marina di Lesina FG 66 B 28
Marina di Leuca LE 83 H 37
Marina di lu Impostu OT 113 E 11
Marina di Mancaversa LE 83 H 36
Marina di Maratea PZ 84 H 29
Marina di Massa MS 38 J 12
Marina di Melilli SR 105 P 27
Marina di Minturno LT 69 D 23
Marina di Modica RG 106 Q 26
Marina di Montemarciano AN 46 L 22
Marina di Montenero CB 61 P 26
Marina di Novaglie LE 83 H 37
Marina di Orosei NU 117 F 11
Marina di Ostuni BR 80 E 34
Marina di Palma AG 103 P 23
Marina di Palmi RC 88 L 29
Marina di Paola CS 86 I 30
Marina di Patti ME 100 M 26
Marina di Pescia Romana VT 56 O 16
Marina di Pescoluse LE 83 H 36
Marina di Pietrasanta LU 38 K 12
Marina di Pisa PI 42 K 12
Marina di Pisciotta SA 76 G 27
Marina di Pisticci MT 78 G 32
Marina di Pulsano TA 79 F 34
Marina di Ragusa RG 106 Q 25
Marina di Ravenna RA 33 I 18
Marina di S. Lorenzo RC 90 N 29
Marina di Salivoli LI 48 N 13
Marina di S. Antonio CZ 89 L 31
Marina di S. Ilario RC 91 M 30
Marina di S. Lorenzo RM 62 R 19
Marina di S. Vito CH 60 P 25
Marina di Sorso SS 110 E 7
Marina di Strongoli KR 87 J 33
Marina di Torre del Lago LU 38 K 12
Marina di Torre Grande OR 114 H 7
Marina di Varcaturo NA 69 E 24
Marina di Vasto CH 61 P 26
Marina di Zambrone VV 88 K 29
Marina Faleriense AP 53 M 23
Marina Grande NA 74 F 24
Marina Palmense AP 53 M 23
Marina Piccola NA 74 F 24
Marina Romea RA 33 I 18
Marina Roseto Capo Spulico CS 85 H 31
Marina Schiavonea CS 85 I 31
Marina Serra LE 83 H 37
Marina Velca VT 57 P 17
Marine di Posto Rossi LE 83 H 36
Marinella TP 97 O 20
Marinella VE 16 E 21
Marinella di Sarzana SP 38 J 12
Marinella (Golfo di) OT 109 D 10
Marinelli (Rifugio) SO 10 C 11
Marinelli (Rifugio) UD 5 C 20
Marineo PA 98 N 22
Marineo (Monte) CT 104 P 26
Marini (Rifugio) PA 99 N 24
Marino RM 62 Q 19
Marino (Monte) FO 40 K 17
Mariotti (Rifugio) PR 38 I 12
Mariotto BA 73 D 31
Maristella SS 110 F 6
Marlengo / Marling BZ 3 C 15
Marlia LU 39 K 13
Marliana PT 39 K 14
Marling / Marlengo BZ 3 C 15
Marmagna (Monte) PR 38 I 11
Marmarole (Gruppo delle) BL 4 C 18
Marmilla VS 118 H 8
Marmirolo MN 23 G 14
Marmitte (Parco delle) SO 9 D 10
Marmolada BL 12 C 17
Marmontana (Monte) CO 9 D 9
Marmora CN 26 I 3
Marmora (Punta la) OG 115 H 9
Marmorata (Isola la) OT 109 D 9
Marmore AO 19 E 4
Marmore TR 58 O 20
Marmore (Cascata delle) TR 58 O 20
Marmorta BO 32 I 17
Marmottere (Punta) TO 18 G 3
Marmuri (Su) OG 117 H 10
Marocco TV 25 F 18
Marogella (Passo della) BG 10 E 11
Maroglio CL 104 P 24
Marola RE 38 I 13
Marola VI 24 F 16
Marone BS 22 E 12
Maropati RC 88 L 30
Marostica VI 24 E 16
Marotta PS 46 K 21
Marozzo FE 33 H 18
Marradi FI 40 J 16
Marrara FE 32 H 17
Marro RC 88 L 29
Marroggia PG 51 N 20
Marrubiu OR 114 H 7
Mars (Monte) BI 19 F 5
Marsaglia CN 27 I 5
Marsaglia PC 29 H 10
Marsala TP 96 N 19
Marsala (Punta) TP 96 N 19
Marsciano PG 51 N 19
Marsia AQ 59 P 21
Marsiai BL 12 D 18
Marsicano (Monte) AQ 64 Q 23
Marsico Nuovo PZ 76 F 29
Marsicovetere PZ 77 F 29
Marsiliana GR 56 O 16
Marsure PN 13 D 19
Marta VT 57 O 17
Marta (Fiume) VT 57 O 17
Martana (Isola) VT 57 O 17
Martani (Monti) PG 51 N 19
Martano LE 83 G 36
Martano (Monte) PG 51 N 19
Martell / Martello BZ 2 C 14
Martellago VE 25 F 18
Martello / Martell BZ 2 C 14
Martello (Pizzo) SO 9 D 9
Martello (Val) BZ 2 C 14
Marti PI 43 L 14
Martignacco UD 14 D 21
Martignana di Po CR 30 G 13
Martignano LE 83 G 36
Martignano (Lago di) RM 58 P 18
Martina Franca TA 80 E 34
Martina Olba SV 28 I 7
Martinelle VE 33 G 18
Martinengo BG 22 F 11
Martinetto SV 35 J 6
Martinez (Case) CL 103 O 24

Martiniana Po CN 26 I 4
Martino (Poggio) VT 57 O 17
Martinsicuro TE 53 N 23
Martirano CZ 86 J 30
Martirano Lombardo CZ 86 J 30
Martis SS 111 E 8
Martone RC 88 L 30
Martorano FO 41 J 18
Maru ME 100 M 26
Maruggio TA 79 G 34
Marza RG 107 Q 26
Marzabotto BO 39 I 15
Marzamemi SR 107 Q 27
Marzano PV 21 G 9
Marzano Appio CE 64 S 24
Marzano di Nola AV 70 E 25
Marzeno FO 40 J 17
Marzettelle MN 31 H 14
Marzi CS 86 J 30
Marziano (il) BA 72 D 30
Marzio VA 8 E 8
Marzo (Monte) TO 19 F 4
Marzocca AN 46 K 21
Marzolara PR 30 I 12
Mas BL 13 D 18
Masainas CI 120 J 7
Masarè BL 12 C 18
Masarolis UD 15 D 22
Masate MI 21 F 10
Mascali CT 101 N 27
Mascalucia CT 100 O 27
Mascari SS 110 E 7
Maschito PZ 72 E 29
Maser TV 24 E 17
Masera VB 8 D 6
Maserà di Padova PD 24 G 17
Maserada sul Piave TV 25 E 18
Masi PD 32 G 16
Masi di Cavalese TN 12 D 16
Masi S. Giacomo FE 32 H 17
Masi Torello FE 32 H 17
Masiennera (Punta) SS 111 F 9
Masino SO 9 D 10
Masino (Torrente) SO 9 D 10
Masio AL 28 H 7
Maso Corto / Kurzras BZ 2 B 14
Mason Vicentino VI 24 E 16
Masone GE 28 I 8
Masone RE 31 H 14
Massa MS 38 J 12
Massa Annunziata CT 100 O 27
Massa d'Albe AQ 59 P 22
Massa e Cozzile PT 39 K 14
Massa Fermana AP 52 M 22
Massa Finalese MO 31 H 15
Massa Fiscaglia FE 32 H 18
Massa Lombarda RA 40 I 17
Massa Lubrense NA 74 F 25
Massa Marittima GR 49 M 14
Massa Martana PG 51 N 19
Massa S. Giorgio ME 90 M 28
Massaciuccoli LU 38 K 13
Massaciuccoli (Lago di) LU 38 K 13
Massafra TA 78 F 33
Massama OR 114 H 7
Massanzago PD 24 F 17
Massarella FI 43 K 14
Massarosa LU 38 K 13
Massazza BI 19 F 6
Massello TO 26 H 3
Massenzatica FE 33 H 18
Masserano BI 20 F 6
Masserecci (Poggio) AR 44 L 17
Masseria / Maiern BZ 3 B 15
Massico (Monte) CE 69 D 23
Massignano AP 53 M 23
Massimino SV 35 J 6
Massino Visconti NO 20 E 7
Massone (Monte) VB 8 E 7
Mastallone VC 8 E 6
Mastaun BZ 3 B 14
Mastixi (Punta su) NU 117 H 11
Masua CI 118 I 7
Masuccio (Monte) SO 10 D 12
Masullas OR 118 H 8
Mataiur (Monte) UD 15 D 22
Matarazzo (Monte) CL 99 O 24
Matarocco TP 96 N 19
Matelica MC 52 M 21
Matera MT 73 E 31
Materdomini AV 71 E 27
Matese (Lago del) CE 65 R 25
Matese (Monti del) CB 65 R 25
Mathi TO 19 G 4
Matigge PG 51 N 20
Matine di Latta (Masseria le) BA 72 D 31
Matinella SA 75 F 27
Matino LE 83 G 36
Matraia LU 39 K 13
Matrice CB 65 R 26
Matsch / Mazia BZ 2 B 13
Mattarana SP 37 J 10
Mattarello TN 11 D 15
Matterhorn / Cervino (Monte) AO 7 G 8
Mattie TO 18 G 3
Mattina (Monte) AV 71 E 28
Mattinata FG 67 B 30
Mattinata (Porto di) FG 67 B 30
Mattinatella FG 67 B 30
Mattinella AV 71 E 27
Matto (Monte) CN 34 J 3
Matzaccara CI 118 J 7
Maucini SR 107 Q 27
Mauls / Mules BZ 3 B 16
Mauria (Passo della) BL 5 C 19
Maurin (Colle de) CN 26 I 2
Mauro (Monte) CB 65 Q 26
Maxia (Punta) CI 118 J 8
Mazara del Vallo TP 96 O 19
Mazaro TP 96 N 19
Mazia / Matsch BZ 2 B 13
Mazia (Val di) BZ 2 B 13
Mazzangrugno AN 46 L 21
Mazzano Romano RM 58 P 19
Mazzarà S. Andrea ME 101 M 27
Mazzarino CL 103 P 24
Mazzarino (Castello di) CL 103 P 24
Mazzarò ME 90 N 27
Mazzarrone CT 104 P 25
Mazzarrone (Poggio) CT 104 P 25
Mazzè TO 19 G 5
Mazzi FO 41 K 18
Mazzin TN 4 C 17
Mazzo di Valtellina SO 10 D 12
Mazzolla PI 43 L 14
Mazzorno RO 33 G 18
Meana di Susa TO 18 G 3
Meana Sardo NU 115 H 9
Meano TN 11 D 15
Meano BL 12 D 18
Mecca TO 18 G 4
Meda MI 21 F 9
Meda VI 24 E 16
Medaris (Monte) SS 111 F 9
Medaro (Pizzo) VB 8 D 7
Medau (Genna 'e) OG 115 H 10
Medau Zirimilis (Lago di) CA 118 J 8
Mede PV 28 G 8
Medea GO 17 E 22
Medelana BO 39 I 15
Medesano PR 30 H 12
Medeuzza UD 17 E 22
Mediano PR 30 I 12
Medicina BO 40 I 16
Medico (Scoglio del) PA 92 K 21
Mediglia MI 21 F 9
Mediis UD 13 C 20
Mediterraneo (Lido) TP 96 N 19
Medolago BG 21 E 10
Medole MN 22 G 13
Medolla MO 31 H 15
Meduna PN 13 D 20
Meduna di Livenza TV 16 E 19
Meduno PN 13 D 20
Megara Hyblaea SR 105 P 27
Meggiano PG 52 N 20
Megliadino S. Fidenzio PD 24 G 16
Megliadino S. Vitale PD 24 G 16
Meia (Rocca la) CN 34 I 3
Meina NO 20 E 7
Mel BL 13 D 18
Mela ME 90 M 27
Melag / Melago BZ 2 B 13
Melago / Melag BZ 2 B 13
Melandro PZ 76 F 28
Melara RO 31 G 15
Melas SS 110 F 7
Melazzo AL 28 I 7
Meldola FO 41 J 18
Mele GE 36 I 8
Mele (Capo) SV 35 K 6
Meledo VI 24 F 16
Meledrio (Val) TN 11 D 14
Melegnanello LO 21 G 10
Melegnano MI 21 F 9
Melendugno LE 81 G 37
Meleta GR 49 M 15
Meleti LO 30 G 11
Meleto SI 44 L 16
Meletole RE 31 H 13
Mélezet TO 18 G 2
Melfa FR 64 R 22
Melfa (Fiume) FR 64 R 23
Melfi PZ 71 E 28
Melia ME 90 N 27
Melia RC 90 M 29
Melicuccà RC 90 M 29
Melicucco RC 88 L 30
Melilli SR 105 P 27
Melilli (Casa) SR 105 P 27
Melisenda OG 119 I 10
Melissa KR 87 J 33
Melissano LE 83 H 36
Melito RC 90 N 29
Melito Porto Salvo RC 90 N 29
Melito Irpino AV 70 D 27
Melito Irpino Vecchia AV 70 D 27
Melizzano BN 70 D 25
Mella BS 22 E 12
Melle CN 26 I 3
Mellea CN 27 I 4
Mello SO 9 D 10
Melogno (Colle di) SV 35 J 6
Meloria (Torre della) LI 42 L 12
Melosa (Colla) IM 35 K 5
Melpignano LE 83 G 36
Meltina / Mölten BZ 3 C 15
Melzo MI 21 F 10
Mená VR 32 G 16
Menaggio CO 9 D 9
Menago VR 23 G 15
Menarola SO 9 D 10
Menata FE 32 I 18
Menconico PV 29 H 9
Mendatica IM 35 J 5
Mendelpaß / Mendola (Passo della) TN 11 C 15
Mendicino CS 86 J 30
Mendola TP 97 N 20
Mendola (Fiume della) PA 98 N 22
Mendola (Passo d.) / Mendelpaß TN 11 C 15
Menegosa (Monte) PC 29 H 11
Menfi AG 97 O 20
Menga (Punta) CA 120 K 7
Mengara PG 51 M 19
Menotre PG 52 N 20
Mensa FO 41 J 18
Mensanello SI 43 L 15
Mensano SI 49 M 15
Menta (Pizzo la) AG 98 O 22
Mentana RM 58 P 19
Mentorella RM 63 Q 20
Menzano AQ 59 O 21
Meolo VE 16 F 19
Mera SO 9 D 10
Meran / Merano BZ 3 C 15
Merano 2000 BZ 3 B 15
Merano / Meran BZ 3 C 15
Meransen / Maranza BZ 4 B 16
Merate LC 21 E 10
Meraviglia (Monte) PG 52 N 21
Mercadante (Foresta di) BA 73 E 32
Mercallo VA 20 E 8
Mercante (Passo di) RC 88 M 30
Mercantour (Cima di) CN 34 J 3
Mercatale BO 40 I 16
Mercatale PS 45 K 19
Mercatale (vicino a Cortona) AR 51 M 18
Mercatale (vicino a Montevarchi) AR 44 L 16
Mercatale in Val di Pesa FI 43 L 15
Mercatello (vicino a Marsciano) PG 51 N 18
Mercatello (vicino a Montefalco) PG 51 N 20
Mercatello (Passo del) PC 29 I 10
Mercatello sul Metauro PS 45 L 19
Mercatino Conca PS 41 K 19
Mercato PR 30 I 12
Mercato SA 75 E 26
Mercato Cilento SA 75 G 27
Mercato S. Severino SA 70 E 26
Mercato Saraceno FO 41 K 18
Mercato Vecchio PS 41 K 19
Mercenasco TO 19 F 5
Merchis OR 115 G 8
Mercogliano AV 70 E 26
Mercore PC 30 H 11
Mercure CS 85 H 30
Mereto di Tomba UD 14 D 21
Mergo AN 46 L 21
Mergozzo VB 8 E 7
Mergozzo (Lago di) VB 8 E 7
Merì ME 95 M 27
Merine LE 81 G 36
Merizzo MS 38 J 11
Merlara PD 32 G 16
Merlino LO 21 F 10
Mernicco GO 15 D 22
Merone CO 21 E 9
Merse SI 49 M 15
Mesa LT 63 R 21
Mesa (Punta sa) OT 111 F 9
Mesagne BR 79 F 35
Meschio TV 13 E 19
Mesco (Punta) SP 37 J 10
Mescolino (Monte) FO 40 K 18
Mesiano VV 88 L 30
Mesima VV 88 L 30
Mesola FE 33 H 18
Mesola (Bosco della) FE 33 H 18
Mesoraca KR 87 J 32
Messignadi RC 91 M 29
Messina ME 90 M 28
Messina (Stretto di) ME 90 M 28
Mestre VE 25 F 18
Mestrino PD 24 F 17
Mesu 'e Roccas (Monte) OR 114 G 7
Mesule / Möseler BZ 4 B 17
Meta AQ 63 Q 22
Meta NA 74 F 25
Meta (Monti della) AQ 64 Q 23
Meta (Serra) RG 104 Q 26
Metaponto MT 78 F 32
Metapontum MT 78 F 32
Metato PI 42 K 13
Metato (Poggio) PI 49 L 14
Metauro PS 46 L 19
Metramo RC 88 L 30
Mezzalama (Rifugio) AO 7 E 5
Mezzana PI 42 K 13
Mezzana TN 11 D 14
Mezzana Bigli PV 28 G 8
Mezzana (Cima) TN 11 C 14
Mezzana Corti PV 29 G 9
Mezzana-Frido PZ 85 H 30
Mezzana Grande (Masseria) FG 66 C 27
Mezzana Rabattone PV 29 G 9
Mezzana-Salice PZ 85 H 30
Mezzane BS 22 F 13
Mezzane (Torrente) VR 23 F 15
Mezzane di Sotto VR 23 F 15
Mezzanego GE 37 I 10
Mezzanino LO 30 G 11
Mezzanino PV 29 G 9
Mezzano PC 30 G 11
Mezzano RA 41 I 18
Mezzano TN 12 D 17
Mezzano (Valle del) FE 32 H 17
Mezzano Inferiore PR 30 H 13
Mezzano (Lago di) VT 57 O 17
Mezzano Scotti PC 29 H 10
Mezzano Superiore PR 30 H 13
Mezzaselva VI 12 E 16
Mezzaselva / Mittewald BZ 3 B 16
Mezzocampo KR 87 I 32
Mezzocanale BL 13 D 18
Mezzocorona TN 11 D 15
Mezzogoro FE 33 H 18
Mezzoiuso PA 98 N 22
Mezzola (Lago di) SO 9 D 10
Mezzolago TN 11 E 14
Mezzolara BO 32 I 16
Mezzoldo BG 9 D 10
Mezzolombardo TN 11 D 15
Mezzomerico NO 20 F 7
Miale Ispina (Monte) SS 110 F 7
Miane TV 13 E 18
Miano FO 40 J 17
Miano TE 59 O 23
Miano (Monte) FG 66 C 27
Miasino NO 20 E 7
Miazzina VB 8 E 7
Micciano PI 49 M 14
Micheli (Rifugio) PR 38 I 12
Micigliano RI 59 O 21
Midia (Monte) AQ 59 P 21
Miemo PI 43 L 14
Miggiano LE 83 H 36
Migiana PG 51 M 18
Migiana di Monte Tezio PG 51 M 19
Migianella dei Marchesi PG 51 M 18
Migliana PO 39 K 15
Miglianico CH 60 O 24
Migliano PG 51 N 18
Migliara RE 30 I 13
Migliarina MO 31 H 14
Migliarino FE 32 H 17
Migliarino PI 42 K 12
Migliarino S. Rossore i Massaciuccoli (Parco Naturale) PI 42 K 12
Migliaro FE 32 H 17
Miglierina CZ 88 K 31
Miglionico MT 77 F 31
Mignagola TV 25 E 18
Mignanego GE 28 I 8
Mignano (Lago di) PC 30 H 11
Mignano Monte Lungo CE 64 R 23
Mignone VT 57 P 17
Milano MI 21 F 9
Milano-Linate (Aeroporto di) MI 21 F 9
Milano-Malpensa (Aeroporto di) VA 20 F 8
Milano Marittima RA 41 J 19
Milazzese (Punta) ME 94 L 27
Milazzo ME 95 M 27
Milazzo (Capo di) ME 95 M 27
Milazzo (Golfo di) ME 95 M 27
Milena CL 103 O 23
Mileto VV 88 L 30
Miletto (Monte) IS 65 R 25
Mili S. Pietro ME 90 M 28
Milia GR 49 M 14
Milianni ME 99 M 24
Milici ME 101 M 27
Milicia PA 98 N 22
Milione (Portella) AG 102 O 22
Milis OR 114 G 7
Militello in Val di Catania CT 104 P 26
Militello Rosmarino ME 100 M 26
Millesimo SV 35 I 6
Milo CT 101 N 27
Milzano BS 22 G 12
Mimola AQ 64 Q 23
Mincio MN 23 F 14
Mineo CT 104 P 26
Minerbe VR 24 G 16
Minerbio BO 32 I 16
Minerva (Monte) SS 110 F 7
Minervino di Lecce LE 83 G 37
Minervino Murge BA 72 D 30
Mingardo SA 76 G 28
Minniminni (Monte) CA 119 J 10
Minore SS 111 F 9
Minori SA 75 F 25
Minozzo RE 38 I 13
Minturnæ LT 69 D 23
Minturno LT 69 D 23
Minucciano LU 38 J 12
Mioglia SV 28 I 7
Mione UD 5 C 20
Mira VE 25 F 18
Mirabella VI 24 E 16
Mirabella Eclano AV 70 D 26
Mirabella Imbaccari CT 104 P 25
Mirabella (Pizzo) PA 97 M 21
Mirabello FE 32 H 16
Mirabello Monferrato AL 28 G 7
Mirabello Sannitico CB 65 R 26
Miradolo Terme PV 21 G 10
Miralago (Passo di) CE 65 R 25
Miramare RN 41 J 19
Miramare TS 17 E 23
Miranda IS 65 R 24
Mirandola MO 31 H 15
Mirano VE 25 F 18
Mirasole MN 31 G 14
Mirasole MI 21 F 9
Miratoio PS 45 K 18
Miravidi (Monte) AO 18 E 2
Miroglio CN 35 J 5
Mirra (Monte sa) CA 118 J 8
Mirto ME 100 M 26
Mirto Crosia CS 87 I 32
Mis BL 13 D 18
Mis TN 12 D 17
Mis (Canale del) BL 12 D 17
Mis (Lago del) BL 12 D 18
Misa AN 46 L 21
Misano Adriatico RN 41 K 20
Misano di Gera d'Adda BG 21 F 10
Misano Monte RN 41 K 19
Miscano AV 71 D 27
Misciano AR 45 L 17
Misegna MT 77 F 30
Miseno NA 69 E 24
Miseno (Capo) NA 69 E 24
Misericordia AR 50 L 17
Miserin (Lago) AO 19 F 4
Misilbesi (Portella) AG 97 O 20
Misilmeri PA 98 M 22
Misinto MI 21 F 9
Missaglia LC 21 E 10
Missanello PZ 77 G 30
Misserio ME 90 N 27
Missian / Missiano BZ 3 C 15
Missiano PG 51 M 18
Missiano / Missian BZ 3 C 15
Misterbianco CT 100 O 27
Mistras (Stagno di) OR 114 H 7
Mistretta ME 99 N 25
Misurina BL 4 C 18
Misurina (Lago di) BL 4 C 18
Mittertal / Val di Mezzo BZ 3 B 16
Mittewald / Mezzaselva BZ 3 B 16
Mizofato CS 85 I 31
Mizzole VR 23 F 15
Mocasina BS 22 F 13
Mocchie TO 18 G 3
Moccone CS 86 I 31
Moda (Pizzo della) ME 90 M 28
Modditzi (Punta sa) CA 119 I 10
Modena MO 31 I 14
Modesti (Masseria) BA 72 E 31
Modica RG 106 Q 26
Modica (Villa) RG 107 Q 26
Modigliana FO 40 J 17
Modione TP 97 O 20
Modolena RE 31 I 13
Modolo OR 114 G 7
Modugno BA 73 D 32
Mölten / Meltina BZ 3 C 15
Moena TN 12 C 16
Möseler / Mesule BZ 4 B 17
Moggio LC 9 E 10
Moggio Udinese UD 14 C 21
Moggiona AR 44 K 17
Moglia MN 31 H 14
Mogliano MC 52 M 22
Mogliano Veneto TV 25 F 18
Mogorella OR 115 H 8
Mogoro OR 118 H 8
Mogoro (Rio) OR 118 H 8
Moi (Col de) TV 13 D 18
Moiano PG 51 M 18
Moiano BN 70 D 25
Moiano NA 74 F 25
Moiazza (Monte) BL 12 C 18
Moie AN 46 L 21
Moimacco UD 15 D 22
Moio (Monte) SA 76 E 28
Moio Alcantara ME 100 N 27
Moio della Civitella SA 76 G 27
Moiola CN 34 J 4
Mola di Bari BA 73 D 33
Molara (Isola) OT 113 E 11
Molare AL 28 I 7
Molaro RC 90 N 29
Molassana GE 36 I 8
Molazzana LU 38 J 13
Molella LT 68 S 21
Molentina OG 117 G 10
Molentis (Punta) CA 119 J 10
Molfetta BA 73 D 31
Molfetta (Pulo di) BA 73 D 31
Molina PG 52 M 20
Molina TN 12 D 16
Molina Aterno AQ 60 P 23
Molina di Ledro TN 11 E 14
Molinaccio RA 41 I 18
Molinara BN 70 D 26
Molinatico (Monte) MS 38 I 11
Molinazzo PC 29 H 10
Molinella BO 32 I 17
Molinetto BS 22 F 13
Molini AL 28 I 8
Molini VI 23 E 15
Molini di Triora IM 35 K 5
Molini di Tures / Mühlen BZ 4 B 17
Molino dei Torti AL 28 G 8
Molino del Piano FI 40 K 16
Molino di Bascio PS 45 K 18
Molise CB 65 R 25
Moliterno PZ 77 G 29
Molla (Capo) SS 108 D 6
Molleone PS 46 L 20
Molli SI 49 M 15
Mollia VC 19 E 6
Mollières TO 26 H 2
Mollo FR 64 Q 23
Molochio RC 91 M 30
Molteno LC 21 E 9
Moltrasio CO 9 E 9
Molvena VI 24 E 16
Molveno TN 11 D 14
Molveno (Lago di) TN 11 D 14
Mombaldone AT 28 I 6
Mombarcaro CN 27 I 6
Mombaroccio PS 46 K 20
Mombaruzzo AT 28 H 7
Mombasiglio CN 35 I 5
Mombello Monferrato AL 28 G 6
Mombercelli AT 28 H 6
Momo NO 20 F 7
Mompantero TO 18 G 3
Mompiano BS 22 F 12
Monaci (Isole) SS 109 D 10
Monaci (Lago di) LT 63 R 20
Monaci (Masseria) TA 73 E 33
Monacilioni CB 65 R 26
Monacizzo TA 79 G 34
Monaco Cappelli (Masseria) FG 66 C 28
Monaco (Monte) TP 97 M 20

Monale **AT** 27 H 6
Monasterace **RC** 89 L 31
Monasterace Marina **RC** 89 L 31
Monasteri **SR** 105 P 27
Monastero **MC** 52 M 21
Monastero Bormida **AT** 28 I 6
Monastero di Vasco **CN** 35 I 5
Monasterolo **CR** 22 G 12
Monasterolo del Castello **BG** 22 E 11
Monasterolo di Savigliano **CN** 27 H 4
Monastier di Treviso **TV** 16 F 19
Monastir **CA** 119 I 9
Monate (Lago di) **VA** 20 E 8
Monbello di Torino **TO** 27 G 5
Moncalieri **TO** 27 G 5
Moncalvo **AT** 28 G 6
Moncenisio **TO** 18 G 2
Monchio **MO** 39 I 13
Monchio delle Corti **PR** 38 I 12
Moncioni **AR** 44 L 16
Monclassico **TN** 11 C 14
Moncolombone **TO** 19 G 4
Moncrivello **VC** 19 G 6
Moncucco Torinese **AT** 27 G 5
Mondaino **RN** 41 K 20
Mondalavia **CN** 27 I 5
Mondanica-Viola **RA** 40 I 17
Mondavio **PS** 46 K 20
Mondello **PA** 97 M 21
Mondole (Monte) **CN** 35 J 5
Mondolfo **PS** 46 K 21
Mondovì **CN** 35 I 5
Mondragone **CE** 69 D 23
Mondrone **TO** 18 G 3
Monega (Monte) **IM** 35 J 5
Moneglia **GE** 37 J 10
Mónesi di Triora **IM** 35 J 5
Monesiglio **CN** 27 I 6
Monestirolo **FE** 32 H 17
Moneta **OT** 109 D 10
Monfalcon di Montanaia **PN** 13 C 19
Monfalcone **GO** 17 E 22
Monferrato **AT** 27 H 5
Monforte d'Alba **CN** 27 I 5
Monforte S. Giorgio **ME** 90 M 28
Monfret (Cima) **TO** 18 F 3
Mongardino **AT** 27 H 6
Mongardino **BO** 39 I 15
Mongerati **PA** 99 N 23
Monghidoro **BO** 40 J 15
Mongia **CN** 35 I 5
Mongiana **VV** 88 L 30
Mongiardino Ligure **AL** 29 I 9
Mongioia **CN** 26 I 2
Mongioie (Monte) **CN** 35 J 5
Mongiuffi **ME** 90 N 27
Mongrando **BI** 19 F 6
Monguelfo / Welsberg **BZ** 4 B 18
Moniga del Garda **BS** 23 F 13
Monna Casale (Monte) **FR** 64 R 23
Monno **BS** 10 D 13
Monopoli **BA** 80 E 33
Monreale **VS** 118 I 8
Monreale **PA** 97 M 21
Monreale (Castellacio di) **PA** 97 M 21
Monrupino **TS** 17 E 23
Monsampietro Morico **AP** 53 M 22
Monsampolo di Tronto **AP** 53 N 23
Monsano **AN** 46 L 21
Monselice **PD** 24 G 17
Monserrato **CA** 119 J 9
Monsignore (Casino di) **BA** 72 D 31
Monsola **CN** 27 I 4
Monsole **VE** 25 G 18
Monsummano Terme **PT** 39 K 14
Monta **CN** 27 H 5
Montabone **AT** 28 H 7
Montacuto **AL** 29 H 9
Montacuto **AN** 47 L 22
Montafia **AT** 27 G 6
Montagano **CB** 65 R 26
Montagna **AR** 45 L 18
Montagna **CS** 84 H 29
Montagna (Cozzo) **AG** 103 P 23
Montagna Grande **AQ** 64 Q 23
Montagna / Montan **BZ** 12 D 15
Montagnana **FI** 43 K 15
Montagnana **PD** 24 G 16
Montagnano **AR** 50 L 17
Montagnareale **ME** 100 M 26
Montagnola **AQ** 64 Q 23
Montagnola (Monte) **SI** 49 M 15
Montagnone (il) **AV** 71 E 27
Montagnone-Sonico **BS** 22 F 12
Montaguto **AV** 71 D 27
Montaione **FI** 43 L 14
Montalbano **BR** 80 E 34
Montalbano **RN** 41 J 19
Montalbano Elicona **ME** 100 M 27
Montalbano **FE** 32 H 16
Montalbano Ionico **MT** 78 G 31
Montalbo **PC** 29 H 10
Montalcinello **SI** 49 M 15
Montalcino **SI** 50 M 16
Montaldeo **AL** 28 H 8
Montaldo di Cosola **AL** 29 H 9
Montaldo di Mondovì **CN** 35 J 5
Montaldo Roero **CN** 27 H 5
Montaldo Scarampi **AT** 28 H 6
Montale **SP** 37 J 10
Montale **MO** 31 I 14
Montale **PT** 39 K 15
Montalenghe **TO** 19 G 5
Montalfoglio **PS** 46 L 20
Montali **PG** 51 M 18
Montallegro **AG** 102 O 22
Montaltino **BA** 72 D 30
Montaltino **FG** 67 C 29
Montalto **FO** 41 K 18
Montalto **IS** 65 Q 24
Montalto **RE** 31 I 13
Montalto (Monte) **RC** 90 M 29
Montalto di Castro **VT** 57 O 16
Montalto di Marche **AP** 53 N 22
Montalto Marina **VT** 57 P 16
Montalto Dora **TO** 19 F 5
Montalto Ligure **IM** 35 K 5
Montalto Pavese **PV** 29 H 9
Montalto Uffugo **CS** 86 I 30
Montan / Montagna **BZ** 12 D 15
Montanara **MN** 31 G 14
Montanari **RA** 41 J 18
Montanaro **CE** 69 D 24
Montanaro **PC** 30 H 11
Montanaro **TO** 19 G 5
Montanaso Lombardo **LO** 21 F 10
Montanello (Pizzo) **PA** 97 M 21
Montanera **CN** 27 I 4
Montano Antilia **SA** 76 G 28
Montaperto **AG** 102 P 22
Montappone **AP** 52 M 22
Montaquila **IS** 64 R 24
Montardone **MO** 39 I 14
Montarso / Feverstein **BZ** 3 B 15
Montasio (Jôf di) **UD** 15 C 22
Montasola **RI** 58 O 20
Montata **RE** 30 I 13
Montauro **CZ** 88 K 31
Montazzoli **CH** 61 Q 25
Monte Amiata **SI** 50 N 16
Monte Antico **GR** 50 N 16
Monte Bianco **AO** 6 E 2
Monte Bianco (Traforo del) **AO** 6 E 2
Monte Buono **PG** 51 M 18
Monte Calderaro **BO** 40 I 16
Monte Casale (Convento di) **AR** 45 L 18
Monte Castello di Vibio **PG** 51 N 19
Monte Catone **BO** 40 I 16
Monte Cavallo **MC** 52 N 20
Monte Cerignone **PS** 41 K 19
Monte Codruzzo **FO** 41 J 18
Monte Corona **PG** 51 M 19
Monte Cotugno (Lago di) **PZ** 77 G 31
Monte Croce **TN** 12 D 17
Monte Croce Carnico (Passo di) / Plöckenpaß **UD** 5 C 20
Monte Croce di Comelico (Passo di) / Kreuzbergpass **BL** 5 C 19
Monte Cucco **GR** 50 N 15
Monte d'Accoddi **SS** 110 E 7
Monte del Lago **PG** 51 M 18
Monte di Malo **VI** 24 F 16
Monte di Procida **NA** 69 E 24
Monte Domenico **GE** 37 J 10
Monte Falterona, Campigna e delle Foreste Casentinesi **AR** 40 K 17
Monte Giberto **AP** 53 M 22
Monte Giovo (Passo di) / Jaufenpaß **BZ** 3 B 15
Monte Grande **LT** 64 S 22
Monte Gridolfo **RN** 41 K 20
Monte Grimano **PS** 41 K 19
Monte Isola **BS** 22 E 12
Monte Lattaia **GR** 49 N 15
Monte Livata **RM** 63 Q 21
Monte Maria (Abbazia di) **BZ** 2 B 13
Monte Mario **RM** 62 Q 19
Monte Martello **PS** 46 L 20
Monte Melino **PG** 51 M 18
Monte Nai **CA** 119 J 10
Monte Nero (Rif.) **TO** 26 H 2
Monte Nieddu **CA** 118 J 8
Monte Ombraro **MO** 39 I 15
Monte Orsello **MO** 39 I 14
Monte Paganuccio **PS** 46 L 20
Monte Petrosu **OT** 113 E 10
Monte Porzio **PS** 46 K 21
Monte Porzio Catone **RM** 63 Q 20
Monte Pranu (Lago di) **CI** 118 J 7
Monte Rinaldo **AP** 53 M 22
Monte Roberto **AN** 46 L 21
Monte Romano **VT** 57 P 17
Monte Rosa **AO** 7 E 5
Monte Rota / Radsberg **BZ** 4 B 18
Monte Sacro **RM** 62 Q 19
Monte S. Angelo **FG** 67 B 29
Monte S. Biagio **LT** 63 R 22
Monte S. Giacomo **SA** 76 F 28
Monte S. Giovanni **BO** 39 I 15
Monte S. Giovanni Campano **FR** 64 R 22
Monte S. Giovanni in Sabina **RI** 58 P 20
Monte S. Giusto **MC** 53 M 22
Monte Sta Maria Tiberina **PG** 45 L 18
Monte Ste Marie **SI** 50 M 16
Monte S. Martino **MC** 52 M 22
Monte S. Pietrangeli **AP** 53 M 22
Monte S. Pietro **BO** 39 I 15
Monte S. Pietro / Petersberg **BZ** 12 C 16
Monte S. Savino **AR** 50 M 17
Monte S. Vito **AN** 46 L 21
Monte S. Vito **PG** 52 N 20
Monte Santu (Capo di) **NU** 117 G 11
Monte Scuro (Valico di) **CS** 86 I 31
Monte Senario (Convento di) **FI** 40 K 16
Monte Sirai **CI** 118 J 7
Monte Sopra Rondine **AR** 44 L 17
Monte Terlago **TN** 11 D 15
Monte Urano **AP** 53 M 23
Monte Vergine (Santuario di) **AV** 70 E 26
Monte Vidon Combatte **AP** 53 M 22
Monte Vidon Corrado **AP** 52 M 22
Montea **CS** 85 I 29
Monteacuto delle Alpi **BO** 39 J 14
Monteacuto Ragazza **BO** 39 J 15
Monteacuto Vallese **BO** 39 J 15
Monteaperta **UD** 15 D 21
Monteaperti **SI** 50 M 16
Montebamboli **GR** 49 M 14
Montebaranzone **MO** 39 I 14
Montebello **RN** 41 K 19
Montebello **PS** 46 K 20
Montebello **VT** 57 P 17
Montebello della Battaglia **PV** 29 G 9
Montebello di Bertona **PE** 60 O 23
Montebello Ionico **RC** 90 N 29
Montebello sul Sangro **CH** 60 Q 24
Montebello Vicentino **VI** 24 F 16
Montebelluna **TV** 24 E 18
Montebenichi **AR** 44 L 16
Montebibico **PG** 58 O 20
Montebonello **MO** 39 I 14
Montebruno **GE** 29 I 9
Montebufo **PG** 52 N 21
Montebuono **RI** 58 O 19
Montebuono Alppato **GR** 50 N 16
Montecagnano **SI** 49 M 15
Montecagno **RE** 38 J 13
Montecalvello **VT** 57 O 18
Montecalvo in Foglia **PS** 41 K 19
Montecalvo Irpino **AV** 70 D 27
Montecalvo Versiggia **PV** 29 H 9
Montecampano **TR** 58 O 19
Montecanepino **MC** 47 L 22
Montecarelli **FI** 39 J 15
Montecarlo **LU** 39 K 14
Montecarlo (Convento) **AR** 44 L 16
Montecarotto **AN** 46 L 21
Montecarulli **SI** 43 L 14
Montecassiano **MC** 47 L 22
Montecassino (Abbazia di) **FR** 64 R 23
Montecastelli **PG** 51 L 18
Montecastelli Pisano **PI** 49 M 14
Montecastello **AL** 28 H 8
Montecastrilli **TR** 58 O 19
Montecatini Alto **PT** 39 K 14
Montecatini Terme **PT** 39 K 14
Montecatini Val di Cecina **PI** 43 L 14
Montecchia di Crosara **VR** 23 F 15
Montecchio **AR** 50 M 17
Montecchio **PG** 51 M 20
Montecchio **PS** 41 K 20
Montecchio **TR** 58 O 18
Montecchio Emilia **RE** 30 H 13
Montecchio Maggiore **VI** 24 F 16
Montecchio Precalcino **VI** 24 F 16
Montecelio **RM** 58 P 20
Montecerboli **PI** 49 M 14
Montecerreto **MO** 39 I 14
Montechiaro **AG** 103 P 23
Montechiaro d'Asti **AT** 27 G 6
Montechiaro Piana **AL** 28 I 7
Montechiarugolo **PR** 30 H 13
Monteciccardo **PS** 46 K 20
Montecilfone **CB** 65 Q 26
Montecompatri **RM** 63 Q 20
Montecontieri **SI** 50 M 16
Montecopiolo **PS** 41 K 19
Montecorice **SA** 75 G 26
Montecoronaro (Valico di) **FO** 45 K 18
Montecorvino Pugliano **SA** 75 E 26
Montecorvino Rovella **SA** 75 E 26
Montecosaro **MC** 53 M 22
Montecreto **MO** 39 J 14
Montecristo (Formica di) **LI** 54 O 12
Montecristo (Isola di) **LI** 54 O 12
Montecuccoli **FI** 39 J 15
Montedale **PS** 45 L 18
Montedinove **AP** 53 N 22
Montedoro **CL** 103 O 23
Montefalcione **AV** 70 E 26
Montefalco **PG** 51 N 19
Montefalcone **PI** 43 K 14
Montefalcone Appennino **AP** 52 N 22
Montefalcone di Val Fortore **BN** 70 D 27
Montefalcone nel Sannio **CB** 65 Q 25
Montefano **MC** 47 L 22
Montefegatesi **LU** 39 J 13
Montefelcino **PS** 46 K 20
Montefeltro **PS** 41 K 18
Monteferrante **CH** 60 Q 25
Montefiascone **VT** 57 O 18
Montefino **TE** 60 O 23
Montefiore Conca **RN** 41 K 19
Montefiore dell'Aso **AP** 53 M 23
Montefiorentino (Convento di) **PS** 45 K 19
Montefiorino **MO** 39 I 13
Montefiridolfi **FI** 43 L 15
Monteflavio **RM** 58 P 20
Montefollonico **SI** 50 M 17
Monteforte **SS** 110 E 6
Monteforte Cilento **SA** 76 F 27
Monteforte d'Alpone **VR** 23 F 15
Monteforte Irpino **AV** 70 E 26
Montefortino **AP** 52 N 22
Montefosca **UD** 15 D 22
Montefoscoli **PI** 43 L 14
Montefranco **TR** 58 O 20
Montefredane **AV** 70 E 26
Montefredente **BO** 39 J 15
Montefusco **AV** 70 D 26
Montegabbione **TR** 51 N 18
Montegalda **VI** 24 F 17
Montegaldella **VI** 24 F 17
Montegallo **AP** 52 N 21
Montegaudio **PS** 46 K 20
Montegelli **FO** 41 K 18
Montegemoli **PI** 49 M 14
Montegiordano **CS** 78 G 31
Montegiordano Marina **CS** 78 G 31
Montegiorgio **AP** 53 M 22
Montegiove **TR** 51 N 18
Montegiovi **AR** 45 L 17
Montegiovi **GR** 50 N 16
Montegonzi **AR** 44 L 16
Montegranaro **AP** 53 M 22
Montegrassano **CS** 85 I 30
Montegrazie **IM** 35 K 5
Montegrino Valtravaglia **VA** 8 E 8
Montegroppo **PR** 37 I 11
Montegrosso **AT** 27 H 6
Montegrosso **BA** 72 D 30
Montegrosso d'Asti **AT** 28 H 6
Montegrotto Terme **PD** 24 F 17
Monteguidi **SI** 49 M 15
Monteguiduccio **PS** 46 K 20
Monteiasi **TA** 79 F 34
Montelabate **PG** 51 M 19
Montelabbate **PS** 46 K 20
Montelabreve **AR** 45 K 18
Montelago **AN** 46 L 20
Montelaguardia **CT** 100 N 26
Montelanico **RM** 63 R 21
Monteleone **PV** 21 G 10
Monteleone di Fermo **AP** 53 M 22
Monteleone di Puglia **FG** 71 D 27
Monteleone di Spoleto **PG** 58 O 20
Monteleone d'Orvieto **TR** 51 N 18
Monteleone Rocca Doria **SS** 110 F 7
Monteleone Sabino **RI** 58 P 20
Montelepre **PA** 97 M 21
Monteleto **PG** 45 L 19
Montelibretti **RM** 58 P 20
Montelicciano **PS** 41 K 19
Montella **AV** 70 E 27
Montello (il) **TV** 25 E 18
Montelongo **CB** 66 B 26
Montelparo **AP** 53 M 22
Monteluco **PG** 52 N 20
Montelungo **MS** 38 I 11
Montelupo Albese **CN** 27 I 6
Montelupo Fiorentino **FI** 43 K 15
Montelupone **MC** 47 L 22
Montemaggio **PS** 41 K 19
Montemaggiore **FO** 40 J 17
Montemaggiore **RM** 58 P 20
Montemaggiore (vicino a Monteaperta) **UD** 15 D 22
Montemaggiore (vicino a Savogna) **UD** 15 D 22
Montemaggiore al Metauro **PS** 46 K 20
Montemaggiore Belsito **PA** 99 N 23
Montemagno **AT** 28 H 6
Montemale di Cuneo **CN** 26 I 4
Montemarano **AV** 70 E 26
Montemarcello **SP** 38 J 11
Montemarciano **AN** 46 L 21
Montemartano **PG** 51 N 19
Montemarzino **AL** 28 H 8
Montemassi **GR** 49 N 15
Montemerano **GR** 56 O 16
Montemesola **TA** 79 F 34
Montemignaio **AR** 44 K 16
Montemiletto **AV** 70 D 26
Montemilone **PZ** 72 D 29
Montemitro **CB** 65 Q 25
Montemonaco **AP** 52 N 21
Montemurlo **PO** 39 K 15
Montemurro **PZ** 77 G 29
Montenars **UD** 14 D 21
Montenero **CS** 87 J 31
Montenero **FG** 67 B 29
Montenero **GR** 50 N 16
Montenero **LI** 42 L 13
Montenero **PG** 51 N 19
Montenero **SA** 75 E 27
Montenero di Bisaccia **CB** 61 Q 26
Montenero (Portella di) **PA** 99 N 24
Montenero Sabino **RI** 58 P 20
Montenero Val Cocchiara **IS** 64 Q 24
Montenerodomo **CH** 60 Q 24
Montenotte Superiore **SV** 36 I 7
Monteodorisio **CH** 61 P 25
Monteorsaro **RE** 38 J 13
Monteortone **PD** 24 F 17
Montepagano **TE** 53 N 23
Montepaone **CZ** 88 K 31
Montepaone Lido **CZ** 89 K 31
Monteparano **TA** 79 F 34
Montepastore **BO** 39 I 15
Montepescali **GR** 49 N 15
Montepescini **SI** 50 M 16
Montepiano **PO** 39 J 15
Monteponi **CI** 118 J 7
Monteponi (Lago) **CI** 118 I 7
Monteprandone **AP** 53 N 23
Montepulciano **SI** 50 M 17
Montepulciano (Lago di) **SI** 50 M 17
Montepulciano Stazione **SI** 50 M 17
Monterado **AN** 46 K 21
Monterappoli **FI** 43 K 14
Monterchi **AR** 45 L 18
Montereale **AQ** 59 O 21
Montereale **FO** 41 J 18
Montereale Valcellina **PN** 13 D 19
Montereggi **FI** 40 K 16
Montereggio **MS** 38 J 11
Monterenzio **BO** 40 J 16
Monteriggioni **SI** 43 L 15
Monteroduni **IS** 65 R 24
Monterolo **PS** 46 L 20
Monteroni d'Arbia **SI** 50 M 16
Monteroni di Lecce **LE** 81 G 36
Monterosi **VT** 58 P 18
Monterosi (Lago di) **VT** 58 P 18
Monterosso **AN** 46 L 20
Monterosso **BZ** 3 B 14
Monterosso al Mare **SP** 37 J 10
Monterosso Almo **RG** 104 P 26
Monterosso Calabro **VV** 88 K 30
Monterosso Grana **CN** 34 I 3
Monterotondo **RM** 58 P 19
Monterotondo Marittimo **GR** 49 M 14
Monterotondo Scalo **RM** 58 P 19
Monterubbiano **AP** 53 M 23
Monterubiaglio **TR** 51 N 18
Monteruga (Masseria) **LE** 79 F 35
Montesano Salentino **LE** 83 H 36
Montesano sulla Marcellana **SA** 76 G 29
Montesanto di Lussari **UD** 15 C 22
Montesarchio **BN** 70 D 25
Montesardo **LE** 83 H 37
Montescaglioso **MT** 78 F 32
Montescano **PV** 29 G 9
Montescudaio **PI** 49 M 13
Montescudo **RN** 41 K 19
Montese **MO** 39 J 14
Montesegale **PV** 29 H 9
Montesicuro **AN** 47 L 22
Montesilvano Marina **PE** 60 O 24
Montesoffio **PS** 45 K 19
Montesoro **VV** 88 K 30
Montespertoli **FI** 43 L 15
Montespluga **SO** 9 C 9
Montespluga (Lago di) **SO** 9 C 10
Monteti **GR** 56 O 16
Monteu Roero **CN** 27 H 5
Montevaca (Passo di) **PR** 29 I 10
Montevago **AG** 97 N 20
Montevarchi **AR** 44 L 16
Montevecchio **VS** 118 I 7
Monteveglio **BO** 39 I 15
Monteventano **PC** 29 H 10
Monteverde **AV** 71 D 28
Monteverdi Marittimo **PI** 49 M 14
Montevettolini **PT** 39 K 14
Monteviale **VI** 24 F 16
Montevitozzo **GR** 50 N 17
Montezemolo **CN** 35 I 6
Monti **OT** 112 E 9
Monti **SI** 44 L 16
Monti **TO** 18 G 4
Monti Sibillini (Parco Nazionale dei) **AP** 52 N 21
Montiano **FO** 41 J 18
Montiano **GR** 55 O 15
Monticano **TV** 16 E 19
Montichiello **SI** 50 M 17
Monticchio **AQ** 59 P 22
Monticchio (Laghi di) **PZ** 71 E 28
Monticchio Bagni **PZ** 71 E 28
Monticelli **FR** 64 R 22
Monticelli d'Ongina **PC** 30 G 11
Monticelli Pavese **PV** 29 G 10
Monticelli Terme **PR** 30 H 13
Monticello **GR** 50 N 16
Monticello **LC** 21 E 9
Monticello **PC** 29 H 10
Montichiari **BS** 22 F 13
Monticiano **SI** 49 M 15
Montieri **GR** 49 M 15
Montiglio **AT** 27 G 6
Montignano **AN** 46 K 21
Montignoso **MS** 38 J 12
Montingegnoli **SI** 49 M 15
Montioni **LI** 49 M 14
Montirone **BS** 22 F 12
Montisi **SI** 50 M 16
Montjovet **AO** 19 E 5

Montjovet (Castello) **AO** 19 E 4
Montodine **CR** 21 G 11
Montoggio **GE** 29 I 9
Montone **PG** 45 L 18
Montone **TE** 53 N 23
Montone (Fiume) **FO** 40 J 17
Montone (Monte) **BZ** 4 B 18
Montoni-Vecchio **AG** 99 N 23
Montopoli di Sabina **RI** 58 P 20
Montopoli
in Val d'Arno **PI** 43 K 14
Montorfano **CO** 21 E 9
Montorgiali **GR** 50 N 15
Montorio **GR** 50 N 17
Montorio **VR** 23 F 15
Montorio al Vomano **TE** 59 O 22
Montorio
nei Frentani **CB** 66 B 26
Montorio Romano **RM** 58 P 20
Montoro **AN** 47 L 22
Montoro Inferiore **AV** 70 E 26
Montorsaio **GR** 49 N 15
Mont'Orso
(Galleria di) **LT** 63 R 21
Montorso Vicentino **VI** 24 F 16
Montoso **CN** 26 H 3
Montottone **AP** 53 M 22
Montovolo **BO** 39 J 15
Montresta **OR** 114 F 7
Montù Beccaria **PV** 29 G 9
Monvalle **VA** 8 E 7
Monveso di Forzo **AO** 18 F 4
Monza **MI** 21 F 9
Monzambano **MN** 23 F 14
Monzone **MS** 38 J 12
Monzoni **TN** 12 C 17
Monzuno **BO** 39 J 15
Moos / S. Giuseppe **BZ** 4 B 19
Moos in Passeier /
Moso in Passiria **BZ** 3 B 15
Morano Calabro **CS** 85 H 30
Morano sul Po **AL** 20 G 7
Moraro **GO** 17 E 22
Morasco (Lago di) **VB** 8 C 7
Morazzone **VA** 20 E 8
Morbegno **SO** 9 D 10
Morbello **AL** 28 I 7
Morcella **PG** 51 N 18
Morciano di Leuca **LE** 83 H 36
Morciano
di Romagna **RN** 41 K 19
Morcone **BN** 65 R 25
Mordano **BO** 40 I 17
Morea (Masseria) **BA** 73 E 33
Morello **EN** 99 O 24
Morello (Monte) **FI** 39 K 15
Morena **PG** 45 L 19
Morena **RM** 62 Q 19
Morengo **BG** 21 F 11
Moreri **ME** 100 M 27
Mores **SS** 111 F 8
Moresco **AP** 53 M 23
Moretta **CN** 27 H 4
Morfasso **PC** 29 H 11
Morgantina **EN** 104 O 25
Morgex **AO** 18 E 3
Morgonaz **AO** 18 E 4
Morgongiori **OR** 115 H 8
Mori **TN** 11 E 14
Moria **PS** 45 L 19
Moriago
della Battaglia **TV** 13 E 18
Moricone **RM** 58 P 20
Morigerati **SA** 76 G 28
Morimondo **MI** 20 F 8
Morino **AQ** 64 Q 22
Morleschio **PG** 51 M 19
Morlupo **RM** 58 P 19
Mormanno **CS** 85 H 29
Mornago **VA** 20 E 8
Mornese **AL** 28 I 8
Mornico Losana **PV** 29 G 9
Moro **CH** 60 P 25
Moro (Monte) **RI** 59 P 21
Moro (Monte) **OT** 109 D 10
Moro (Passo di Monte) **VB** 7 E 5
Moro (Sasso) **SO** 10 D 11
Morolo **FR** 63 R 21
Morone (Colle) **VV** 88 L 30
Moronico **RA** 40 J 17
Morozzo **CN** 35 I 5
Morra **PG** 45 L 18
Morra De Sanctis **AV** 71 E 27
Morra (Monte) **RM** 58 P 20
Morrano Nuovo **TR** 51 N 18
Morre **TR** 51 N 19
Morrea (Forchetta) **AQ** 64 Q 22
Morrice **TE** 52 N 22
Morro d'Alba **AN** 46 L 21
Morro d'Oro **TE** 53 O 23
Morro (Monte del) **ME** 100 N 26
Morro Reatino **RI** 58 O 20
Morrone
(Montagne del) **PE** 60 P 23
Morrone (Monte) **AQ** 60 P 23
Morrone del Sannio **CB** 65 Q 26
Morrovalle **MC** 53 M 22
Morsano
al Tagliamento **PN** 16 E 20
Morsasco **AL** 28 I 7
Mortara **PV** 20 G 8
Mortegliano **UD** 16 E 21
Mortelle **ME** 90 M 28
Morter **BZ** 3 C 14
Morterone **LC** 9 E 10
Mortizza **PC** 29 G 11
Mortizzuolo **MO** 31 H 15
Morto (Lago) **TV** 13 D 18
Morto di Primaro **FE** 32 H 16
Morto
(Portella del) **CL** 99 O 24
Mortola Inferiore **IM** 35 K 4
Mortorio (Isola) **OT** 109 D 10
Moscazzano **CR** 21 G 11
Moschella **FG** 72 D 29
Moscheta **FI** 40 J 16
Moschiano **AV** 70 E 25
Moschin (Col) **VI** 12 E 17
Mosciano S. Angelo **TE** 53 N 23
Moscufo **PE** 60 O 24
Mosio **MN** 30 G 13
Moso in Passiria /
Moos in Passeier **BZ** 3 B 15
Mosorrofa **RC** 90 M 29
Mossa **GO** 17 E 22
Mosso Sta Maria **BI** 19 F 6
Mosson **VI** 24 E 16
Mostri (Parco dei) **VT** 57 O 18
Moticella **RC** 91 M 30
Mòtola (Monte) **SA** 76 F 28
Motta **MO** 31 H 14
Motta **VI** 24 F 16
Motta Baluffi **CR** 30 G 12
Motta Camastra **ME** 101 N 27
Motta d'Affermo **ME** 99 N 24
Motta de Conti **VC** 20 G 7
Motta di Livenza **TV** 16 E 19
Motta Montecorvino **FG** 66 C 27
Motta S. Anastasia **CT** 100 O 26
Motta S. Giovanni **RC** 90 M 29
Motta Sta Lucia **CZ** 86 J 30
Motta Visconti **MI** 21 G 8
Mottafollone **CS** 85 I 30
Mottalciata **BI** 20 F 6
Mottarone **VB** 8 E 7
Mottaziana **PC** 29 G 10
Motteggiana **MN** 31 G 14
Mottola **TA** 78 F 33
Mottorra **NU** 117 G 10
Mozia **TP** 96 N 19
Mozzagrogna **CH** 61 P 25
Mozzanica **BG** 21 F 11
Mozzate **CO** 20 E 8
Mozzecane **VR** 23 G 14
Muccia **MC** 52 M 21
Mucone **CS** 85 I 30
Mucone (Lago di) **CS** 86 I 31
Mucrone (Monte) **BI** 19 F 5
Mühlbach /
Rio di Pusteria **BZ** 4 B 16
Mühlbach /
Riomolino **BZ** 4 B 17
Mühlen /
Molini di Tures **BZ** 4 B 17
Mühlwald /
Selva dei Molini **BZ** 4 B 17
Mugello (Autodromo
Internazionale del) **FI** 40 K 16
Muggia **TS** 17 F 23
Muggia (Baia di) **TS** 17 F 23
Muglia **EN** 100 O 26
Mugnai **BL** 12 D 17
Mugnano **PG** 51 M 18
Mugnano
del Cardinale **AV** 70 E 25
Mugnano di Napoli **NA** 69 E 24
Mugnano
in Teverina **VT** 58 O 18
Mugnone **FI** 40 K 15
Mugnone (Punta) **TP** 96 N 18
Mulargia **CA** 119 H 9
Mulargia (Lago di) **CA** 119 I 9
Mulazzano **LO** 21 F 10
Mulazzano **PR** 30 I 12
Mulazzo **MS** 38 J 11
Mules / Mauls **BZ** 3 B 16
Mulinello **EN** 104 O 25
Mulino
di Arzachena **OT** 109 D 10
Multeddu **SS** 111 E 8
Mumullonis
(Punta) **VS** 118 I 7
Muntiggioni **OT** 108 E 8
Mura **BS** 22 E 13
Muraglione
(Passo del) **FI** 40 K 16
Murano **VE** 25 F 19
Muravera **CA** 119 I 10
Murazzano **CN** 27 I 6
Murci **GR** 50 N 16
Murello **CN** 27 H 4
Murera **CA** 119 H 9
Muretto (Passo del) **SO** 10 C 11
Murgetta **BA** 72 E 31
Muri (Necropoli di li) **OT** 109 D 9
Murialdo **SV** 35 J 6
Muris **UD** 14 D 20
Murisengo **AL** 27 G 6
Murittu (Punta) **NU** 117 F 10
Murlo **SI** 50 M 16
Muro Leccese **LE** 83 G 37
Muro Lucano **PZ** 71 E 28
Muros **SS** 110 E 7
Murro
di Porco (Capo) **SR** 105 P 28
Murta Maria **OT** 113 E 10
Murtazzolu **NU** 115 G 8
Musano **TV** 25 E 18
Muscletto **UD** 16 E 21
Musei **CI** 118 J 8
Musellaro **PE** 60 P 23
Musi **UD** 15 D 21
Musignano **VA** 8 D 8
Musignano **VT** 57 O 17
Musile di Piave **VE** 16 F 19
Musone **MC** 46 L 21
Mussolente **VI** 24 E 17
Mussomeli **CL** 99 O 23
Muta (Lago di) **BZ** 2 B 13
Mutignano **TE** 60 O 24
Mutria (Monte) **BN** 65 R 25
Muxarello **AG** 102 O 22
Muzza (Canale) **MI** 21 F 10
Muzza S. Angelo **LO** 21 G 10
Muzzana
del Turgnano **UD** 16 E 21

N

Nago **TN** 11 E 14
Nai (Monte) **CA** 119 J 10
Naia **PG** 51 N 19
Nàlles / Nals **BZ** 3 C 15
Nals / Nàlles **BZ** 3 C 15
Nambino (Monte) **TN** 11 D 14
Nanno **TN** 11 D 15
Nanto **VI** 24 F 16
Napola **TP** 96 N 19
Napoli **NA** 69 E 24
Napoli-Capodichino
(Aeroporto) **NA** 69 E 24
Napoli (Golfo di) **NA** 69 E 24
Narba (Monte) **CA** 119 I 10
Narbolia **OR** 114 G 7
Narcao **CI** 118 J 8
Narcao (Monte) **CI** 118 J 7
Nardis (Cascata di) **TN** 11 D 14
Nardo **LE** 83 G 36
Nardodipace **VV** 88 L 31
Nardodipace Vecchio **VV** 88 L 31
Naregno **LI** 48 N 13
Narni **TR** 58 O 19
Narni Scalo **TR** 58 O 19
Naro **AG** 103 P 23
Naro (Fiume) **AG** 103 P 23
Naro (Portella di) **AG** 103 P 23
Narzole **CN** 27 I 5
Nasino **SV** 35 J 6
Naso **ME** 100 M 26
Naso (Fiume di) **ME** 100 M 26
Naßfeld-Paß / Pramollo
(Passo di) **UD** 15 C 21
Natile Nuovo **RC** 91 M 30
Natisone **UD** 15 D 22
Naturno / Naturns **BZ** 3 C 15
Naturns / Naturno **BZ** 3 C 15
Natz / Naz **BZ** 4 B 17
Nava **IM** 35 J 5
Nava (Colle di) **IM** 35 J 5
Navacchio **PI** 42 K 13
Nave **BS** 22 F 12
Nave (Monte La) **CT** 100 N 26
Nave S. Felice **TN** 11 D 15
Navelli **AQ** 60 P 23
Navene **VR** 23 E 14
Navene (Bocca di) **VR** 23 E 14
Navicello **MO** 31 H 14
Navone (Monte) **EN** 104 O 24
Naxos **ME** 90 N 27
Naz / Natz **BZ** 4 B 17
Nazzano **RM** 58 P 19
Nazzano **PV** 29 H 9
Nebbiano **AN** 46 L 20
Nebbiuno **NO** 20 E 7
Nebida **CI** 118 J 7
Nebin (Monte) **CN** 26 I 3
Nebius (Monte) **CN** 34 I 3
Nebrodi **ME** 100 N 25
Negra (Punta) **SS** 108 E 6
Negrar **VR** 23 F 14
Neirone **GE** 37 I 9
Neive **CN** 27 H 6
Nembro **BG** 22 E 11
Nemi **RM** 63 Q 20
Nemi (Lago di) **RM** 63 Q 20
Nemoli **PZ** 77 G 29
Neoneli **OR** 115 G 8
Nepi **VT** 58 P 19
Nera **PG** 52 N 20
Nera (Croda) **BZ** 4 B 18
Nera (Punta) **AO** 19 F 4
Nera (Punta) **LI** 48 N 12
Nera (Punta) **NU** 117 F 11
Nerbisci **PG** 45 L 19
Nercone
(Monte su) **OG** 117 G 10
Nereto **TE** 53 N 23
Nerina (Val) **PG** 52 N 20
Nero (Capo) **IM** 35 K 5
Nero (Monte) **CT** 100 N 27
Nero (Sasso) **SO** 10 D 11
Nero (Sasso) /
Schwarzenstein **BZ** 4 A 17
Nerola **RM** 58 P 20
Nerone (Monte) **PS** 45 L 19
Nervesa d. Battaglia **TV** 25 E 18
Nervi **GE** 37 I 9
Nervia (Torrente) **IM** 35 K 4
Nervia (Val) **IM** 35 K 4
Nerviano **MI** 21 F 8
Nery (Monte) **AO** 19 E 5
Nespoledo **UD** 16 E 21
Nespolo **RI** 59 P 21
Nesso **CO** 9 E 9
Nestore (vicino a
Marsciano) **PG** 51 N 18
Nestore
(vicino a Trestina) **PG** 45 L 18
Neto **CS** 87 J 31
Netro **BI** 19 F 5
Nettuno **RM** 62 R 19
Nettuno (Grotta di) **SS** 110 F 6
Neumarkt / Egna **BZ** 11 D 15
Neurateis /
Rattisio Nuovo **BZ** 3 B 14
Neustift / Novacella **BZ** 4 B 16
Neva (Torrente) **SV** 35 J 6
Neva (Val) **SV** 35 J 6
Nevea (Passo di) **UD** 15 C 22
Nevegal **BL** 13 D 18
Néves (Lago di) **BZ** 4 B 17
Neviano **LE** 83 G 36
Neviano de' Rossi **PR** 30 I 12
Neviano degli Arduini **PR** 30 I 12
Neviera (Serra la) **PZ** 77 F 29
Nevola **AN** 46 L 21
Niardo **BS** 10 E 13
Nibbia **NO** 20 F 7
Nibbiaia **LI** 42 L 13
Nibbiano **PC** 29 H 10
Nicà **CS** 87 I 32
Nica (I. di Pantelleria) **TP** 96 Q 17
Nicastro **CZ** 88 K 30
Niccioleta **GR** 49 M 14
Niccone **PG** 51 M 18
Niccone (Torrente) **PG** 51 M 18
Nichelino **TO** 27 H 4
Nicola Bove (Monte) **CA** 119 J 10
Nicola (Monte) **FG** 67 B 30
Nicoletti (Lago) **EN** 99 O 24
Nicolosi **CT** 100 O 27
Nicorvo **PV** 20 G 8
Nicosia **EN** 100 N 25
Nicotera **VV** 88 L 29
Nicotera Marina **VV** 88 L 29
Nieddu (Monte) **OT** 113 E 10
Nieddu di Ottana
(Monte) **NU** 115 G 9
Niederdorf /
Villabassa **BZ** 4 B 18
Niel **AO** 19 E 5
Niella Belbo **CN** 27 I 6
Niella Tanaro **CN** 35 I 5
Nigra (Passo) **BZ** 3 C 16
Nimis **UD** 15 D 21
Ninfa **LT** 63 R 20
Niovole **PT** 39 K 14
Nirano **MO** 31 I 14
Niscemi **CL** 104 P 25
Nisida (Isola di) **NA** 69 E 24
Nissoria **EN** 100 O 25
Niviano **PC** 29 H 10
Niviere (Pizzo delle) **TP** 97 M 20
Nivolet (Colle del) **TO** 18 F 3
Nizza di Sicilia **ME** 90 N 28
Nizza Monferrato **AT** 28 H 7
Noale **VE** 25 F 18
Noasca **TO** 18 F 3
Nocara **CS** 78 G 31
Nocchi **LU** 38 K 13
Nocciano **PE** 60 O 23
Noce **PZ** 77 G 29
Noce **TN** 11 C 14
Nocelleto **CE** 69 D 24
Nocera Inferiore **SA** 75 E 25
Nocera Superiore **SA** 75 E 26
Nocera Terinese **CZ** 86 J 30
Nocera Umbra **PG** 52 M 20
Noceto **PR** 30 H 12
Noci **BA** 73 E 33
Nociara **EN** 104 O 24
Nociazzi **PA** 99 N 24
Nociglia **LE** 83 G 36
Noepoli **PZ** 77 G 30
Nogara **VR** 23 G 15
Nogarè **TV** 24 E 18
Nogaro **UD** 17 E 21
Nogarole Rocca **VR** 23 G 14
Nogarole Vicentino **VI** 23 F 15
Nogheredo **PN** 13 D 19
Nogna **PG** 45 L 19
Noha **LE** 83 G 36
Noicattaro **BA** 73 D 32
Nola **NA** 70 E 25
Nole **TO** 19 G 4
Noli **SV** 36 J 7
Noli (Capo di) **SV** 36 J 7
Nomi **TN** 11 E 15
Non (Val di) **TN** 11 D 15
Nona **BG** 10 D 12
Nonantola **MO** 31 H 15
None **TO** 27 H 4
Nongruella **UD** 15 D 21
Nonio **VB** 8 E 7
Nora **CA** 121 J 9
Noragugume **NU** 115 G 8
Norba **LT** 63 R 20
Norbello **OR** 115 G 8
Norchia **VT** 57 P 17
Norcia **PG** 52 N 21
Nordio-Deffar (Rif.) **UD** 15 C 22
Norge Polesine **RO** 33 G 18
Norma **LT** 63 R 20
Nortiddi **NU** 113 F 10
Nosate **MI** 20 F 8
Nosedole **MN** 31 G 14
Nostra Signora de
Cabu Abbas **SS** 111 F 8
Nostra Signora
della Solitudine **NU** 116 G 10
Nostra Signora
di Bonaria **SS** 111 E 8
Nostra Signora
di Castro **OT** 111 E 9
Nostra Signora
di Gonari **NU** 115 G 9
Nostra Signora
di Monserrato **NU** 117 G 10
Nostra Signora
di Montallegro **GE** 37 I 9
Notaresco **TE** 53 O 23
Noto **SR** 105 Q 27
Noto (Golfo di) **SR** 107 Q 27
Noto Antica **SR** 105 Q 27
Notteri (Stagno) **CA** 119 J 10
Nova Levante /
Welschnofen **BZ** 12 C 16
Nova Milanese **MI** 21 F 9
Nova Ponente /
Deutschnofen **BZ** 12 C 16
Nova Siri **MT** 78 G 31
Nova Siri Marina **MT** 78 G 31
Novacella / Neustift **BZ** 4 B 16
Novafeltria **PS** 41 K 18
Novale **VI** 23 F 15
Novale / Rauth **BZ** 12 C 16
Novaledo **TN** 12 D 16
Novalesa **TO** 18 G 3
Novara **NO** 20 F 7
Novara di Sicilia **ME** 101 M 27
Novate Mezzola **SO** 9 D 10
Novate Milanese **MI** 21 F 9
Nove **VI** 24 E 17
Novegigola **MS** 38 J 11
Noveglia **PR** 29 I 11
Novegno (Monte) **VI** 24 E 15
Novellara **RE** 31 H 14
Novello **CN** 27 I 5
Noventa di Piave **VE** 16 F 19
Noventa Padovana **PD** 24 F 17
Noventa Vicentina **VI** 24 G 16
Novi di Modena **MO** 31 H 14
Novi Ligure **AL** 28 H 8
Novi Velia **SA** 76 G 27
Noviglio **MI** 21 F 9
Novoli **LE** 81 F 36
Nozza **BS** 22 E 13
Nozzano **LU** 38 K 13
Nubia **TP** 96 N 19
Nuccio **TP** 96 N 19
Nucetto **CN** 35 I 6
Nuchis **OT** 109 E 9
Nudo (Col) **PN** 13 D 19
Nughedu di S. Nicolò **SS** 111 F 9
Nughedu
Sta Vittoria **OR** 115 G 8
Nugola **LI** 42 L 13
Nule **SS** 111 F 9
Nulvi **SS** 111 E 8
Numana **AN** 47 L 22
Nunziata **CT** 101 N 27
Nuoro **NU** 115 G 9
Nuova Bisaccia **AV** 71 D 28
Nuova Olonio **SO** 9 D 10
Nuovo (Ponte) **FG** 71 D 28
Nuracciolu (Punta) **VS** 118 I 7
Nurachi **OR** 114 H 7
Nuradeo **OR** 114 G 7
Nuraghi (Valle dei) **SS** 111 F 8
Nuragus **CA** 115 H 9
Nurallao **CA** 115 H 9
Nuraminis **CA** 118 I 9
Nuraxi (Su)
(Barumini) **VS** 118 H 8
Nuraxi de Mesu
(Valico) **CA** 120 K 8
Nuraxi Figus **CI** 118 J 7
Nure **PC** 29 H 11
Nureci **OR** 115 H 8
Nuria (Monte) **RI** 59 O 21
Nurri **CA** 119 H 9
Nurri (Cantoniera di) **CA** 119 H 9
Nus **AO** 19 E 4
Nuschele (Monte) **NU** 115 F 9
Nusco **AV** 71 E 27
Nusenna **SI** 44 L 16
Nuvolato **MN** 31 G 15
Nuvolau (Rifugio) **BL** 4 C 18
Nuvolento **BS** 22 F 13
Nuvolera **BS** 22 F 13
Nuxis **CI** 118 J 8

O

Ober Wielenbach /
Vila di Sopra **BZ** 4 B 17
Oberbozen /
Soprabolzano **BZ** 3 C 16
Obereggen /
S. Floriano **BZ** 12 C 16
Obolo **PC** 29 H 10
Oca **RO** 33 H 18
Occhieppo **BI** 19 F 6
Occhiobello **RO** 32 H 16
Occhione (Punta) **OT** 109 D 10
Occhito (Lago di) **FG** 66 C 26
Occimiano **AL** 28 G 7
Oclini (Passo di) **BZ** 12 C 16
Ocre **AQ** 59 P 22
Ocre **RI** 58 O 20
Ocre (Monte) **AQ** 59 P 22
Odalengo Grande **AL** 27 G 6
Oderzo **TV** 16 E 19
Odle (le) /
Geislerspitze **BZ** 4 C 17
Odolo **BS** 22 F 13
Oes **SS** 111 F 8
Ofanto **AV** 71 E 28
Ofanto (Foce dell') **FG** 72 C 30
Ofen / Forno
(Monte) **UD** 15 C 23
Ofena **AQ** 60 P 23
Offagna **AN** 47 L 22
Offanengo **CR** 21 F 11
Offida **AP** 53 N 23
Offlaga **BS** 22 F 12
Oggia (Colle di) **IM** 35 K 5
Oggiono **LC** 21 E 10
Ogliastra **OG** 117 H 10
Ogliastra
(Isola dell') **NU** 117 H 11
Ogliastro Cilento **SA** 75 F 27
Ogliastro (Lago di) **EN** 104 O 25
Ogliastro Marina **SA** 75 G 26
Oglio **BS** 10 D 13
Ogliolo **BS** 10 D 12
Ogna (Monte) **SA** 76 E 28
Ognina **SR** 105 Q 27
Ognina (Capo) **SR** 105 Q 27
Ognio **GE** 37 I 9
Ognissanti **BA** 73 D 32
Oisternig (Monte) **UD** 15 C 22
Ola **NU** 115 G 9
Olang / Valdaora **BZ** 4 B 18
Olbia **OT** 109 E 10
Olbia (Golfo di) **SS** 109 E 10
Olbicella **AL** 28 I 7
Olcenengo **VC** 20 F 6
Olcio **LC** 9 E 9
Olda **BG** 9 E 10
Oleggio **NO** 20 F 7
Oleggio Castello **NO** 20 E 7

Oleis UD 15 D 22
Olengo NO 20 F 7
Olevano di Lomellina PV 20 G 8
Olevano Romano RM 63 Q 21
Olevano sul Tusciano SA 75 F 27
Olgiasca LC 9 D 9
Olgiata RM 58 P 19
Olgiate Comasco CO 21 E 8
Olgiate Molgora LC 21 E 10
Olgiate Olona VA 20 F 8
Olginate LC 21 E 10
Olia (Monte) OT 112 E 10
Olia Speciosa CA 119 J 10
Oliena NU 117 G 10
Oliena (Rio d') NU 116 G 10
Olinie (Monte) OG 117 G 10
Olivadi CZ 88 K 31
Olivarella ME 95 M 27
Oliveri ME 100 M 27
Oliveto RC 90 M 29
Oliveto AR 44 L 17
Oliveto BO 39 I 15
Oliveto (Masseria) BA 72 E 30
Oliveto Citra SA 76 E 27
Oliveto Lario LC 9 E 9
Oliveto Lucano MT 77 F 30
Oliveto Maggiore (Abbazia di Monte) SI 50 M 16
Olivetta IM 34 K 4
Olivieri (Masseria) BA 72 E 31
Olivo EN 104 O 24
Olivo (Ponte) CL 104 P 24
Olivola MS 38 J 12
Ollastra Simaxis OR 115 H 8
Ollastu CA 119 I 10
Olle TN 12 D 16
Ollolai NU 115 G 9
Ollomont AO 6 E 3
Olmedo SS 110 F 7
Olmeneta CR 22 G 12
Olmi PT 39 K 14
Olmi (Monte degli) BZ 3 C 14
Olmo AR 44 L 17
Olmo FI 40 K 16
Olmo RE 30 H 13
Olmo SO 9 C 10
Olmo TV 24 E 17
Olmo VI 24 F 16
Olmo al Brembo BG 9 E 10
Olmo Gentile AT 28 I 6
Olona VA 20 E 8
Olonia MI 21 F 9
Olpeta VT 57 O 17
Oltre il Colle BG 10 E 11
Oltre Vara SP 37 J 11
Olza PC 30 G 11
Olzai NU 115 G 9
Ombrone (vicino a Grosseto) SI 50 M 16
Ombrone(vicino a Pistoia) PT 39 K 14
Ome BS 22 F 12
Omegna VB 8 E 7
Omignano SA 75 G 27
Omignano Scalo SA 75 G 27
Omodeo (Lago) OR 115 G 8
Onamarra (Punta) OG 117 G 10
Onani NU 113 F 10
Onano VT 50 N 17
Onara PD 24 F 17
Oncino CN 26 H 3
Oneglia IM 35 K 6
Ongaro VI 24 E 15
Ongina PR 30 H 12
Onifai NU 117 F 10
Oniferi NU 115 G 9
Onigo di Piave TV 12 E 17
Onno LC 9 E 9
Onzo SV 35 J 6
Opera MI 21 F 9
Opi AQ 64 Q 23
Opicina TS 17 E 23
Oppeano VR 23 G 15
Oppido Lucano PZ 72 E 29
Oppido Mamertina RC 91 M 29
Oppio (Passo di) PT 39 J 14
Ora / Auer BZ 12 C 15
Orani NU 115 G 9
Orasso VB 8 D 7
Oratino CB 65 R 25
Orba AL 28 H 7
Orbai (Monte) CA 121 J 8
Orbassano TO 27 G 4
Orbetello GR 55 O 15
Orbetello (Laguna di) GR 55 O 15
Orbetello Scalo GR 55 O 15
Orcenico Inferiore PN 13 E 20
Orcia SI 50 N 16
Orciano di Pesaro PS 46 K 20
Orciano Pisano PI 42 L 13
Orciatico PI 43 L 14
Orco TO 18 F 3
Ordini (Monte) CA 119 I 10
Ordona FG 71 D 28
Orecchiella LU 38 J 13
Oregone (Passo d.) / Hochalpljoch UD 5 C 20
Orentano PI 43 K 13
Orezzoli PC 29 I 10
Orgiano VI 24 F 16
Orgnano UD 16 D 21
Orgosolo NU 116 G 10
Oria BR 79 F 34
Oria CO 9 D 9
Oriago VE 25 F 18
Oricola AQ 59 P 21
Origgio VA 21 F 9
Orimini (Masseria) (vicino a Martina Franca) TA 80 E 33
Orimini (Masseria) (vicino a S. Simone) TA 79 F 33
Orino VA 8 E 8
Orio al Serio BG 21 E 11
Orio Litta LO 29 G 10
Oriolo CS 77 G 31
Oriolo PV 29 G 9
Oriolo PG 52 N 20
Oriolo Romano VT 57 P 18
Oristano OR 114 H 7
Oristano (Golfo di) OR 114 H 7
Orlando (Capo d') ME 100 M 26
Ormea CN 35 J 5
Ormelle TV 16 E 19
Ornaro RI 58 P 20
Ornavasso VB 8 E 7
Orneta AV 71 D 27
Ornica BG 9 E 10
Oro (Conca d') PA 97 M 21
Oro (Monte d') PA 99 N 23
Oro (S') CA 119 I 10
Orolo VI 24 F 16
Oronaye (Monte) CN 26 I 2
Oropa BI 19 F 5
Orosei NU 117 F 11
Orosei (Golfo di) NU 117 G 11
Orotelli NU 115 G 9
Orotelli (Serra d') SS 115 F 9
Orri (Monte) CA 118 J 8
Orria SA 75 G 27
Orrido di S. Anna VB 8 D 8
Orriola (Monte) OT 111 E 9
Orroli CA 119 H 9
Orru (Cuccuru) CA 119 I 9
Orsago TV 13 E 19
Orsaiola PS 45 L 19
Orsara di Puglia FG 71 D 27
Orsaria UD 15 D 22
Orsetti (Monte) TA 73 E 33
Orsia AO 7 E 5
Orsiera (Monte) TO 26 G 3
Orso (Capo d') SA 75 F 26
Orso (Capo d') OT 109 D 10
Orso (Colle dell') IS 65 R 25
Orsogna CH 60 P 24
Orta PE 60 P 24
Orta di Atella CE 69 E 24
Orta (Lago d') NO 20 E 7
Orta Nova FG 71 D 29
Orta S. Giulio NO 20 E 7
Ortacesus CA 119 I 9
Orte VT 58 O 19
Ortelle LE 83 G 37
Ortezzano AP 53 M 22
Orti RC 90 M 29
Orticelli RO 32 G 18
Ortigara (Monte) VI 12 D 16
Ortignano-Raggiolo AR 44 K 17
Ortimino FI 43 L 15
Ortisei / St. Ulrich BZ 4 C 17
Ortler / Ortles BZ 2 C 13
Ortles / Ortler BZ 2 C 13
Ortobene (Monte) NU 116 G 10
Ortolano AQ 59 O 22
Ortona CH 60 O 25
Ortona dei Marsi AQ 60 Q 23
Ortonovo SP 38 J 12
Ortovero SV 35 J 6
Ortuabis (Valico) NU 115 H 9
Ortucchio AQ 64 Q 22
Ortueri NU 115 G 8
Orune NU 116 F 10
Orvieto TR 51 N 18
Orvinio RI 58 P 20
Orzano UD 15 D 22
Orzinuovi BS 22 F 11
Orzivecchi BS 22 F 11
Osasco TO 26 H 4
Osasio TO 27 H 4
Oscasale CR 22 G 11
Oscata AV 71 D 27
Oschiri OT 111 E 9
Oschiri (Rio di) OT 111 E 9
Osento AV 71 E 28
Osento CH 61 P 25
Osidda NU 111 F 9
Osiglia SV 35 J 6
Osiglietta (Lago di) SV 35 J 6
Osilo SS 111 E 8
Osimo AN 47 L 22
Osimo Stazione AN 47 L 22
Osini-Nuovo OG 117 H 10
Osini-Vecchio OG 117 H 10
Osio Sotto BG 21 F 10
Oslavia GO 17 E 22
Osnago LC 21 E 10
Osoppo UD 14 D 21
Ospedaletti IM 35 K 5
Ospedaletto LO 21 G 10
Ospedaletto FO 41 J 18
Ospedaletto RN 41 K 19
Ospedaletto TR 51 N 18
Ospedaletto TN 12 D 16
Ospedaletto TV 25 F 18
Ospedaletto UD 14 D 21
Ospedaletto d'Alpinolo AV 70 E 26
Ospedaletto Euganeo PD 24 G 16
Ospedalicchio PG 51 M 19
Ospitale FE 32 H 16
Ospitale MO 39 J 14
Ospitale di Cadore BL 13 D 18
Ospitaletto BS 22 F 12
Ospitaletto MN 31 G 13
Ospitalleto MO 39 I 14
Ospitalmonacale FE 32 H 17
Ossago Lodigiano LO 21 G 10
Ossalengo CR 22 G 12
Ossegna SP 37 I 10
Osservanza SI 50 L 16
Ossi SS 110 E 7
Ossola (Val d') VB 8 D 6
Ossolaro CR 22 G 11
Ossona MI 20 F 8
Ossuccio CO 9 E 9
Ostana CN 26 H 3
Ostellato FE 32 H 17
Osteria del Gatto PG 51 M 20
Osteria dell'Osa RM 63 Q 20
Osteria di Morano PG 51 M 20
Osteria Grande BO 40 I 16
Osteria Nuova RM 58 P 18
Osterianova MC 47 L 22
Ostia Antica RM 62 Q 18
Ostia Parmense PR 30 I 11
Ostiano CR 22 G 12
Ostiglia MN 31 G 15
Ostigliano SA 75 G 27
Ostra AN 46 L 21
Ostra Vetere AN 46 L 21
Ostuni BR 80 E 34
Oten (Valle d') BL 4 C 18
Otranto LE 83 G 37
Otranto (Capo d') LE 83 G 37
Otricoli TR 58 O 19
Ottana NU 115 G 9
Ottati SA 76 F 27
Ottava SS 110 E 7
Ottavia RM 62 Q 19
Ottaviano NA 70 E 25
Ottiglio AL 28 G 7
Ottiolu (Punta d') NU 113 E 11
Ottobiano PV 20 G 8
Ottone PC 29 I 10
Oulx TO 26 G 2
Ovada AL 28 I 7
Ovaro UD 5 C 20
Oviglio AL 28 H 7
Ovindoli AQ 59 P 22
Ovo (Torre dell') TA 79 G 34
Ovodda NU 115 G 9
Oyace AO 6 E 4
Ozegna TO 19 G 5
Ozein AO 18 E 3
Ozieri SS 111 F 9
Ozzano dell'Emilia BO 40 I 16
Ozzano Monferrato AL 28 G 7
Ozzano Taro PR 30 H 12
Ozzero MI 20 F 8

P

Pabillonis VS 118 I 8
Pace ME 90 M 28
Pace del Mela ME 90 M 27
Paceco TP 96 N 19
Pacengo VR 23 F 14
Pacentro AQ 60 P 23
Pachino SR 107 Q 27
Paciano PG 51 M 18
Padenghe sul Garda BS 22 F 13
Padergnone TN 11 D 14
Paderno BL 12 D 18
Paderno BO 40 I 15
Paderno d'Adda LC 21 E 10
Paderno del Grappa TV 24 E 17
Paderno di Ponzano TV 25 E 18
Paderno Dugnano MI 21 F 9
Paderno Ponchielli CR 22 G 11
Padiglione AN 47 L 22
Padiglione (Bosco di) LT 62 R 19
Padola BL 5 C 19
Pàdola (Val) BL 5 C 19
Padova PD 24 F 17
Padova (Rifugio) BL 13 C 19
Padria SS 115 F 7
Padriciano TS 17 F 23
Padrio (Monte) BS 10 D 12
Padru OT 113 E 10
Padru (Monte) OT 109 D 9
Padula SA 76 F 28
Padule PG 51 M 19
Paduli BN 70 D 26
Paduli (Lago) MS 38 I 12
Padulle BO 31 I 15
Paesana CN 26 H 3
Paese TV 25 E 18
Paestum SA 75 F 27
Paestum Antica SA 75 F 27
Paganella (Monte) TN 11 D 15
Pagani SA 75 E 25
Pagania CS 85 I 31
Paganica AQ 59 O 22
Paganico GR 49 N 15
Pagano (Monte) AQ 65 Q 24
Paganuccio (Monte) PS 46 L 20
Pagazzano BG 21 F 11
Paghera BS 10 E 13
Paglia VT 50 N 17
Paglia (Portella della) PA 97 M 21
Pagliara ME 90 N 28
Pagliare AP 53 N 23
Pagliarelle KR 87 J 32
Pagliaroli TE 59 O 22
Pagliarone (Monte) FG 71 C 27
Paglieres CN 26 I 3
Pagliericcio AR 44 K 17
Paglieta CH 61 P 25
Pagliosa (Isola sa) NU 114 F 7
Pagnacco UD 14 D 21
Pagnano TV 24 E 17
Pagno CN 26 I 4
Pagnona LC 9 D 10
Pago Veiano BN 70 D 26
Pai VR 23 F 14
Paidorzu (Monte) SS 111 F 9
Paisco BS 10 D 12
Paisco (Valle) BS 10 D 12
Palade (Passo delle) / Gampenjoch BZ 3 C 15
Paladina BG 21 E 10
Palagano MO 39 J 13
Palagianello TA 78 F 32
Palagiano TA 78 F 33
Palagogna (Masseria) BR 80 F 34
Palagonia CT 104 P 26
Palai (Punta) NU 115 F 8
Palaia PI 43 L 14
Palanuda (Monte) CS 85 H 30
Palanzano PR 38 I 12
Palanzone (Monte) CO 9 E 9
Palata CB 65 Q 26
Palata Pepoli BO 31 H 15
Palau OT 109 D 10
Palavas (Monte) TO 26 H 2
Palazzello CS 85 I 30
Palazzago BG 21 E 10
Palazzelli SR 104 O 26
Palazzetto SI 49 M 15
Palazzine Sta Maria MT 77 F 30
Palazzo AN 46 L 20
Palazzo LI 48 N 13
Palazzo MC 52 M 20
Palazzo PG 51 M 19
Palazzo Adriano PA 98 N 22
Palazzo d'Ascoli FG 71 D 28
Palazzo del Pero AR 45 L 17
Palazzo Foscarini (Mira) VE 24 F 18
Palazzo S. Gervasio PZ 72 E 29
Palazzolo Acreide SR 104 P 26
Palazzolo dello Stella UD 16 E 21
Palazzolo sull'Oglio BS 22 F 11
Palazzolo Vercellese VC 20 G 6
Palazzone SI 50 N 17
Palazzuolo AR 44 L 16
Palazzuolo sul Senio FI 40 J 16
Palena CH 60 Q 24
Paleparto (Monte) CS 85 I 31
Palermiti CZ 88 K 31
Palermo PA 98 M 22
Palermo (Golfo di) PA 98 M 22
Palermo (Portella) PA 99 O 23
Palermo-Punta Raisi (Aeroporto di) PA 97 M 21
Palese BA 73 D 32
Palestrina RM 63 Q 20
Palestro PV 20 G 7
Paliano FR 63 Q 21
Palidano MN 31 H 14
Palidoro RM 62 Q 18
Palinuro SA 84 G 27
Palinuro (Capo) SA 84 G 27
Palizi RC 91 N 29
Palizi Marina RC 91 N 29
Palla Palla CS 87 J 32
Pallagorio KR 87 J 32
Pallanfre CN 34 J 4
Pallanza VB 8 E 7
Pallare SV 36 J 6
Pallareta (Monte) PZ 77 G 30
Pallerone MS 38 J 12
Pallosu (Cala su) OR 114 G 7
Palma TP 96 N 19
Palma (Fiume) AG 103 P 23
Palma Campania NA 70 E 25
Palma di Montechiaro AG 103 P 23
Palmadula SS 110 E 6
Palmaiola (Isola) LI 48 N 13
Palmanova UD 17 E 21
Palmaria (Isola) SP 38 J 11
Palmariggi LE 83 G 37
Palmarini (Masseria) BR 79 F 35
Palmas CI 118 J 7
Palmas (Golfo di) CA 120 J 7
Palmas (Rio) CI 118 J 7
Palmas Arborea OR 114 H 7
Palmavera SS 110 F 6
Palme (Masseria delle) TA 78 F 32
Palmi RC 88 L 29
Palmiano AP 52 N 22
Palmieri (Rifugio) BL 4 C 18
Palmoli CH 61 Q 25
Palmori FG 66 C 28
Palmschoss / Plancios BZ 4 B 17
Palo RM 62 Q 18
Palo SV 28 I 7
Palo TN 11 E 14
Palo del Colle BA 73 D 32
Palombaio BA 73 D 31
Palombara TE 60 O 23
Palombara Sabina RM 58 P 20
Palombaro CH 60 P 24
Palombina AN 47 L 22
Palomonte SA 76 F 27
Palosco BG 22 F 11
Palù VR 23 G 15
Palù (Cima) TN 11 D 14
Palu (Lago) SO 10 D 11
Palu (Pizzo) SO 10 C 11
Palù del Fersina TN 12 D 16
Paludi CS 87 I 32
Palus San Marco BL 4 C 18
Paluzza UD 5 C 21
Pamparato CN 35 J 5
Pampeago TN 12 C 16
Pan di Zucchero CI 118 I 7
Panarea (Isola) ME 94 L 27
Panaro MO 39 I 14
Panarotta TN 12 D 16
Pancalieri TO 27 H 4
Pancarana PV 29 G 9
Panchià TN 12 D 16
Pancole GR 50 N 15
Pancole SI 43 L 15
Pandino CR 21 F 10
Pandoro (Masseria) TA 73 E 33
Panettieri CS 86 J 31
Paneveggio TN 12 D 17
Panfresco (Masseria) BA 73 D 31
Panicale PG 51 M 18
Panicarola PG 51 M 18
Pannaconi VV 88 K 30
Pannarano BN 70 D 26
Panni FG 71 D 27
Panocchia PR 30 H 12
Pantaleo CI 118 J 8
Pantalica (Necropoli di) SR 105 P 27
Pantalla PG 51 N 19
Pantanelle (Passo delle) CL 104 P 25
Pantasina IM 35 K 5
Pantelleria TP 96 Q 17
Pantelleria (Isola di) TP 96 Q 18
Pantianicco UD 16 D 21
Pantigliate MI 21 F 10
Panzano FI 44 L 15
Panzano (Golfo di) GO 17 E 22
Panzano Bagni GO 17 E 22
Paola CS 86 I 30
Paolillo (Masseria) FG 71 D 29
Paolini TP 96 N 19
Paolisi BN 70 D 25
Papa (Monte del) PZ 77 G 29
Papanice KR 87 J 33
Paparotti UD 15 D 21
Papasidero CS 84 H 29
Papiano AR 40 K 17
Papiano PG 51 N 19
Papola-Casale (Aeroporto di) BR 81 F 35
Papozze RO 32 H 18
Para FO 41 J 18
Parabiago MI 20 F 8
Parabita LE 83 G 36
Paradiso BR 81 F 35
Paradiso (Costa) OT 109 D 8
Paraggi GE 37 J 9
Paramont (Monte) AO 18 E 3
Paranesi TE 53 N 22
Paranzello (Punta) AG 102 T 20
Paras (Is) CA 116 H 9
Parasacco PV 20 G 8
Paratico BS 22 F 11
Paravati VV 88 L 30
Parcines / Partschins BZ 3 B 15
Parco dei Monaci (Masseria) MT 78 F 31
Pardu Atzei VS 118 I 7
Parenti CS 86 J 31
Parete CE 69 E 24
Parghelia VV 88 K 29
Pari GR 50 M 15
Pariana LU 39 K 13
Paringianu CI 118 J 7
Parisa (Masseria) FG 66 C 27
Parisi (Casa) EN 104 O 25
Parma PR 30 H 12
Parma (Torrente) PR 30 I 12
Parmetta PR 30 H 13
Parnacciano PG 45 L 18
Parodi Ligure AL 28 H 8
Parola PR 30 H 12
Parola (Torrente) PR 30 H 12
Paroldo CN 35 I 6
Paroletta PR 30 H 12
Parona PV 20 G 8
Parona di Valpolicella VR 23 F 14
Parrana-S. Giusto LI 42 L 13
Parrana-S. Martino LI 42 L 13
Parrano TR 51 N 18
Parre BG 10 E 11
Parredis (Monte) CA 119 I 10
Parrino (Punta) TP 96 N 19
Parrino (Serre del) PA 97 N 21
Partanna PA 97 M 21
Partanna TP 97 N 20
Partinico PA 97 M 21
Partschins / Parcines BZ 3 B 15
Parzanica BG 22 E 12
Pascarosa BR 80 E 34
Pasian di Prato UD 14 D 21
Pasiano di Pordenone PN 13 E 19
Paspardo BS 10 D 13
Pasquali PR 30 H 12
Passaggio PG 51 M 19
Passaggio d'Assisi PG 51 M 19
Passante (Serbatoio del) CZ 86 J 31
Passarella VE 16 F 19
Passariano UD 16 E 21
Passatore CN 27 I 4
Passeiertal / Passiria (Val) BZ 3 B 15
Passerano AT 27 G 6
Passero (Capo) SR 107 Q 27
Passignano FI 43 L 15
Passignano sul Trasimeno PG 51 M 18
Passirano BS 22 F 12
Passiria (Val) / Passeiertal BZ 3 B 15
Passirio BZ 3 B 15
Passo VB 8 D 7
Passo Corese RI 58 P 19
Passo di Croce Domini BS 10 E 13
Passo di Mirabella AV 70 D 27
Passo di Treia MC 52 M 21
Passo d'Orta FG 71 D 29
Passo Oscuro RM 62 Q 18
Passo S. Angelo MC 52 M 22
Passons UD 14 D 21
Passopisciaro CT 100 N 27
Pastena FR 64 R 22
Pastena IS 65 R 24
Pastena (Grotte di) FR 64 R 22
Pastorano CE 69 D 24
Pastorello PR 30 I 12
Pastrengo VR 23 F 14
Pasturana AL 28 H 8
Pasturo LC 9 E 10
Pasubio TN 23 E 15
Pasubio (Ossario) VI 23 E 15
Paternò CT 100 O 26
Paterno PZ 76 F 29

Paterno **AQ** 59 P 22
Paterno **MC** 52 M 21
Paterno Calabro **CS** 86 J 30
Paternopoli **AV** 70 E 27
Patigno **MS** 37 I 11
Patino (Monte) **PG** 52 N 21
Patria (Lago di) **NA** 69 E 24
Patrica **FR** 63 R 21
Pattada **SS** 111 F 9
Patti **ME** 100 M 26
Patti (Golfo di) **ME** 94 M 27
Patù **LE** 83 H 37
Pau **OR** 115 H 8
Pauceris Mannu (Monte is) **CA** 118 J 8
Paularo **UD** 5 C 21
Paularo (Monte) **UD** 5 C 21
Pauli Arbarei **VS** 118 I 8
Paulilatino **OR** 115 G 8
Paullo **MI** 21 F 10
Pauloni (Serra) **OT** 109 D 9
Paupisi **BN** 70 D 25
Pavarolo **TO** 27 G 5
Pavia **PV** 21 G 9
Pavia (Certosa di) **PV** 21 G 9
Pavia di Udine **UD** 17 E 21
Pavione (Monte) **BL** 12 D 17
Pavona **RM** 62 Q 19
Pavone **SI** 49 M 14
Pavone Canavese **TO** 19 F 5
Pavone del Mella **BS** 22 G 12
Pavullo nel Frignano **MO** 39 I 14
Pazzano **MO** 39 I 14
Pazzano **RC** 88 L 31
Pazzon **VR** 23 F 14
Peccioli **PI** 43 L 14
Pecetto di Valenza **AL** 28 G 8
Pecetto Torinese **TO** 27 G 5
Pecora **GR** 49 M 14
Pecora (Capo) **VS** 118 I 7
Pecorara **PC** 29 H 10
Pecoraro (Monte) **VV** 88 L 31
Pecorile **RE** 30 I 13
Pecorini **ME** 94 L 25
Pecorone **PZ** 77 G 29
Pedace **CS** 86 J 31
Pedagaggi **SR** 104 P 26
Pedalino **RG** 104 P 25
Pedara **CT** 101 O 27
Pedaso **AP** 53 M 23
Pedavena **BL** 12 D 17
Pedemonte **GE** 28 I 8
Pedemonte **VR** 23 F 14
Pederiva **VI** 24 F 16
Pederoa **BZ** 4 C 17
Pederobba **TV** 12 E 17
Pedescala **VI** 24 E 16
Pedesina **SO** 9 D 10
Pediano **BO** 40 J 17
Pedicino (Monte) **FR** 64 Q 22
Pedivigliano **CS** 86 J 30
Pedra Ettori **SS** 110 F 7
Pedrabianca (Sa) **OT** 113 F 10
Pedraces / Pedratsches **BZ** 4 C 17
Pedralunga (Monte) **SS** 111 F 9
Pedratsches / Pedraces **BZ** 4 C 17
Pegli **GE** 36 I 8
Peglia (Monte) **TR** 51 N 18
Peglio **PS** 45 K 19
Peglio **SA** 76 G 28
Pegognaga **MN** 31 H 14
Pegolotte **VE** 24 G 18
Peio **TN** 11 C 14
Peio Terme **TN** 11 C 13
Pelagatta (Passo) **TN** 23 E 15
Pelagie (Isole) **AG** 102
Pelago **FI** 44 K 16
Pelau **OG** 117 H 10
Pelizzone (Passo del) **PC** 29 H 11
Pellarini (Rifugio) **UD** 15 C 22
Pellaro **RC** 90 M 28
Pellaro (Punta di) **RC** 90 M 28
Pellecchia (Monte) **RM** 58 P 20
Pellegrina **RC** 90 M 29
Pellegrina **VR** 23 G 15
Pellegrino **ME** 90 M 28
Pellegrino (Cozzo del) **CS** 85 H 30
Pellegrino (Monte) **PA** 98 M 22
Pellegrino Parmense **PR** 30 H 11
Peller (Monte) **TN** 11 D 14
Pellestrina **VE** 25 G 18
Pellezzano **SA** 75 E 26
Pellice **TO** 26 H 3
Pellizzano **TN** 11 D 14
Pelmo (Monte) **BL** 13 C 18
Peloritani (Monti) **ME** 90 M 27
Peloro (Capo) **ME** 90 M 28
Pelosa **PR** 37 I 10
Pelosa (Spiaggia della) **SS** 108 E 6
Pelugo **TN** 11 D 14
Pelvo d'Elva **CN** 26 I 3
Pendenza **RI** 59 O 21
Pènegal (Monte) **BZ** 11 C 15
Penice (Monte) **PC** 29 H 9
Penice (Passo del) **PC** 29 H 9
Penna (Lago della) **AR** 44 L 17
Penna (Monte) **AR** 45 K 17
Penna (Monte) **PG** 52 M 20
Penna (Punta di) **CH** 61 P 26
Penna Alta **AR** 44 L 16
Penna in Teverina **TR** 58 O 19
Penna (Monte) **PR** 29 I 10
Penna S. Andrea **TE** 60 O 23
Penna S. Giovanni **MC** 52 M 22
Pennabilli **PS** 41 K 18
Pennadomo **CH** 60 P 24
Pennapiedimonte **CH** 60 P 24
Penne **PE** 60 O 23
Penne (Forca di) **AQ** 60 P 23
Penne (Lago di) **PE** 60 O 23
Penne (Punta) **BR** 81 E 35
Pennes / Pens **BZ** 3 B 16
Pennes (Passo di) / Penserjoch **BZ** 3 B 16
Pennes (Val di) **BZ** 3 B 16
Pennino (Monte) **MC** 52 M 20
Pens / Pennes **BZ** 3 B 16
Penserjoch / Pennes (Passo di) **BZ** 3 B 16
Penta **SA** 70 E 26
Pentedattilo **RC** 90 N 29
Pentema **GE** 29 I 9
Pentolina **SI** 49 M 15
Pentone **CZ** 87 K 31
Peonis **UD** 14 D 21
Peralba (Monte) **BL** 5 C 20
Perano **CH** 60 P 25
Perarolo **VI** 24 F 16
Perarolo di Cadore **BL** 13 C 19
Perca / Percha **BZ** 4 B 17
Percha / Perca **BZ** 4 B 17
Perciato (Punta di) **ME** 94 L 26
Percile **RM** 58 P 20
Percoto **UD** 17 E 21
Perd'e Sali **CA** 121 J 9
Perda de sa Mesa (Punta) **VS** 118 I 7
Perda Liana (Monte) **OG** 117 H 10
Perdaia (Monte) **CA** 120 K 8
Perdas de Fogu **CI** 120 J 7
Perdasdefogu **OG** 119 H 10
Perdaxius **CI** 118 J 7
Perdifumo **SA** 75 G 27
Perdonig / Predonico **BZ** 3 C 15
Perer **BL** 12 D 17
Pereta **GR** 56 O 15
Pereto **AQ** 59 P 21
Perfugas **SS** 111 E 8
Pergine Valdarno **AR** 44 L 17
Pergine Valsugana **TN** 11 D 15
Pergola **PS** 46 L 20
Pergola **PZ** 76 F 29
Pergusa **EN** 99 O 24
Pergusa (Lago di) **EN** 104 O 24
Peri **VR** 23 F 14
Periasc **AO** 7 E 5
Perignano **PI** 43 L 13
Perinaldo **IM** 35 K 5
Perino **PC** 29 H 10
Perito **SA** 75 G 27
Perletto **CN** 27 I 6
Perlo **CN** 35 J 6
Perloz **AO** 19 F 5
Pernate **NO** 20 F 8
Pernocari **VV** 88 L 30
Pernumia **PD** 24 G 17
Pero (Golfo) **SS** 109 D 10
Pero **MI** 21 F 9
Pero **SV** 36 I 7
Perolla **GR** 49 M 14
Perosa Argentina **TO** 26 H 3
Perotti **PC** 29 I 10
Peroulaz **AO** 18 E 3
Perrero **TO** 26 H 3
Perrone (Sella del) **CB** 65 R 25
Persano **SA** 75 F 27
Persi **AL** 28 H 8
Persico **CR** 22 G 12
Persignano **AR** 44 L 16
Pertegada **UD** 16 E 21
Pertengo **VC** 20 G 7
Pertica Alta **BS** 22 E 13
Pertica Bassa **BS** 22 E 13
Perticano **PG** 46 L 20
Perticara **PS** 41 K 18
Pertosa **SA** 76 F 28
Pertosa (Grotta di) **SA** 76 F 28
Pertusa (Portella) **ME** 101 N 27
Pertusillo (Lago del) **PZ** 77 G 29
Pertuso **PC** 29 I 10
Perugia **PG** 51 M 19
Pesa **FI** 43 K 15
Pesariis **UD** 5 C 20
Pesarina (Val) **UD** 5 C 20
Pesaro **PS** 46 K 20
Pescaglia **LU** 38 K 13
Pescantina **VR** 23 F 14
Pescara **PE** 60 O 24
Pescara (Fiume) **PE** 60 P 23
Pescarella (Masseria) **BA** 72 E 30
Pescarolo ed Uniti **CR** 22 G 12
Pescasseroli **AQ** 64 Q 23
Pesche **IS** 65 R 24
Peschici **FG** 67 B 30
Peschiera **MT** 77 F 31
Peschiera Borromeo **MI** 21 F 9
Peschiera del Garda **VR** 23 F 14
Pescia **PG** 52 N 21
Pescia **PT** 39 K 14
Pescia (Torrente) **PT** 39 K 14
Pescia Fiorentina **GR** 56 O 16
Pescia Romana **VT** 56 O 16
Pescina **AQ** 59 P 22
Pescina **FI** 39 K 15
Pesco Sannita **BN** 70 D 26
Pescocostanzo **AQ** 64 Q 24
Pescolanciano **IS** 65 Q 25
Pescomaggiore **AQ** 59 O 22
Pescopagano **PZ** 71 E 28
Pescopennataro **IS** 65 Q 24
Pescorocchiano **RI** 59 P 21
Pescosansonesco **PE** 60 P 23
Pescosolido **FR** 64 Q 22
Pescul **BL** 12 C 18
Peseggia **TV** 25 F 18
Pesek **TS** 17 F 23
Pesio **CN** 35 J 5
Pesipe **CZ** 88 K 31
Pessinetto **TO** 18 G 4
Pessola **PR** 30 I 11
Pessola (Torrente) **PR** 30 I 11
Pesus **CI** 118 J 7
Petacciato **CB** 61 P 26
Petacciato Marina **CB** 61 P 26
Petano (Monte) **TR** 58 O 20
Petersberg / Monte S. Pietro **BZ** 12 C 16
Petilia Policastro **KR** 87 J 32
Petina **SA** 76 F 28
Petralia Soprana **PA** 99 N 24
Petralia Sottana **PA** 99 N 24
Petralla Salto **RI** 59 P 21
Petrano (Monte) **PS** 46 L 19
Petrarca (Rifugio) **BZ** 3 B 15
Petrella (Monte) **LT** 64 S 23
Petrella Guidi **PS** 41 K 18
Petrella Liri **AQ** 59 P 21
Petrella Massana **AR** 45 K 18
Petrella Tifernina **CB** 65 Q 26
Petrelle **PG** 51 L 18
Petriano **PS** 46 K 20
Petricci **GR** 50 N 16
Petrignacola **PR** 30 I 12
Petrignano **PG** 51 M 19
Petrignano di Lago **PG** 50 M 17
Petriolo **MC** 52 M 22
Petritoli **AP** 53 M 22
Petrizzi **CZ** 88 K 31
Petrognanovicino a Borgo S. Lorenzo **FI** 40 K 16
Petrognano (vicino a Certaldo) **FI** 43 L 15
Petroio **SI** 50 M 17
Petrona **CZ** 87 J 32
Petrosino **TP** 96 N 19
Petrosino (Masseria) **BA** 73 E 32
Petroso (Monte) **AQ** 64 Q 23
Petrulli (Masseria) **FG** 66 C 27
Petruscio (Villaggio di) (Mottola) **TA** 78 F 33
Pettenasco **NO** 20 E 7
Pettinascura (Monte) **CS** 87 I 31
Pettineo **ME** 99 N 24
Pettino **PG** 52 N 20
Pettoranello del Molise **IS** 65 R 24
Pettorano sul Gizio **AQ** 60 Q 23
Pettorazza Grimani **RO** 32 G 17
Peveragno **CN** 35 J 4
Pezza (Piano di) **AQ** 59 P 22
Pezzana **VC** 20 G 7
Pezzano **SA** 75 E 26
Pezzaze **BS** 22 E 12
Pezze di Greco **BR** 80 E 34
Pezzo **BS** 11 D 13
Pezzolo **ME** 90 M 28
Pfalzen / Falzes **BZ** 4 B 17
Pfatten / Vadena **BZ** 12 C 15
Pfelders / Plan **BZ** 3 B 15
Pfitscherjoch / Vizze (Passo di) **BZ** 4 B 16
Pflersch / Fleres **BZ** 3 B 16
Pflerscher Tribulaun / Tribuláun **BZ** 3 B 16
Pfunders / Fundres **BZ** 4 B 17
Pia Camuno **BS** 22 E 12
Piacenza **PC** 29 G 11
Piacenza d'Adige **PD** 32 G 16
Piadena **CR** 30 G 13
Piagge **PS** 46 K 20
Piaggia **PG** 52 N 20
Piaggine **SA** 76 F 28
Piaggio di Valmara **VB** 8 D 8
Piamprato **TO** 19 F 4
Pian Castagna **AL** 28 I 7
Pian d'Alma **GR** 49 N 14
Pian d'Audi **TO** 19 G 4
Pian de Valli **RI** 58 O 20
Pian dei Ratti **GE** 37 I 9
Pian del Falco **MO** 39 J 14
Pian del Leone (Lago) **PA** 98 N 22
Pian del Re **CN** 26 H 3
Pian del Voglio **BO** 39 J 15
Pian dell'Osteria **BL** 13 D 19
Pian delle Betulle **LC** 9 D 10
Pian delle Fugazze (Passo) **TN** 23 E 15
Pian di Barca **SP** 37 J 11
Pian di Marte **PG** 51 M 18
Pian di Molino **PS** 45 L 19
Pian di Morrano **GR** 57 O 16
Pian di Novello **PT** 39 J 14
Pian di Sco **AR** 44 L 16
Pian di Venola **BO** 39 I 15
Pian Gelassa **TO** 26 G 3
Pian Munè **CN** 26 I 3
Pian Palu (Lago di) **BS** 10 D 13
Piana **CB** 65 R 25
Piana **PG** 50 M 18
Piana (Masseria la) **MT** 77 F 31
Piana Caruso **CS** 85 I 31
Piana Crixia **SV** 28 I 6
Piana degli Albanesi **PA** 97 M 21
Piana degli Albanesi (Lago di) **PA** 97 N 21
Piana di Monte Verna **CE** 69 D 25
Piana (Isola) **CI** 120 J 6
Piana (Isola) (vicino ad Alghero) **SS** 110 F 6
Piana (Isola) (vicino a Stintino) **SS** 110 E 6
Pianaccio **BO** 39 J 14
Pianazze (Passo delle) **PR** 29 I 10
Piancaldoli **FI** 40 J 16
Piancastagnaio **SI** 50 N 17
Piancavallo **PN** 13 D 19
Pianche **CN** 34 J 3
Piancogno **BS** 10 E 12
Piandelagotti **MO** 38 J 13
Piandimeleto **PS** 45 K 19
Piane di Falerone **AP** 52 M 22
Piane di Mocogno **MO** 39 J 14
Piane (le) **VC** 8 E 6
Pianedda (Monte sa) **OT** 113 E 10
Pianella **PE** 60 O 24
Pianella **SI** 50 L 16
Pianello **PS** 45 L 19
Pianello **PA** 99 N 24
Pianello **AN** 46 L 21
Pianello **PG** 51 M 19
Pianello del Lario **CO** 9 D 9
Pianello Val Tidone **PC** 29 H 10
Pianengo **CR** 21 F 11
Pianetto **FO** 40 K 17
Pianetto (Portella del) **PA** 98 M 22
Pianezza **TO** 27 G 4
Pianezze **TV** 12 E 18
Pianfei **CN** 35 I 5
Piangipane **RA** 41 I 18
Piani di Artavaggio **LC** 9 E 10
Piani Resinelli **LC** 9 E 10
Pianico **BG** 22 E 12
Pianiga **VE** 24 F 18
Piano **AT** 27 H 6
Piano **PS** 45 L 19
Piano **RO** 33 H 18
Piano d'Arta **UD** 5 C 21
Piano dei Peri **PZ** 84 G 29
Piano del Cansiglio **BL** 13 D 19
Piano del Monaco (Masseria) **BA** 72 D 30
Piano della Limina **RC** 88 L 30
Piano delle Fonti **CH** 60 P 24
Piano di Pieve **PG** 51 M 19
Piano di Sorrento **NA** 74 F 25
Piano Laceno **AV** 71 E 27
Piano Maggiore **TE** 53 N 22
Pianoconte **ME** 94 L 26
Pianola **AQ** 59 P 22
Pianopantano **AV** 70 D 26
Pianopoli **CZ** 88 K 31
Pianoro **BO** 40 I 16
Pianosa **LI** 54 O 12
Pianosa (Isola) **LI** 54 O 12
Pianosinatico **PT** 39 J 14
Piansano **VT** 57 O 17
Piantedo **SO** 9 D 10
Piantonia **PR** 30 I 12
Pianura **NA** 69 E 24
Piasco **CN** 26 I 4
Piateda Alta **SO** 10 D 11
Piave **BL** 5 C 19
Piave Vecchia (Porto di) **VE** 16 F 19
Piavola **FO** 41 J 18
Piavon **TV** 16 E 19
Piazza **SI** 44 L 15
Piazza **CN** 35 I 5
Piazza **PR** 30 H 13
Piazza al Serchio **LU** 38 J 12
Piazza Armerina **EN** 104 O 25
Piazza Brembana **BG** 9 E 11
Piazza di Brancoli **LU** 39 K 13
Piazzatorre **BG** 9 E 11
Piazze **SI** 50 N 17
Piazzi (Cima de) **SO** 10 C 12
Piazzo **GE** 29 I 9
Piazzola sul Brenta **PD** 24 F 17
Picchetta **NO** 20 F 8
Picciano **PE** 60 O 23
Piccilli **CE** 64 R 24
Piccione **PG** 51 M 19
Picco (Forcella dei) / Birnlücke **BZ** 4 A 18
Piccoli **PC** 29 H 10
Piccoli (Masseria) **TA** 73 E 33
Piccolo (Corno) **TE** 59 O 22
Piccolo (Lago) **TO** 26 G 4
Piccolo S. Bernardo (Colle del) **AO** 18 E 2
Picentini (Monti) **SA** 70 E 26
Picentino **SA** 70 E 26
Picerno **PZ** 76 F 28
Picinisco **FR** 64 R 23
Pico **FR** 64 R 22
Picognola (Monte) **PG** 46 L 19
Pideura **RA** 40 J 17
Pidig Alm / Malga Pudio **BZ** 4 B 18
Pidocchio (Masseria il) **FG** 71 D 28
Pie di Moggio **RI** 58 O 20
Pie di Via **PR** 30 H 11
Piedicavallo **BI** 19 E 5
Piediluco **TR** 58 O 20
Piediluco (Lago di) **TR** 58 O 20
Piedimonte **FI** 40 J 16
Piedimonte Alta **FR** 64 R 23
Piedimonte Etneo **CT** 101 N 27
Piedimonte Massicano **CE** 69 D 23
Piedimonte Matese **CE** 65 R 25
Piedimonte S. Germano **FR** 64 R 23
Piedimulera **VB** 8 D 6
Piedipaterno **PG** 52 N 20
Piediripa **MC** 52 M 22
Piedivalle **PG** 52 N 21
Piegaio **AR** 51 L 18
Piegaro **PG** 51 N 18
Piegolelle **SA** 75 E 26
Pielungo **PN** 14 D 20
Pienza **SI** 50 M 17
Pierabec **UD** 5 C 20
Pieranica **CR** 21 F 10
Pierantonio **PG** 51 M 19
Pierfaone (Monte) **PZ** 76 F 29
Pieris **GO** 17 E 22
Pietole **MN** 31 G 14
Pietra (Torre) **FG** 67 C 30
Pietra Bismantova **RE** 38 I 13
Pietra de' Giorgi **PV** 29 G 9
Pietra dell'Uso **FO** 41 K 18
Pietra Grande **TN** 11 D 14
Pietra Ligure **SV** 36 J 6
Pietra Marazzi **AL** 28 H 8
Pietra Spada (Passo di) **VV** 88 L 31
Pietrabbondante **IS** 65 Q 25
Pietrabruna **IM** 35 K 5
Pietrabuona **PT** 39 K 14
Pietracamela **TE** 59 O 22
Pietracatella **CB** 66 C 26
Pietracupa **CB** 65 Q 25
Pietracuta **PS** 41 K 19
Pietradefusi **AV** 70 D 26
Pietrafaccia **GE** 28 I 8
Pietraferrazzana **CH** 60 Q 25
Pietrafitta **CS** 86 J 31
Pietrafitta **PG** 51 N 18
Pietrafitta **SI** 44 L 15
Pietragalla **PZ** 72 E 29
Pietragavina **PV** 29 H 9
Pietraia **AR** 50 M 17
Pietraia **PG** 51 M 18
Pietralacroce **AN** 47 L 22
Pietraliscia (Serra) **CT** 104 P 25
Pietralunga **PG** 45 L 19
Pietralunga (Villa) **EN** 100 N 25
Pietramelara **CE** 65 S 24
Pietramelina **PG** 51 M 19
Pietramonte-corvino **FG** 66 C 27
Pietramurata **TN** 11 D 14
Pietranico **PE** 60 P 23
Pietransieri **AQ** 64 Q 24
Pietrapaola **CS** 87 I 32
Pietrapaola (Stazione di) **CS** 87 I 32
Pietrapazza **FO** 40 K 17
Pietrapennata **RC** 91 N 30
Pietrapertosa **PZ** 77 F 30
Pietraperzia **EN** 103 O 24
Pietraporzio **CN** 34 I 3
Pietraroia **BN** 65 R 25
Pietrarossa **CT** 104 P 25
Pietrarossa (Serbatoio di) **CT** 104 O 25
Pietrarúbbia **PS** 45 K 19
Pietrasanta **LU** 38 K 12
Pietrasecca **AQ** 59 P 21
Pietrastornina **AV** 70 E 26
Pietravairano **CE** 65 S 24
Pietravecchia (Monte) **IM** 35 K 4
Pietre Nere (Punta) **FG** 66 B 28
Pietrelcina **BN** 70 D 26
Pietretagliate **TP** 96 N 19
Pietri **AV** 71 E 27
Pietroso (Monte) **PA** 97 N 21
Pieve **BS** 23 E 14
Pieve a Nievole **PT** 39 K 14
Pieve a Salti **SI** 50 M 16
Pieve al Toppo **AR** 44 L 17
Pieve Albignola **PV** 28 G 8
Pieve d'Alpago **BL** 13 D 19
Pieve del Cairo **PV** 28 G 8
Pieve del Pino **BO** 40 I 16
Pieve della Rosa **PG** 45 L 18
Pieve di Bono **TN** 11 E 13
Pieve di Cadore **BL** 13 C 19
Pieve di C. (Lago di) **BL** 13 C 19
Pieve di Cagna **PS** 45 K 19
Pieve di Cento **BO** 32 H 15
Pieve di Chio **AR** 50 L 17
Pieve di Compito **LU** 43 K 13
Pieve di Compresseto **PG** 51 M 20
Pieve di Coriano **MN** 31 G 15
Pieve di Gusaliggio **PR** 30 I 11
Pieve di Ledro **TN** 11 E 14
Pieve di Livinallongo **BL** 4 C 17
Pieve di Marebbe / Plaiken **BZ** 4 B 17
Pieve di Monti **MS** 38 J 12
Pieve di Rigutino **AR** 45 L 17
Pieve di S. Andrea **BO** 40 J 16
Pieve di Scalenghe **TO** 27 H 4
Pieve di Soligo **TV** 13 E 18
Pieve di Teco **IM** 35 J 5
Pieve d'Olmi **CR** 30 G 12
Pieve Emanuele **MI** 21 F 9
Pieve Fosciana **LU** 38 J 13
Pieve Ligure **GE** 37 I 9
Pieve Porto Morone **PV** 29 G 10
Pieve S. Giacomo **CR** 30 G 12
Pieve S. Giovanni **AR** 44 L 17
Pieve S. Nicolò **PG** 51 M 19
Pieve S. Vicenzo **RE** 38 I 12
Pieve Sto Stefano **AR** 45 K 18
Pieve Tesino **TN** 12 D 16
Pieve Torina **MC** 52 M 21
Pieve Trebbio **MO** 39 I 14
Pieve Vecchia **AR** 50 M 17
Pieve Vergonte **VB** 8 D 6
Pievebovigliana **MC** 52 M 21
Pievefavera (Lago di) **MC** 52 M 21
Pieveottoville **PR** 30 G 12
Pievepelago **MO** 39 J 13
Pievescola **SI** 49 M 15
Pievetta **CN** 35 J 6
Pievetta e Bosco Tosca **PC** 29 G 10
Pigazzano **PC** 29 H 10
Piglio **FR** 63 Q 21
Pigna **IM** 35 K 4
Pignataro Interamna **FR** 64 R 23
Pignataro Maggiore **CE** 69 D 24
Pignola **PZ** 76 F 29
Pignone **SP** 37 J 11
Pigra **CO** 9 E 9

Pila AO 18 E 3
Pila PG 51 M 18
Pila RO 33 H 19
Pila (La) LI 48 N 12
Pilastrello FE 32 H 15
Pilastrello PR 30 H 13
Pilastri FE 31 H 15
Pilastrino BO 39 I 15
Pilastro MN 31 G 13
Pilastro PR 30 H 12
Pilato (Monte) PZ 77 F 29
Pilcante TN 23 E 14
Pillaz AO 19 F 5
Pilli (Fattoria) OR 114 G 7
Pillonis (Is) CI 120 K 7
Pilo (Stagno di) SS 110 E 6
Pilosu (Monte) SS 111 E 8
Pilzone BS 22 E 12
Pimentel CA 119 I 9
Piminoro RC 91 M 30
Pimonte NA 75 E 25
Pinarella RA 41 J 19
Pinarolo Po PV 29 G 9
Pinasca TO 26 H 3
Pincara RO 32 H 16
Pinedo PN 13 D 19
Pinerolo TO 26 H 3
Pineta Grande CE 69 D 23
Pineta Mare CE 69 E 23
Pineto TE 60 O 24
Pineto (Bosco il) TA 78 F 32
Piniteddu (Monte) CT 100 N 27
Pino Grande KR 87 J 32
Pino Lago Maggiore VA 8 D 8
Pino (Porto) CI 120 K 7
Pino Torinese TO 27 G 5
Pinocchio AN 47 L 22
Pinu (Monte) OT 109 E 10
Pinzano
al Tagliamento PN 14 D 20
Pinzolo TN 11 D 14
Pio XI (Rifugio) BZ 2 B 14
Piobbico PS 45 L 19
Piobesi Torinese TO 27 H 4
Piode VC 19 E 6
Pioltello MI 21 F 9
Pioltone (Pizzo) VB 7 D 6
Piombino LI 48 N 13
Piombino (Canale di) LI 48 N 13
Piombino Dese PD 24 F 17
Piombino (Monte) PA 99 N 23
Piombo (Cala) CA 120 K 7
Piona (Abbazia di) LC 9 D 9
Pione PR 29 I 10
Pioppa MO 31 H 14
Pioppi SA 75 G 27
Pioppo PA 97 M 21
Pioraco MC 52 M 20
Piosina PG 45 L 18
Piossasco TO 27 H 4
Piovà Massaia AT 27 G 6
Piovacqua (Masseria) TA 80 F 33
Piove di Sacco PD 24 G 18
Piovene Rocchette VI 24 E 16
Piovera AL 28 H 8
Pioverna LC 9 E 10
Piozzano PC 29 H 10
Piozzo CN 27 I 5
Pira (Cala) CA 119 J 10
Pira 'e Onni
(Cantoniera) OG 116 G 10
Piraino ME 100 M 26
Piramide Vincent VC 7 E 5
Piras OT 113 F 10
Pirazzolu OT 109 D 10
Piretto CS 85 I 30
Piroi (Monte su) CA 119 I 10
Pirri CA 119 J 9
Pisa PI 42 K 13
Pisa (Certosa di) PI 42 K 13
Pisa-Galileo Galilei
(Aeroporto) PI 42 K 13
Pisanino (Monte) LU 38 J 12
Pisano NO 20 E 7
Pisano (Monte) LU 43 K 13
Pisanu Mele
(Monte) NU 115 G 9
Piscicelli (Masseria) FG 66 B 27
Piscina TO 26 H 4
Piscinasvicino
a Guspini VS 118 I 7
Piscinas
(vicino a Santadi) CI 118 J 8
Piscinella (Masseria) TA 73 E 33
Pisciotta SA 76 G 27
Piscopio VV 88 L 30
Piscu CA 119 I 9
Pisignano RA 41 J 18
Pisogne BS 22 E 12
Pisoniano RM 63 Q 20
Pissignano PG 52 N 20
Pisterzo LT 63 R 21
Pisticci MT 78 F 31
Pisticci Scalo MT 78 F 31
Pistoia PT 39 K 14
Pistoine (Monte) SP 37 J 10
Pistrino PG 45 L 18
Pisucerbu
(Bruncu 'e) OG 117 G 10
Piteccio PT 39 J 14
Piteglio PT 39 J 14
Piticchio AN 46 L 20
Pitigliano GR 57 O 16
Pitigliano PG 45 L 18
Pitino MC 52 M 21
Pittada (Monte) OR 114 F 7
Pittu (Monte) SS 111 F 8
Pitursiddo (Cozzo) CL 99 O 23
Pitziu OR 115 G 8
Piubega MN 23 G 13
Piumazzo MO 31 I 15
Piuro SO 9 D 10
Pizzale PV 29 G 9
Pizziferro (Masseria) TA 78 F 33
Pizzighettone CR 22 G 11
Pizzillo (Monte) CT 100 N 27
Pizzini-Frattola (Rif.) SO 11 C 13
Pizzo VV 88 K 30
Pizzo Alto (Rifugio) LC 9 D 10
Pizzo (Torre del) LE 83 H 35
Pizzoc (Monte) TV 13 D 19
Pizzocco (Monte) BL 12 D 18
Pizzocorno PV 29 H 9
Pizzoferrato CH 65 Q 24
Pizzoferro
Monsignore TA 73 E 32
Pizzolato TP 96 N 19
Pizzoli AQ 59 O 21
Pizzolungo TP 96 M 19
Pizzone IS 64 Q 24
Pizzoni VV 88 L 30
Pizzuto (Monte) RI 58 O 20
Placanica RC 88 L 31
Place Moulin
(Lago di) AO 7 E 4
Plaesano RC 88 L 30
Plätzwiesen /
Prato Piazza BZ 4 C 18
Plaia (Capo) PA 99 M 23
Plaia (Lido di) CT 105 O 27
Plaiken /
Pieve di Marebbe BZ 4 B 17
Plampincieux AO 6 E 2
Plan / Pfelders BZ 3 B 15
Plan (Val di) BZ 3 B 15
Plan de Gralba /
Kreuzboden BZ 4 C 17
Planaval (vicino
a Courmayeur) AO 18 E 3
Planaval (vicino
a Leverogne) AO 18 E 3
Planca di Sotto /
Unterplanken BZ 4 B 18
Plancios / Palmschoss BZ 4 B 17
Planeil / Planol BZ 2 B 13
Planol / Planeil BZ 2 B 13
Plassas (Las) VS 118 H 8
Plataci CS 85 H 31
Platamona Lido SS 110 E 7
Platani AG 98 N 23
Platania CZ 86 J 30
Plateau Rosa AO 7 E 5
Platì RC 91 M 30
Platischis UD 15 D 22
Plauris (Monte) UD 14 C 21
Plaus BZ 3 C 15
Playa Grande RG 106 Q 25
Plesio CO 9 D 9
Ploaghe SS 111 F 8
Plodio SV 35 I 6
Plöckenpaß / Monte Croce
Carnico (Passo di) UD 5 C 20
Plose (Cima di) /
Plose Bühel BZ 4 B 17
Plugna UD 5 C 20
Po CN 26 H 3
Po Bandino PG 50 M 17
Po della Donzella
o di Gnocca FE 33 H 18
Po della Pila RO 33 H 19
Po della Pila
(Bocche del) RO 33 H 19
Po delle Tolle RO 33 H 19
Po delle Tolle
(Bocca del) RO 33 H 19
Po di Gnocca
(Bocche del) RO 33 H 19
Po di Goro RO 33 H 18
Po di Goro
(Bocca del) RO 33 H 19
Po di Levante RO 33 G 18
Po di Levante
(Foce del) RO 33 G 19
Po di Maistra RO 33 H 19
Po di Maistra
(Foce del) RO 33 G 19
Po di Venezia RO 33 H 19
Po di Volano FE 32 H 17
Pocapaglia CN 27 H 5
Pocenia UD 16 E 21
Pocol BL 4 C 18
Podenzana MS 38 J 11
Podenzano PC 29 H 11
Poderia SA 76 G 28
Poetto CA 119 J 9
Poffabro PN 13 D 20
Pofi FR 64 R 22
Poggetto BO 32 H 16
Poggi del Sasso GR 50 N 15
Poggiardo LE 83 G 37
Poggibonsi SI 43 L 15
Poggio BO 40 I 16
Poggio LI 48 N 12
Poggio LU 38 J 13
Poggio MC 52 M 20
Poggio a Caiano PO 39 K 15
Poggio alla Croce FI 44 L 16
Poggio alle Mura SI 50 N 16
Poggio Aquilone TR 51 N 18
Poggio Berni RN 41 J 19
Poggio Buco GR 57 O 16
Poggio Bustone RI 58 O 20
Poggio Cancelli AQ 59 O 21
Poggio Catino RI 58 P 20
Poggio Cinolfo AQ 59 P 21
Poggio d'Acona AR 45 L 17
Poggio d'Api RI 52 N 21
Poggio di Roio AQ 59 P 22
Poggio Filippo AQ 59 P 21
Poggio Imperiale FG 66 B 28
Poggio Imperiale FI 43 K 15
Poggio Mirteto RI 58 P 20
Poggio Moiano RI 58 P 20
Poggio Montone TR 51 N 18
Poggio Murella GR 50 N 16
Poggio Nativo RI 58 P 20
Poggio Picenze AQ 59 P 22
Poggio Primocaso PG 52 N 20
Poggio Renatico FE 32 H 16
Poggio Rusco MN 31 H 15
Poggio S. Polo SI 44 L 16
Poggio S. Lorenzo RI 58 P 20
Poggio S. Marcello AN 46 L 21
Poggio S. Romualdo AN 46 L 21
Poggio S. Vicino MC 46 L 21
Poggio Sannita IS 65 Q 25
Poggiodomo PG 52 N 20
Poggioferro GR 50 N 16
Poggiofiorito CH 60 P 24
Poggiola AR 44 L 17
Poggiomarino NA 70 E 25
Poggiomoretto TE 53 N 23
Poggioreale TP 97 N 21
Poggioreale
(Ruderi di) TP 97 N 21
Poggiorsini BA 72 E 30
Poggiridenti SO 10 D 11
Pognana Lario CO 9 E 9
Pognano BG 21 F 10
Pogno NO 20 E 7
Poiana Maggiore VI 24 G 16
Poira (Portella di) PA 97 N 21
Poirino TO 27 H 5
Polaveno BS 22 F 12
Polcanto FI 40 K 16
Polcenigo PN 13 D 19
Polenta FO 41 J 18
Polentes BL 13 D 18
Poleo VI 24 E 15
Polesella RO 32 H 17
Polesine FE 32 H 17
Polesine (Isola di) RO 33 H 19
Polesine (Località) MN 31 H 14
Polesine Camerini RO 33 H 19
Polesine Parmense PR 30 G 12
Poli RM 63 Q 20
Polia VV 88 K 30
Policastro (Golfo di) SA 84 G 28
Policastro
Bussentino SA 76 G 28
Policoro MT 78 G 32
Polignano PC 30 G 11
Polignano a Mare BA 73 E 33
Polinago MO 39 I 14
Polino TR 58 O 20
Polino (Monte) EN 103 O 24
Polistena RC 88 L 30
Polizzello CL 99 O 23
Polizzi Generosa PA 99 N 23
Polizzo (Monte) TP 97 N 20
Polla SA 76 F 28
Pollara ME 94 L 26
Pollastra AL 28 H 8
Pollena-Trocchia NA 70 E 25
Pollenza MC 52 M 22
Pollenzo CN 27 H 5
Pollica SA 75 G 27
Pollina PA 99 N 24
Pollina (Fiume) PA 99 N 24
Pollinara CS 85 H 31
Pollino PZ 85 H 30
Pollino (Monte) PZ 85 H 30
Pollino (Parco
Nazionale di) PZ 85 G 30
Pollone BI 19 F 5
Polluce (Masseria) FG 67 C 28
Pollutri CH 61 P 25
Polonghera CN 27 H 4
Polpenazze
del Garda BS 22 F 13
Polpet BL 13 D 18
Polsa TN 23 E 14
Polsi (Santuario di) RC 91 M 29
Poltu Quatu OT 109 D 10
Poludnig (Monte) UD 15 C 22
Polvano AR 45 L 18
Polveraia GR 50 N 15
Polveraia (Punta) LI 48 N 12
Polverara PD 24 G 17
Polverello ME 100 N 26
Polverigi AN 47 L 22
Polverina AP 52 N 22
Polverina MC 52 M 21
Polverina (Lago di) MC 52 M 21
Polvese (Isola) PG 51 M 18
Polvica Tramonti SA 75 E 25
Poma (Lago) PA 97 N 21
Poma (Passo di) BZ 4 C 17
Pomaia PI 43 L 13
Pomarance PI 49 M 14
Pomarico MT 78 F 31
Pomaro Monferrato AL 28 G 7
Pombia NO 20 F 7
Pometo PV 29 H 9
Pomezia RM 62 Q 19
Pomiere (Monte) ME 100 N 25
Pomigliano d'Arco NA 70 E 25
Pomino FI 40 K 16
Pomone PG 51 N 19
Pomonte GR 56 O 16
Pomonte LI 48 N 12
Pompagnano PG 51 N 20
Pompeano MO 39 I 14
Pompei NA 75 E 25
Pompei Scavi NA 74 E 25
Pompeiana IM 35 K 5
Pompiano BS 22 F 11
Pomponesco MN 31 H 13
Pomposa
(Abbazia di) FE 33 H 18
Pompu OR 118 H 8
Poncarale BS 22 F 12
Ponente (Capo) AG 102 U 19
Ponente (Riviera di) IM 36 K 6
Ponsacco PI 43 L 13
Ponsano PI 43 L 14
Ponso PD 24 G 16
Pont AO 18 F 3
Pont Canavese TO 19 F 4
Pont-St. Martin AO 19 F 5
Pontassieve FI 44 K 16
Pontboset AO 19 F 5
Ponte TP 96 N 19
Ponte UD 14 C 21
Ponte BN 70 D 26
Ponte CE 64 S 23
Ponte Rizzoli BO 40 I 16
Ponte a Cappiano FI 43 K 14
Ponte a Egola PI 43 K 14
Ponte a Elsa PI 43 K 14
Ponte a Moriano LU 39 K 13
Ponte agli Stolli FI 44 L 16
Ponte Arche TN 11 D 14
Ponte Barizzo SA 75 F 27
Ponte Biferchia BN 70 D 25
Ponte Buggianese PT 39 K 14
Ponte Buriano AR 44 L 17
Ponte Caffaro BS 23 E 13
Ponte Cappuccini PS 41 K 19
Ponte Centesimo PG 51 M 20
Ponte d. Valle FI 40 J 17
Ponte d'Arbia SI 50 M 16
Ponte d'Assi PG 51 M 19
Ponte della Venturina PT 39 J 14
Ponte dell'Olio PC 29 H 10
Ponte di Barbarano VI 24 F 16
Ponte di Brenta PD 24 F 17
Ponte di Ferro PG 51 N 19
Ponte di Ghiacco
(Passo) BZ 4 B 17
Ponte di Legno BS 10 D 13
Ponte di Masino FI 43 K 14
Ponte di Nava CN 35 J 5
Ponte di Piave TV 16 E 19
Ponte di Samone MO 39 I 14
Ponte di Turbigo NO 20 F 8
Ponte di Verzuno BO 39 J 15
Ponte Erro AL 28 I 7
Ponte Ete AP 53 M 23
Ponte Felcino PG 51 M 19
Ponte Fontanelle
(Lago di) PZ 77 F 29
Ponte Galeria RM 62 Q 19
Ponte Gardena /
Waidbruck BZ 3 C 16
Ponte in Valtellina SO 10 D 11
Ponte Lambro CO 21 E 9
Ponte Ludovico IM 35 K 4
Ponte Marmora CN 26 I 3
Ponte Messa PS 41 K 18
Ponte nelle Alpi BL 13 D 18
Ponte Nizza PV 29 H 9
Ponte Nossa BG 10 E 11
Ponte Nova /
Birchabruck BZ 12 C 16
Ponte Nuovo MC 52 N 21
Ponte Nuovo PG 51 M 19
Ponte Nuovo PT 39 K 14
Ponte Pattoli PG 51 M 19
Ponte Rio AN 46 K 21
Ponte Ronca BO 31 I 15
Ponte Samoggia BO 31 I 15
Ponte S. Giovanni PG 51 M 19
Ponte S. Marco BS 22 F 13
Ponte S. Nicolò PD 24 F 17
Ponte S. Pellegrino MO 31 H 15
Ponte S. Pietro BG 21 E 10
Ponte Taro PR 30 H 12
Ponte 13 Archi FG 66 C 26
Ponte Tresa VA 8 E 8
Ponte Uso FO 41 K 18
Ponte Valleceppi PG 51 M 19
Ponte Zanano BS 22 E 12
Pontebba UD 15 C 21
Pontecagnano SA 75 F 26
Pontecasale PD 24 G 17
Pontecchio Polesine RO 32 G 17
Ponteceno
(vicino a Badia) PR 29 I 10
Ponteceno (vicino
a Bedonia) PR 29 I 10
Pontechianale CN 26 I 3
Pontechiusita MC 52 N 20
Pontecorvo FR 64 R 23
Pontecurone AL 28 H 8
Pontedassio IM 35 K 6
Pontedazzo PS 46 L 19
Pontedecimo GE 28 I 8
Pontedera PI 43 L 13
Ponteginori PI 49 L 14
Pontegrande CZ 89 K 31
Pontegrande VB 7 E 6
Pontegrosso PR 30 H 11
Pontelagoscuro FE 32 H 16
Pontelandolfo BN 65 S 26
Pontelatone CE 69 D 24
Pontelongo PD 24 G 18
Pontelungo PV 21 G 9
Pontenano AR 44 L 17
Pontenure PC 30 H 11
Pontepetri PT 39 J 14
Ponteranica BG 21 E 11
Ponteranica (Pizzo) BG 9 D 10
Pontericciolì PS 46 L 19
Pontestrambo PR 37 I 10
Pontestura AL 20 G 7
Pontevico BS 22 G 12
Pontey AO 19 E 4
Ponti AL 28 I 7
Ponti di Spagna FE 32 H 16
Ponti sul Mincio MN 23 F 14
Ponticelli BO 40 J 16
Ponticelli RI 58 P 20
Ponticello / Brückele BZ 4 B 18
Ponticino AR 44 L 17
Ponticino /
Bundschen BZ 3 C 16
Pontida BG 21 E 10
Pontinia LT 63 R 21
Pontinvrea SV 36 I 7
Pontirolo Nuovo BG 21 F 10
Pontoglio BS 22 F 11
Pontorme FI 43 K 14
Pontremoli MS 38 I 11
Ponzalla FI 40 J 16
Ponzano TE 53 N 23
Ponzano di Fermo AP 53 M 22
Ponzano Monferrato AL 28 G 6
Ponzano Romano RM 58 P 19
Ponzano Veneto TV 25 E 18
Ponze PG 52 N 20
Ponzone BI 19 F 6
Ponzone AL 28 I 7
Popelli RC 88 L 31
Popiglio PT 39 J 14
Popoli PE 60 P 23
Poppi AR 44 K 17
Populonia LI 48 N 13
Porano TR 51 N 18
Porassey AO 18 E 2
Porcari LU 39 K 13
Porcellengo TV 25 E 18
Porchette (Foce di) LU 38 J 13
Porchia AP 53 N 22
Porchiano AP 53 N 22
Porchiano TR 58 O 19
Porcia PN 13 E 19
Porciano AR 40 K 17
Porcile (Monte) SP 37 I 10
Porco (Ponte del) FG 66 B 27
Pordenone PN 13 E 20
Pordenone (Rifugio) PN 13 C 19
Pordoi (Passo) BL 4 C 17
Poreta S. Giacomo PG 52 N 20
Porlezza CO 9 D 9
Pornassio IM 35 J 5
Pornello TR 51 N 18
Poro (Monte) VV 88 L 29
Porotto-Cassana FE 32 H 16
Porpetto UD 17 E 21
Porretta Terme BO 39 J 14
Porri (Isola dei) SS 110 E 6
Porro BZ 4 B 17
Porro (Rifugio) SO 10 D 11
Portacomaro AT 28 H 6
Portalbera PV 29 G 9
Portaria TR 58 O 19
Portatore LT 63 S 21
Porte TO 26 H 3
Portegrandi VE 16 F 19
Portelle EN 100 N 25
Portello (Passo di) GE 29 I 9
Portese BS 23 F 13
Porticelle Soprane CT 100 N 26
Porticello PA 98 M 22
Porticello-Sta Trada RC 90 M 29
Portici NA 69 E 25
Portico di Caserta CE 69 D 24
Portico di Romagna FO 40 J 17
Portigliola RC 91 M 30
Portiglione GR 49 N 14
Portile MO 31 I 14
Portio SV 36 J 7
Portiolo MN 31 G 14
Portis UD 14 C 21
Portisco OT 109 D 10
Portixeddu CI 118 I 7
Porto PG 50 M 17
Porto Alabe OR 114 G 7
Porto Azzurro LI 48 N 13
Porto Badino LT 63 S 21
Porto Badisco LE 83 G 37
Porto Botte CI 120 J 7
Porto Botte
(Stagno di) CA 120 J 7
Porto Ceresio VA 8 E 8
Porto Cervo OT 109 D 10
Porto Cesareo LE 79 G 35
Porto Conte SS 110 F 6
Porto Corsini RA 33 I 18
Porto d'Ascoli AP 53 N 23
Porto di Falconera VE 16 F 20
Porto di Levante ME 94 L 26
Porto di Maratea PZ 84 H 29
Porto di Ponente ME 94 L 26
Porto di Vasto CH 61 P 26
Porto Empedocle AG 102 P 22
Porto Ercole GR 55 O 15
Porto Fuori RA 41 I 18
Porto Garibaldi FE 33 H 18
Porto Istana OT 113 E 10
Porto Levante RO 33 G 19
Porto Mandriola OR 114 G 7
Porto Mantovano MN 23 G 14
Porto Marghera VE 25 F 18
Porto Maurizio IM 35 K 6
Porto Nogaro UD 17 E 21
Porto Palma VS 118 H 7
Porto Palo AG 97 O 20
Porto Pino CI 120 K 7
Porto
Potenza Picena MC 47 L 23
Porto Pozzo OT 109 D 9
Porto Raphael OT 109 D 10
Porto Recanati MC 47 L 22
Porto Rotondo OT 109 D 10
Porto S. Paolo OT 113 E 10
Porto S. Elpidio AP 53 M 23
Porto S. Giorgio AP 53 M 23
Porto
Sta Margherita VE 16 F 20
Porto Sto Stefano GR 55 O 15
Porto Tolle RO 33 H 18
Porto Torres SS 110 E 7
Porto Tricase LE 83 H 37
Porto Valtravaglia VA 8 E 8
Porto Viro RO 33 G 18
Portobello di Gallura OT 109 D 9
Portobuffolé TV 13 E 19
Portocannone CB 66 B 27
Portoferraio LI 48 N 12
Portofino GE 37 J 9

Portofino (Penisola di) GE 37 J 9
Portofino Vetta GE 37 J 9
Portogreco FG 67 B 30
Portogruaro VE 16 E 20
Portole AR 51 M 18
Portomaggiore FE 32 H 17
Portonovo AN 47 L 22
Portonovo BO 32 I 17
Portopalo di Capo Passero SR 107 Q 27
Portoscuso CI 118 J 7
Portovenere SP 38 J 11
Portoverrara FE 32 H 17
Portovesme CI 118 J 7
Porziano PG 51 M 19
Posada NU 113 F 11
Posada (Fiume di) NU 113 F 11
Posada (Lago di) NU 113 F 10
Poscante BG 21 E 11
Posillesi TP 97 N 20
Posillipo NA 69 E 24
Posina VI 23 E 15
Positano SA 74 F 25
Possagno TV 12 E 17
Possidente PZ 71 E 29
Posta RI 59 O 21
Posta Fibreno FR 64 Q 23
Postal / Burgstall BZ 3 C 15
Postalesio SO 10 D 11
Postiglione SA 76 F 27
Postioma TV 25 E 18
Postua VC 20 E 6
Potame CS 86 J 30
Potenza PZ 76 F 29
Potenza (Macerata) MC 52 M 21
Potenza Picena MC 47 L 22
Poti (Alpe di) AR 45 L 17
Pottu Codinu (Necropoli di) SS 110 F 7
Pove del Grappa VI 24 E 17
Povegliano TV 25 E 18
Povegliano Veronese VR 23 F 14
Poverella CS 86 J 31
Poverello (Monte) ME 90 M 28
Poviglio RE 31 H 13
Povolaro VI 24 F 16
Povoletto UD 15 D 21
Poza CE 64 S 24
Pozza MO 31 I 14
Pozza di Fassa TN 12 C 17
Pozzaglia Sabino RI 58 P 20
Pozzaglio ed Uniti CR 22 G 12
Pozzale FI 43 K 14
Pozzallo RG 107 Q 26
Pozzella (Torre) BR 80 E 35
Pozzengo AL 28 G 6
Pozzilli IS 64 R 24
Pozzillo CT 101 O 27
Pozzillo (Lago) EN 100 O 25
Pozzillo (Monte) AG 103 P 23
Pozzo AL 27 G 6
Pozzo AR 50 M 17
Pozzo Guacito BR 80 E 34
Pozzo Salerno TA 80 F 34
Pozzo S. Nicola SS 110 E 6
Pozzo Terraneo FG 71 D 29
Pozzo (vicino a Pasiano di P) PN 16 E 19
Pozzo (vicino a Provesano) PN 14 D 20
Pozzol-Groppo AL 29 H 9
Pozzolengo BS 23 F 13
Pozzoleone VI 24 F 17
Pozzolo MN 23 G 14
Pozzolo Formigaro AL 28 H 8
Pozzomaggiore SS 115 F 7
Pozzoni (Monte) RI 52 O 21
Pozzonovo PD 24 G 17
Pozzuoli NA 69 E 24
Pozzuolo PG 50 M 17
Pozzuolo del Friuli UD 17 E 21
Pozzuolo Martesana MI 21 F 10
Prà GE 36 I 8
Pra Campo SO 10 D 12
Pracchia PT 39 J 14
Pracchiola MS 38 I 11
Prad am Stilfserjoch / Prato allo Stelvio BZ 2 C 13
Prada VR 23 E 14
Pradalunga BG 22 E 11
Pradamano UD 15 D 21
Pradarena (Passo di) LU 38 J 12
Prade TN 12 D 17
Pradello MN 31 G 14
Pradeltorno TO 26 H 3
Pradidali (Rifugio) TN 12 D 17
Pradielis UD 15 D 21
Pradipozzo VE 16 E 20
Pradleves CN 34 I 3
Pradovera PC 29 H 10
Pragelato TO 26 G 2
Praglia GE 28 I 8
Praglia (Abbazia di) PD 24 F 17
Prags / Braies BZ 4 B 18
Pragser Wildsee / Braies (Lago di) BZ 4 B 18
Praia a Mare CS 84 H 29
Praia a Mare TA 80 F 33
Praiano SA 75 F 25
Prainito (il) SR 105 Q 26
Pralboino BS 22 G 12
Prali TO 26 H 3
Pralormo TO 27 H 5
Pralungo BI 19 F 6
Pramaera OG 117 H 10
Pramaggiore VE 16 E 20
Pramaggiore (Monte) PN 13 C 19
Pramollo TO 26 H 3
Pramollo (Passo di) / Naßfeld-Paß UD 15 C 21
Pramper (Cima di) BL 13 D 18
Pramperet (Rifugio) BL 13 D 18
Pranello PR 30 I 12
Prano (Monte) LU 38 K 13
Pranolz BL 13 D 18
Pranu Mutteddu CA 119 I 9
Prarayer AO 7 E 4
Prascorsano TO 19 F 4
Prastondu TO 19 F 4
Prata AV 70 E 26
Prata GR 49 M 14
Prata Camportaccio SO 9 D 10
Prata d'Ansidonia AQ 59 P 22
Prata di Pordenone PN 13 E 19
Prata Sannita CE 65 R 24
Pratella CE 65 R 24
Pratello (Monte) AQ 64 Q 23
Prateria RC 88 L 30
Prati (i) TR 58 O 20
Prati di Tivo TE 59 O 22
Prati / Wiesen BZ 3 B 16
Pratica di Mare RM 62 R 19
Praticello RE 30 H 13
Pratieghi AR 45 K 18
Prato PO 39 K 15
Prato GE 37 I 10
Prato RE 31 H 14
Prato TR 51 N 18
Prato (Monte) LU 38 J 13
Prato (Tempa del) SA 76 F 27
Prato alla Drava / Winnebach BZ 4 B 19
Prato all'Isarco / Blumau BZ 3 C 16
Prato allo Stelvio / Prad am Stilfser-joch BZ 2 C 13
Prato Carnico UD 5 C 20
Prato di Campoli FR 64 Q 22
Prato Nevoso CN 35 J 5
Prato Perillo SA 76 F 28
Prato Piazza / Plätzwiesen BZ 4 C 18
Prato Ranieri GR 49 N 14
Prato Selva TE 59 O 22
Prato Sopralacroce GE 37 I 10
Pratobello NU 115 G 9
Pratobotrile TO 18 G 3
Pratola Peligna AQ 60 P 23
Pratola Serra AV 70 E 26
Pratolino FI 40 K 15
Pratomagno AR 44 K 16
Pratomedici MS 38 J 12
Pratorsi PT 39 J 14
Pratovecchio AR 44 K 17
Pravisdomini PN 16 E 20
Pray BI 20 E 6
Praz AO 7 E 4
Prazzo CN 26 I 3
Pré de Bar AO 6 E 3
Pré-St. Didier AO 18 E 2
Prea CN 35 J 5
Precenicco UD 16 E 21
Preci PG 52 N 21
Preda Rossa SO 9 D 11
Preda (Val) AQ 59 O 22
Predappio FO 40 J 17
Predappio Alta FO 40 J 17
Predazzo TN 12 D 16
Predel / Predil (Passo del) UD 15 C 22
Prediera RE 31 I 13
Predil (Lago del) UD 15 C 22
Predil (Passo del) / Predel UD 15 C 22
Predoi / Prettau BZ 4 A 18
Predoi (Pizzo Rosso di) / Rötspitze BZ 4 A 18
Predonico / Perdonig BZ 3 C 15
Predore BG 22 E 12
Predosa AL 28 H 7
Preganziol TV 25 F 18
Preggio PG 51 M 18
Preglia VB 8 D 6
Pregnana Milanese MI 21 F 9
Preit CN 26 I 3
Prelá IM 35 K 5
Prelerna PR 30 I 11
Premana LC 9 D 10
Premariacco UD 15 D 22
Premeno VB 8 E 7
Premia VB 8 D 7
Premilcuore FO 40 K 17
Premosello VB 8 D 7
Prena (Monte) TE 59 O 23
Prenestini (Monti) RM 63 Q 20
Preola (Lago di) TP 96 O 19
Preone UD 14 C 20
Prepotto UD 15 D 22
Presa (Isola la) OT 109 D 10
Presanella (Cima) TN 11 D 13
Presciano RM 63 R 20
Preseglie BS 22 E 13
Preselle GR 49 N 15
Presenzano CE 64 R 24
Presicce LE 83 H 36
Presolana (Passo della) BG 10 E 12
Presolana (Pizzo della) BG 10 E 12
Pressana VR 24 G 16
Presta (Forca di) AP 52 N 21
Prestianni CL 103 O 24
Prestone SO 9 C 10
Preta CE 64 S 24
Pretara TE 59 O 22
Pretare AP 52 N 21
Preti (Cima dei) PN 13 C 19
Pretoro CH 60 P 24
Prettau / Predoi BZ 4 A 18
Preturo AQ 59 O 21
Prevalle BS 22 F 13
Prezza AQ 60 P 23
Priabona VI 24 F 16
Priatu OT 109 E 9
Priero CN 35 I 6
Prignano Cilento SA 75 G 27
Prignano sulla Secchia MO 39 I 14
Prima Porta RM 58 P 19
Primaluna LC 9 E 10
Primero (Bocca di) GO 17 E 22
Primolano VI 12 E 17
Primolo SO 10 D 11
Principe (Monte) / Hoherfirst BZ 3 B 15
Principina a Mare GR 49 N 15
Priocca d'Alba CN 27 H 6
Priola CN 35 J 6
Priola (Punta di) PA 98 M 22
Priolo CL 104 P 25
Priolo Gargallo SR 105 P 27
Priora (Monte) AP 52 N 21
Prisdarella RC 88 L 31
Priverno LT 63 R 21
Prizzi PA 98 N 22
Prizzi (Lago di) PA 98 N 22
Procchio LI 48 N 12
Proceno VT 50 N 17
Procida NA 74 E 24
Procida (Canale di) NA 69 E 24
Procida (Isola di) NA 74 E 24
Prodo TR 51 N 18
Progno VR 23 F 14
Promano PG 45 L 18
Propata GE 29 I 9
Prosciutto (Punta) LE 79 G 35
Prosecco TS 17 E 23
Prossedi LT 63 R 21
Prossenicco UD 15 D 22
Provaglio d'Iseo BS 22 F 12
Provaglio Val Sabbia BS 22 E 13
Provagna BL 13 D 18
Provazzano PR 30 I 13
Proveis / Pròves BZ 3 C 15
Pròves / Proveis BZ 3 C 15
Provesano PN 14 D 20
Provonda TO 26 G 3
Provvidenti CB 65 Q 26
Prudenzini (Rifugio) BS 10 D 13
Prun VR 23 F 14
Pruna (Punta sa) NU 117 G 10
Pruna (Sa) NU 115 G 9
Prunella RC 90 N 29
Prunetta PT 39 J 14
Prunetto CN 27 I 6
Pruno LU 38 J 12
Pruno (Poggio al) PI 49 M 14
Pucciarelli PG 51 M 18
Pudiano BS 22 F 12
Puegnago sul Garda BS 22 F 13
Puez (Rifugio) BZ 4 C 17
Puglianello BN 70 D 25
Pugnochiuso FG 67 B 30
Puia PN 13 E 19
Puianello RE 31 I 13
Pula CA 121 J 9
Pula (Capo di) CA 121 J 9
Pulfero UD 15 D 22
Pulicciano AR 44 L 16
Pullir BL 12 D 17
Pulsano TA 79 F 34
Pulsano (Santuario di) FG 67 B 29
Pumenengo BG 22 F 11
Punta Ala GR 49 N 14
Punta Braccetto RG 106 Q 25
Punta del Lago VT 57 P 18
Punta Gennarta (Lago) CI 118 I 7
Punta Marina RA 41 I 18
Punta Sabbioni VE 16 F 19
Punta Secca RG 106 Q 25
Puntalazzo CT 101 N 27
Puntazza (Capo) TP 97 M 20
Punti (Li) SS 110 E 7
Puos d'Alpago BL 13 D 19
Pura (Passo del) UD 13 C 20
Puranno (Monte) PG 52 N 20
Purgatorio TP 97 M 20
Pusiano CO 21 E 9
Pusiano (Lago di) LC 21 E 9
Pusteria (Val) BZ 4 B 17
Putia (Sass de) BZ 4 C 17
Putifigari SS 110 F 7
Putignano BA 73 E 33
Putignano (Grotta di) BA 73 E 33
Putzu Idu OR 114 G 7
Puzzillo (Monte) AQ 59 P 22

Q

Quaderna BO 32 I 16
Quaderni VR 23 G 14
Quadri CH 65 Q 24
Quadro (Pizzo) SO 9 C 9
Quaglietta AV 71 E 27
Quaglio RG 104 P 25
Quáira (Lago di) BZ 3 C 14
Qualiano NA 69 E 24
Qualso UD 15 D 21
Quara RE 38 I 13
Quaranta SI 50 N 16
Quarantoli MO 31 H 15
Quargnento AL 28 H 7
Quarna VB 8 E 7
Quarnan (Rifugio) UD 14 D 21
Quarona VC 20 E 6
Quarrata PT 39 K 14
Quartaia SI 43 L 15
Quartesana FE 32 H 17
Quartiere Paolo VI TA 79 F 33
Quarto FO 41 K 18
Quarto NA 69 E 24
Quarto PC 29 G 11
Quarto (Lago di) FO 41 K 18
Quarto d'Altino VE 25 F 19
Quarto Inferiore AT 28 H 6
Quarto Inferiore BO 32 I 16
Quartu (Golfo di) CA 119 J 9
Quartu S. Elena CA 119 J 9
Quartucciu CA 119 J 9
Quasano BA 73 E 31
Quattordio AL 28 H 7
Quattro Castella RE 30 I 13
Quattrocase MN 31 H 15
Quattropani ME 94 L 26
Quattrostrade GR 55 O 15
Quattroventi CE 65 R 24
Querce al Pino SI 50 M 17
Quercegrossa SI 44 L 15
Querceta LU 38 K 12
Querceto PI 49 M 14
Quercia del Monaco (Passo della) FR 64 R 22
Quercianella LI 42 L 13
Querciola BO 39 J 14
Quero BL 12 E 17
Quezzi GE 36 I 8
Quiesa LU 38 K 13
Quiliano SV 36 J 7
Quincinetto TO 19 F 5
Quindici AV 70 E 25
Quingentole MN 31 G 15
Quinto al Mare GE 36 I 8
5}o Alpini (Rifugio) SO 2 C 13
Quinto di Treviso TV 25 F 18
Quinto di Valpantena VR 23 F 15
Quinto Vercellese VC 20 F 7
Quinto Vicentino VI 24 F 16
Quinzano d'Oglio BS 22 G 12
Quirra CA 119 I 10
Quirra (Isola di) CA 119 I 10
Quirra (Rio de) OG 119 H 10
Quistello MN 31 G 14

R

Rabbi TN 11 C 14
Rabbi (Fiume) FO 40 K 17
Rabbi (Val di) TN 11 C 14
Rabbini PC 29 H 11
Rabenstein / Corvara BZ 3 B 15
Racale LE 83 H 36
Racalmuto AG 103 O 23
Raccolana (Canale di) UD 15 C 22
Racconigi CN 27 H 5
Raccuia ME 100 M 26
Racines / Ratschings BZ 3 B 16
Racines (Val di) BZ 3 B 15
Radda in Chianti SI 44 L 16
Raddusa CT 104 O 25
Radein / Redagno BZ 12 C 16
Radi SI 50 M 16
Radici (Passo delle) LU 38 J 13
Radicofani SI 50 N 17
Radicondoli SI 49 M 15
Radogna FG 71 D 28
Radsberg / Monte Rota BZ 4 B 18
Raffadali AG 102 O 22
Ragada TN 11 D 13
Ragalna CT 100 O 26
Raganello CS 85 H 30
Ragazzola PR 30 G 12
Raggiolo (Ortignano-) AR 44 K 17
Ragogna UD 14 D 20
Ragola (Monte) PR 29 I 10
Ragoli TN 11 D 14
Ragusa RG 104 Q 26
Raia (Monte) SA 75 E 26
Raialunga (Monte) SA 76 G 28
Raiamagra (Monte) AV 71 E 27
Raiano AQ 60 P 23
Rain in Taufers / Riva di Tures BZ 4 B 18
Raisi (Punta) PA 97 M 21
Raisigerbi (Capo) PA 99 M 24
Raldon VR 23 F 15
Ram BZ 2 C 13
Rama (Capo) PA 97 M 21
Ramacca CT 104 O 26
Ramaceto (Monte) GE 37 I 9
Ramière (Punta) TO 26 H 2
Ramilia (Case) CL 103 O 23
Ramiseto RE 38 I 12
Ramon TV 24 E 17
Ramponio CO 9 E 9
Ramundo CS 87 J 31
Rancale PG 51 M 19
Ranchio FO 41 K 18
Rancia (Castello della) MC 52 M 22
Rancio Valcuvia VA 8 E 8
Ranco AR 45 L 18
Ranco VA 20 E 7
Randazzo CT 100 N 26
Rangona FE 32 H 16
Ranica BG 21 E 11
Ranzanico BG 22 E 11
Ranzano PR 38 I 12
Ranzo IM 35 J 6
Ranzo TN 11 D 14
Ranzola (Colle di) AO 19 E 5
Rapagnano AP 53 M 22
Rapallo GE 37 I 9
Raparo (Monte) PZ 77 G 29
Rapegna MC 52 N 21
Rapino CH 60 P 24
Rapolano Terme SI 50 M 16
Rapolla PZ 71 E 29
Rapone PZ 71 E 28
Rasciesa BZ 4 C 16
Rascino (Lago) RI 59 O 21
Rasenna MC 52 N 20
Rasiglia PG 52 N 20
Rasocolmo (Capo) ME 90 M 28
Raspollino (Padule di) GR 49 N 15
Rassa VC 19 E 6
Rassina AR 44 L 17
Rastrello (Valico del) SP 37 J 11
Rasu (Monte) OG 119 I 10
Rasu (Monte) SS 115 F 9
Rasun-Anterselva / Rasen-Antholz BZ 4 B 18
Rasura SO 9 D 10
Raticosa (Passo della) FI 40 J 16
Ratschings / Racines BZ 3 B 16
Rattisio Nuovo / Neurateis BZ 3 B 14
Ratzes / Razzes BZ 3 C 16
Rauchkofel / Fumo (Monte) BZ 4 A 18
Rauscedo PN 13 D 20
Rauth / Novale BZ 12 C 16
Rava (Cimon) TN 12 D 16
Ravadese PR 30 H 13
Ravagnese RC 90 M 28
Ravalle FE 32 H 16
Ravanusa AG 103 P 23
Ravarano PR 30 I 12
Ravari (Bocca di) BO 39 J 15
Ravarino MO 31 H 15
Ravascletto UD 5 C 20
Ravello SA 75 F 25
Ravenna RA 41 I 18
Raveo UD 14 C 20
Ravi GR 49 N 14
Ravina TN 11 D 15
Raviscanina CE 65 R 24
Razzà RC 91 N 30
Razzes / Ratzes BZ 3 C 16
Razzo (Sella di) BL 5 C 19
Razzoli (Isola) SS 109 D 10
Razzuolo FI 40 J 16
Re VB 8 D 7
Re (Serra del) CT 100 N 26
Rea PV 29 G 9
Reale (Canale) BR 79 F 35
Reale (Rada della) SS 108 D 6
Realmonte AG 102 P 22
Reana del Roiale UD 15 D 21
Reatini (Monti) RI 58 O 20
Rebeccu SS 115 F 8
Recanati MC 47 L 22
Recattivo PA 99 O 24
Recattivo (Portella) PA 99 O 24
Recchio PR 30 H 12
Recco GE 37 I 9
Recetto NO 20 F 7
Recoaro Mille VI 23 E 15
Recoaro Terme VI 23 E 15
Recoleta MT 78 G 31
Recovato MO 31 I 15
Reda RA 40 J 17
Redagno / Radein BZ 12 C 16
Redasco (Cime) SO 10 C 12
Redavalle PV 29 G 9
Redebus (Passo) TN 12 D 15
Redena FE 31 H 15
Redi Castello (Monte) TN 10 D 13
Redipuglia GO 17 E 22
Redona PN 13 D 20
Redondesco MN 30 G 13
Redone BS 23 F 13
Refavaie TN 12 D 16
Refrancore AT 28 H 7
Refrontolo TV 13 E 18
Regalbuto EN 100 O 25
Regalgioffoli PA 98 N 22
Reggello FI 44 K 16
Reggio di Calabria RC 90 M 28
Reggio nell'Emilia RE 31 H 13
Reggiolo RE 31 H 14
Regi Lagni NA 70 E 25
Regina CS 85 I 30
Regina Elena (Canale) NO 20 F 7
Regnano MS 38 J 12
Regona CR 22 G 11
Rei (Costa) CA 119 J 10
Reino BN 65 S 26
Reinswald / S. Martino BZ 3 B 16
Reischach / Riscone BZ 4 B 17
Reit (Cresta di) SO 2 C 13
Reitano ME 99 N 25
Religione (Punta) RG 106 Q 26
Remanzacco UD 15 D 21
Remedello Sopra BS 22 G 13
Remedello Sotto BS 22 G 13
Remondò PV 20 G 8
Renaio LU 39 J 13
Renate MI 21 E 9
Renazzo FE 32 H 15
Rendale VI 12 E 16
Rende CS 86 J 30
Rendena (Valle) TN 11 D 14
Rendina (Lago del) PZ 71 D 29
Rendinara AQ 64 Q 22
Renna (Monte) RG 106 Q 26
Renna (Monte) SR 105 Q 26
Renno MO 39 J 14
Reno PT 39 J 14
Reno VA 8 E 7
Reno (Foce del) RA 33 I 18
Reno Finalese MO 32 H 15
Renòn (Corno di) BZ 3 C 16
Renon / Ritten BZ 3 C 16
Reppia GE 37 I 10
Resana TV 24 F 17
Rescaldina MI 20 F 8
Resceto MS 38 J 12
Reschen / Resia BZ 2 B 13

Reschenpaß / Resia (Passo di) **BZ** 2 B 13
Reschensee / Resia (Lago di) **BZ** 2 B 13
Resettum (Monte) **PN** 13 D 19
Resia **UD** 15 C 21
Resia / Reschen **BZ** 2 B 13
Resia (Lago di) / Reschensee **BZ** 2 B 13
Resia (Passo di) / Reschenpaß **BZ** 2 B 13
Resia (Valle di) **UD** 15 C 21
Resiutta **UD** 15 C 21
Rest (Forcola di Monte) **PN** 13 C 20
Resta **GR** 49 N 14
Restinco (Masseria) **BR** 80 F 35
Resuttano **CL** 99 N 24
Resuttano **CL** 99 N 24
Retorbido **PV** 29 H 9
Revello **CN** 26 I 4
Reventino (Monte) **CZ** 86 J 30
Revere **MN** 31 G 15
Revine **TV** 13 D 18
Revò **TN** 11 C 15
Rezzanello **PC** 29 H 10
Rezzato **BS** 22 F 12
Rezzo **IM** 35 J 5
Rezzoaglio **GE** 29 I 10
Rhêmes-Notre Dame **AO** 18 F 3
Rhêmes-St. Georges **AO** 18 F 3
Rhêmes (Val di) **AO** 18 F 3
Rho **MI** 21 F 9
Riace **RC** 88 L 31
Riace Marina **RC** 89 L 31
Rialto **SV** 36 J 6
Riano **RM** 58 P 19
Riardo **CE** 65 S 24
Ribera **AG** 102 O 21
Ribolla **GR** 49 N 15
Ribordone **TO** 19 F 4
Ricadi **VV** 88 L 29
Ricaldone **AL** 28 H 7
Ricavo **SI** 43 L 15
Riccardina **BO** 32 I 16
Riccia **CB** 65 R 26
Riccio **AR** 50 M 18
Riccione **RN** 41 J 19
Riccò del Golfo di Spezia **SP** 38 J 11
Riccovolto **MO** 39 J 13
Ricengo **CR** 21 F 11
Ricetto **RI** 59 P 21
Ricigliano **SA** 76 E 28
Ridanna / Ridnaun **BZ** 3 B 15
Ridanna (Val) **BZ** 3 B 15
Ridnaun / Ridanna **BZ** 3 B 15
Ridotti (i) **AQ** 64 Q 22
Ridracoli **FO** 40 K 17
Ridracoli (Lago di) **FO** 40 K 17
Rienza **BZ** 4 B 17
Riepenspitze / Ripa (Monte) **BZ** 4 B 18
Ries (Vedrette di) / Rieserfernegruppe **BZ** 4 B 18
Riese Pio X **TV** 24 E 17
Riesi **CL** 103 P 24
Rieti **RI** 58 O 20
Rifreddo **PZ** 77 F 29
Rifredo **FI** 40 J 16
Rigali **PG** 52 M 20
Righetto (Passo del) **MS** 38 I 11
Rigiurfo Grande (Case) **CL** 104 P 25
Riglio **PC** 29 H 11
Riglio (Torrente) **PC** 30 G 11
Riglione-Oratoio **PI** 42 K 13
Rignano Flaminio **RM** 58 P 19
Rignano Garganico **FG** 67 B 28
Rignano sull'Arno **FI** 44 K 16
Rigo (Ponte del) **SI** 50 N 17
Rigolato **UD** 5 C 20
Rigoli **PI** 42 K 13
Rigolizia **SR** 104 Q 26
Rigomagno **SI** 50 M 17
Rigoso **PR** 38 I 12
Rigutino **AR** 45 L 17
Rilievo **TP** 96 N 19
Rima **VC** 7 E 6
Rimagna **PR** 38 I 12
Rimasco **VC** 7 E 6
Rimella **VC** 8 E 6
Rimendiello **PZ** 77 G 29
Rimini **RN** 41 J 19
Rimininо **VT** 57 O 16
Rimiti **ME** 90 N 27
Rinalda (Torre) **LE** 81 F 36
Rinella **ME** 94 L 26
Rino **BS** 10 D 13
Rio di Lagundo / Aschbach **BZ** 3 C 15
Rio di Pusteria / Mühlbach **BZ** 4 B 16
Rio (il) **RM** 63 R 21
Rio Marina **LI** 48 N 13
Rio nell'Elba **LI** 48 N 13
Rio Saliceto **RE** 31 H 14
Rio Secco **FO** 40 J 17
Riobianco / Weißenbach (vicino a Campo Tures) **BZ** 4 B 17
Riobianco / Weißenbach (vicino a Pennes) **BZ** 3 B 16
Riofreddo **SV** 35 J 6
Riofreddo **FO** 41 K 18
Riofreddo **RM** 59 P 21
Riofreddo **UD** 15 C 22
Riola **BO** 39 J 15
Riola Sardo **OR** 114 H 7
Riolo **MO** 31 I 15
Riolo Terme **RA** 40 J 17
Riolunato **MO** 39 J 13
Riomaggiore **SP** 37 J 11
Riomolino / Mühlbach **BZ** 4 B 17
Riomurtas **CI** 118 J 8
Rionero in Vulture **PZ** 71 E 29
Rionero Sannitico **IS** 65 Q 24
Riosecco **PG** 45 L 18
Riotorto **LI** 49 N 14
Rioveggio **BO** 39 J 15
Ripa **TO** 26 H 2
Ripa **AQ** 59 P 22
Ripa **PG** 51 M 19
Ripa d'Orcia **SI** 50 M 16
Ripa (Monte) / Riepenspitze **BZ** 4 B 18
Ripa Sottile (Lago di) **RI** 58 O 20
Ripa Teatina **CH** 60 O 24
Ripaberarda **AP** 53 N 22
Ripabottoni **CB** 65 Q 26
Ripacandida **PZ** 71 E 29
Ripaldina **PV** 29 G 10
Ripalimosano **CB** 65 R 25
Ripalta **FG** 66 B 27
Ripalta Arpina **CR** 21 G 11
Ripalta Cremasca **CR** 21 G 11
Ripalti (Punta dei) **LI** 48 N 13
Ripalvella **TR** 51 N 18
Ripapersico **FE** 32 H 17
Riparbella **PI** 43 L 13
Ripatransone **AP** 53 N 23
Ripe **AN** 46 K 21
Ripe **PS** 41 K 20
Ripe **TE** 53 N 22
Ripe S. Ginesio **MC** 52 M 22
Ripi **FR** 64 R 22
Ripoli **AR** 45 L 18
Riposa (la) **TO** 18 G 3
Riposto **CT** 101 N 27
Risano **UD** 17 E 21
Riscone / Reischach **BZ** 4 B 17
Risicone **CT** 104 P 26
Rispescia **GR** 49 N 15
Ristola (Punta) **LE** 83 H 37
Rittana **CN** 34 I 4
Ritten / Renon **BZ** 3 C 16
Riva **PC** 29 H 10
Riva **TO** 26 H 4
Riva (Valle di) **BZ** 4 A 17
Riva degli Etruschi **LI** 49 M 13
Riva dei Tarquini **VT** 57 P 16
Riva dei Tessali **TA** 78 F 32
Riva del Garda **TN** 11 E 14
Riva del Sole **GR** 49 N 14
Riva di Faggeto **CO** 9 E 9
Riva di Solto **BG** 22 E 12
Riva di Tures / Rain in Taufers **BZ** 4 B 18
Riva Ligure **IM** 35 K 5
Riva presso Chieri **TO** 27 H 5
Riva Trigoso **GE** 37 J 10
Riva Valdobbia **VC** 7 E 5
Rivabella **LE** 83 G 36
Rivabella **RN** 41 J 19
Rivabella **BO** 39 I 15
Rivalba **TO** 27 G 5
Rivalta **RE** 31 I 13
Rivalta Bormida **AL** 28 H 7
Rivalta di Torino **TO** 27 G 4
Rivalta Scrivia **AL** 28 H 8
Rivalta sul Mincio **MN** 23 G 14
Rivalta Trebbia **PC** 29 H 10
Rivamonte Agordino **BL** 12 D 18
Rivanazzano **PV** 29 H 9
Rivara **MO** 31 H 15
Rivara **TO** 19 F 4
Rivarolo Canavese **TO** 19 F 5
Rivarolo del Re **CR** 30 G 13
Rivarolo Ligure **GE** 36 I 8
Rivarolo Mantovano **MN** 30 G 13
Rivarone **AL** 28 H 8
Rivarossa **TO** 19 G 5
Rivazzurra **RN** 41 J 19
Rive **VC** 20 G 7
Rive d'Arcano **UD** 14 D 21
Rivello **PZ** 76 G 29
Rivergaro **PC** 29 H 10
Rivignano **UD** 16 E 21
Rivis **UD** 16 D 20
Rivisondoli **AQ** 64 Q 24
Rivo **TR** 58 O 19
Rivodutri **RI** 58 O 20
Rivoli **TO** 27 G 4
Rivoli Veronese **VR** 23 F 14
Rivolta d'Adda **CR** 21 F 10
Rivoltella **BS** 23 F 13
Rivoltella **PV** 20 G 7
Rivoschio Pieve **FO** 41 J 18
Rizzacorno **CH** 60 P 25
Rizziconi **RC** 88 L 29
Rizzolo **PC** 29 H 11
Rizzuto (Capo) **KR** 89 K 33
Ro Ferrarese **FE** 32 H 17
Roana **VI** 12 E 16
Roaschia **CN** 34 J 4
Roasco **SO** 10 D 12
Robassomero **TO** 19 G 4
Robbio **PV** 20 G 7
Robecco d'Oglio **CR** 22 G 12
Robecco Pavese **PV** 29 G 9
Robecco sul Naviglio **MI** 20 F 8
Robella **AT** 27 G 6
Roberti (Masseria) **BA** 73 D 33
Robilante **CN** 35 J 4
Roboaro **AL** 28 I 7
Roburent **CN** 35 J 5
Roca Vecchia **LE** 81 G 37
Rocca **BL** 12 E 17
Rocca Canterano **RM** 63 Q 21
Rocca Corneta **BO** 39 J 14
Rocca Corneta **BO** 39 J 14
Rocca d'Arazzo **AT** 28 H 6
Rocca de' Giorgi **PV** 29 H 9
Rocca d'Evandro **CE** 64 R 23
Rocca di Botte **AQ** 59 P 21
Rocca di Cambio **AQ** 59 P 22
Rocca di Capri Leone **ME** 100 M 26
Rocca di Cave **RM** 63 Q 20
Rocca di Corno **RI** 59 O 21
Rocca di Mezzo **AQ** 59 P 22
Rocca di Neto **KR** 87 J 33
Rocca di Papa **RM** 63 Q 20
Rocca di Roffeno **BO** 39 J 15
Rocca Fiorita **ME** 90 N 27
Rocca Grimalda **AL** 28 H 7
Rocca Imperiale **CS** 78 G 31
Rocca Imperiale Marina **CS** 78 G 31
Rocca Massima **LT** 63 Q 20
Rocca Pia **AQ** 64 Q 23
Rocca Pietore **BL** 12 C 17
Rocca Priora **AN** 47 L 22
Rocca Priora **RM** 63 Q 20
Rocca Ricciarda **AR** 44 L 16
Rocca S. angelo **PG** 51 M 19
Rocca S. Casciano **FO** 40 J 17
Rocca S. Felice **AV** 71 E 27
Rocca San Giovanni **CH** 61 P 25
Rocca Sta Maria **TE** 53 N 22
Rocca Sto Stefano **RM** 63 Q 21
Rocca Sinibalda **RI** 58 P 20
Rocca Susella **PV** 29 H 9
Rocca Tunda **OR** 114 G 7
Roccabascerana **AV** 70 D 26
Roccabernarda **KR** 87 J 32
Roccabianca **PR** 30 G 12
Roccacaramanico **PE** 60 P 24
Roccacasale **AQ** 60 P 23
Roccacinquemiglia **AQ** 64 Q 24
Roccadaspide **SA** 76 F 27
Roccaferrara **PR** 38 I 12
Roccafinadamo **PE** 60 O 23
Roccafluvione **AP** 52 N 22
Roccaforte del Greco **RC** 90 M 29
Roccaforte Ligure **AL** 29 H 9
Roccaforte Mondovì **CN** 35 J 5
Roccaforzata **TA** 79 F 34
Roccafranca **BS** 22 F 11
Roccagiovine **RM** 58 P 20
Roccagloriosa **SA** 76 G 28
Roccagorga **LT** 63 R 21
Roccalbegna **GR** 50 N 16
Roccalumera **ME** 90 N 28
Roccalvecce **VT** 57 O 18
Roccamandolfi **IS** 65 R 25
Roccamare **GR** 49 N 14
Roccamena **PA** 97 N 21
Roccamonfina **CE** 64 S 23
Roccamontepiano **CH** 60 P 24
Roccamorice **PE** 60 P 24
Roccanova **PZ** 77 G 30
Roccantica **RI** 58 P 20
Roccapalumba **PA** 98 N 22
Roccapiemonte **SA** 70 E 26
Roccaporena **PG** 52 N 20
Roccarainola **NA** 70 E 25
Roccaraso **AQ** 64 Q 24
Roccaravindola **IS** 64 R 24
Roccaromana **CE** 65 S 24
Roccarossa (Tempa di) **PZ** 77 G 29
Roccasalli **RI** 52 O 21
Roccascalegna **CH** 60 P 24
Roccasecca **FR** 64 R 23
Roccasecca dei Volsci **LT** 63 R 21
Roccasicura **IS** 65 Q 24
Roccaspinalveti **CH** 61 Q 25
Roccastrada **GR** 49 M 15
Roccatamburo **PG** 52 N 20
Roccatederighi **GR** 49 M 15
Roccavaldina **ME** 90 M 28
Roccaverano **AT** 28 I 6
Roccavione **CN** 34 J 4
Roccavivara **CB** 65 Q 25
Roccavivi **AQ** 64 Q 22
Roccazzo **RG** 104 P 25
Roccelito (Monte) **PA** 99 N 23
Roccella **CL** 103 O 23
Roccella **CZ** 89 K 31
Roccella Ionica **RC** 88 M 31
Roccella Valdemone **ME** 100 N 27
Rocchetta **CE** 69 D 24
Rocchetta **MS** 38 J 11
Rocchetta **PG** 52 N 20
Rocchetta a Volturno **IS** 64 R 24
Rocchetta **TN** 11 D 15
Rocchetta Belbo **CN** 27 I 6
Rocchetta Cairo **SV** 36 I 6
Rocchetta di Vara **SP** 37 J 11
Rocchetta Ligure **AL** 29 H 9
Rocchetta Mattei **BO** 39 J 15
Rocchetta Nervina **IM** 35 K 4
Rocchetta Nuova **IS** 64 R 24
Rocchetta S. Antonio **FG** 71 D 28
Rocchetta Tanaro **AT** 28 H 7
Rocchette **GR** 50 N 16
Rocciamelone **TO** 18 G 3
Roccoli Lorla (Rifugio) **LC** 9 D 10
Rochemolles **TO** 18 G 2
Roddi **CN** 27 H 5
Roddino **CN** 27 I 6
Rodeano **UD** 14 D 21
Rodeneck / Rodengo **BZ** 4 B 17
Rodengo / Rodeneck **BZ** 4 B 17
Rodengo-Saiano **BS** 22 F 12
Rodì **ME** 101 M 27
Rodi Garganico **FG** 67 B 29
Rodia **ME** 90 M 28
Rodigo **MN** 23 G 13
Rodio **SA** 76 G 27
Rodoretto **TO** 26 H 3
Roen (Monte) **BZ** 11 C 15
Rötspitze / Predoi (Pizzo Rosso di) **BZ** 4 A 18
Rofrano **SA** 76 G 28
Roggiano Gravina **CS** 85 I 30
Roggione (Pizzo) **SO** 9 D 9
Roghudi **RC** 90 M 29
Rogio (Canale) **LU** 43 K 13
Rogliano **CS** 86 J 30
Roglio **PI** 43 L 14
Rognano **PV** 21 G 9
Rogno **BG** 10 E 12
Rognosa (Punta) **TO** 26 H 2
Rogolo **SO** 9 D 10
Roia **IM** 35 K 4
Roia / Rojen **BZ** 2 B 13
Roiano **TE** 53 N 22
Roiate **RM** 63 Q 21
Roio del Sangro **CH** 65 Q 25
Roisan **AO** 18 E 3
Rojen / Roia **BZ** 2 B 13
Roletto **TO** 26 H 3
Rolle (Cima di) **BZ** 3 B 16
Rolle (Passo di) **TN** 12 D 17
Rolo **RE** 31 H 14
Roma **RM** 62 Q 19
Roma-Ciampino (Aeroporto) **RM** 62 Q 19
Roma-Fiumicino L. da Vinci (Aeroporto) **RM** 62 Q 18
Romagnano al Monte **SA** 76 F 28
Romagnano Sesia **NO** 20 F 7
Romagnese **PV** 29 H 9
Romana **SS** 110 F 7
Romanelli (Grotta) **LE** 83 G 37
Romanengo **CR** 22 F 11
Romano d'Ezzelino **VI** 24 E 17
Romano di Lombardia **BG** 22 F 11
Romans d'Isonzo **GO** 17 E 22
Rombiolo **VV** 88 L 29
Rombo (Passo del) / Timmelsjoch **BZ** 3 B 15
Romena (Castello di) **AR** 44 K 17
Romena (Pieve di) **AR** 44 K 17
Romeno **TN** 11 C 15
Romentino **NO** 20 F 8
Rometta **MS** 38 J 12
Rometta **ME** 90 M 28
Romitello (Santuario del) **PA** 97 M 21
Ron (Vetta di) **SO** 10 D 11
Roncà **VR** 23 F 15
Roncade **TV** 25 F 19
Roncadelle **BS** 22 F 12
Roncadelle **TV** 16 E 19
Roncagli **IM** 35 K 6
Roncaglia **PC** 30 G 11
Roncalceci **RA** 41 I 18
Roncanova **VR** 31 G 15
Roncarolo **PC** 30 G 11
Roncastaldo **BO** 40 J 15
Roncegno **TN** 12 D 16
Roncello **MI** 21 F 10
Ronche **PN** 13 E 19
Ronchi **SV** 35 J 6
Ronchi **TN** 23 E 15
Ronchi dei Legionari **GO** 17 E 22
Ronchi (I) **TV** 25 E 18
Ronchis (vicino a Latisana) **UD** 16 E 20
Ronchis (vicino a Udine) **UD** 15 D 21
Ronciglione **VT** 57 P 18
Roncitelli **AN** 46 K 21
Ronco **FO** 41 J 18
Ronco (Fiume) **RA** 41 J 18
Ronco all'Adige **VR** 23 F 15
Ronco Biellese **BI** 19 F 6
Ronco Campo Canetto **PR** 30 H 12
Ronco Canavese **TO** 19 F 4
Ronco Scrivia **GE** 28 I 8
Roncobello **BG** 10 E 11
Roncobilaccio **BO** 39 J 15
Roncoferraro **MN** 31 G 14
Roncofreddo **FO** 41 J 18
Roncola **BG** 21 E 10
Roncole Verdi **PR** 30 H 12
Roncoleva **VR** 23 G 14
Roncone **TN** 11 E 13
Rondanina **GE** 29 I 9
Rondelli **GR** 49 N 14
Rondine (Pizzo della) **AG** 98 O 22
Rondissone **TO** 19 G 5
Ronsecco **VC** 20 G 6
Ronta **FI** 40 J 16
Ronzo Chienis **TN** 11 E 14
Ronzone **TN** 11 C 15
Ropola (Passo di) **RC** 91 M 30
Rora **TO** 26 H 3
Rore **CN** 26 I 3
Rosa **PN** 16 E 20
Rosà **VI** 24 E 17
Rosa dei Bianchi **TO** 19 F 4
Rosa Marina **BR** 80 E 34
Rosali **RC** 90 M 29
Rosanisco **FR** 64 R 23
Rosano **FI** 44 K 16
Rosano **RE** 38 I 13
Rosapineta **RO** 33 G 18
Rosario (Santuario del) **PA** 97 N 21
Rosarno **RC** 88 L 29
Rosaro **MS** 38 J 12
Rosasco **PV** 20 G 7
Rosate **MI** 21 F 9
Rosazza **BI** 19 E 5
Rosciano **PE** 60 P 24
Roscigno-Nuovo **SA** 76 F 28
Roscigno-Vecchio **SA** 76 F 28
Rosciolo dei Marsi **AQ** 59 P 22
Rose **CS** 86 I 30
Rose (Monte) **AG** 98 O 22
Rose (Pieve delle) **PG** 45 L 18
Rose (Timpa delle) **SA** 76 F 28
Roseg (Pizzo) **SO** 10 C 11
Roselle **GR** 49 N 15
Roselle (Località) **GR** 49 N 15
Roselli **FR** 64 R 23
Rosello **CH** 65 Q 25
Rosengarten / Catinaccio **BZ** 4 C 16
Rosennano **SI** 44 L 16
Roseto Capo Spulico **CS** 78 H 31
Roseto degli Abruzzi **TE** 53 N 24
Roseto Valfortore **FG** 70 C 27
Rosia **SI** 49 M 15
Rosignano Marittimo **LI** 42 L 13
Rosignano Monferrato **AL** 28 G 7
Rosignano Solvay **LI** 42 L 13
Rosito **KR** 87 K 33
Rosola **MO** 39 J 14
Rosolina **RO** 33 G 18
Rosolina Mare **RO** 33 G 18
Rosolini **SR** 107 Q 26
Rosone **TO** 18 F 4
Rosora **AN** 46 L 21
Rossa (Croda) / Hohe Geisel **BL** 4 C 18
Rossa (Isola) **CA** 120 K 8
Rossa (Isola) **NU** 114 G 7
Rossa (Isola) **OT** 108 D 8
Rossa (Punta) **OT** 109 D 10
Rossa (Punta) **FG** 67 B 30
Rossa (Punta) **LI** 54 P 12
Rossana **CN** 26 I 4
Rossano **CS** 87 I 31
Rossano **MS** 38 J 11
Rossano Stazione **CS** 87 I 31
Rossano Veneto **VI** 24 E 17
Rosse (Cuddie) **TP** 96 Q 17
Rossenna **MO** 39 I 14
Rossiglione **GE** 28 I 8
Rosso (Monte) **ME** 100 N 27
Rossola (Pizzo di) **VB** 8 D 7
Rossomanno (Monte) **EN** 104 O 25
Rosta **VR** 31 G 15
Rota **RM** 57 P 18
Rota d'Imagna **BG** 21 E 10
Rota Greca **CS** 85 I 30
Rotale **PZ** 76 G 29
Roteglia **RE** 39 I 14
Rotella **AP** 53 N 22
Rotella (Monte) **AQ** 64 Q 24
Rotello **CB** 66 B 27
Rotonda **PZ** 85 H 30
Rotondella **MT** 78 G 31
Rotondella (Monte) **CS** 78 G 31
Rotondi **AV** 70 D 25
Rotondo (Monte) **SA** 76 G 28
Rotondo (Monte) (vicino a Campo Felice) **AQ** 59 P 22
Rotondo (Monte) (vicino a Scanno) **AQ** 64 Q 23
Rottanova **VE** 32 G 18
Rottofreno **PC** 29 G 10
Rotzo **VI** 12 E 16
Roure **TO** 26 H 3
Rovagnate **LC** 21 E 10
Rovale **CS** 86 J 31
Rovasenda **VC** 20 F 6
Rovasenda (Torrente) **VC** 20 F 6
Rovato **BS** 22 F 11
Roveda **TN** 11 D 15
Rovegno **GE** 29 I 9
Roveleto Landi **PC** 29 H 10
Rovellasca **CO** 21 E 9
Rovello Porro **CO** 21 F 9
Roverbella **MN** 23 G 14
Roverchiara **VR** 23 G 15
Rovere **AQ** 59 P 22
Rovere **FO** 40 J 17
Roverè della Luna **TN** 11 D 15
Rovere Veronese **VR** 23 F 15
Roveredo di Guà **VR** 24 G 16
Roveredo in Piano **PN** 13 D 19
Rovereto **FE** 32 H 17
Rovereto **TN** 11 E 15
Rovescala **PV** 29 G 10
Roveto (Pantano) **SR** 107 Q 27
Roveto (Val) **AQ** 64 Q 22
Rovetta **BG** 10 E 11
Roviasca **SV** 36 J 7
Rovigliano **PG** 45 L 18
Rovigo **RO** 32 G 17
Rovina **PR** 30 H 11
Rovito **CS** 86 J 30
Rovittello **CT** 101 N 27
Rozzano **MI** 21 F 9
Rua la Cama (Forca) **PG** 52 N 20
Rua (Monte) **PD** 24 G 17
Ruazzo (Monte) **LT** 64 S 22
Rubano **PD** 24 F 17
Rubbio **VI** 24 E 16
Rubiana **TO** 18 G 4
Rubicone **FO** 41 J 19
Rubiera **RE** 31 I 14
Rubino (Lago) **TP** 97 N 20
Rubizzano **BO** 32 H 16
Rucas **CN** 26 H 3
Ruda **UD** 17 E 22
Rudiano **BS** 22 F 11
Rueglio **TO** 19 F 5
Rufeno (Monte) **VT** 50 N 17
Ruffano **LE** 83 H 36
Ruffi (Monti) **RM** 59 Q 20
Ruffia **CN** 27 H 4
Rufina **FI** 40 K 16
Ruggiano **FG** 67 B 29
Rughe (Monte) **SS** 115 G 7
Ruia (Isola) **NU** 113 F 11

Ruina **FE** 32 H 17
Ruinas **OR** 115 H 8
Ruino **PV** 29 H 9
Ruiu (Monte) (vicino ad Arzachena) **OT** 109 D 10
Ruiu (Monte) (vicino a Porto S. Paolo) **OT** 113 E 10
Ruiu (Monte) (vicino a Villanova Mont.) **SS** 110 F 7
Rumo **TN** 11 C 15
Runzi **RO** 32 H 16
Ruocce **AN** 46 L 20
Ruoti **PZ** 71 E 29
Ruscello **FO** 41 K 18
Ruscio **PG** 58 O 20
Russi **RA** 40 I 18
Russo (Masseria) **FG** 67 C 29
Rustico **AN** 47 L 22
Rustigazzo **PC** 29 H 11
Ruta **GE** 37 I 9
Rutigliano **BA** 73 D 33
Rutino **SA** 75 G 27
Ruttars **GO** 17 E 22
Ruviano **CE** 70 D 25
Ruvo del Monte **PZ** 71 E 28
Ruvo di Puglia **BA** 72 D 31
Ruvolo (Monte) **CT** 100 N 26
Ruzzano **PR** 38 I 12

S

S. Anastasia **KR** 87 I 33
S. Angelo **VV** 88 L 30
S. Anna **KR** 87 J 33
S. Benedetto **VR** 23 F 13
S. Clemente **RN** 41 K 19
S. Cono **VV** 88 K 30
S. Fiorano **LO** 29 G 11
S. Gabriele **TE** 59 O 22
S. Giacomo (Rovereto) **TN** 23 E 14
S. Giacomo di Roburent (vicino a Frabosa Soprana) **CN** 35 J 5
S. Giacomo di Teglio **SO** 10 D 12
S. Giovanni **VV** 88 L 30
S. Giuseppe **PO** 39 J 15
S. Giuseppe al lago / St. Joseph am See **BZ** 11 C 15
S. Grato **LO** 21 G 10
S. Lorenzo **VB** 8 D 6
S. Martino in Strada **LO** 21 G 10
S. Nicola (Monte) **CZ** 88 L 31
S. Nicolò **VV** 88 L 29
S. Onofrio **VV** 88 K 30
S. Paolo d'Argon **BG** 22 E 11
S. Pietro **SO** 9 D 10
S. Polo **PR** 30 H 13
S. Prospero sulla Seccia **MO** 31 H 15
S. Vigilio **VR** 23 F 14
Sabatini (Monti) **VT** 57 P 18
Sabato **AV** 70 E 26
Sabaudia **LT** 63 S 21
Sabaudia (Lago di) **LT** 68 S 21
Sabbia **VC** 8 E 6
Sabbio Chiese **BS** 22 F 13
Sabbioneta **MN** 30 H 13
Sabbioni **BO** 40 J 15
Sabbioni **FE** 32 H 17
Sabbucina (Monte) **CL** 103 O 24
Sabia (Val) **BS** 22 E 13
Sabina (Punta) **SS** 108 D 7
Sabini (Monti) **RI** 58 P 20
Sabiona (Convento di) **BZ** 3 C 16
Sabionciello S. Vittore **FE** 32 H 17
Sacca **MN** 23 G 13
Sacca **PR** 30 H 13
Saccarello (Monte) **IM** 35 J 5
Saccione **CB** 66 B 27
Sacco **FR** 63 Q 21
Sacco **SA** 76 F 28
Sacco **SO** 9 D 10
Saccolongo **PD** 24 F 17
Sacile **PN** 13 E 19
Sacra di S. Michele **TO** 26 G 4
Sacramento (Scoglio del) **AG** 102 U 19
Sacro (Monte) **FG** 67 B 30
Sacro (Monte) **SA** 76 G 28
Sacro Monte (Varallo) **VC** 20 E 6
Sacrofano **RM** 58 P 19
Sadali **CA** 115 H 9
Sadali (Rio de) **OG** 115 H 9
Sagama **OR** 114 G 7
Sagittario **AQ** 60 Q 23
Sagittario (Gole de) **AQ** 64 Q 23
Sagliano Micca **BI** 19 F 6
Sagrado **GO** 17 E 22
Sagrata **PS** 46 L 19
Sagron-Mis **TN** 12 D 17
Saiano **BS** 22 F 12
Sailetto **MN** 31 G 14
Sala **AV** 70 E 26
Sala **FO** 41 J 19
Sala **TR** 51 N 18
Sala Baganza **PR** 30 H 12
Sala Biellese **BI** 19 F 5
Sala Bolognese **BO** 31 I 15
Sala Comacina **CO** 9 E 9
Sala Consilina **SA** 76 F 28
Salamone (Case) **AG** 103 O 22
Salamu (Bruncu) **CA** 119 I 9
Salandra **MT** 77 F 30
Salandrella **MT** 77 F 30
Salaparuta **TP** 97 N 21
Salaparuta (Ruderi di) **TP** 97 N 20
Salara **RO** 32 H 16
Salarno (Lago di) **BS** 10 D 13
Salasco **VC** 20 G 6
Salassa **TO** 19 G 5
Salbertrand **TO** 26 G 2
Salboro **PD** 24 F 17
Salcito **CB** 65 Q 25
Saldura (Punta) **BZ** 2 B 14
Sale **AL** 28 H 8
Sale Marasino **BS** 22 E 12
Sale Porcus (Stagno) **OR** 114 H 7
Sale S. Giovanni **CN** 35 I 6
Salemi **TP** 97 N 20
Salento **SA** 76 G 27
Salerano sul Lambro **LO** 21 G 10
Salere **AT** 28 H 6
Salerno **SA** 75 E 26
Salerno (Golfo di) **SA** 75 F 25
Saletto **PD** 24 G 16
Saletto **UD** 15 C 22
Saletto di Piave **TV** 25 E 19
Salgareda **TV** 16 E 19
Sali Vercellese **VC** 20 G 6
Salica **KR** 87 J 33
Salice Salentino **LE** 81 F 35
Salice Terme **PV** 29 H 9
Saliceto **CN** 35 I 6
Saliceto Parano **MO** 31 I 14
Salici (Monte) **EN** 100 N 25
Salici (Punta) **OT** 109 E 8
Salina **MN** 31 H 13
Salina (Canale della) **ME** 94 L 26
Salina (Isola) **ME** 94 L 26
Salinas (Torre) **CA** 119 I 10
Saline **MC** 52 M 22
Saline (Cala) **OR** 114 G 7
Saline di Volterra **PI** 43 L 14
Saline Ioniche **RC** 90 N 29
Salinello **TE** 53 N 23
Salisano **RI** 58 P 20
Salito **CL** 103 O 23
Salitto **SA** 75 E 27
Salizzole **VR** 23 G 15
Salle (la) **AO** 18 E 3
Salle Nuova **PE** 60 P 23
Salmenta (Masseria) **LE** 79 G 35
Salmour **CN** 27 I 5
Salò **BS** 23 F 13
Salomone (Masseria) **BA** 72 E 30
Salonetto / Schlaneid **BZ** 3 C 15
Salorno / Salurn **BZ** 11 D 15
Salso **PA** 99 N 24
Salso **EN** 100 N 25
Salso o Imera Meridionale **EN** 103 O 24
Salsola **FG** 66 C 27
Salsomaggiore Terme **PR** 30 H 11
Salsominore **PC** 29 I 10
Saltara **PS** 46 K 20
Saltaus / Saltusio **BZ** 3 B 15
Saltino **FI** 44 K 16
Salto **MO** 39 J 14
Salto di Quirra **CA** 119 I 10
Salto (Fiume) **RI** 59 P 21
Salto (Lago del) **RI** 59 P 21
Saltusio / Saltaus **BZ** 3 B 15
Saludecio **RN** 41 K 20
Saluggia **VC** 19 G 6
Salurn / Salorno **BZ** 11 D 15
Salussola **BI** 19 F 6
Saluzzo **CN** 27 I 4
Salvarano **RE** 30 I 13
Salvarosa **TV** 24 E 17
Salvaterra **RE** 31 I 14
Salve **LE** 83 H 36
Salviano **LI** 42 L 13
Salvirola **CR** 22 F 11
Salvitelle **SA** 76 F 28
Salza di Pinerolo **TO** 26 H 3
Salza Irpina **AV** 70 E 26
Salzano **VE** 25 F 18
Samarate **VA** 20 F 8
Samassi **VS** 118 I 8
Samatzai **CA** 118 I 9
Sambiase **CZ** 88 K 30
Samboseto **PR** 30 H 12
Sambuca **FI** 43 L 15
Sambuca di Sicilia **AG** 97 O 21
Sambuca (Passo) **FI** 40 J 16
Sambuca Pistoiese **PT** 39 J 15
Sambuceto **CH** 60 O 24
Sambucheto **TR** 58 O 20
Sambuchi **PA** 98 N 22
Sambuci **RM** 58 Q 20
Sambucina (Abbazia della) **CS** 85 I 30
Sambuco **CN** 34 I 3
Sambuco (Monte) **FG** 66 C 27
Sambughé **TV** 25 F 18
Sambughetti (Monte) **EN** 99 N 25
Sammartini **BO** 31 H 15
Sammichele di Bari **BA** 73 E 32
Sammommè **PT** 39 J 14
Samo **RC** 91 M 30
Samoggia **BO** 39 J 15
Samolaco **SO** 9 D 10
Samone **MO** 39 I 14
Samone **TN** 12 D 16
Sampeyre **CN** 26 I 3
Sampierdarena **GE** 36 I 8
Sampieri **RG** 106 Q 26
Sampieri (Pizzo) **PA** 99 N 23
Samugheo **OR** 115 H 8
San Feliciano **PG** 51 M 18
San Remo **IM** 35 K 5
S. Adriano **FI** 40 J 16
S. Agapito **IS** 65 R 24
S. Agata **CS** 85 I 31
S. Agata **RC** 90 M 29
S. Agata (Monte) **EN** 100 O 25
S. Agata **FI** 40 J 16
S. Agata alle Terrine **AR** 45 L 18
S. Agata **PC** 30 H 12
S. Agata Bolognese **BO** 31 I 15
S. Agata de' Goti **BN** 70 D 25
S. Agata del Bianco **RC** 91 M 30
S. Agata di Esaro **CS** 85 I 29
S. Agata di Militello **ME** 100 M 25
S. Agata di Puglia **FG** 71 D 28
S. Agata Feltria **PS** 41 K 18
S. Agata Fossili **AL** 28 H 8
S. Agata li Battiati **CT** 101 O 27
S. Agata sui Due Golfi **NA** 74 F 25
S. Agata sul Santerno **RA** 40 I 17
S. Agnello **NA** 74 F 25
S. Agostino **FE** 32 H 16
S. Agrippina (Masseria) **EN** 99 N 25
S. Albano **PV** 29 H 9
S. Albano Stura **CN** 27 I 5
S. Alberto **BO** 32 H 16
S. Alberto **RA** 33 I 18
S. Alberto **TV** 25 F 18
S. Alberto di Butrio (Abbazia) **PV** 29 H 9
S. Albino **SI** 50 M 17
S. Alessio (Capo) **ME** 90 N 28
S. Alessio in Aspromonte **RC** 90 M 29
S. Alessio Siculo **ME** 90 N 28
S. Alfio **CT** 101 N 27
S. Alfio (Chiesa di) **CT** 101 O 27
S. Allerona **TR** 51 N 18
S. Ambrogio **MO** 31 I 15
S. Ambrogio **PA** 99 M 24
S. Ambrogio di Torino **TO** 26 G 4
S. Ambrogio di Valpolicella **VR** 23 F 14
S. Ambrogio sul Garigliano **FR** 64 R 23
S. Ampeglio (Capo) **IM** 35 K 5
S. Anastasia **NA** 70 E 25
S. Anatolia **PG** 52 N 21
S. Anatolia **RI** 59 P 21
S. Anatolia di Narco **PG** 52 N 20
St. Andrä / S. Andrea in Monte **BZ** 4 B 17
S. Andrea **CA** 119 J 9
S. Andrea **CE** 69 D 24
S. Andrea **FO** 41 J 18
S. Andrea **IS** 65 Q 25
S. Andrea **LE** 83 G 37
S. Andrea **LI** 48 N 12
S. Andrea **PZ** 71 E 28
S. Andrea **SI** 43 L 15
S. Andrea (Isola) **BR** 81 F 35
S. Andrea (Isola) **LE** 83 G 35
S. Andrea **PD** 24 F 17
S. Andrea **PN** 13 E 19
S. Andrea Apostolo dello Ionio **CZ** 89 L 31
S. Andrea Apostolo dello Ionio Marina **CZ** 89 L 31
S. Andrea **VR** 23 F 15
S. Andrea (Isola) **UD** 17 E 21
S. Andrea Bagni **PR** 30 H 12
S. Andrea Bonagia **TP** 96 M 19
S. Andrea di Conza **AV** 71 E 28
S. Andrea di Foggia **GE** 37 I 9
S. Andrea di Garigliano **FR** 64 R 23
S. Andrea di Sorbello **AR** 51 M 18
S. Andrea Frius **CA** 119 I 9
S. Andrea in Monte / St. Andrä **BZ** 4 B 17
S. Andrea in Percussina **FI** 43 K 15
S. Andria Priu (Necropoli di) **SS** 115 F 8
S. Angelo **AN** 46 K 21
S. Angelo **CE** 70 E 25
S. Angelo **CS** 85 I 29
S. Angelo **NA** 74 E 23
S. Angelo (Pianella) **PE** 60 O 24
S. Angelo **PZ** 72 E 29
S. Angelo **RI** 59 O 21
S. Angelo (Lago di) **CH** 60 P 24
S. Angelo (Monte) **ME** 94 L 26
S. Angelo (Pizzo) **PA** 99 N 24
S. Angelo a Fasanella **SA** 76 F 28
S. Angelo a Scala **AV** 70 E 26
S. Angelo all'Esca **AV** 70 D 26
S. Angelo **VE** 24 F 18
S. Angelo d'Alife **CE** 65 R 24
S. Angelo dei Lombardi **AV** 71 E 27
S. Angelo del Pesco **IS** 65 Q 24
S. Angelo di Brolo **ME** 100 M 26
S. Angelo di Lomellina **PV** 20 G 7
S. Angelo di Piove di Sacco **PD** 24 F 18
S. Angelo in Colle **SI** 50 N 16
S. Angelo in Formis **CE** 69 D 24
S. Angelo in Lizzola **PS** 46 K 20
S. Angelo in Pontano **MC** 52 M 22
S. Angelo in Theodice **FR** 64 R 23
S. Angelo in Vado **PS** 45 L 19
S. Angelo in Villa **FR** 64 R 22
S. Angelo le Fratte **PZ** 76 F 28
S. Angelo Limosano **CB** 65 Q 25
S. Angelo Lodigiano **LO** 21 G 10
S. Angelo (Monte) **LT** 68 S 22
S. Angelo Muxaro **AG** 102 O 22
S. Angelo Romano **RM** 58 P 20
S. Anna **AG** 97 O 21
S. Anna **OR** 115 H 7
S. Anna (vicino a Bianco) **RC** 91 M 30
S. Anna (vicino a Seminara) **RC** 90 M 29
S. Anna **LU** 38 K 12
S. Anna Arresi **CI** 120 J 7
S. Anna **VE** 33 G 18
S. Anna (vicino a Bellino) **CN** 26 I 2
S. Anna (vicino a Cuneo) **CN** 34 I 4
S. Anna (vicino a Demonte) **CN** 34 J 3
S. Anna (Sant. di) **CN** 34 J 3
S. Anna d'Alfaedo **VR** 23 F 14
S. Anna di Boccafossa **VE** 16 F 20
S. Anna Morosina **PD** 24 F 17
S. Anna Pelago **MO** 39 J 13
S. Ansano **FI** 43 K 14
S. Antimo **NA** 69 E 24
S. Antimo (Castelnuovo dell'Abate) **SI** 50 M 16
Santu Antine **SS** 111 F 8
Santu Antine (Santuario) **OR** 115 G 8
S. Antioco **CI** 118 J 7
S. Antioco (Isola di) **CI** 118 J 7
S. Antioco di Bisarcio **SS** 111 F 8
S. Antonino di Susa **TO** 26 G 3
S. Antonio **AQ** 65 Q 24
S. Antonio **BL** 13 D 18
S. Antonio **BO** 32 I 17
S. Antonio **FR** 63 R 22
S. Antonio **MO** 39 I 14
S. Antonio (Monte) **NU** 115 G 8
S. Antonio **SO** 2 C 13
S. Antonio **VA** 8 E 8
S. Antonio **VI** 23 E 15
S. Antonio **VT** 57 O 17
S. Antonio (Eremo di) **AQ** 64 Q 24
S. Antonio (Santuario) **BR** 79 F 35
S. Antonio Abate **NA** 75 E 25
S. Antonio di Gallura **OT** 109 E 9
S. Antonio di Mavignola **TN** 11 D 14
S. Antonio di Ranverso **TO** 26 G 4
S. Antonio di Santadi **VS** 118 H 7
S. Antonio in Mercadello **MO** 31 H 14
S. Antonio (Lago di) **LT** 63 R 20
S. Antonio Negri **CR** 22 G 12
S. Antonio Ruinas **OR** 115 H 8
S. Antonio (Serra) **AQ** 63 Q 22
S. Apollinare **FR** 64 R 23
S. Apollinare in Classe **RA** 41 I 18
S. Arcangelo **PG** 51 M 18
S. Arcangelo **PZ** 77 G 30
S. Arcangelo (Monte) **MT** 77 G 31
S. Arcangelo Trimonte **BN** 70 D 26
S. Arpino **CE** 69 E 24
S. Arsenio **SA** 76 F 28
Sta Barbara **NU** 115 G 8
Sta Barbara **SA** 76 G 27
Sta Barbara **ME** 100 M 27
Sta Barbara **RG** 106 Q 25
S. Barnaba **RA** 40 J 17
S. Baronto **PT** 39 K 14
St. Barthelemy **AO** 19 E 4
S. Bartolo **ME** 95 K 27
S. Bartolo (Bivio) **AG** 97 O 21
S. Bartolomeo **CN** 35 J 4
S. Bartolomeo **PG** 45 L 19
S. Bartolomeo **TR** 58 O 19
S. Bartolomeo **TS** 17 F 23
S. Bartolomeo (Colle) **IM** 35 J 5
S. Bartolomeo al Mare **IM** 35 K 6
S. Bartolomeo de' Fossi **PG** 51 M 18
S. Bartolomeo in Bosco **FE** 32 H 16
S. Bartolomeo in Galdo **BN** 70 C 27
S. Bartolomeo Val Cavargna **CO** 9 D 9
S. Basile **CS** 85 H 30
S. Basilio **CA** 119 I 9
S. Basilio **ME** 101 M 27
S. Basilio **TA** 73 E 32
S. Bassano **CR** 22 G 11
S. Bellino **RO** 32 G 16
S. Benedetto **CI** 118 I 7
S. Benedetto (Subiaco) **RM** 63 Q 21
S. Benedetto (vicino a Pietralunga) **PG** 45 L 19
S. Benedetto (vicino ad Umbertide) **PG** 51 L 19
S. Benedetto (Alpe di) **FO** 40 K 17
S. Benedetto dei Marsi **AQ** 59 P 22
S. Benedetto del Querceto **BO** 40 J 16
S. Benedetto del Tronto **AP** 53 N 23
S. Benedetto in Alpe **FO** 40 K 17
S. Benedetto in Perillis **AQ** 60 P 23
S. Benedetto Po **MN** 31 G 14
S. Benedetto Ullano **CS** 86 I 30
S. Benedetto Val di Sambro **BO** 39 J 15
S. Benigno Canavese **TO** 19 G 5
S. Bernardino **TO** 26 G 4
S. Bernardino **PS** 46 K 19
S. Bernardino **RA** 32 I 17
S. Bernardo **SO** 10 D 11
S. Bernardo (Colla) **IM** 35 J 5
S. Bernardo (Colle) **CN** 35 J 6
S. Berniero **SA** 75 F 26
S. Bernolfo **CN** 34 J 3
S. Biagio **PV** 20 G 8
S. Biagio **ME** 101 M 27
S. Biagio **MO** 31 H 15
S. Biagio **PA** 97 O 21
S. Biagio **PD** 24 F 17
S. Biagio **FR** 64 R 23
S. Biagio (vicino ad Argenta) **FE** 32 I 17
S. Biagio (vicino a Bondeno) **FE** 32 H 16
S. Biagio (Santuario) **PZ** 84 H 29
S. Biagio della Cima **IM** 35 K 4
S. Biagio di Callalta **TV** 25 E 19
S. Biagio Platani **AG** 102 O 22
S. Biagio Saracinisco **FR** 64 R 23
Sta Bianca **FE** 32 H 16
S. Biase **CB** 65 Q 25
S. Biase **SA** 76 G 27
S. Boldo (Passo di) **TV** 13 D 18
S. Bonico **PC** 29 G 11
S. Bonifacio **VR** 23 F 15
S. Bortolo delle Montagne **VR** 23 F 15
Sta Brigida **BG** 9 E 10
Sta Brigida **FI** 40 K 16
S. Brizio **PG** 51 N 20
S. Bruzio **GR** 56 O 15
S. Buono **CH** 61 Q 25
S. Calogero **VV** 88 L 30
S. Calogero (Monte) **PA** 99 N 23
S. Candido / Innichen **BZ** 4 B 18
S. Canzian d'Isonzo **GO** 17 E 22
S. Carlo **GE** 28 I 8
S. Carlo **PA** 97 O 21
S. Carlo **FG** 71 D 29
S. Carlo **FE** 32 H 16
S. Carlo **FO** 41 J 18
S. Carlo **LI** 49 M 13
S. Carlo **RC** 90 N 29
S. Carlo (Colle) **AO** 18 E 2
S. Carlo Terme **MS** 38 J 12
S. Carlo Vanzone **VB** 7 E 6
S. Casciano (Lago di) **VT** 50 N 17
S. Casciano dei Bagni **SI** 50 N 17
S. Casciano in Val di Pesa **FI** 43 L 15
S. Cassiano **RA** 40 J 17
S. Cassiano **SO** 9 D 10
S. Cassiano / St. Kassian **BZ** 4 C 17
S. Cassiano (Cima) **BZ** 3 B 16
S. Cassiano in Pennino **FO** 40 J 17
S. Cataldo **LE** 81 F 36
S. Cataldo **CL** 103 O 23
Sta Caterina **GR** 50 N 16
Sta Caterina **LE** 83 G 35
Sta Caterina **OR** 114 G 7
Sta Caterina (Stagno di) **CI** 118 J 7
Sta Caterina **BL** 5 C 19
Sta Caterina Albanese **CS** 85 I 30
Sta Caterina **PR** 30 H 12
Sta Caterina / St. Katharina (vicino a Merano) **BZ** 3 C 15
Sta Caterina (vicino a Rattisio Nuovo) **BZ** 3 B 14
Sta Caterina del Sasso **VA** 8 E 7
Sta Caterina dello Ionio **CZ** 89 L 31
Sta Caterina dello Ionio Marina **CZ** 89 L 31
Sta Caterina di Pittinuri **OR** 114 G 7
Sta Caterina (Monte) **TP** 96 N 18
Sta Caterina Valfurva **SO** 10 C 13
Sta Caterina Villarmosa **CL** 99 O 24
S. Centignano **VT** 58 O 18
Sta Cesarea Terme **LE** 83 G 37
S. Cesareo **RM** 63 Q 20
S. Cesario di Lecce **LE** 81 G 36
S. Cesario sul Panaro **MO** 31 I 15
S. Chiaffredo **CN** 27 I 4
Sta Chiara **OR** 115 G 8
S. Chirico (Masseria) **FG** 67 C 29
S. Chirico Nuovo **PZ** 77 E 30
S. Chirico Raparo **PZ** 77 G 30
St. Christina i. Gröden / Sta Cristina Valgardena **BZ** 4 C 17
S. Cipirello **PA** 97 N 21
S. Cipriano d'Aversa **CE** 69 D 24
S. Cipriano Picentino **SA** 75 E 26
S. Cipriano Po **PV** 29 G 9
S. Ciro **TP** 97 N 20
S. Claudio al Chienti **MC** 53 M 22
S. Clemente **BO** 40 J 16
S. Clemente **CE** 64 R 23
S. Clemente a Casauria (Abbazia) **PE** 60 P 23
S. Clemente al Vomano **TE** 60 O 23
S. Colombano **BS** 22 E 13
S. Colombano al Lambro **MI** 21 G 10
S. Colombano Certenoli **GE** 37 I 9
S. Colombano **FO** 41 J 18
S. Cono **CT** 104 P 25
S. Corrado di Fuori **SR** 105 Q 27
S. Cosimo della Macchia **BR** 79 F 35
Santi Cosma e Damiano **LT** 64 S 23
S. Cosmo Albanese **CS** 85 I 31
S. Costantino **PZ** 76 G 29
S. Costantino Albanese **PZ** 77 G 30
S. Costantino Calabro **VV** 88 L 30
S. Costanzo **PS** 46 K 21
S. Cresci **FI** 40 K 16

S. Crispieri TA 79 F 34
Sta Crista d'Acri CS 85 I 31
Sta Cristina OR 115 G 8
Sta Cristina (Chiesa di) OR 115 G 8
Sta Cristina d'Aspromonte RC 91 M 29
Sta Cristina e Bissone PV 29 G 10
Sta Cristina Gela PA 97 N 21
Sta Cristina Valgardena / St. Christina in Gröden BZ 4 C 17
S. Cristoforo AL 28 H 8
S. Cristoforo AR 45 L 17
S. Cristoforo TN 11 D 15
Sta Croce SO 9 D 10
Sta Croce AN 46 L 20
Sta Croce CE 64 S 23
Sta Croce RI 59 O 21
Sta Croce TS 17 E 23
Sta Croce (Capo) SR 105 P 27
Sta Croce (Forca di) PG 52 N 21
Sta Croce (Monte) CE 64 S 23
Sta Croce (Monte) PZ 71 E 28
Sta Croce Cameina RG 106 Q 25
Sta Croce (Capo) SV 35 J 6
Sta Croce del Lago BL 13 D 18
Sta Croce del Sannio BN 65 R 26
Sta Croce di Magliano CB 66 B 26
Sta Croce (Lago di) BL 13 D 19
Sta Croce sull'Arno PI 43 K 14
Sta Crocella (Passo) CB 65 R 25
S. Dalmazio MO 39 I 14
S. Dalmazio PI 49 M 14
S. Dalmazio SI 50 L 15
S. Damaso MO 31 I 14
S. Damiano PG 51 N 19
S. Damiano PC 29 H 11
S. Damiano (Assisi) PG 51 M 19
S. Damiano al Colle PV 29 G 10
S. Damiano d'Asti AT 27 H 6
S. Damiano Macra CN 26 I 3
S. Daniele del Friuli UD 14 D 21
S. Daniele Po CR 30 G 12
S. Demetrio SR 105 O 27
S. Demetrio Corone CS 85 I 31
S. Demetrio ne'Vestini AQ 59 P 22
S. Desiderio GE 37 I 9
Sta Domenica VV 88 L 29
Sta Domenica (Abbazia di) CS 86 J 30
Sta Domenica Talao CS 84 H 29
Sta Domenica Vittoria ME 100 N 26
S. Domenico VB 8 D 6
S. Domenico (Masseria) TA 78 F 32
S. Domino FG 66 A 28
S. Domino (Isola) (I. Tremiti) FG 66 A 28
S. Donà di Piave VE 16 F 19
S. Donaci BR 79 F 35
S. Donato TA 79 F 33
S. Donato GR 55 O 15
S. Donato LU 38 K 13
S. Donato SI 43 L 15
S. Donato di Lecce LE 83 G 36
S. Donato di Ninea CS 85 H 30
S. Donato in Collina FI 44 K 16
S. Donato in Poggio FI 43 L 15
S. Donato in Tavignone PS 45 K 19
S. Donato Milanese MI 21 F 9
S. Donato Val di Comino FR 64 Q 23
S. Donnino FI 43 K 15
S. Donnino MO 31 I 14
S. Dono VE 24 F 18
S. Dorligo della Valle TS 17 F 23
S. Efisio CA 121 J 9
S. Egidio PG 51 M 19
S. Egidio alla Vibrata TE 53 N 23
S. Elena MC 52 M 21
S. Elena PD 24 G 17
S. Elena Sannita IS 65 R 25
S. Elia CA 119 J 9
S. Elia ME 100 N 25
S. Elia AN 46 L 21
S. Elia CZ 89 K 31
S. Elia RC 90 N 29
S. Elia RI 58 O 20
S. Elia (Monte) RC 88 L 29
S. Elia (Monte) TA 73 F 33
S. Elia a Pianisi CB 66 C 26
S. Elia (Capo) CA 119 J 9
S. Elia Fiumerapido FR 64 R 23
S. Elisabetta AG 102 O 22
S. Elisabetta TO 19 F 4
S. Ellero FI 44 K 16
S. Ellero FO 40 K 17
S. Elpidio RI 59 P 21
S. Elpidio a Mare AP 53 M 23
S. Elpidio Morico AP 53 M 22
S. Enea PG 51 M 19
S. Eraclio PG 51 N 20
S. Erasmo MC 52 M 21
S. Erasmo TR 58 O 19
S. Eufemia FO 40 K 17
S. Eufemia (Faro di) FG 67 B 30
S. Eufemia (Golfo di) VV 88 K 29
S. Eufemia a Maiella PE 60 P 24
S. Eufemia d'Aspromonte RC 90 M 29
S. Eufemia della Fonte BS 22 F 12
S. Eufemia Lamezia CZ 88 K 30
S. Eufemia Vetere CZ 88 K 30
S. Eurosia BI 19 F 6
S. Eusanio del Sangro CH 60 P 24
S. Eusebio BS 22 F 13
S. Eusebio MO 31 I 14
S. Eutizio (Abbazia di) PG 52 N 21
S. Faustino PG 45 L 19
S. Fedele Intelvi CO 9 E 9
S. Fele PZ 71 E 28
S. Felice CE 65 S 24
S. Felice a Cancello CE 70 D 25
S. Felice Circeo LT 68 S 21
S. Felice del Benaco BS 23 F 13
S. Felice del Molise CB 65 Q 26
S. Felice / St. Felix BZ 3 C 15
S. Felice sul Panaro MO 31 H 15
St. Felix / S. Felice BZ 3 C 15
S. Ferdinando RC 88 L 29
S. Ferdinando di Puglia FG 72 D 30
S. Fidenzio (Abbazia) PG 51 N 19
S. Fili CS 86 I 30
S. Filippo RI 58 O 20
S. Filippo OT 109 E 9
S. Filippo del Mela ME 90 M 27
S. Filippo di Fragala ME 100 M 26
Ss. Filippo e Giacomo TP 96 N 19
S. Fior TV 13 E 19
Sta Fiora GR 50 N 16
S. Fiorano PS 46 L 19
Sta Firmina AR 45 L 17
Sta Flavia PA 98 M 22
S. Floreano UD 14 D 21
S. Floriano / Obereggen BZ 12 C 16
S. Floriano del Collio GO 17 E 22
S. Floro CZ 89 K 31
S. Foca LE 81 G 37
S. Foca PN 13 D 20
S. Fortunato (Montefalco) PG 51 N 19
Sta Francesca FR 64 Q 22
S. Francesco RI 58 O 20
S. Francesco TA 73 E 32
S. Francesco (Santuario di) (Paola) CS 86 I 30
S. Francesco a Folloni AV 70 E 27
S. Francesco al Campo TO 19 G 4
S. Francesco PN 14 D 20
S. Francesco TN 12 D 16
S. Francesco VR 23 F 15
S. Fratello ME 100 M 25
S. Fruttuoso GE 37 J 9
S. Gabriele BO 32 I 16
S. Gaetano VE 16 F 20
S. Galgano (Abbazia di) SI 49 M 15
S. Gavino Monreale VS 118 I 8
S. Gemiliano CA 119 I 9
S. Gemini TR 58 O 19
S. Gemini Fonte TR 58 O 19
S. Genesio Atesino / Jenesien BZ 3 C 15
S. Genesio ed Uniti PV 21 G 9
S. Gennaro LU 39 K 13
S. Gennaro Vesuviano NA 70 E 25
St. Georgen / S. Giorgio BZ 4 B 17
S. Germano Chisone TO 26 H 3
S. Germano dei Berici VI 24 F 16
S. Germano Vercellese VC 20 F 6
Sta Gertrude / St. Gertraud BZ 3 C 14
S. Gervasio PI 43 L 14
S. Gervasio Bresciano BS 22 G 12
S. Giacomo RG 104 Q 26
S. Giacomo CH 61 P 25
S. Giacomo TE 53 N 22
S. Giacomo (Masseria) BR 79 F 34
S. Giacomo / St. Jakob (vicino a Bolzano) BZ 3 C 15
S. Giacomo PV 29 G 9
S. Giacomo RE 31 H 13
S. Giacomo (vicino a Boves) CN 35 J 4
S. Giacomo (vicino a Demonte) CN 34 I 3
S. Giacomo (Passo di) VB 8 C 7
S. Giacomo (Val) SO 9 C 10
S. Giacomo / St. Jakob vicino a Vipiteno BZ 4 B 16
S. Giacomo (Cima) BZ 3 B 16
S. Giacomo (Convento) RI 58 O 20
S. Giacomo d'Acri CS 85 I 31
S. Giacomo degli Schiavoni CB 61 Q 26
S. Giacomo delle Segnate MN 31 H 15
S. Giacomo di Fraele (Lago di) SO 2 C 12
S. Giacomo di Martignone BO 31 I 15
S. Giacomo di Veglia TV 13 E 18
S. Giacomo Filippo SO 9 C 10
S. Giacomo Maggiore MO 39 J 14
S. Giacomo Roncole MO 31 H 15
S. Giacomo Vercellese VC 20 F 6
S. Gillio TO 19 G 4
S. Gimignanello SI 50 M 16
S. Gimignano SI 43 L 15
S. Ginesio MC 52 M 21
S. Giorgio CA 118 J 8
S. Giorgio SV 36 J 7
S. Giorgio AG 102 O 21
S. Giorgio BA 73 D 32
S. Giorgio CT 100 O 27
S. Giorgio EN 100 O 25
S. Giorgio FE 32 I 17
S. Giorgio FO 41 J 18
S. Giorgio ME 94 M 26
S. Giorgio PS 41 K 20
S. Giorgio PZ 72 E 29
S. Giorgio RI 59 O 21
S. Giorgio TE 59 O 22
S. Giorgio (Chiesa) CS 85 I 31
S. Giorgio UD 15 C 21
S. Giorgio VR 23 E 15
S. Giorgio / St. Georgen BZ 4 B 17
S. Giorgio a Colonica FI 39 K 15
S. Giorgio a Cremano NA 69 E 25
S. Giorgio a Liri FR 64 R 23
S. Giorgio Albanese CS 85 I 31
S. Giorgio Canavese TO 19 F 5
S. Giorgio del Sannio BN 70 D 26
S. Giorgio della Richinvelda PN 14 D 20
S. Giorgio delle Pertiche PD 24 F 17
S. Giorgio di Cesena FO 41 J 18
S. Giorgio di Livenza VE 16 F 20
S. Giorgio di Lomellina PV 20 G 8
S. Giorgio di Nogaro UD 17 E 21
S. Giorgio di Pesaro PS 46 K 20
S. Giorgio di Piano BO 32 I 16
S. Giorgio in Bosco PD 24 F 17
S. Giorgio in Salici VR 23 F 14
S. Giorgio Ionico TA 79 F 34
S. Giorgio la Molara BN 70 D 26
S. Giorgio Lucano MT 77 G 31
S. Giorgio Monferrato AL 28 G 7
S. Giorgio Morgeto RC 88 L 30
S. Giorgio Piacentino PC 29 H 11
S. Giorgio (Rio di) OG 119 I 10
S. Giorio di Susa TO 18 G 3
San Giovanni PC 29 H 10
S. Giovanni AQ 59 P 21
S. Giovanni AP 52 N 22
S. Giovanni CZ 87 J 31
S. Giovanni CI 118 I 7
S. Giovanni (vicino a Castelsardo) SS 111 E 8
S. Giovanni (vicino a Sassari) SS 110 E 7
S. Giovanni (Lago) AG 103 P 23
S. Giovanni a Piro SA 76 G 28
S. Giovanni a Teduccio NA 69 E 24
S. Giovanni CN 27 I 5
S. Giovanni FE 33 H 18
S. Giovanni TN 11 E 14
S. Giovanni (vicino a Polcenigo) PN 13 D 19
S. Giovanni (vicino a S. Vito al T.) PN 13 E 20
S. Giovanni / St. Johann BZ 4 B 17
S. Giovanni al Mavone TE 59 O 23
S. Giovanni al Natisone UD 17 E 22
S. Giovanni al Timavo TS 17 E 22
S. Giovanni Bianco BG 9 E 10
S. Giovanni d'Asso SI 50 M 16
S. Giovanni del Dosso MN 31 H 15
S. Giovanni del Pantano PG 51 M 18
S. Giovanni delle Contee GR 50 N 17
S. Giovanni di Baiano PG 51 N 20
S. Giovanni di Gerace RC 88 L 30
S. Giovanni di Sinis OR 114 H 7
S. Giovanni Galermo CT 100 O 27
S. Giovanni Gemini AG 98 O 22
S. Giovanni Ilarione VR 23 F 15
S. Giovanni in Argentella RM 58 P 20
S. Giovanni in Croce CR 30 G 13
S. Giovanni in Fiore CS 87 J 32
S. Giovanni in Fonte FG 71 D 29
S. Giovanni in Galdo CB 65 R 26
S. Giovanni in Galilea FO 41 K 19
S. Giovanni in Ghiaiolo PS 45 K 19
S. Giovanni in Marignano RN 41 K 20
S. Giovanni in Persiceto BO 31 I 15
S. Giovanni in Venere CH 61 P 25
S. Giovanni Incarico FR 64 R 22
S. Giovanni Incarico (Lago di) FR 64 R 22
S. Giovanni la Punta CT 101 O 27
S. Giovanni Lipioni CH 65 Q 25
S. Giovanni Lupatoto VR 23 F 15
S. Giovanni Maggiore FI 40 K 16
S. Giovanni Reatino RI 58 O 20
S. Giovanni Rotondo FG 67 B 29
S. Giovanni Suergiu CI 118 J 7
S. Giovanni Teatino CH 60 O 24
S. Giovanni Valdarno AR 44 L 16
S. Giovenale RI 59 O 21
S. Girolamo OG 117 H 10
Sta Giulia SV 27 I 6
S. Giuliano PC 30 G 11
S. Giuliano VT 57 O 17
S. Giuliano (Lago di) MT 77 F 31
S. Giuliano del Sannio CB 65 R 25
S. Giuliano di Puglia CB 66 B 26
S. Giuliano Milanese MI 21 F 9
S. Giuliano Nuovo AL 28 H 8
S. Giuliano Terme PI 42 K 13
S. Giuliano Vecchio AL 28 H 8
S. Giulio (Isola) NO 20 E 7
S. Giuseppe FE 33 H 18
S. Giuseppe MC 52 M 21
S. Giuseppe SI 50 M 17
S. Giuseppe lato PA 97 N 21
S. Giuseppe / Moos BZ 4 B 19
S. Giuseppe Vesuviano NA 70 E 25
Sta Giusta OR 114 H 7
Sta Giusta (Monte) SS 110 E 6
Sta Giusta (Ponte) FG 66 C 28
Sta Giusta (Stagno di) OR 114 H 7
Sta Giustina PR 29 I 10
Sta Giustina RN 41 J 19
Sta Giustina BL 12 D 18
Sta Giustina (Lago di) TN 11 C 15
Sta Giustina in Colle PD 24 F 17
S. Giustino PG 45 L 18
S. Giustino Valdarno AR 44 L 17
S. Giusto MC 52 M 21
S. Giusto Canavese TO 19 G 5
S. Godenzo FI 40 K 16
S. Grato AO 19 E 5
S. Gregorio CA 119 J 10
S. Gregorio PG 51 M 19
S. Gregorio VR 24 F 15
S. Gregorio LE 83 H 36
S. Gregorio RC 90 M 28
S. Gregorio da Sassola RM 63 Q 20
S. Gregorio di Catana CT 101 O 27
S. Gregorio d'Ippona VV 88 L 30
S. Gregorio Magno SA 76 F 28
S. Gregorio Matese CE 65 R 25
S. Gregorio nelle Alpi BL 12 D 18
S. Guglielmo al Goleto (Abbazia) AV 71 E 27
S. Guido LI 49 M 13
S. Gusme SI 44 L 16
Sto Ianni CE 69 D 24
S. Ignazio OR 115 G 8
S. Ilario PZ 71 E 28
S. Ilario dello Ionio RC 91 M 30
S. Ilario d'Enza RE 30 H 13
S. Ilario di Baganza PR 30 I 12
S. Ilario Trebbio MC 52 M 21
S. Imento PC 29 G 10
Sto Iona AQ 59 P 22
Sto Iorio CE 69 D 24
S. Ippolito PS 46 K 20
S. Ippolito PI 49 M 14
S. Isidoro LE 79 G 35
S. Isidoro (vicino a Quartu S. Elena) CA 119 J 9
S. Isidoro (vicino a Teulada) CA 120 K 8
St. Jacques AO 7 E 5
St. Johann / S. Giovanni BZ 4 B 17
S. Jorio (Passo di) CO 9 D 9
St. Kassian / S. Cassiano BZ 4 C 17
S. Latino CR 22 G 11
S. Lazzaro NA 75 F 25
S. Lazzaro PS 46 K 20
S. Lazzaro di Savena BO 40 I 16
S. Leo RC 90 M 28
S. Leo AR 44 L 17
S. Leo PS 41 K 19
S. Leonardo FG 71 D 29
S. Leonardo OR 115 G 8
S. Leonardo PA 98 N 22
S. Leonardo UD 15 D 22
S. Leonardo (Passo) AQ 60 P 24
S. Leonardo / St. Leonhard BZ 4 B 17
S. Leonardo de Siete Fuentes OR 115 G 7
S. Leonardo di Cutro KR 89 K 32
S. Leonardo di Siponto FG 67 C 29
S. Leonardo in Passiria / St. Leonhard in Passeier BZ 3 B 15
S. Leonardo Valcellina PN 13 D 20
S. Leone AG 102 P 22
St. Leonhard in Passeier / S. Leonardo in Passiria BZ 3 B 15
St. Leonhard / S. Leonardo BZ 4 B 17
S. Leucio del Sannio BN 70 D 26
S. Liberale VE 25 F 19
Sta Liberata GR 55 O 15
S. Liberato TR 58 O 19
S. Liberato (Lago di) TR 58 O 19
S. Liberatore (Cappella) AV 70 D 27
S. Loe PA 97 N 21
S. Lorenzello BN 65 S 25
St. Lorenzen / S. Lorenzo di Sebato BZ 4 B 17
S. Lorenzo RC 90 M 29
S. Lorenzo LT 64 S 23
S. Lorenzo MC 52 M 21
S. Lorenzo OT 113 E 11
S. Lorenzo SS 111 E 7
S. Lorenzo (Certosa di) (Padula) SA 76 F 28
S. Lorenzo a Merse SI 49 M 15
S. Lorenzo (vicino a Camagnola) CN 27 H 5
S. Lorenzo (vicino a Cuneo) CN 35 I 4
S. Lorenzo (vicino a Savigliano) CN 27 I 5
S. Lorenzo al Lago MC 52 M 21
S. Lorenzo al Mare IM 35 K 5
S. Lorenzo PN 13 E 20
S. Lorenzo UD 17 E 22
S. Lorenzo Bellizzi CS 85 H 30
S. Lorenzo (Capo) CA 119 I 10
S. Lorenzo de' Picenardi CR 30 G 12
S. Lorenzo del Vallo CS 85 H 30
S. Lorenzo di Rabatta PG 51 M 19
S. Lorenzo di Sebato / St. Lorenzen BZ 4 B 17
S. Lorenzo e Flaviano RI 52 O 21
S. Lorenzo (Fattoria) SR 107 Q 27
S. Lorenzo in Banale TN 11 D 14
S. Lorenzo in Campo PS 46 L 20
S. Lorenzo in Correggiano RN 41 J 19
S. Lorenzo in Noceto FO 40 J 18
S. Lorenzo Isontino GO 17 E 22
S. Lorenzo Maggiore BN 65 S 25
S. Lorenzo Nuovo VT 50 N 17
S. Lorenzo Vecchio SR 107 Q 27
S. Luca PG 51 N 20
S. Luca RC 91 M 30
Sta Luce PI 43 L 13
Sta Luce (Lago di) PI 42 L 13
Sta Lucia CA 119 I 9
Sta Lucia BA 80 E 33
Sta Lucia BN 65 R 25
Sta Lucia FI 39 J 15
Sta Lucia NU 113 F 11
Sta Lucia PG 45 L 18
Sta Lucia RI 59 P 21
Sta Lucia SI 43 L 15
Sta Lucia (vicino a Battipaglia) SA 75 F 26
Sta Lucia (vicino a Cagliari) CA 118 J 8
Sta Lucia (vicino a Nocera) AV 75 E 26
Sta Lucia (Chiesa di) AV 71 E 27
Sta Lucia CN 34 I 3
Sta Lucia MN 31 G 15
Sta Lucia SO 2 C 13
Sta Lucia (Terme di) RE 38 I 12
Sta Lucia del Mela ME 90 M 27
Sta Lucia delle Spianate RA 40 J 17
Sta Lucia di Piave TV 13 E 18
Sta Lucia di Serino AV 70 E 26
Sta Lucia (Rio) CA 118 J 8
S. Lucido CS 86 J 30
S. Lugano BZ 12 D 16
S. Lugano (Pale di) BL 12 D 17
S. Lugano (Val di) BL 12 D 17
S. Lupo BN 65 S 25
Santu Lussurgiu OR 115 H 8
Santu Lussurgiu (Località) OR 115 G 7
S. Macario in Piano LU 38 K 13
S. Macario (Isola) CA 121 J 9
Sta Maddalena in Casies / St. Magdalena BZ 4 B 18
Sta Maddalena Vallalda / St. Magdalena BZ 4 C 17
S. Magno BA 72 D 31
S. Mamete CO 9 D 9
S. Mango SA 75 G 27
S. Mango d'Aquino CZ 86 J 30
S. Mango Piemonte SA 75 E 26
S. Mango sul Calore AV 70 E 26
St. Marcel AO 19 E 4
S. Marcello AN 46 L 21
S. Marcello Pistoiese PT 39 J 14
S. Marco ME 101 M 27
S. Marco AQ 59 O 21
S. Marco BA 80 E 33
S. Marco CT 90 N 27
S. Marco PG 51 M 19
S. Marco RA 41 I 18
S. Marcovicino a Caserta CE 70 D 25
S. Marco (vicino a Castellabate) SA 75 G 26
S. Marco (vicino a Teano) CE 69 D 24
S. Marco (vicino a Teggiano) SA 76 F 28
S. Marco PD 24 G 16
S. Marco Argentano CS 85 I 30
S. Marco UD 14 D 21
S. Marco (Capo) AG 102 O 21
S. Marco (Capo) OR 114 H 7
S. Marco d'Alunzio ME 100 M 26
S. Marco dei Cavoti BN 70 D 26
S. Marco Evangelista CE 69 D 25
S. Marco in Lamis FG 67 B 28
S. Marco in Lamis (Stazione di) FG 66 B 28
S. Marco la Catola FG 66 C 27
S. Marco (Passo) BG 9 D 10
S. Marco (Rifugio) BL 4 C 18
Sta Margherita CA 121 K 8
Sta Margherita AP 52 M 22
Sta Margherita FI 39 J 15
Sta Margherita PR 30 H 12
Sta Margherita d'Adige PD 24 G 16
Sta Margherita di Belice AG 97 N 21
Sta Margherita di Staffora PV 29 H 9
Sta Margherita Ligure GE 37 J 9
Sta Maria CI 118 J 7
Sta Maria CZ 89 K 31
Sta Maria ME 100 M 26
Sta Maria (Isola) OT 109 D 10
Sta Maria de Siones MO 39 I 14
Sta Maria TR 58 O 19
Sta Maria (Canale) FG 66 C 27
Sta Maria (Monte) CT 100 N 26

Sta Maria PC 29 H 10
Sta Maria VR 23 F 15
Sta Maria VC 7 E 6
Sta Maria a Belverde SI. 50 N 17
Sta Maria (Giogo di) / Umbrail (Pass) SO 2 C 13
Sta Maria a Mare AP 53 M 23
Sta Maria a Mare FG 66 A 28
Sta Maria a Monte PI 43 K 14
Sta Maria a Pantano CE 69 E 24
Sta Maria a Pié di Chienti MC 53 M 22
Sta Maria a Vezzano FI 40 K 16
Sta Maria a Vico CE 70 D 25
Sta Maria al Bagno LE 83 G 35
Sta Maria alla Fonderia BZ 2 C 14
Sta Maria Amaseno FR 64 Q 22
Sta Maria Arabona PE 60 P 24
Sta Maria Capua Vetere CE 69 D 24
Sta Maria Codifiume BO 32 I 16
Sta Maria Coghinas SS 111 E 8
Sta Maria d'Anglona MT 78 G 31
Sta Maria d'Armi (Santuario) CS 85 H 31
Sta Maria d'Attoli TA 78 F 32
Sta Maria degli Angeli PG 51 M 19
Sta Maria dei Bisognosi AQ 59 P 21
Sta Maria dei Lattani CE 64 S 23
Sta Maria dei Martiri SA 76 G 28
Sta Maria dei Sabbioni CR 22 G 11
Sta Maria del Bosco PA 97 N 21
Sta Maria del Bosco VV 88 L 30
Sta Maria del Calcinaio AR 50 M 17
Sta Maria del Casale BR 81 F 35
Sta Maria del Cedro CS 84 H 29
Sta Maria del Lago (Moscufo) PE 60 O 24
Sta Maria del Monte VA 8 E 8
Sta Maria del Monte CS 85 H 30
Sta Maria del Monte RN 41 K 20
Sta Maria del Patire (Santuario) CS 85 I 31
Sta Maria del Plano FR 64 R 23
Sta Maria del Rivo PC 29 H 11
Sta Maria del Taro PR 37 I 10
Sta Maria della Colonna (Convento) BA 72 D 31
Sta Maria della Consolazione PG 51 N 19
Sta Maria della Matina CS 85 I 30
Sta Maria della Strada CB 65 R 26
Sta Maria della Versa PV 29 H 9
Sta Maria delle Grazie di Forno FO 41 J 18
Sta Maria delle Grazie ME 95 M 27
Sta Maria delle Grotte AQ 59 P 22
Sta Maria delle Vertighe AR 50 M 17
Sta Maria di Antico PS 41 K 18
Sta Maria di Arzilla PS 46 K 20
Sta Maria di Barbana GO 17 E 22
Sta Maria di Bressanoro CR 22 G 11
Sta Maria di Castellabate SA 75 G 26
Sta Maria di Cerrate (Abbazia) LE 81 F 36
Sta Maria di Corte (Abbazia di) NU 115 G 8
Sta Maria di Flumentepido CI 118 J 7
Sta Maria di Galeria RM 58 P 18
Sta Maria di Gesù PA 98 M 22
Sta Maria di Giano BA 72 D 31
Sta Maria di Legarano RI 58 O 20
Sta Maria di Leuca (Capo) LE 83 H 37
Sta Maria di Leuca (Santuario di) LE 83 H 37
Sta Maria di Licodia CT 100 O 26
Sta Maria di Loreto SA 76 E 27
Sta Maria di Merino FG 67 B 30
Sta Maria di Pieca MC 52 M 21
Sta Maria di Portonovo AN 47 L 22
Sta Maria di Propezzano TE 53 O 23
Sta Maria di Pugliano FR 63 Q 21
Sta Maria di Rambona MC 52 M 21
Sta Maria di Ronzano TE 59 O 23
Sta Maria di Sala VE 24 F 18
Sta Maria di Sala VT 57 O 17
Sta Maria di Sette PG 51 L 18
Sta Maria di Siponto FG 67 C 29
Sta Maria d'Irsi MT 72 E 31
Sta Maria in Castello FO 40 J 17
Sta Maria in Selva (Abbazia di) MC 52 M 22
Sta Maria in Stelle VR 23 F 15
Sta Maria in Valle Porclaneta AQ 59 P 22
Sta Maria in Vescovio RI 58 P 19
Sta Maria Infante LT 64 S 23
Sta Maria la Fossa CE 69 D 24
Sta Maria la Longa UD 17 E 21
Sta Maria la Palma SS 110 F 6
Sta Maria Lignano PG 51 M 20
Sta Maria Maddalena SS 111 E 8
Sta Maria Maddalena RO 32 H 16
Sta Maria Maggiore VB 8 D 7
Sta Maria Navarrese OG 117 H 11
Sta Maria Nuova AN 46 L 21
Sta Maria Nuova FO 41 J 18
Sta Maria Occorrevole CE 65 R 25
Sta Maria Orsoleo PZ 77 G 30
Sta Maria Pietrarossa PG 51 N 20
Sta Maria Rassinata AR 45 L 18
Sta Maria Rezzonico CO 9 D 9
S. Mariano PG 51 M 18
Ste Marie AQ 59 P 21
Sta Marina FO 40 J 17
Sta Marina SA 76 G 28
Sta Marina Salina ME 94 L 26
Sta Marinella RM 57 P 17
Sto Marino MO 31 H 14
S. Marino TR 51 N 18
San Marino (Repubblica di) RSM 41 K 19
S. Maroto MC 52 M 21
St. Martin / S. Martino BZ 4 B 18
St. Martin in Passeier / S. Martino in Passiria BZ 3 B 15
St. Martin in Thurn / S. Martino in Badia BZ 4 B 17
S. Martino BO 40 I 17
S. Martino LI 48 N 12
S. Martino PG 45 L 19
S. Martino RI 59 O 22
S. Martino / Reinswald BZ 3 B 16
S. Martino BS 22 E 13
S. Martino CN 26 H 4
S. Martino NO 20 F 8
S. Martino PR 30 H 13
S. Martino SV 36 I 7
S. Martino SO 9 D 10
S. Martino / St. Martin BZ 4 B 18
S. Martino (Pal di) TN 12 D 17
S. Martino a Maiano FI 43 L 15
S. Martino a Scopeto FI 40 K 16
S. Martino al Cimino VT 57 O 18
S. Martino al Monte BZ 3 C 14
S. Martino al Tagliamento PN 16 D 20
S. Martino Alfieri AT 27 H 6
S. Martino alla Palma FI 43 K 15
S. Martino Buon Albergo VR 23 F 15
S. Martino Canavese TO 19 F 5
S. Martino d'Agri PZ 77 G 30
S. Martino dall'Argine MN 30 G 13
S. Martino d'Alpago BL 13 D 19
S. Martino dei Muri PS 46 L 20
S. Martino del Piano PS 45 L 19
S. Martino della Battaglia BS 23 F 13
S. Martino delle Scale PA 97 M 21
S. Martino di Campagna PN 13 D 19
S. Martino di Castrozza TN 12 D 17
S. Martino di Finita CS 85 I 30
S. Martino di Lupari PD 24 F 17
S. Martino di Venezze RO 32 G 17
S. Martino in Argine BO 32 I 16
S. Martino in Badia / St. Martin in Thurn BZ 4 B 17
S. Martino in Beliseto CR 22 G 11
S. Martino in Campo PG 51 M 19
S. Martino in Colle (vicino a Gubbio) PG 51 L 19
S. Martino in Colle (vicino a Perugia) PG 51 M 19
S. Martino in Freddana LU 38 K 13
S. Martino in Gattara RA 40 J 17
S. Martino in Passiria / St. Martin in Passeier BZ 3 B 15
S. Martino in Pensilis CB 66 B 27
S. Martino in Rio RE 31 H 14
S. Martino in Soverzano BO 32 I 16
S. Martino in Strada FO 41 J 18
S. Martino Monteneve BZ 3 B 15
S. Martino Pizzo VB 7 D 6
S. Martino Siccomario PV 21 G 9
S. Martino Spino MO 31 H 15
S. Martino sul Fiora GR 50 N 16
S. Martino Valle Caudina AV 70 D 25
S. Marzano di S. Giuseppe TA 79 F 34
S. Marzano Oliveto AT 28 H 6
S. Marzano sul Sarno SA 70 E 25
S. Massimo CB 65 R 25
S. Matteo CN 34 I 4
S. Matteo FG 66 B 28
S. Matteo (Punta) SO 11 C 13
San Matteo della Decima BO 31 H 15
S. Matteo delle Chiaviche MN 31 G 13
S. Matteo in Lamis (S. Marco) FG 67 B 28
S. Maurizio Canavese TO 19 G 4
S. Maurizio d'Opaglio NO 20 E 7
S. Mauro NU 115 G 9
S. Mauro (Varco) CS 86 I 31
S. Mauro a Mare FO 41 J 19
S. Mauro Castelverde PA 99 N 24
S. Mauro Cilento SA 75 G 27
S. Mauro di Saline VR 23 F 15
S. Mauro Forte MT 77 F 30
S. Mauro la Bruca SA 76 G 27
S. Mauro Marchesato KR 87 J 32
S. Mauro (Monte) CA 119 I 9
S. Mauro Pascoli FO 41 J 19
S. Mauro Torinese TO 27 G 5
S. Mazzeo CZ 86 J 30
S. Menaio FG 67 B 29
S. Miai Terraseo (Monte) CI 118 J 7
S. Miali (Punta di) VS 118 I 8
S. Michele VS 118 I 8
S. Michele BS 23 E 14
S. Michele IM 35 K 4
S. Michele LT 63 R 20
S. Michele NA 75 F 25
S. Michele PS 46 L 20
S. Michele PC 29 H 11
S. Michele (Punta) CI 118 I 7
S. Michele RA 41 I 18
S. Michele RE 31 H 14
S. Michele SA 76 F 28
S. Michele (Abbazia) PZ 71 E 28
S. Michele (Monte) FI 44 L 16
S. Michele all'Adige TN 11 D 15
S. Michele al Tagliamento VE 16 E 20
S. Michele Arenas (Monte) CI 118 J 7
S. Michele dei Mucchietti MO 31 I 14
S. Michele di Ganzaria CT 104 P 25
S. Michele di Piave TV 25 E 19
S. Michele di Plaianu SS 110 E 7
S. Michele di Salvenero SS 111 F 8
S. Michele di Serino AV 70 E 26
S. Michele Gatti PR 30 H 12
S. Michele in Bosco MN 31 G 13
S. Michele in Teverina VT 57 O 18
S. Michele Mondovì CN 35 I 5
S. Michele (Monte) (Gorizia) GO 17 E 22
S. Michele Salentino BR 80 F 34
S. Miniato PI 43 K 14
Sta Monica RN 41 K 20
S. Morello CS 87 I 32
S. Nazario (Santuario) FG 66 B 28
S. Nazzaro PR 30 H 12
S. Nazzaro PC 30 G 11
S. Nazzaro Sesia NO 20 F 7
S. Nicola AQ 59 P 21
S. Nicola ME 100 M 26
S. Nicola PZ 72 E 29
S. Nicola SA 76 G 27
S. Nicola (vicino ad Ardore) RC 91 M 30
S. Nicola (vicino a Caulonia) RC 88 L 31
S. Nicola (Isola) (I. Tremiti) FG 66 A 28
S. Nicola Arcella CS 84 H 29
S. Nicola Baronia AV 71 D 27
S. Nicola da Crissa VV 88 L 30
S. Nicola dell'Alto KR 87 J 32
S. Nicola la Strada CE 69 D 25
S. Nicola l'Arena PA 98 M 22
S. Nicola Manfredi BN 70 D 26
S. Nicola (Monte) BA 80 E 33
S. Nicola (Monte) PA 102 O 22
S. Nicola Varano FG 67 B 29
St. Nicolas AO 18 E 3
S. Nicolò PC 29 G 10
S. Nicolò FE 32 H 17
S. Nicolò PG 51 N 20
S. Nicolò a Tordino TE 53 N 23
S. Nicolò / St. Nikolaus BZ 3 C 14
S. Nicolò d'Arcidano OR 118 H 7
S. Nicolò di Comelico BL 5 C 19
S. Nicolò di Trullas SS 115 F 8
S. Nicolò Gerrei CA 119 I 9
S. Nicolò Po MN 31 G 14
St. Nikolaus / S. Nicolò BZ 3 C 14
Sta Ninfa TP 97 N 20
S. Odorico UD 14 D 20
S. Olcese GE 28 I 8
Sta Oliva FR 64 R 22
S. Omero TE 53 N 23
S. Omobono Imagna BG 21 E 10
S. Onofrio CS 85 H 30
S. Onofrio LT 64 R 22
S. Onofrio TE 53 N 23
S. Oreste RM 58 P 19
S. Orsola TN 12 D 15
S. Osvaldo (Passo di) PN 13 D 19
St. Oyen AO 6 E 3
Sto Padre delle Perriere TP 96 N 19
Sta Panagia SR 105 P 27
Sta Panagia (Capo) SR 105 P 27
S. Pancrazio OT 109 D 9
S. Pancrazio AR 44 L 16
S. Pancrazio FI 43 L 15
S. Pancrazio PR 30 H 12
S. Pancrazio RA 41 I 18
S. Pancrazio Salentino BR 79 F 35
S. Pancrazio / St. Pankraz BZ 3 C 15
S. Panfilo d'Ocre AQ 59 P 22
St. Pankraz / S. Pancrazio BZ 3 C 15
S. Pantaleo OT 109 D 10
S. Pantaleo (Isola) TP 96 N 19
S. Pantaleone RC 90 N 29
Sta Paolina AV 70 D 26
S. Paolino (Monte) CL 103 O 23
S. Paolo SR 107 Q 27
S. Paolo OT 113 E 10
S. Paolo TA 80 F 33
S. Paolo (Isola) TA 78 F 33
S. Paolo (Masseria) TA 79 F 33
S. Paolo Albanese PZ 77 G 31
S. Paolo BS 22 F 12
S. Paolo Bel Sito NA 70 E 25
S. Paolo Cervo BI 19 F 6
S. Paolo di Civitate FG 66 B 27
S. Paolo di Jesi AN 46 L 21
S. Paolo PN 16 E 20
S. Paolo Solbrito AT 27 H 5
S. Pasquale OT 109 D 9
S. Paterniano AN 47 L 22
S. Patrizio RA 32 I 17
Santu Pedru (Tomba) SS 110 F 7
S. Pelino (Corfinio) AQ 60 P 23
S. Pelino (vicino ad Avezzano) AQ 59 P 22
S. Pelino (vicino a Montereale) AQ 59 O 21
S. Pellegrinetto MO 39 I 14
S. Pellegrino FI 40 J 16
S. Pellegrino PT 39 J 14
S. Pellegrino (vicino a Fossato di Vico) PG 51 M 20
S. Pellegrino (vicino a Norcia) PG 52 N 21
S. Pellegrino (Passo) TN 12 C 17
S. Pellegrino (Val di) TN 12 C 17
S. Pellegrino in Alpe MO 38 J 13
S. Pellegrino Terme BG 21 E 10
St. Peter / S. Pietro BZ 4 A 18
S. Pier d'Isonzo GO 17 E 22
S. Pier Niceto ME 90 M 28
S. Piero a Grado PI 42 K 13
S. Piero a Ponti FI 39 K 15
S. Piero a Sieve FI 40 K 15
S. Piero in Bagno FO 40 K 17
S. Piero in Campo LI 48 N 12
S. Piero in Campo SI 50 N 17
S. Piero Patti ME 100 M 26
St. Pierre AO 18 E 3
S. Pietro AQ 59 O 22
Sto Pietro CT 104 P 25
S. Pietro VS 118 I 8
S. Pietro ME 94 L 27
S. Pietro NA 74 F 25
S. Pietro OR 114 G 7
S. Pietro PG 51 N 20
S. Pietro RI 58 O 20
S. Pietro VT 57 O 17
S. Pietro (Badia di) AN 47 L 22
S. Pietro (Lago di) AV 71 D 28
S. Pietro (Monte) CI 118 J 7
S. Pietro (Monte) OT 109 E 9
S. Pietro (Chiesa) LC 21 E 9
S. Pietro a Maida CZ 88 K 31
S. Pietro a Maida Scalo CZ 88 K 30
S. Pietro a Monte PG 51 L 18
S. Pietro VE 33 G 18
S. Pietro VR 23 G 15
S. Pietro / St. Peter BZ 4 A 18
S. Pietro (Canale di) UD 5 C 21
S. Pietro Acquaeortus TR 50 N 17
S. Pietro al Natisone UD 15 D 22
S. Pietro al Tanagro SA 76 F 28
S. Pietro all'Olmo MI 21 F 9
S. Pietro Apostolo CZ 86 J 31
S. Pietro Avellana IS 65 Q 24
S. Pietro Belvedere PI 43 L 13
S. Pietro Casasco PV 29 H 9
S. Pietro Clarenza CT 100 O 27
S. Pietro di Carida RC 88 L 30
S. Pietro di Carnia UD 5 C 21
S. Pietro di Feletto TV 13 E 18
S. Pietro di Morubio VR 23 G 15
S. Pietro di Ruda OT 109 E 9
S. Pietro di Simbranos SS 111 E 8
S. Pietro di Sorres SS 111 F 8
Ss. Pietro e Paolo ME 90 N 27
S. Pietro in Amantea CS 86 J 30
S. Pietro in Bevagna TA 79 G 35
S. Pietro in Campiano RA 41 J 18
S. Pietro in Cariano VR 23 F 14
S. Pietro in Casale BO 32 H 16
S. Pietro in Cerro PC 30 G 11
S. Pietro in Curolis FR 64 R 23
S. Pietro in Gu PD 24 F 16
S. Pietro in Guarano CS 86 I 30
S. Pietro in Lama LE 81 G 36
S. Pietro in Palazzi LI 48 M 13
S. Pietro in Silvis RA 40 I 17
S. Pietro in Valle IS 65 R 25
S. Pietro in Valle TR 58 O 20
S. Pietro in Vincoli RA 41 J 18
S. Pietro in Volta VE 25 G 18
S. Pietro Infine CE 64 R 23
S. Pietro (Isola) TA 78 F 33
S. Pietro (Isola di) CI 120 J 6
S. Pietro Mosezzo NO 20 F 7
S. Pietro Mussolino VI 23 F 15
S. Pietro Polesine RO 32 G 15
S. Pietro Valdastico VI 12 E 16
S. Pietro Vara SP 37 I 10
S. Pietro Vernotico BR 81 F 35
S. Pietro Viminario PD 24 G 17
S. Pio delle Camere AQ 59 P 22
S. Polo AR 45 L 17
S. Polo dei Cavalieri RM 58 P 20
S. Polo d'Enza RE 30 I 13
S. Polo di Piave TV 25 E 19
S. Polo in Chianti FI 44 K 16
S. Polo Matese CB 65 R 25
S. Possidonio MO 31 H 14
S. Potito AQ 59 P 22
S. Potito Sannitico CE 65 R 25
S. Presto PG 51 M 20
S. Priamo CA 119 I 10
S. Primo (Monte) CO 9 E 9
S. Prisco CE 69 D 24
S. Procopio RC 90 M 29
Sta Procula Maggiore RM 62 R 19
S. Prospero BO 39 I 15
S. Prospero PR 30 H 13
S. Protaso PC 30 H 11
S. Puoto (Lago) LT 64 S 22
San Quirico PO 39 J 15
S. Quirico GR 50 N 17
S. Quirico LU 38 K 13
S. Quirico PG 51 M 19
S. Quirico d'Orcia SI 50 M 16
S. Quirino PN 13 D 20
Sta Rania KR 87 J 32
S. Regolo SI 44 L 16
Sta Reparata FO 40 J 17
Sta Reparata OT 109 D 9
Sta Reparata (Chiesa) OT 111 F 9
Sta Restituta SS 115 F 9
Sta Restituta TR 58 O 19
Sta Rita CL 103 O 24
S. Roberto RC 90 M 29
S. Rocco CN 27 I 6
S. Rocco GE 37 I 9
S. Rocco LU 38 K 13
S. Rocco RE 31 H 13
S. Rocco SO 2 C 12
S. Rocco (Galleria) RI 59 P 21
S. Rocco a Pilli SI 50 M 15
S. Rocco al Porto LO 29 G 11
S. Romano PI 43 K 14
S. Romano RE 31 I 13
S. Romano in Garfagnana LU 38 J 13
S. Romedio TN 11 C 15
S. Romolo IM 35 K 5
Sta Rosalia AG 98 O 22
S. Rossore (Tenuta di) PI 42 K 12
Sta Rufina RI 58 O 20
S. Rufino (Abbazia di) AP 52 M 22
S. Rufo SA 76 F 28
S. Saba ME 90 M 28
Sta Sabina BR 80 E 35
Sta Sabina NU 115 G 8
S. Salvatore BS 10 D 13
S. Salvatore OR 114 H 7
S. Salvatore AV 70 E 26
S. Salvatore BA 72 D 30
S. Salvatore FG 67 B 29
S. Salvatore (Monte) PA 99 N 24
S. Salvatore (Badia) PG 51 M 19
S. Salvatore di Fitalia ME 100 M 26
S. Salvatore Monferrato AL 28 G 7
S. Salvatore Telesino BN 70 D 25
S. Salvo CH 61 P 26
S. Salvo Marina CH 61 P 26
S. Saturnino (Terme di) SS 115 F 9
S. Savino FO 40 J 17
S. Savino PG 51 M 18
S. Savino PS 46 L 20
S. Savino RA 40 I 17
S. Savino SI 50 M 17
Sta Scolastica (Subiaco) RM 63 Q 21
S. Sebastiano al Vesuvio NA 70 E 25
S. Sebastiano Curone AL 29 H 9
S. Sebastiano da Po TO 19 G 5
S. Secondo PG 45 L 18
S. Secondo di Pinerolo TO 26 H 3
S. Secondo Parmense PR 30 H 12
Sta Severa RM 57 P 17
Sta Severina KR 87 J 32
S. Severino Lucano PZ 77 G 30
S. Severino Marche MC 52 M 21
S. Severo FG 66 B 28
S. Severo TR 51 N 18
S. Silvestro PE 60 O 24
S. Silvestro (vicino a Fabriano) AN 52 M 20
S. Silvestro (vicino a Senigallia) AN 46 L 21
S. Silvestro MN 31 G 14
S. Silvestro (Rocca di) LI 49 M 13
S. Simone BG 9 D 11
S.Simone CA 119 I 9
S. Simone TA 80 F 33
S. Simone (Rio) OT 113 E 10
S. Siro CO 9 D 9
S. Siro PD 24 G 17
S. Siro Foce GE 37 I 10
S. Sisto PS 45 K 19
S. Sisto RE 30 H 13
Sta Sofia FO 40 K 17
Sta Sofia d'Epiro CS 85 I 30
S. Sosio FR 63 R 22
S. Sossio Baronia AV 71 D 27
S. Sostene CZ 88 L 31
S. Sosti CS 85 I 30
S. Sperate CA 118 I 9
Sto Spirito BA 73 D 32
Sto Spirito CL 103 O 24
Sto Spirito PE 60 P 24
Sto Stefano (Isola) OT 109 D 10
Sto Stefano AN 46 L 20
Sto Stefano AQ 59 P 21
Sto Stefano CB 65 R 25
Sto Stefano FI 43 L 14
Sto Stefano LI 48 M 11
Sto Stefano RA 41 J 18
Sto Stefano TE 53 O 22
Sto Stefano (Monte) LT 63 R 21
Sto Stefano al Mare IM 35 K 5
Sto Stefano RO 31 G 15
Sto Stefano VR 24 F 16
Sto Stefano Belbo CN 27 H 6

Sto Stefano d'Aveto GE 29 I 10
Sto Stefano del Sole AV 70 E 26
Sto Stefano di Briga ME 90 M 28
Sto Stefano di Cadore BL 5 C 19
Sto Stefano di Camastra ME 99 M 25
Sto Stefano di Magra SP 38 J 11
Sto Stefano di Sessanio AQ 59 O 22
Sto Stefano in Aspromonte RC 90 M 29
Sto Stefano Lodigiano LO 29 G 11
Sto Stefano Quisquina AG 98 O 22
Sto Stino di Livenza VE 16 E 20
S. Tammaro CE 69 D 24
Sta Tecla CT 101 O 27
S. Teodoro ME 100 N 26
S. Teodoro OT 113 E 11
S. Teodoro (Grotta di) ME 100 M 25
S. Teodoro (Stagno di) OT 113 E 11
S. Teodoro (Terme di) AV 71 E 27
S. Terenziano PG 51 N 19
S. Terenzo SP 38 J 11
Sta Teresa di Riva ME 90 N 28
Sta Teresa Gallura OT 109 D 9
Sto Todaro VV 88 L 31
S. Tomaso Agordino BL 12 C 17
S. Tommaso CH 60 P 25
S. Tommaso PE 60 P 23
SS. Trinità di Delia TP 97 N 20
SS. Trinità di Saccargia SS 111 E 8
S. Trovaso TV 25 F 18
S. Ubaldo Gubbio PG 45 L 19
St. Ulrich / Ortisei BZ 4 C 17
S. Urbano PD 32 G 16
S. Urbano MC 46 L 21
S. Urbano TR 58 O 19
Sta Valburga / St. Walburg BZ 3 C 15
St. Valentin a. d. Haide / S. Valentino alla Muta BZ 2 B 13
S. Valentino TN 23 E 14
S. Valentino GR 50 N 17
S. Valentino PG 51 N 19
S. Valentino TR 58 O 19
S. Valentino alla Muta / St. Valentin a. d. Haide BZ 2 B 13
S. Valentino in Abruzzo PE 60 P 24
S. Valentino Torio SA 70 E 25
St. Veit / S. Vito BZ 4 B 18
S. Venanzio MO 31 I 14
S. Venanzo TR 51 N 18
S. Vendemiano TV 13 E 19
Sta Venera CT 101 N 27
Sta Venere (Monte) SR 104 P 26
S. Venere (Ponte) FG 71 D 28
Sta Venerina CT 101 N 27
S. Vero Milis OR 114 G 7
S. Vicino (Monte) MC 52 M 21
St. Vigil / S. Vigilio BZ 3 C 15
St. Vigil / S. Vigilio di Marebbe BZ 4 B 17
S. Vigilio / St Vigil BZ 3 C 15
S. Vigilio di Marebbe / St. Vigil BZ 4 B 17
St. Vincent AO 19 E 4
S. Vincenzo BO 32 H 16
S. Vincenzo ME 95 K 27
S. Vincenzo FR 64 Q 22
S. Vincenzo LI 49 M 13
S. Vincenzo (Masseria) BA 72 D 30
S. Vincenzo a Torri FI 43 K 15
S. Vincenzo al Volturno IS 64 R 24
S. Vincenzo la Costa CS 86 I 30
S. Vincenzo Valle Roveto AQ 64 Q 22
S. Vincenzo Valle Roveto Superiore AQ 64 Q 22
S. Vitale (Pineta) RA 33 I 18
S. Vitale di Baganza PR 30 I 12
S. Vito CA 119 I 10
S. Vito (I. di Pantelleria) TP 96 Q 17
S. Vito AV 71 D 27
S. Vito BA 73 D 33
S. Vito BN 70 D 26
S. Vito LT 63 S 21
S. Vito MO 31 I 14
S. Vito TE 53 N 22
S. Vito TR 58 O 19
S. Vito (vicino a Bassano del G.) TV 24 E 17
S. Vito (vicino a Valdobbiadene) TV 12 E 17
S. Vito / St. Veit BZ 4 B 18
S. Vito al Tagliamento PN 16 E 20
S. Vito al Torre UD 17 E 22
S. Vito (Capo) TA 78 F 33
S. Vito (Capo) TP 97 M 20
S. Vito Chietino CH 61 P 25
S. Vito dei Normanni BR 80 F 35
S. Vito di Cadore BL 4 C 18
S. Vito di Fagagna UD 14 D 21
S. Vito di Leguzzano VI 24 E 16
S. Vito in Monte TR 51 N 18
S. Vito lo Capo TP 97 M 20
S. Vito (Monte) CL 99 O 23
S. Vito (Monte) FG 71 D 27
S. Vito Romano RM 63 Q 20
S. Vito sullo Ionio CZ 88 K 31
S. Vittore FO 41 J 18
S. Vittore MC 46 L 21
S. Vittore del Lazio FR 64 R 23
S. Vittore di Chiuse AN 46 L 20
S. Vittore Olona MI 20 F 8
S. Vittore VR 23 F 15
Sta Vittoria AQ 59 O 21
Sta Vittoria RE 31 H 13
Sta Vittoria SS 111 E 8
Sta Vittoria (Monteleone Sabino) RI 58 P 20
Sta Vittoria d'Alba CN 27 H 5
Sta Vittoria in Matenano AP 52 M 22
Sta Vittoria (Monte) CA 115 H 9
Sta Vittoria (Nuraghe) CA 119 H 9
S. Vittorino AQ 59 O 21
S. Vittorino PE 60 P 23
S. Vivaldo FI 43 L 14
St. Walburg / Sta Valburga BZ 3 C 15
S. Zaccaria PZ 72 E 29
S. Zeno di Montagna VR 23 F 14
S. Zeno Naviglio BS 22 F 12
S. Zenone al Lambro MI 21 G 10
S. Zenone al Po PV 29 G 10
S. Zenone degli Ezzelini TV 24 E 17
Sanarica LE 83 G 37
Sand in Taufers / Campo Tures BZ 4 B 17
Sandalo (Capo) CI 120 J 6
Sandjöchl / Santicolo (Passo di) BZ 3 B 16
Sandrà VR 23 F 14
Sandrigo VI 24 F 16
Sanfatucchio PG 51 M 18
Sanfré CN 27 H 5
Sanfront CN 26 I 3
Sangiano VA 8 E 7
Sangineto CS 84 I 29
Sangineto Lido CS 84 I 29
Sangone TO 27 G 4
Sangro AQ 64 Q 23
Sangro (Lago di) CH 60 Q 25
Sanguigna PR 30 H 13
Sanguignano PV 29 H 9
Sanguinaro PR 30 H 12
Sanguinetto VR 23 G 15
Sanluri VS 118 I 8
Sannace (Monte) BA 73 E 32
Sannazzaro de' Burgondi PV 28 G 8
Sannicandro di Bari BA 73 D 32
Sannicandro Garganico FG 66 B 28
Sannicola LE 83 G 36
Sannio (Monti del) CB 65 R 26
Sannoro FG 71 D 27
Sansepolcro AR 45 L 18
Santadi CI 118 J 8
Santadi Basso CI 118 J 8
Santandra TV 25 E 18
Santarcangelo di Romagna RN 41 J 19
Santena TO 27 H 5
Santeramo in Colle BA 73 E 32
Santerno FI 40 J 16
Santhià VC 19 F 6
Santicolo (Passo di) / Sandjöchl BZ 3 B 16
Santo SS 110 E 6
Santo (Col) TN 23 E 15
Santo (Lago) MO 39 J 13
Santo (Lago) TN 11 D 15
Santo (Monte) CA 121 J 8
Santo (Monte) SS 111 F 8
Santomenna SA 71 E 27
Santopadre FR 64 R 22
Santorso VI 24 E 16
Santoru (Porto) OG 119 I 10
Santuario SV 36 I 7
Sanza SA 76 G 28
Sanzeno TN 11 C 15
Saonara PD 24 F 17
Saonda PG 51 M 19
Saoseo (Cima) SO 10 C 12
Sapienza (Rifugio) CT 100 N 26
Saponara ME 90 M 28
Sappada BL 5 C 20
Sapri SA 76 G 28
Sara (Monte) AG 102 O 22
Saracco Volante CN 35 J 5
Saracena CS 85 H 30
Saraceni (Monte dei) ME 100 M 26
Saraceno CS 85 H 31
Saraceno (Monte) AG 103 P 23
Saraceno (Punta del) TP 97 M 20
Saracinesco RM 58 P 20
Saragiolo SI 50 N 16
Saraloi (Monte) NU 113 F 10
Sarbene (Genna) OG 117 G 10
Sarcedo VI 24 E 16
Sarche TN 11 D 14
Sarcidano CA 115 H 9
Sarconi PZ 77 G 29
Sardagna TN 11 D 15
Sardara VS 118 I 8
Sardigliano AL 28 H 8
Sarego VI 24 F 16
Sarentina (Valle) BZ 3 C 16
Sarentino / Sarnthein BZ 3 C 16
Sarezzano AL 28 H 8
Sarezzo BS 22 F 12
Sarginesco MN 23 G 13
Sariano RO 32 G 16
Sarmato PC 29 G 10
Sarmede TV 13 E 19
Sarmego VI 24 F 17
Sarmento PZ 77 G 31
Sarnano MC 52 M 21
Sarnico BG 22 E 11
Sarno SA 70 E 25
Sarno (Fiume) SA 75 E 25
Sarnonico TN 11 C 15
Sarone PN 13 E 19
Saronno VA 21 F 9
Sarrabus CA 119 I 9
Sarraina (Cala) OT 109 D 8
Sarre AO 18 E 3
Sarro CT 101 N 27
Sarroch CA 121 J 9
Sarsina FO 41 K 18
Sartano CS 85 I 30
Sarteano SI 50 N 17
Sartirana Lomellina PV 28 G 7
Sarturano PC 29 H 10
Sarule NU 115 G 9
Sarzana SP 38 J 11
Sarzano RO 32 G 17
Sassa PI 49 M 14
Sassalbo MS 38 J 12
Sassano SA 76 F 28
Sassari SS 110 E 7
Sassello SV 28 I 7
Sassetta LI 49 M 13
Sassi (Musone dei) PD 24 F 17
Sassinoro BN 65 R 25
Sasso PR 30 I 12
Sasso RM 57 P 18
Sasso VI 12 E 16
Sasso di Castalda PZ 76 F 29
Sasso d'Ombrone GR 50 N 15
Sasso Marconi BO 39 I 15
Sasso Morelli BO 40 I 17
Sassocorvaro PS 45 K 19
Sassofeltrio PS 41 K 19
Sassoferrato AN 46 L 20
Sassofortino GR 49 M 15
Sassoleone BO 40 J 16
Sassonero BO 40 J 16
Sassovivo (Abbazia di) PG 51 N 20
Sassu (Monte) SS 111 E 8
Sassuolo MO 31 I 14
Sataria TP 96 Q 17
Satriano CZ 88 L 31
Satriano di Lucania PZ 76 F 28
Saturnia GR 56 O 16
Sauris UD 5 C 20
Sauris (Lago di) UD 5 C 20
Sauro MT 77 F 30
Sauze di Cesana TO 26 H 2
Sauze d'Oulx TO 26 G 2
Sava TA 79 F 34
Sava (Masseria) BA 73 E 32
Savara AO 18 F 3
Savarenche (Val) AO 18 F 3
Savarna RA 33 I 18
Savelletri BR 80 E 34
Savelli KR 87 J 32
Savelli PG 52 N 21
Savena BO 40 J 15
Savi AT 27 H 5
Saviano NA 70 E 25
Savigliano CN 27 I 4
Savignano di Rigo FO 41 K 18
Savignano Irpino AV 71 D 27
Savignano sul Panaro MO 39 I 15
Savignano sul Rubicone FO 41 J 19
Savigno BO 39 I 15
Savignone GE 28 I 8
Savio RA 41 J 18
Savio (Fiume) FO 41 J 18
Savio (Foce del) RA 41 J 18
Saviore (Val di) BS 10 D 13
Saviore dell'Adamello BS 10 D 13
Savoca ME 90 N 28
Savogna UD 15 D 22
Savogna d'Isonzo GO 17 E 22
Savognatica RE 39 I 13
Savoia di Lucania PZ 76 F 28
Savona SV 36 J 7
Savoniero MO 39 I 13
Savorgnano AR 45 L 17
Savorgnano PN 16 E 20
Savorgnano UD 15 D 21
Savoulx TO 26 G 2
Savuto CS 86 J 30
Savuto (Fiume) CS 86 J 31
Scacciano RN 41 K 19
Scafa PE 60 P 24
Scafati SA 75 E 25
Scaglieri LI 48 N 12
Scagnello CN 35 J 5
Scai RI 59 O 21
Scala ME 90 M 28
Scala SA 75 F 25
Scala Coeli CS 87 I 32
Scala (Monte della) CT 104 P 25
Scala Ruia OT 111 E 8
Scalambri (Capo) RG 106 Q 25
Scaldasole PV 28 G 8
Scale (Corno alle) BO 39 J 14
Scalea CS 84 H 29
Scalea (Capo) CS 84 H 29
Scalenghe TO 27 H 4
Scalera PZ 71 E 29
Scaleres / Schalders BZ 4 B 16
Scaletta Uzzone CN 27 I 6
Scaletta Zanclea ME 90 M 28
Scalino (Pizzo) SO 10 D 11
Scalo dei Saraceni FG 67 C 29
Scalone (Passo dello) CS 86 I 29
Scaltenigo VE 25 F 18
Scalvaia SI 49 M 15
Scalve (Val di) BS 10 E 12
Scampitella AV 71 D 27
Scanaiol (Cima) TN 12 D 17
Scanarello RO 33 G 19
Scandale KR 87 J 32
Scandarello (Lago di) RI 59 O 21
Scandiano RE 31 I 14
Scandicci FI 43 K 15
Scandolara Ravara CR 30 G 12
Scandolara Ripa d'Oglio CR 22 G 12
Scandolaro PG 52 N 20
Scandriglia RI 58 P 20
Scannata (Portella) PA 98 N 22
Scanno AQ 64 Q 23
Scanno SA 75 F 27
Scanno (Lago di) AQ 64 Q 23
Scano di Montiferro OR 114 G 7
Scansano GR 50 N 16
Scanzano AQ 59 P 21
Scanzano Ionico MT 78 G 32
Scanzano (Lago dello) PA 98 N 22
Scanzorosciate BG 21 E 11
Scapezzano AN 46 K 21
Scapoli IS 64 R 24
Scaramia (Capo) RG 106 Q 25
Scarcelli CS 86 I 30
Scardovari RO 33 H 19
Scardovari (Sacca degli) RO 33 H 19
Scario SA 76 G 28
Scarlino GR 49 N 14
Scarlino Scalo GR 49 N 14
Scarmagno TO 19 F 5
Scarnafigi CN 27 H 4
Scarperia FI 40 K 16
Scarperia (Giogo di) FI 40 J 16
Scarzana FO 40 J 17
Scattas (Is) CI 120 J 8
Scauri LT 69 D 23
Scauri (I. di Pantelleria) TP 96 Q 17
Scavignano RA 40 J 17
Scavo (Portella dello) PA 99 N 23
Scena / Schenna BZ 3 B 15
Scerne TE 53 O 24
Scerni CH 61 P 25
Scesta LU 39 J 13
Schabs / Sciaves BZ 4 B 16
Schalders / Scaleres BZ 4 B 16
Scheggia PG 46 L 20
Scheggia (Valico di) AR 45 L 17
Scheggino PG 52 N 20
Schenna / Scena BZ 3 B 15
Schia PR 38 I 12
Schiara (Monte) BL 13 D 18
Schiava NA 70 E 25
Schiavi di Abruzzo CH 65 Q 25
Schiavon VI 24 E 16
Schievenin BL 12 E 17
Schignano PO 39 K 15
Schilpario BG 10 D 12
Schino della Croce (Monte) EN 100 N 25
Schio VI 24 E 16
Schisò (Capo) ME 90 N 27
Schivenoglia MN 31 H 15
Schlanders / Silandro BZ 2 C 14
Schlaneid / Salonetto BZ 3 C 15
Schluderbach / Carbonin BZ 4 C 18
Schluderns / Sluderno BZ 2 C 13
Schnals / Senales BZ 3 B 14
Schönau / Belprato BZ 3 B 15
Schwarzenstein / Nero (Sasso) BZ 4 A 17
Sciacca AG 102 O 21
Scianne (Masseria) LE 83 G 35
Sciara PA 99 N 23
Sciarborasca GE 36 I 7
Sciaves / Schabs BZ 4 B 16
Scicli RG 106 Q 26
Scido RC 90 M 29
Scifelli FR 64 Q 22
Scigliano CS 86 J 30
Sciliar (Monte) BZ 3 C 16
Scilla RC 90 M 29
Scillato PA 99 N 23
Sciolze TO 27 G 5
Sciorino (Monte) EN 103 O 24
Sclafani Bagni PA 99 N 23
Scoffera (Passo di) GE 29 I 9
Scoglietti (Punta) SS 110 E 6
Scoglitti RG 104 Q 25
Scoltenna MO 39 J 14
Scomunica (Punta della) SS 108 D 6
Scontrone AQ 64 Q 24
Scopello TP 97 M 20
Scopello VC 19 E 6
Scopetone (Foce di) AR 45 L 17
Scoppio TR 51 N 19
Scoppito AQ 59 O 21
Scorace (Monte) TP 97 N 20
Scorciavacche (Portella) PA 97 N 21
Scorda (Monte) RC 91 M 29
Scordia CT 104 P 26
Scorgiano SI 49 L 15
Scorno (Punta dello) SS 108 D 6
Scorrano LE 83 G 36
Scortichino FE 32 H 15
Scorzè VE 25 F 18
Scorzo SA 76 F 27
Scova (Monte sa) NU 115 H 9
Scravaion (Colle) SV 35 J 6
Scrisà RC 91 M 30
Scritto PG 51 M 19
Scrivia GE 28 I 9
Scudo (Porto) CA 120 K 8
Scurcola Marsicana AQ 59 P 22
Scurtabò SP 37 I 10
Scurzolengo AT 28 H 6
Sdobba (Punta) GO 17 E 22
Sdruzzina TN 23 E 14
Sebera (Punta) CA 121 J 8
Seborga IM 35 K 5
Seccagrande AG 102 O 21
Secchia RE 31 I 14
Secchia (Fiume) RE 39 I 13
Secchiano (vicino a Cagli) PS 46 L 19
Secchiano (vicino a S. Leo) PS 41 K 18
Secchiello RE 38 I 13
Secchieta (Monte) FI 44 K 16
Secinaro AQ 59 P 23
Secine (Monte) AQ 65 Q 24
Secondigliano NA 69 E 24
Secugnago LO 21 G 10
Seddanus VS 118 I 8
Sedegliano UD 16 D 20
Sedico BL 13 D 18
Sedilis UD 15 D 21
Sedilo OR 115 G 8
Sedini SS 111 E 8
Sedita (Monte) AG 102 O 22
Sedrano PN 13 D 20
Sedriano MI 20 F 8
Sedrina BG 21 E 10
Seduto (Monte) RC 88 L 30
Seekofel / Becco (Croda di) BL 4 B 18
Sefro MC 52 M 20
Sega VR 23 F 14
Segalare FE 33 H 18
Segariu VS 118 I 8
Segesta TP 97 N 20
Seggiano GR 50 N 16
Seghe VI 24 E 16
Segni RM 63 Q 21
Segno SV 36 J 7
Segonzano TN 11 D 15
Segrate MI 21 F 9
Segromigno in Monte LU 39 K 13
Segusino TV 12 E 17
Seigne (Col de la) AO 18 E 2
Seis / Siusi BZ 3 C 16
Seiser Alm / Siusi (Alpe di) BZ 4 C 16
Selargius CA 119 J 9
Selbagnone FO 41 J 18
Selci PG 45 L 18
Selci RI 58 P 19
Sele AV 71 E 27
Sele (Foce del) SA 75 F 26
Sele (Piana del) SA 75 F 26
Selegas CA 119 I 9
Selinunte TP 97 O 20
Sella TN 12 D 16
Sella di Corno AQ 59 O 21
Sella (Gruppo di) TN 4 C 17
Sella (Passo di) TN 4 C 17
Sella (Lago della) CN 34 J 3
Sella Nevea UD 15 C 22
Sellano PG 52 N 20
Sellate SI 49 M 14
Sellia CZ 87 K 31
Sellia Marina CZ 89 K 32
Selva BR 80 E 33
Selva GR 50 N 16
Selva PC 29 I 10
Selva TN 12 D 16
Selva (Bocca della) BN 65 R 25
Selva dei Molini / Mühlwald BZ 4 B 17
Selva dei Molini (Val) BZ 4 B 17
Selva del Montello TV 25 E 18
Selva di Cadore BL 4 C 18
Selva di Progno VR 23 F 15
Selva di Trissino VI 24 F 15
Selva di Val Gardena / Wölkenstein in Gröden BZ 4 C 17
Selva Grossa PR 30 I 12
Selva Malvezzi BO 32 I 16
Selvacava FR 64 R 23
Selvanizza PR 38 I 12
Selvapiana (Cona di) RM 63 R 21
Selvazzano Dentro PD 24 F 17
Selvena GR 50 N 16
Selvino BG 22 E 11
Semestene SS 115 F 8
Semiana PV 28 G 8
Seminara RC 90 L 29
Semonte PG 45 L 19
Sempio (Monte) OT 113 E 10
Sempione (Galleria del) VB 8 D 6
Semprevisa (Monte) RM 63 R 21
Semproniano GR 50 N 16
Senago MI 21 F 9
Senáiga TN 12 D 17
Senáiga (Lago di) BL 12 D 17
Senale / Unsere liebe Frau im Walde BZ 3 C 15
Senales / Schnals BZ 3 B 14
Senales (Val di) BZ 3 B 14
Senalonga (Punta di) OT 111 E 9
Seneghe OR 114 G 7
Senerchia AV 71 E 27
Senes (Monte) NU 113 F 10
Seniga BS 22 G 12
Senigallia AN 46 K 21
Senio RA 40 J 16
Senis OR 115 H 8
Senise PZ 77 G 30
Senna Lodigiano LO 29 G 10
Sennariolo OR 114 G 7
Sennori SS 110 E 7
Senora di Boccadirio BO 39 J 15
Senorbì CA 119 I 9
Sentino PG 46 L 20
Sepino CB 65 R 25
Seppio MC 52 M 21
Sequals PN 13 D 20
Serano (Monte) PG 52 N 20
Serapo LT 68 S 22
Seravezza LU 38 K 12
Serchio LU 38 J 12
Serdiana CA 119 I 9

Seregno MI 21 F 9
Seren del Grappa BL 12 E 17
Sergnano CR 21 F 11
Seriana (Valle) BG 10 E 11
Seriate BG 21 E 11
Serina BG 9 E 11
Serino AV 70 E 26
Serino (Monte) CS 87 I 32
Serio BG 10 D 11
Serio (Monte) BA 73 E 33
Serle BS 22 F 13
Sermenza VC 7 E 6
Sermide MN 32 G 15
Sermoneta LT 63 R 20
Sermugnano VT 57 O 18
Sernaglia della Battaglia TV 13 E 18
Sernio (Monte) UD 5 C 21
Serole AT 28 I 6
Serottini (Monte) SO 10 D 13
Serpeddi (Punta) CA 119 I 9
Serpentara (Isola) CA 119 J 10
Serra SS 110 F 7
Serra (Alpe di) AR 45 K 17
Serra d'Aiello CS 86 J 30
Serra de' Conti AN 46 L 21
Serra del Corvo (Lago di) BA 72 E 30
Serra della Stella BA 72 E 31
Serra di Croce MT 77 F 31
Serra di Sotto RN 41 K 19
Serra Ficaia (Murgia di) BA 72 E 31
Serra Marina (Masseria) MT 78 F 32
Serra (Monte) I. d'Elba LI 48 N 13
Serra (Monte) PG 51 M 19
Serra Orrios (Nuraghe) NU 117 F 10
Serra Ricco GE 28 I 8
Serra S. Abbondio PS 46 L 20
Serra S. Bruno VV 88 L 30
Serra S. Quirico AN 46 L 21
Serracapriola FG 66 B 27
Serrada TN 11 E 15
Serrada (Monte) LC 9 E 10
Serradarce SA 75 F 27
Serradica AN 52 M 20
Serradifalco CL 103 O 23
Serradipiro CS 86 J 31
Serraglio MN 31 G 14
Serraia (Lago di) TN 11 D 15
Serralta di S. Vito CZ 88 K 31
Serralunga SA 76 G 29
Serralunga d'Alba CN 27 I 6
Serralunga di Crea AL 28 G 6
Serramale (Monte) CS 84 H 29
Serramanna VS 118 I 8
Serramazzoni MO 39 I 14
Serramezzana SA 75 G 27
Serramonacesca PE 60 P 24
Serrano LE 83 G 37
Serranova BR 80 E 35
Serrapetrona MC 52 M 21
Serrastretta CZ 86 J 31
Serratore (Monte) CS 86 J 30
Serravalle AT 27 H 6
Serravalle AR 44 K 17
Serravalle FE 32 H 18
Serravalle PG 52 N 21
Serravalle RSM 41 K 19
Serravalle a Po MN 31 G 15
Serravalle all'Adige TN 23 E 15
Serravalle di Carda PS 45 L 19
Serravalle di Chienti MC 52 M 20
Serravalle Langhe CN 27 I 6
Serravalle Pistoiese PT 39 K 14
Serravalle Scrivia AL 28 H 8
Serravalle Sesia VC 20 E 6
Serrazzano PI 49 M 14
Serre CN 26 H 3
Serre PA 98 N 22
Serre SA 75 F 27
Serre (Passo di) FR 64 R 23
Serre di Rapolano SI 50 M 16
Serrenti VS 118 I 8
Serri CA 119 H 9
Serriola (Bocca) PG 45 L 19
Serristori (Rifugio) BZ 2 C 13
Serrone FR 63 Q 21
Serrungarina PS 46 K 20
Sersale CZ 87 J 32
Seruci (Nuraghe) CI 118 J 7
Serva (Monte) BL 13 D 18
Servedio (Masseria) BA 73 E 32
Servigliano AP 52 M 22
Servo BL 12 D 17
Sesi TP 96 Q 17
Sesia VC 7 E 6
Sesia (Cascata di) VC 7 E 5
Sesia (Val) VC 19 E 6
Sessa Aurunca CE 69 D 23
Sessa Cilento SA 75 G 27
Sessame AT 28 H 7
Sessano del Molise IS 65 R 25
Sesso RE 31 H 13
Sesta Godano SP 37 J 11
Sestino AR 45 K 18
Sesto / Sexten BZ 4 B 19
Sesto (Val di) / Sextental BZ 4 B 19
Sesto al Reghena PN 13 E 20
Sesto Calende VA 20 E 7
Sesto Campano IS 64 R 24
Sesto ed Uniti CR 22 G 11
Sesto Fiorentino FI 39 K 15
Sesto Imolese BO 40 I 17
Sesto S. Giovanni MI 21 F 9
Sestola MO 39 J 14
Sestri Levante GE 37 J 10
Sestri Ponente GE 36 I 8
Sestriere TO 26 H 2
Sestu CA 119 J 9
Sesvenna (Piz) BZ 2 B 13
Setta BO 39 I 15
Settala MI 21 F 10
Sette Comuni (Altopiano dei) VI 24 E 16
Sette Feudi CT 104 P 25
Sette Fratelli (Monte dei) CA 119 J 10
Sette Poste FG 67 C 29
Sette Selle (Cima di) TN 12 D 16
Sette Soldi (Monte) TP 97 N 20
Sette Vene VT 58 P 19
Settebagni RM 58 P 19
Settecamini RM 62 Q 19
Settefrati FR 64 Q 23
Settepani (Monte) SV 35 J 6
Settignano FI 44 K 15
Settignano FR 64 R 23
Settima PC 29 H 10
Settimana (Val) PN 13 D 19
Settime AT 27 G 6
Settimo VR 23 F 14
Settimo Milanese MI 21 F 9
Settimo San Pietro CA 119 J 9
Settimo Torinese TO 19 G 5
Settimo Vittone TO 19 F 5
Settingiano CZ 88 K 31
Setzu VS 118 H 8
Seui OG 115 H 9
Seulo CA 115 H 9
Seuni CA 119 I 9
Seveso MI 21 F 9
Seveso (Torrente) CO 21 E 9
Sevizzano PC 29 H 10
Sexten / Sesto BZ 4 B 19
Sextental / Sesto (Val di) BZ 4 B 19
Sezzadio AL 28 H 7
Sezze LT 63 R 21
Sfercia MC 52 M 21
Sferracavallo PA 97 M 21
Sferracavallo (Capo) NU 119 H 11
Sferro CT 100 O 26
Sforzacosta MC 52 M 22
Sforzesca GR 50 N 17
Sforzesca PV 20 G 8
Sfruz TN 11 C 15
Sgolgore (Murgia) BA 73 E 32
Sgonico TS 17 E 23
Sgurgola FR 63 Q 21
Siamaggiore OR 114 H 7
Siamanna OR 115 H 8
Siano SA 70 E 26
Siapiccia OR 115 H 8
Siba TP 96 Q 17
Sibari CS 85 H 31
Sibari (Piana di) CS 85 H 31
Sibilla (Monte) AP 52 N 21
Sibillini (Monti) MC 52 N 21
Sicaminò ME 90 M 27
Sicani (Monti) AG 97 O 21
Sicignano degli Alburni SA 76 F 27
Sicili SA 76 G 28
Sicilia (Parco Zoo di) CT 100 O 26
Siculiana AG 102 O 22
Siculiana Marina AG 102 O 22
Siddi VS 118 H 8
Siderno RC 91 M 30
Siderno Superiore RC 91 M 30
Sieci FI 44 K 16
Siena SI 50 M 16
Sierio (Monte) PZ 76 F 28
Sieti SA 75 E 26
Sieve FI 40 K 16
Sigillo PG 51 M 20
Sigillo RI 59 O 21
Signa FI 43 K 15
Signora Pulita (Monte) BA 80 E 34
Signoressa TV 25 E 18
Signorino PT 39 J 14
Sila Grande CS 86 I 31
Sila Greca CS 85 I 31
Sila Piccola CZ 87 J 31
Silana (Genna) OG 117 G 10
Silandro / Schlanders BZ 2 C 14
Silanus NU 115 G 8
Sile PN 13 E 20
Sile TV 25 F 18
Silea TV 25 F 18
Sili OR 114 H 7
Siligo SS 111 F 8
Siliqua CA 118 J 8
Silis SS 111 E 7
Silius CA 119 I 9
Silla BO 39 J 14
Silla SA 76 F 28
Sillano LU 38 J 12
Sillara (Monte) MS 38 I 12
Sillara (Passo di) PR 38 I 12
Sillaro BO 40 J 16
Silvana Mansio CS 86 J 31
Silvano d'Orba AL 28 H 7
Silvano Pietra PV 28 G 8
Silvi Marina TE 60 O 24
Silvi Paese TE 60 O 24
Silvignano PG 52 N 20
Simala OR 118 H 8
Simaxis OR 115 H 8
Simbario VV 88 L 31
Simbirizzi (Lago di) CA 119 J 9
Simbruini (Monti) FR 63 Q 21
Simeri CZ 89 K 31
Simeri-Crichi CZ 89 K 31
Simeto CT 100 N 26
Simeto (Foce di) CT 105 O 27
Similaun BZ 3 B 14
Simoncello PS 41 K 18
Sinagra ME 100 M 26
Sinalunga SI 50 M 17
Sinarca CB 61 Q 26
Sindacale VE 16 E 20
Sindia NU 115 G 7
Sinello CH 61 P 25
Sini OR 115 H 8
Sinio CN 27 I 6
Sinis OR 114 H 7
Siniscola NU 113 F 11
Siniscola (Rio de) NU 113 F 11
Sinnai CA 119 J 9
Sinni PZ 77 G 29
Sinopoli RC 90 M 29
Sinzias (Cala di) CA 119 J 10
Sipicciano CE 64 S 23
Sipicciano VT 57 O 18
Sipiu CA 119 I 9
Siracusa SR 105 P 27
Sirente (Monte) AQ 59 P 22
Sirino (Monte) PZ 77 G 29
Siris OR 118 H 8
Sirmione BS 23 F 13
Sirolo AN 47 L 22
Siror TN 12 D 17
Sirri CI 118 J 7
Sises (Monte) TO 26 H 2
Sisini CA 119 I 9
Sissa PR 30 H 12
Sistiana TS 17 E 22
Sisto LT 63 R 21
Stitigliano MC 52 M 21
Sitria (Badia di) PG 46 L 20
Sitzerri OR 118 I 7
Sitzzon BL 12 E 17
Siurgus-Donigala CA 119 I 9
Siusi allo Sciliar / Seis am Schlern BZ 3 C 16
Siusi (Alpe di) / Seiser Alm BZ 4 C 16
Siziano PV 21 G 9
Slingia BZ 2 B 13
Slizza UD 15 C 22
Sluderno / Schluderns BZ 2 C 13
Smeralda (Costa) OT 109 D 10
Smeraldo (Grotta delle) SA 75 F 25
Smerillo AP 52 M 22
Smirra PS 46 L 20
Soana TO 19 F 4
Soarza PC 30 G 12
Soave MN 23 G 14
Soave VR 23 F 15
Sobretta (Monte) SO 10 C 13
Socchieve UD 13 C 20
Soci AR 44 K 17
Sodano (Monte) MT 77 G 31
Soddi OR 115 G 8
Soffi (Isola) SS 109 D 10
Sogliano al Rubicone FO 41 J 18
Sogliano Cavour LE 83 G 36
Soglio AT 27 G 6
Soglio CN 26 I 3
Sola BG 21 F 11
Solagna VI 24 E 17
Solaio SI 49 M 14
Solanas (Cagliari) CA 119 J 10
Solanas (Oristano) OR 114 H 7
Solanas (Rio) CA 119 J 10
Solano RC 90 M 29
Solanto (Punta di) TP 97 M 20
Solara MO 31 H 15
Solarino SR 105 P 27
Solaro MI 21 F 9
Solaro (Monte) NA 74 F 24
Solarolo RA 40 I 17
Solarussa OR 115 H 8
Solbiate Olona VA 20 F 8
Solda / Sulden BZ 2 C 13
Solda di Fuori / Ausser Sulden BZ 2 C 13
Sole (Monti del) BL 13 D 18
Sole (Vado di) AQ 60 O 23
Sole (Val di) TN 11 C 14
Soleminis CA 119 I 9
Solere CN 27 I 4
Solero AL 28 H 7
Solesino PD 24 G 17
Soleto LE 83 G 36
Solfagnano PG 51 M 19
Solferino MN 23 F 13
Solicchiata CT 100 N 27
Soliera MO 31 H 14
Solighetto TV 13 E 18
Solignano PR 30 I 11
Solignano Nuovo MO 31 I 14
Soligo TV 13 E 18
Solofra AV 70 E 26
Sologno RE 38 I 13
Sologo NU 117 F 10
Solopaca BN 70 D 25
Solto Collina BG 22 E 12
Solunto PA 98 M 22
Somaggia SO 9 D 10
Somaglia LO 29 G 10
Somana LC 9 E 9
Somano CN 27 I 6
Sombreno BG 21 E 10
Sambucheto MC 47 L 22
Somma Lombardo VA 20 E 8
Somma (Monte) NA 70 E 25
Somma (Valico di) PG 51 N 20
Somma Vesuviana NA 70 E 25
Sommacampagna VR 23 F 14
Sommariva del Bosco CN 27 H 5
Sommariva Perno CN 27 H 5
Sommati RI 59 O 21
Sommatino CL 103 O 23
Sommeiller (Punta) TO 18 G 2
Sommo PV 29 G 9
Sommo (Monte) BZ 4 B 17
Sommo (Passo di) TN 11 E 15
Sompdogna (Sella di) UD 15 C 22
Sompiano PS 45 L 18
Somplago UD 14 C 21
Sona VR 23 F 14
Soncino CR 22 F 11
Sondalo SO 10 D 12
Sondrio SO 10 D 11
Sonico BS 10 D 13
Sonino (Rifugio) BL 12 C 18
Sonnino LT 63 R 21
Soprabolzano / Oberbozen BZ 3 C 16
Sopramonte NU 117 G 10
Sopramonte TN 11 D 15
Soprano (Monte) CS 78 G 31
Soprano (Monte) SA 75 F 27
Sora FR 64 Q 22
Soraga di Fassa TN 12 C 16
Soragna PR 30 H 12
Sorano GR 50 N 17
Soratte (Monte) RM 58 P 19
Sorbara MO 31 H 15
Sorbo AQ 59 P 21
Sorbo S. Basile CZ 87 J 31
Sorbolo PR 30 H 13
Sordevolo BI 19 F 5
Sordiglio RE 30 I 13
Sordillo (Monte) CS 87 I 31
Soresina CR 22 G 11
Sorga VR 23 G 14
Sorgono NU 115 G 9
Sori GE 37 I 9
Sorianello VV 88 L 30
Soriano Calabro VV 88 L 30
Soriano nel Cimino VT 57 O 18
Sorico CO 9 D 10
Soriso NO 20 E 7
Sorisole BG 21 E 10
Sormano CO 9 E 9
Soro (Monte) ME 100 N 26
Sorradile OR 115 G 8
Sorrentina (Penisola) NA 74 F 25
Sorrento NA 74 F 25
Sorrivoli FO 41 J 18
Sorso SS 110 E 7
Sorti MC 52 M 20
Sortino SR 105 P 27
Sospiro CR 30 G 12
Sospirolo BL 12 D 18
Sossano VI 24 F 16
Sostegno BI 20 F 6
Sostegno PV 29 G 10
Sottile (Punta) (I. di Lampedusa) AG 102 U 19
Sottile (Punta) (I. Favignana) TP 96 N 18
Sotto di Troina EN 100 N 25
Sotto il Monte Giovanni XXIII BG 21 E 10
Sottoguda BL 12 C 17
Sottomarina VE 25 G 18
Sottomonte PN 13 D 20
Sovana GR 57 O 16
Sover TN 12 D 15
Soverato CZ 89 K 31
Sovere BG 22 E 12
Sovereto BA 73 D 31
Soveria Mannelli CZ 86 J 31
Soveria Simeri CZ 89 K 32
Soverzene BL 13 D 18
Sovicille SI 49 M 15
Sovico MI 21 F 9
Sovizzo VI 24 F 16
Sozzago NO 20 F 8
Spaccato (Colle) CH 60 P 24
Spada (Monte) NU 115 G 9
Spadafora ME 90 M 28
Spadarolo RN 41 J 19
Spadillo (Punta) TP 96 Q 18
Spadola VV 88 L 31
Spagnoletti (Masseria) BA 72 D 30
Spalavera (Monte) VB 8 D 7
Spalmatore (Punta dello) ME 92 K 21
Sparacia AG 99 O 23
Sparacollo EN 100 N 25
Sparagio (Monte) TP 97 M 20
Sparanise CE 69 D 24
Spargi (Isola) OT 109 D 10
Sparone TO 19 F 4
Sparta ME 90 M 28
Spartivento (Capo) CA 121 K 8
Spartivento (Capo) RC 91 N 30
Sparviere (Monte) CS 85 H 31
Sparviero (Scoglio dello) GR 49 N 14
Sparvo BO 39 J 15
Spazzate Sassatelli BO 32 I 17
Specchia LE 83 H 36
Specchia (Torre) LE 81 G 37
Specchiolla BR 80 E 35
Speco (Convento lo) TR 58 O 19
Spello PG 51 N 20
Spelonga AP 52 N 21
Spergolaia GR 49 N 15
Sperlinga EN 99 N 25
Sperlinga (Bosco di) EN 99 N 24
Sperlonga LT 68 S 22
Sperone TP 97 M 20
Sperone (Capo) CI 120 K 7
Spert BL 13 D 19
Spessa PV 29 G 10
Spessa UD 15 D 22
Spessa VI 24 F 16
Spezia (Golfo della) SP 38 J 11
Speziale BR 80 E 34
Speziale (Monte) TP 97 M 20
Spezzano Albanese CS 85 H 30
Spezzano Albanese Terme CS 85 H 30
Spezzano della Sila CS 86 J 31
Spezzano Piccolo CS 86 J 31
Spiaggia di Rio Torto RM 62 R 19
Spiaggia Scialmarino FG 67 B 30
Spiazzi BG 10 E 11
Spiazzi VR 23 F 14
Spiazzo TN 11 D 14
Spigno Monferrato AL 28 I 7
Spigno (Monte) FG 67 B 29
Spigno Saturnia LT 64 S 23
Spigno Saturnia Superiore LT 64 S 23
Spigone RE 38 I 13
Spilamberto MO 31 I 15
Spilimbergo PN 14 D 20
Spilinga VV 88 L 29
Spina FE 33 H 18
Spina (Località) PG 51 N 18
Spina (Genna) OR 115 H 8
Spina (Monte la) PZ 77 G 29
Spina Nuova PG 52 N 20
Spinacceto RI 58 O 20
Spinaceto RM 62 Q 19
Spinadesco CR 30 G 11
Spinale (Monte) TN 11 D 14
Spinazzola BA 72 E 30
Spindoli MC 52 M 20
Spinea VE 25 F 18
Spineda CR 30 G 13
Spinello FO 40 K 17
Spineta Nuova SA 75 F 26
Spinete CB 65 R 25
Spinetoli AP 53 N 23
Spinetta AL 28 H 8
Spinetta CN 35 I 4
Spino d'Adda CR 21 F 10
Spino (Monte) BS 23 E 13
Spino (Valico dello) AR 45 K 17
Spinone al Lago BG 22 E 11
Spinoso PZ 77 G 29
Spirano BG 21 F 11
Spluga (Passo dello) / Splügenpass SO 9 C 9
Spoleto PG 51 N 20
Spoltore PE 60 O 24
Spondigna / Spondinig BZ 2 C 13
Spondinig / Spondigna BZ 2 C 13
Spongano LE 83 G 37
Spormaggiore TN 11 D 15
Sporminore TN 11 D 15
Spotorno SV 36 J 7
Spresiano TV 25 E 18
Spriana SO 10 D 11
Spropolo RC 91 N 30
Spugna (Passo di) PS 45 K 18
Spulico (Capo) CS 85 H 31
Squaneto AL 28 I 7
Squaranto VR 23 F 15
Squarzanella MN 31 G 13
Squillace CZ 89 K 31
Squillace (Golfo di) CZ 89 K 32
Squinzano LE 81 F 36
St. Christophe AO 18 E 4
St. Gertraud / Sta Gertrude BZ 3 C 14
St. Jakob / S. Giacomo *vicino a Bolzano* BZ 3 C 15
St. Jakob / S. Giacomo *vicino a Vipiteno* BZ 4 B 16
St. Joseph am See/ S.Giuseppe al lago BZ 11 C 15
St. Katharina / Sta Catrina *vicino a Merano* BZ 3 C 15
St. Rhémy-en-Bosses AO 6 E 3
Stabiae NA 75 E 25
Stabiziane BL 4 C 18
Stacciola PS 46 K 21
Staffarda (Abbazia di) CN 26 H 4
Staffoli PI 43 K 14
Staffolo AN 46 L 21
Staffolo VE 16 F 20
Staffora PV 29 H 9
Staggia SI 43 L 15
Stagnali OT 109 D 10
Stagnataro (Cozzo) AG 98 O 22
Stagno PR 30 G 12
Stagno LI 42 L 13
Stagno Lombardo CR 30 G 12
Stagnone (Isole dello) TP 96 N 19
Staiti RC 91 M 30
Staletti CZ 89 K 31
Staletti (Punta di) CZ 89 K 31
Stallavena VR 23 F 14
Stalle (Passo) / Stallersattel BZ 4 B 18
Stallersattel / Stalle (Passo) BZ 4 B 18
Stanghella PD 32 G 17
Staranzano GO 17 E 22
Starleggia SO 9 C 9
Starlex (Piz) BZ 2 C 13
Stasulli (Masseria) BA 73 E 31
Statte TA 78 F 33
Staulanza (Forcella) BL 13 C 18
Stava TN 12 D 16
Stavel TN 11 D 13
Stazione di Roccastrada GR 49 N 15
Stazzano AL 28 H 8
Stazzano RM 58 P 20
Stazzema LU 38 K 12
Stazzo CT 101 O 27
Stazzona CO 9 D 9
Stazzona SO 10 D 12
Steccato KR 89 K 32
Stefanaconi VV 88 K 30
Steinegg / Collepietra BZ 3 C 16
Steinhaus / Cadipietra BZ 4 B 17

Steinkarspitz / Antola (Monte) **BL** 5 C 20
Stella **AP** 53 N 23
Stella **MO** 39 I 14
Stella (Monte della) **SA** 75 G 27
Stella Cilento **SA** 75 G 27
Stella **SV** 36 I 7
Stella **UD** 16 E 21
Stella (Pizzo) **SO** 9 C 10
Stella (Torrente) **PT** 39 K 14
Stellata **FE** 32 H 16
Stelle delle Sute (Monte) **TN** 12 D 16
Stellone **TO** 27 H 4
Stelvio / Stilfs **BZ** 2 C 13
Stelvio (Parco Nazionale dello) **BZ** 2 C 13
Stelvio (Passo dello) / Stilfserjoch **SO** 2 C 13
Stenico **TN** 11 D 14
Stephanago **PV** 29 H 9
Stern / La Villa **BZ** 4 C 17
Sternai (Cima) **BZ** 2 C 14
Sternatia **LE** 83 G 36
Sterza **PI** 49 M 14
Sterzing / Vipiteno **BZ** 3 B 16
Stezzano **BG** 21 F 10
Stia **AR** 40 K 17
Sticciano **GR** 49 N 15
Stienta **RO** 32 H 16
Stigliano **MT** 77 F 30
Stignano **RC** 88 L 31
Stilfs / Stelvio **BZ** 2 C 13
Stilfserjoch / Stelvio (Passo dello) **SO** 2 C 13
Stilla (Masseria) **FG** 66 C 27
Stilo **RC** 88 L 31
Stilo (Punta) **RC** 89 L 31
Stimigliano **RI** 58 P 19
Stimpato (Masseria) **CT** 104 O 26
Stintino **SS** 108 E 6
Stio **SA** 76 G 27
Stipes **RI** 58 P 20
Stirone **PR** 30 H 11
Stivo (Monte) **TN** 11 E 14
Stolvizza **UD** 15 C 22
Stoner **VI** 12 E 17
Stornara **FG** 71 D 29
Stornarella **FG** 71 D 29
Storo **TN** 23 E 13
Strà **VE** 24 F 18
Stracia **RC** 91 N 29
Straciugo (Monte) **VB** 7 D 6
Strada **MC** 46 L 21
Strada Casale (La) **RA** 40 J 17
Strada in Chianti **FI** 44 L 15
Strada S. Zeno **FO** 40 J 17
Stradella **PV** 29 G 9
Stradella *vicino a Borgo Val di T.* **PR** 29 I 11
Stradella *vicino a Parma* **PR** 30 H 12
Stradola **AV** 71 D 27
Strambino **TO** 19 F 5
Strangolagalli **FR** 64 R 22
Strano **RC** 88 L 31
Strasatti **TP** 96 N 19
Strassoldo **UD** 17 E 21
Straulas **OT** 113 E 10
Stregna **UD** 15 D 22
Stresa **VB** 8 E 7
Stretti **VE** 16 F 20
Strettoia **LU** 38 K 12
Strettura **PG** 58 O 20
Strevi **AL** 28 H 7
Striano **NA** 70 E 25
Stribugliano **GR** 50 N 16
Strigno **TN** 12 D 16
Strognano **PR** 30 I 12
Stromboli (Isola) **ME** 95 K 27
Strombolicchio (Isola) **ME** 95 K 27
Strona **BI** 19 F 6
Strona (Torrente) **VA** 20 E 8
Strona (Torrente) **VB** 8 E 7
Stroncone **TR** 58 O 20
Strongoli **KR** 87 J 33
Stroppiana **VC** 20 G 7
Stroppo **CN** 26 I 3
Strove **SI** 43 L 15
Strovina **VS** 118 I 8
Strozzacapponi **PG** 51 M 18
Struda **LE** 81 G 36
Stuetta **SO** 9 C 10
Stuffione **MO** 31 H 15
Stupinigi **TO** 27 G 4
Stupizza **UD** 15 D 22
Stura (vicino a Murisengo) **AL** 28 G 6
Stura (vicino ad Ovada) **GE** 28 I 8
Stura (Valle) **CN** 34 J 3
Stura di Ala **TO** 18 G 3
Stura di Demonte **CN** 34 I 2
Stura di Lanzo **TO** 19 G 4
Stura di Val Grande **TO** 18 F 3
Stura di Viù **TO** 18 G 3
Sturno **AV** 71 D 27
Suardi **PV** 28 G 8
Subasio (Monte) **PG** 51 M 20
Subbiano **AR** 45 L 17
Subiaco **RM** 63 Q 21
Subit **UD** 15 D 22
Succiano **AQ** 59 P 22
Succiso **RE** 38 I 12
Succiso (Alpe di) **RE** 38 J 12
Sud (Costa del) **CA** 121 K 8
Sueglio **LC** 9 D 9
Suelli **CA** 119 I 9
Sugana (Val) **TN** 12 D 16
Sugano **TR** 51 N 18
Sughera **FI** 43 L 14
Suisio **BG** 21 F 10
Sulau **OR** 115 H 9
Sulcis **CI** 118 J 7
Sulden / Solda **BZ** 2 C 13
Sulmona **AQ** 60 P 23
Sulpiano **TO** 19 G 6
Sulzano **BS** 22 E 12
Sumbraida (Monte) **SO** 2 C 13
Summaga **VE** 16 E 20
Suni **OR** 114 G 7
Suno **NO** 20 F 7
Superga **TO** 27 G 5
Supersano **LE** 83 G 36
Supino **FR** 63 R 21
Surano **LE** 83 G 37
Surbo **LE** 81 F 36
Suretta (Pizzo) **SO** 9 C 10
Surier **AO** 18 F 3
Susa **TO** 18 G 3
Susa (Valle di) **TO** 18 G 2
Susano **MN** 23 G 14
Susegana **TV** 13 E 18
Sustinente **MN** 31 G 15
Sutera **CL** 103 O 23
Sutri **VT** 57 P 18
Sutrio **UD** 5 C 20
Suvaro (Monte) **KR** 87 I 32
Suvereto **LI** 49 M 14
Suvero **SP** 38 J 11
Suvero (Capo) **CZ** 88 K 30
Suviana **BO** 39 J 15
Suviana (Lago di) **BO** 39 J 15
Suzzano (Monte) **AG** 102 O 22
Suzzara **MN** 31 H 14
Suzzi **PC** 29 I 9
Swölferkofel / Toni (Croda dei) **BL** 4 C 19
Sybaris **CS** 85 H 31
Sybaris Marine **CS** 85 H 31

T

Tabaccaro **TP** 96 N 19
Tabellano **MN** 31 G 14
Tabiano **PR** 30 H 12
Tabiano Bagni **PR** 30 H 12
Tablà / Tabland **BZ** 3 C 14
Taburno (Monte) **BN** 70 D 25
Taccone **MT** 72 E 30
Taceno **LC** 9 D 10
Tacina **KR** 87 J 32
Tadasuni **OR** 115 G 8
Tafuri (Masseria) **TA** 73 E 32
Taggia **IM** 35 K 5
Tagliacozzo **AQ** 59 P 21
Tagliaferro (Monte) **VC** 7 E 5
Tagliamento **UD** 13 C 19
Tagliamento (Foce del) **VE** 16 F 21
Tagliata **MO** 39 I 14
Tagliata **RE** 31 H 14
Tagliata (Monte La) **PR** 30 I 11
Taglio Corelli **RA** 32 I 18
Taglio della Falce **FE** 33 H 18
Taglio di Po **RO** 33 G 18
Tagliolo Monferrato **AL** 28 I 8
Tai di Cadore **BL** 13 C 19
Taibon Agordino **BL** 12 D 18
Taiet (Monte) **PN** 14 D 20
Taino **VA** 20 E 7
Taio **TN** 11 D 15
Taipana **UD** 15 D 22
Taisten / Tesido **BZ** 4 B 18
Talamello **PS** 41 K 18
Talamona **SO** 9 D 10
Talamone **GR** 55 O 15
Talana **OG** 117 G 10
Talarico **CN** 34 J 2
Talbignano **MO** 39 I 14
Taleggio **BG** 9 E 10
Talla **AR** 44 L 17
Tallacano **AP** 52 N 22
Talmassons **UD** 16 E 21
Talocci **RI** 58 P 20
Taloro **NU** 115 G 9
Talsano **TA** 79 F 33
Talucco **TO** 26 H 3
Talvacchia **AP** 53 N 22
Talvera **BZ** 3 B 16
Tamai **PN** 13 E 19
Tamara **FE** 32 H 17
Tambo (Pizzo) **SO** 9 C 9
Tambre **BL** 13 D 19
Tambulano (Pizzo) **ME** 100 N 25
Tambura (Monte) **LU** 38 J 12
Tamburello (Bivio) **AG** 102 O 21
Tamburino **FI** 40 K 16
Tamer (Monte) **BL** 13 D 18
Tammaro **CB** 65 R 25
Tanabuto (Portella) **AG** 98 O 22
Tanagro **SA** 76 F 28
Tanai / Thanai **BZ** 2 B 14
Tanamea (Passo di) **UD** 15 D 22
Tanaro **CN** 35 J 5
Tanas / Tannas **BZ** 2 C 14
Tanaunella **OT** 113 E 11
Tanca (Sa) **CA** 119 J 9
Tanca Marchese **OR** 118 H 7
Taneto **RE** 30 H 13
Tanga (Masseria) **AV** 71 D 27
Tangi **TP** 97 N 20
Tannas / Tanas **BZ** 2 C 14
Tannure (Punta) **TP** 97 M 20
Taormina **ME** 90 N 27
Taormina (Capo) **ME** 90 N 27
Tappino **CB** 65 R 26
Taramelli (Rifugio) **TN** 12 C 17
Tarano **RI** 58 O 19
Taranta Peligna **CH** 60 P 24
Tarantasca **CN** 27 I 4
Taranto **TA** 80 F 33
Taranto (Golfo di) **TA** 79 G 33
Tarcento **UD** 15 D 21
Tarderia **CT** 100 O 27
Tarino (Monte) **FR** 63 Q 21
Tarmassia **VR** 23 G 15
Tarnello **BZ** 2 C 14
Taro **PR** 29 I 10
Tarquinia **VT** 57 P 17
Tarres **BZ** 3 C 14
Tarsia **CS** 85 I 30
Tarsia (Lago di) **CS** 85 I 30
Tarsogno **PR** 37 I 10
Tartano **SO** 9 D 11
Tartano (Passo di) **SO** 9 D 11
Tartaro **VR** 23 G 14
Tarugo **PS** 46 L 20
Tarvisio **UD** 15 C 22
Tarvisio (Foresta di) **UD** 15 C 22
Tarzo **TV** 13 E 18
Tassara **PC** 29 H 10
Tassarolo **AL** 28 H 8
Tassei **BL** 13 D 18
Tassu (Serra di lu) **OT** 109 D 9
Tatti **GR** 49 M 15
Taufers im Münstertal / Tubre **BZ** 2 C 13
Taurasi **AV** 70 D 26
Taureana **RC** 88 L 29
Tauri (Passo dei) / Krimmlertauern **BZ** 4 A 18
Tauriano **PN** 14 D 20
Taurianova **RC** 88 L 30
Taurine (Terme) **RM** 57 P 17
Taurisano **LE** 83 H 36
Tauro (Monte) **SR** 105 P 27
Tavagnacco **UD** 15 D 21
Tavarnelle Val di Pesa **FI** 43 L 15
Tavarnuzze **FI** 43 K 15
Tavarone **SP** 37 J 10
Tavazzano con Villavesco **LO** 21 G 10
Tavenna **CB** 65 Q 26
Taverna **RN** 41 K 19
Taverna **CZ** 87 J 31
Taverna **FR** 64 R 23
Taverna Nuova (Masseria) **BA** 72 E 30
Taverna (Pizzo) **ME** 99 N 24
Tavernacce **PG** 51 M 19
Tavernazza **FG** 71 C 28
Taverne **MC** 52 M 20
Taverne d'Arbia **SI** 50 M 16
Tavernelle **MS** 38 J 12
Tavernelle **PG** 51 M 18
Tavernelle **PS** 46 K 20
Tavernelle **SI** 50 M 16
Tavernelle **VI** 24 F 16
Tavernelle d'Emilia **BO** 31 I 15
Tavernerio **CO** 21 E 9
Tavernette **TO** 26 H 4
Tavernola **FG** 67 C 29
Tavernola Bergamasca **BG** 22 E 12
Tavernole **CE** 64 R 24
Tavernole sul Mella **BS** 22 E 12
Taverone **MS** 38 J 12
Taviano **LE** 83 H 36
Tavo **PE** 60 O 23
Tavolara (Isola) **SS** 113 E 11
Tavole Palatine **MT** 78 F 32
Tavoleto **PS** 41 K 19
Tavolicci **FO** 41 K 18
Tavullia **PS** 41 K 20
Teana **PZ** 77 G 30
Teano **CE** 69 D 24
Tebaldi **VR** 23 F 15
Tebano **RA** 40 J 17
Tecchia Rossa **MS** 38 I 11
Teggiano **SA** 76 F 28
Téglia (Monte) **AP** 52 N 22
Teglio **SO** 10 D 12
Teglio Veneto **VE** 16 E 20
Teia (Punta della) **LI** 48 M 11
Telegrafo (il) **GR** 55 O 15
Telegrafo (Pizzo) **AG** 97 O 21
Telese **BN** 70 D 25
Telesia **BN** 70 D 25
Telessio (Lago di) **TO** 18 F 4
Telgate **BG** 22 F 11
Tellaro **SP** 38 J 11
Tellaro **SR** 105 Q 26
Tellaro (Villa Romana del) **SR** 105 Q 27
Telti **OT** 112 E 10
Telti (Monte) **OT** 113 E 10
Telve **TN** 12 D 16
Temo **SS** 110 F 7
Tempio Pausania **OT** 111 E 9
Templi (Valle dei) **AG** 103 P 22
Tempone **SA** 76 G 28
Temù **BS** 10 D 13
Tenaglie **TR** 58 O 18
Tenda (Colle di) **CN** 35 J 4
Tendola **MS** 38 J 12
Tenna **AP** 52 N 21
Tenna **TN** 11 D 15
Tenno **TN** 11 E 14
Tenno (Lago di) **TN** 11 E 14
Teodorano **FO** 41 J 18
Teodulo (Colle di) **AO** 7 E 5
Teolo **PD** 24 F 17
Teor **UD** 16 E 21
Teora **AV** 71 E 27
Teora **AQ** 59 O 21
Teppia **LT** 63 R 20
Teramo **TE** 53 N 23
Terdobbiate **NO** 20 F 8
Terdoppio **NO** 20 F 7
Terdoppio **PV** 20 G 8
Tereglio **LU** 39 J 13
Terelle **FR** 64 R 23
Terenten / Terento **BZ** 4 B 17
Terento / Terenten **BZ** 4 B 17
Terenzo **PR** 30 I 12
Tergola **PD** 24 F 17
Tergu **SS** 111 E 8
Terlago **TN** 11 D 15
Terlan / Terlano **BZ** 3 C 15
Terlano / Terlan **BZ** 3 C 15
Terlato (Villa) **RG** 104 Q 25
Terlizzi **BA** 73 D 31
Terme di Bagnolo **GR** 49 M 14
Terme di Brennero / Brennerbad **BZ** 3 B 16
Terme di Cotilia **RI** 59 O 21
Terme di Firenze **FI** 43 K 15
Terme di Fontecchio **PG** 45 L 18
Terme di Miradolo **PV** 21 G 10
Terme di Salvarola **MO** 31 I 14
Terme di S. Calogero **ME** 94 L 26
Terme di Sardara **VS** 118 I 8
Terme di Saturnia **GR** 56 O 16
Terme di Suio **LT** 64 S 23
Terme di Valdieri **CN** 34 J 3
Terme Luigiane **CS** 85 I 29
Terme Pompeo **FR** 63 Q 21
Terme Vigliatore **ME** 101 M 27
Termeno s. str. d. vino / Tramin **BZ** 11 C 15
Termina **PR** 30 I 13
Termine **AQ** 59 O 21
Termine Grosso **KR** 87 J 32
Termine (Passo di) **PG** 52 M 20
Termini **NA** 74 F 25
Termini Imerese **PA** 98 N 23
Termini Imerese (Golfo di) **PA** 99 M 23
Terminillo **RI** 58 O 20
Terminillo (Monte) **RI** 59 O 20
Terminio (Monte) **AV** 70 E 26
Termoli **CB** 61 P 26
Ternavasso **TO** 27 H 5
Terni **TR** 58 O 19
Terno d'Isola **BG** 21 E 10
Terontola **AR** 51 M 18
Terra del Sole **FO** 40 J 17
Terra (Pizzo) **VB** 7 D 6
Terracina **LT** 63 S 21
Terracino **RI** 52 N 21
Terradura **SA** 76 G 27
Terragnolo **TN** 11 E 15
Terralba **OR** 118 H 7
Terralba (Monte) **OG** 115 H 10
Terrana (Poggio) **CT** 104 P 25
Terranera **AQ** 59 P 22
Terranova **AL** 20 G 7
Terranova da Sibari **CS** 85 I 31
Terranova dei Passerini **LO** 21 G 10
Terranova di Pollino **PZ** 85 H 30
Terranova Sappo Minulio **RC** 91 M 30
Terranuova Bracciolini **AR** 44 L 16
Terrarossa **GE** 37 I 10
Terrasini **PA** 97 M 21
Terrati **CS** 86 J 30
Terrauzza **SR** 105 P 27
Terravecchia **CS** 87 I 32
Terrazzo **VR** 24 G 16
Terrenove **TP** 96 N 19
Terreti **RC** 90 M 29
Terria **RI** 58 O 20
Terriccio **PI** 43 L 13
Terricciola **PI** 43 L 14
Tersadia (Monte) **UD** 5 C 21
Tersiva (Punta) **AO** 19 F 4
Tertenia **OG** 119 H 10
Tertiveri **FG** 66 C 27
Terza Grande (Monte) **BL** 5 C 19
Terzigno **NA** 70 E 25
Terzo d'Aquileia **UD** 17 E 22
Terzo S. Severo **PG** 51 N 19
Terzone S. Pietro **RI** 59 O 21
Tesa **BL** 13 D 19
Tesero **TN** 12 D 16
Tesido / Taisten **BZ** 4 B 18
Tesimo / Tisens **BZ** 3 C 15
Tesina **VI** 24 F 16
Tesino **AP** 53 N 23
Tesoro (Becca del) **SV** 36 I 7
Tessa (Giogaia di) / Texelgruppe **BZ** 3 B 14
Tessennano **VT** 57 O 17
Tessera **VE** 25 F 18
Testa (Capo) **OT** 109 D 9
Testa del Rutor **AO** 18 F 3
Testa dell'Acqua **SR** 105 Q 26
Testa Grigia **AO** 7 E 5
Testa Grossa (Capo) **ME** 94 L 26
Testa (Pozzo Sacro sa) **OT** 109 E 10
Testico **SV** 35 J 6
Tête Blanche **AO** 7 G 8
Teti **NU** 115 G 9
Tetto (Sasso) **MC** 52 M 21
Teulada **CA** 120 K 8
Teulada (Capo) **CA** 120 K 7
Teulada (Porto di) **CA** 120 K 8
Teveno **BG** 10 E 12
Tevere **AR** 45 K 18
Teverola **CE** 69 E 24
Teverone **PG** 51 N 19
Texelgruppe / Tessa (Giogaia di) **BZ** 3 B 14
Tezio (Monte) **PG** 51 M 19
Tezze **TN** 12 E 17
Tezze **TV** 25 E 19
Tezze sul Brenta **VI** 24 E 17
Thanai / Tanai **BZ** 2 B 14
Thapsos **SR** 105 P 27
Tharros **OR** 114 H 7
Thiene **VI** 24 E 16
Thiesi **SS** 111 F 8
Tho (Pieve del) **RA** 40 J 17
Thuile (la) **AO** 18 E 2
Thuins / Tunes **BZ** 3 B 16
Thuras **TO** 26 H 2
Thures **TO** 26 H 2
Thurio **CS** 85 H 31
Tiana **NU** 115 G 9
Tiarno di Sopra **TN** 11 E 13
Tiberina (Val) **PG** 45 L 18
Tiberio (Grotta di) (Sperlonga) **LT** 68 S 22
Tibert (Monte) **CN** 34 I 3
Tiburtini (Monti) **RM** 63 Q 20
Ticchiano (Passo di) **PR** 38 I 12
Ticengo **CR** 22 F 11
Ticineto **AL** 28 G 7
Ticino **MI** 20 F 8
Tidone **PC** 29 H 10
Tiepido **MO** 39 I 14
Tiers / Tires **BZ** 3 C 16
Tiezzo **PN** 13 E 20
Tiggiano **LE** 83 H 37
Tigliano **FI** 40 K 16
Tiglieto **GE** 28 I 7
Tigliole **AT** 27 H 6
Tiglione **AT** 28 H 7
Tignaga (Pizzo) **VC** 7 E 6
Tignale **BS** 23 E 14
Tignino (Serra) **PA** 99 N 23
Tigullio (Golfo del) **GE** 37 J 9
Timau **UD** 5 C 21
Timeto **ME** 100 M 26
Timidone (Monte) **SS** 110 F 6
Timmari **MT** 77 F 31
Timmelsjoch / Rombo (Passo del) **BZ** 3 B 15
Timone **VT** 57 O 17
Timone (Punta) **OT** 113 E 11
Timpa del Grillo **PA** 99 N 24
Tinchi **MT** 78 F 31
Tindari (Capo) **ME** 100 M 27
Tinnari (Monte) **OT** 108 D 8
Tinnura **OR** 114 G 7
Tino **NU** 115 G 9
Tino (Isola del) **SP** 38 J 11
Tintinnano **SI** 50 M 16
Tione **VR** 23 G 14
Tione degli Abruzzi **AQ** 59 P 22
Tione di Trento **TN** 11 D 14
Tirano **SO** 10 D 12
Tires / Tiers **BZ** 3 C 16
Tiria (Monte) **NU** 115 F 9
Tiriolo **CZ** 88 K 31
Tirivolo **CZ** 87 J 31
Tirli **GR** 49 N 14
Tirolo / Tirol **BZ** 3 B 15
Tirrenia **PI** 42 L 12
Tirso **SS** 111 F 9
Tirso (Cantoniera del) **SS** 115 G 9
Tirso (Foce del) **OR** 114 H 7
Tisens / Tesimo **BZ** 3 C 15
Tissi **SS** 110 E 7
Titelle **BL** 12 D 17
Titiano **UD** 16 E 21
Tito **PZ** 76 F 29
Tivoli **BO** 31 I 15
Tivoli **RM** 63 Q 20
Tizzano Val Parma **PR** 30 I 12
Toano **RE** 39 I 13
Tobbiana **PT** 39 K 15
Tobbio (Monte) **AL** 28 I 8
Tobia **VT** 57 O 18
Toblach / Dobbiaco **BZ** 4 B 18
Toblacher Pfannhorn / Fana (Corno di) **BZ** 4 B 18
Toblino (Lago di) **TN** 11 D 14
Tocco Caudio **BN** 70 D 25
Tocco da Casauria **PE** 60 P 23
Toce (Cascata di) **VB** 8 C 7
Toce (Fiume) **VB** 8 D 7
Toceno **VB** 8 D 7
Todi **PG** 51 N 19
Togano (Monte) **VB** 8 D 7
Toggia (Lago di) **VB** 8 C 7
Togliano **UD** 15 D 22
Toiano **PI** 43 L 14
Toirano **SV** 35 J 6
Toirano (Giogo di) **SV** 35 J 6
Toirano (Grotte di) **SV** 35 J 6
Tolè **BO** 39 J 15
Tolentino **MC** 52 M 21
Tolfa **RM** 57 P 17
Tolfa (Monti della) **RM** 57 P 17
Tolfaccia (Monte) **RM** 57 P 17
Tolle **RO** 33 H 19
Tollegno **BI** 19 F 6
Tollo **CH** 60 O 24
Tolmezzo **UD** 14 C 21
Tolu **CA** 119 I 10
Tolve **PZ** 77 E 30
Tomaiolo **FG** 67 B 29
Tomba (Monte) **VR** 23 E 15
Tombolo **PD** 24 F 17
Tombolo (Pineta del) **GR** 49 N 14
Tombolo (Tenuta di) **PI** 42 L 12
Tommaso Natale **PA** 97 M 21
Ton **TN** 11 D 15
Tonadico **TN** 12 D 17
Tonale (Monte) **BS** 11 D 13
Tonale (Passo del) **BS** 11 D 13
Tonara **NU** 115 G 9
Tonco **AT** 27 G 6
Tonengo **TO** 19 G 6
Tonengo **AT** 27 G 5
Tonezza del Cimone **VI** 12 E 16
Toni (Croda dei) / Swölferkofel **BL** 4 C 19
Tonini (Rifugio) **TN** 12 D 16
Tonnara Bonagia **TP** 96 M 19
Tonnare **CI** 120 J 6
Tonneri (Monte) **OG** 116 H 10

Tonnicoda RI 59 P 21
Tonno GE 29 I 9
Tono ME 95 M 27
Tonolini (Rifugio) BS 10 D 13
Tontola FO 40 J 17
Topi (Isola dei) LI 48 N 13
Topino PG 52 M 20
Toppe del Tesoro AQ 64 Q 24
Toppo PN 13 D 20
Tor d'Andrea PG 51 M 19
Tor Paterno RM 62 Q 19
Tor S. Lorenzo RM 62 R 19
Tor Sapienza RM 62 Q 19
Tor Vaianica RM 62 R 19
Tora CE 64 R 24
Torano RI 59 P 21
Torano Castello CS 85 I 30
Torano Nuovo TE 53 N 23
Torbido RC 88 L 30
Torbole TN 11 E 14
Torbole-Casaglia BS 22 F 12
Torcegno TN 12 D 16
Torcello VE 16 F 19
Torchiara SA 75 G 27
Torchiarolo BR 81 F 36
Torchiati AV 70 E 26
Tordinia TE 59 O 22
Tordino TE 53 O 22
Torella dei Lombardi AV 71 E 27
Torella del Sannio CB 65 R 25
Torena (Monte) BG 10 D 12
Torgiano PG 51 M 19
Torgnon AO 19 E 4
Toricella del Pizzo CR 30 G 12
Torricella Sicura TE 53 O 22
Torino TO 27 G 5
Torino di Sangro CH 61 P 25
Torino
di Sangro Marina CH 61 P 25
Torino (Rifugio) AO 6 E 2
Toritto BA 73 E 32
Torlano UD 15 D 21
Tormine VR 23 G 14
Tormini BS 22 F 13
Tornaco NO 20 F 8
Tornareccio CH 60 P 25
Tornata CR 30 G 13
Tornimparte AQ 59 P 21
Tornitore (Poggio) ME 100 N 25
Torno CO 9 E 9
Torno SA 76 G 27
Tornolo PR 29 I 10
Tornova RO 33 G 18
Toro CB 65 R 26
Toro (Isola il) CA 120 K 7
Torpè NU 113 F 11
Torraca SA 76 G 28
Torralba SS 111 F 8
Torrate PN 13 E 20
Torrazza Coste PV 29 H 9
Torrazza Piemonte TO 19 G 5
Torrazzo BI 19 F 5
Torre MC 46 L 21
Torre UD 15 D 21
Torre a Mare BA 73 D 33
Torre Alfina VT 50 N 17
Torre Annunziata NA 74 E 25
Torre Astura RM 63 R 20
Torre Beretti
e Castellaro PV 28 G 8
Torre Bormida CN 27 I 6
Torre Caietani FR 63 Q 21
Torre Calzolari PG 51 M 20
Torre Canavese TO 19 F 5
Torre Canne BR 80 E 34
Torre Cavalo
(Capo di) BR 81 F 36
Torre Cervia (Faro di) LT 68 S 21
Torre Ciana
(Punta di) GR 55 O 15
Torre Civette GR 49 N 14
Torre Colimena TA 79 G 35
Torre de' Busi LC 21 E 10
Torre de' Passeri PE 60 P 23
Torre de' Picenardi CR 30 G 12
Torre degli Alberi PV 29 H 9
Torre dei Corsari VS 118 H 7
Torre del Colle PG 51 N 19
Torre del Greco NA 70 E 25
Torre
del Lago Puccini LU 38 K 12
Torre del Lauro ME 100 M 25
Torre del Mangano PV 21 G 9
Torre delle Stelle CA 119 J 10
Torre dell'Impiso TP 97 M 20
Torre dell'Orso LE 81 G 37
Torre di Bari OG 117 H 11
Torre di Bocca
(Masseria) BA 72 D 30
Torre di Fine VE 16 F 20
Torre di Mosto VE 16 E 20
Torre di Palme AP 53 M 23
Torre di Ruggiero CZ 88 L 31
Torre di Sta Maria SO 10 D 11
Torre d'Isola PV 21 G 9
Torre d'Ovarda TO 18 G 3
Torre Falcone SS 110 E 6
Torre Faro ME 90 M 28
Torre Lapillo LE 79 G 35
Torre le Nocelle AV 70 D 26
Torre Lupara RM 58 P 19
Torre Maggiore
(Monte) TR 58 O 19
Torre Maina MO 31 I 14
Torre Mattarelle BR 81 F 36
Torre Melissa KR 87 J 33
Torre Mileto FG 66 B 28
Torre Mozza LE 83 H 36
Torre Olevola LT 68 S 21
Torre Orsaia SA 76 G 28
Torre Pali LE 83 H 36
Torre Pallavicina BG 22 F 11
Torre Pedrera RN 41 J 19
Torre Pellice TO 26 H 3
Torre S. Giovanni LE 83 H 36
Torre S. Gennaro BR 81 F 36
Torre S. Giorgio CN 27 H 4
Torre S. Marco PS 46 L 20
Torre S. Patrizio AP 53 M 22
Torre Sta Susanna BR 79 F 35
Torre Spagnola
(Masseria) MT 73 E 32
Torre Suda LE 83 H 36
Torre Vado LE 83 H 36
Torre Varcaro
(Masseria) FG 67 C 29
Torrebelvicino VI 24 E 15
Torrebruna CH 65 Q 25
Torrechiara PR 30 I 12
Torrecuso BN 70 D 26
Torregaveta NA 69 E 24
Torreglia PD 24 F 17
Torregrotta ME 90 M 28
Torremaggiore FG 66 B 27
Torremenapace PV 29 G 8
Torremuzza ME 99 M 24
Torrenieri SI 50 M 16
Torrenova ME 100 M 26
Torrenova RM 62 Q 19
Torresina CN 35 I 6
Torretta PI 42 L 13
Torretta RO 32 G 15
Torretta TA 79 F 34
Torretta CL 103 O 23
Torretta PA 97 M 21
Torretta (Portella) PA 97 M 21
Torretta-Granitola TP 97 O 19
Torretta (Masseria) FG 71 D 29
Torretta (Monte) PZ 72 E 29
Torrette AN 47 L 22
Torrette PS 46 K 21
Torrevecchia PV 21 G 9
Torrevecchia RM 62 Q 19
Torrevecchia Teatina CH 60 O 24
Torri IM 35 K 4
Torri RA 33 I 18
Torri SI 49 M 15
Torri del Benaco VR 23 F 14
Torri di Quartesolo VI 24 F 16
Torri in Sabina RI 58 O 19
Torriana RN 41 K 19
Torrice FR 63 R 22
Torricella CS 85 I 31
Torricella TA 79 F 34
Torricella in Sabina RI 58 P 20
Torricella MN 31 G 14
Torricella PR 30 H 12
Torricella Peligna CH 60 P 24
Torriglia GE 29 I 9
Torrile PR 30 H 12
Torrita RI 59 O 21
Torrita di Siena SI 50 M 17
Torrita Tiberina RM 58 P 19
Torsa UD 16 E 21
Torsana MS 38 J 12
Torto PA 99 N 23
Torto TO 26 H 4
Tortolì OG 117 H 10
Tortolì (Stagno di) OG 117 H 11
Tortona AL 28 H 8
Tortora CS 84 H 29
Tortorella SA 76 G 28
Tortoreto TE 53 N 23
Tortoreto Lido TE 53 N 23
Tortorici ME 100 M 26
Torviscosa UD 17 E 21
Torza SP 37 J 10
Tosa (Cima) TN 11 D 14
Toscanella BO 40 I 16
Toscano (Arcipelago) LI 48 M 12
Toscolano TR 58 O 19
Toscolano-Maderno BS 23 F 13
Tosi FI 44 K 16
Tossicia TE 59 O 22
Tossignano BO 40 J 16
Tossino FO 40 J 17
Tottubella SS 110 E 7
Tout Blanc (Monte) AO 18 F 3
Tovel (Lago di) TN 11 D 14
Tovena TV 13 E 18
Tovio BL 12 E 17
Tovo di S. Agata SO 10 D 12
Tovo (Monte) TO 18 F 4
Tovo S. Giacomo SV 36 J 6
Trabacche
(Grotta delle) RG 104 Q 25
Trabaria (Bocca) PG 45 L 18
Trabia PA 98 N 22
Trabuccato (Punta) SS 108 D 7
Tracchi VR 23 E 15
Tracino TP 96 Q 18
Tracino (Punta) TP 96 Q 18
Tradate VA 20 E 8
Traessu (Monte) SS 111 F 8
Trafficanti BG 22 E 11
Traffiume VB 8 D 8
Trafoi BZ 2 C 13
Traghetto FE 32 I 17
Tragliata RM 62 Q 18
Tramariglio SS 110 F 6
Tramatza OR 115 G 7
Tramazzo FO 40 J 17
Trambileno TN 11 E 15
Tramin / Termeno BZ 11 C 15
Tramontana (Punta) SS 111 E 7
Tramonti (Lago di) PN 13 D 20
Tramonti di Sopra PN 13 D 20
Tramonti di Sotto PN 13 D 20
Tramuschio MN 31 H 15
Tramutola PZ 77 G 29
Trana TO 26 G 4
Trani BA 72 D 31
Tranquillo (Monte) AQ 64 Q 23
Traona SO 9 D 10
Trapani TP 96 M 19
Trapani-Birgi
(Aeroporto di) TP 96 N 19
Trappa BI 19 F 5
Trappeto PA 97 M 21
Trappeto Bambino RC 88 L 30
Trarego Viggiona VB 8 D 7
Trasacco AQ 59 Q 22
Trasaghis UD 14 D 21
Traschio PC 29 I 9
Trasimeno (Lago) PG 51 M 18
Trasquera VB 8 D 6
Trassani PS 46 K 20
Tratalias CI 118 J 7
Travacò Siccomario PV 29 G 9
Travagliato BS 22 F 12
Travale GR 49 M 15
Travalle FI 39 K 15
Travedona Monate VA 20 E 8
Traversa FI 40 J 15
Traversara RA 40 I 18
Traversella TO 19 F 5
Traversetolo PR 30 I 13
Travesio PN 14 D 20
Travignolo (Val) TN 12 D 17
Travo PC 29 H 10
Trazzonara (Monte) TA 79 F 34
Tre Cancelli RM 63 R 20
Tre Cancelli (Valico) MT 77 F 30
Tre Croci VT 57 O 18
Tre Croci (Passo) BL 4 C 18
Tre Fontane TP 97 O 20
Tré-la-Tête AO 6 E 2
Tre Pietre (Punta dei) TP 96 Q 17
Tre Pizzi MC 52 M 20
Tre Signori
(Corno dei) TN 11 C 13
Tre Signori (Picco dei) /
Dreiherrnspitze BZ 4 A 18
Tre Signori (Pizzo dei) BG 9 D 10
Tre Termini
(Passo del) BS 22 F 12
Trearie CT 100 N 26
Trebaseleghe PD 24 F 18
Trebbia PC 29 I 9
Trebbiantico PS 46 K 20
Trebbio FI 40 K 15
Trebbo di Reno BO 32 I 15
Trebecco PC 29 H 9
Trebecco (Lago di) PV 29 H 9
Trebisacce CS 85 H 31
Trecasali PR 30 H 12
Trecastagni CT 101 O 27
Trecate NO 20 F 8
Trecchina PZ 77 G 29
Trecenta RO 32 G 16
Trecine PG 51 M 18
Tredozio FO 40 J 17
Trefinaidi (Monte) ME 100 N 25
Treglio CH 60 P 25
Tregnago VR 23 F 15
Treia MC 52 M 21
Tremalzo (Passo di) TN 23 E 14
Trematerra (Monte) CZ 88 L 31
Tremenico LC 9 D 10
Tremestieri ME 90 M 28
Tremezzo CO 9 E 9
Tremiti (Isole) FG 66 A 28
Tremoli CS 84 H 29
Tremosine BS 23 E 14
Trenta CS 86 J 30
Trentangeli
(Masseria) PZ 72 D 29
Trentinara SA 75 F 27
Trento TN 11 D 15
Trentola-Ducenta CE 69 E 24
Trenzano BS 22 F 12
Trepalle SO 2 C 12
Trepidò Soprano KR 87 J 32
Trepidò Sottano KR 87 J 32
Treponti PD 24 F 17
Treporti VE 16 F 19
Treppio PT 39 J 15
Treppo Carnico UD 5 C 21
Treppo Grande UD 14 D 21
Trepuzzi LE 81 F 36
Trequanda SI 50 M 17
Tres TN 11 D 15
Tresa PG 51 M 18
Tresa VA 8 E 8
Tresana MS 38 J 11
Tresauro RG 104 Q 25
Trescore Balneario BG 22 E 11
Trescore Cremasco CR 21 F 10
Tresenda SO 10 D 12
Tresigallo FE 32 H 17
Tresinaro RE 39 I 13
Tresino (Monte) SA 75 F 26
Tresino (Punta) SA 75 F 27
Tresivio SO 10 D 11
Tresnuraghes OR 114 G 7
Tressanti FG 67 C 29
Tressi TO 19 F 4
Treste CH 61 P 25
Trestina PG 45 L 18
Tretto VI 24 E 16
Trevenzuolo VR 23 G 14
Trevesina (Pizzo) SO 10 D 12
Trevi PG 51 N 20
Trevi nel Lazio FR 63 Q 21
Trevico AV 71 D 27
Treviglio BG 21 F 10
Trevignano TV 25 E 18
Trevignano Romano RM 57 P 18
Treville TV 24 F 17
Trevinano VT 50 N 17
Treviolo BG 21 E 10
Treviso TV 25 E 18
Treviso (Rifugio) TN 12 D 17
Treviso Bresciano BS 22 E 13
Trevozzo PC 29 H 10
Trexenta CA 119 I 9
Trezzano sul Naviglio MI 21 F 9
Trezzo sull'Adda MI 21 F 10
Trezzo Tinella CN 27 H 6
Triana GR 50 N 16
Trianelli BA 72 D 30
Triangolo di Riva /
Dreieck-Spitze BZ 4 B 18
Tribano PD 24 G 17
Tribiano MI 21 F 10
Tribolina BG 22 E 11
Tribuláun / Pflerscher
Tribulaun BZ 3 B 16
Tricarico MT 77 F 30
Tricase LE 83 H 37
Tricerro VC 20 G 6
Tricesimo UD 15 D 21
Trichiana BL 13 D 18
Tricoli (Punta) OG 117 H 10
Tridentina (Rifugio) BZ 4 A 18
Triei OG 117 G 10
Trieste TS 17 E 23
Trieste (Golfo di) TS 17 F 22
Triggianello BA 73 E 33
Triggiano BA 73 D 32
Trigna (Pizzo della) PA 98 N 22
Trigno IS 65 Q 24
Trigolo CR 22 G 11
Trigona SR 104 P 26
Trigus (Serra) CI 118 I 7
Trimezzo RI 59 O 21
Trinità SA 76 F 28
Trinità RE 30 I 13
Trinità (vicino ad
Entracque) CN 34 J 4
Trinità (vicino
a Fossano) CN 27 I 5
Trinità (Abbazia della)
(Cava de' Tirreni) SA 75 E 26
Trinità (Abbazia della)
(Venosa) PZ 72 E 29
Trinità d'Agultu
e Vignola OT 108 E 8
Trinità (Lago della) TP 97 N 20
Trinitapoli FG 72 C 30
Trinkstein /
Fonte alla Roccia BZ 4 A 18
Trino VC 20 G 6
Triolo FG 66 C 27
Triona (Monte) PA 97 N 21
Trionto CS 85 I 31
Trionto (Capo) CS 87 I 32
Triora IM 35 K 5
Tripi ME 101 M 27
Triponzo PG 52 N 20
Trischiamps UD 5 C 20
Triscina TP 97 O 20
Trisobbio AL 28 I 7
Trissino VI 24 F 16
Trisulti (Certosa di) FR 63 Q 22
Triuggio MI 21 F 9
Trivento CB 65 Q 25
Trivero BI 19 E 6
Trivigliano FR 63 Q 21
Trivignano VE 25 F 18
Trivignano Udinese UD 17 E 22
Trivigno PZ 77 F 29
Trivio PG 58 O 20
Trodena / Truden BZ 12 D 16
Trodica MC 53 M 22
Trofarello TO 27 H 5
Trogkofel / Aip
(Creta di) UD 14 C 21
Trognano PG 59 O 21
Troia FG 71 C 27
Troia (Ponte di) FG 66 C 28
Troia (Punta) TP 96 N 18
Troina EN 100 N 25
Troina (Fiume) ME 100 N 25
Tromello PV 20 G 8
Trompia (Val) BS 22 E 12
Trona (Lago di) SO 9 D 10
Troncia CI 118 J 7
Trontano VB 8 D 7
Tronto TE 53 N 22
Tronzano Vercellese VC 19 F 6
Tropea VV 88 K 29
Troviggiano MC 46 L 21
Trovo PV 21 G 9
Truccazzano MI 21 F 10
Trucchi CN 35 I 4
Trucco IM 35 K 4
Truden / Trodena BZ 12 D 16
Trulli (Regione dei) BA 80 E 33
Trulli (Zona dei) BA 80 E 33
Trullo (Masseria) BA 72 E 30
Truzzo (Lago del) SO 9 C 9
Tualis UD 5 C 20
Tubre / Taufers im
Münstertal BZ 2 C 13
Tudaio di Razzo
(Monte) UD 5 C 19
Tudderi (Monte) SS 111 E 8
Tudia PA 99 N 23
Tuenno TN 11 D 15
Tufara CB 66 C 26
Tufillo CH 65 Q 25
Tufo AV 70 D 26
Tufo Basso AQ 59 P 21
Tuglie LE 83 G 36
Tuili VS 118 H 8
Tula SS 111 E 8
Tului (Monte) NU 117 G 10
Tumbarino (Punta) SS 108 D 6
Tumboi OR 115 H 8
Tundu (Monte) NU 113 F 10
Tundu (Monte) OT 111 E 9
Tunes / Thuins BZ 3 B 16
Tuoma SI 50 M 16
Tuoro sul Trasimeno PG 51 M 18
Tupei CI 118 J 7
Turago Bordone PV 21 G 9
Turania RI 59 P 21
Turano RI 58 O 20
Turano (Lago di) RI 58 P 20
Turano Lodigiano LO 21 G 10
Turate CO 21 F 9
Turbigo MI 20 F 8
Turchi (Balata dei) TP 96 Q 18
Turchino (Passo del) GE 28 I 8
Turchio (Monte) CT 100 N 26
Turcio VI 24 E 16
Tures (Val di) BZ 4 B 17
Turi BA 73 E 33
Turlago MS 38 J 12
Turri VS 118 H 8
Turri (Monte) CA 119 I 9
Tursi MT 77 G 31
Turuddo (Monte) NU 113 F 10
Turusele OG 117 G 10
Tusa ME 99 N 24
Tusa (Fiume di) ME 99 N 24
Tuscania VT 57 O 17
Tusciano SA 75 E 27
Tussio AQ 59 P 22
Tuttavista (Monte) NU 117 F 10
Tuturano BR 79 F 35
Tyndaris ME 100 M 27

U

Uatzu NU 115 H 9
Uboldo VA 21 F 9
Uccea UD 15 D 22
Ucina (Pizzo d') ME 100 M 26
Ucria ME 100 M 26
Uda (Monte) CA 119 I 9
Udine UD 15 D 21
Uffente LT 63 R 21
Ufita AV 71 D 27
Ugento LE 83 H 36
Uggiano la Chiesa LE 83 G 37
Uggiano Montefusco TA 79 F 34
Uggiate Trevano CO 20 E 8
Uia Bessanese TO 18 G 3
Uia di Ciamarella TO 18 G 3
Uia (Monte) TO 26 G 3
Ulà Tirso OR 115 G 8
Ulassai OG 117 H 10
Ulignano PI 43 L 14
Uliveto Terme PI 42 K 13
Ulmeta
(Cantoniera dell') BA 72 D 30
Ulmi TP 97 N 20
Ulten / Ultimo BZ 3 C 15
Ultental / Ultimo
(Val d') BZ 3 C 14
Ultimo / Ulten BZ 3 C 15
Ultimo (Val d') /
Ultental BZ 3 C 14
Umbertide PG 51 M 18
Umbra (Foresta) FG 67 B 29
Umbrail (Pass) /
Sta Maria (Giogo di) SO 2 C 13
Umbriatico KR 87 I 32
Umito AP 52 N 22
Ummari TP 97 N 20
Uncinano PG 51 N 19
Unghiasse (Monte) TO 18 F 3
Ungroni (S') OR 114 H 7
Unnichedda
(Punta) NU 113 F 11
Unsere liebe Frau im Walde /
Senale BZ 3 C 15
Unserfrau / Madonna
di Senales BZ 3 B 14
Untermoi / Antermoia BZ 4 B 17
Unterplanken /
Planca di Sotto BZ 4 B 18
Unturzu (Monte) SS 110 F 7
Uomo (Capo d') GR 55 O 15
Upega CN 35 J 5
Urachi (Nuraghe s') OR 114 G 7
Urago d'Oglio BS 22 F 11
Uras OR 118 H 8
Urbana PD 24 G 16
Urbania PS 45 K 19
Urbe SV 28 I 7
Urbino PS 46 K 19
Urbino (Monte) PG 51 M 19
Urbisaglia MC 52 M 22
Urbs Salvia MC 52 M 22
Urgnano BG 21 F 11
Uri SS 110 F 7
Uri (Flumini) CA 119 I 10
Ursini RC 88 L 31
Urtigu (Monte) OR 114 G 7
Ururi CB 66 B 27
Urzano PR 30 I 12
Urzulei OG 117 G 10
Usago PN 14 D 20
Uscerno AP 52 N 22
Uscio GE 37 I 9
Usellus OR 115 H 8
Usi GR 50 N 16
Usini SS 110 F 7
Usmate Velate MI 21 F 10
Uso FO 41 K 18
Ussana CA 119 I 9
Ussaramanna VS 118 H 8
Ussassai OG 116 H 10
Usseglio TO 18 G 3
Ussita MC 52 N 21
Ustica PA 92 K 21
Ustica (Isola di) PA 92 K 21
Uta CA 118 J 8
Utero (Monte) RI 52 N 21
Uttenheim /
Villa Ottone BZ 4 B 17

V

Vacca (Isola la) CI 120 K 7
Vaccarile AN 46 L 21
Vaccarizza PV 29 G 9
Vaccarizzo CT 105 O 27
Vaccarizzo CS 86 I 30

Vaccarizzo Albanese CS. 85 I 31
Vacchelli (Canale) CR 21 F 10
Vaccolino FE 33 H 18
Vacheres AO 19 F 5
Vacone RI 58 O 19
Vacri CH 60 P 24
Vada LI 48 L 13
Vada (Secche di) LI 48 M 13
Vadena / Pfatten BZ 12 C 15
Vado BO 39 J 15
Vado (Capo di) SV 36 J 7
Vado Ligure SV 36 J 7
Vado Mistongo BN 65 R 26
Vaggimal VR 23 F 14
Vaggio FI 44 L 16
Vagli (Lago di) LU 38 J 12
Vagli Sopra LU 38 J 12
Vagli Sotto LU 38 J 12
Vaglia FI 40 K 15
Vagliagli SI 44 L 16
Vaglie RE 38 J 12
Vaglierano AT 27 H 6
Vaglio Basilicata PZ 77 E 29
Vagnole (le) CE 69 D 23
Vahrn / Varna BZ 4 B 16
Vaiano PO 39 K 15
Vaiano Cremasco CR 21 F 10
Vailate CR 21 F 10
Vaiont (Lago del) PN 13 D 19
Vairano Patenora CE 65 R 24
Vairano Scalo CE 64 S 24
Vairo PR 38 I 12
Vajont PN 13 D 20
Val d'Asso SI 50 M 16
Val della Torre TO 19 G 4
Val di Meda FI 40 J 16
Val di Mela OT 109 D 9
Val di Mezzo / Mittertal BZ 3 B 16
Val di Nizza PV 29 H 9
Val di Sogno VR 23 E 14
Val Grande (Parco Nazionale) TO 18 F 3
Val Grande (Parco Nazionale della) VB 8 D 7
Val Noana (Lago di) TN 12 D 17
Valas / Flaas BZ 3 C 15
Valbella (Punta) BZ 2 B 14
Valbona (Cima di) TN 11 D 13
Valbondione BG 10 D 12
Valbrevenna GE 29 I 9
Valbrona CO 9 E 9
Valbruna UD 15 C 22
Valcaira CN 35 J 5
Valcanale BG 10 E 11
Valcasotto CN 35 J 5
Valcava LC 21 E 10
Valcavera (Colle di) CN 34 I 3
Valchiusella TO 19 F 5
Valcimarra MC 52 M 21
Valda TN 11 D 15
Valdagno VI 24 F 15
Valdaora / Olang BZ 4 B 18
Valdarno AR 44 L 16
Valdena PR 38 I 11
Valdengo BI 19 F 6
Valderice TP 96 M 19
Valdicastello Carducci LU 38 K 12
Valdichiesa ME 94 L 26
Valdidentro SO 2 C 12
Valdieri CN 34 J 4
Valdimonte PG 45 L 18
Valdina ME 90 M 28
Valdobbiadene TV 12 E 17
Valdorbia PG 46 L 20
Valdritta (Cima) VR 23 E 14
Valduggia VC 20 E 6
Valdurna BZ 3 B 16
Valdurna / Durnholz BZ 3 B 16
Valeggio PV 20 G 8
Valeggio sul Mincio VR 23 F 14
Valentano VT 57 O 17
Valenza AL 28 G 7
Valenzano BS 22 F 12
Valenzano BA 73 D 32
Valera Fratta LO 21 G 10
Valeriano PN 14 D 20
Valestra RE 39 I 13
Valfabbrica PG 51 M 19
Valfenera AT 27 H 5
Valfloriana TN 12 D 16
Valfredda (Sasso di) TN 12 C 17
Valfurva SO 11 C 13
Valgioie TO 26 G 4
Valgoglio BG 10 E 11
Valgrana CN 34 I 4
Valgrisenche AO 18 F 3
Valguarnera EN 104 O 25
Valiano SI 50 M 17
Vallà TV 24 E 17
Vallada Agordina BL 12 C 17
Vallalta MO 31 H 15
Vall'Alta (Cala) SS 109 D 9
Vallarga / Weitental BZ 4 B 17
Vallarsa TN 23 E 15
Vallata AV 71 D 27
Valle BO 39 J 15
Valle BS 10 D 13
Valle MS 38 I 11
Valle Agricola CE 65 R 24
Valle Aurina / Ahrntal BZ 4 B 17
Valle Castellana TE 53 N 22
Valle Dame AR 51 M 18
Valle di Cadore BL 13 C 18
Valle di Maddaloni CE 70 D 25
Valdisotto SO 10 C 13
Valle Lomellina PV 20 G 8
Valle Mosso BI 19 F 6
Valle S. Bartolomeo AL 28 H 7
Valle S. Felice TN 11 E 14
Valle S. Giovanni TE 59 O 22
Vallebona IM 35 K 5
Vallecorsa FR 64 R 22
Vallecrosia IM 35 K 4
Vallecupa AQ 59 P 22
Valledolmo PA 99 N 23
Valledoria SS 108 E 8
Vallefiorita CZ 88 K 31
Vallegrande FR 64 R 23
Vallelonga VV 88 L 30
Vallelunga CE 65 R 24
Vallelunga RM 58 P 19
Vallelunga Piatameno CL 99 N 23
Vallemaio FR 64 R 23
Vallemare RI 59 O 21
Vallenoncello PN 13 E 19
Vallenzona GE 29 I 9
Vallepietra RM 63 Q 21
Valleranello RM 62 Q 19
Vallerano PR 30 I 12
Vallerano VT 58 O 18
Valleremita AN 52 M 20
Vallermosa CA 118 I 8
Vallerona GR 50 N 16
Vallerotonda FR 64 R 23
Valles / Vals BZ 4 B 16
Valles (Passo di) TN 12 C 17
Valles (Val di) BZ 4 B 16
Vallesaccarda AV 71 D 27
Valleverde (Santuario di) FG 71 D 28
Vallevona (Cima di) AQ 59 P 21
Vallevona (Masseria) FG 66 C 27
Valli del Pasubio VI 23 E 15
Valli Grandi Veronesi VR 32 G 15
Valli Mocenighe PD 32 G 16
Vallicciola OT 111 E 9
Vallico LU 38 J 13
Vallinfante MC 52 N 21
Vallinfreda RM 59 P 20
Vallingegno (Abbazia di) PG 51 M 19
Vallio Terme BS 22 F 13
Vallisnera RE 38 I 12
Vallo TO 19 G 5
Vallo della Lucania SA 76 G 27
Vallo di Nera PG 52 N 20
Vallocchia PG 52 N 20
Vallombrosa FI 44 K 16
Valloni IS 64 R 24
Valloria LO 29 G 10
Valloriate CN 34 I 4
Vallugana VI 24 F 16
Vallurbana PG 45 L 18
Valmacca AL 28 G 7
Valmadonna AL 28 H 7
Valmadrera LC 21 E 10
Valmala CN 26 I 4
Valmeronte (Monte) PG 45 L 18
Valmontone RM 63 Q 20
Valmorel BL 13 D 18
Valmozzola PR 30 I 11
Valnogaredo PD 24 G 16
Valnontey AO 18 F 4
Valosio AL 28 I 7
Valpantena VR 23 F 14
Valparola (Passo di) BL 4 C 17
Valpelina VE 16 F 21
Valpelline AO 7 E 4
Valpelline (Località) AO 6 E 3
Valperga TO 19 F 4
Valpiana GR 49 M 14
Valpolicella VR 23 F 14
Valprato Soana TO 19 F 4
Valpromaro LU 38 K 13
Valrovina VI 24 E 17
Vals / Valles BZ 4 B 16
Valsanzibio PD 24 G 17
Valsassina LC 9 E 10
Valsavarenche AO 18 F 3
Valsavignone AR 45 K 18
Valsecca BG 21 E 10
Valsinni MT 77 G 31
Valsolda CO 9 D 9
Valstagna VI 12 E 16
Valstrona VB 8 E 6
Valsura BZ 3 C 15
Valtellina SO 10 D 12
Valtina / Walten BZ 3 B 15
Valtopina PG 51 M 20
Valtorta BG 9 E 10
Valtournenche AO 7 E 4
Valtournenche (Località) AO 7 E 4
Valva SA 71 E 27
Valvasone PN 16 E 20
Valverde CT 101 O 27
Valverde FO 41 J 19
Valverde PV 29 H 9
Valverde (Santuario di) SS 110 F 7
Valvestino BS 23 E 13
Valvestino (Lago di) BS 23 E 13
Valvisciolo (Abbazia di) LT 63 R 20
Valvori FR 64 R 23
Valzurio BG 10 E 11
Vancimuglio VI 24 F 16
Vancori (i) ME 95 K 27
Vandoies / Vintl BZ 4 B 17
Vandra IS 65 R 24
Vaneze TN 11 D 15
Vanga / Wangen BZ 3 C 16
Vannino (Lago) VB 8 C 7
Vanoi TN 12 D 17
Vanzago MI 21 F 8
Vanzanghello MI 20 F 8
Vanze LE 81 G 36
Vaprio d'Adda MI 21 F 10
Vaprio d'Agogna NO 20 F 7
Vara SP 37 I 10
Vara Inferiore SV 28 I 7
Varaita CN 26 I 3
Varaita (Valle) CN 26 I 3
Varallo VC 20 E 6
Varallo Pombia NO 20 E 7
Varano Borghi VA 20 E 8
Varano de Melegari PR 30 H 12
Varano (Lago di) FG 67 B 29
Varano Marchesi PR 30 H 12
Varapodio RC 91 M 29
Varazze SV 36 I 7
Varco Sabino RI 59 P 21
Varedo MI 21 F 9
Varena TN 12 D 16
Varenna LC 9 D 9
Varese VA 20 E 8
Varese (Lago di) VA 20 E 8
Varese Ligure SP 37 I 10
Vargo AL 28 H 8
Vari MC 52 N 21
Varignana BO 40 I 16
Varigotti SV 36 J 7
Varmo UD 16 E 20
Varna / Vahrn BZ 4 B 16
Varone TN 11 E 14
Varrone LC 9 D 10
Varsi PR 30 I 11
Varzi PV 29 H 9
Varzo VB 8 D 6
Vas BL 12 E 17
Vasanello VT 58 O 19
Vasco CN 35 I 5
Vascon TV 25 E 18
Vasia IM 35 K 5
Vason TN 11 D 15
Vasto CH 61 P 26
Vasto MN 23 G 13
Vastogirardi IS 65 Q 24
Vaticano (Capo) VV 88 L 29
Vaticano (Città del) RM 62 Q 19
Vatolla SA 75 G 27
Vauda Canavese TO 19 G 4
Vazia RI 58 O 20
Vazzano VV 88 L 30
Vazzola TV 25 E 19
Vazzoler (Rifugio) BL 12 C 18
Vecchiano PI 42 K 13
Vedano Olona VA 20 E 8
Veddasca (Val) VA 8 D 8
Vedegheto BO 39 I 15
Vedelago TV 24 E 18
Vedeseta BG 9 E 10
Vedrana BO 32 I 16
Vedriano RE 30 I 13
Veggiano PD 24 F 17
Veggio BO 39 J 15
Veglie LE 81 G 35
Veiano VT 57 P 18
Veio RM 58 P 19
Veirera SV 28 I 7
Vela (Villa) SR 105 Q 27
Vélan (Monte) AO 6 E 3
Veleso CO 9 E 9
Velezzo Lomellina PV 20 G 8
Velia SA 75 G 27
Velino RI 58 O 20
Velino (Gole del) RI 59 O 21
Velino (Monte) AQ 59 P 22
Vellano PT 39 K 14
Vellego SV 35 J 6
Velleia PC 29 H 11
Velletri RM 63 Q 20
Velloi / Vellau BZ 3 B 15
Velo d'Astico VI 24 E 16
Velo Veronese VR 23 F 15
Velturno / Feldthurns BZ 4 B 16
Velva SP 37 J 10
Vena CT 101 N 27
Vena CZ 88 K 31
Venafro IS 64 R 24
Venagrande AP 53 N 22
Venaria Reale TO 19 G 4
Venarotta AP 52 N 22
Venas di Cadore BL 13 C 18
Venasca CN 26 I 4
Venaus TO 18 G 3
Venda (Monte) PD 24 G 17
Vendicari (Isola) SR 107 Q 27
Vendone SV 35 J 6
Vendrogno LC 9 D 9
Venegazzu' TV 25 E 18
Venegono VA 20 E 8
Venere AQ 59 Q 22
Venere (Monte) VT 57 O 18
Veneria VC 20 G 6
Venetico ME 90 M 28
Venezia VE 25 F 19
Venezia (Rifugio) BL 13 C 18
Venezia (Cima) BZ 2 C 14
Venezia-Marco Polo (Aeroporto) VE 25 F 19
Venezzano BO 32 H 16
Venina (Lago di) SO 10 D 11
Venina (Passo) SO 10 D 11
Venosa PZ 72 E 29
Venosta (Val) / Vinschgau BZ 3 C 14
Venticano AV 70 D 26
Ventimiglia IM 35 K 4
Ventimiglia di Sicilia PA 98 N 22
Vento (Grotta del) LU 38 J 13
Vento (Portella del) CL 99 O 24
Vento (Serra del) PA 99 N 24
Vento (Torre del) BA 72 D 31
Venturina LI 49 M 13
Veny (Val) AO 18 E 2
Venzone UD 14 D 21
Verano / Vöran BZ 3 C 15
Verazzano AR 45 L 18
Verbania VB 8 E 7
Verbicaro CS 84 H 29
Vercana CO 9 D 10
Vercelli VC 20 G 7
Verchiano PG 52 N 20
Verde (Capo) IM 35 K 5
Verde (Costa) VS 118 I 7
Verde (Isola) VE 33 G 18
Verde (la) RC 91 M 30
Verde (Lago) BZ 2 C 14
Verdéggia IM 35 J 5
Verdello BG 21 F 10
Verdi PA 99 N 24
Verdins BZ 3 B 15
Verduno CN 27 I 5
Verdura AG 97 O 21
Verena (Monte) VI 12 E 16
Verezzi SV 36 J 6
Verezzo IM 35 K 5
Vergato BO 39 J 15
Vergemoli LU 38 J 13
Verghereto PO 43 K 15
Verghereto FO 45 K 18
Vergiano RN 41 J 19
Vergiate VA 20 E 8
Vergine Maria PA 98 M 22
Vergineto PS 46 K 20
Vergnasco BI 19 F 6
Verica MO 39 J 14
Vermenagna CN 35 J 4
Vermica KR 87 K 33
Vermiglio TN 11 D 14
Vermiglio (Val) TN 11 C 13
Vernà (Pizzo di) ME 101 M 27
Vernago / Vernagt BZ 3 B 14
Vernago (Lago di) BZ 3 B 14
Vernagt / Vernago BZ 3 B 14
Vernante CN 35 J 4
Vernasca PC 30 H 11
Vernazza SP 37 J 11
Vernazzano PG 51 M 18
Vernio PO 39 J 15
Vernole LE 81 G 36
Verolanuova BS 22 G 12
Verolavecchia BS 22 G 12
Verolengo TO 19 G 5
Veroli FR 64 Q 22
Verona VR 23 F 14
Verona (Pizzo) SO 10 C 11
Veronella VR 24 G 15
Verrand AO 18 E 2
Verrayes AO 19 E 4
Verrecchie AQ 59 P 21
Verrès AO 19 F 5
Verrino IS 65 Q 24
Verrone BI 19 F 6
Verrua Po PV 29 G 9
Verrua Savoia TO 19 G 6
Verrutoli (Monte) MT 72 E 30
Versa GO 17 E 22
Versa AT 27 G 6
Versa (Fiume) VE 16 E 20
Versa PV 29 G 9
Versano CE 64 S 24
Versciaco / Vierschach BZ 4 B 18
Versilia (Riviera della) LU 38 K 12
Vertana (Cima) BZ 2 C 13
Verteglia (Piano di) AV 70 E 26
Vertemate CO 21 E 9
Vertova BG 22 E 11
Verucchio RN 41 K 19
Vervio SO 10 D 12
Vervò TN 11 D 15
Verza PC 29 G 10
Verzegnis UD 14 C 20
Verzegnis (Monte) UD 14 C 20
Verzi SV 35 J 6
Verzino KR 87 J 32
Verzuolo CN 27 I 4
Vescia Scanzano PG 51 N 20
Vescona SI 50 M 16
Vescovado SI 50 M 16
Vescovana PD 32 G 17
Vescovato CR 22 G 12
Vesime AT 27 I 6
Vesio BS 23 E 14
Vesole (Monte) SA 75 F 27
Vespolate NO 20 F 7
Vespolo (Monte) SO 10 D 11
Vessalico IM 35 J 5
Vesta BS 23 E 13
Vestea PE 60 O 23
Vestenanova VR 23 F 15
Vestigne TO 19 F 5
Vestone BS 22 E 13
Vesuvio NA 70 E 25
Vetan AO 18 E 3
Veternigo VE 24 F 18
Vetralla VT 57 P 18
Vetrano (Serra) SR 104 P 26
Vetria SV 35 J 6
Vetriolo Terme TN 12 D 15
Vette (le) TN 12 D 17
Vettica Maggiore SA 75 F 25
Vettigne VC 20 F 6
Vetto RE 38 I 13
Vettore (Monte) AP 52 N 21
Vetulonia GR 49 N 14
Veveri NO 20 F 7
Vezza AR 44 L 17
Vezza d'Oglio BS 10 D 13
Vezza (Torrente) VT 57 O 18
Vezzanello MS 38 J 12
Vezzano PR 30 I 12
Vezzano TN 11 D 14
Vezzano Ligure SP 38 J 11
Vezzano sul Crostolo RE 31 I 13
Vezzena (Passo di) TN 12 E 16
Vezzo VB 8 E 7
Vezzola RE 31 H 14
Vezzolano (Abbazia di) AT 27 G 5
Viadana MN 31 H 13
Viadana Bresciana BS 22 F 13
Viagrande CT 101 O 27
Viamaggio AR 45 K 18
Viamaggio (Passo di) AR 45 K 18
Vianino PR 30 H 11
Viano RE 31 I 13
Viarago TN 11 D 15
Viareggio LU 38 K 12
Viarigi AT 28 G 7
Viarolo PR 30 H 12
Viarovere MO 31 H 15
Viazzano PR 30 H 12
Vibo Valentia VV 88 K 30
Vibo Valentia Marina VV 88 K 30
Viboldone MI 21 F 9
Vibonati SA 76 G 28
Vibrata TE 53 N 23
Vicalvi FR 64 Q 23
Vicarello LI 42 L 13
Vicarello RM 57 P 18
Vicari PA 98 N 22
Vicari (Fiume) PA 98 N 22
Vicchio FI 40 K 16
Viceno TR 51 N 18
Viceno VB 8 D 6
Vicenza VI 24 F 16
Viciomaggio AR 44 L 17
Vico LU 39 J 14
Vico del Gargano FG 67 B 29
Vico d'Elsa FI 43 L 15
Vico Equense NA 74 F 25
Vico (Lago di) VT 57 P 18
Vico nel Lazio FR 63 Q 22
Vicobarone PC 29 H 10
Vicofertile PR 30 H 12
Vicoforte CN 35 I 5
Vicoforte (Santuario di) CN 35 I 5
Vicoli PE 60 O 23
Vicomero PR 30 H 12
Vicomoscano CR 30 H 13
Vicopisano PI 43 K 13
Vicovaro RM 58 P 20
Vidalenzo PR 30 G 12
Viddalba SS 108 E 8
Vidiciatico BO 39 J 14
Vidigulfo PV 21 G 9
Vidor TV 12 E 18
Vidracco TO 19 F 5
Viepri PG 51 N 19
Vierschach / Versciaco BZ 4 B 18
Viesci RI 59 O 21
Vieste FG 67 B 30
Vietri di Potenza PZ 76 F 28
Vietri sul Mare SA 75 F 26
Vietti TO 19 G 4
Vieyes AO 18 F 3
Viganella VB 8 D 6
Vigarano Mainarda FE 32 H 16
Vigarano Pieve FE 32 H 16
Vigasio VR 23 G 14
Vigatto PR 30 H 12
Vigevano PV 20 G 8
Vigezzo (Piana di) VB 8 D 7
Vigezzo (Val) VB 8 D 7
Viggianello PZ 85 H 30
Viggiano PZ 77 F 29
Viggiù VA 8 E 8
Vighizzolo BS 22 F 13
Vighizzolo CO 21 E 9
Vighizzolo d'Este PD 24 G 16
Vigliano AQ 59 O 21
Vigliano Biellese BI 19 F 6
Viglio (Monte) AQ 63 Q 22
Viglione (Masseria) BA 73 E 32
Vigna di Valle RM 57 P 18
Vignai IM 35 K 5
Vignale Monferrato AL 28 G 7
Vignanello VT 58 O 18
Vignate MI 21 F 10
Vigne TR 58 O 19
Vignola OT 109 D 9
Vignola MS 38 I 11
Vignola MO 39 I 15
Vignola Mare OT 109 D 9
Vignola (Monte) TN 23 E 14
Vignole BL 13 D 18
Vignole Borbera AL 28 H 8
Vignolo CN 34 I 4
Vigo VR 32 G 15
Vigo di Cadore BL 5 C 19
Vigo di Fassa TN 12 C 17
Vigo Rendena TN 11 D 14
Vigodarzere PD 24 F 17
Vigoleno PC 30 H 11
Vigolo BG 22 E 12
Vigolo Baselga TN 11 D 15
Vigolo Marchese PC 30 H 11
Vigolo Vattaro TN 11 D 15
Vigolzone PC 29 H 11
Vigone TO 27 H 4
Vigonovo PN 13 E 19
Vigonovo VE 24 F 18
Vigonza PD 24 F 17
Vigorovea PD 24 G 18
Viguzzolo AL 28 H 8
Vila di Sopra / Ober Wielenbach BZ 4 B 17
Villa PG 51 M 18
Villa BS 10 E 12
Villa SV 28 I 6
Villa a Sesta SI 44 L 16
Villa UD 14 C 20
Villa Adriana (Tivoli) RM 63 Q 20
Villa Baldassarri LE 81 F 35
Villa Barbaro Maser TV 24 E 17
Villa Bartolomea VR 32 G 16
Villa Basilica LU 39 K 13
Villa Bozza TE 60 O 23
Villa Caldari CH 60 P 25
Villa Canale IS 65 Q 25
Villa-Carcina BS 22 F 12
Villa Carlotta (Tremezzo) CO 9 E 9
Villa Castelli BR 79 F 34
Villa Celiera PE 60 O 23

Villa Col de' Canali PG 46 L 20
Villa Collemandina LU 38 J 13
Villa Cordellina-Lombardi (Tavernelle) VI 24 F 16
Villa d'Adda BG 21 E 10
Villa d'Agri PZ 77 F 29
Villa d'Aiano BO 39 J 14
Villa d'Almè BG 21 E 10
Villa d'Artimino PO 43 K 15
Villa del Bosco BI 20 F 6
Villa del Bosco PD 24 G 18
Villa del Conte PD 24 F 17
Villa del Foro AL 28 H 7
Villa della Petraia FI 39 K 15
Villa di Artimino PO 43 K 15
Villa di Briano CE 69 D 24
Villa di Castello FI 39 K 15
Villa di Chiavenna SO 9 D 10
Villa di Poggio a Caiano PO 39 K 15
Villa di Sério BG 21 E 11
Villa di Tirano SO 10 D 12
Villa Dogana FI 39 J 15
Villa d'Ogna BG 10 E 11
Villa d'Orri CA 118 J 9
Villa Estense PD 24 G 17
Villa Faraldi IM 35 K 6
Villa Fastiggi PS 46 K 20
Villa Fontana BO 32 I 16
Villa Forci LU 38 K 13
Villa Foscari (Malcontenta) VE 25 F 18
Villa Gamberaia (Settignano) FI 44 K 15
Villa Garibaldi MN 31 G 14
Villa Grande CH 60 P 25
Villa Hanbury IM 35 K 4
Villa Jovis Capri NA 74 F 24
Villa La Rotonda VI 24 F 16
Villa Lagarina TN 11 E 15
Villa Lante (Bagnaia) VT 57 O 18
Villa Latina FR 64 R 23
Villa le Sabine LI 49 M 13
Villa Literno CE 69 D 24
Villa Littorio SA 76 F 28
Villa Manin (Passariano) UD 16 E 21
Villa Mansi (Segromigno) LU 39 K 13
Villa Margherita LI 49 M 13
Villa Minozzo RE 38 I 13
Villa Napoleone (S. Martino) LI 48 N 12
Villa Oliveti PE 60 O 24
Villa Olmo CO 21 E 9
Villa Ottone / Uttenheim BZ 4 B 17
Villa Pasquali MN 30 G 13
Villa Passo TE 53 N 22
Villa Pisani Strà VE 24 F 18
Villa Pliniana Torno CO 9 E 9
Villa Poma MN 31 H 15
Villa Potenza MC 52 M 22
Villa Reale di Marlia LU 39 K 13
Villa Rendena TN 11 D 14
Villa Rosa TE 53 N 23
Villa S. Giovanni PE 60 O 24
Villa S. Giovanni RC 90 M 28
Villa Saletta PI 43 L 14
Villa S. Angelo AQ 59 P 22
Villa S. Antonio AP 53 N 23
Villa Sta Croce CE 69 D 24
Villa S. Faustino PG 51 N 19
Villa S. Giovanni in Tuscia VT 57 P 18
Villa S. Leonardo CH 60 P 25
Villa Sta Lucia FR 64 R 23
Villa Sta Lucia degli Abruzzi AQ 60 O 23
Villa Sta Maria CH 60 Q 25
Villa S. Pietro CA 121 J 8
Villa S. Sebastiano AQ 59 P 21
Villa S. Secondo AT 27 G 6
Villa Sto Stefano FR 63 R 21
Villa Santina UD 14 C 20
Villa Saviola MN 31 G 14
Villa Serraglio RA 32 I 17
Villa Torrigiani (Segromigno) LU 39 K 13
Villa Vallucci TE 59 O 22
Villa Verde OR 115 H 8
Villa Verdi (S. Agata) PC 30 G 12
Villa Verucchio RN 41 J 19
Villa Vomano TE 60 O 23
Villabassa / Niederdorf BZ 4 B 18
Villabate PA 98 M 22
Villabella AL 28 G 7
Villaberza RE 38 I 13
Villabruna BL 12 D 17
Villachiara BS 22 F 11
Villacidro VS 118 I 8
Villadeati AL 27 G 6
Villadoro EN 99 N 24
Villadose RO 32 G 17
Villadossola VB 8 D 6
Villafalletto CN 27 I 4
Villafelice FR 64 R 22
Villafontana VR 23 G 15
Villafora RO 32 G 16
Villafranca d'Asti AT 27 H 6
Villafranca di Forlì FO 40 J 18
Villafranca di Verona VR 23 F 14
Villafranca in Lunigiana MS 38 J 11
Villafranca Padovana PD 24 F 17
Villafranca Piemonte TO 27 H 4
Villafranca Sicula AG 97 O 21
Villafranca Tirrena ME 90 M 28
Villafrati PA 98 N 22
Villaggio Amendola FG 67 C 29
Villaggio Frasso CS 85 I 31
Villaggio Mancuso CZ 87 J 31
Villaggio Mosé AG 103 P 22
Villaggio Racise CZ 87 J 31
Villaggio Resta LE 83 G 35
Villaggio Sta Margherita EN 100 N 25
Villagrande PS 41 K 19
Villagrande (Tornimparte) AQ 59 P 21
Villagrande Strisaili OG 117 H 10
Villagrappa FO 40 J 17
Villagrazia PA 97 M 21
Villagrazia di Carini PA 97 M 21
Villagreca CA 118 I 9
Villalago AQ 64 Q 23
Villalba CL 99 O 23
Villalfonsina CH 61 P 25
Villalunga SV 35 J 6
Villalvernia AL 28 H 8
Villamagna CH 60 P 24
Villamagna FI 44 K 16
Villamagna PI 43 L 14
Villamaina AV 71 E 27
Villamar VS 118 I 8
Villamarina FO 41 J 19
Villamarzana RO 32 G 17
Villamassargia CI 118 J 7
Villammare SA 76 G 28
Villandro / Villanders BZ 3 C 16
Villandro (Monte) BZ 3 C 16
Villaneto PZ 77 G 30
Villanoce GE 29 I 10
Villanova BO 32 I 16
Villanova FI 43 K 14
Villanova FO 40 J 17
Villanova MO 31 H 14
Villanova CR 30 G 13
Villanova PE 60 O 24
Villanova RA 41 I 18
Villanova TO 26 H 3
Villanova VE 16 E 20
Villanova (Masseria) BR 81 F 36
Villanova d'Albenga SV 35 J 6
Villanova d'Ardenghi PV 21 G 9
Villanova d'Asti AT 27 H 5
Villanova del Battista AV 71 D 27
Villanova del Ghebbo RO 32 G 16
Villanova del Sillaro LO 21 G 10
Villanova di Camposampiero PD 24 F 17
Villanova Franca VS 118 I 9
Villanova Maiardina MN 23 G 14
Villanova Marchesana RO 32 H 17
Villanova Mondovì CN 35 I 5
Villanova Monferrato AL 20 G 7
Villanova Monteleone SS 110 F 7
Villanova Solaro CN 27 H 4
Villanova Strisaili OG 117 H 10
Villanova sull'Arda PC 30 G 11
Villanova Truschedu OR 115 H 8
Villanova Tulo CA 115 H 9
Villanovaforru VS 118 I 8
Villanterio PV 21 G 10
Villanuova BS 22 F 11
Villanuova sul Clisi BS 22 F 13
Villaorba UD 16 D 21
Villapaiera BL 12 D 17
Villaperuccio CI 118 J 8
Villapiana BL 12 D 17
Villapiana CS 85 H 31
Villapiana Lido CS 85 H 31
Villapiana Scalo CS 85 H 31
Villapriolo EN 99 O 24
Villaputzu CA 119 I 10
Villar Focchiardo TO 26 G 3
Villar Pellice TO 26 H 3
Villar Perosa TO 26 H 3
Villarbasse TO 27 G 4
Villarboit VC 20 F 7
Villareggia TO 19 G 5
Villareia PE 60 O 24
Villaretto TO 26 G 3
Villarios CI 120 J 7
Villaro CN 26 H 3
Villaromagnano AL 28 H 8
Villarosa EN 99 O 24
Villarosa (Lago) EN 99 O 24
Villarotta RE 31 H 14
Villasalto CA 119 I 10
Villasanta MI 21 F 9
Villaseta AG 102 P 22
Villasimius CA 119 J 10
Villasmundo SR 105 P 27
Villasor CA 118 I 8
Villaspeciosa CA 118 J 8
Villastellone TO 27 H 5
Villastrada MN 31 H 13
Villastrada PG 50 M 18
Villata CN 26 I 4
Villata VC 20 F 7
Villatalla IM 35 K 5
Villatella IM 35 K 4
Villaurbana OR 115 H 8
Villaurea PA 99 N 23
Villavallelonga AQ 64 Q 22
Villaverla VI 24 F 16
Ville di Fano AQ 59 O 21
Ville sur Sarre AO 18 E 3
Villefranche AO 19 E 4
Villeneuve AO 18 E 3
Villerose RI 59 P 21
Villesse GO 17 E 22
Villetta Barrea AQ 64 Q 23
Villimpenta MN 31 G 15
Villnöß / Funes BZ 4 C 17
Villongo BG 22 E 11
Villorba TV 25 E 18
Villore FI 40 K 16
Villoresi (Canale) MI 20 F 8
Villotta PN 13 E 20
Vilminore di Scalve BG 10 E 12
Vilpian / Vilpiano BZ 3 C 15
Vilpiano / Vilpian BZ 3 C 15
Vimercate MI 21 F 10
Vimodrone MI 21 F 9
Vinadio CN 34 J 3
Vinaio UD 5 C 20
Vinca MS 38 J 12
Vinchiaturo CB 65 R 25
Vinchio AT 28 H 6
Vinci FI 43 K 14
Vinciarello CZ 89 L 31
Vinco RC 90 M 29
Vindoli RI 59 O 21
Vinovo TO 27 H 4
Vinschgau / Venosta (Val) BZ 2 C 13
Vintl / Vandoies BZ 4 B 17
Vinzaglio NO 20 G 7
Viola CN 35 J 5
Viola (Val) SO 2 C 12
Vione BS 10 D 13
Viòz (Monte) TN 11 C 13
Viozene CN 35 J 5
Vipiteno / Sterzing BZ 3 B 16
Virgilio MN 31 G 14
Virle Piemonte TO 27 H 4
Visaille (la) AO 6 E 2
Visano BS 22 G 13
Vische TO 19 G 5
Visciano NA 70 E 25
Viscigliete (Masseria) FG 66 C 28
Visdende (Valle) BL 5 C 19
Visentin (Col) TV 13 D 18
Viserba RN 41 J 19
Viserbella RN 41 J 19
Visgnola CO 9 E 9
Visiano PR 30 H 12
Visnadello TV 25 E 18
Viso (Monte) CN 26 H 3
Visome BL 13 D 18
Visone AL 28 I 7
Visso MC 52 N 21
Vistarino PV 21 G 9
Vistrorio TO 19 F 5
Vita TP 97 N 20
Vita (Capo della) LI 48 N 13
Vitalba (Poggio) PI 43 L 13
Vitamore (Masseria) AV 71 E 28
Viterbo VT 57 O 18
Viticuso FR 64 R 23
Vitinia RM 62 Q 19
Vito (Serra di) CT 100 N 26
Vitorchiano VT 57 O 18
Vitravo KR 87 J 32
Vitriola MO 39 I 13
Vittoria RG 104 Q 25
Vittoriale (il) BS 23 F 13
Vittorio Veneto TV 13 E 18
Vittorio Veneto (Rifugio) BZ 4 A 17
Vittorito AQ 60 P 23
Vittuone MI 20 F 8
Vitulano BN 70 D 25
Vitulazio CE 69 D 24
Viù TO 18 G 4
Viù (Val di) TO 18 G 3
Vivaro PN 13 D 20
Vivaro Romano RM 59 P 21
Viverone BI 19 F 6
Viverone (Lago di) BI 19 F 6
Viviere CN 26 I 2
Vivione (Passo del) BG 10 D 12
Vivo d'Orcia SI 50 N 16
Vizze (Passo di) / Pfitscherjoch BZ 4 B 16
Vizze (Val di) BZ 3 B 16
Vizzini CT 104 P 26
Vizzola Ticino VA 20 F 8
Vo PD 24 G 16
Vo VI 24 F 16
Vobarno BS 22 F 13
Vobbia GE 29 I 9
Vocca VC 8 E 6
Vodo Cadore BL 13 C 18
Völs am Schlern / Fié allo Sciliar BZ 3 C 16
Voghera PV 29 H 9
Voghiera FE 32 H 17
Vogogna VB 8 D 6
Volania FE 33 H 18
Volano FE 33 H 18
Volano TN 11 E 15
Volargne VR 23 F 14
Volciano BS 22 F 13
Volla NA 69 E 25
Vollan / Foiana BZ 3 C 15
Volmiano FI 39 K 15
Vologno RE 38 I 13
Volongo CR 22 G 12
Volpago del Montello TV 25 E 18
Volpara PV 29 H 9
Volpara AL 29 H 9
Volparo SA 75 F 27
Volpe (Cala di) OT 109 D 10
Volpe (Punta della) OT 109 D 10
Volpedo AL 28 H 8
Volperino PG 52 N 20
Volpiano TO 19 G 5
Volsini (Monti) VT 57 O 17
Volta SO 9 D 10
Volta Mantovana MN 23 G 13
Voltaggio AL 28 I 8
Voltago Agordino BL 12 D 18
Voltana RA 32 I 17
Volterra PI 43 L 14
Voltido CR 30 G 13
Voltre FO 41 J 18
Voltri GE 36 I 8
Volturara Appula FG 66 C 27
Volturara Irpina AV 70 E 26
Volturino FG 66 C 27
Volturino (Fiumara) FG 66 C 27
Volturino (Monte) PZ 77 F 29
Volturno IS 64 R 24
Volumni (Ipogeo di) PG 51 M 19
Volvera TO 27 H 4
Vomano TE 59 O 22
Vomano (Val di) AQ 59 O 22
Vöran / Verano BZ 3 C 15
Vorno LU 42 K 13
Vottignasco CN 27 I 4
Votturino (Lago) CS 86 J 31
Voturo (Pizzo) PA 99 N 24
Vulcanello (Monte) ME 94 L 26
Vulcano (Bocche di) ME 94 L 26
Vulcano (Isola) ME 94 L 26
Vulcano (Monte) AG 102 T 20
Vulci VT 57 O 16
Vulgano FG 71 C 27
Vulture (Monte) PZ 71 E 28

W

Waidbruck / Ponte Gardena BZ 3 C 16
Walten / Valtina BZ 3 B 15
Wangen / Vanga BZ 3 C 16
Weißenbach / Riobianco (vicino a Campo Tures) BZ 4 B 17
Weißenbach / Riobianco (vicino a Pennes) BZ 3 B 16
Weißkugel / Bianca (Palla) BZ 2 B 14
Weisslahnbad / Bagni di Lavina Bianca BZ 3 C 16
Weißseespitze / Lago Bianco (Punta) BZ 2 B 14
Weitental / Vallarga BZ 4 B 17
Welsberg / Monguelfo BZ 4 B 18
Welschnofen / Nova Levante BZ 12 C 16
Wengen / La Valle BZ 4 C 17
Wiesen / Prati BZ 3 B 16
Wieser Alm / Malga Prato BZ 4 A 18
Wilde Kreuzspitze / Croce (Picco di) BZ 3 B 16
Willy Jervis TO 26 H 3
Winnebach / Prato alla Drava BZ 4 B 19
Wölkenstein in Gröden / Selva di Valgardena BZ 4 C 17
Wölfl / Lupicino BZ 12 C 16

X-Z

Xirbi CL 99 O 24
Xireni (Masseria) PA 99 N 23
Xitta TP 96 N 19
Xomo (Passo di) VI 23 E 15
Xon (Passo) VI 23 E 15
Zaccanopoli VV 88 L 29
Zaccaria NA 69 E 24
Zaccheo TE 53 N 23
Zacchi (Rifugio) UD 15 C 23
Zafferana Etnea CT 101 N 27
Zafferano (Capo) PA 98 M 22
Zafferano (Porto) CA 120 K 7
Zagarise CZ 87 K 31
Zagarolo RM 63 Q 20
Zaiama UD 15 D 21
Zambana TN 11 D 15
Zambla BG 10 E 11
Zamboni RE 38 J 13
Zambrone VV 88 K 29
Zambrone (Punta di) VV 88 K 29
Zancona GR 50 N 16
Zané VI 24 E 16
Zangarona CZ 88 K 31
Zanica BG 21 F 11
Zanotti CN 34 J 2
Zappolino BO 39 I 15
Zapponeta FG 67 C 29
Zappulla ME 100 M 26
Zappulla (Case) RG 107 Q 26
Zatta (Monte) GE 37 I 10
Zattaglia RA 40 J 17
Zavattarello PV 29 H 9
Zeccone PV 21 G 9
Zeda (Monte) VB 8 D 7
Zeddiani OR 114 H 7
Zelbio CO 9 E 9
Zelo RO 32 G 16
Zelo Buon Persico LO 21 F 10
Zeme PV 20 G 7
Zena BO 40 I 16
Zenna VA 8 D 8
Zenobito (Punta del) LI 48 M 11
Zenson di Piave TV 16 E 19
Zeppara OR 115 H 8
Zerba PC 29 I 9
Zerbio PC 30 G 11
Zerbion (Monte) AO 19 E 4
Zerbolò PV 21 G 9
Zerfaliu OR 115 H 8
Zeri MS 38 I 11
Zerman TV 25 F 18
Zero TV 25 F 18
Zero Branco TV 25 F 18
Zevio VR 23 F 15
Ziano di Fiemme TN 12 D 16
Ziano Piacentino PC 29 G 10
Zibello PR 30 G 12
Zibido PV 21 G 9
Zibido S. Giacomo MI 21 F 9
Zignano SP 37 J 11
Zimardo RG 107 Q 26
Zimella VR 24 F 16
Zimmara (Monte) PA 99 N 24
Zimone BI 19 F 6
Zinasconuovo PV 29 G 9
Zinascovecchio PV 29 G 9
Zinga KR 87 J 32
Zingarini RM 62 R 19
Zingonia BG 21 F 10
Zinnigas CA 118 J 8
Zinola SV 36 J 7
Zinzulusa (Grotta) LE 83 G 37
Zippo (Masseria) TA 80 E 33
Ziracco UD 15 D 22
Zita (Passo della) ME 100 M 26
Zoagli GE 37 I 9
Zocca MO 39 I 14
Zóccolo (Lago di) BZ 3 C 14
Zogno BG 21 E 10
Zola Pedrosa BO 31 I 15
Zoldo Alto BL 13 C 18
Zoldo (Valle di) BL 13 C 18
Zollino LE 83 G 36
Zomaro RC 91 M 30
Zone BS 22 E 12
Zone LU 39 K 13
Zoppè TV 13 E 19
Zoppè di Cadore BL 13 C 18
Zoppo (Portella dello) ME 100 N 26
Zoppola PN 13 E 20
Zorlesco LO 21 G 10
Zorzoi BL 12 D 17
Zovallo (Passo) PR 29 I 10
Zovello UD 5 C 20
Zovo (Passo del) BL 5 C 19
Zsigmondy-Comici (Rifugio) BZ 4 C 19
Zubiena BI 19 F 5
Zuccarello SV 35 J 6
Zucchi (Piano) PA 99 N 23
Zucco (Lo) PA 97 M 21
Zuccone Campelli LC 9 E 10
Zuccone (Monte) SP 37 I 10
Zuddas (Is) CI 120 J 8
Zuel BL 4 C 18
Zugliano VI 24 E 16
Zuglio UD 5 C 21
Zugna (Monte) TN 23 E 15
Zula BO 40 I 16
Zum Zeri MS 37 I 11
Zumaglia BI 19 F 6
Zumelle (Castello di) BL 13 D 18
Zungoli AV 71 D 27
Zungri VV 88 L 29
Zupo (Pizzo) SO 10 C 11
Zuppino SA 76 F 27
Zurco RE 31 H 13
Zuri OR 115 G 8
Zurrone (Monte) AQ 64 Q 24
Zwischenwasser / Longega BZ 4 B 17

Piante di città
Town plans / Plans de villes / Stadtpläne / Stadsplattegronden / Planos de ciudades

ITALIA

- Alessandria 157
- Ancona 157
- Arezzo 158
- Ascoli Piceno 158
- Assisi 159
- Bari 160
- Bergamo 161
- Bologna 162/163
- Bolzano 164
- Cagliari 164
- Catania 165
- Como 165
- Cortina d'Ampezzo 166
- Courmayeur 166
- Cuneo 167
- Ferrara 167
- Firenze 168/169
- Genova 170/171
- L'Aquila 172
- Lecce 172
- Lucca 173
- Mantova 174
- Messina 175
- Milano 176/177
- Modena 178
- Napoli 179
- Novara 180
- Padova 180
- Palermo 181
- Parma 182
- Perugia 183
- Pesaro 183
- Pescara 184
- Pisa 184
- Reggio di Calabria 185
- Rimini 185
- Roma 186/187
- Sassari 188
- Siena 188
- Siracusa 189
- Sorrento 190
- Spoleto 190
- Taranto 191
- Torino 192/193
- Trento 194
- Treviso 195
- Trieste 196
- Udine 197
- Urbino 197
- Venezia 198
- Verona 199
- Vicenza 200
- Viterbo 200

Piante

Curiosità
Edificio interessante
Costruzione religiosa interessante: Chiesa - Tempio

Viabilità
Autostrada - Doppia carreggiata tipo autostrada
Svincoli numerati: completo, parziale
Grande via di circolazione
Via regolamentata o impraticabile
Via pedonale - Tranvia
Parcheggio - Parcheggio Ristoro
Galleria
Stazione e ferrovia
Funicolare
Funivia, cabinovia

Simboli vari
Ufficio informazioni turistiche
Moschea - Sinagoga
Torre - Ruderi
Mulino a vento
Giardino, parco, bosco
Cimitero

Stadio - Golf - Ippodromo
Piscina: all'aperto, coperta
Vista - Panorama
Monumento - Fontana
Porto turistico
Faro
Aeroporto - Stazione della metropolitana
Autostazione
Trasporto con traghetto:
passeggeri ed autovetture - solo passeggeri

Ufficio centrale di fermo posta - Ospedale
Mercato coperto
Carabinieri - Polizia
Municipio
Università, scuola superiore
Edificio pubblico indicato con lettera:
Museo - Municipio
Prefettura, sottoprefettura - Teatro

Plans

Curiosités
Bâtiment intéressant
Édifice religieux intéressant : catholique - protestant

Voirie
Autoroute - Double chaussée de type autoroutier
Échangeurs numérotés : complet - partiels
Grande voie de circulation
Rue réglementée ou impraticable
Rue piétonne - Tramway
Parking - Parking Relais
Tunnel
Gare et voie ferrée
Funiculaire, voie à crémaillère
Téléphérique, télécabine

Signes divers
Information touristique
Mosquée - Synagogue
Tour - Ruines
Moulin à vent
Jardin, parc, bois
Cimetière

Stade - Golf - Hippodrome
Piscine de plein air, couverte
Vue - Panorama
Monument - Fontaine
Port de plaisance
Phare
Aéroport - Station de métro
Gare routière
Transport par bateau :
passagers et voitures, passagers seulement

Bureau principal de poste restante - Hôpital
Marché couvert
Gendarmerie - Police
Hôtel de ville
Université, grande école
Bâtiment public repéré par une lettre :
Musée - Hôtel de ville
Préfecture, sous-préfecture - Théâtre

Town plans

Sights
Place of interest
Interesting place of worship:
Church - Protestant church

Roads
Motorway - Dual carriageway
Numbered junctions: complete, limited
Major thoroughfare
Unsuitable for traffic or street subject to restrictions
Pedestrian street - Tramway
Car park - Park and Ride
Tunnel
Station and railway
Funicular
Cable-car

Various signs
Tourist Information Centre
Mosque - Synagogue
Tower - Ruins
Windmill
Garden, park, wood
Cemetery

Stadium - Golf course - Racecourse
Outdoor or indoor swimming pool
View - Panorama
Monument - Fountain
Pleasure boat harbour
Lighthouse
Airport - Underground station
Coach station
Ferry services:
passengers and cars - passengers only

Main post office with poste restante - Hospital
Covered market
Gendarmerie - Police
Town Hall
University, College
Public buildings located by letter:
Museum - Town Hall
Prefecture or sub-prefecture - Theatre

Stadtpläne

Sehenswürdigkeiten
Sehenswertes Gebäude
Sehenswerter Sakralbau:
Katholische - Evangelische Kirche

Straßen
Autobahn - Schnellstraße
Nummerierte Voll - bzw. Teilanschlussstellen
Hauptverkehrsstraße
Gesperrte Straße oder mit Verkehrsbeschränkungen
Fußgängerzone - Straßenbahn
Parkplatz - Park-and-Ride-Plätze
Tunnel
Bahnhof und Bahnlinie
Standseilbahn
Seilschwebebahn

Sonstige Zeichen
Informationsstelle
Moschee - Synagoge
Turm - Ruine
Windmühle
Garten, Park, Wäldchen
Friedhof

Stadion - Golfplatz - Pferderennbahn
Freibad - Hallenbad
Aussicht - Rundblick
Denkmal - Brunnen
Yachthafen
Leuchtturm
Flughafen - U-Bahnstation
Autobusbahnhof
Schiffsverbindungen:
Autofähre, Personenfähre
Hauptpostamt (postlagernde Sendungen) - Krankenhaus
Markthalle
Gendarmerie - Polizei
Rathaus
Universität, Hochschule
Öffentliches Gebäude, durch einen Buchstaben gekennzeichnet:
Museum - Rathaus
Präfektur, Unterpräfektur - Theater

Plattegronden

Bezienswaardigheden
Interessant gebouw
Interessant kerkelijk gebouw:
Kerk - Protestantse kerk

Wegen
Autosnelweg - Weg met gescheiden rijbanen
Knooppunt / aansluiting: volledig, gedeeltelijk
Hoofdverkeersweg
Onbegaanbare straat, beperkt toegankelijk
Voetgangersgebied - Tramlijn
Parkeerplaats - P & R
Tunnel
Station, spoorweg
Kabelspoor
Tandradbaan

Overige tekens
Informatie voor toeristen
Moskee - Synagoge
Toren - Ruïne
Windmolen
Tuin, park, bos
Begraafplaats

Stadion - Golfterrein - Renbaan
Zwembad: openlucht, overdekt
Uitzicht - Panorama
Gedenkteken, standbeeld - Fontein
Jachthaven
Vuurtoren
Luchthaven - Metrostation
Busstation
Vervoer per boot:
Passagiers en auto's - uitsluitend passagiers

Hoofdkantoor voor poste-restante - Ziekenhuis
Overdekte markt
Marechaussee / rijkswacht - Politie
Stadhuis
Universiteit, hogeschool
Openbaar gebouw, aangegeven met een letter::
Museum - Stadhuis
Prefectuur, onderprefectuur - Schouwburg

Planos

Curiosidades
Edificio interessante
Edificio religioso interessante: católica - protestante

Vías de circulación
Autopista - Autovía
Enlaces numerados: completo, parciales
Via importante de circulacíon
Calle reglamentada o impracticable
Calle peatonal - Tranvía
Aparcamiento - Aparcamientos «P+R»
Túnel
Estación y línea férrea
Funicular, línea de cremallera
Teleférico, telecabina

Signos diversos
Oficina de Información de Turismo
Mezquita - Sinagoga
Torre - Ruinas
Molino de viento
Jardín, parque, madera
Cementerio

Estadio - Golf - Hipódromo
Piscina al aire libre, cubierta
Vista parcial - Vista panorámica
Monumento - Fuente
Puerto deportivo
Faro
Aeropuerto - Estación de metro
Estación de autobuses
Transporte por barco:
pasajeros y vehículos, pasajeros solamente

Oficina de correos - Hospital
Mercado cubierto
Policía National - Policía
Ayuntamiento
Universidad, escuela superior
Edificio público localizado con letra :
Museo - Ayuntamiento
Prefectura, subprefectura - Teatro

ALESSANDRIA
CITTADELLA
MORTARA
MORTARA
TORINO, ASTI VERCELLI
TORTONA
PIACENZA GENOVA, MILANO
VONA ACQUI TERME
Fiume Tanaro
Spalto Rovereto
Spalto Marengo
Spalto Borgoglio
Spalto Gamondio
Cso. Crimea
Cso. Cento Cannoni
Cso. Teresio Borsalino
Cso. 4 Novembre
PAL. D. SPORT
Piazza Mentana
Pza Villa Oreste
Valenza
Castello Nenada
Piazzolo
San Felice
Valparolo
Valdolenga
San Salvatore Monferrato
Frescondino
Castelletto Monferrato
Valmadonna
Valverde
Pellizzari
Pecetto di Valenza
Fiond
Conzano
Pieve di San Giovanni di Mediliano
Martini
Lu
Trisogli
Cuccaro Monferrato
Il Giardinetto
Gerlotto
San Zeno
Valle San Bartolomeo
Montecastello
Cornaglie
Pietra Marazzi
Quargnento
ALESSANDRIA OVEST
ALESSANDRIA
Duomo
Castelceriolo
Solero
Molini
Felizzano
Villa del Foro
Parco Storico
Spinetta Marengo
ALESSANDRIA SUD
Oviglio
Cantalupo
Molinetto
Cabannoni
Cascina Camilla
Mandrino
Borgoratto Alessandrino
Castellazzo Bormida
Casal Cermelli
Carentino
Frascaro
Scaramuccia
Bormida
Bormida Ovest
Bormida Est
Portanuova
Bosco Marengo
Riserva naturale torrente Orba
Gamalero
Tacconotti
San Rocco
Castelspina
Fontanasse
Spazzona
Sezzadio
Fresonara
Gavonata Fontaniale
Badia
Retorto
Bergamasco
San Martino
Crociera
Cortiglione
San Lorenzo
Impero
Val Sarmassa
Belveglio
Montaldo Scarampi
Roeto
Vigliano d'Asti
Villa
Isola d'Asti
Montegrosso d'Asti
Repergo
Tana
Vallumida
Mombercelli
Vinchio
San Carlo
Santo Stefano
Canetto
San Rocco
Costigliole d'Asti
Vianoce
Agliano
San Bernardino
Preie
Noche
Castelnuovo Calcea
Vaglio Serra
Chiare
Madonna
Castelnuovo Belbo
Bruno
Nizza Monferrato
Pasquana
Dani
Bazzana
Villa Cerreto
Mombaruzzo
ASTI OVEST
ISOLA D'ASTI

ANCONA
COLLE GUASCO
Arco di Traiano
Duomo di San Ciriaco
Museo Archeologico Nazionale delle Marche
S. FRANCESCO D. SCALE
Santa Maria della Piazza
PORTO
STAZIONE MARITTIMA
Molo Nord
Molo Sud
Mare Adriatico
PATRASSO
Cso. Giovanni Amendola
Cso. Stamira
Cavour
Largo Caduti sul Mare
Largo Lorenzo Casanova
Cittadella
PARCO CITTADELLA
ASCENSORE SPIAGGIA
RIMINI
RIMINI
PESCARA
PORTONOVO NUMANA
ANCONA
Torrette di Ancona
Mole Vanvitelliana
Posatora
Pinocchio
Taglio di Torrette
Madonnina
Taglio di Candia
La Baraccola
Candia
Sappanico
Case Carradori
Monte degli Elci
Monte-sicuro
Aspio
S. Bernardino
Montegallo
ANCONA SUD
Casette
Montegallo
San Biagio
Santo Stefano
San Paterniano
Pignocco
Scaricalasino
Osimo Stazione
Coppo
Maratta
Monte-freddo
Villaggio Taunus
Marcelli

AREZZO

AREZZO

Casa Museo di Ivan Bruschi ....B

CESERA FIRENZE

FIRENZE ROMA

SIENA, PERUGIA ROMA

S. MARIA DELLE GRAZIE

SANSEPOLCRO SIENA

Casa d. Vasari

San Domenico

Museo d'Arte Medievale e moderna

Palazzo del Comune

Duomo

SS. Annunziata

Casa del Petrarca

La Badia

Palazzo Pretorio

San Francesco

Piazza Grande

Fortezza Medicea

S. Maria della Pieve

Museo Archeologico

Anfiteatro Romano

ASCOLI PICENO

ASCOLI PICENO

Chiesa dei Santi Vincenzo e Anastasio

Loggia dei Mercanti

San Francesco

Palazzo dei Capitani del Popolo

Battistero

Duomo

TEATRO ROMANO

COLLE DELLA ANNUNZIATA

RIETI, ROMA ACQUASANTA TERME

PESCARA, ANCONA TERAMO

PESCARA, ANCONA

ASCOLI MARE

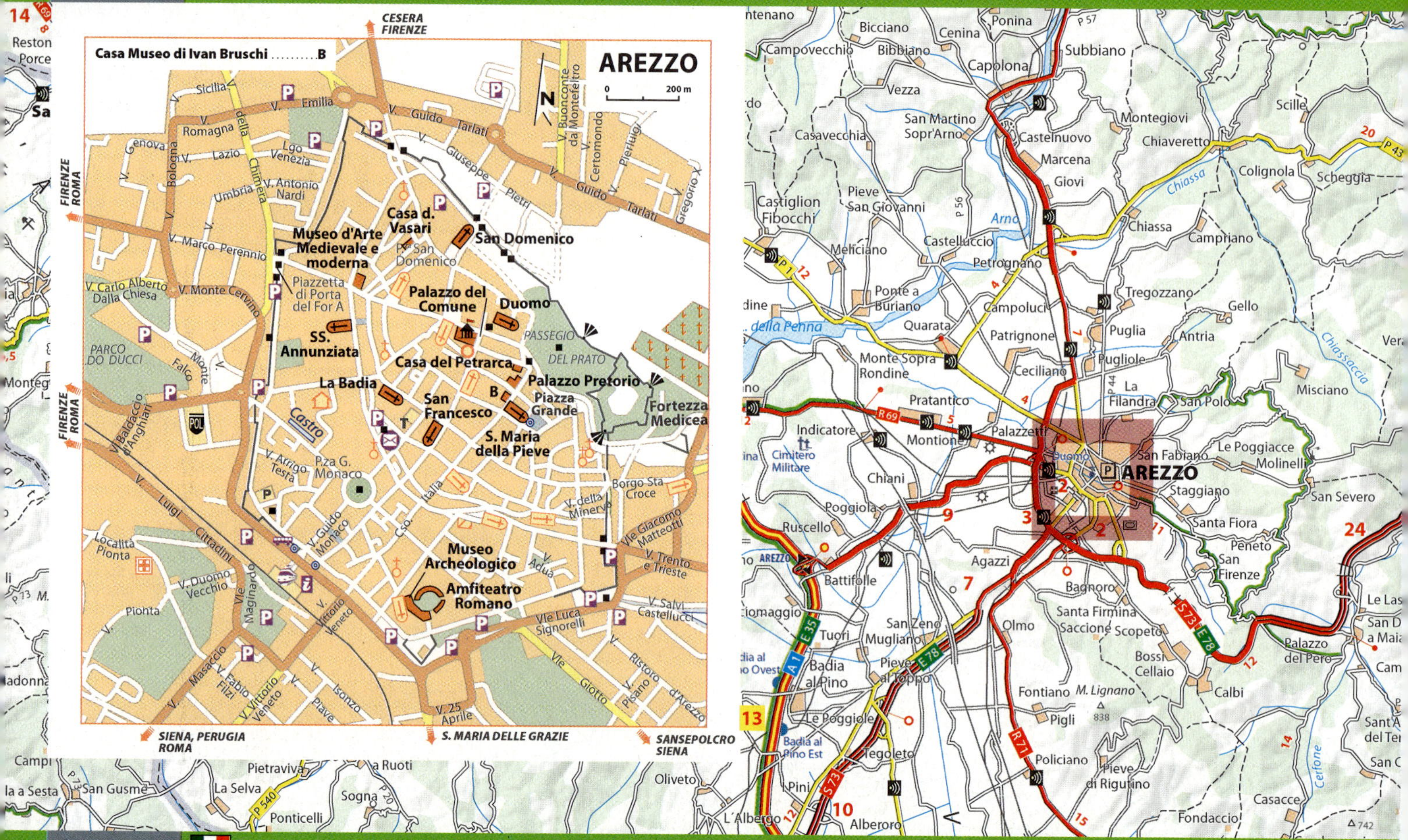

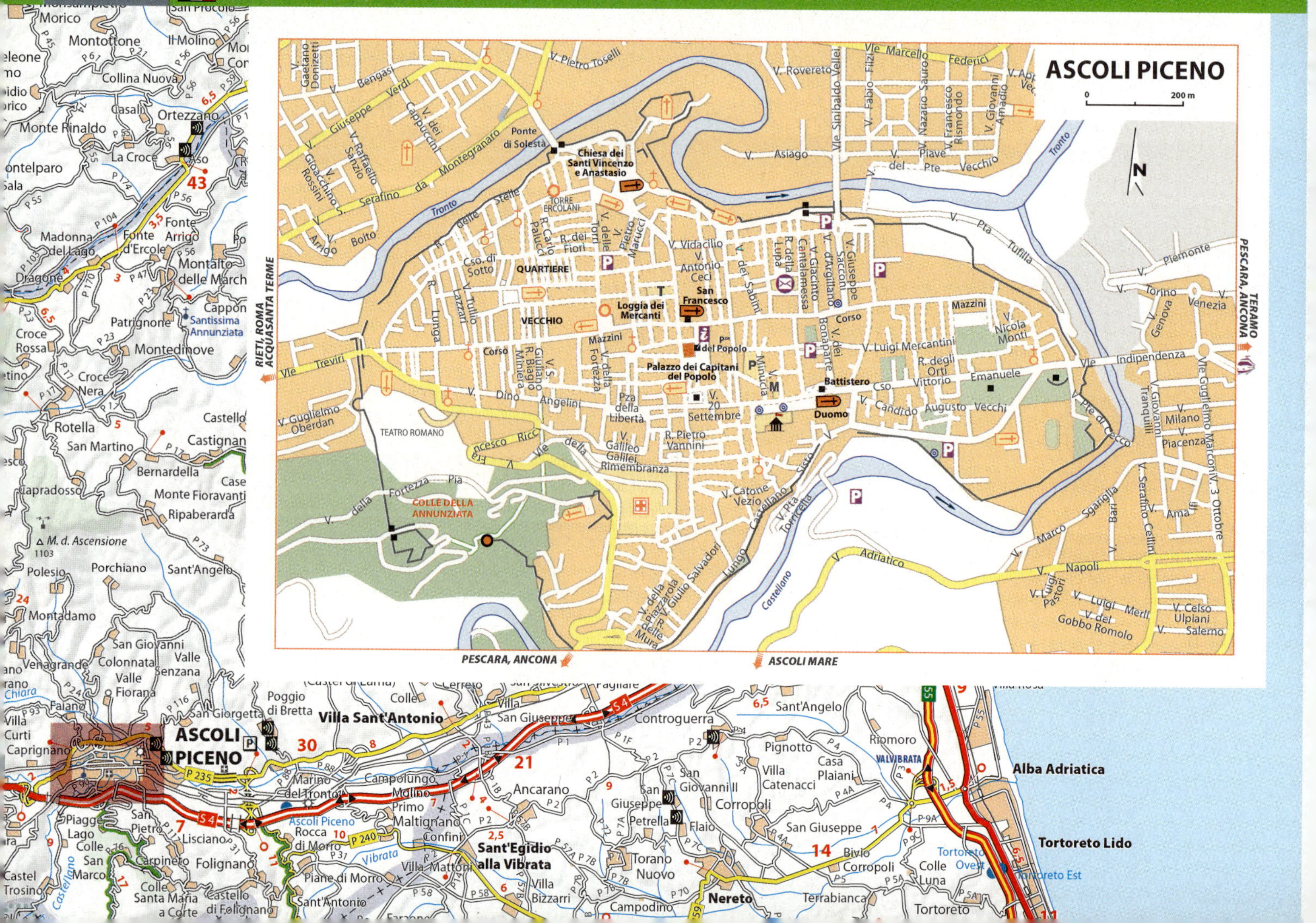

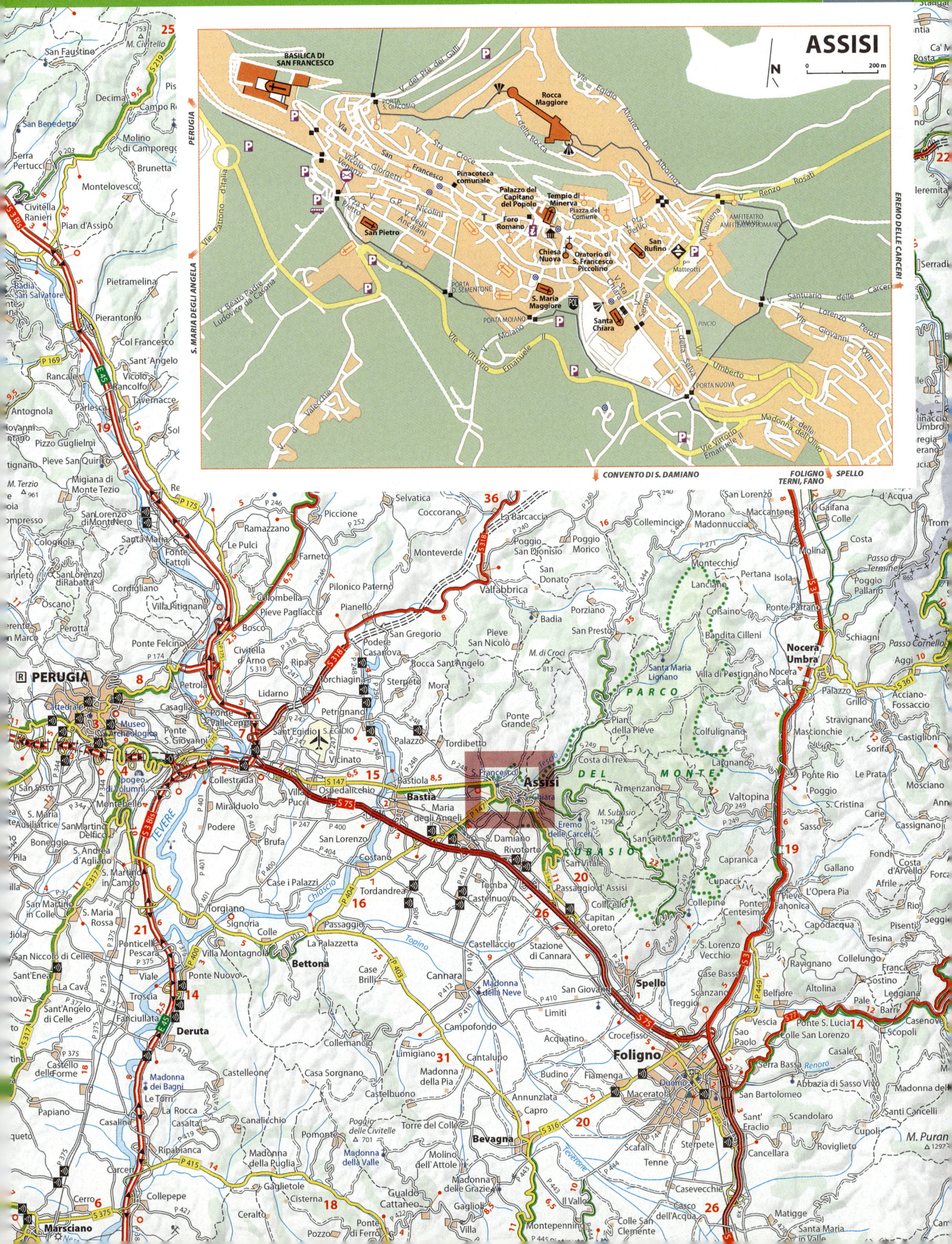
ASSISI
N
0
200 m
BASILICA DI SAN FRANCESCO
Rocca Maggiore
PORTA S. GIACOMO
Pinacoteca comunale
Palazzo del Capitano del Popolo
Tempio di Minerva
Piazza del Comune
Foro Romano
Chiesa Nuova
Oratorio di S. Francesco Piccolino
San Rufino
San Pietro
S. Maria Maggiore
Santa Chiara
PORTA S. SEMENTONE
PORTA MOIANO
PORTA NUOVA
AMFITEATRO ROMANO
P.za Matteotti
PINCIO
PERUGIA
S. MARIA DEGLI ANGELI
EREMO DELLE CARCERI
CONVENTO DI S. DAMIANO
FOLIGNO TERNI, FANO
SPELLO
PERUGIA
Assisi
Bastia
S. Maria degli Angeli
S. Damiano
Rivotorto
Eremo delle Carceri
M. Subasio 1290
PARCO DEL MONTE SUBASIO
Spello
Foligno
Bevagna
Cannara
Bettona
Deruta
Marsciano
Torgiano
Valfabbrica
Nocera Umbra
Gualdo Cattaneo
Montefalco
Santa Maria in Valle
Sant'Egidio
Ospedalicchio
Petrignano
Tordibetto
Collestrada
Ponte S. Giovanni
Montebello
Ponte Felcino
Pianello
Piccione
Sterpeto
Palazzo
Rocca Sant'Angelo
Armenzano
Costa di Trex
San Giovanni
Valtopina
Capodacqua
Sasso
Belfiore
Scanzano
Sant' Eraclio
Cancellara
Madonna della Pia
Cantalupo
Castelbuono
Limigiano
Collemancio
Annunziata
Capro
Budino
Fiamenga
Scafali
Tenne
Casevecchie
Casco dell'Acqua
Matigge
Colle San Clemente
Il Vallo
Montepennino
Gaglioli
Madonna delle Grazie
Molino dell'Attole
Madonna della Valle
Poggio delle Civitelle 701
Torre del Colle
Pomonte
Cisterna
Ceralto
Gaglietole
Madonna della Puglia
Collepepe
Cerro
Ripabianca
Casalta
La Rocca
Casaline
Le Torri
Madonna dei Bagni
Castelleone
Canalicchio
Casa Sorgnano
Papiano
Castello delle Forme
Sant'Angelo di Celle
Fanciullata
Viale
Troscia
La Cava
Sant'Enea
San Niccolò di Celle
Ponticelli Pescara
Villa Montagnola
Ponte Nuovo
S. Maria Rossa
San Martino in Colle
S. Martino in Campo
S. Andrea d'Agliano
Boneggio
San Martino Delfico
S. Maria Rossa
San Sisto
Lidarno
Civitella d'Arno
Ripa
Bosco
Colombella
Pieve Pagliaccia
Ramazzano
Le Pulci
Farneto
Pilonico Paterno
Podere Casanova
San Gregorio
Pieve San Nicolò
Badia
Porziano
San Presto
Poggio Morico
San Donato
Poggio San Dionisio
Monteverde
Coccorano
Selvatica
La Barcaccia
Colleminicio
Morano Madonnuccia
Maccantone
San Lorenzo
Gaifana
Colle
Costa
Molina
Pertana
Isola
Poggio Pallano
Ponte Parrano
Schiagni
Passo Cornello
Aggi
Acciano-Fossaccio
Grillo
Stravignano
Mascionchie
Castiglioni
Sorifa
Le Prata
Ponte Rio
Poggio
S. Cristina
Mosciano
Carie
Cassignano
Gallano
Fondi
Costa d'Arvello
Afrile
L'Opera Pia
Pieve Fanonica
Rio
Pisenti
Tesina
Collelungo
Ravignano
Altolina
Sostino
Leggiana
Pale
Barri
Casenove
Scopoli
Vescia
Ponte S. Lucia
Colle San Lorenzo
Sao Paolo
Serra Bassa
Abbazia di Sasso Vivo
San Bartolomeo
Scandolaro
Cupoli
Rovigliete
M. Puranno 1297
Madonna del Riparo
Santi Cancelli
Montecchio
Lanciano
Colsaino
Bandita Cilleni
Villa di Postignano
Nocera Scalo
Santa Maria Lignano
Pian della Pieve
Colfulignano
Latignano
Capranica
Cupacci
Collepino
Ponte Centesimo
S. Lorenzo Vecchio
Case Basse
Treggio
San Vitale
Passaggio d'Assisi
Collecchio
Capitan Loreto
Tomba
Castelnuovo
Stazione di Cannara
Castellaccio
Madonna della Neve
Limiti
Acquatino
San Giovanni
Crocefisso
Campofondo
Torgiano
Signoria
Colle
La Palazzetta
Passaggio
Case Brilli
Tordandrea
Costano
San Lorenzo
Case i Palazzi
Brufa
Podere
Miralduolo
Villa Pucci
Vicinato
Casaglia
Ponte Valleceppi
Petrolla
M. di Croci 813
Ponte Grande
Mora
Torchiagina
Bastiola
Santa Maria
Ponte Fattoli
Cordigliano
Villa Pitignano
San Lorenzo di Rabatta
Colognola
Oscano
Perotta
San Lorenzo di Monte Nero
Migiana di Monte Tezio
M. Terzio 961
Pieve San Quirico
Pizzo Guglielmi
Antognola
Parlesca
Tavernacce
Vicolo Rancolfo
Rancale
Sant'Angelo
Col Francesco
Pierantonio
Pietramelina
Badia San Salvatore
Civitella Ranieri
Pian d'Assino
Montelovesco
Serra Pertucci
Brunetta
Molino di Camporeggiano
San Benedetto
Decima
Campo Reglio
San Faustino
M. Civitello
Cattedrale
Museo Archeologico
Ipogeo dei Volumni
TEVERE
Chiascio
Topino
Teverone

BARI
0 200 m
PORTO NUOVO
GRAN PORTO
STAZIONE MARITTIMA
Molo S. Vito
Cso. Antonio De Tullio
Piazza S. Pietro
Pzale. Cristoforo Colombo
MARE ADRIATICO
Museo Nicolaiano
Basilica di S. Nicola
N
Pza dell' Odegitria
CITTÀ VECCHIA
Castello
San Sabino
Pza Mercantile
Lungo. Imperatore Augusto
Molo Sant'Antonio
PORTO VECCHIO
Molo Pizzoli
Palazzo Simi
Pza Federico
Teatro Margherita
Molo S. Nicola
BARLETTA FOGGIA, MATERA
V. Niccolò Pizzoli
V. Napoli
Piazza G. Massari
Pza. Ferrarese
Piazza Garibaldi
V. Niccolò Piccinni
AIR TERMINAL
V. De Rossi
Teatro Petruzzelli
V. Salvatore Cognetti
V. Abate Giacinto Gimma
V. Alessandro Maria Calefati
V. Alessandro Manzoni
V. Niccolò Putignani
Palazzo Mincuzzi
Cso. Cavour
V. Cardassi
V. Zara
PINACOTECA
V. Principe Amedeo
V. Quintino Sella
Pza C. Battisti
Pza Umberto I
Piazza Umberto I
V. Marcello Celentano
V. Domenico Nicolai
V. Sagarriga Visconti
V. Prospero Petroni
V. Melo da Bari
Pza. Luigi di Savoia
V. Tanzi
V. Michele Garruba
V. Pietro Ravanas
V. Scipione Crisanzio
V. Eritrea
Pza. Aldo Moro
Cso. Italia
Pte 20 Settembre
Sottovia Quintino Sella
Calabro-Lucane
Centrale
Giuseppe Capruzzi
V. Andrea Angiulli
V. Francesco Lattanzio
V. Giuseppe Re David
V. Michele De Napoli
V. Nizza
V. Mille
BRINDISI
V. Giuseppe Capruzzi
Vle Ennio Quinto
Vle Antonio Salandra
Cso. Benedetto Croce
TARANTO FOGGIA
TARANTO FOGGIA
BARI
Fiera del Levante
Basilica di San Nicola
Cattedrale di San Sabino
San Paolo
Sacrario dei Caduti d'Oltremare
Torre a M
San Martino
Sovereto
Bitonto
San Francesco d'Assisi
Cattedrale Maria SS. Assunta
Murge Est
BARI NORD
Il Monaco
Murge Ovest
Stadio San Nicola
Parco Adria
Modugno
Carbonara di Bari
Ceglie del Campo
BARI SUD
Triggiano
Superga
Madonna delle Grazie
Valente
Palombaio
Matrice Santa Maria La Porta
Mater Domini
San Pietro in Balsignano
Abbazia d'Ognissanti
San Pietro
Capurso
Madonna di Loreto
Valenzano
San Rocco
Loseto
Santa Maria del Pozzo
Palo del Colle
Auricarro
Contrada Fratta
Santa Maria Assunta
Bitetto
Bitritto
Mariotto
San Domenico
Binetto
Lamie
Cellamare
Noic
Santa Maria al Piano
Adelfia
Immacolata
San Nicola
Masseria Panfresco
Grumo Appula
Sannicandro di Bari
Castello Federiciano
Madonna delle Grazie
Torre Normanna
Parco Principi
Cimitero di Guerra Polacco
di Latta
Toritto
Virgilio est
Virgilio ouvest
Casamassima
Madonna degli Angeli
Quasano
Masseria Servedio
Madonna di Mellitto
Mellitto
Masseria Fiscale
Acquaviva delle Fonti
ACQUAVIVA FONTI
Acquaviva dell Fonti
Sammichele di Bari
Sepolcro di Parco La Mena
Villaggio Quadrifoglio
Borgo Incoronata
Lagogemolo
Santuario Santa Maria degli Angeli
Il Pulo di Altamura
Borgo dei Pini Mercadante
Borgo Parco La Vecchia
Borgo Circito
Cassano delle Murge
La Massie
Borgo Fra
P 231
S 96
S 16
S 100
E 843
S 172
P 84
P 125
P 48
La Lama

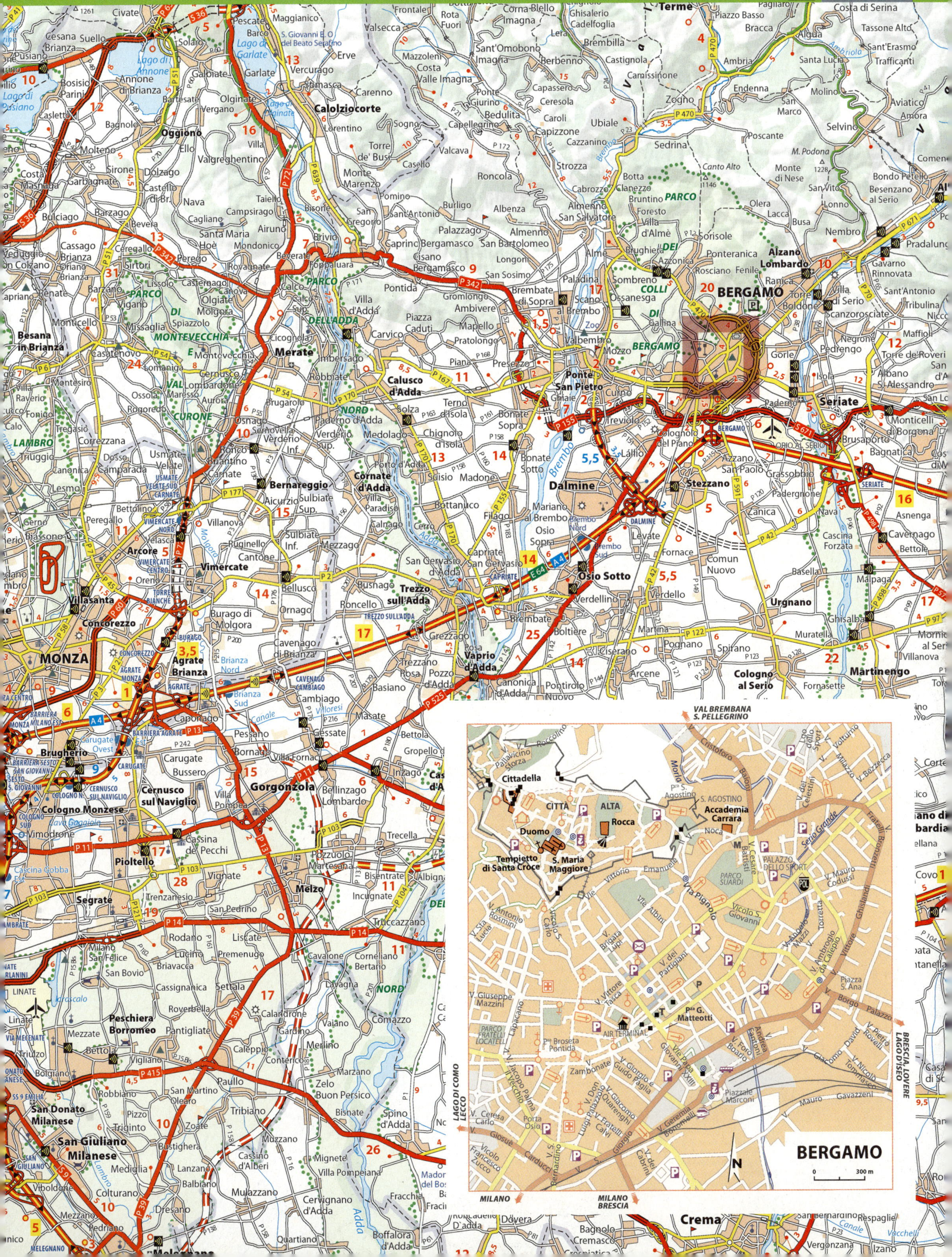
BERGAMO
Monza
Merate
Vimercate
Gorgonzola
Dalmine
Seriate
Stezzano
Osio Sotto
Trezzo sull'Adda
Vaprio d'Adda
Cologno Monzese
Brugherio
Pioltello
Segrate
Melzo
Peschiera Borromeo
San Donato Milanese
San Giuliano Milanese
Calolziocorte
Oggiono
Ponte San Pietro
Agrate Brianza
Concorezzo
Villasanta
Arcore
Bernareggio
Cernusco sul Naviglio
Cassina de' Pecchi
Martinengo
Cologno al Serio
Urgnano
Alzano Lombardo
Crema
Brembate
Albino
Parco Colli di Bergamo
Parco dell'Adda Nord
Parco di Montevecchia e Val Curone
Cittadella
Città Alta
Rocca
Duomo
Tempietto di Santa Croce
S. Maria Maggiore
Accademia Carrara
S. Agostino
Parco Suardi
Palazzo dello Sport
Piazza Matteotti
Piazzale Marconi
Val Brembana S. Pellegrino
Brescia, Lovere, Lago d'Iseo
Lago di Como Lecco
Milano
Milano Brescia
300 m

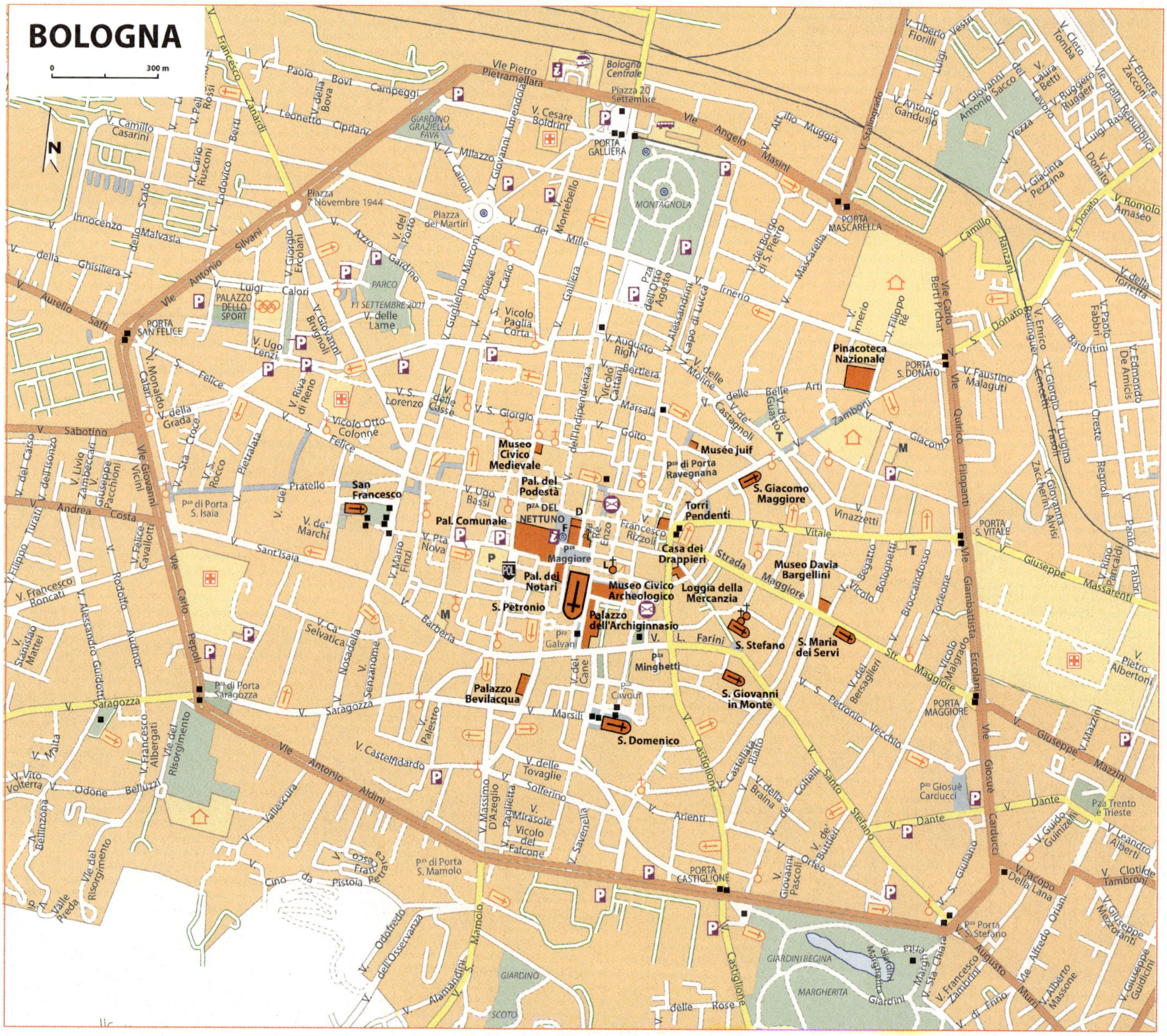
BOLOGNA
0
300 m
N
Bologna Centrale
Piazza 20 Settembre
Porta Galliera
Montagnola
Porta Mascarella
Porta S. Donato
Porta S. Vitale
Porta Maggiore
Porta S. Stefano
Porta Castiglione
Pta di Porta S. Mamolo
Pta di Porta Saragozza
Porta S. Felice
Pta di Porta S. Isaia
Piazza 8 Novembre 1944
Piazza dei Martiri
Pinacoteca Nazionale
Musée juif
Museo Civico Medievale
San Francesco
Pal. del Podestà
Pza del Nettuno
Pal. Comunale
P. Maggiore
Pal. dei Notari
S. Petronio
Museo Civico Archeologico
Palazzo dell'Archiginnasio
Torri Pendenti
Casa dei Drappieri
Loggia della Mercanzia
S. Giacomo Maggiore
Museo Davia Bargellini
S. Stefano
S. Maria dei Servi
S. Giovanni in Monte
Pza Minghetti
Pza Cavour
Pza Galvani
Palazzo Bevilacqua
S. Domenico
Pza di Porta Ravegnana
Palazzo dello Sport
Parco 11 Settembre 2001
Giardino Graziella Fava
Giardini Regina Margherita
Giardino Scoto
Pza Trento e Trieste
Pza Giosuè Carducci
Vle Pietro Pietramellara
Vle Angelo Masini
Vle Carlo Berti Pichat
Vle Quirico Filopanti
Vle Giambattista Ercolani
Vle Giosuè Carducci
Vle Antonio Aldini
Vle Carlo Pepoli
Vle Giovanni Vicini
Vle Aurelio Saffi
Strada Maggiore
Via Saragozza
Via Castiglione
Via S. Stefano
Via Zamboni
Via dell'Indipendenza
Via Irnerio
Via Marsala
Via Rizzoli
Via Farini
Via S. Vitale
Via Giuseppe Mazzini
Via Dante
Via Murri
Via Emilia Ponente
Via del Pratello
Via S. Isaia
Via Sabotino
Via Andrea Costa
Via dell'Osservanza
Via Castelfidardo

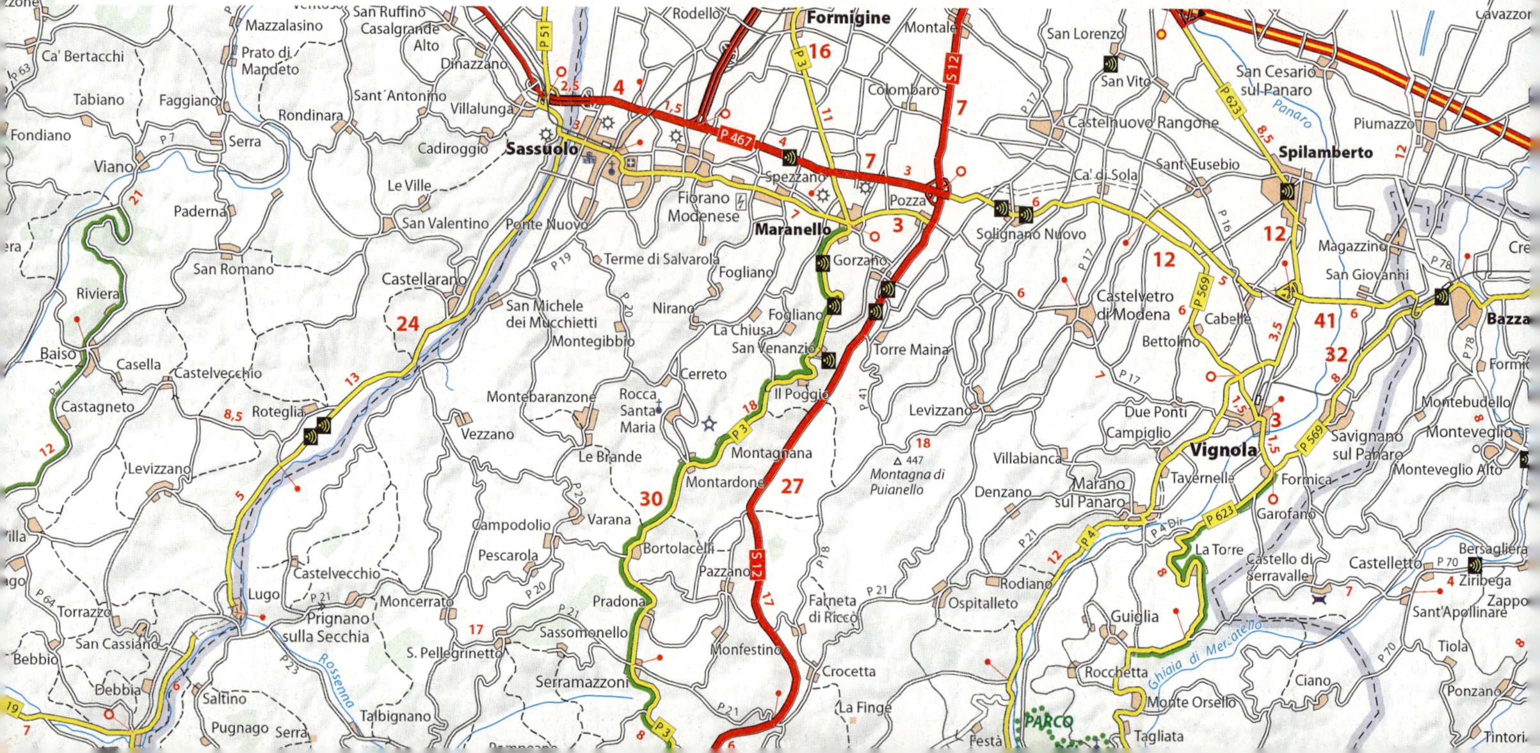
Formigine
Sassuolo
Maranello
Fiorano Modenese
Spilamberto
Vignola
Castelvetro di Modena
Castelnuovo Rangone
San Cesario sul Panaro
Savignano sul Panaro
Marano sul Panaro
Guiglia
Castellarano
Prignano sulla Secchia
Serramazzoni
Pavullo
Montale
Colombaro
Pozza
Solignano Nuovo
San Vito
San Lorenzo
Magazzino
San Giovanni
Bazzano
Montebudello
Monteveglio
Zocca
Tiola
Castelletto
Rocchetta
Monte Orsello
Tagliata
La Fine
Crocetta
Monfestino
Pazzano
Montardone
Montagnana
Il Poggio
Torre Maina
Gorzano
Levizzano
Denzano
Villabianca
Campiglio
Due Ponti
Cerreto
Rocca Santa Maria
Varana
Pescarola
Campodolio
Vezzano
Montebaranzone
San Michele dei Mucchietti
Montegibbio
Nirano
Fogliano
Terme di Salvarola
Ponte Nuovo
San Valentino
Le Ville
Cadiroggio
Rondinara
Villalunga
Sant'Antonino
Dinazzano
Casalgrande Alto
San Ruffino
Mazzalasino
Prato di Mandeto
Ca' Bertacchi
Tabiano
Faggiano
Fondiano
Viano
Serra
Paderna
San Romano
Riviera
Baiso
Casella
Castelvecchio
Castagneto
Roteglia
Levizzano
Lugo
Torrazzo
San Cassiano
Debbia
Saltino
Pugnago
Talbignano
Moncerrato
S. Pellegrinetto
Sassomonello
Pradona
Bortolacelli
Montagna di Puianello
Ospitalletto
Rodiano
Fanano
Garofano
La Torre
Castello di Serravalle
Ziribega
Sant'Apollinare
Tavernelle
Formica
Cabelle
Bettolino
Ca' di Sola
Sant'Eusebio
Piumazzo
Spezzano
Fiumalbo
Pesta
Parco
Ciano
Ponzano
Tintoria

BOLOGNA
VERONA
CASTEL MAGGIORE
VERONA, PADOVA FERRARA
MODENA VIA EMILIA
VERONA PALMA
VIGNOLA
RAVENNA
RAVENNA, RIMINI
VIA EMILIA FORLÌ, RIMINI
PISTOIA LIVORNO
FIRENZE
BOLOGNA G. MARCONI
LIPPO
LAME
CORTICELLA
S. PELLEGRINO
QUARTO INFERIORE
DOZZA
BOLOGNA ARCOVEGGIO
FIERA DI BOLOGNA
BOLOGNINA
BORGO PANIGALE
BOLOGNA B. PANIGALE
S. VIOLA
SAFFI
SAN DONATO
Bologna Centrale
San Petronio
CASTELDEBOLE
BARCA
DALL'ARA
VILLANOVA
S. VITALE
BOLOGNA-S. LAZZARO
BOLOGNA CASALECCHIO
CASALECCHIO DI RENO
RIALE
CERETOLO
Madonna di San Luca
COSTA SARAGOZZA
CASAGLIA
GAIBOLA
COLLI
PONTE VECCHIO
MURRI
CHIESANUOVA
MAZZINI
S. LAZZARO DI SAVENA
LA CICOGNA
MONTE DONATO
SAN RUFFILLO
PARCO VINCENZO TANARA
PARCO DELLA RESISTENZA
GIARDINI MARGHERITA
Reno
Savena
Canale Navile
Tangenziale
A 14 / E 45
A 1 / E 35
A 13
A 14
1 km

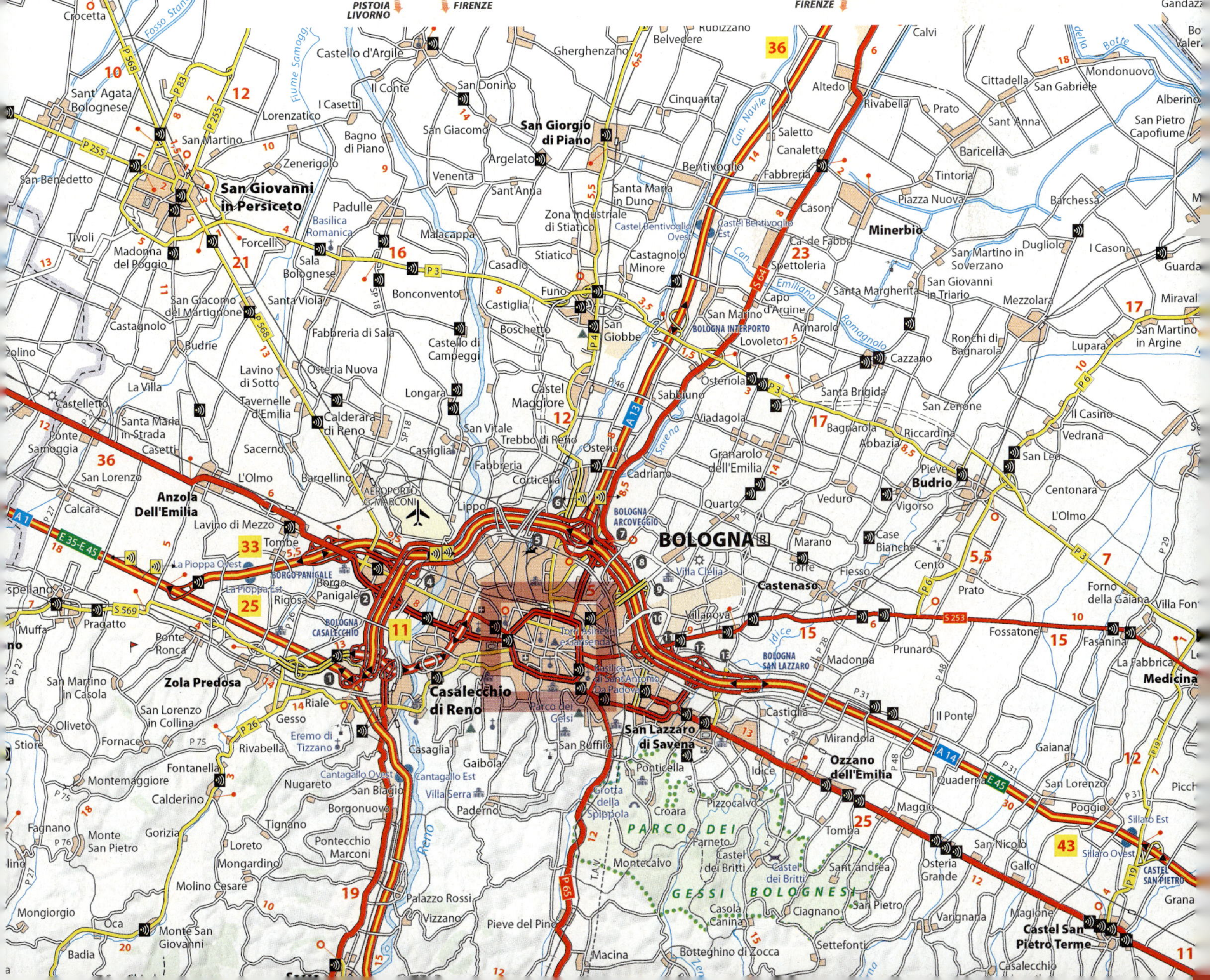
Ponte San Pellegrino
San Biagio
Massa Finalese
Rivara
Entrà
San Felice sul Panaro
Dogaro
Camposanto
Cadecoppi
Scolo Dogana
Bolognina
Ronchi
Sammartini
Crevalcore
Boschi
Guisa Pepoli
Crocetta
Sant' Agata Bolognese
San Benedetto
San Giovanni in Persiceto
Tivoli
Madonna del Poggio
Castagnolo
Budrie
La Villa
Castelletto
Santa Maria in Strada
Ponte Samoggia
San Lorenzo
Calcara
Anzola Dell'Emilia
Lavino di Mezzo
Tombe
La Pioppa Ovest
La Pioppa Est
BORGO PANIGALE
Borgo Panigale
Rigosa
Pragatto
Ponte Ronca
Zola Predosa
San Martino in Casola
Oliveto
San Lorenzo in Collina
Fornace
Montemaggiore
Fontanella
Calderino
Fagnano
Monte San Pietro
Gorizia
Loreto
Mongardino
Molino Cesare
Mongiorgio
Oca
Monte San Giovanni
Badia
Castello d'Argile
Il Conte
I Casetti
Lorenzatico
San Martino
Zenerigolo
Bagno di Piano
Padulle
Basilica Romanica
Forcelli
Sala Bolognese
Santa Viola
San Giacomo del Martignone
Fabbreria di Sala
Osteria Nuova
Lavino di Sotto
Tavernelle d'Emilia
Calderara di Reno
Sacerno
Bargellino
L'Olmo
AEROPORTO G. MARCONI
San Donino
San Giacomo
Venenta
Sant'Anna
Malacappa
Bonconvento
Castello di Campeggi
Longara
San Vitale
Castiglia
Trebbo di Reno
Fabbreria
Corticella
Lippo
Gherghenzano
San Giorgio di Piano
Argelato
Santa Maria in Duno
Zona Industriale di Stiatico
Castel Bentivoglio Ovest
Castel Bentivoglio Est
Stiatico
Casadio
Funo
Boschetto
San Giobbe
Castagnolo Minore
Castel Maggiore
Osteria
Cadriano
Rubizzano
Belvedere
Cinquanta
Bentivoglio
Saletto
Canaletto
Fabbreria
Alteda
Rivabella
Prato
Cittadella
San Gabriele
Mondonuovo
Sant'Anna
Baricella
Tintoria
Piazza Nuova
Minerbio
Cason
Ca' de Fabbri
Spettoleria
Capo d'Argine
San Marino
BOLOGNA INTERPORTO
Lovoleto
Armarolo
Santa Margherita
San Martino in Soverzano
San Giovanni in Triario
Dugliolo
Mezzolara
Ronchi di Bagnarola
Cazzano
Osteriola
Sabbiune
Viadagola
Granarolo dell'Emilia
Quarto
Santa Brigida
Bagnarola
Abbazia
Riccardina
San Zenone
San Leo
Budrio
Pieve
Vigorso
Veduro
Case Bianche
Centonara
L'Olmo
Cento
Prato
BOLOGNA ARCOVEGGIO
BOLOGNA
Villa Clelia
Marano
Torre
Fiesso
Castenaso
Villanova
Madonna
BOLOGNA SAN LAZZARO
BOLOGNA CASALECCHIO
Casalecchio di Reno
Riale
Gesso
Eremo di Tizzano
Rivabella
Cantagallo Ovest
Cantagallo Est
Casaglia
Gaibola
Villa Serra
Nugareto
San Biagio
Borgonuovo
Paderno
Tignano
Pontecchio Marconi
Palazzo Rossi
Vizzano
Pieve del Pino
Parco del Gessi
San Ruffillo
San Lazzaro di Savena
Ponticella
Croara
Grotta della Spipola
PARCO DEI GESSI BOLOGNESI
Pizzocalvo
Farneto
Castel dei Britti
Montecalvo
Casola Canina
Ciagnano
Botteghino di Zocca
Settefonti
Macina
Castiglia
Mirandola
Idice
Ozzano dell'Emilia
Tomba
Maggio
Sant'andrea
San Pietro
Osteria Grande
Varignana
San Nicolò
Gallo
Magione
Castel San Pietro Terme
CASTEL SAN PIETRO
Casalecchio
Sillaro Est
Sillaro Ovest
Poggio
San Lorenzo
Quaderna
Il Ponte
Prunaro
Gaiana
Fossatone
Fasanina
Medicina
La Fabbrica
Villa Fontana
Forno della Gaiana
I Casoni
Lupara
San Martino in Argine
Miravalle
Guarda
Il Casino
Vedrana
Barchessa
Alberino
San Pietro Capofiume
Gandazzolo
Spinazzino
Taglio
A1
E35-E45
A13
A14
E45
S 569
S 253
S 64
P 3
P 4
P 8
P 2
P 255
P 568
P 18
P 26
P 28
P 31
P 48
P 6
P 75
P 76
P 27
P 29
P 19
P 65
P 46
Fiume Samoggia
Fosso Stanora
Reno
Savena
Idice
Can. Navile
Emiliana Romagnola

BOLZANO

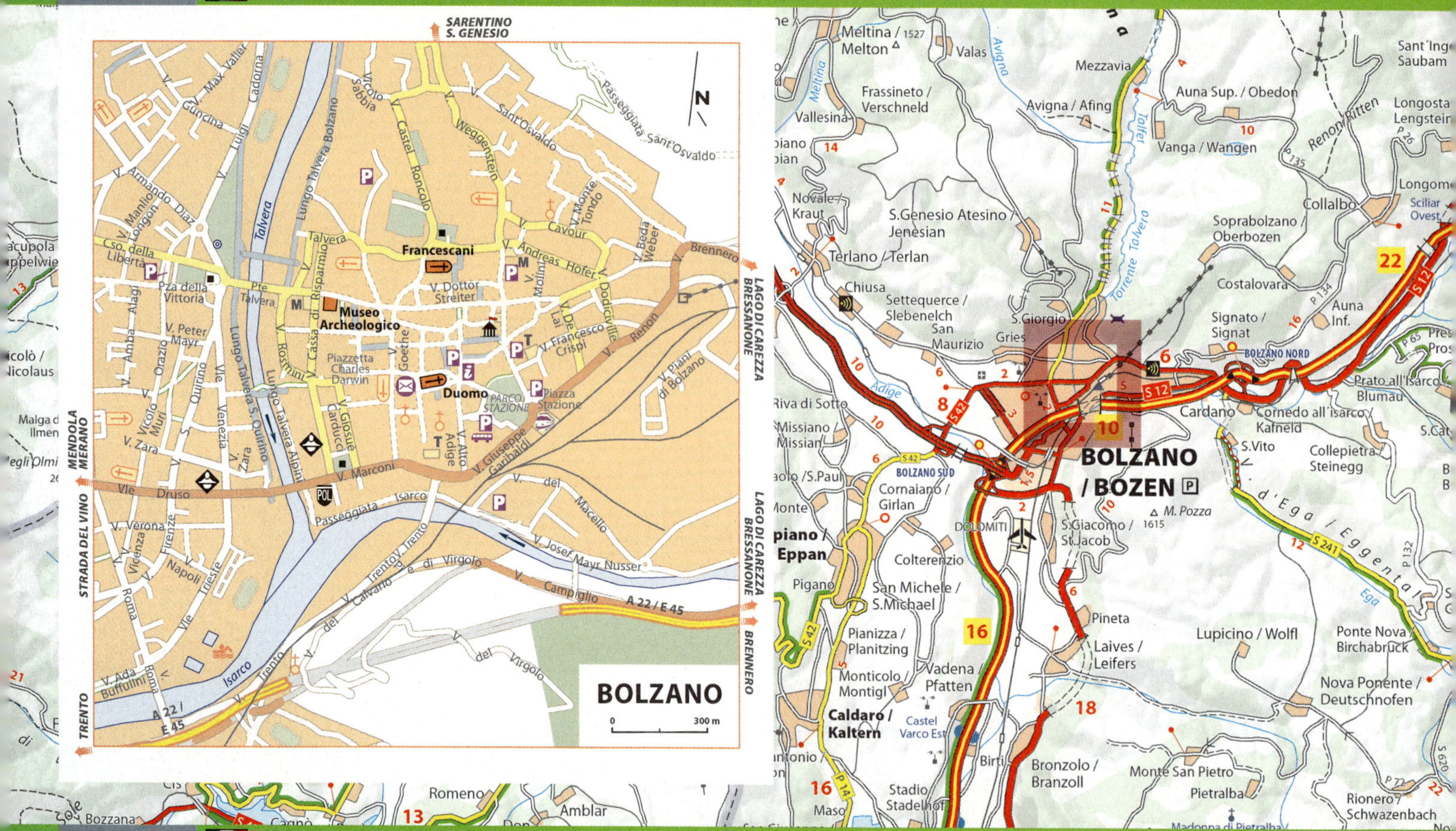

CAGLIARI

Palazzo Asmundo .... A	San Francesco Borgia .... G	San Michele Arcangelo S2
Badia di Sant'Agata .... B	Palazzo Senatorio o degli Elefanti .... H	Seminario Arcivescovile ... S3
Palazzo San Demetrio C	Museo Belliniano, Museo Emilio Greco .... M	Palazzo Sangiuliano S4
Collegiata .... D	San Giuliano S1	Teatro Antico .... T
Monastero di San Benedetto E		Università .... U
P.za del Duomo F1		Terme della Rotonda V
P.za dell'Università F2		

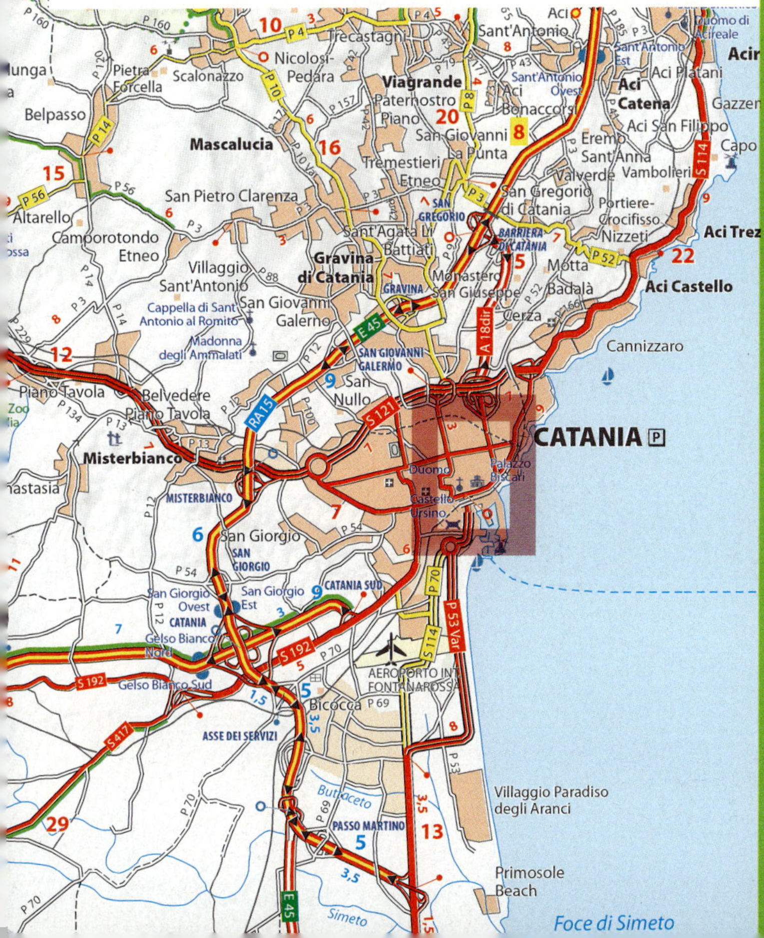

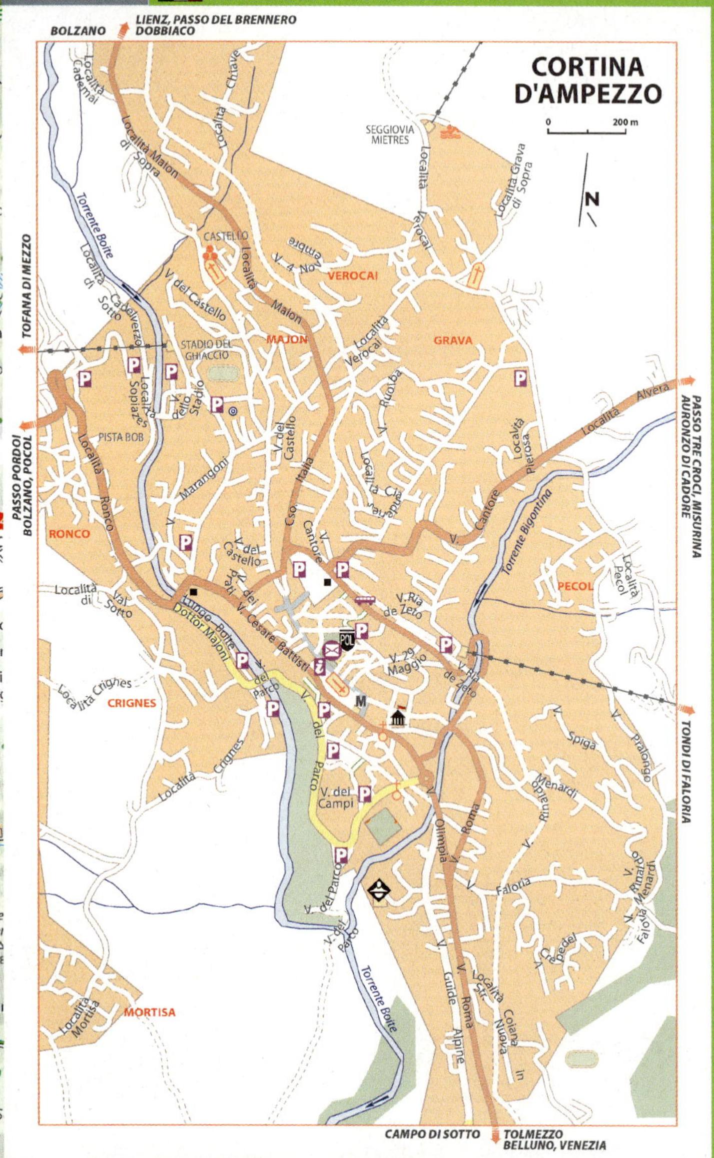
CORTINA D'AMPEZZO
200 m
N
BOLZANO
LIENZ, PASSO DEL BRENNERO DOBBIACO
TOFANA DI MEZZO
PASSO PORDOI BOLZANO, POCOL
PASSO TRE CROCI, MISURINA AURONZO DI CADORE
TONDI DI FALORIA
CAMPO DI SOTTO
TOLMEZZO BELLUNO, VENEZIA
SEGGIOVIA MIETRES
CASTELLO
VEROCAI
MAJON
GRAVA
STADIO DEL GHIACCIO
PISTA BOB
RONCO
PECOL
CRIGNES
MORTISA
Torrente Boite
Torrente Bigontina

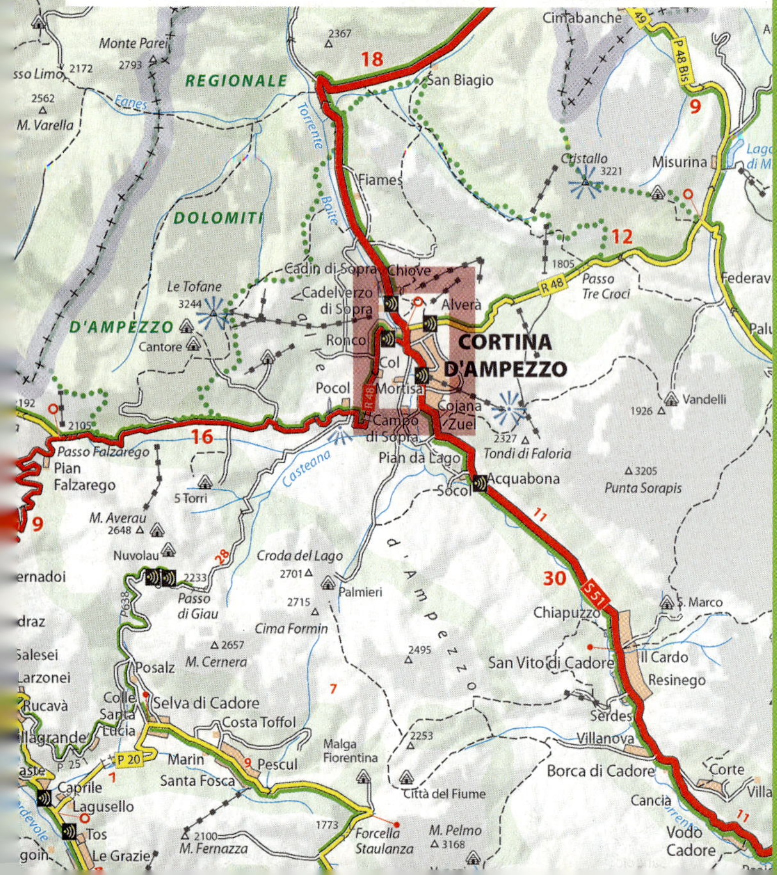
REGIONALE
DOLOMITI
D'AMPEZZO
CORTINA D'AMPEZZO
San Biagio
Fiames
Misurina
Cristallo
Passo Tre Croci
Chiave
Cadelverzo di Sopra
Alverà
Ronco
Col
Mortisa
Pocol
Campo di Sopra
Cojana
Zuel
Tondi di Faloria
Pian da Lago
Acquabona
Socol
Le Tofane
Cantore
Passo Falzarego
Pian Falzarego
5 Torri
M. Averau
Nuvolau
Passo di Giau
Croda del Lago
Palmieri
Cima Formin
Punta Sorapis
Vandelli
Chiapuzza
San Vito di Cadore
Il Cardo
Resinego
Serdes
Villanova
Borca di Cadore
Selva di Cadore
Costa Toffol
Pescul
Santa Fosca
Caprile
Lagusello
Malga Fiorentina
Città del Fiume
Forcella Staulanza
M. Pelmo
M. Fernazza
Vodo Cadore
Cancia
Corte

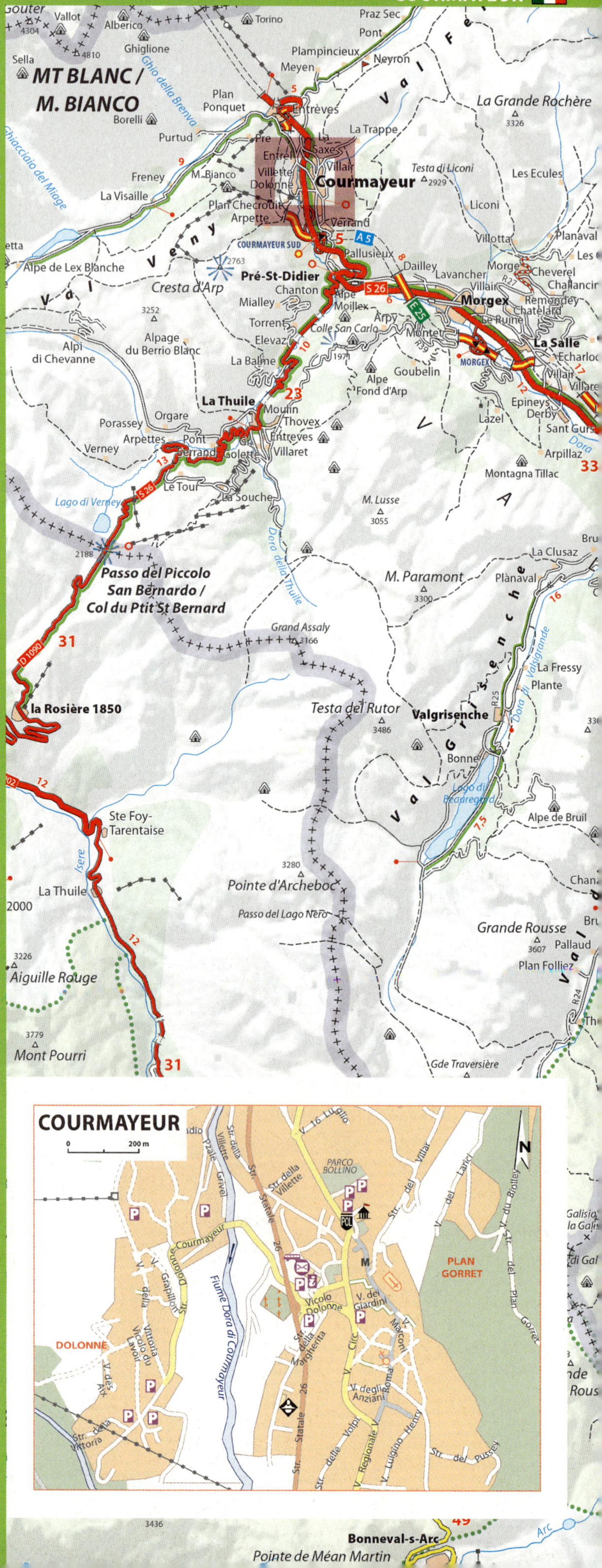
MT BLANC / M. BIANCO
Courmayeur
Entrèves
Pré-St-Didier
Morgex
La Salle
La Thuile
Passo del Piccolo San Bernardo / Col du Ptit St Bernard
la Rosière 1850
Ste Foy-Tarentaise
Valgrisenche
Testa del Rutor
M. Paramont
Grand Assaly
Pointe d'Archeboc
Passo del Lago Nero
Grande Rousse
Aiguille Rouge
Mont Pourri
Val Veny
Cresta d'Arp
La Grande Rochère
Testa di Liconi
COURMAYEUR SUD
Lago di Verney
Lago di Beauregard
Gde Traversière
Bonneval-s-Arc
Pointe de Méan Martin
COURMAYEUR
200 m
N
PARCO BOLLINO
PLAN GORRET
DOLONNE
Fiume Dora di Courmayeur

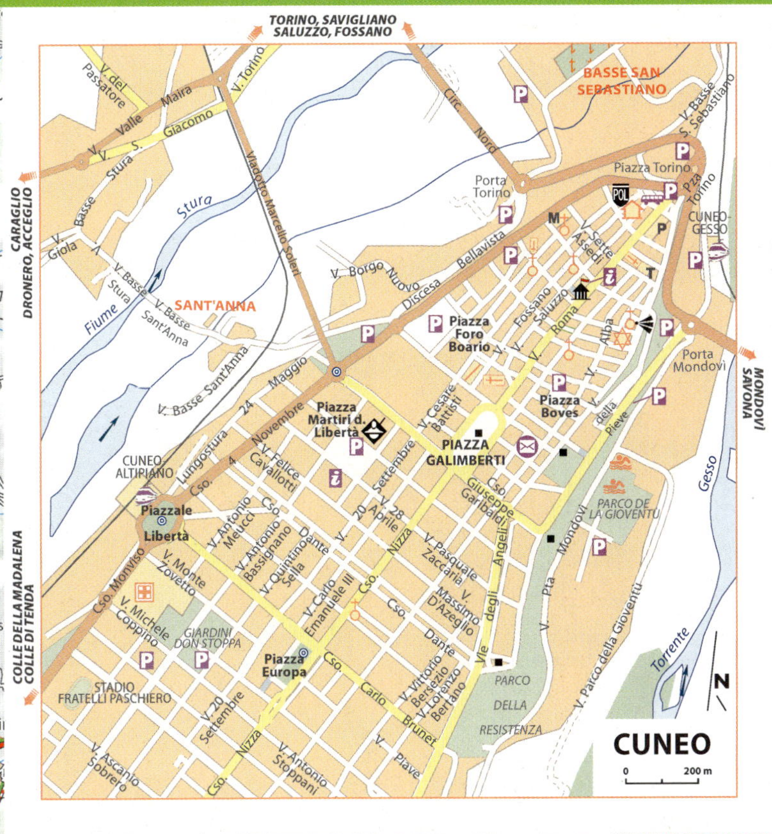
CUNEO
TORINO, SAVIGLIANO SALUZZO, FOSSANO
CARAGLIO DRONERO, ACCEGLIO
MONDOVÌ SAVONA
COLLE DELLA MADALENA COLLE DI TENDA
BASSE SAN SEBASTIANO
SANT'ANNA
Piazza Torino
Porta Torino
Porta Mondovì
Piazza Foro Boario
Piazza Martiri d. Libertà
PIAZZA GALIMBERTI
Piazza Boves
PARCO DE LA GIOVENTÙ
Piazzale Libertà
CUNEO ALTIPIANO
GIARDINI DON STOPPA
Piazza Europa
STADIO FRATELLI PASCHIERO
PARCO DELLA RESISTENZA
Stura
Gesso
Torrente
200 m

CUNEO
Borgo San Dalmazzo
Boves
Confreria
Madonna dell'Olmo
Borgo San Dalmazzo
Cervasca
Vignolo
Roccasparvera
Beinette
Peveragno
Spinetta
Ronchi
Madonna di Valdieri
Madonna del Colletto
d'rocca S.Giovanni
Valdieri
Robilante
Roccavione
Tetto Chiappello
Gnivei

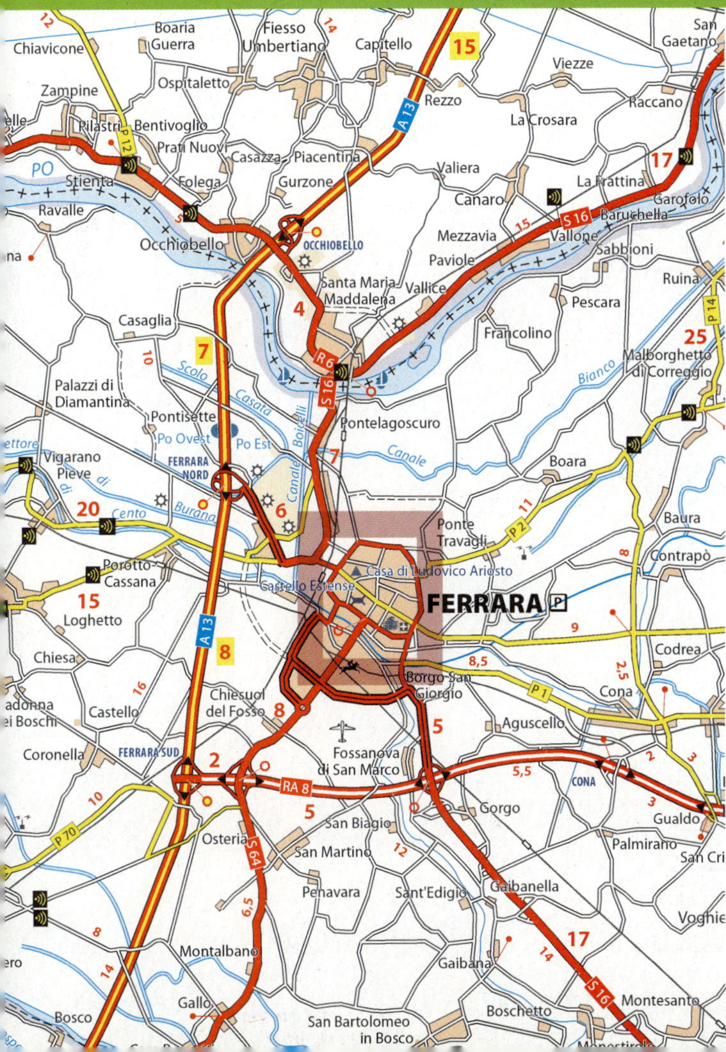
FERRARA
PO
Occhiobello
Pontelagoscuro
Casa di Ludovico Ariosto
Castello Estense
Borgo San Giorgio
Fossanova di San Marco
Chiesuol del Fosso
FERRARA NORD
FERRARA SUD
Vigarano Pieve
Porotto Cassana
Aguscello
Gaibanella
Montalbano
San Bartolomeo in Bosco
Boschetto
Montesanto
Baura
Contrapò
Codrea
Cona
Francolino
Malborghetto di Correggio

FERRARA
300 m
ROVIGO PADOVA, MODENA
BOLOGNA
RAVENNA
POMPOSA
Casa dell'Ariosto
Pal. dei Diamanti
Museo Boldini
CIMITERO DELLA CERTOSA
CIMITERO EBRAICO
Castello Estense
Pal. del Municipio
Duomo
Sinagogue
Casa Romei
Palazzina di Marfisa d'Este
Palazzo Schifanoia
S. Maria in Vado
S. Antonio in Polesine
Museo Archeologico Nazionale
PO DI VOLANO
Corso Ercole I d'Este

FIRENZE
BOLOGNA
BOLOGNA
PRATO PISTOIA
PISTOIA
LIVORNO PISA
LASTRA A SIGNA
FORLÌ, AREZZO PONTASSIEVE
ROMA AREZZO
SIENA
CALENZANO
SETTIMELLO
COLONNATA
QUINTO ALTO
SESTO FIORENTINO
PRATOLINO
MONTORSOLI
Parco Demidoff
SERPIOLLE
TRESPIANO
Castello
Petraia
CASTELLO
FIESOLE
Duomo
Teatro Romano
Badia Fiesolana
San Domenico
AMERIGO VESPUCCI
BROZZI
NOVOLI
RIFREDI
MAIANO
COMUNALE
COVERCIANO
Cenacolo di San Salvi
L'ISOLOTTO
CASELLINA
LE BAGNESE
SCANDICCI
VINGONE
POGGIO IMPERIALE
ARCETRI
PONTE A EMA
GALLUZZO
Certosa del Galluzzo
POZZOLATICO
GRASSINA
FIRENZE-SUD
FIRENZE-CERTOSA
FIRENZE-NORD
FIRENZE-SIGNA
Piazzale Leonardo Da Vinci
ARNO
Castiglione dei Pepoli
Barberino di Mugello
Calenzano
PRATO
PISTOIA
Sesto Fiorentino
FIRENZE
Fiesole
Scandicci
Campi Bisenzio
Signa
Montelupo Fiorentino
Empoli
Quarrata
Carmignano
Poggio a Caiano
Lamporecchio
Vinci
San Piero a Sieve
Vaglia
Monte Morello
M. Senario
Pontassieve
Bagno a Ripoli
Grassina
Lastra a Signa

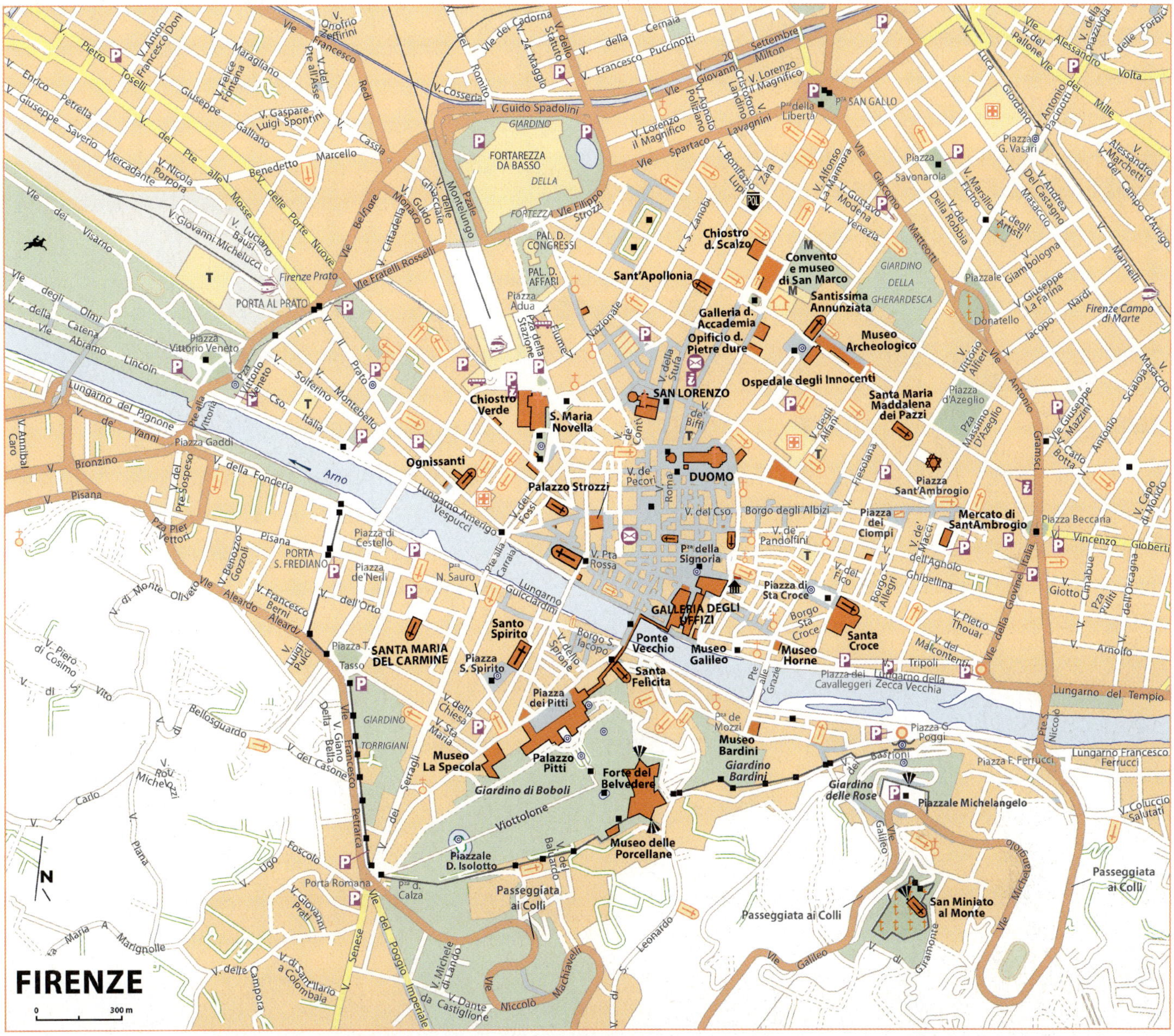
FIRENZE
0 300 m
N
DUOMO
SAN LORENZO
S. Maria Novella
Chiostro Verde
Ognissanti
Palazzo Strozzi
P.za della Signoria
GALLERIA DEGLI UFFIZI
Ponte Vecchio
Museo Galileo
Museo Horne
Santa Croce
Piazza di Sta Croce
Santo Spirito
Piazza S. Spirito
SANTA MARIA DEL CARMINE
Santa Felicita
Piazza dei Pitti
Palazzo Pitti
Museo La Specola
Giardino di Boboli
Forte del Belvedere
Museo delle Porcellane
Piazzale D. Isolotto
Passeggiata ai Colli
Museo Bardini
Giardino Bardini
Giardino delle Rose
Piazzale Michelangelo
San Miniato al Monte
Sant'Apollonia
Chiostro d. Scalzo
Convento e museo di San Marco
Galleria d. Accademia
Opificio d. Pietre dure
Santissima Annunziata
Museo Archeologico
Ospedale degli Innocenti
Santa Maria Maddalena dei Pazzi
Piazza Sant'Ambrogio
Mercato di Sant'Ambrogio
Piazza dei Ciompi
FORTEZZA DA BASSO
PAL. D. CONGRESSI
PAL. D. AFFARI
PORTA AL PRATO
Piazza Vittorio Veneto
Piazza Gaddi
PORTA S. FREDIANO
Piazza di Cestello
Piazza de'Neri
Piazza della Libertà
P.za SAN GALLO
Piazza Savonarola
Piazza G. Vasari
Piazzale Donatello
GIARDINO DELLA GHERARDESCA
Piazza d'Azeglio
Piazza Beccaria
Porta Romana
Arno
Lungarno del Tempio
Lungarno Francesco Ferrucci
Viottolone

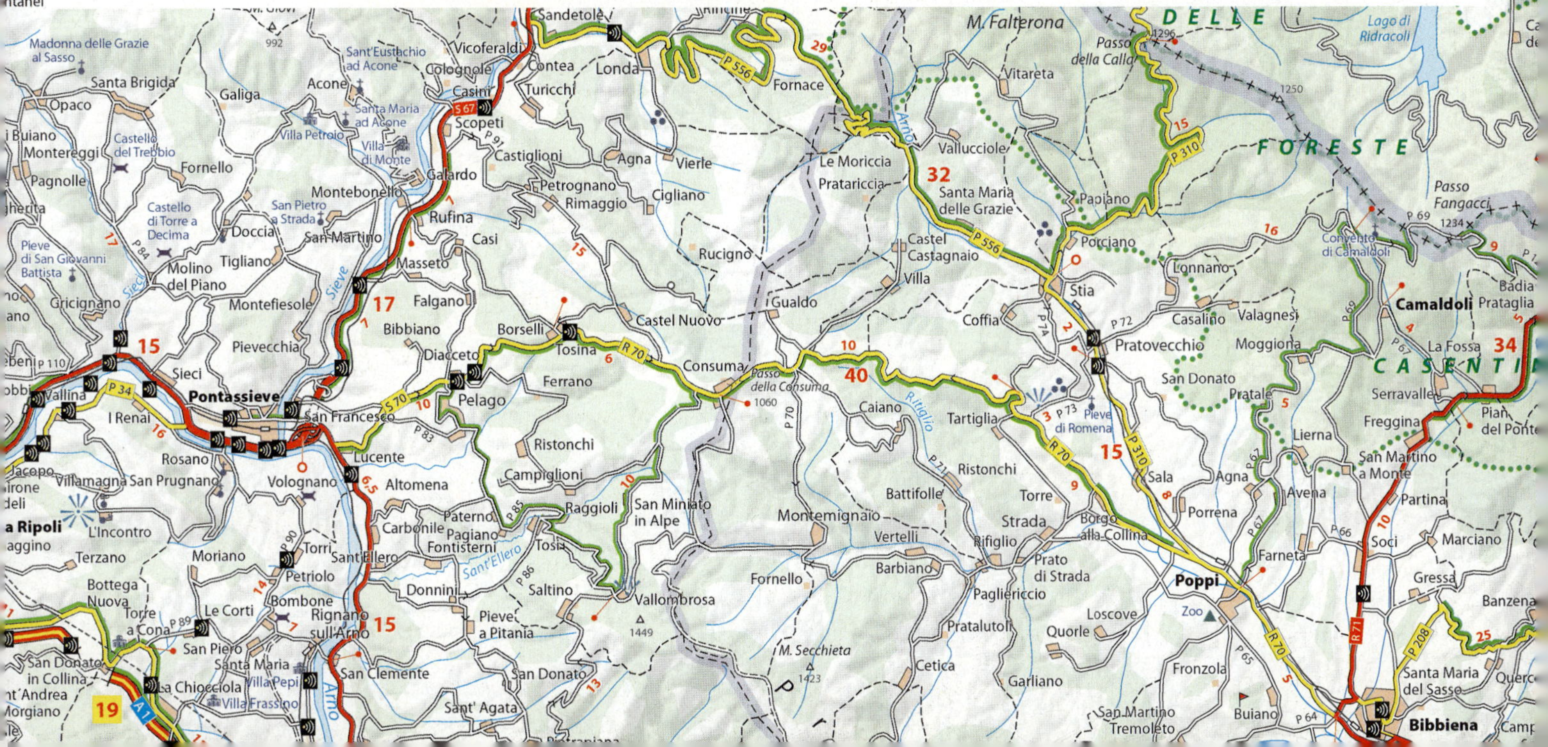
M. Falterona
DELLE FORESTE CASENTI
Passo della Calla
Passo Fangacci
Convento di Camaldoli
Camaldoli
Pratovecchio
Stia
Poppi
Bibbiena
Pontassieve
Rufina
Consuma
Passo della Consuma
Vallombrosa
San Miniato in Alpe
Pelago
Diacceto
Londa
Sieci
Rignano sull'Arno
Pieve di Romena
Castel San Niccolò
Montemignaio
Strada
Pratovecchio
San Donato in Collina
Santa Brigida
Fornello
Contea
Dicomano
Borgo alla Collina
Fronzola
Cetica
Quorle
Lierna
Moggiona
Serravalle
Badia Prataglia
Lago di Ridracoli

GENOVA
Stazione Principe
Palazzo del Principe
Commenda San Giovanni di Prè
Palazzo Reale
SS. Annunziata del Vastato
Galata Museo del Mare
Castelletto
Museo Chiossone
Palazzo Doria-Spinola
Acquario
Biosphera
Bacino Porto Vecchio
Città dei Bambini
Antichi Magazzini del Cotone
Centro Congressi
Porta Siberia
Porto Antico
Palazzo San Giorgio
Teatro Carlo Felice
Palazzo Ducale
S. Lorenzo
Pza de Ferrari
Chiesa del Gesù
S. Stefano
Museo di Sant'Agostino
Sant'Agostino
Santa Maria Assunta in Carignano
Villa Croce (Museo di Arte Contemporanea)
Bacino delle Grazie
Avamporto
La Fiera
Stazione Brignole
Piazza della Vittoria
Spianata dell'Acquasola
Mura di S. Bartolomeo
Castello Mackenzie
Parco Groppallo
Corte Lambruschini
Piazzale Kennedy
Sassello
Molino
Dego
Giusvalla
Pontinvrea
Cairo Montenotte
Millesimo
Carcare
Altare
Cadibona
Montenotte Sup.
Stella
Albisola Sup.
Albissola Marina
Celle Ligure
Varazze
Sorgenti del Belbo
Savona

GENOVA
GOLFO DI GENOVA
PIACENZA ALESSANDRIA
TORINO MILANO
PIACENZA
SAVONA TORINO
LA SPEZIA RAPALLO
ACQUARIO
San Lorenzo
PORTO
Cimitero di Staglieno
RIVAROLO
CASTELLETTO
OREGINA
RIGHI
S. TEODORO
SAMPIERDARENA
MARASSI
S. EUSEBIO
BAVARI
S. DESIDERIO
QUEZZI
SAN FRUTTUOSO
VALLE STURLA
S. MARTINO D'ALBARO
S. FRANCESCO D'ALBARO
QUARTO ALTO
QUARTO DEI MILLE
BOCCADASSE
STURLA
QUINTO AL MARE
NERVI
GOLFO
GENOVA
Voltri
Pegli
Prà
Sestri Ponente
Cornigliano Ligure
AEROPORTO CRISTOFORO COLOMBO
Sampierdarena
Arenzano
Masone
Campo Ligure
Rossiglione
Busalla
Nervi
Quinto al Mare
Sant'Ilario Ligure
Bogliasco
Pieve Ligure
Sori
Recco
Camogli
Torriglia
Montoggio
Punta Chiappa
PARCO NATURALE CAPANNE DI MARCAROLO
Riserva naturale torrente orba
Ovada
Belforte Monferrato
Lerma
Tagliolo Monferrato
Casaleggio Boiro
Mornese
Castelletto d'Orba
Silvano d'Orba
Montaldeo
Capriata d'Orba
Pratalborato
Basaluzzo
Francavilla Bisio
Fresonara
Vesima
Crevari
Mele
Acquasanta
Campomorone
Pontedecimo
Bolzaneto
Sant'Olcese
Serra Riccò
Savignone
Casella
Valbrevenna
Crocefieschi
Vobbia
Lumarzo
Uscio
Davagna
Bargagli
Tasso
Neirone
Lorsica
GOLFO

L'AQUILA

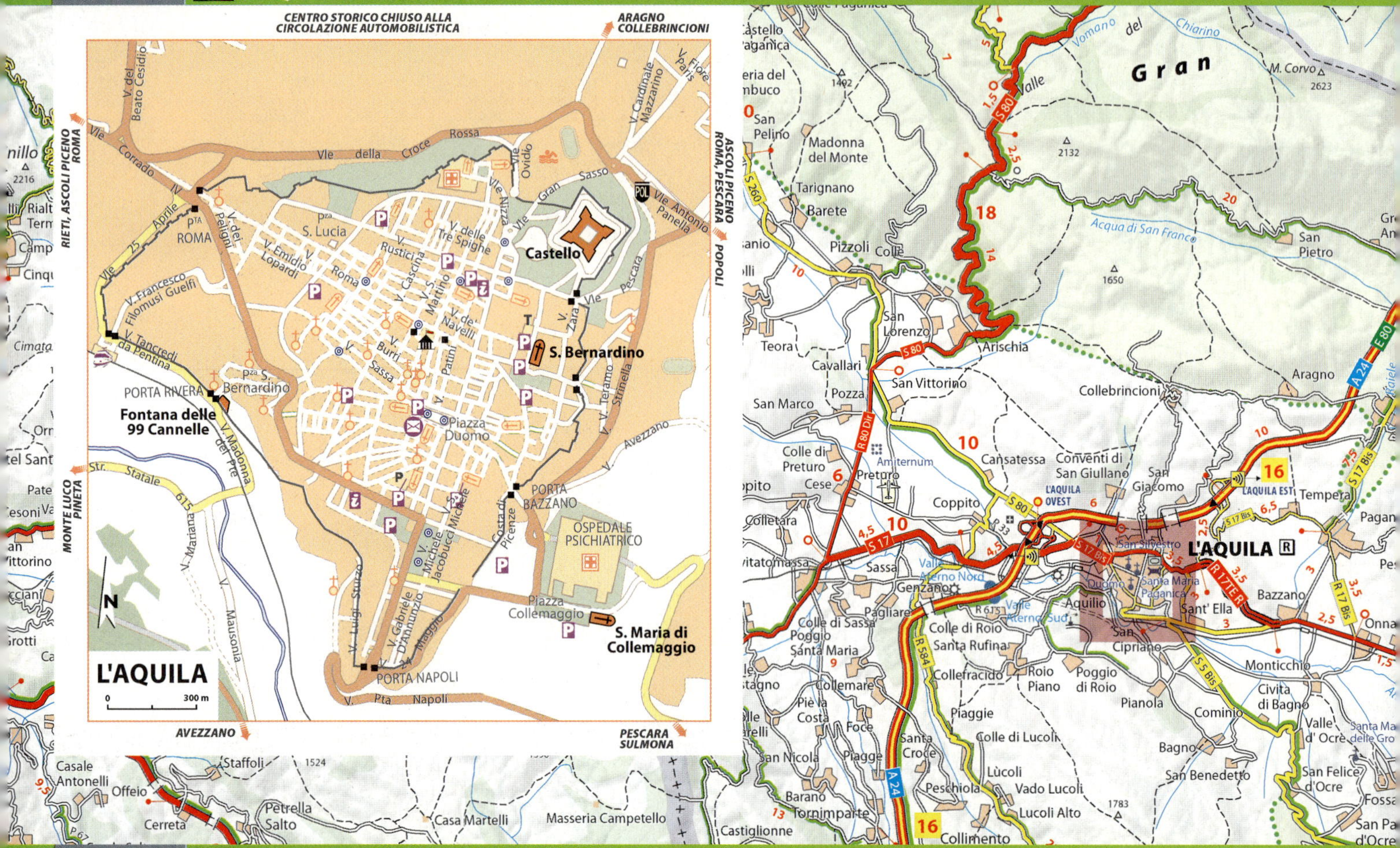

LECCE

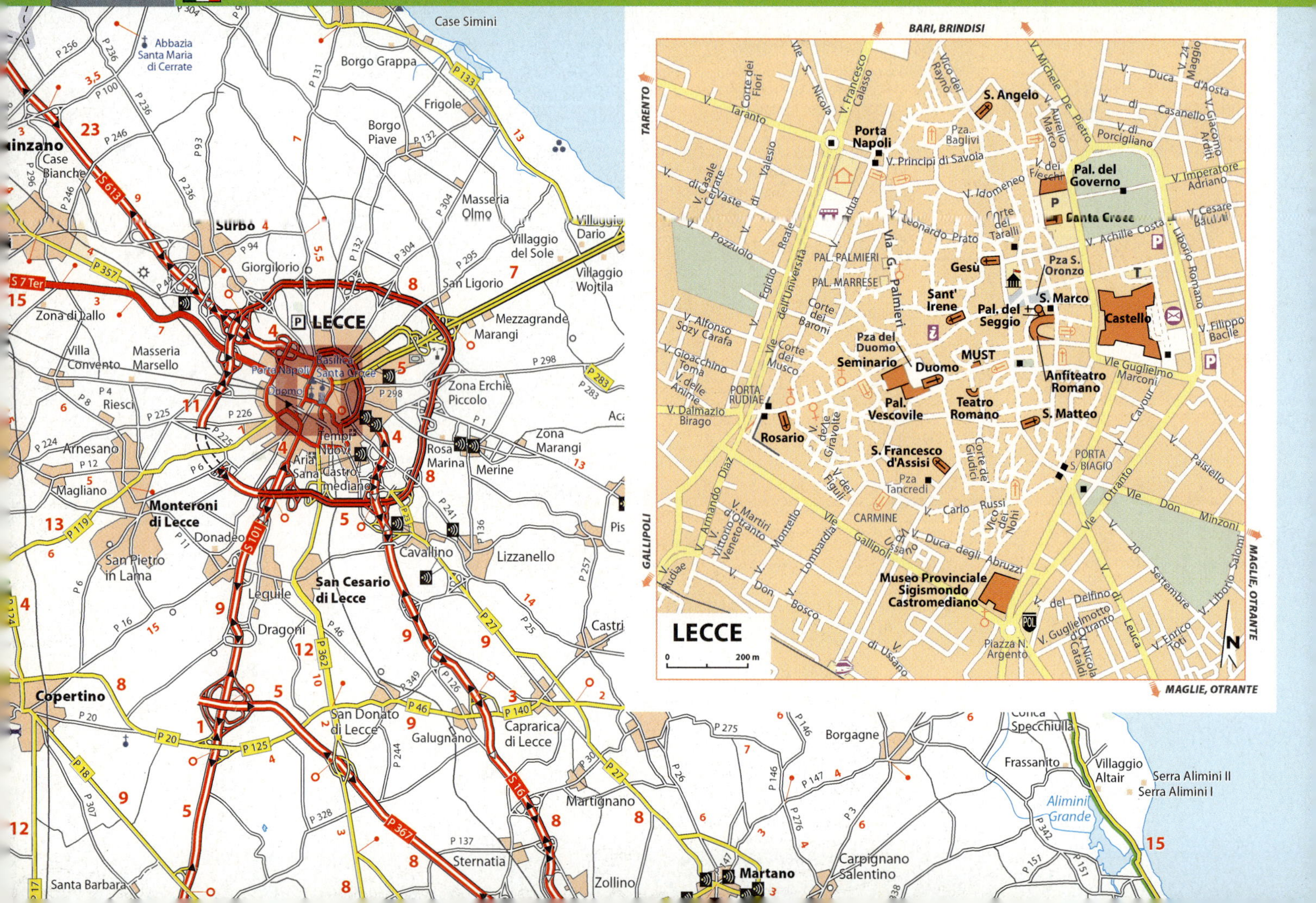

LUCCA
0 200 m
N
ABETONE CAMAIORE, CASTELNUOVO
PISA VIAREGGIO
PESCIA PISTOIA
PONTEDERA EMPOLI
VIAREGGIO, PISA GENOVA
Passeggiata delle Mura
S. Frediano
Pal. Pfanner
Piazza dell' Anfiteatro
S. Pietro Somaldi
Lu.C.C.A.
Museo nazionale di Villa Guinigi
CITTÀ VECCHIA
Torre Guinigi
Pinacoteca
Casa natale di Puccini
S. Michele in Foro
Torre civica delle Ore
Casa Guinigi
Pal. Bernardini
S. Cristoforo
S. Paolino
S. Maria Forisportam
Orto botanico
Museo Nazionale del Fumetto e dell'Immagine
Museo della Cattedrale
Duomo di S. Martino
Piazza Napoleone
Piazza del Giglio
Piazza Risorgimento
Piazza dell'Indipendenza
Vle Regina Margherita
Vle Camillo Benso Conte di Cavour
Pzale Ricasoli
Pzale Bettino Ricasoli
Vle Carlo Del Prete
Vle Pompeo Batoni
Vle Giuseppe Giusti
Vle Agostino Marti
Vle Giacomo Puccini
Vle Alfredo Catalani
Vle Luigi Boccherini
Lucca
Viareggio
Lido di Camaiore
Camaiore
Pietrasanta
Seravezza
Massarosa
Lago di Massaciuccoli
Torre del Lago Puccini
Marina di Torre del Lago
Vecchiano
San Giuliano Terme
Borgo a Mozzano
Capannori
Collodi
Altopascio
Porcari
Montecarlo
Bagni di Lucca
Parco Naturale Alpi Apuane
M. Pisanino
M. Pania
M. Serra
Monte Quiesa
Nozzano
Montuolo
Marlia
Segromigno
Lammari
Lunata
Orentano
Castelvecchio
Villa Basilica
Pescaglia
Fabbriche di Vallico
Coreglia
Ponte a Moriano
San Concordio di Moriano
Ripafratta
Nodica
Migliarino
Filettole
Gattaiola
Sorbano
Guamo
Vorno
Massa Macinaia
Colle di Compito
Pieve di Compito

MANTOVA
0 200 m
N
BRESCIA VERONA
PADOVA FERRARA
CREMONA PARMA
PALAZZO TE
CASA D. MANTEGNA
REGGIO EMILIA MODENA
LAGO SUPERIORE
Lago di Mezzo
Lago Inferiore
Porta Mulina
Museo Diocesano
Duomo
PALAZZO DUCALE
CASTELLO
Palazzo d'Arco
Pza C. d'Arco
Palazzo Bonacolsi
Broletto
Piazza Sordello
Pza Lega Lombarda
Pza M. di Canossa
Sant'Andrea
Pza A. Mantegna
Pza delle Erbe
Pal. della Ragione
Rotonda di S. Lorenzo
Teatro Scientifico
Pza F. Cavallotti
Pza M. di Belfiore
Pescherie
Pza Don E. Leoni
Palazzo di Giustizia
PORTO
Lungolago dei Gonzaga
V. Legnago
V. Trento
Vicolo Cappuccine
Vicolo di Mezzo
V. Carlo Montanari
V. Alberto Pitentino
V. Solferino e S. Martino
V. Giovanni Chiassi
V. Giuseppe Bertani
V. Pietro Frattini
V. Trieste
V. Mario Cardone
V. Enrico Dugoni
MANTOVA
Lago Superiore
Porto Mantovano
Marmirolo
Goito
Roverbella
Castellucchio
Curtatone
Virgilio
San Giorgio di Mantova
Valeggio sul Mincio
Villafranca di Verona
Sommacampagna
Bussolengo
Castelnuovo del Garda
Sona
Mozzecane
Nogarole Rocca
Castelbelforte
Bigarello
Castel d'Ario
Bagnolo San Vito
Medole
Guidizzolo
Volta Mantovana
Castel Goffredo
Piubega
Gazoldo degli Ippoliti
Rodigo
Marcaria
Acquanegra sul Chiese
Redondesco
Cerlongo
Ceresara
Casaloldo
Mariana Mantovana
PARCO DEL MINCIO
VALERIO CATULLO
VERONA NORD
VERONA SUD
MANTOVA NORD
MANTOVA SUD
A 22
A 4
E 45
E 70
P 17
P 236

MESSINA
0 300 m
PALERMO
TORRE, FARO MORTELLE
MUSEO REGIONALE
CATANIA
PALERMO TAORMINA, CATANIA
A 20 / E 90
MESSINA BOCCETTA-PORTO
S. Francesco d'Assisi
S. Giovanni di Malta
Monte di Pietà
Duomo
Fontana di Orione
Annunziata dei Catalani
S. Maria Alemanna
Largo S. Francesco da Paola
Piazza Castronovo
Pza Juvara
Pza Casa Pia
Piazzale Batteria Masotto
Piazza Unità d'Italia
Largo G. Minutoli
PORTO
Pza Antonello
Pza del Duomo
Piazza Fulci
Pza Fr. Maurolico
Pza Lo Sardo
Piazza Cairoli
Pza Roma
Pza Zaera
Largo Stratico
MARE IONIO
CIMITERO MONUMENTALE
Capo Rasocomo
Capo Peloro
Torre Faro
Mortelle
Ganzirri
Messina
Stretto di Messina
Villa San Giovanni
Milazzo
Spadafora
Venetico Marina
Monforte Marina
Santa Lucia del Mela
San Filippo del Mela
P E L O R I T A N I
M. Poverello
Pizzo della Croce
M. Scuderi
Pizzo della Moda
MESSINA
Tremestieri
Mili Marina
Galati Marina
Briga Marina
Giampilieri Marina
Scaletta Marina
REGGIO DI CALABRIA
Castello Aragonese
AEROPORTO DELLO STRETTO
San Gregorio
Gallico Marina
Catona
Campo Calabro
Acciarello
Cannitello
Porticello
Scilla
Pezzolo
Altolia
Molino
Santo Stefano di Briga
Larderia
Zaffaria
Bordonaro
Cumia
Castanea delle Furie
Massa San Giorgio
Massa Santa Lucia
Massa San Nicola
Massa San Giovanni
Sparta
Acquarone
Curcuraci
Faro Sup.
Grotta
Pace
Paradiso
San Michele
Badiazza
Gesso
Salice
Calvaruso
Cavaliere
Rometta
Saponara
Scarcelli
Cavallari
Maiorani
Valdina
Torregrotta
Roccavaldina
Condrò
Gualtieri Sicaminò
Pace del Mela
Giammoro
Archi
Masseria
Olivarella
Calcarone
Baiamonte
Soccorso
Femmina Morta
Santa Maria
Cannistrò
Rossellina
Misericordia
San Paolo
Santa Venera Grotta
Mortelito
Gurafi
La Gala
Migliardo
Maloto
Santa Nicola
Castroreale
Malasà
Santa Croce
Colle del Re
Catalimita
Guidomandri Sup.
Scaletta Sup.
Itala
Tipoldo
Mili San Pietro
Galati
Moleti
Gimello
Monforte San Giorgio
Chiappi
Vinelli Pellegrino
San Pier Niceto
Santa Domenica
San Pietro
San Cono
Santissimo Salvatore
Scalone
Rapano
San Martino
Grangiara
Tracoccia
Serro
Tagliatore
Mandravecchia
Cattafi
Fondachello
Santa Lucia
Zifronte
Pirrera
Apoco
Gimello ne Monaci
Fiumara
Consolazione
Arghillà
Rosali
Pietrabianca
Sambatello
Gallina
Croce Valanidi
San Leo
Occhio
Amendolea
Bronzo di Riace
Vito
Archi

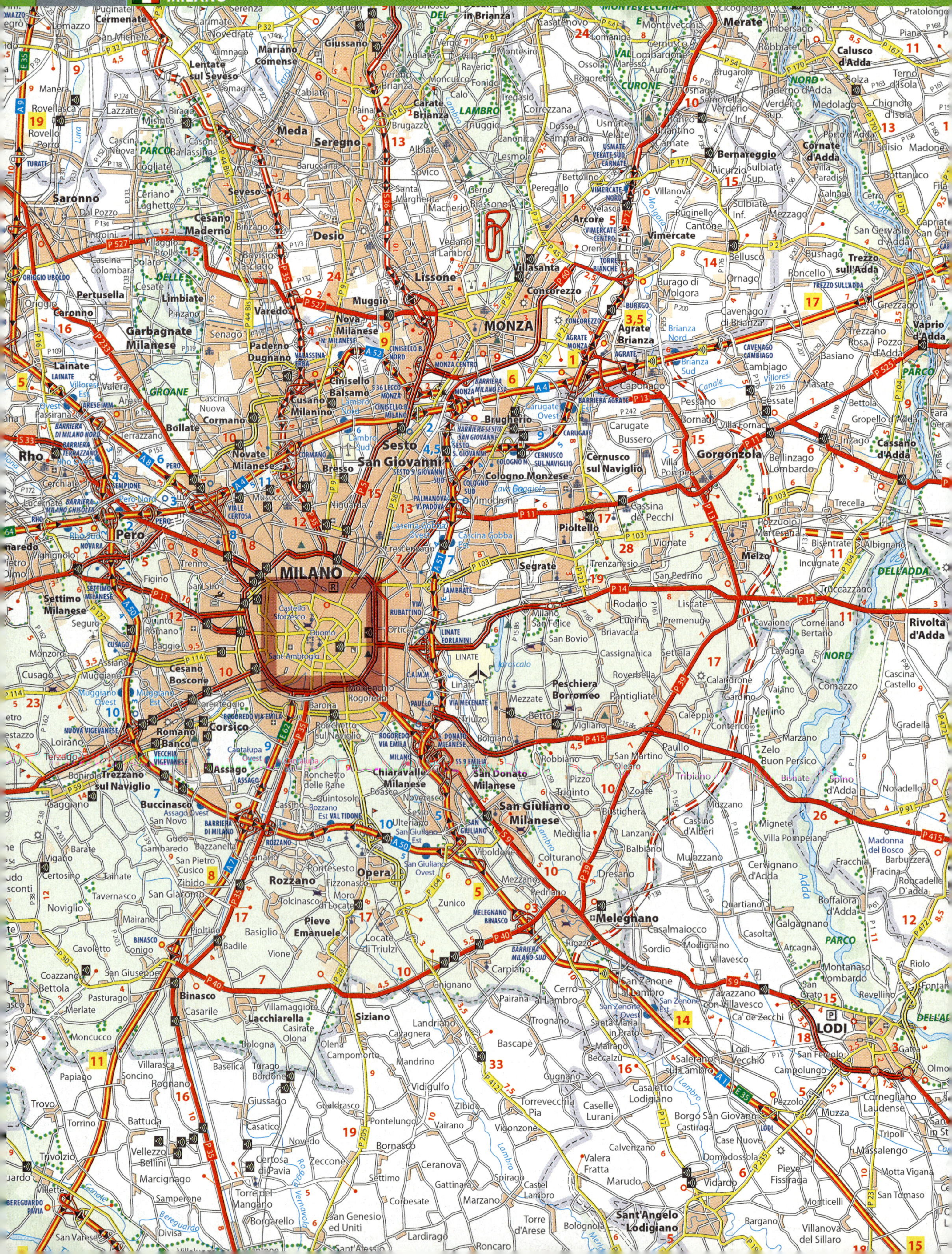
Saronno
Seregno
Meda
Desio
Lissone
MONZA
Vimercate
Merate
Arcore
Concorezzo
Agrate Brianza
Vaprio d'Adda
Trezzo sull'Adda
Cassano d'Adda
Gorgonzola
Pioltello
Segrate
Cernusco sul Naviglio
Cologno Monzese
Sesto San Giovanni
Cinisello Balsamo
Cusano Milanino
Paderno Dugnano
Nova Milanese
Muggiò
Varedo
Limbiate
Bollate
Garbagnate Milanese
Lainate
Rho
Pero
Settimo Milanese
Novate Milanese
Cormano
Bresso
MILANO
Castello Sforzesco
Duomo
Sant'Ambrogio
Linate
Cesano Boscone
Corsico
Trezzano sul Naviglio
Buccinasco
Assago
Rozzano
Opera
Pieve Emanuele
San Donato Milanese
San Giuliano Milanese
Peschiera Borromeo
Melegnano
Binasco
Lacchiarella
Siziano
Melzo
Rivolta d'Adda
LODI
Sant'Angelo Lodigiano
Vizzolo Predabissi
Lentate sul Seveso
Mariano Comense
Giussano
Carate Brianza
Cesano Maderno
Seveso
Bernareggio
Vignate
Paullo
Zelo Buon Persico
Tavazzano con Villavesco
Lodi Vecchio

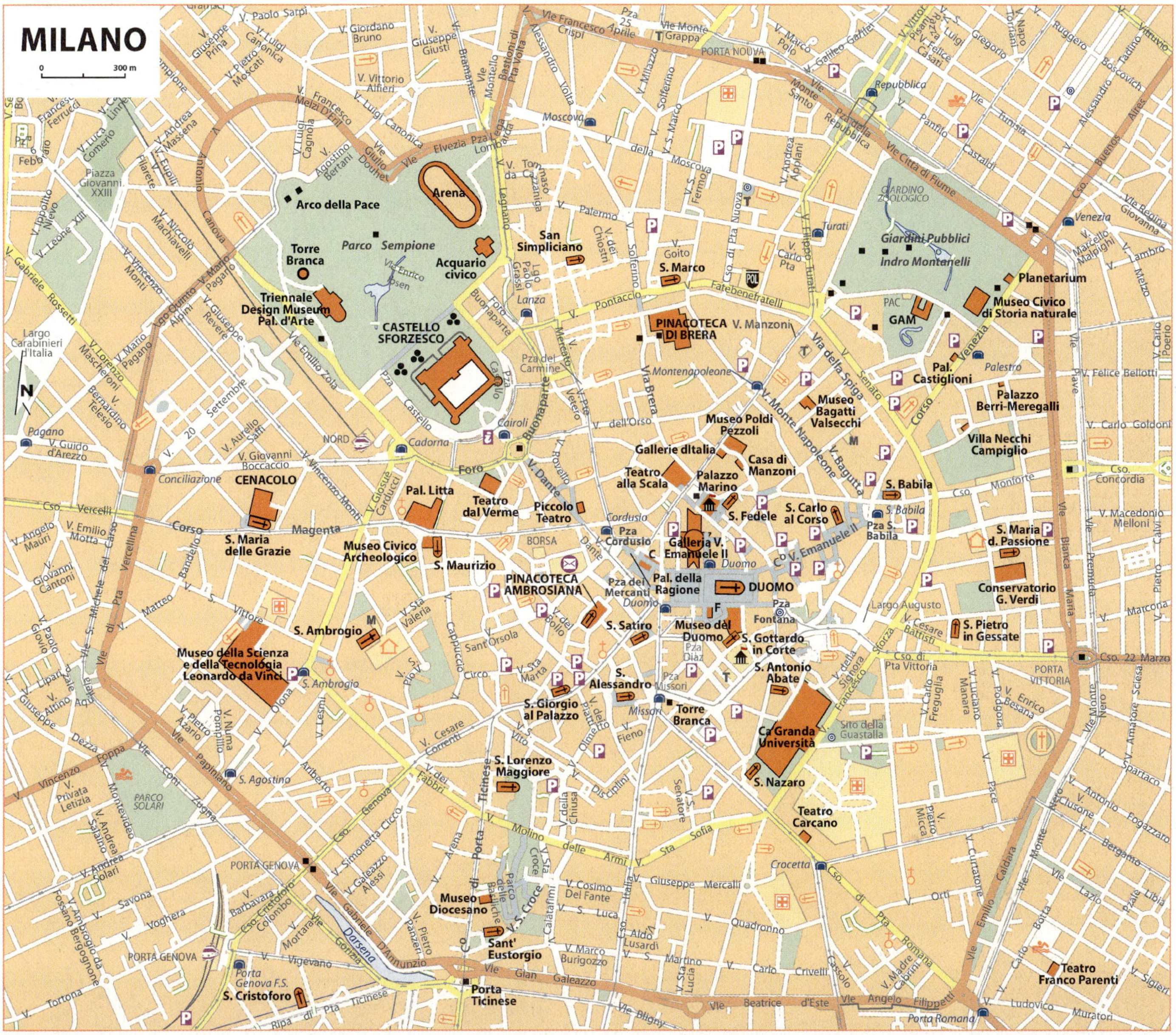
MILANO
0 300 m
Arco della Pace
Arena
Torre Branca
Parco Sempione
Acquario civico
Triennale Design Museum Pal. d'Arte
CASTELLO SFORZESCO
San Simpliciano
S. Marco
PINACOTECA DI BRERA
Giardini Pubblici Indro Montanelli
Planetarium
Museo Civico di Storia naturale
GAM
Pal. Castiglioni
Palazzo Berri-Meregalli
Villa Necchi Campiglio
Museo Bagatti Valsecchi
Museo Poldi Pezzoli
Casa di Manzoni
Gallerie d'Italia
Teatro alla Scala
Palazzo Marino
S. Fedele
S. Carlo al Corso
S. Babila
S. Maria d. Passione
Conservatorio G. Verdi
S. Pietro in Gessate
CENACOLO
S. Maria delle Grazie
Pal. Litta
Teatro dal Verme
Piccolo Teatro
Museo Civico Archeologico
S. Maurizio
PINACOTECA AMBROSIANA
Galleria V. Emanuele II
Pal. della Ragione
DUOMO
Museo del Duomo
S. Gottardo in Corte
S. Antonio Abate
S. Satiro
S. Ambrogio
Museo della Scienza e della Tecnologia Leonardo da Vinci
S. Alessandro
S. Giorgio al Palazzo
Torre Branca
Ca' Granda Università
S. Nazaro
S. Lorenzo Maggiore
Teatro Carcano
Museo Diocesano
Sant' Eustorgio
Porta Ticinese
S. Cristoforo
Teatro Franco Parenti
PORTA NUOVA
PORTA VITTORIA
PORTA GENOVA
Darsena

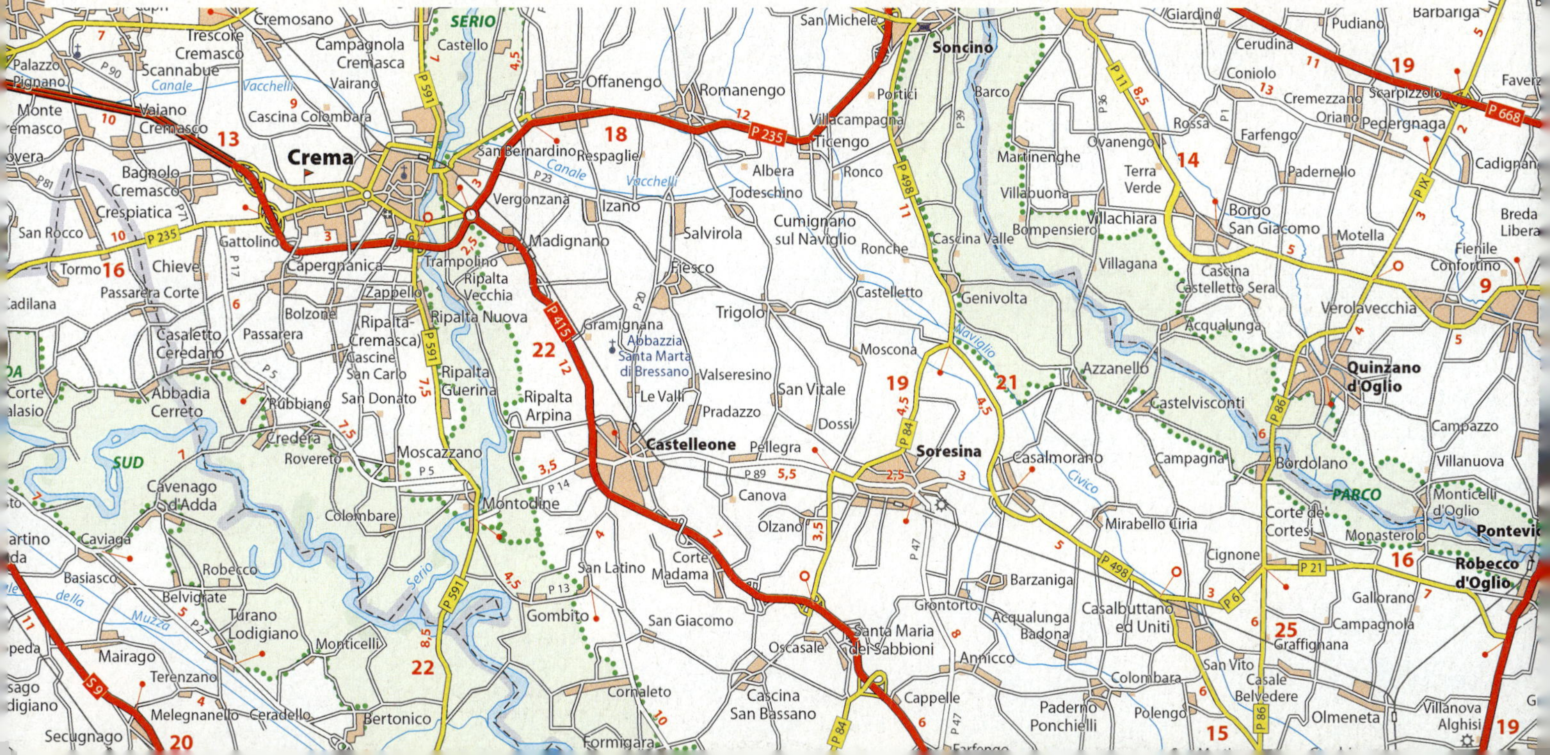
Crema
Soncino
Offanengo
Romanengo
Castelleone
Soresina
Quinzano d'Oglio
Robecco d'Oglio
Casalbuttano ed Uniti
Montodine
Pizzighettone
Trigolo
Genivolta
Casalmorano
Annicco
Sesto
Grontardo

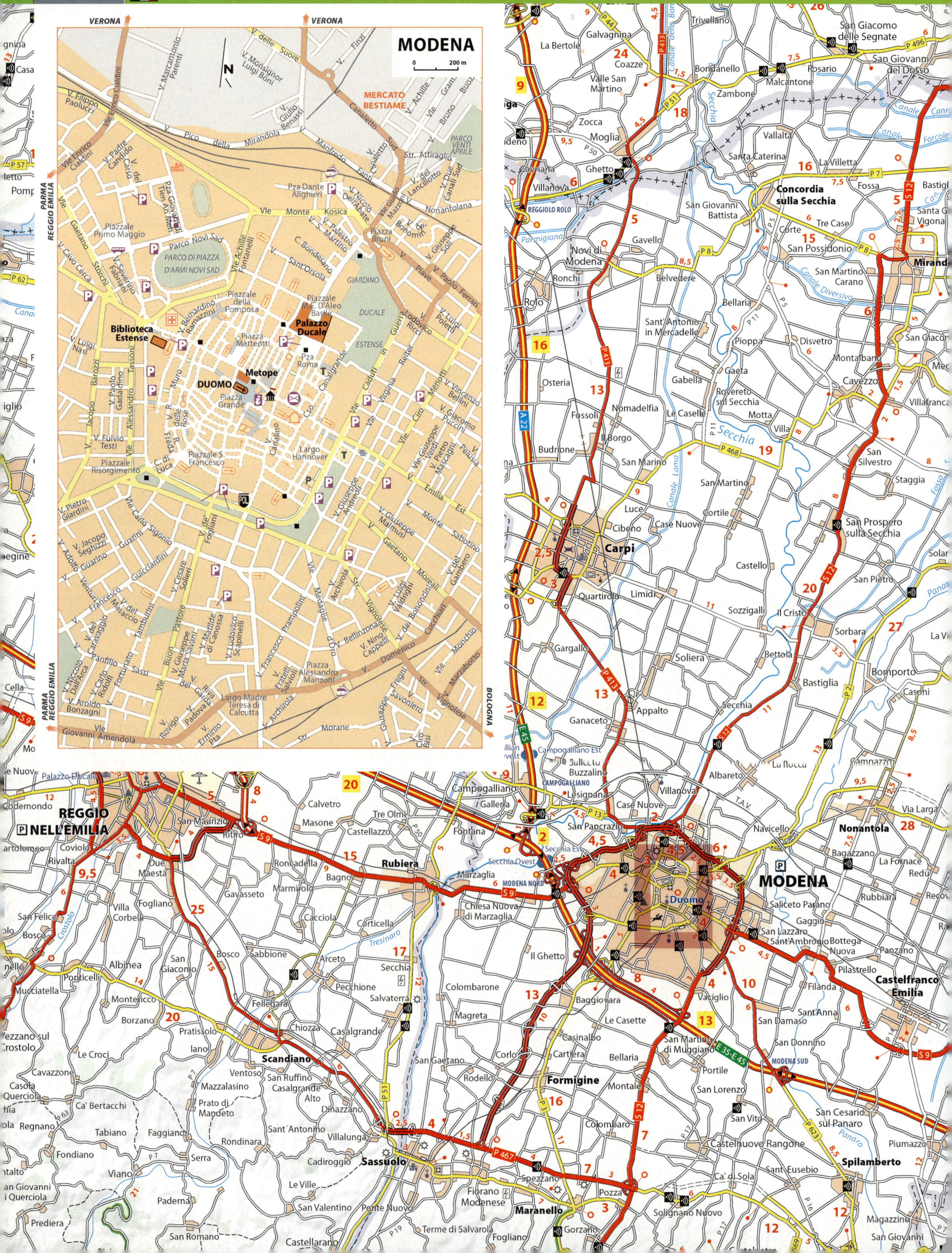
MODENA
VERONA
VERONA
PARMA REGGIO EMILIA
PARMA REGGIO EMILIA
BOLOGNA
MERCATO BESTIAME
PARCO VENTI APRILE
Parco Novi Sad
PARCO DI PIAZZA D'ARMI NOVI SAD
Biblioteca Estense
Palazzo Ducale
GIARDINO DUCALE ESTENSE
Metope
DUOMO
Piazza Grande
Piazza Matteotti
Pza Roma
Piazzale Primo Maggio
Piazzale della Pomposa
Piazzale M.E. D'Aleo Basile
Largo Hannover
Piazzale S. Francesco
Piazzale Risorgimento
Pza Dante Alighieri
Piazza Bruni
Piazza Alessandro Manzoni
Largo Madre Teresa di Calcutta
Vle Monte Kosica
Vle Giovanni Amendola
Morane
Galvagnina
Coazze
Valle San Martino
La Bertole
Trivellano
Bondanello
Zambone
Malcantone
Rosario
San Giacomo delle Segnate
San Giovanni del Dosso
Zocca
Moglia
Ghetto
Villanova
Santa Caterina
Vallalta
La Villetta
Fossa
Concordia sulla Secchia
San Giovanni Battista
Corte
Tre Case
San Possidonio
San Martino Carano
Mirandola
Novi di Modena
Ronchi
Gavello
Belvedere
Rolo
Bellaria
Sant'Antonio in Mercadello
Pioppa
Disvetro
Montalbano
Gaeta
Gabella
Roveretto sul Secchia
Cavezzo
Villafranca
Osteria
Fossoli
Nomadelfia
Le Caselle
Motta
Villa
Budrione
Il Borgo
San Marino
San Silvestro
Staggia
San Martino
Luce
Cortile
Cibeno
Case Nuove
Carpi
San Prospero sulla Secchia
Castello
Quartirolo
Limidi
Sozzigalli
San Pietro
Sorbara
Il Cristo
Gargallo
Soliera
Bettola
Bastiglia
Bomporto
Ganaceto
Appalto
Secchia
Campogalliano Est
Sulleto
Buzzalino
Lesignana
Villanova
Albareto
Campogalliano
Case Nuove
San Pancrazio
Navicello
Nonantola
Via Larga
Bagazzano
La Fornace
MODENA
Duomo
Saliceto Panaro
Gaggio
Rubbiara
San Lazzaro
Sant'Ambrogio
Bottega Nuova
Panzano
Pilastrello
Castelfranco Emilia
Filanda
Vaciglio
San Damaso
Sant'Anna
San Donnino
San Martino di Mugnano
Portile
San Lorenzo
San Vito
San Cesario sul Panaro
Castelnuovo Rangone
Piumazzo
Sant'Eusebio
Spilamberto
Ca' di Sola
Solignano Nuovo
Magazzino
San Giovanni
Pozza
Maranello
Gorzano
Fogliano
Terme di Salvarola
Fiorano Modenese
Spezzano
Sassuolo
Formigine
Montale
Colombaro
Bellaria
Casinalbo
Cartiera
Corlo
Baggiovara
Le Casette
Il Ghetto
Magreta
Colombarone
Rodello
San Gaetano
Salvaterra
Pecchione
Arceto
Secchia
Tresinaro
Corticella
Chiesa Nuova di Marzaglia
Marzaglia
Fontana
Tre Olmi
Castellazzo
Rubiera
Bagno
Calvetro
Masone
Roncadella
Marmirolo
Gavassetto
Cacciola
REGGIO NELL'EMILIA
San Maurizio
Ritiro
Coviolo
Rivalta
Due Maestà
Villa Corbelli
Fogliano
San Felice
Bosco
Albinea
San Giacomo
Bosco
Sabbione
Ponticelli
Montericco
Borzano
Mucciatella
Pratissolo
Fellegara
Chiozza
Casalgrande
Scandiano
Ventoso
San Ruffino
Casalgrande Alto
Mazzalasino
Prato di Mandeto
Dinazzano
Rondinara
Sant'Antonio
Villalunga
Cadiroggio
Le Ville
San Valentino
Ponte Nuovo
Castellarano
Serra
Viano
Faggiano
Tabiano
Ca' Bertacchi
Regnano
Fondiano
Cavazzone
Le Croci
Casola Querciola
Paderna
San Romano
Predlera
Crostolo
Palazzo Ducale
Codemondo
Cella
Parmigiana
REGGIOLO ROLO
MODENA NORD
MODENA SUD
Secchia Ovest
Secchia Est
CAMPOGALLIANO
Canale Diversivo
Secchia
Panaro

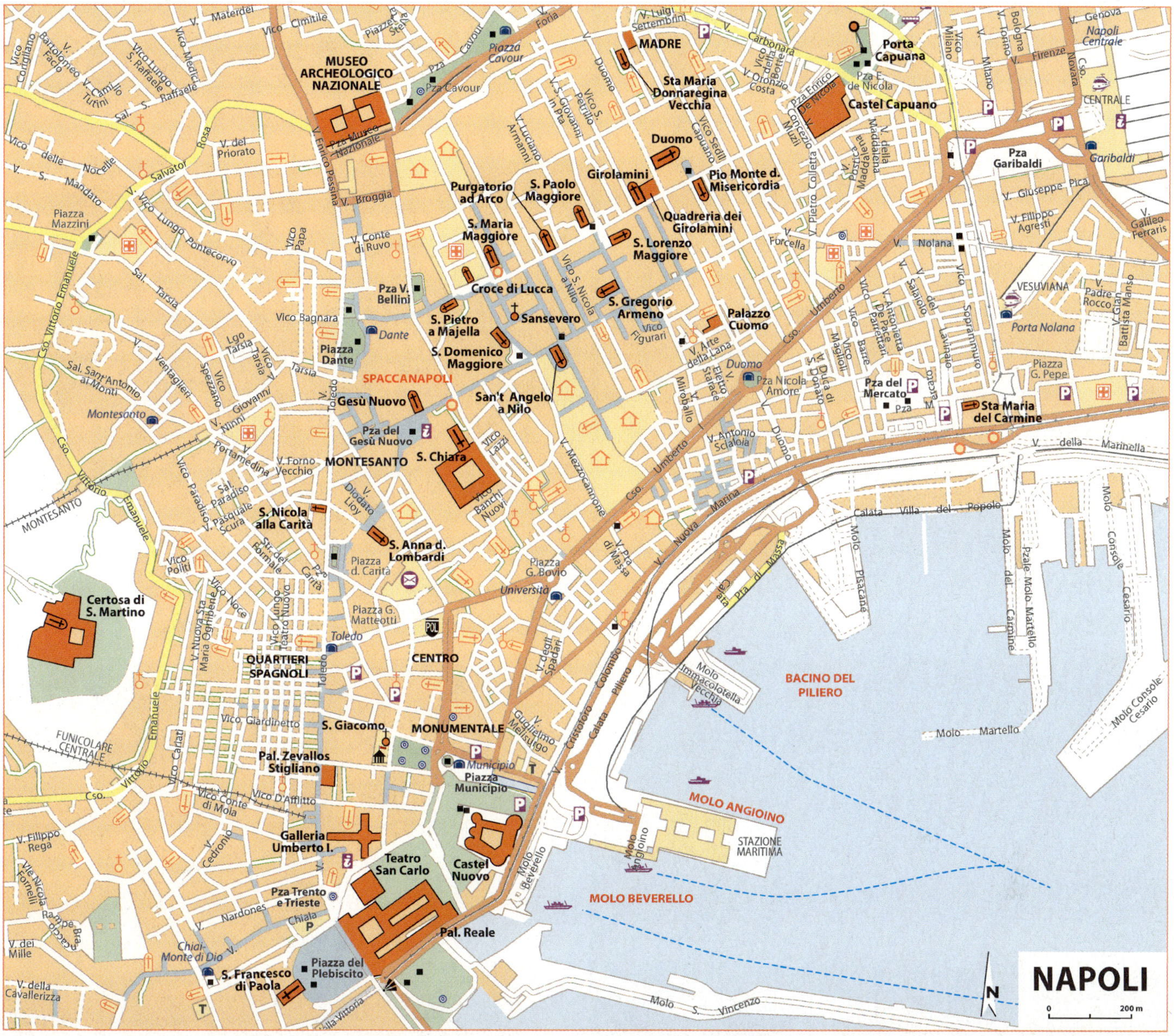
NAPOLI
MUSEO ARCHEOLOGICO NAZIONALE
MADRE
Sta Maria Donnaregina Vecchia
Porta Capuana
Castel Capuano
Piazza Cavour
Duomo
Girolamini
Pio Monte d. Misericordia
Quadreria dei Girolamini
Purgatorio ad Arco
S. Paolo Maggiore
S. Maria Maggiore
S. Lorenzo Maggiore
Croce di Lucca
S. Gregorio Armeno
Palazzo Cuomo
Pza V. Bellini
S. Pietro a Majella
Sansevero
S. Domenico Maggiore
Piazza Dante
SPACCANAPOLI
Gesù Nuovo
Pza del Gesù Nuovo
Sant' Angelo a Nilo
S. Chiara
MONTESANTO
S. Nicola alla Carità
S. Anna d. Lombardi
Certosa di S. Martino
Pza Garibaldi
Porta Nolana
Pza del Mercato
Sta Maria del Carmine
Piazza G. Pepe
Piazza G. Bovio
QUARTIERI SPAGNOLI
CENTRO
S. Giacomo
MONUMENTALE
Pal. Zevallos Stigliano
Piazza Municipio
Galleria Umberto I.
Teatro San Carlo
Castel Nuovo
Pza Trento e Trieste
Pal. Reale
Piazza del Plebiscito
S. Francesco di Paola
BACINO DEL PILIERO
MOLO ANGIOINO
STAZIONE MARITTIMA
MOLO BEVERELLO
FUNICOLARE CENTRALE
0
200 m
N

NAPOLI
Sant' Antimo
Frattamaggiore
Afragola
Casalnuovo di Napoli
Pomigliano d'Arco
Marigliano
Villaricca
Qualiano
Giugliano in Campania
Melito di Napoli
Arzano
Casoria
Mugnano di Napoli
Marano di Napoli
Quarto
Capodimonte
Pozzuoli
Bacoli
Baia
Miseno
San Giorgio a Cremano
Portici
Ercolano
Torre del Greco
Sant'Anastasia
Somma Vesuviana
Ottaviano
PARCO NAZIONALE DEL VESUVIO
VESUVIO
Boscotrecase
Boscoreale
PARCO DEI CAMPI FLEGREI
AEROPORTO CAPODICHINO
Marechiaro
Coroglio

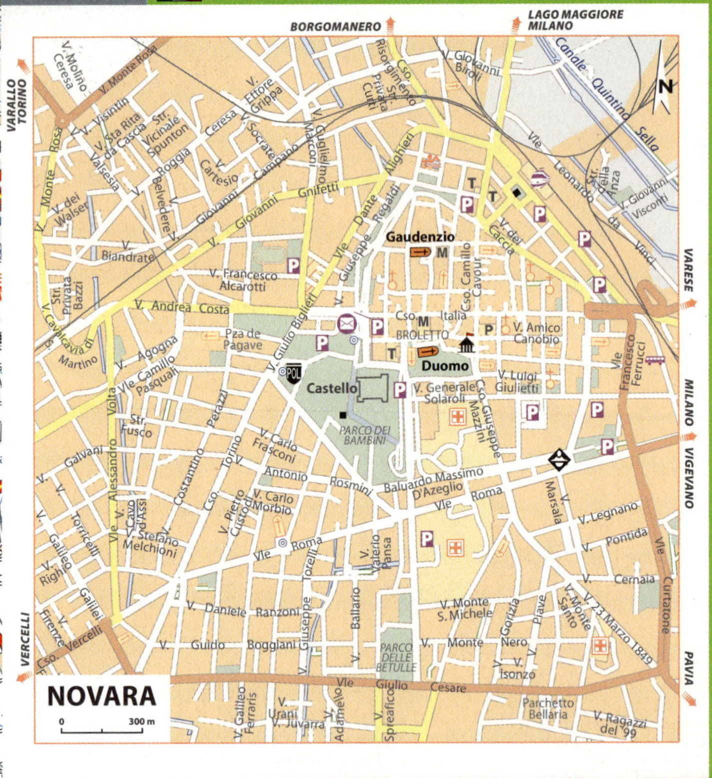
NOVARA
300 m
BORGOMANERO
LAGO MAGGIORE MILANO
VARALLO TORINO
VARESE
MILANO VIGEVANO
VERCELLI
PAVIA
Gaudenzio
Duomo
Castello
BROLETTO
PARCO DEI BAMBINI
PARCO DELLE BETULLE
Baluardo Massimo D'Azeglio
V. Andrea Costa
Canale Quintino Sella
Parchetto Bellaria

PADOVA
Vigodarzere
Rubano
Selvazzano Dentro
Abano Terme
Montegrotto Terme
Albignasego
Ponte San Nicolò
Noventa
Vigonza
Legnaro
Battaglia Terme
Due Carrare
Maserà di Padova
Casalserugo
AEROPORTO GINO ALLEGRI
PADOVA OVEST
PADOVA EST
PADOVA SUD
PADOVA Z.I. INTERPORTO
A 13
A 4

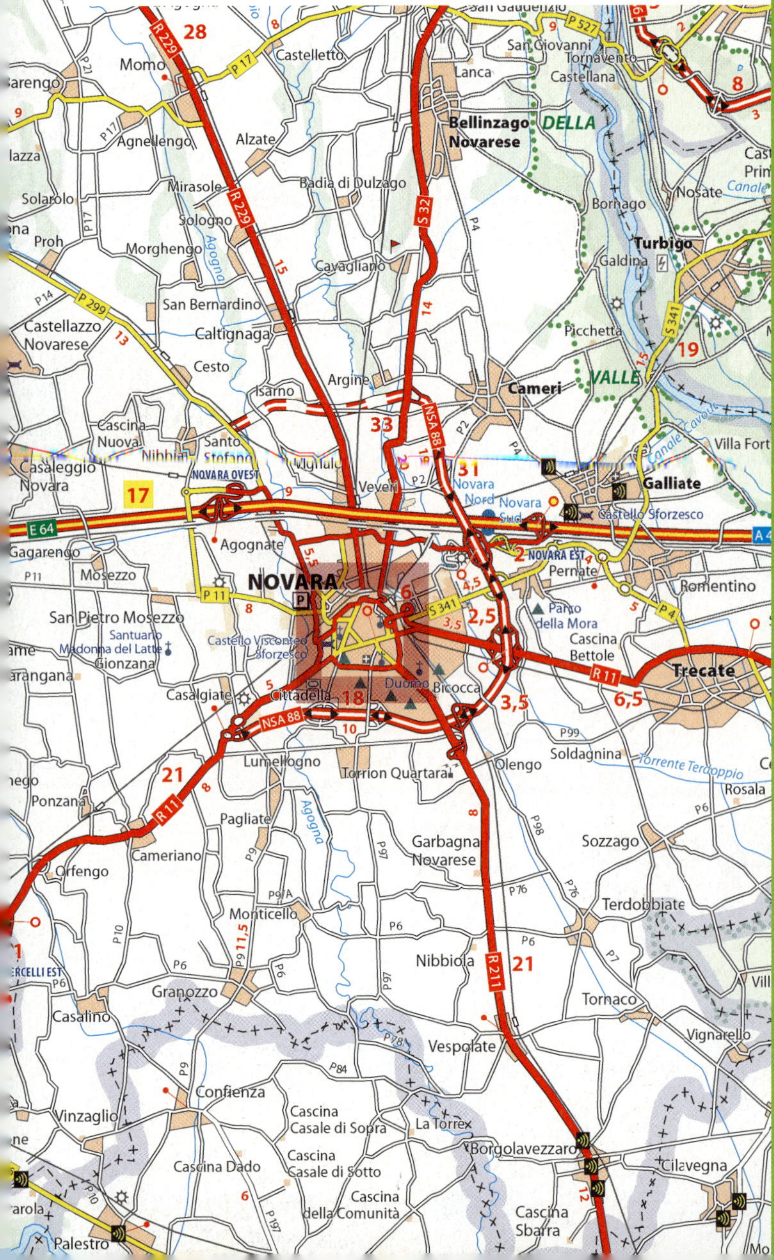
NOVARA
Novara
Cameri
Galliate
Trecate
Romentino
Bellinzago Novarese
Turbigo
Garbagna Novarese
Nibbiola
Vespolate
Borgolavezzaro
Caltignaga
Momo
Casalino
Granozzo
Vinzaglio
Confienza
Terdobbiate
Tornaco
Cilavegna
Sozzago
Olengo
Torrion Quartara
Lumellogno
Cameriano
Orfengo
Casalgiate
Pernate
Veveri
Lanca
Castelletto
Agognate
NOVARA OVEST
NOVARA EST
E 64
A 4
R 11
R 211
R 229
S 32
S 341
NSA 88
Castello Sforzesco
DELLA VALLE

PADOVA
200 m
SCROVEGNI
Museo civico agli Eremitani
Eremitani
Caffè Pedrocchi
Università
Pal. d. Ragione
Torre dell'Orologio
Battistero
Duomo
Museo Diocesano
Pal. del Capitano
Pal. Zabarella
Loggia e odeo Cornaro
Statua equestre del Gattamelata
Basilica di Sant'Antonio
Oratorio di San Giorgio
Orto Botanico
Prato della Valle
Santa Giustina
PORTA SAVONAROLA
PORTA SARACINESCA
Pza dei Signori
Pza d. Frutta
Pza d. Erbe
Pza Cavour
GIARDINI DELL'ARENA
Cavalcavia Dalmazia

PALERMO
0
300 m
N
Galleria d'Arte Moderna...... F
Galleria Regionale di Sicilia (Palazzo Abatellis).......... G
Museo del Risorgimento M2
Museo Internazionale delle Marionette M3
Oratorio del Rosarion di S. Cita N1
Oratorio del Rosario di S. Domenico N2
S. Caterina S1
S. Ignazio all'Olivella........ S2
S. Maria della Pietrà S4
S. Maria della Vittoria e Oratorio dei Bianchi S5
Teresa alla Kalsa............ S6
San Giuseppe ai Teatini S8
STAZIONE MARITTIMA
PORTO
LA CALA
GOLFO DI PALERMO
Teatro Politeama
Teatro Massimo
Museo Archeologico Regionale
Prefettura
San Giorgio dei Genovesi
Santa Cita
Santa Maria di Valverde
San Domenico
Oratorio di S. Filippo Neri
Oratorio di S. Caterina d'Alessandria
Sant' Agostino
Mercato del Campo
Pal. Oneto di Sperlinga
Pal. Termine
ORATORIO DI SAN LORENZO
Santa Maria della Catena
Porta Felice
Passeggiata delle Cattive
Palazzo Branciforti-Butera
Palazzo Chiaramonte
Piazza Marina Giardino Garibaldi
Porta dei Greci
La Gancia
Santa Maria dello Spasimo
S. Francesco d'Assisi
Palazzo Mirto
Mercato Lattarini
San Matteo
Quattro Canti
Pza Pretoria
Piazza Bellini Martorana
San Cataldo
Pal. Riso
SS. Salvatore
Pal. Arcivescovile
Cattedrale
Pal. Asmundo
Chiesa d. Gesù
Pal. Marchesi
Palazzo Comitini
S. Chiara
S. Orsola
Pal. Sclafani
Casa Professa
Pal. S. Croce-S. Elia
Mercato di Ballarò
Chiesa d. Carmine
Pal. Filangeri di Cutò
La Magione
Palazzo Ajutamicristo
Piazza della Rivoluzione
Villa Giulia
Orto Botanico
GIARDINO TROPICALE
Porta Nova
Villa Bonanno
PALAZZO DEI NORMANNI
CAPPELLA PALATINA
Palazzo d'Orléans
San Giovanni degli Eremiti
Parco d'Orléans
Via Vittorio Emanuele
Via della Libertà

Capo Gallo
Mondello
I. delle Femmine
Isola delle Femmine
Golfo di Carini
Golfo di Palermo
Punta di Priola
Tommaso Natale
Pallavicino
Cardillo
Santuario Grotta di Santa Rosalia
San Lorenzo
M. Pellegrino
Vergine Maria
Arenella
PALERMO
Acquasanta
Carini
Capaci
Villagrazia di Carini
Torretta
Montelepre
Sommariva
Inserra
Bellolampo
Boccadifalco
Gaudes
Poggio Ridente
Pietrelunghe
San Martino delle Scale
Monreale
Pagliarello
Ciaculli
Croce Verde
Villabate
Portella di Mare
Ficarazzi
Bagheria
Aspra
Santa Flavia
Solanto
Capo Zafferano
Sant'Erasmo
Acqua dei Corsari
Bandita
Regia Corte
Villa Rosa
Sant'Elia
Porticello

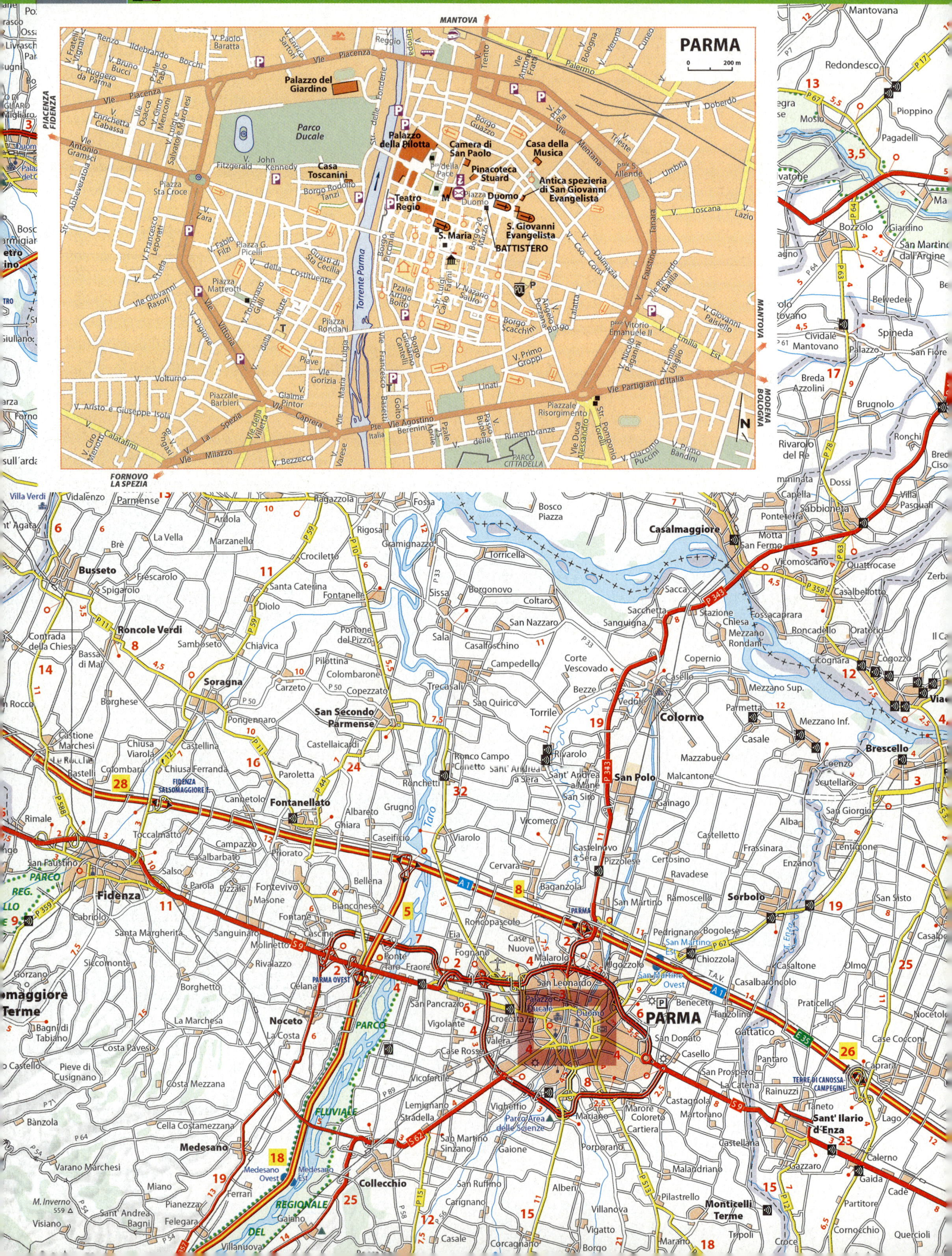

PARMA

0   200 m

PERUGIA
0
200 m
Sant'Angelo
Porta S. Angelo
PORTA DELLO SPERANDIO
Parco di Sant'Angelo
ZONA UNIVERSITARIA
S.Agostino
PORTA BULAGAIO
PTA DI S. ANTONIO
CESENA GUBBIO
Pal. Gallenga
Arco di Augusto
S. Francesco al Prato
S. Bernardino
San Severo
Torre degli Sciri
S. Filippo Neri
Duomo
Pozzo Etrusco
Pza IV Novembre
Pal. dei Priori
S. Agata
Coll. del Cambio
Pal. del Capitano del Popolo
PORTA SANTA MARGHERITA
PTA S. SUSANNA
PALAZZO DELLO SPORT
FIRENZE, CITTÀ DELLA DOMENICA, STAZIONE
Museo Archeologico Nazionale dell'Umbria
Roca Paolina
Pta Marzia
San Domenico
Porta San Pietro
PORTA S. GIROLAMO
TORGIANO
San Pietro
IPOGEO D. VOLUMNI, ASSISI, FOLIGNO
CESENA, TODI, ROMA

Gabicce Mare
Gabicce Monte
Casteldimezzo
Fiorenzuola di Focara
Gradara
La Siligata
Santa Marina
Villa Imperiale
PESARO
Scalone Vanvitelliano
Monteluro
Tavullia
Case Bruciate
Tre Ponti
Muraglia
Ghetto
Fosso Sejore
Trebbiantico
Villa Fastiggi
PESARO URBINO
Sminatori
Grotte
Santa Veneranda
Borgo S. Maria
Osteria Nuova
Villa Ceccolini
Novilara
Montecchio
Montelabbate
Chiusa Nuova
Trebbio della Sconfitta
Villa Betti
Sant'Andrea
Villa Mazza
Fenile
Centinarola
Case Bertuli
Santa Maria dell' Arzilla
Cartella
Sant'Angelo in Lizzola
Monteciccardo
Ca' Agostini
Villagrande
Carignano
Cairo
Mombaroccio
Ponte Murello
Lucrezia
Sant'Anna
Molinaccio
Salomone
Montegiano
Ripalta
Capoville
Monte Santa Maria
La Pieve
Montegaudio

Villa Faggeto
Casa Bidagoria
Antognola
Parlesca
Tavernacce
Coltavolino
Pantano
San Giovanni del Pantano
Pizzo Guglielmi
Solfagnano
Capo Contessa
S. Gratignano
Pieve San Quirico
Migiana di Monte Tezio
Resinali
Montelabate
Borgo Giglione
Pieve Petroia
San Lorenzo di Monte Nero
Colle Umberto
Osteria del Colle
Colognola
Santa Maria
Ponte Pattoli
Le Pulci
Caligiana
Mantignana
Le Cupe
Canneto
San Lorenzo di Rabatta
Cordigliano
Villa Pitignano
Antria
Colle Sante
Castello
Capocavallo
Oscano
Migiana
Cenerente
San Marco
Perotta
Bosco
Pieve del Vescovo
Corciano
Ponte Felcino
Civitella d'Arno
PERUGIA
La Trinità
Fontana
Castelvieto
Chiugiana
Cattedrale
Museo Archeologico
Ponte S. Giovanni
Casaglia
Ponte Valleceppi
Lacugnano
Monticelli
San Mariano
San Sisto
Ipogeo d. Volumni
Collestrada
Solomeo
Strozzacapponi
Sant'Andrea delle Fratte
S. Maria Ausiliatrice
San Martino Delfico
Montebello
Miralduolo
Capanne
Castel del Piano
Boneggio
S. Andrea d'Agliano
Podere
Bagnaia
La Torricelle
Pila
Villa
San Martino dei Colli
San Martino in Campo
TEVERE
Villa Montefreddo
San Martino in Colle
S. Maria Rossa
Torgiano
Signoria
Pilonico Materno
Poggio delle Corti

PESARO
0
200 m
PORTO
Mare
Adriatico
STRADA PANORAMICA
Piazzale della Libertà
Piazzale d'Annunzio
Museo Civico
Roca Costanza
Piazza Matteotti
Piazzale Garibaldi
BOLOGNA ANCONA
URBINO
PESCARA ANCONA

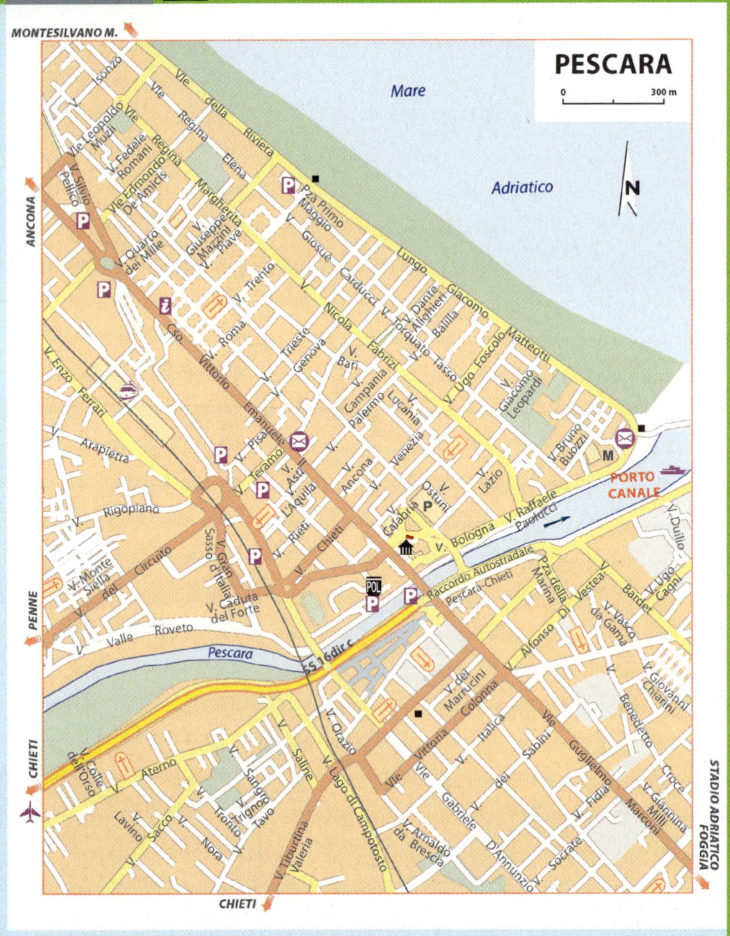
PESCARA
0 300 m
MONTESILVANO M.
Mare
Adriatico
N
ANCONA
PENNE
CHIETI
STADIO ADRIATICO FOGGIA
PORTO CANALE
Pescara
Viale della Riviera
Lungomare Giacomo Matteotti
Raccordo Autostradale Pescara-Chieti
Viale Bologna
Corso Vittorio Emanuele II
Viale G. Marconi
Via Tiburtina Valeria
Via Lago di Campotosto
Via Nora
Viale Bovio
Via Rigopiano
Via Aterno
Via Tirino
Via Tavo
Viale Pindaro
Via Italica
Via Gabriele D'Annunzio
Via Socrate
Via Conte di Ruvo
Via Rieti
Via Chieti
Via Teramo
Via Ancona
Via Venezia
Via Lazio
Via Firenze
Via Trieste
Via Trento
Via Roma
Via Genova
Via Nicola Fabrizi
Via Cesare Battisti
Via Carducci
Via Galilei
Via Leopardi
Via Enzo Ferrari
Via Arapietra
Via Circuito
Via Valle Roveto
Viale del Forte
Via Caduta del Forte
Via Monte Siella
Via Sacco
Via Lavino
Via Tavo
Via Orazio
Via Vittoria Colonna
Via Alfonso
Via Vasco da Gama
Via Benedetto Croce
Via Guglielmo Marconi
Via Ugo Foscolo
Via Duilio
Via Raffaele Paolucci
Via Bruno Buozzi
Via Attilio Monti

PISA
San Giuliano Terme
Vecchiano
Nodica
Migliarino
Malaventre
Metato
Pontasserchio
Avane
Patrignone
Molina di Quosa
Rigoli
Santa Maria del Giudice
Poggio Vecchio
Poggio Nuovo
San Martino
La Casina
San Iacopo
Tre Ponti
Gello
Monsello
Palanche
Puntata
Madonna dell'Acqua
Le Maggiola
Asciano
Agnano
Calci
Le Caselline
Ghezzano
La Fattoria
Mezzana
Ripoli
Campo
Caprona
Crespigna
Zambra
Pierdicino
Riglione
Navacchio
Putignano
Carraia
La Bugnotta
Barbaricina
Torre Pendente
Piazza dei Miracoli
Gombo
Sterpaia
Cascine Vecchie
Parco di San Rossore
MIGLIARINO
PARCO
SAN ROSSORE
La Punta
Cascine Nuove
La Palazzina
Vettola
San Piero a Grado
La Bigattiera
Castagnolo Ovest
AEROPORTO GALILEO GALILEI
Ospedaletto
Macerata
Case di Gosto
Arnaccio
Chiesanuova
Coltano Radio
Palazzi
Tenuta di Tombolo
Grecciano
Valtriani
Vicarello
Mortaiolo
Guasticce
Collesalvetti
Villa Cheloni
Nugola
Casabianca
Faugli
Torretta
Acciaiolo
Castell'Anselmo
Campo al Melo
Pian di Rota
Stagno
Fortezza Nuova
LIVORNO
Fosso
Scolmatore
Canale
Fi-Pi-Li
A 12
E 80
S 1
S 67 Bis
S 206
S 12
Morto
Arno

Silvi Marina
Montesilvano Marina
Montesilvano
Montesilvano Colle
Santa Filomena
Colle Marino
PESCARA
Sacro Cuore
Pretaro
Francavilla al Mare
San Giovanni
Madonna
Spoltore
Santa Teresa
Sambuceto
Fontanelle
San Silvestro
San Giovanni Teatino
Di Nisio
Castellana
Villanova
Bucciero
Madonna delle Piane
Torrevecchia Teatina
Torremontanara
Castelferrato
CHIETI
Ripa Teatina
Miglianico
Foro
Lazzaretto
Postilli
Savini
Feudo
Aquilano
Tollo
PESCARA NORD CITTÀ SANT'ANGELO
PESCARA OVEST CHIETI
PESCARA SUD FRANCAVILLA
VILLANOVA
Alento Est
Alento Ovest
A 14
E 55
S 16
S 16 Bis

PISA
0 200 m
N
GENOVA LUCCA, VIAREGGIO
LUCCA
LIVORNO
PONTEDERA CECINA
PZA DEI MIRACOLI
Camposanto
Torre Pendente
BATTISTERO
Duomo
Museo dell'Opera del Duomo
P.za S. Maria
Museo delle Sinopie
Terme romane
S. Zeno
S. Caterina
Piazza Martiri d. Libertà
PORTA LUCCA
ARENA GARIBALDI
Palazzo dell'Orologio
Palazzo dei Cavalieri
Piazza dei Cavalieri
S. Stefano
S. Francesco
ORTO BOTANICO
S. Frediano
Piazza Dante
Palazzo Upezzinghi
S. Nicola
Museo di Palazzo Reale
Palazzo Agostini
S. Michele in Borgo
S. Pierino
Museo degli Strumenti di Calcolo
Arsenali Medicei
CITTADELLA
Piazza Solferino
Palazzo Blu
Loggia di Banchi
Toscanelli
Palazzo dei Medici
Museo di San Matteo
Piazza Mazzini
Santa Maria della Spina
Palazzo Gambacorti
S. Sepolcro
San Paolo a Ripa d'Arno
Murale de Keith Haring
Santa Maria del Carmine
San Martino
Giardino Scotto
Cittadella Nuova
Piazza Vittorio Emanuele
PALAZZO DEI CONGRESSI
Piazza Toniolo
Piazza Guerrazzi
AIR TERMINAL
Pisa Centrale
Lungarno Pacinotti
Lungarno Mediceo
Arno

REGGIO DI CALABRIA
200 m
N
VILLA S. GIOVANNI
COSENZA
PORTO
STAZIONE MARITTIMA
Rada Giunchi
STRETTO DI MESSINA
Museo Nazionale
Lungomare Falcomatà
VILLA COMUNALE
CASTELLO
AIR TERMINAL
Centrale
Piazza del Popolo
Piazza Sant'Anna
RA 4 / E 90
MELITO DI PORTO SALVO
TARANTO
Villa San Giovanni
Acciarello
Campo Calabro
Santa Lucia
Catona
Gallico Marina
Gallico
Sambatello
Diminniti
Laganadi
Orti
Arasi
Vito
San Domenico
Trizzino
Terreti
Consolazione
Nasiti
Santo Sperato
Mosorrofa
Cardeto
Cataforio
San Salvatore
REGGIO DI CALABRIA
Castello Aragonese
AEROPORTO DELLO STRETTO
San Gregorio
San Leo
Occhio
Pellaro
Punta di Pellaro
Lume
San Filippo
Motta San Giovanni
Bocale
Lazzaro
Paolia
Cambareri
Montebello Ionico
Capo dell'Armi
Riace Capo
Saline Joniche
Stretto
MESSINA
Paradiso
Faro Superiore

Bellaria
Igea Marina
Bordonchio
Torre Pedrera
Viserbella
Viserba
Rivabella
San Giuliano a Mare
RIMINI
Santarcangelo di Romagna
Santa Giustina
Ghetto Randuzzi
Vergiano
Spadarolo
San Fortunato
Il Fondo
Sant'Ermete
Corpolo
Bellariva
Marebello
Rivazzurra
Miramare
San Martino Monte L'Abate
San Lorenzo in Correggiano
Riccione
Casalecchio
FEDERICO FELLINI
RIMINI
300 m
N
Mare
Adriatico
SPIAGGIA
ZONA AL MARE
Museo della Città
Tempio Malatestiano
Arco d'Augusto
PARCO XXV APRILE
PALAZZETTO DELLO SPORT
PALAZZO DEI CONGRESSI
S.MARINO
S.MARINO PESARO
CESENATICO
BOLOGNA, FORLÌ RAVENNA, VIA ADRIATICA
VERUCCHIO SAN SEPOLCRO
RICCIONE
Santa Barbara
San Lorenzo in Campitelli
Patrignano

ROMA
0 2 km
Percorsi di attraversamento e di circonvallazione
VITERBO
RIETI FIRENZE, TERNI
RIETI
FIRENZE TERNI
L'AQUILA, AVEZZANO
NAPOLI
CASTELLI ROMANI
CASTELLI ROMANI NAPOLI
NAPOLI
OSTIA ANTICA, LIDO DI ROMA
FIUMICINO
CIVITAVECCHIA
LA GIUSTINIANA
TOMBA DI NERONE
OTTAVIA
RISERVA NATURALE DELL'INSUGHERATA
TOR DI QUINTO
MONTE SACRO
SETTECAMINI
TORREVECCHIA
MONTE MARIO
STADIO OLIMPICO
VILLA ADA
Sant'Agnese fuori le Mura
CASALOTTI
VATICANO
MUSEI VATICANI
CASTEL SANT'ANGELO
Il Pincio
SANTA MARIA MAGGIORE
San Lorenzo fuori le Mura
Roma Termini
COLOSSEO
SAN GIOVANNI IN LATERANO
VILLA DORIA PAMPHILI
TOR SAPIENZA
CENTOCELLE
TORRENOVA
TUSCOLANO
PORTA S. SEBASTIANO
Roma Ostiense
CATACOMBE
Basilica di San Paolo Fuori le Mura
CORVIALE
TORRE MAURA
CINECITTÀ
OSTIENSE
E.U.R.
CECCHIGNOLA
MORENA
ROMA CIAMPINO
Fiume Tevere
A 90
A 24 / E 80
A 24
A 90 / E 80
A 1dir / E 821
A 91 / E 80
A 91
Santa Marinella
Capo Linaro
Santa Severa
Pyrgi
Due Casette
Necropoli Etrusca
Cerveteri
CERVETERI-LADISPOLI
Ceri
Marina di Cerveteri
Colle di Vaccina
Osteria Nuova
Ladispoli
Palo
Statua
Ruderi di San Nicola
Valcanneto
Tragliatella
Casaletto di Sotto
Gestino
Il Castellaccio
Tragliata
Cascina di Castel Campanile
Monte del Fico
Torrimpietra
Aranova
Palidoro
Centro Tre Denari
TORRIMPIETRA
Centro Tre Cannelle
Barbabianca
Passo Oscuro
Scuole
BARRIERA ROMA OVEST
MACCARESE FREGENE
Breccia
Maccarese
Arrone Est
Arrone Ovest
Torre Maccarese
Viale di Porto
Case Bianche
Fregene
A 12
43
21
25

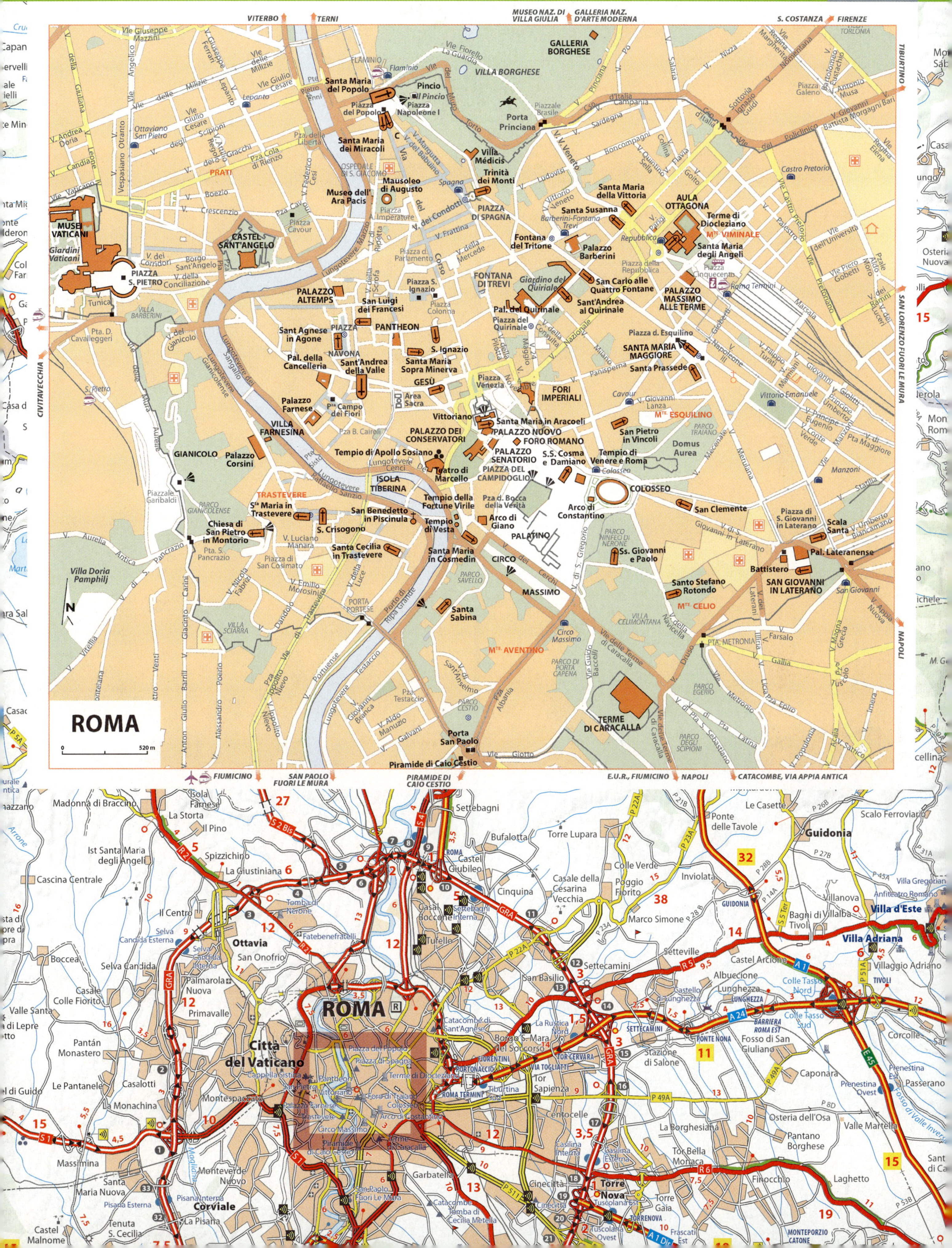
ROMA
VITERBO
TERNI
MUSEO NAZ. DI VILLA GIULIA
GALLERIA NAZ. D'ARTE MODERNA
S. COSTANZA
FIRENZE
TIBURTINO
SAN LORENZO FUORI LE MURA
NAPOLI
CIVITAVECCHIA
FIUMICINO
SAN PAOLO FUORI LE MURA
PIRAMIDE DI CAIO CESTIO
E.U.R., FIUMICINO
CATACOMBE, VIA APPIA ANTICA
GALLERIA BORGHESE
VILLA BORGHESE
Santa Maria del Popolo
Piazza del Popolo
Pincio
Piazza Napoleone I
Porta Pinciana
Villa Medicis
Trinità dei Monti
Santa Maria dei Miracoli
Mausoleo di Augusto
Museo dell' Ara Pacis
PIAZZA DI SPAGNA
PRATI
MUSEI VATICANI
Giardini Vaticani
PIAZZA S. PIETRO
CASTEL SANT'ANGELO
PALAZZO ALTEMPS
San Luigi dei Francesi
PANTHEON
Sant Agnese in Agone
PIAZZA NAVONA
Pal. della Cancelleria
Sant'Andrea della Valle
Santa Maria Sopra Minerva
S. Ignazio
GESÙ
Area Sacra
Palazzo Farnese
VILLA FARNESINA
Campo dei Fiori
Fontana del Tritone
FONTANA DI TREVI
Palazzo Barberini
Santa Maria della Vittoria
Santa Susanna
AULA OTTAGONA
Terme di Diocleziano
Mte VIMINALE
Santa Maria degli Angeli
San Carlo alle Quattro Fontane
Sant'Andrea al Quirinale
Pal. del Quirinale
PALAZZO MASSIMO ALLE TERME
Roma Termini
SANTA MARIA MAGGIORE
Santa Prassede
Piazza Venezia
FORI IMPERIALI
Vittoriano
Santa Maria in Aracoeli
PALAZZO NUOVO
PALAZZO DEI CONSERVATORI
FORO ROMANO
PALAZZO SENATORIO
PIAZZA DEL CAMPIDOGLIO
S.S. Cosma e Damiano
Tempio di Venere e Roma
Mte ESQUILINO
San Pietro in Vincoli
Domus Aurea
COLOSSEO
Arco di Constantino
San Clemente
Tempio di Apollo Sosiano
Teatro di Marcello
ISOLA TIBERINA
GIANICOLO
Palazzo Corsini
TRASTEVERE
Sta Maria in Trastevere
Chiesa di San Pietro in Montorio
San Benedetto in Piscinula
S. Crisogono
Santa Cecilia in Trastevere
Tempio della Fortune Virile
Arco di Giano
Tempio di Vesta
Santa Maria in Cosmedin
PALATINO
CIRCO MASSIMO
Ss. Giovanni e Paolo
Santo Stefano Rotondo
Mte CELIO
Pal. Lateranense
Battistero
SAN GIOVANNI IN LATERANO
Scala Santa
Santa Sabina
Mte AVENTINO
TERME DI CARACALLA
Porta San Paolo
Piramide di Caio Cestio
Villa Doria Pamphilj
Settebagni
Bufalotta
Torre Lupara
Guidonia
Villa d'Este
Villa Adriana
Tivoli
Ottavia
Città del Vaticano
Primavalle
Casalotti
Montespaccato
Corviale
Torre Nova
Centocelle
Tor Sapienza
Settecamini
Ponte delle Tavole
Marco Simone
Setteville
Castel Arcione
Albuccione
Lunghezza
Fosso di San Giuliano
Osteria dell'Osa
Finocchio
Torre Gaia
Tor Bella Monaca
Borghesiana
Massimina
Ponte Galeria
La Storta
Isola Farnese
Cesano
Madonna di Bracciano
Monte Mario
La Giustiniana
Ist Santa Maria degli Angeli
Cascina Centrale
Il Centro
Boccea
Selva Candida
Palmarola
Casale Colle Fiorito
Valle Santa
Pantan Monastero
Le Pantanele
La Monachina
Santa Maria Nuova
Monteverde Nuovo
Cinecittà
Garbatella
Catacombe di Sant'Agnese
Borgo S. Maria del Soccorso
Cinquina
Casale della Cesarina Vecchia
Colle Verde
Poggio Fiorito
Inviolata
Le Casette
Scalo Ferroviario
Villanova
Bagni di Villalba Tivoli
Villaggio Adriano
Corcolle
Caponara
Prenestina Ovest
Valle Martella
Pantano Borghese
Laghetto
Passerano
Frascati
GRA
A1
A24

SASSARI
PLATAMONA SORSO
SENNORI
PORTO TORRES
ALGHERO ITTIRI
OLBIA CAGLIARI
OSILO
Sant'Antonio Abate
Fontana del Rosello
Santissima Trinità
Frumentaria
Pza Mercato
Palazzo di S. Saturnino
Casa Guarino
Sant'Andrea
Casa Farris
Teatro Civico
MUS'A
Santa Caterina
Duomo di S. Nicola
Palazzo Ducale
Santa Maria di Betlem
Castello Aragonese
Madonna del Rosario
Palazzo Giordano
Palazzo della Provincia
Padiglione dell'Artigianato
Museo Nazionale G. A. Sanna
Piazza d'Italia
Piazza Castello
Piazza Tola
Piazza A. Gramsci
Piazza Guglielmo Marconi
Piazza Fiume
GIARDINI PUBBLICI
200 m
N

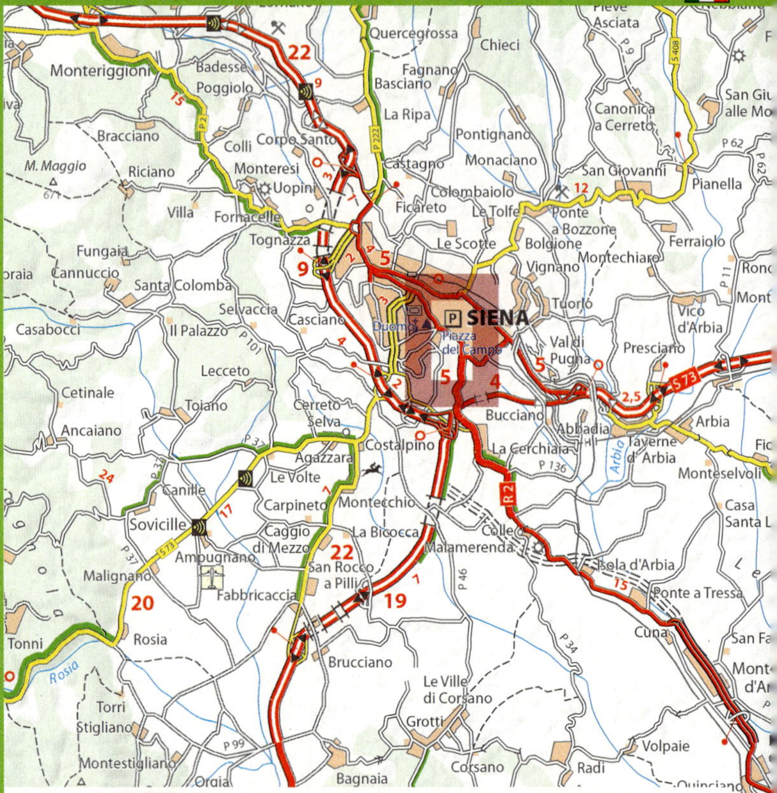
SIENA
Monteriggioni
Quercegrossa
Chieti
Badesse
Poggiolo
Fagnano
Basciano
La Ripa
Pontignano
Canonica a Cerreto
San Giovanni
Pianella
Colli
Corpo Santo
Castagno
Monaciano
Bracciano
Riciano
M. Maggio
Monteresi
Uopini
Colombaiolo
Ficareto
Le Tolfe
Ponte a Bozzone
Villa
Fornacelle
Tognazza
Le Scotte
Bolgione
Vignano
Montechiaro
Ferraiolo
Fungaia
Cannuccio
Santa Colomba
Tuorlo
Vico d'Arbia
Casabocci
Il Palazzo
Selvaccia
Casciano
Duomo
Piazza del Campo
Val di Pugna
Presciano
Cetinale
Lecceto
Toiano
Cerreto Selva
Bucciano
Abbadia
Arbia
Taverne d'Arbia
Ancaiano
Costalpino
La Cerchiaia
Agazzara
Le Volte
Montesèlvoli
Canile
Sovicille
Carpineto
Montecchio
Caggio di Mezzo
Ampugnano
La Bicocca
Colle
Malamerenda
Isola d'Arbia
Malignano
San Rocco a Pilli
Fabbricaccia
Ponte a Tressa
Rosia
Cuna
Tonni
Brucciano
Torri
Stigliano
Le Ville di Corsano
Grotti
Volpaie
Montestigliano
Corsano
Radi
Bagnaia
Quinciano

VOLTERRA FIRENZE, LIVORNO

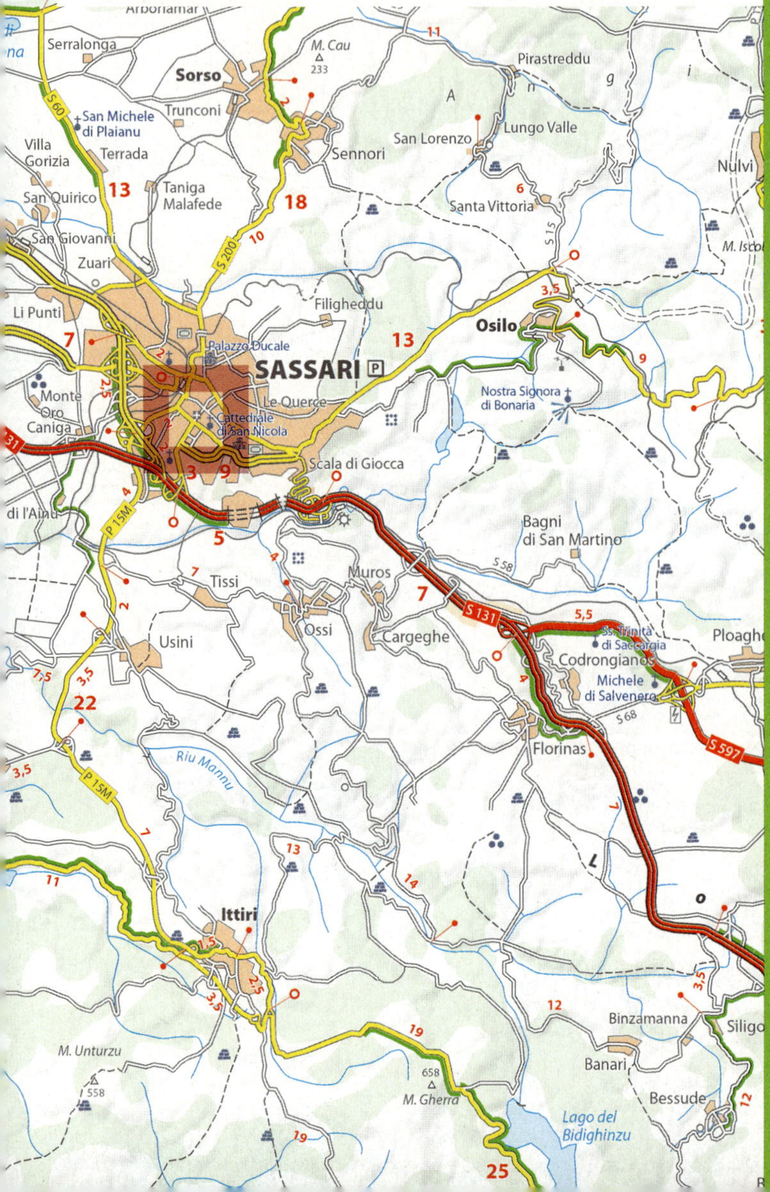
Serralonga
Sorso
M. Cau
Pirastreddu
San Michele di Plaianu
Trunconi
Lungo Valle
Villa Gorizia
Terrada
San Lorenzo
Sennori
Nulvi
San Quirico
Taniga Malafede
Santa Vittoria
San Giovanni
Zuari
Filigheddu
Li Punti
Palazzo Ducale
Osilo
SASSARI
Le Querce
Monte Oro
Caniga
Cattedrale di San Nicola
Nostra Signora di Bonaria
Scala di Giocca
di l'Aimu
Bagni di San Martino
Tissi
Muros
Usini
Ossi
Cargeghe
Ploaghe
Codrongianos
Trinità di Saccargia
Michele di Salvenero
Florinas
Riu Mannu
Ittiri
Binzamanna
Siligo
M. Unturzu
M. Gherra
Banari
Bessude
Lago del Bidighinzu

SIENA
AREZZO, PERUGIA VITERBO, ROMA
BARRIERA S. LORENZO
PORTA OVILE
LA LIZZA
FORTEZZA MEDICEA
San Francesco
Oratorio di S.Bernardino
Pza del Sale
Pza Gramsci
Pza G. Matteotti
San Domenico
Fonte Branda
PORTA FONTEBRANDA
PZA DEL CAMPO
PAL. PUBBLICO
DUOMO
Piazza del Duomo
PINACOTECA
Pza Postierla
Sant' Agostino
PORTA LATERINA
PORTA S. MARCO
PORTA TUFI
200 m
N

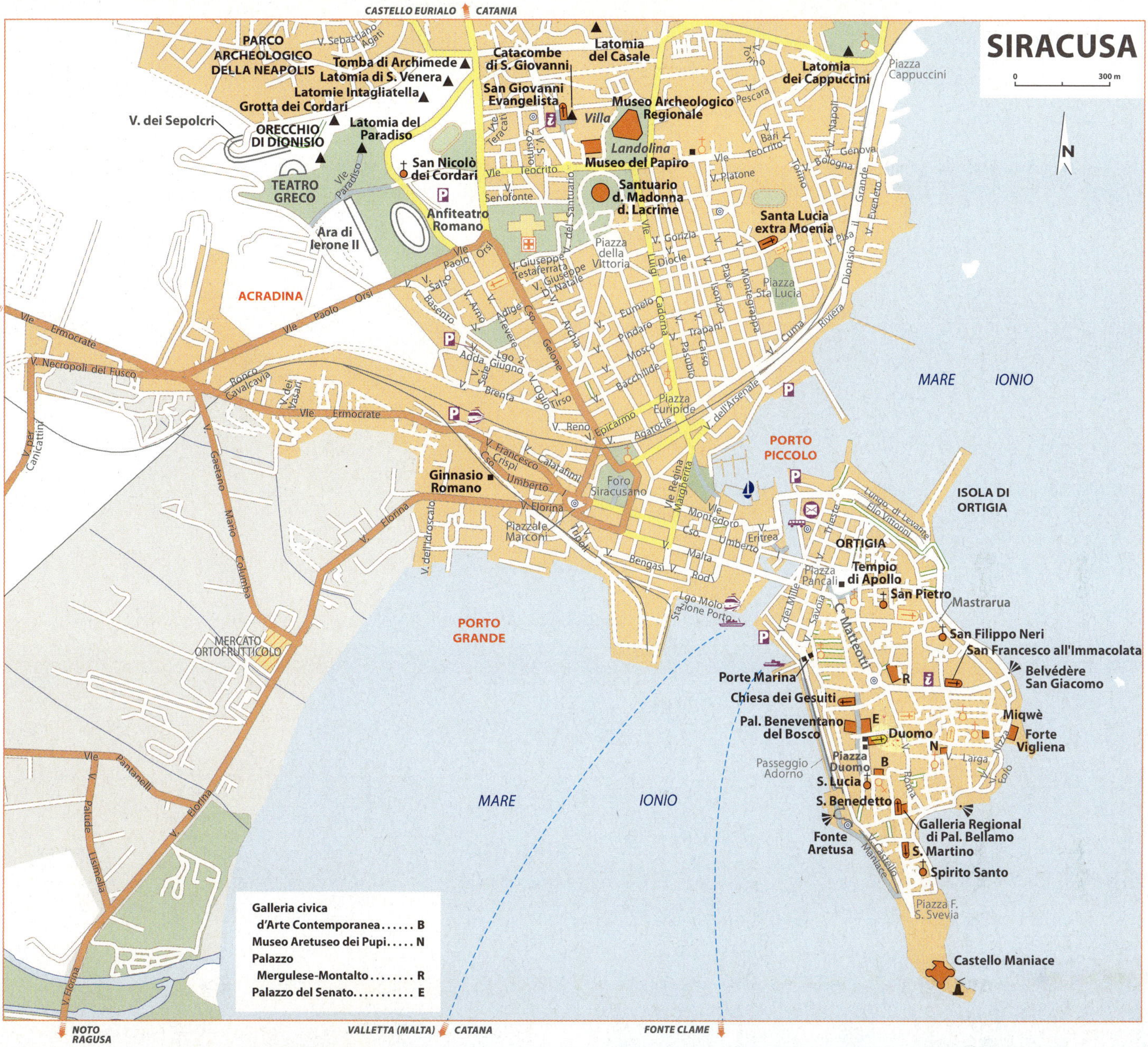
SIRACUSA
0 300 m
N
CASTELLO EURIALO CATANIA
PARCO ARCHEOLOGICO DELLA NEAPOLIS
Tomba di Archimede
Latomia di S. Venera
Latomie Intagliatella
Grotta dei Cordari
V. dei Sepolcri
ORECCHIO DI DIONISIO
Latomia del Paradiso
TEATRO GRECO
Ara di Ierone II
San Nicolò dei Cordari
Anfiteatro Romano
Catacombe di S. Giovanni
San Giovanni Evangelista
Latomia del Casale
Museo Archeologico Regionale
Villa Landolina
Museo del Papiro
Santuario d. Madonna d. Lacrime
Latomia dei Cappuccini
Piazza Cappuccini
Santa Lucia extra Moenia
Piazza della Vittoria
Piazza Sta Lucia
ACRADINA
CATANIA
CALTAGIRONE
MARE IONIO
PORTO PICCOLO
ISOLA DI ORTIGIA
Foro Siracusano
Piazza Euripide
Ginnasio Romano
Piazzale Marconi
ORTIGIA
Tempio di Apollo
Piazza Pancali
San Pietro
Mastrarua
San Filippo Neri
San Francesco all'Immacolata
Belvédère San Giacomo
Porte Marina
Chiesa dei Gesuiti
Pal. Beneventano del Bosco
Duomo
Piazza Duomo
Miqwè
Forte Vigliena
Passeggio Adorno
S. Lucia
S. Benedetto
Fonte Aretusa
Galleria Regional di Pal. Bellamo
S. Martino
Spirito Santo
Piazza F. S. Svevia
Castello Maniace
PORTO GRANDE
MERCATO ORTOFRUTTICOLO
MARE IONIO
Galleria civica d'Arte Contemporanea...... B
Museo Aretuseo dei Pupi..... N
Palazzo Mergulese-Montalto........ R
Palazzo del Senato........... E
NOTO RAGUSA
VALLETTA (MALTA) CATANIA
FONTE CLAME

Augusta
PRIOLO NORD
Priolo Gargallo
Thapsos
Penisola Magnisi
Monti Climiti
Fiume Anapo
Necropoli di Pantalica
Santa Panagia
Capo Santa Panagia
Solarino
Casa Melilli
Floridia
Carauzino
Città Giardino
PRIOLO FLORIDIA
SIRACUSA NORD
Belvedere
Euriialo
Scala Greca
SIRACUSA
Cebbiazza
Parco Archeologico della Neapolis
Santa Lucia
Castello Maniace
Porto Grande
Monasteri di Sopra
Monasteri di Sotto
Ciane
Fonte Ciane
Carrozziere
Isola
Fanusa
Penisola della Maddalena
Canicattini Bagni
Maeggio
Punta Milocca
Plemmirio
Capo Murro di Porco

SORRENTO

SORRENTO

0 — 200 m

CAPRI

Belvedere di Correale

MARINA PICCOLA

Museo Correale di Terranova

MARINA GRANDE

VILLA COMUNALE

San Francesco

Piazza della Vittoria

Piazza S. Antonino

Piazza Tasso

Piazza A. Veniero

NAPOLI

SALERNO PENISOLA SORRENTINA

Sorrento

Sant' Agnello

Massa Lubrense

Piano di Sorrento

Meta

Positano

Vico Equense

Marina di Puolo

Riviera di Marcigliano

San Filippo

Conca Verde

Punta Lagno

Annunziata

Le Caselle

Marciano

Pontone a Marciano

Schiazzano

Termini

Nerano

Torca

Pontone

Punta Campanella

Bocca Piccola

Grotta Azzurra

Anacapri

Capri

M. Solaro

Faraglioni

I. Faraglioni

Punta Carena

Isola di Capri

SPOLETO

SPOLETO

0 — 200 m

TODI MONTEFALCO

FOLIGNO

Basilica di S. Salvatore

S. Gregorio Maggiore

P.za della Vittoria

P.za Garibaldi

ANFITEATRO ROMANO

S. Domenico

Duomo

P.za del Duomo

ROCCA

Ponte delle Torri

Arco di Druso

Piazza Campello

TEATRO ROMANO

PORTA S. MATTEO

PORTA MONTERONE

Torrente Tessino

TERNI ROMA

Spoleto

Montefalco

Trevi

M. Serano

M. Puranno

Campello sul Clitunno

Fonti del Clitunno

Tempio di Clitunno

Castel Ritaldi

San Giacomo

Eggi

Monteluco

San Pietro

Valico

Monteleone di Spoleto

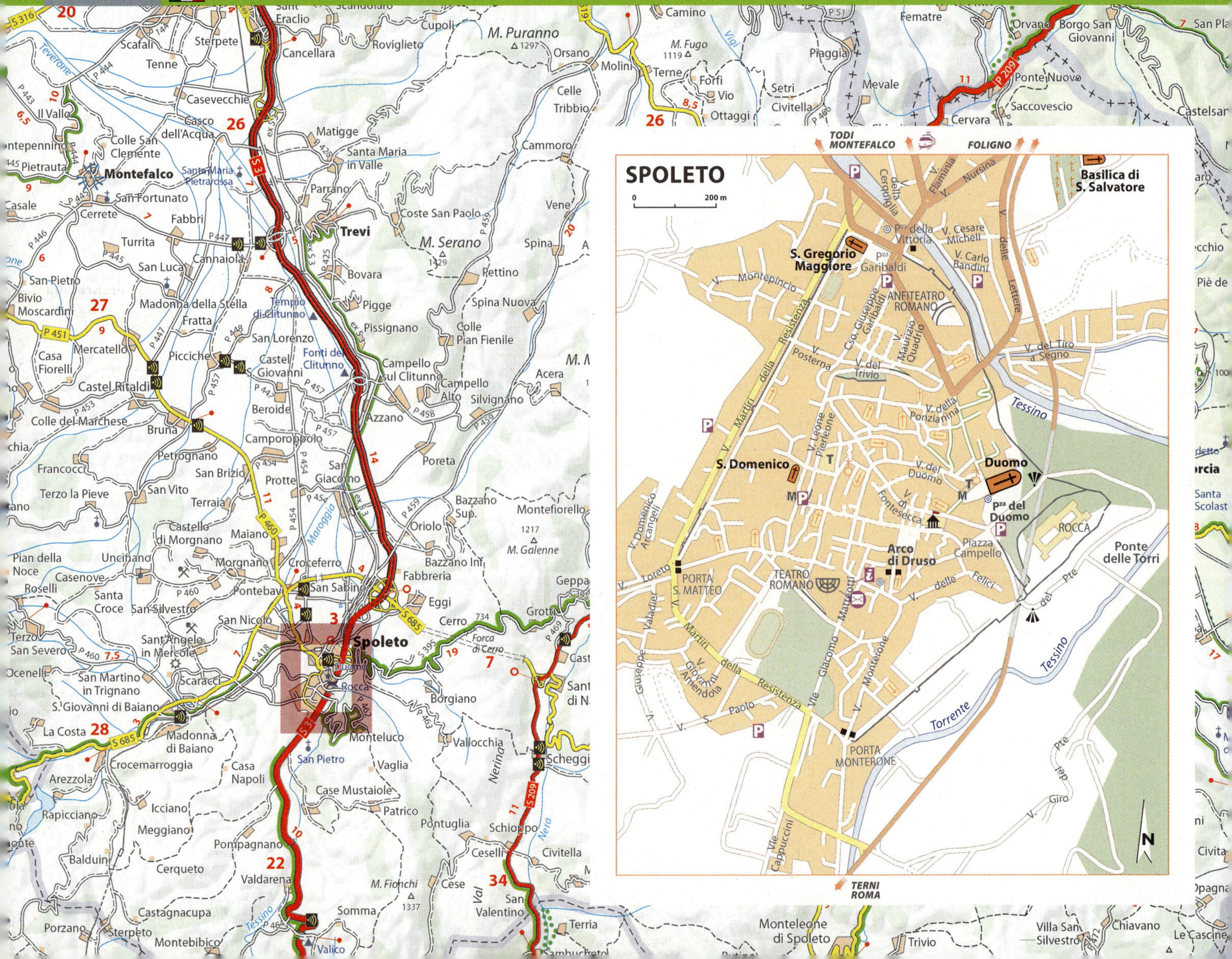

Noci
Masseria Balsente
Masseria Piscinella
Masseria Monaci
Masseria Piccoli

TARANTO
0 200 m
BARI COSENZA
BRINDISI MARTINA FRANCA
BRINDISI LECCE
MARE PICCOLO
MARE GRANDE
Pza Fontana
S. Domenico Maggiore
Duomo
CITTÀ VECCHIA
Pza Castello
CASTELLO
Piazza Municipio
MUSEO ARCHEOLOGICO NAZIONALE
Giardini Comunali
Cso. Umberto
Pitagora
Piazza Bettolo
Anfiteatro
Giuseppe Mazzini
Lungomare V. Emanuele III
Guglielmo Oberdan
Pza Marconi
V. Federico Di Palma
V. Principe Amedeo
V. Cesare Battisti
Dante
Alighieri
V. Alfieri D'Alò
V. Messapia
Via Virgilio
V. Francesco Bruno
N

Massafra
Crispiano
Masseria Pizziferro
Masseria Piovacqua
Parco Comunale delle Pianelle
San Simone
San Paolo
Masseria Orimini
Masseria del Duca
M. Trazzonara
Masseria Cortemaggiore
Ceglie Messapica
Villa Castelli
Masseria Castelluzzo
Montetermiti
Montemesola
Sabatini
Grottafornara
Statte
Parco di Guerra
Masseria Lella
Grottaglie
Monte Gallo-San Barbato
Francavilla Fontana
Quartiere Paolo VI
Stazione Nasisi
Monteiasi
Madonna del Prato
Masseria Caprarica
Marina di Ferrara
Lido Azzurro
Buffoluto
Mare Piccolo
Contrada San Giovanni
Carosino
San Marzano di San Giuseppe
Patrovaro
Duomo San Cataldo
Castello Aragonese
TARANTO
Masseria San Paolo
San Giorgio Ionico
Monteparano
Fragagnano
Sava
Mare Grande
I. San Pietro
Isole Cheradi
I. San Paolo
Roccaforzata
Faggiano
San Crispieri
Praia a Mare
Lido Bruno
San Vito
Capo S. Vito
Carelli
La Lama
Talsano
San Donato
Leporano
Saturo
Pulsano
Lizzano
Madonna di Pisano
Torricella
Lido Gandoli
Marina di Leporano
Monti d'Arena
Canale d'Aiedda

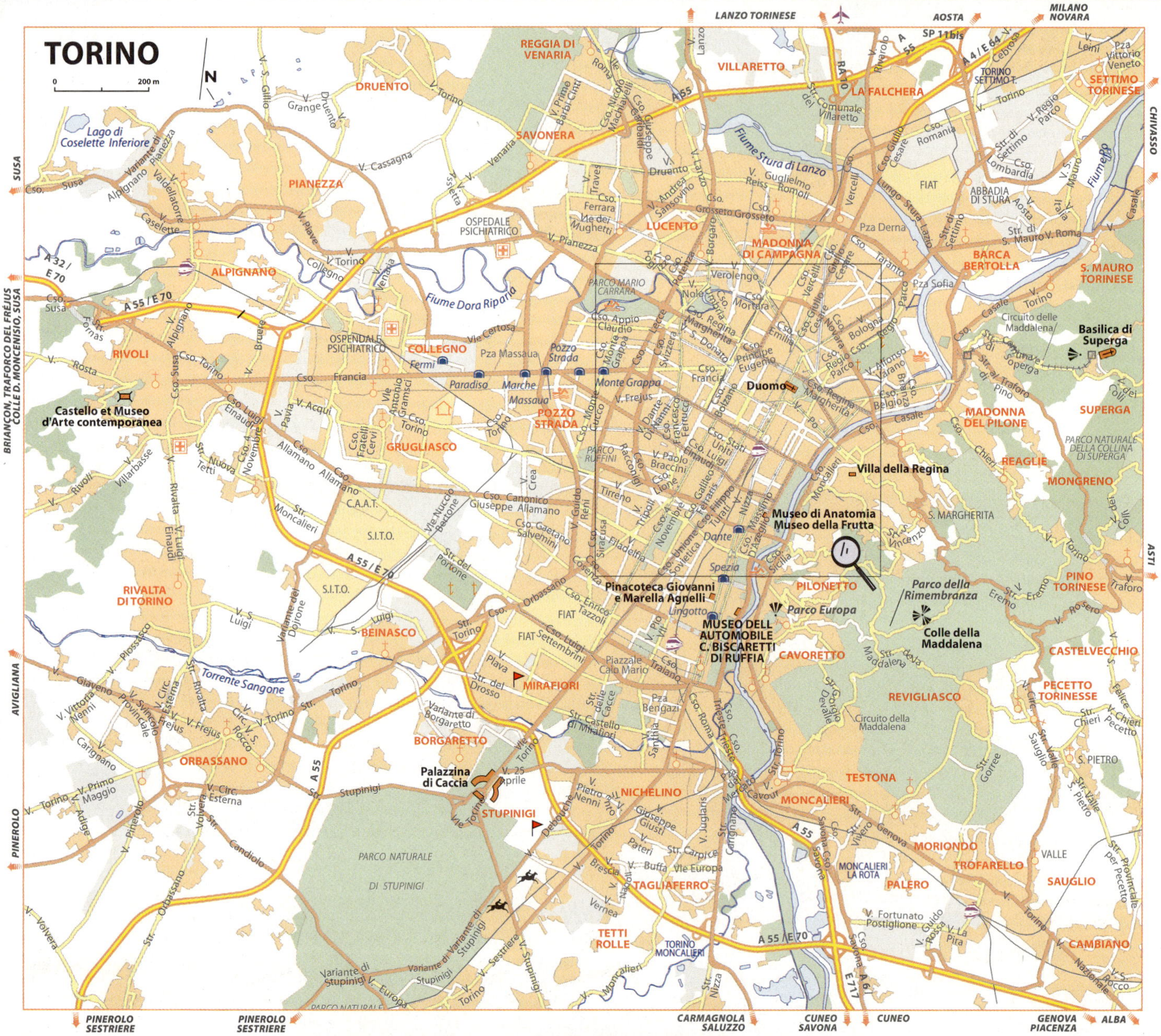
TORINO
N
200 m
LANZO TORINESE
AOSTA
MILANO NOVARA
SUSA
CHIVASSO
ASTI
AVIGLIANA
PINEROLO
BRIANÇON, TRAFORO DEL FRÉJUS COLLE D. MONCENISIO, SUSA
PINEROLO SESTRIERE
CARMAGNOLA SALUZZO
CUNEO SAVONA
CUNEO
GENOVA PIACENZA
ALBA
REGGIA DI VENARIA
DRUENTO
VILLARETTO
LA FALCHERA
SETTIMO TORINESE
SAVONERA
PIANEZZA
LUCENTO
MADONNA DI CAMPAGNA
BARCA BERTOLLA
S. MAURO TORINESE
ALPIGNANO
RIVOLI
COLLEGNO
POZZO STRADA
GRUGLIASCO
Basilica di Superga
SUPERGA
MADONNA DEL PILONE
REAGLIE
MONGRENO
Duomo
Villa della Regina
Museo di Anatomia Museo della Frutta
PILONETTO
Parco Europa
Parco della Rimembranza
Colle della Maddalena
PINO TORINESE
Castello et Museo d'Arte contemporanea
RIVALTA DI TORINO
BEINASCO
Pinacoteca Giovanni e Marella Agnelli
MUSEO DELL AUTOMOBILE C. BISCARETTI DI RUFFIA
CAVORETTO
CASTELVECCHIO
PECETTO TORINESE
REVIGLIASCO
MIRAFIORI
BORGARETTO
ORBASSANO
Palazzina di Caccia
STUPINIGI
NICHELINO
TESTONA
MONCALIERI
MORIONDO
TROFARELLO
SAUGLIO
PALERO
TAGLIAFERRO
TETTI ROLLE
CAMBIANO
PARCO NATURALE DI STUPINIGI
Fiume Dora Riparia
Torrente Sangone
Fiume Stura di Lanzo
Fiume Po
Lago di Caselette Inferiore

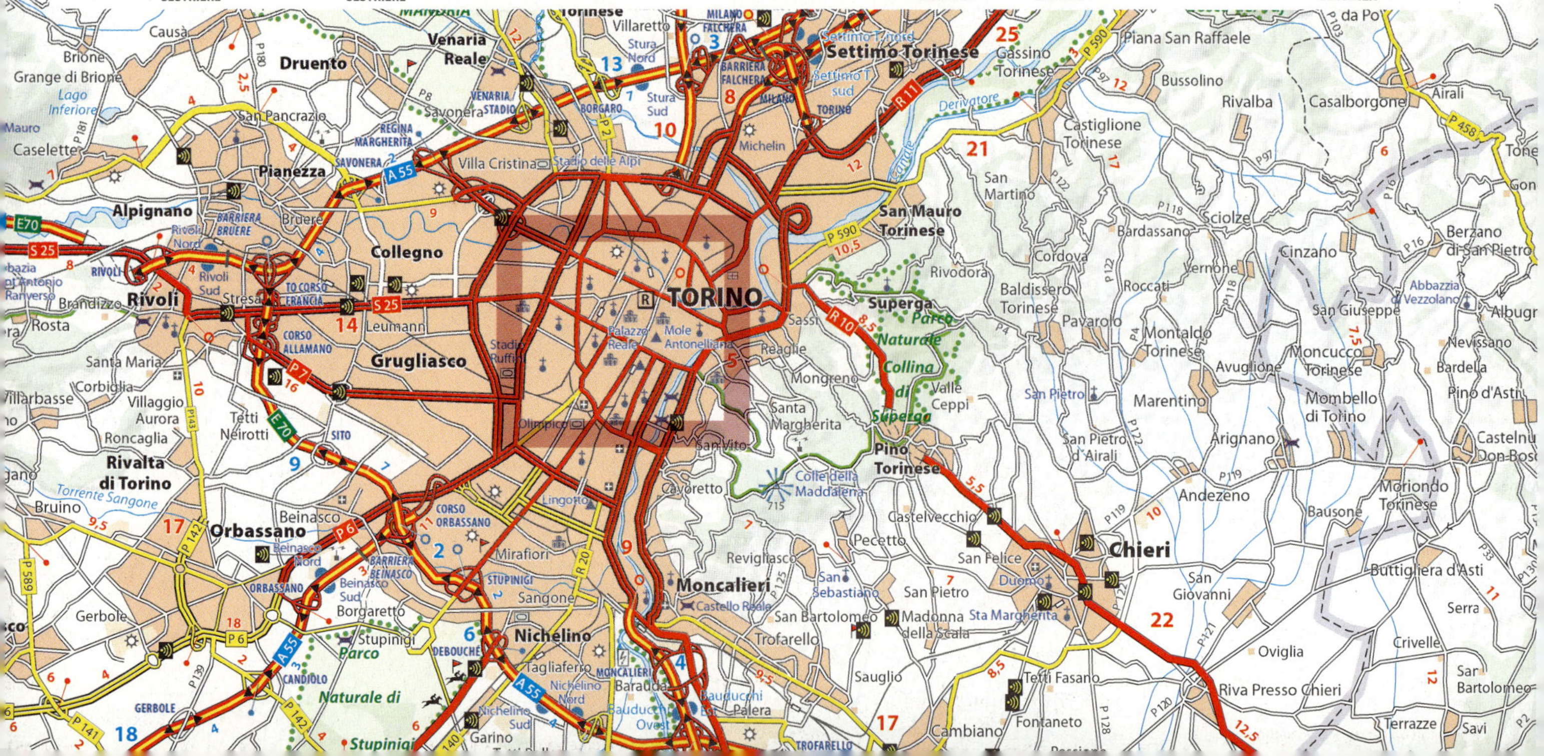
Druento
Venaria Reale
Settimo Torinese
Pianezza
Alpignano
Collegno
Rivoli
Grugliasco
TORINO
San Mauro Torinese
Superga
Parco Naturale Collina di Superga
Pino Torinese
Rivalta di Torino
Orbassano
Moncalieri
Nichelino
Chieri
Castiglione Torinese
Gassino Torinese
Baldissero Torinese
Pecetto
Trofarello
Cambiano
Santena
Naturale di Stupinigi

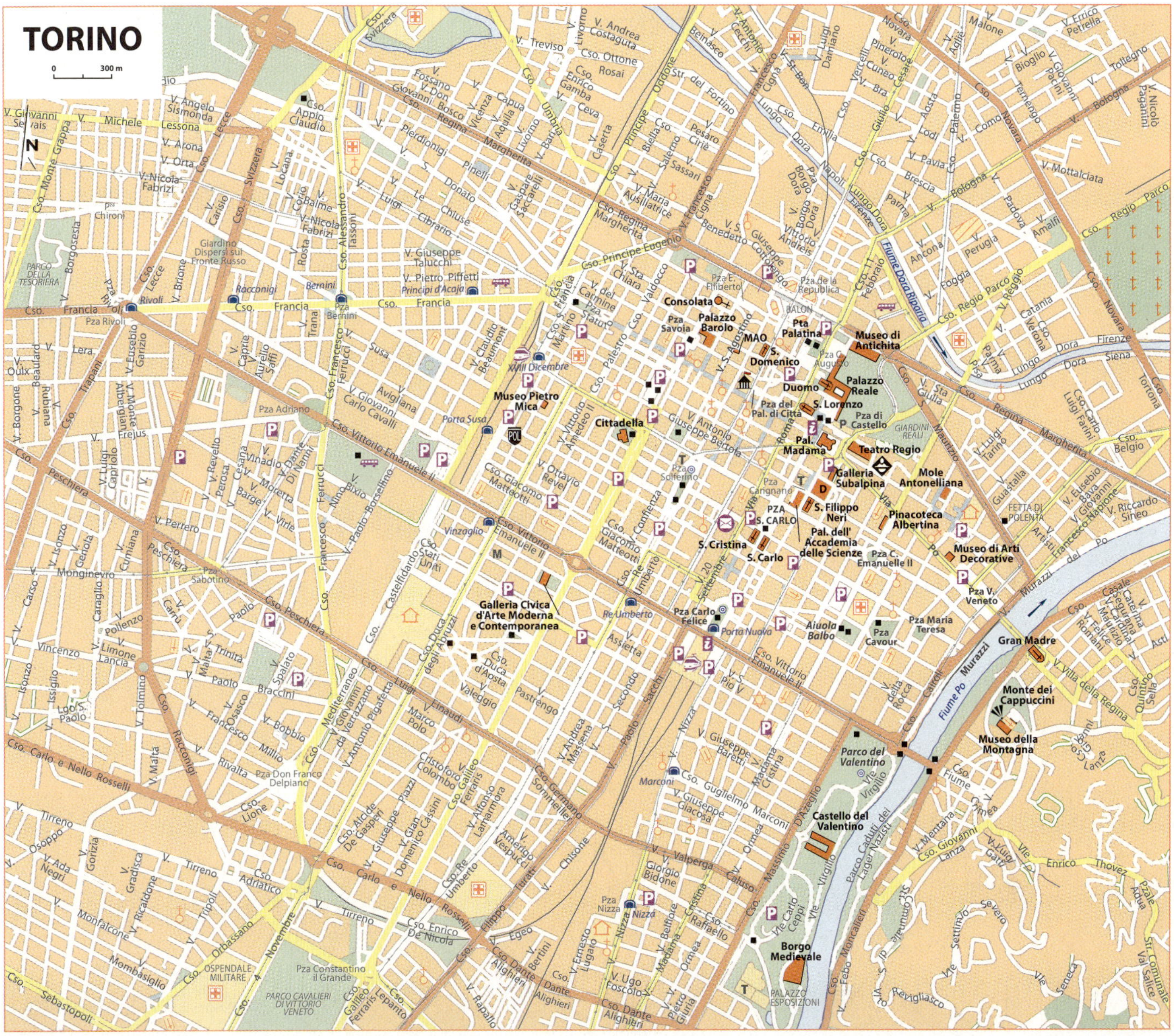
TORINO
0 300 m
N
Palazzo Reale
Museo di Antichità
Duomo
S. Lorenzo
Pza di Castello
Teatro Regio
Mole Antonelliana
Galleria Subalpina
Pal. Madama
S. Filippo Neri
Pinacoteca Albertina
Pal. dell' Accademia delle Scienze
S. Carlo
S. Cristina
Museo di Arti Decorative
Pza V. Veneto
Gran Madre
Monte dei Cappuccini
Museo della Montagna
Parco del Valentino
Castello del Valentino
Borgo Medievale
Galleria Civica d'Arte Moderna e Contemporanea
Cittadella
Museo Pietro Micca
Consolata
Palazzo Barolo
MAO
S. Domenico
Pta Palatina
Pza Carlo Felice
Porta Nuova
Porta Susa
Fiume Po
Fiume Dora Riparia
Cso. Vittorio Emanuele II
Cso. Regina Margherita
Cso. Francia
Cso. Re Umberto
Cso. Massimo D'Azeglio
Cso. Moncalieri
Cso. Carlo e Nello Rosselli
Pza Cavour
Aiuola Balbo
Pza Maria Teresa
Pza Adriano
Pza Sabotino
Pza Rivoli
Pza Nizza
Pza della Repubblica
Pza Statuto
Pza Solferino
Pza Castello
Pza Vinzaglio
Pza Emanuele II
Pza Carlo Felice
Pza Bernini
Racconigi
Vinzaglio
Re Umberto
Marconi
Nizza
Dante
Principi d'Acaja
Francia
Bernini

Casale Monferrato
Moncalvo
Parco Naturale Sacro Monte di Crea
Santuario di Crea
Serralunga di Crea
Ozzano Monferrato
Rosignano Monferrato
San Giorgio Monferrato
Ponzano Monferrato
Odalengo Grande
Odalengo Piccolo
Montiglio
Cerreto d'Asti
Piovà Massaia
Cocconato
Murisengo
Villadeati
Alfiano Natta
Grazzano Badoglio
Frassinello Monferrato
Olivola
Cella Monte
Sala Monferrato
Mirabello Monferrato
Occimiano
Conzano
Camagna
Vignale
Altavilla Monferrato
Cuccaro Monferrato
Montechiaro d'Asti
Calliano
Penango
Castell'Alfero
Cossombrato
Corsione
Frinco
Villa San Secondo
Tonco
Scandeluzza
Colcavagno
Cunico
Piea
Cortanze
Zingari
Passerano
Marmorito
Aramengo
Moransengo
Brozolo
Robella
Cortiglione
Montalero
Pontestura
Camino
Rocchetta
Verrua
Gabiano
Villanova
Mombello Monferrato
Sessana
Cerrina
Solonghello
Fornacione
Castagnone
Quarti
Torcello
Vialarda
Il Ronzone
Frassineto
San Germano
La Costa
Terruggia
Vallare
San Maurizio
Roncaglia
San Martino
Stevani
Moleto
Ottiglio
Coppi
Treville
Castelletto
Patro
Cascine Bertana
Godio
Serra
Perno
Guazzolo
Cardona
Lussello
Zanco
Gasarello
Vadarengo
Cicengo
Cerrone
Piancerreto
Rosingo
Varengo
Vallegioliti
Villamiroglio
Anselmi
Albarengo
Remorfengo
Rocca
Banengo
Gallo
Stura
Tuffo
Grisoglio
Vignali
Mogol
Piai
Castelvero
Gallareto
Soglio
Viale
Capriglio
Cortazzone
Bagnasco
Montafia
Chiusano d'Asti
Camerano
Noccola
Casasco
Perrona
Bolla
Prato
Casale
Grana
San Desiderio
Rolasso
Sassia
Montemagno
Viarigi
Bergantino
Cittadella
Davino
Bonina
Martini
Trisogli
Pieve di San Giovanni di Mediliano
Santuario Colle Don Bosco
San Nazario
Sant' Orsola
San Pietro
Abbazia di Santa Fede
Marcorengo
Cervoto
Seminenga
Martinengo
Piazzano
Zeneyreto
Osta
Pozzengo
Bosco
Casaletto
Sulpiano
Arbeniz
Madonnina
Ceresetto
Dionigi
Rollini
Gaioppi
Rolasco
Colma
Monti
Berroni
Madonna d'Asti
Casotto
CASALE MONFERRATO SUD
Sesia
Stura
Versa
Grana
P 590
R 457
R 455
R 31
A 26
E 25
P 55

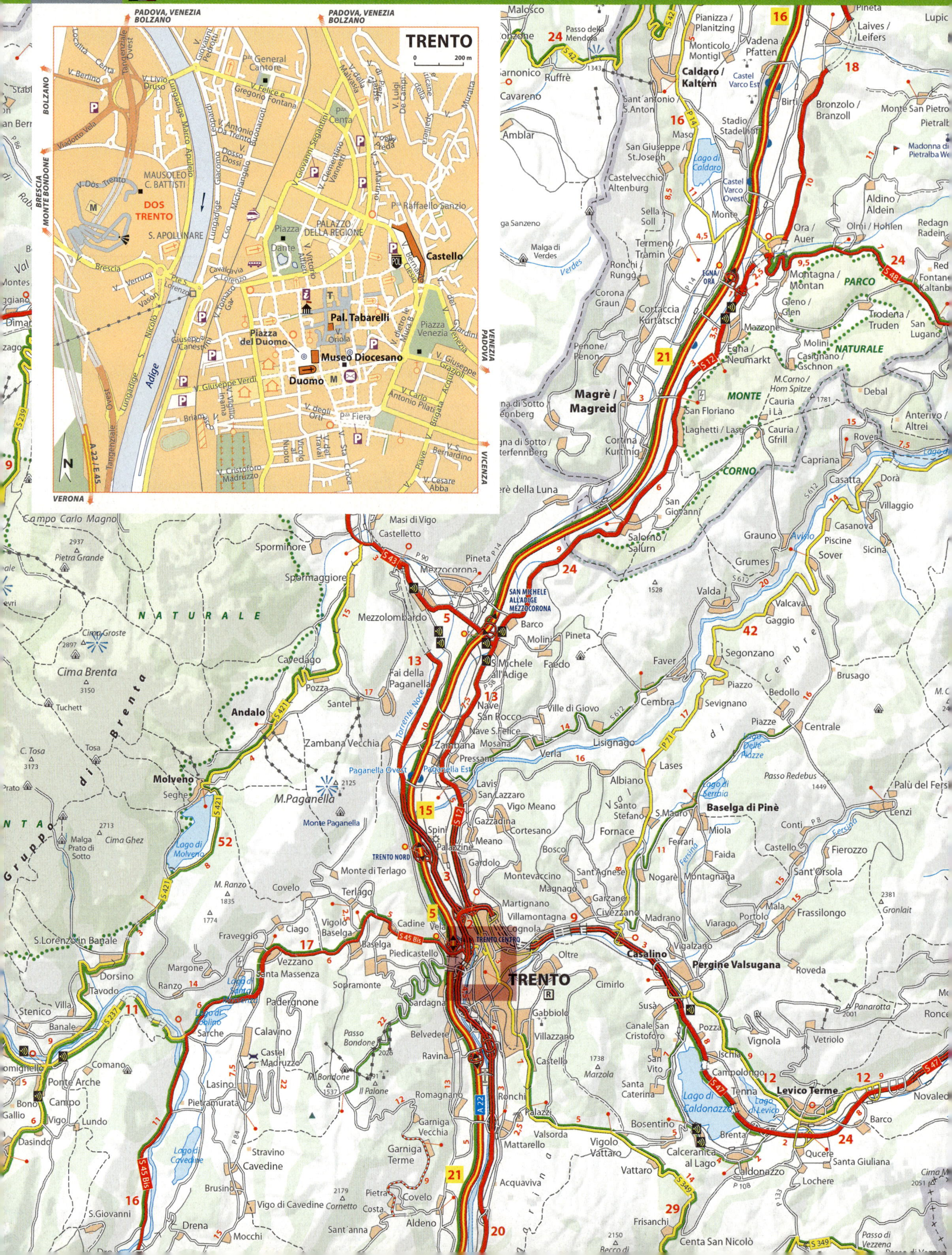
TRENTO
PADOVA, VENEZIA BOLZANO
BOLZANO
BRESCIA MONTE BONDONE
VENEZIA PADOVA
VICENZA
VERONA
DOS TRENTO
MAUSOLEO C. BATTISTI
S. APOLLINARE
Adige
P.za General Cantore
Piazza Dante
PALAZZO DELLA REGIONE
P.za Raffaello Sanzio
Castello
Pal. Tabarelli
Piazza del Duomo
Museo Diocesano
Duomo
Piazza Venezia
P.za Fiera
Pianizza / Planitzing
Caldaro / Kaltern
Castel Varco Est
Laives / Leifers
Bronzolo / Branzoll
Monte San Pietro
Vadena / Pfatten
Stadio / Stadelhof
Lago di Caldaro
San Giuseppe / St.Joseph
Castelvecchio / Altenburg
Sella / Soll
Termeno / Tramin
Ronchi / Rungg
Ora / Auer
Aldino / Aldein
Montagna / Montan
PARCO
NATURALE
MONTE CORNO
Egna / Neumarkt
Cortaccia / Kurtatsch
Magrè / Magreid
Salorno / Salurn
Cortina / Kurtinig
San Floriano
Laghetti / Laag
Cauria
Capriana
Grauno
Valda
Grumes
Sover
Mezzocorona
Mezzolombardo
San Michele all'Adige
Fai della Paganella
Andalo
Molveno
Lago di Molveno
M.Paganella
Monte Paganella
Cima Brenta
Gruppo di Brenta
Zambana Vecchia
Lavis
Segonzano
Cembra
Baselga di Pinè
Albiano
Lases
TRENTO NORD
Gardolo
Martignano
Villamontagna
Cognola
TRENTO CENTRO
TRENTO
Cadine
Vigolo Baselga
Sopramonte
Vezzano
Terlago
Povo
Oltre
Cimirlo
Pergine Valsugana
Madrano
Vigalzano
Casalino
Lago di Caldonazzo
Levico Terme
Calceranica al Lago
Caldonazzo
Vigolo Vattaro
Vattaro
Bosentino
Mattarello
Romagnano
Ravina
Belvedere
Villazzano
Valsorda
Aldeno
Garniga Terme
Cavedine
Lago di Cavedine
Stravino
Drena
Sarche
Lasino
Calavino
Padergnone
Dorsino
Tavodo
Stenico
Ponte Arche
Comano
S.Lorenzo in Banale
Margone
Ranzo
Covelo
Cimone
Centa San Nicolò
Acquaviva
Novaledo
Barco
Roncegno
Vignola
Fierozzo
Frassilongo
Sant'Orsola
Palù del Fersina

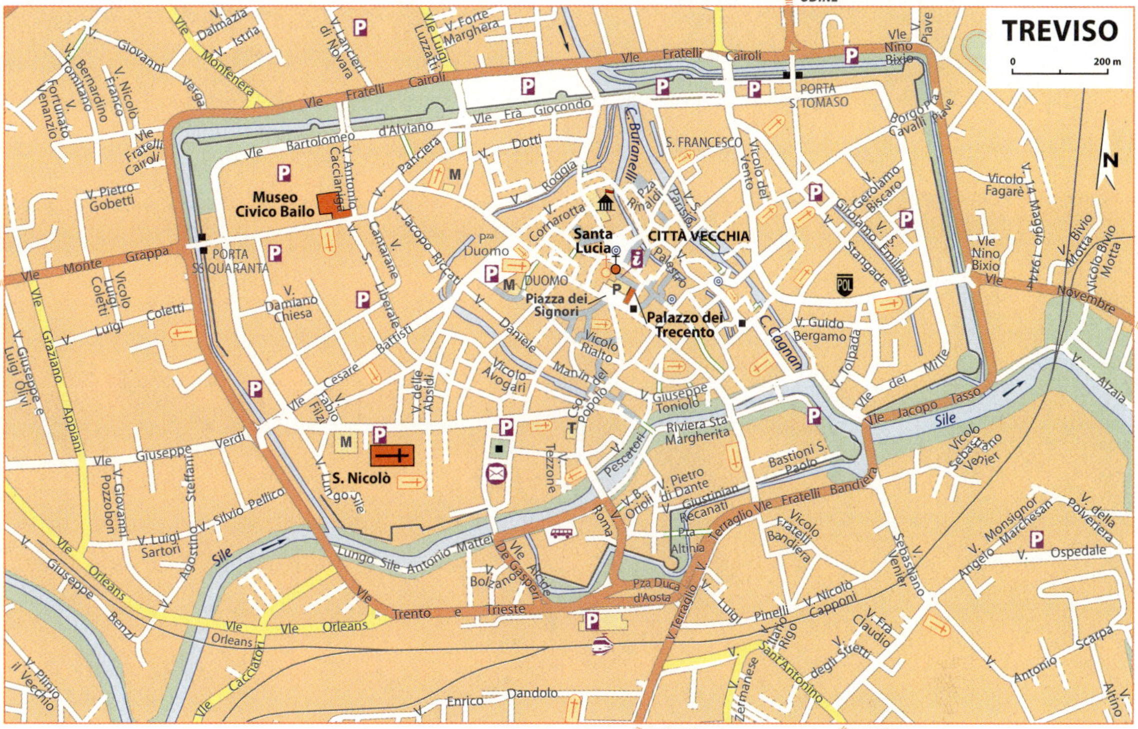
TREVISO
0
200 m
N
CORTINA D'AMPEZZO
UDINE
FELTRE, PADOVA
VICENZA
TRENTO
JESOLO
TRIESTE
VENEZIA
PADOVA
JESOLO
TRIESTE
Museo
Civico Bailo
Santa
Lucia
CITTÀ VECCHIA
DUOMO
Piazza dei
Signori
Palazzo dei
Trecento
S. Nicolò
S. FRANCESCO
PORTA
S. TOMASO
PORTA
SS. QUARANTA
Sile
Vle Fratelli Cairoli
Vle Bartolomeo
Vle Fra Giocondo
Vle Monte Grappa
Vle Luigi Sartori
Vle Orleans
Vle Cesare Battisti
Vle Nino Bixio
Vle Jacopo Tasso
Vle della Repubblica
Vle Trento e Trieste
Vle Fratelli Bandiera
Vle Dalmazia
Vle Monfenera
Vle Giuseppe Verdi
Vle Appiani
Vle Luigi Coletti
Vle Graziano
Vicolo Fagarè
Vle 4 Maggio 1944
Vle Ospedale
V. Antonio Scarpa
Dandolo
Enrico

TREVISO
Montebelluna
Valdobbiadene
Nervesa
della Battaglia
Castelfranco
Veneto
Preganziol
Trebaseleghe
Zero
Branco
Scorzè
Roncade
Marcon
Piave
Sile
Parco
Regionale del Sile
Crocetta
del Montello
Caerano di
San Marco
Volpago del
Montello
Giavera del
Montello
Arcade
Spresiano
Maserada
sul Piave
Breda
di Piave
Carbonera
Villorba
Paese
Istrana
Quinto di
Treviso
Morgano
Silea
Casier
Dosson
Mogliano V.
Quarto
d'Altino
Zenson
di Piave
Ponte
di Piave
San Biagio di
Callalta
Cimadolmo
San Polo
di Piave
Ormelle
Vazzola
Susegana
Pederobba
Cornuda
Maser
Asolo
Altivole
Riese Pio X
Vedelago
Trevignano
Ponzano
Veneto
Paderno
Povegliano
Fontane
Lancenigo
Santa Maria
del Piave
Tezze
Salgareda
Fossalta
Levada
Badoere
Piombino Dese
Resana
Torreselle
Bonisiolo
Casale sul Sile
Musestre
Meolo
Biancade
Fagarè
Spercenigo
Torre di Mosto
Trepalade
Bagaggiolo
Zerman
Bocca Callalta
Olmi
Vascon
Saltore
Candelù
Salettuol
Villanova
Sant'Antonio
Pezzan
Carità
Merlengo
Castagnole
Canizzano
San Trovaso
Sambughè
Camalò
Pieve di Soligo
Falzè
Signoressa
Postioma
Porcellengo
Camalò

TRIESTE
0
200 m
N
GORIZIA MIRAMARE
VENEZIA UDINE
OPICINA
FIUME (RIJEKA) POSTUMIA
FIUME UDINE
MUGGIA PULA
CENTRALE
Piazza di Scorcola
Piazza Guglielmo Oberdan
GIARDINO PUBBLICO M. TOMMASINI
PALAZZO DELLA REGIONE
PALAZZO DEI CONGRESSI
ACQUARIO
TEATRO ROMANO
Castello
San Giusto
Museo di Storia e d'Arte
Museo del Mare
CAMPO MARZIO
MERCATO CENTRALE
Piazza Garibaldi
GIARDINO BASEVI
FIERA
Golfo di Panzano
Punta Sdobba
Bocca di Primero
Grado Lido
Grado Pineta
Golfo
di
Santa Croce
Grignano
Castello di Miramare
Faro della Vittoria
Barcola
Opicina
Trebiciano
Gropada
Padriciano
Basovizza
Longera
TRIESTE
San Rocco
Baia di Muggia
Muggia
Lazzaretto
Aquilinia
Domio
Monte d'Oro
Caresana
San Dorligo della Valle
Bagnoli della Rosandra
Sant'Antonio in Bosco
San Giuseppe della Chiusa
Sežana
Lipica
Lovek
Kozina
Grozzana
Pesek di Grozzana
Draga Sant'Elia
Sgonico
Rupinpiccolo
Rupingrande
Monrupino
Zolla
Fernetti
Borgo Grotta Gigante
Gabrovizza San Primo
Prosecco
Sp. Škofije
Ankaran
Crociata di Prebenico
Petrinje
Debeli Rtič
Fossalon di Grado
Golometto
Casa Valle Dossi
Santa Maria di Barbana

UDINE
0 200 m
TOLMEZZO, TARVISIO
CIVIDALE
SPILIMBERGO
TRIESTE, TARVISIO, VENEZIA PORDENONE
LIGNANO SABBIADORO
GORIZIA
TRIESTE GRADO
Castello
Palazzo Vescovile
Piazza della Libertà
Duomo
P.za Primo Maggio
PARCO DELLA RIMEMBRANZA
Pordenone
V. Tarvisio
V. Ermes di Colloredo
Vle Francesco Di Toppo
V. Daniele
V. Tiberio Deciani
V. Pracchiuso
V. Cividale
V. Aquileia
V. Roma
Vle Europa Unita
Vle 23 Marzo 1848
V. Teobaldo Ciconi
V. Ippolito Nievo
Vle delle Ferriere
V. Milazzo
V. Calatafimi
V. Marsala
V. Cernaia
V. Pozzuolo
V. Gemona
V. della Rosta
V. Pradamano
V. Buttrio
V. Tullio
V. Cussignacco

Urbino
Fortezza Albornoz
Palazzo Ducale
San Donato
Il Caldese
Gadana
Maciolla
Montesoffio
Urbania
Fermignano
Calpino
Canavaccio
San Marino d'Urbino
San Marino
Trassani
Pallino Secondo
Giardino della Galla
Castello di Cavallino
Cavallino
Montecalende
Villa Cal Frate
Schieti
Ca' Gallo
Ca' Spezie
Ca' Mazzasette
Santa Barbara in Campitelli
San Donato in Taviglione
Miniera
Ca' Vagnino
Il Palazzo
Cal Monte
Pieve di Cagna
Sant'Apollinare in Gifarco
San Cipriano
S. Giovanni in Pozzuolo
San Giovanni Battista in Crocicchia
Ca' la Lagia
Campi Resi
Ca' la Ninetta
Ca' Lagostina
San Silvestro
Sagrata
Acqualagna
Pian dei Conti
Ponte di Ferro
Furlo
Pianacce
Case Nuove
Fossato
Bellaria
Ca' Romano Primo
Galeotti
Abbazia di Naro
Frontino di Naro
Orsaiola
Fratta
Montiego
M. dei Torrini 791
Corsella
Monte Paganuccio
Monte Martello
Calmazzo
Peglio
Calciurro
Sassocorvaro
Fontanelle
Case Nuove
San Leo
La Celletta
Auditore
Valle Avellana
San Giovanni
Casinina
Montecalvo in Foglia
San Giorgio
Borgo Massano
Colbordolo
Montefabbri
Pontevecchio
Il Montale
Coldazzo
Bucaferrara
Ca' Labaglia
Riceci
Ponte Armellina
Il Gallo
Pantiere
Petriano
Santa Maria in Calafria
Valzangona
Via Piana
La Torre
Palazzo del Piano
Valli di Sopra
San Cristoforo de' Valli
Pagino
Metauro
Apsa
Candigliano
Santa Maria
E 78
56
34
18
17
16
12
9,5
10
8,5

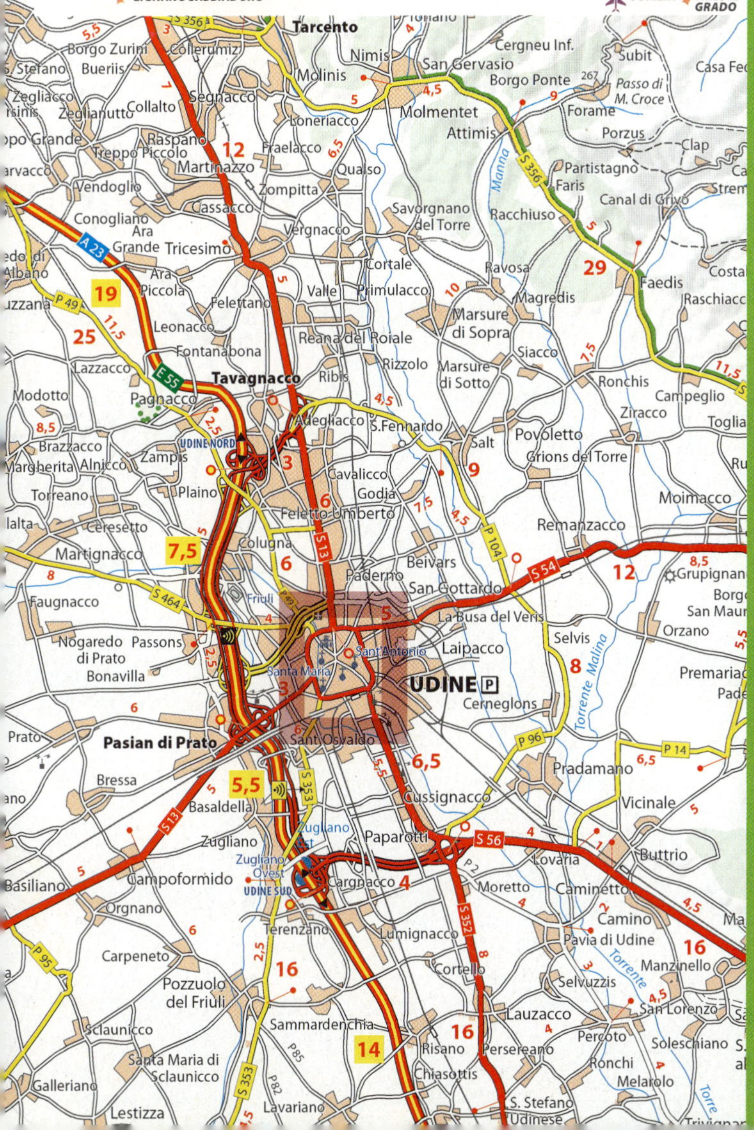
UDINE
Tarcento
Nimis
Cergneu Inf.
San Gervasio
Borgo Ponte
Passo di M. Croce
Molinis
Segnacco
Collalto
Molmentet
Attimis
Forame
Porzus
Partistagno
Faris
Canal di Grivo
Racchiuso
Savorgnano del Torre
Faedis
Ravosa
Magredis
Marsure di Sopra
Marsure di Sotto
Siacco
Ronchis
Campeglio
Ziracco
Povoletto
Grions del Torre
Moimacco
Remanzacco
Beivars
San Gottardo
La Busa del Vescovo
Laipacco
Selvis
Cerneglons
Premariacco
Pradamano
Vicinale
Buttrio
Lovaria
Caminetto
Camino
Pavia di Udine
Manzinello
Selvuzzis
San Lorenzo
Percoto
Soleschiano
Lauzacco
Risano
Perserano
Chiasottis
Ronchi
Melarolo
S. Stefano Udinese
Lumignacco
Cortello
Moretto
Terenzano
Cargnacco
Paparotti
Cussignacco
Sant'Osvaldo
Pasian di Prato
Bressa
Basaldella
Zugliano
Campoformido
Orgnano
Carpeneto
Pozzuolo del Friuli
Sclaunicco
Santa Maria di Sclaunicco
Sammardenchia
Lavariano
Galleriano
Lestizza
Basiliano
Nogaredo di Prato
Passons
Bonavilla
Faugnacco
Martignacco
Ceresetto
Torreano
Plaino
Feletto Umberto
Colugna
Godia
Cavalicco
Adegliacco
S. Fenardo
Salt
Paderno
Tavagnacco
Pagnacco
Zampis
Fontanabona
Leonacco
Peletta
Reana del Rojale
Rizzolo
Ribis
Primulacco
Valle
Cortale
Vergnacco
Qualso
Zompitta
Fraelacco
Loneriacco
Tricesimo
Ara Grande
Ara Piccola
Cassacco
Conoglano
Vendoglio
Raspano
Treppo Piccolo
Martinazzo
Borgo Zurini
Bueriis
Collerumiz
Zeglianutto
Lazzacco
Modotto
Brazzacco
Alnicco
UDINE NORD
UDINE SUD
Zugliano Ovest
A 23
E 55
S 13
S 54
S 56
S 464
S 352
S 353
P 14
P 96
19
25
12
29
7,5
5,5
6,5
16
14

URBINO
0 100 m
RIMINI PESARO
S. BERNARDINO
FANO PERUGIA
AREZZO
Porta S. Lucia
Porta Lavagine
Piazzale Roma
Casa di Raffaello
P.za S. Francesco
S. Francesco
Fortezza Albornoz
Oratorio di S. Giuseppe
P.za della Repubblica
Oratorio di S. Giovanni
Strada Panoramica
Cattedrale
Piazza Duca Federico
Porta Valbona
S. Domenico
PALAZZO DUCALE
Piazza Rinascimento
ASCENSORE
V. Giuseppe Tomassini
Vle Antonio Gramsci
V. Niccolò Macchiavelli
V. Bocca Trabaria Sud
V. dei Mulini
V. Federico Budassi
V. Bartolo
V. Raffaello
V. Vittorio Veneto
V. Mazzini
V. Saffi
V. Aurelio Saffi
V. Salvalai
V. Fratelli Rosselli
V. Martini

VENEZIA
0
300 m
N
CANALE DELLE SACCHE
CANALE DELLE FONDAMENTE
Sacca Della Misericordia
Campo di Sant'Alvise
Fondamenta Contarini
Fondamenta de le Capuzine
Fondamenta de la Sensa
Campo di Ghetto Nuovo
Scuola Spagnola
S. Giobbe
PARCO SAVORGNAN
S. Marcuola
Pal. Vendramin Calergi
S. Geremia e S. Lucia
Fondaco dei Turchi
Fondaco del Megio
Ca'Pesaro
CA'D'ORO
Scuola Grande di S. Marco
S. Maria d. Miracoli
S. Zanipolo
Fondamenta Nuove
San Francesco della Vigna
Fabbriche Vecchie
Fabbriche Nuove
Teatro Malibran
Fond. Querini-Stampalia
San Giacomo dall'Orio
STAZIONE MERCI
MESTRE
Piazzale Roma
SANTA MARIA GLORIOSA DEI FRARI
Campo S. Polo
SCUOLA DI SANTI GIORGIO DEGLI SCHIAVONI
Darsena Grande
SCUOLA GRANDE DI SAN ROCCO
PALAZZO LOREDAN
Pal. Bernardo
Teatro Goldoni
Mercerie
Pal. Pisani Moretta
SAN MARCO
S. Zaccaria
Ca'Foscari
Scala del Bovolo
Scuola Grande dei Carmini
Campo Sta Margherita
Pal. Grassi
S. Stefano
PIAZZA S. MARCO
PALAZZO DUCALE
Riva degli Schiavoni
S. Giovanni in Bragora
MUSEO STORICO NAVALE
Campo S. Biagio
PALAZZETTO DELLO SPORT
Fondamenta Sant'Ana
Ca'Rezzonico
La Fenice
GALLERIE D. ACCADEMIA
Canal Grande
Punta della Dogana - Centro di Arte Contemporanea
S. Sebastiano
Fondamenta Zattere al Ponte Longo
Squèro di S. Trovaso
Gesuati
Coll. P. Guggenheim
Ca'Dario
Santa Maria della Salute
San Giorgio Maggiore
Fondazione Giorgio Cini
GIARDINI PUBBLICI
Via dei Giardini Pubblici
PARCO DELLE RIMEMBRANZE
CANALE DI SAN MARCO
Mulino Stucky
CANALE DELLA GIUDECCA
Fondamenta del Pte Piccolo
Fondamenta de le Convertite
Fondamenta de la Croce
Campo S. Cosmo
Michelangelo

Trivignano
Rialto
Fucina
Zigaraga
Olmo
Cavino
Maerne
Zelarino
Rossignago
Luneo
CASTELLANA MESTRE-CENTRO
MIRANESE
Spinea
Dese
DESE MARCON
MARCO POLO BELLUNO
TERRAGLIO
Bazzera Nord
Bazzera Sud
Carpenedo
Favaro Veneto
Ca' Noghera
Tessera
AEROPORTO MARCO POLO
Torre dell'Orologio
Campalto
Mestre
Veneta
Mazzorbo
Torcello
Burano
Lio Piccolo
Cavallino
Porto di Piave Vecchia
Sant'Erasmo
Murano
Ca' Savio
Punta Sabbioni
Tronchetto
San Marco
Palazzo Ducale
Lido
VENEZIA
La Giudecca
San Lazzaro degli Armeni
San Clemente
Lido di Venezia
Malamocco
SPINEA
MIRA ORIAGO
VENEZIA RAVENNA
Marano
Malpaga
Vetrego
Marghera
Porto Marghera
Borbiago
Oriago
Moranzani
La Casona
MIRANO DOLO
BARRIERA VENEZIA MESTRE
Mira
Molin Rotto
Malcontenta
Chiesa Cambara
Piazza Vecchia
Foresina
Fusina
Brenta
Dogaletto
Sambruson
Curano
Lughetto
Lugo

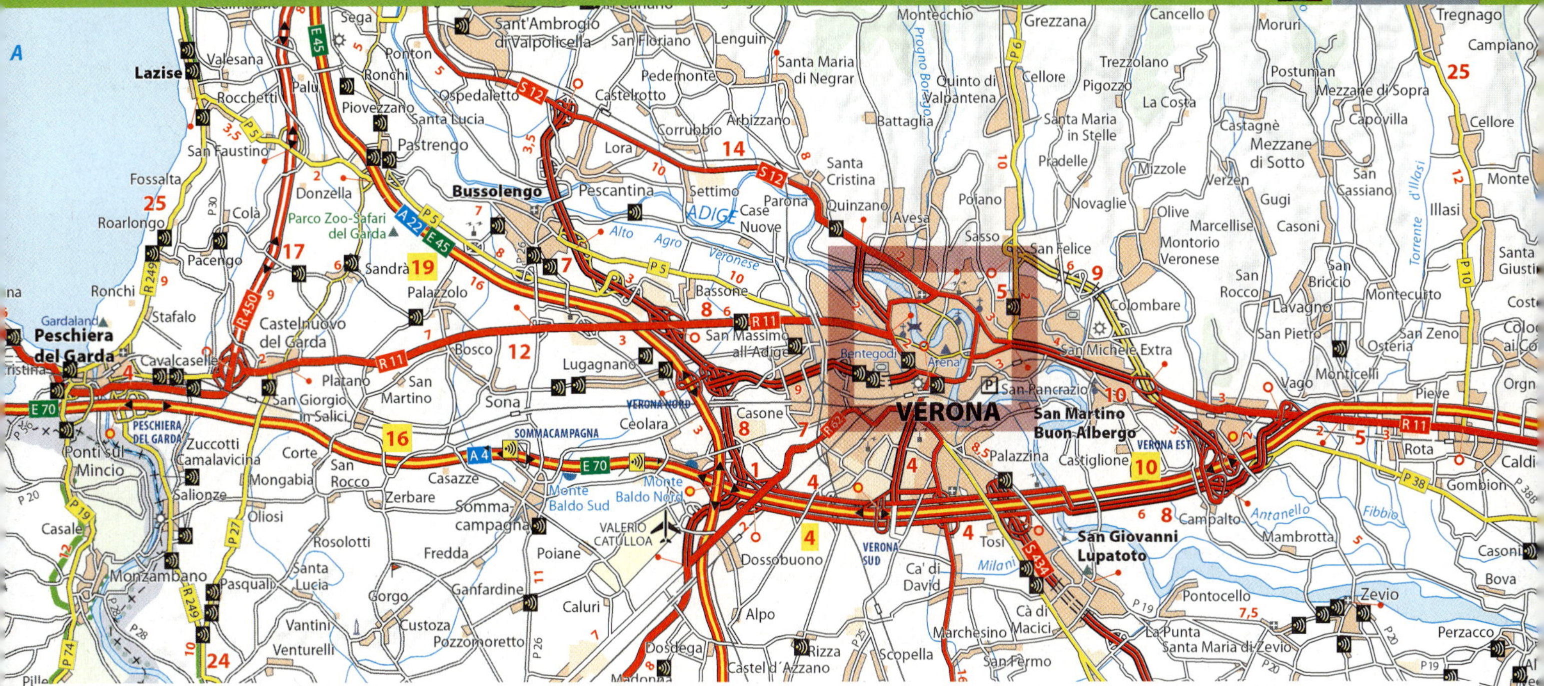
Lazise
Valesana
Rocchetti
San Faustino
Fossalta
Roarlongo
Ronchi
Stafalo
Gardaland
Peschiera del Garda
Cavalcaselle
Ponti sul Mincio
Salionze
Monzambano
Oliosi
Castelnuovo del Garda
Sandrà
Colà
Pacengo
Parco Zoo-Safari del Garda
Palazzolo
Bussolengo
Pastrengo
Piovezzano
Santa Lucia
Ospedaletto
Sega
Ponton
Ronchi
Sant'Ambrogio di Valpolicella
San Floriano
Pedemonte
Castelrotto
Corrubbio
Arbizzano
Lora
Pescantina
Settimo
Parona
Quinzano
Avesa
Santa Cristina
Santa Maria di Negrar
Lenguin
Montecchio
Quinto di Valpantena
Grezzana
Cellore
Trezzolano
Pigozzo
La Costa
Santa Maria in Stelle
Pradelle
Novaglie
Mizzole
Sasso
Poiano
San Felice
Colombare
San Michele Extra
Montorio Veronese
Marcellise
Olive
Verzen
Castagnè
Mezzane di Sotto
Mezzane di Sopra
Postumian
Moruri
Cancello
Tregnago
Campiano
Capovilla
Cellore
San Cassiano
Gugi
Casoni
Illasi
San Briccio
Lavagno
Montecurto
San Pietro
Ostèria
San Zeno
Monticelli
Vago
Pieve
San Rocco
Caldi
Gombion
Rota
Belfiore
Campalto
Mambrotta
San Giovanni Lupatoto
Pontoncello
Zevio
La Punta
Santa Maria di Zevio
Perzacco
Bova
Casoni
Palazzina
Castiglione
San Martino Buon Albergo
San Pancrazio
VERONA
Bentegodi
Arena
Casone
Ceolara
Lugagnano
San Massimo all'Adige
Bassone
Case Nuove
Bosco
Sona
San Martino
Palazzolo
Platano
San Giorgio in Salici
Zuccotti
Camalavicina
Mongabia
Corte
San Rocco
Casazze
Zerbare
Sommacampagna
Monte Baldo Sud
Baldo Nord
VALERIO CATULLO
Rosolotti
Fredda
Poiane
Ganfardine
Gorgo
Custoza
Pozzomoretto
Caluri
Dossobuono
Alpo
Rizza
Dosdega
Castel d'Azzano
Ca' di David
Tosi
Scopella
Marchesino
Cà di Macici
San Fermo
Vantini
Venturelli
Santa Lucia
Pasquali
Casale
ADIGE
Alto Agro Veronese
Progno Borago
Torrente d'Illasi
Antanello
Fibbio
Milani
SOMMACAMPAGNA
VERONA NORD
VERONA SUD
VERONA EST
PESCHIERA DEL GARDA
E 70
A 4
A 22
E 45
R 11
S 12
P 5
S 434
Scorzarolo
Borgoforte
Boccadiganda
San Nicolò Po
Bosco
Portiolo
Bardelle
San Siro
Santa Lucia
Quingentole
PO
La Rotta
Pieve
Ronchi Casoni

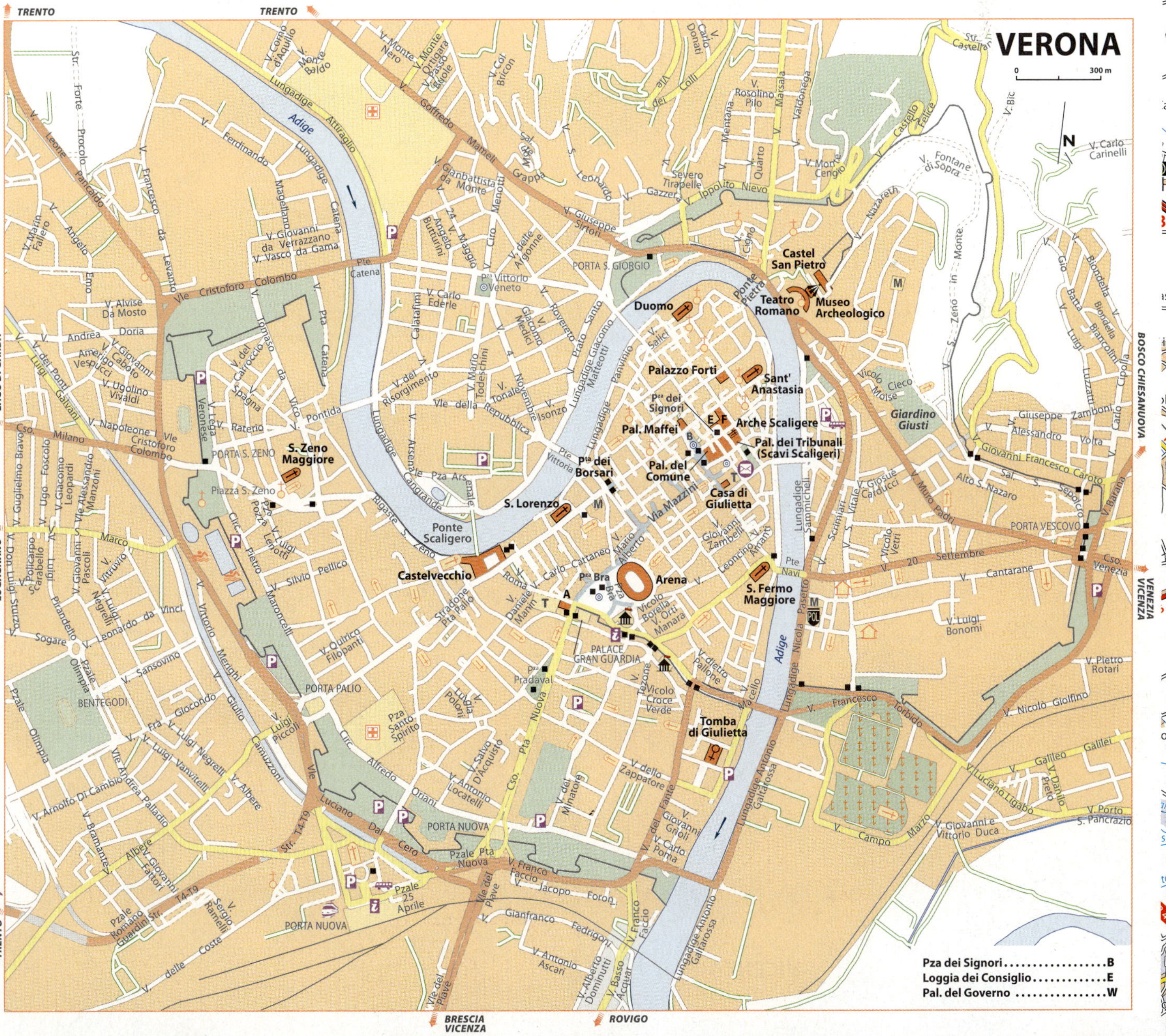
VERONA
0
300 m
N
TRENTO
TRENTO
BRESCIA LAGO DI GARDA
SOMMACAMPAGNA LUGAGNANO
MANTOVA TRENTO
BRESCIA VICENZA
ROVIGO
VENEZIA VICENZA
BOSCO CHIESANUOVA
Adige
Duomo
Castel San Pietro
Teatro Romano
Museo Archeologico
Palazzo Forti
Sant' Anastasia
Pal. Maffei
Arche Scaligere
Pal. dei Tribunali (Scavi Scaligeri)
Pal. del Comune
Casa di Giulietta
Pta dei Borsari
S. Lorenzo
Ponte Scaligero
Castelvecchio
S. Zeno Maggiore
Arena
Pza Bra
S. Fermo Maggiore
Tomba di Giulietta
Giardino Giusti
PORTA S. GIORGIO
PORTA S. ZENO
PORTA PALIO
PORTA NUOVA
PORTA VESCOVO
PALACE GRAN GUARDIA
BENTEGODI
Piazza S. Zeno
Via Mazzini
Lungadige
Pza Santo Spirito
Pza 25 Aprile
Pza dei Signori ....B
Loggia dei Consiglio ....E
Pal. del Governo ....W

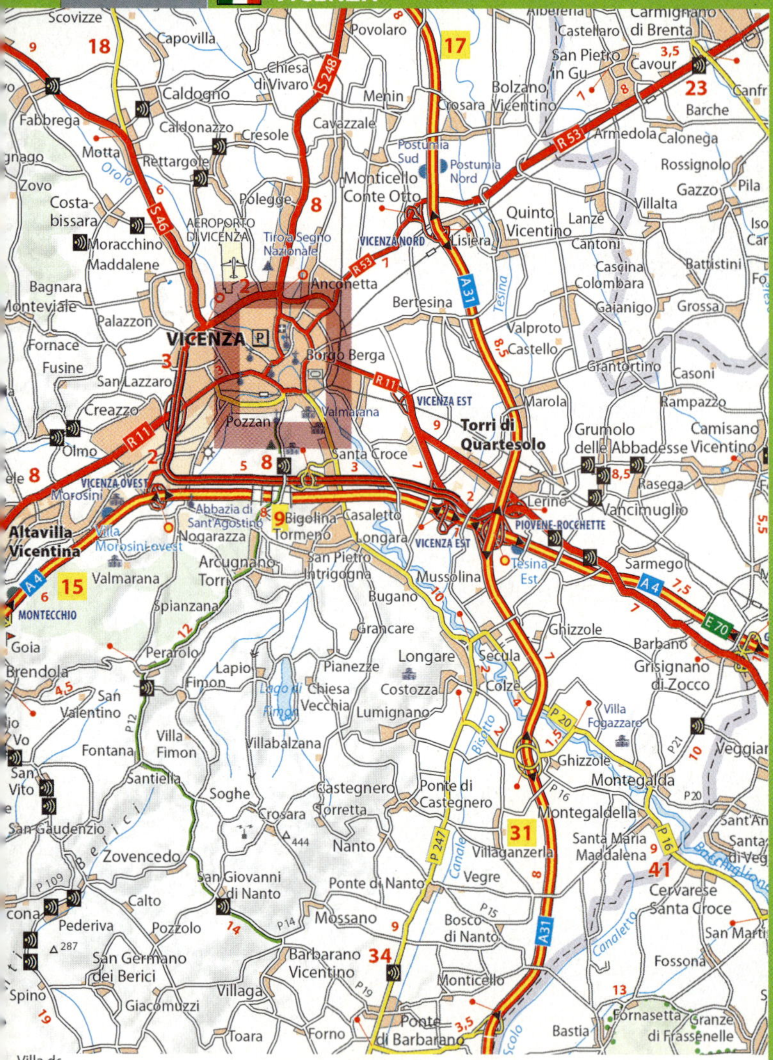
VICENZA
Altavilla Vicentina
Torri di Quartesolo
Montecchio
Olmo
Creazzo
Caldogno
Costabissara
Motta
Monteviale
Sovizzo
Povolaro
Bolzano Vicentino
Quinto Vicentino
Lisiera
Bertesina
Anconetta
Polegge
Monticello Conte Otto
Cavazzale
Marola
Grumolo delle Abbadesse
Camisano Vicentino
Longare
Costozza
Lumignano
Arcugnano
Montegalda
Montegaldella
Barbarano Vicentino
Mossano
Nanto
Castegnero
Villaga
Pozzolo
Zovencedo
San Germano dei Berici
Brendola
Sarego
Ponte di Barbarano
Bastia
Vicenza Ovest
Vicenza Est
Vicenza Nord
Piovene-Rocchette
Aeroporto di Vicenza
Villa Morosini
Abbazia di Sant'Agostino
Villa Fogazzaro
Valli Mocenighe
Case Querina
Fornasetta
Grisignano di Zocco
Pianezze
Lapio
Fimon
Secula
Colzè
Ghizzole
Sarmego
Lerino
Vancimuglio
Rasega
Marola
Valmarana
Nogarazza
Tormeno
Bigolina
Casaletto
Sant Pietro Intrigogna
Mussolina
Bugano
Grancare

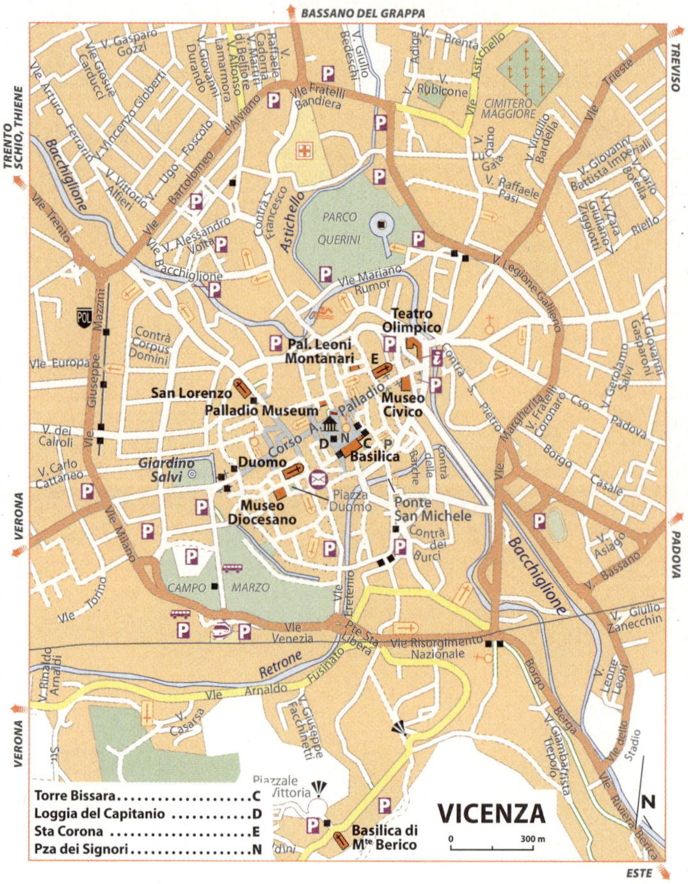
BASSANO DEL GRAPPA
TREVISO
TRENTO SCHIO, THIENE
VERONA
PADOVA
ESTE
VICENZA
Teatro Olimpico
Pal. Leoni Montanari
San Lorenzo
Palladio Museum
Museo Civico
Basilica
Duomo
Museo Diocesano
Giardino Salvi
Ponte San Michele
Parco Querini
Cimitero Maggiore
Campo Marzo
Basilica di Mte Berico
Bacchiglione
Retrone
Astichello
Torre Bissara........C
Loggia del Capitanio........D
Sta Corona........E
Pza dei Signori........N

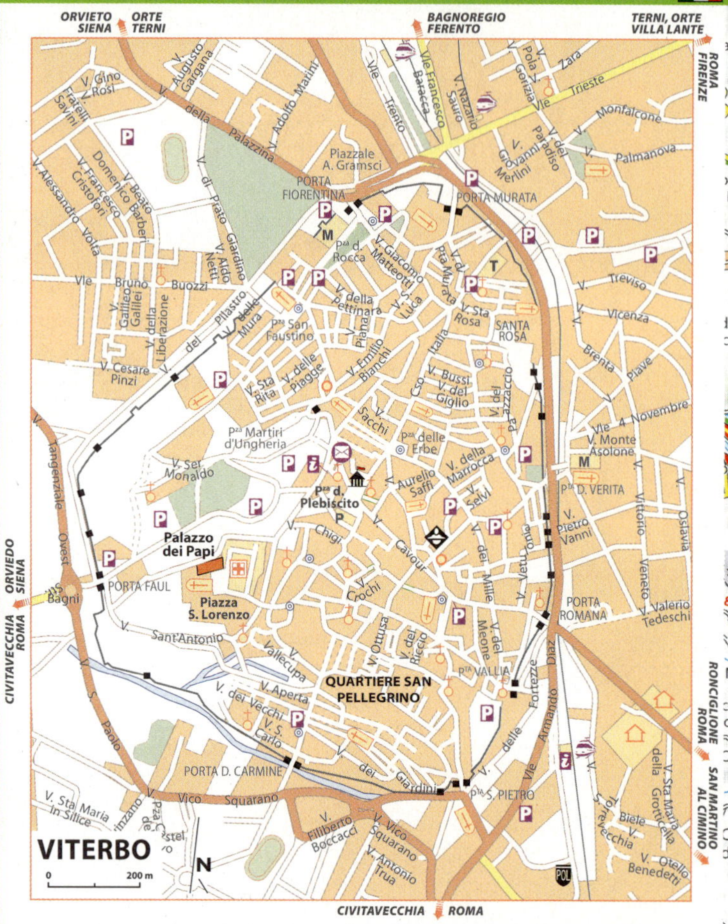
ORVIETO SIENA
ORTE TERNI
BAGNOREGIO FERENTO
TERNI, ORTE VILLA LANTE
ROMA FIRENZE
ORVIETO SIENA
CIVITAVECCHIA ROMA
RONCIGLIONE ROMA
SAN MARTINO AL CIMINO
CIVITAVECCHIA
ROMA
VITERBO
Porta Fiorentina
Porta Murata
Piazzale A. Gramsci
Palazzo dei Papi
Piazza S. Lorenzo
Pza d. Plebiscito
Porta Faul
Porta D. Carmine
Quartiere San Pellegrino
Santa Rosa
Pta S. Pietro
Porta Romana
Pta d. Verita
Pza Martiri d'Ungheria

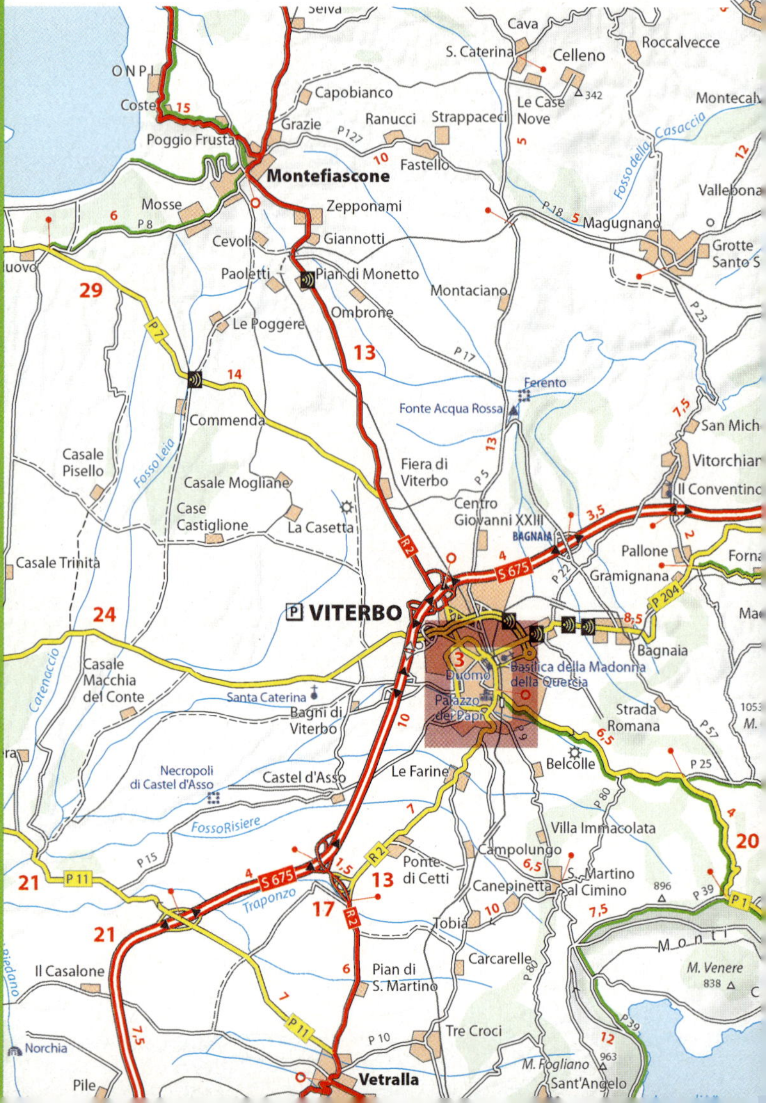
VITERBO
Montefiascone
Zepponami
Pian di Monetto
Montaciano
Ombrone
Commenda
Fiera di Viterbo
Centro Giovanni XXIII
Bagnaia
Pallone
Gramignana
Basilica della Madonna della Quercia
Duomo
Palazzo dei Papi
Bagni di Viterbo
Castel d'Asso
Necropoli di Castel d'Asso
Le Farine
Belcolle
Villa Immacolata
Campolungo
San Martino al Cimino
Ponte di Cetti
Canepinetta
Tobia
Carcarelle
Pian di S. Martino
Tre Croci
Vetralla
Il Casalone
Casale Trinità
Casale Macchia del Conte
Casale Mogliane
Case Castiglione
La Casetta
Casale Pisello
Le Poggere
Paoletti
Cevoli
Giannotti
Mosse
Poggio Frusta
Grazie
Capobianco
Ranucci
Strappaceci
Le Case Nuove
Celleno
Roccalvecce
S. Caterina
Fastello
Magugnano
Grotte Santo Stefano
Ferento
Fonte Acqua Rossa
Vitorchiano
Il Conventino
San Michele
Strada Romana
Santa Caterina
M. Venere
M. Fogliano
Sant'Angelo
Norchia
Pile

MICHELIN

MICHELIN

MICHELIN

MICHELIN

MICHELIN

Edizione 2015 par Michelin Travel Partner

Société par actions simplifiée au capital de 11 288 880 EUR
27 Cours de l'Île Seguin - 92100 Boulogne-Billancourt (France)
R.C.S. Nanterre 433 677 721

CARTE STRADALI E TURISTICHE PUBBLICAZIONE PERIODICA
Reg. Trib. Di Milano N° 80 del 24/02/1997 Dir. Resp. FERRUCCIO ALONZI

Photo couverture : Florian Villeseche / fotolia (Toscana - Buggiano)
Dépôt légal Decembre 2014
Imprimé en Italie
Impression : Nuovo Istituto Italiano Arti Grafiche (NIIAG) - 24126 Bergamo